초보자의 입장을 충분히 배려한 실무 입문서

알기 쉬운 경리실무

이형래 김범준

도서출판 어울림
www.aubook.co.kr

알기쉬운
회계실무

Foreword

[개정판을 내면서]

최근 한미, EU FTA의 체결로 우리의 경제는 새로운 도전에 직면하고 있다. 이러한 도전은 우리에게 기회와 위협의 두 가지 요인이 모두 잠재하는 불안정한 상황이기 때문에 우리에게 그 어느 때 보다 슬기로운 대비가 필요한 시기이다. 정확하고 신뢰할 수 있는 회계정보의 산출은 우리의 슬기로운 대비에 무엇보다도 중요한 요소임에 틀림없다. 특히 기업의 사회적 책임, 회계제도의 사회적 책임은 아무리 강조해도 지나치지 않을 것이다.

2011년 국제회계기준의 본격적인 적용은 도입 초기의 혼란을 극복하고 안정적인 운용의 단계로 진입하였다.

이 책도 그 동안의 혼란을 정리하고 안정적인 적용에 맞추어 새롭게 개정하게 되었다. 특히 회계학을 처음 공부하는 초보자에게 회계의 큰 흐름을 이해하고, 그 흐름을 효과적으로 국제회계기준에 적용할 수 있는 기초지식을 제공하는 역할에 충실할 수 있도록 노력하였다. 다양하고 전문적인 국제회계기준을 모두 다루지는 않았지만, 다음 단계로 나아가기 위한 중요한 사항들, 초보자가 꼭 알아야 할 사항들은 빠짐없이 소개하기 위하여 노력하였다.

이 책이 개정판으로 거듭날 수 있도록 노력해 주신 도서출판 어울림 허영관 사장님과 어울림 편집부에 감사드린다.

이 책으로 공부하는 모든 독자 여러분이 커다란 성취를 이루어 내기를 기원한다.

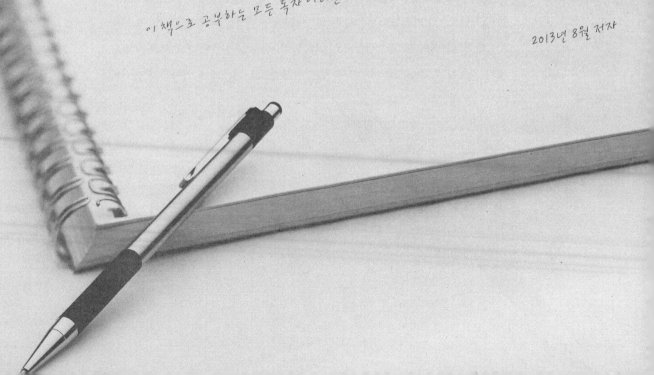

2013년 8월 저자

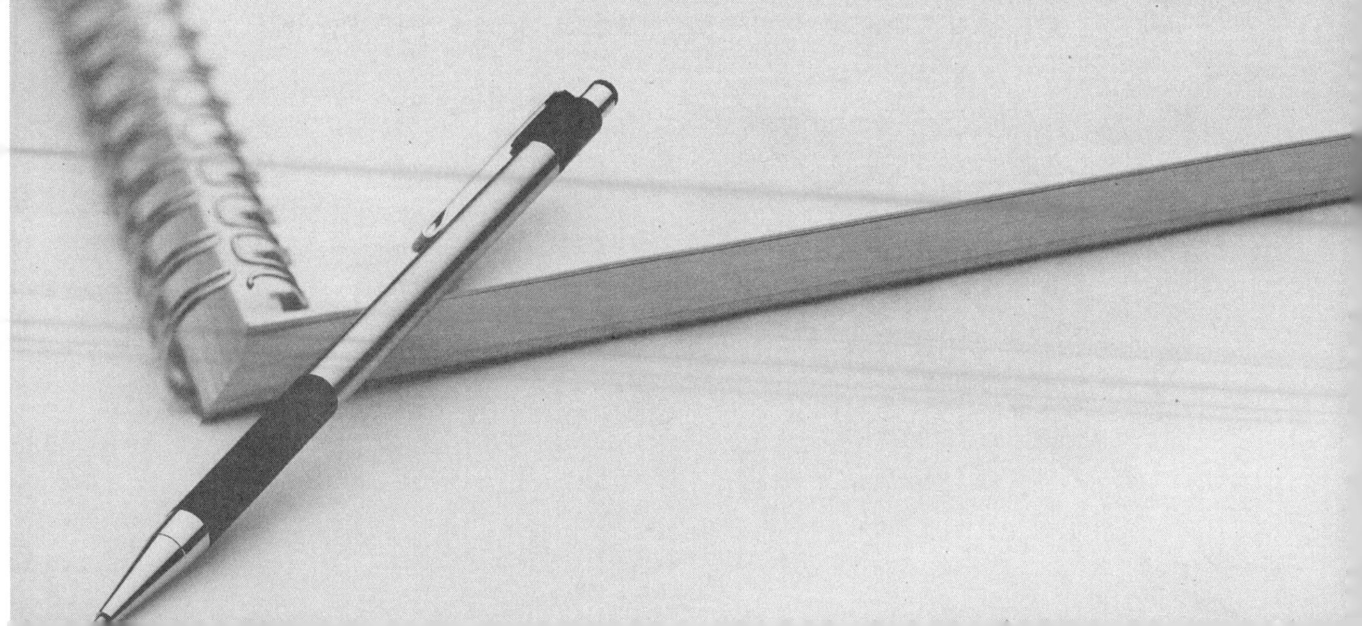

Preface

[머 리 말]

최근의 경제위기와 함께 기업환경의 변화가 가속화됨에 따라 기업의 관리자는 전반적인 기업업무에 대한 이해를 토대로 전문적인 지식을 가져야만 계속 성장할 수 있음이 분명해 지고 있다. 기업에서 경리업무란 가장 기본적이면서도 없어서는 안되는 분야중의 하나이다. 따라서 경리업무에 대한 기본적인 이해가 없이 관리자로 성장한다는 것은 생각할 수 없다.

또한 경리업무에 대한 지식을 체계적으로 습득하기 위해서는 회계와 세무에 대한 기본적인 내용의 포괄적인 이해가 우선되어야 한다. 그러나 사실상 초보자의 입장과 지식정도를 고려하여 차근차근 경리지식을 쌓아 나갈 수 있도록 배려한 서적이 거의 전무한 실정이다.

이러한 점을 고려하여 저자는 기초경리실무를 회계편과 세무편으로 나누어 집필하게 되었다.

기초경리실무 – 회계편에서는 기업의 회계업무에 필요한 기본적인 개념과 회계처리에 대하여 집중적으로 설명하여 초보자가 명확하게 이해하고 습득할 수 있도록 배려하였다.

일부 경리서적의 경우에는 너무나 많은 내용을 한꺼번에 설명하여 오히려 흥미를 잃게 하는 경향이 있다. 이 책에서는 이러한 문제점을 배제하기 위하여 보다 상급과정에서 필요하다고 생각되는 내용은 유보하고, 회계에 대해 모르는 입문자가 기초적인 개념에서 시작하여 차츰 단계적으로 이해하여 가면서 심화시켜

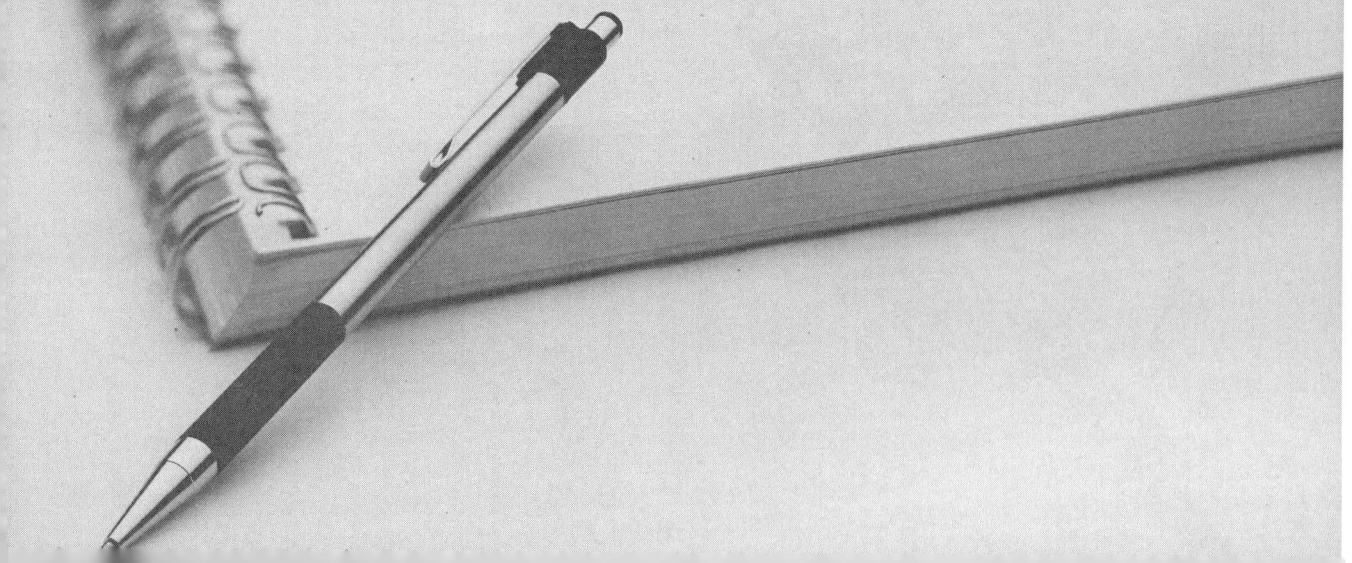

나갈 수 있도록 설명하였다.

이러한 분야의 책은 단순한 지식의 나열이 아니라 최대한 효과적으로 지식을 독자에게 전달할 수 있는 매체로서 구성되어야 한다는 것이 저자의 생각이다. 따라서 이 책은 가능한 그림, 표, 서술 등을 모두 활용하여 저자가 생각하는 내용을 독자에게 전달하려고 최대한 노력하였다.

저자로서는 최대한 노력을 하였지만 결함이 적지 않을 것이라고 생각된다. 앞으로 본서의 내용에 대해 독자들의 많은 지도와 격려를 부탁드린다.

마지막으로 본인을 배움과 가르침의 길에 들어 설 수 있도록 해 주신 은사인 서울대학교의 이정호 교수님께 감사를 드린다. 이 책이 나오기 까지 힘들었던 과정을 함께 참여해 주시고 격려해 주신 (주)영화 · 조세통람 여러분께도 감사한다.

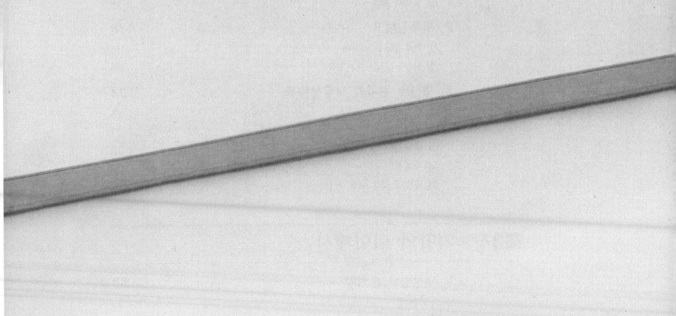

1998년 6월

저 자

Contents

제1장 기업과 회계

제2장 기업의 재무상태

제3장 기업의 이익계산

Contents

Contents

제7장 시산표와 정산표

제8장 결산

Contents

Contents

제12장 매출과 대금회수활동

제13장 매입과 대금지급활동

Contents

제14장 재고활동

Contents

제15장 판매와 관리활동

제16장 투자활동

Contents

제1장. 기업과 회계

1. 회계의 의의
2. 회계의 목적
3. 회계의 성격
4. 재무회계와 관리회계
5. 기업회계기준

제 1 장. 기업과 회계

1. 회계의 의의

합리적으로 가정생활을 하려는 가장이나 주부라면 나름대로 지금까지의 수입과 지출을 검토하고 그 결과에 따라 앞으로의 수입이 얼마나 될지, 그리고 지출은 어떻게 해 나가야 할지 계획을 할 것이다. 만일 이러한 합리적인 계산이 없다면 행복한 가정생활을 생각하기 어려울 것이다.

이를 위해 가정에서는 가계부라는 일정한 형식을 갖춘 장부를 이용하여 수입과 지출을 매일 상세히 기록하는 한편, 그 결과를 분석하고 검토하여 가계(家計)를 개선하려고 노력한다.

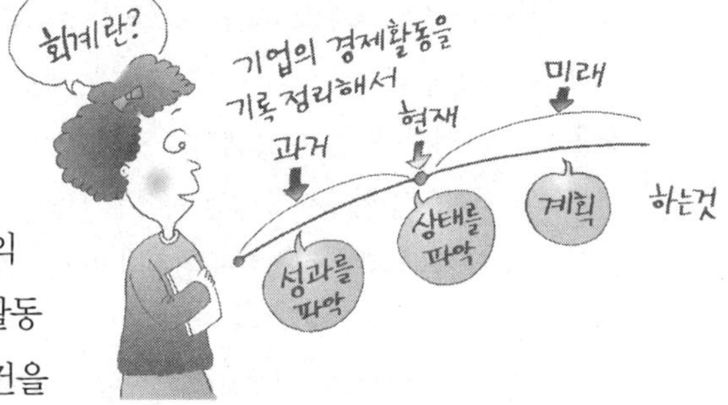

개인 상점이나 회사와 같은 기업은 이익을 얻기 위해 가정보다 다양하고 복잡한 활동을 하게 된다. 기업은 돈을 투자해서 물건을 사고 구입한 물건을 팔거나 새로운 물건을 만든다. 이를 위해서 종업원을 고용하고 건물을 구입하고 광고도 하고 자금이 부족하면 다른 사람에게 돈을 빌리기도 한다. 이러한 활동들은 끊임없이 변화하면서 진행된다.

따라서 기업 경영자의 입장에서는 기업의 다양한 활동들을 합리적으로 기록하고 그 결과를 검토하면서 앞으로의 방향을 결정해야 할 필요성을 느끼게 된다.

이와 같은 필요성에 따라 **기업의 경제활동을 기록하고 정리한 후 그 내용을 이용해서 그 동안의 성과와 현재 상태를 파악하고 미래를 계획하고자 하는 것**이 **회계(會計 : accounting)**다.

회계와 유사한 용어로 사용되어 온 것으로 **부기(簿記)**와 **경리(經理)**가 있다. 이들에 대해서 살펴보자. 부기는 기업의 활동을 기록 · 계산 · 정리하기 위해서 고안된 일정한 방식이다. 부기는 장부기입(帳簿記入)의 준말로 만들어 진 것이기 때문에 이 단어에 대한 편견, "그저 단순하게 아무 생각없이 장부에 기록하는 것이다"라는 식의 사고방식이 일부 존재해 왔다. 그러나 이것은 복식부기를 제대로 배우지 못하였거나 이해하지 못한 사람들의 피상적인 생각이다.

독일의 문호인 괴테는 "복식부기(複式簿記)는 인류가 만들어 낸 위대한 발명품 중 하나이다"라고 말한 적이 있다. 우리가 일반적으로 말하는 부기는 복식부기이다. 이 복식부기는 기록상으로는 14세기경에 이탈리아의 학자에 의해 출판된 책에서 언급되어 있는 것이 처음이다. 그러나 복식부기는 그 이전부터 그 사고방식이 존재해 왔고 유럽의 중세상업이 발달하기 시작한 14세기경에 어느 정도 정리되기 시작한 것으로 오늘날에 이르기까지 계속 발전해 오면서 세계 각국에서 널리 통용되고 있다.

결국 복식부기는 이미 오래 전부터 인류가 경제생활을 해 오면서 보다 합리적으로 경제생활을 파악할 수 있는 방법으로 개발한 것이다. 따라서 복식부기는 기업에서 일어나는 사건들을 **분석 · 종합**하여 한 눈에 **합리적**으로 파악할 수 있도록 하는 수단이라고 할 수 있다.

기록하는 방법에 따라 발전의 차이가

우리들은 생활을 하면서 여러 가지를 기록하게 된다. 기록을 하느냐, 하지 않느냐, 더 나아가 기록을 한다면 어떤 방법으로 기록하고 이용하느냐에 따라 사람들의 생활방식은 달라지게 된다. 오늘날의 회계는 단식부기가 아닌 복식부기를 기초로 하여 구성되어 있다. 단식부기와 비교해 보면 복식부기는 보다 논리적이며 합리적이라는 것을 알 수 있다(단식부기와 복식부기의 차이에 대해서는 이 책을 읽어 나가면서 알게 될 것이다). 역사적으로 살펴보더라도 16세기초의 남부독일에서, 단식부기에서 복식부기로 기록방법을 변경했던 도시국가는 전통적인 단식부기를 채택하고 있던 한자동맹 도시국가와 비교해 볼 때 급속한 발전을 하였다. 이와 같이 경제적 계산방법을 개선함에 따라 사람들의 경제활동에 대한 자세가 전환되고 이에 따라 국가발전에도 차이가 나는 것이다.

회계는 복식부기를 기초로 하여 기업의 경제활동을 파악하고 관리하는데 목적을 두고 있다. 따라서 회계는 부기를 포함하면서 부기보다는 큰 의미를 가지고 있다.

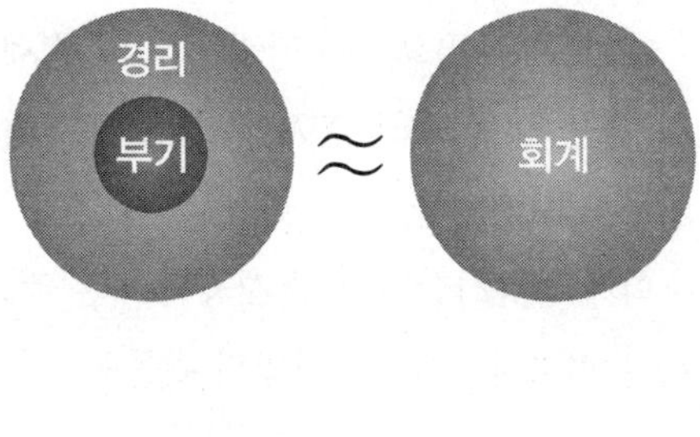

경리라는 용어도 회계와 함께 흔히 실무계에서 사용되고 있다. 경리라는 말도 부기와 마찬가지로 경리를 제대로 이해하지 못하는 사람들이 "단순히 장부정리하는 작업이다"라는 편견을 갖고 있는 지도 모른다. 그러나 **경리**란 **경영관리(經營管理) 또는 경영(經營)의 이치(理致)**를 줄인 말이라고 한다. 경리란 기업에서 발생하는 사건을 포착하여 기록하는 것은 물론 기업에서 수행하는 계획 · 예산편성 · 원가의 계산과 관리, 자금조달, 업적평가 등을 모두 포함하는 의미를 가지고 있다.

회계는 부기를 기초로 한 것으로 본질적인 경리의 의미와 유사하다고 할 수 있다.

2. 회계의 목적

회계는 기본적으로 다음과 같은 목적을 달성하기 위해서 수행된다.

1 기업의 재무상태(財務狀態)를 파악한다

재무상태라는 용어는 흔히 사용되고 있지만 명확하게 정의되지 않고 사용되는 경향이 있다. 국어사전을 살펴보면 재무라는 용어는 '재정(財政)에 관한 사무'라고 정의되어 있다. 다시 재정을 국어사전에서 찾아보면 재정은, '① 개인 · 가계 · 기업 등의 금융사정, ② 국가 또는 지방자치단체가 필요한 재력을 취득하고 관리하는 경제적인 여러 활동'이라고 정의하고 있다. 이렇게 보면 재무상태라는 용어가 명확하게 이해하기 어렵다.

재무상태는 자금상태라고도 이야기할 수 있다. 그렇다면 자금(資金)이란 어떻게 정의하고 있을까? 국어사전에서는 자금을 '사업을 경영하는 데 쓰이는 돈'이라고 정의하고 있다. 따라서 **재무상태**란 **'사업을 경영하는 데 쓰이는 돈을 어떻게 구해서 어떻게 쓰고 있는가 하는 상태'**를 의미하는 것이라고 할 수 있다. 재무상태의 의미는 앞으로 상세하게 설명할 것이다.

2 기업의 경영성과(經營成果)를 파악한다

경영성과란 **기업이 그 동안 활동을 한 결과**를 말한다. 기업의 목적이 영리에 있다면 결국 기업이 얼마만큼의 이익을 올렸는가를 파악하는 것이 회계의 목적 중 하나라고 할 수 있다. 경영성과의 의미는 앞으로 명확하게 설명할 것이다.

이와 같이 회계에 의하여 명백히 파악된 기업의 재무상태와 경영성과를 바탕으로 하여 기업의 경영자는 과거의 경영활동 결과를 파악하고 장래의 경영정책을 수립할 수 있다.

회계에 의해서 작성된 자료는 기업 자체에만 필요할 뿐만 아니라 출자자, 은행과 같은 채권자, 기업의 종업원 등 이해관계자들이 필요로 하는 정보를 제공한다. 또한 회계기록은 과세의 자료가 된다는 점에서 그의 사회적 중요성이 높게 인식되고 있다.

회계기록을 하지 않는다면?

회계기록을 하지 않는다면 기업의 경영활동에 대해 경영자가 잘 이해할 수 없을 뿐만 아니라 법을 위반하는 셈이 된다.

상법에서는 상인과 회사가 매년 회계장부를 작성하도록 하고 있다. 또한 주식회사의 경우에는 회계보고서의 작성 · 제출 · 공시 · 승인 등을 비롯하여 회계에 관한 내용들을 규정하고 있다.

또한 세법에서도 회계기록을 올바로 하지 않고 장부를 비치하지 않는 경우에는 과세당국에서 일방적으로 추정하여 세금을 부과할 수 있도록 하는 등 여러 가지 불이익을 주도록 규정하고 있다.

3. 회계의 성격

누군가 당신에게 기업에서 일어나고 있는 일들을 조사하고 정리해서 경영에 도움이 될 수 있는 정보를 모으라는 요청을 하였다고 하자. 아무 것도 모르는 상태에서 이 일을 해야 한다면 항해할 때 선장이 매일 매일 일지를 쓰는 것처럼 일기장에 매일 매일 일어나는 중요한 사건을 쓰는 것도 한 방법이 될 수 있다.

계속해서 쓰다 보면 어느 정도 경험이 쌓여 기록하기 위한 일정한 규칙을 점차 개발하게 될 것이다. 왜냐하면 기업에서 일하는 모든 사람들의 행동을 하나하나 자세하게 기록하는 것은 불가능하기 때문에 기록할 만큼 충분히 중요한 사건과 생략해도 될 일을 구별할 수 있는 나름대로의 **규칙**을 만들게 될 것이다.

또한 어떤 용어를 나름대로 **정의**를 내리고 **표준화**해서 이것을 일기장에 사용하게 되면 더욱 편리할 것이다. 이렇게 정의를 내려서 용어를 사용하면 당신의 일기장을 검토하는 사람들은 당신이 의미하는 것을 보다 명확하게 이해하게 될 것이다. 또한 당신이 용어와 용어의 정의를 표준화하면 일기장을 기록하는 일을 다른 사람에게 맡길 수 있을 것이다. 왜냐하면 이미 표준화되어 있기 때문에 다른 사람이 기록한 것도 당신이 직접 일기를 쓴 것과 마찬가지의 **정보를 전달**할 것이라는 확신을 가질 수 있을 것이기 때문이다.

기업에서 일어나는 사건을 포착하기 위해 가장 일반적으로 사용되는 시스템인 **회계**도 수백 년간의 기간에 걸쳐 이와 같은 방식으로 **진화**하고 **발전**되어 왔다. 그리고 이렇게 발전해 오는 동안 어떤 규칙들은 유용한 것으로 인정되어 사회에서 그 규칙을 받아들여 사용하게 된 것이다.

만약 회계시스템의 최종산물인 회계보고서를 이해하고자 한다면 우선 **회계에서 사용하는 언어, 규칙과 관습**에 친숙해져야만 한다. 이 책의 목적은 이러한 언어, 규칙과 관습 중에서 가장 **공통적인 원리**를 설명하는 데 있다.

4. 재무회계와 관리회계

회계를 이용하는 사람들의 성격별로 회계를 구분해 본다면 크게 두가지, 즉 재무회계(財務會計)와 관리회계(管理會計)로 나눌 수 있다.

주식에 투자하고자 하는 사람들이나 주식을 산 사람들, 즉 **투자자**들은 어느 회사의 주식을 살 것인가 또는 현재 가지고 있는 주식을 언제 팔 것인가를 결정하기 위해서 그 회사의 이익에 관한 정보를 비롯하여 회사에 관한 재무정보를 필요로 한다.

또한 회사에 돈을 빌려준 **채권자**는 빌려준 원금이나 이자를 그 회사로부터 확실히 받을 수 있는지 알기 위해서 기업의 재무상태에 관한 정보를 필요로 한다. 그리고 **근로자**들은 고용조건 · 임금협상 등의 문제와 관련해서 자신이 속해 있는 회사가 이익이 많이 나서 임금을 충분히 올려 줄 수 있는지, 임금을 지급할 수 있을 만큼의 재무상태가 되는지 알기 위해서 회계정보를 필요로 한다. **정부기관**은 각종 인허가 업무와 행정지도, 세금의 부과를 위해 기업에 관한 회계정보를 필요로 한다. 이외에도 **거래처, 소비자집단, 지역사회주민** 등 기업과 직·간접으로 이해관계를 가지고 있는 집단들이 올바른 의사결정을 하기 위해서는 기업에 관한 회계정보를 필요로 한다.

이러한 사람들이 기업에 대한 정보를 필요로 하는 것은 기업과 이해관계가 있기 때문이다. 따라서 회계에서는 이러한 사람들을 총괄하여 **이해관계자(利害關係者)**라고 이야기하고 있다.

이와 같이 주로 기업의 외부에 있는 이해관계자인 **외부이해관계자**들이 기업에 관해 의사결정을 할 때 유용하게 사용할 수 있는 정보를 제공해 주기 위한 회계를 **재무회계**(financial accounting)라고 한다.

• 재무회계: 외부이해관계자를 위한 회계

이에 반해 기업의 내부에 있는 이해관계자인 **내부이해관계자**, 즉 **경영자**가 경영활동을 위한 의사결정을 할 때 필요한 정보를 제공해 주기 위한 회계를 **관리회계**(managerial accounting)라고 한다.

기업의 경영활동은 **계획**을 수립하고 이에 따라 **실행**하며 일이 끝나면 그 성과를 **평가**하는 과정으로 구분할 수 있다. 계획을 올바르게 수립하기 위해서는 **예산**에 관한 각종 정보를 필요로 하며, 또한 계획을 정확하게 실행하기 위해서는 수시로 **계획의 실행 여부 등에 관한 측정자료나 정보**를 필요로 한다. 그리고 일정기간 동안 실행된 업무를 올바르게 평가하기 위해서는 실적과 예산을 비교·분석한 **업적보고서**와 같은 정보를 필요로 하는데 이러한 정보를 제공해 주는 것이 관리회계의 역할이다.

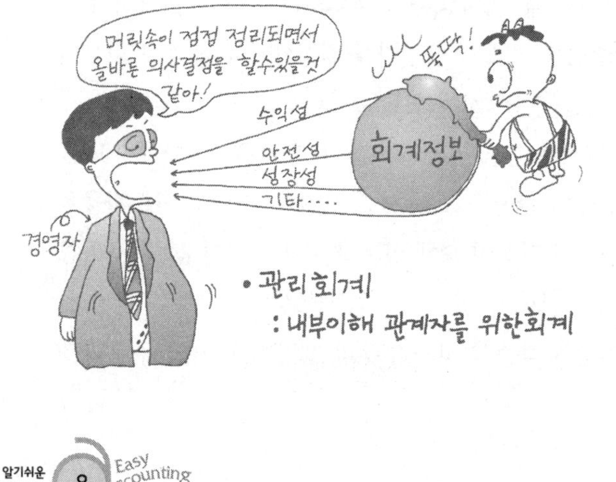

• 관리회계
: 내부이해 관계자를 위한회계

이러한 관리회계는 재무회계와 전혀 별개의 것은 아니다. 왜냐하면 재무회계에서 제공하는 정보가 관리회계가 경영자에게 제공하는 정보의 기초가 되기 때문이다.

이 책은 재무회계와 관리회계의 기초가 되는 기본적인 회계의 원리에 대해서 설명하고자 한다.

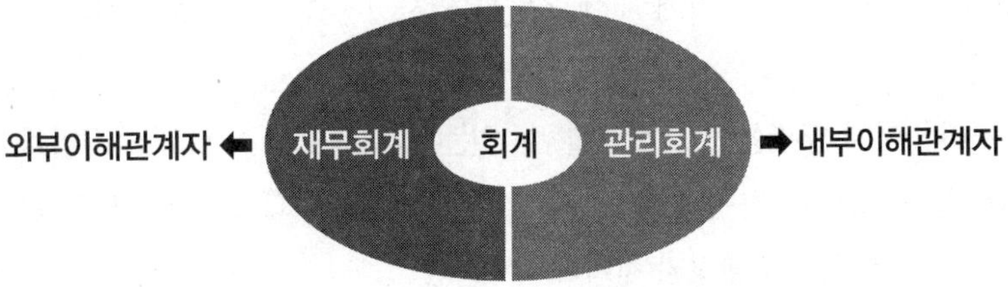

5. 기업회계기준

1 일반적으로 인정된 회계원칙

어느 나라나 기업이 있고 기업의 활동을 측정하고 기록하는 회계가 있다. 이때 만약 모든 기업들이 각각 독자적으로 회계처리를 한다면 그렇게 해서 나온 회계정보는 이해하기도 어려울 뿐만 아니라 각자 자기에게 유리하게 회계처리할 것이므로 믿을 수 없는 정보가 될 것이다.

따라서 각 나라마다 오랫동안 관습적으로 사용되고 있었던 회계실무와 회계이론 중 일반적으로 공정타당하다고 인정되는 것들을 정리하여 회계처리를 할 때 준수하여야 할 원칙을 마련하는데 이것을 **일반적으로 인정된 회계원칙(GAAP: Generally Accepted Accounting Principle)**이라고 한다.

일반적으로 인정된 회계원칙의 효시는 미국이라고 할 수 있다. 미국은 1929년 후반에 증권시장의 대폭락으로부터 나타난 경제대공황을 경험하면서 기업은 개인의 사유물이 아니라 일반 대중이 주인으로서의 역할을 하는 사회적 제도라고 인식하게 되었다.

경제대공황 이후 미국은 경제재건을 위한 여러 가지 조치를 취하였다. 이러한 조치 가운데 하나는 증권법과 증권거래법의 제정이며 이 법들을 바탕으로 회계원칙이 제정되는 과정을 거쳤다. 대공황 이전에 기업의 회계처리는 **어떤 기준이 없었기 때문**에 기업마다 제각기 독자적으로 처리해 왔었다. 이러한 결과 주식회사에 대한 정보는 **일관성없이 투자자에게 제시**되었고 투자자는 기업에 대한 올바른 의사결정을 할 수 없는 결과를 가져 오게 되었던 것이다.

결국 투자자들에게 **일관성있고 신뢰할 수 있는 기업정보를 제시**하고 **기업들이 통일된 회계처리를 할 수 있도록 하는** 회계원칙이 필요했고 증권법과 증권거래법을 통해 미국의 회계원칙(또는 회계기준)이 제정된 것이다.

2 우리나라의 기업회계기준

"일반적으로 인정된"이란 용어는 판례 등의 불문법(不文法)을 중심으로 하는 영미법에서 유래된 것이다. 회계제도의 성립과정을 보면 특정의 경제여건을 바탕으로 한 회계실무가 우선 나타나게 된다. 이 회계실무가 오랜 시일을 두고 경제사회의 변화에 따라 새로운 측면이 첨가되고 조정되면서 회계관습으로서 수용되고 이 회계관습이 경제사회 전반에 보급되어 사회적 인정을 받은 회계원칙으로 발전하게 된다.

즉, 일반적으로 인정된 회계원칙이란 그동안 널리 일반적으로 사용되어 오던 회계처리를 정리하여 회계처리를 할 때 지켜야 할 원칙으로 정한 것이다.

그러나 우리나라의 경우에는 일제시대 이후 기업의 회계처리지침을 제시해야 할 필요성이 대두되었지만 그 당시 일반적으로 인정될 수 있을 만큼 회계실무가 발달되어 있지 못했다. 따라서 우리나라에서는 외국의 회계원칙을 받아들여 이를 우리의 경제여건에 맞게 수정하여 1958년 기업회계원칙을 제정한 것이 회계원칙의 시초이다.

그 이후 기업회계원칙은 수정과 보완을 거쳐 오던 중 1997년 외환위기를 맞아 중대한 변화를 경험하게 된다. 2001년 이후 기업회계기준은 기존의 기업회계기준과 **한국회계기준위원회**(Korea Accounting Standards Board : KASB)에서 제정한 기업회계기준서 등이 혼재된 형태로 존재해 오고 있다. 그러나 2011년부터는 **한국채택국제회계기준**이 도입됨에 따라 회계는 일대변혁기에 놓여있다.

이 책은 현행 기업회계기준 뿐만 아니라 한국채택국제회계기준의 내용에 따라 회계처리에 대해 설명할 것이다.

제2장. 기업의 재무상태표

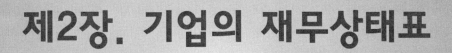

1. 자산 · 부채 · 자본
2. 재무상태표
3. 재산의 변화와 재무상태표

제2장. 기업의 재무상태표

1. 자산 · 부채 · 자본

1 자 산

일상 생활에서 재산이란 말을 흔히 사용한다. 그렇지만 대부분의 사람들은 재산이 무엇인지 정확하게 생각하지 않고 이 용어를 사용하는 경향이 있다. 그렇다면 재산(財産)이란 무엇인가?

간단하게 말하면 재산이란 자기가 가지고 있는 금전적 가치가 있는 물건 및 권리라고 할 수 있다.

예를 들어 당신의 재산이 어떤 것들이 있는지 생각해 보자.

한 집안의 가장이라면 아마도 현금, 예금, 반지, 목걸이, TV, 냉장고, 세탁기, 자동차, 집 등을 자기가 가지고 있는 재산이라고 할 수 있을 것이다. 이러한 것들은 모두 눈에 보이는 물건이다.

그러나 눈에 보이지 않는 것도 재산이 될 수 있다. 예를 들어 다른 사람에게 돈을 빌려주었다고 하자. 그러면 법적으로는 이 돈은 나중에 돌려 받을 수 있는 권리가 있다. 이러한 권리를 **채권(債權)**이라 하며 당연히 이러한 채권도 재산에 포함된다.

이와 같이 자신이 소유하고 있는 현금이나 반지, TV, 부동산, 채권 등은 금전적 가치가 있을 뿐만 아니라 앞으로 본인이 유용하게 사용할 수 있기 때문에 이를 재산으로 보고 소중하게 여기는 것이다.

이러한 재산을 회계에서는 **자산(資産 : asset)**이라고 한다. 즉, 자산이란 **자신이 소유**

하고 있는 물건 및 권리로서 금전적 가치가 있는 것이다. 재산이라는 용어는 회계에서 보다는 법률용어로 많이 사용하고 있다.

기업은 어떤 자산들을 가지고 있을까? 위에 설명한 자산의 정의에 따른다면 기업이 소유하고 있는 물건 및 권리로서 금전적 가치가 있는 것이 기업의 자산이다. 기업은 경영활동을 하기 위해 현금, 앞으로 판매하기 위한 물건, 영업에 사용할 자동차, 건물, 공장, 기계와 같은 것을 자산으로 가지고 있다.

[예 1] 자산총액의 계산

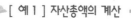

한국상사는 2012년 3월 1일 현재 현금 100만원, 판매하기 위한 상품 200만원, 건물 300만원의 자산을 가지고 있다. 이들 자산의 총액을 계산하라.

A

자산총액=100만원(현금)+200만원(상품)+300만원(건물)=600만원

회계는 모든 것을 화폐로 기록하고자 한다

수많은 재산들을 모아서 정리하기 위해서는 모든 것을 하나로 통일하여 표시할 수 있는 척도를 사용하는 것이 편리하다. 예를 들어 자산을 표시할 때 현금은 10,000원, 상품은 500kg, 토지는 100평 등으로 각각 다른 단위를 사용하여 표시할 수는 있겠지만 이렇게 된 보고서를 보는 사람의 입장에서는 각 항목이 표시하는 단위가 다르기 때문에 상당히 이해하기가 불편할 것이다. 그렇지만 모든 항목을 하나의 단위로 통일시키면 보다 쉽게 이해할 수 있다. 따라서 회계에서는 가능하면 기업에서 일어나는 일들을 화폐로 표시하고자 한다. 예를 들면 현금 10,000원, 상품 20,000원, 토지 30,000원으로 표시하면 자산합계는 60,000원으로 표시할 수 있다.

물론 화폐로 표시하면 편리한 점도 있지만 현실적으로 기업에는 화폐로 표시할 수 없는 것도 많다. 경영자의 탁월한 능력, 회사종업원 등의 단결심과 사기, 경영자의 건강 등과 같은 것은 기업에 유용한 가치가 있는 것이라고 할 수 있지만 화폐로 표시할 수 없기 때문에 회계에서는 기록하지 않는다. 이와 같이 화폐로 측정할 수 있는 것을 주요 관심사로 보는 회계는 그 한계가 있다. 회계는 기업에서 일어나는 사건을 모두 설명하는 것이 아니며 기업의 상태를 완벽하게 묘사하는 것은 아니지만 우선적으로 화폐로 표시할 수 있는 것을 측정하고자 하는 한편 그 한계를 벗어 나고자 노력하면서 기업경영에 많은 도움을 주고 있다.

2 부채와 자본

■ 부 채

사람들이 가지고 있는 자산은 어떻게 해서 생긴 것일까? 예를 들어 자기가 번 돈만을 가지고 집을 사는 사람도 있지만 다른 사람이나 은행으로부터 돈을 일부 빌려서 집을 사는 사람도 있다. 이와 같이 자기가 번 돈만으로 자산을 구입하는 사람이 있는 한편 그렇지 않은 사람도 있다.

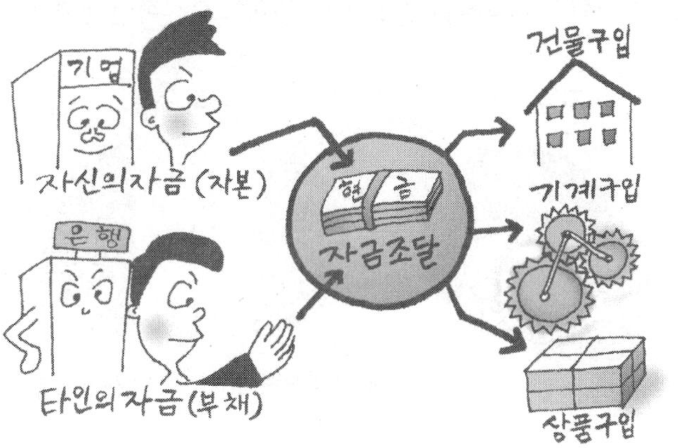

마찬가지로 기업이 가지고 있는 자산은 하늘에서 그냥 떨어진 것이 아니다. 우선 기업을 만든 사람들이 돈을 투자하고, 이 투자된 돈으로 땅을 사고 공장을 짓고 기계를 사서 기업은 자산을 가지게 된 것이다. 또한 돈이 모자랄 경우에는 다른 사람으로부터 돈을 빌려서 기계를 사고 상품을 살 경우도 있다. 오히려 기업의 경우에는 다른 사람으로부터 돈을 빌리는 것이 일반적이다. 결국 기업의 자산은 자기의 자금과 다른 사람으로부터 빌린 자금을 가지고 산 것이다.

따라서 다음과 같은 등식이 성립한다.

> 기업의 자산 = 다른 사람으로부터 빌린 자금 + 자신이 조달한 자금 ……… (1)

여기에서 다른 사람으로부터 빌린 자금, 빚을 회계에서는 **부채(負債 : liability)**라고 한다. 좀더 정확하게 말하면 부채는 **다른 사람으로부터 빌린 돈으로서 앞으로 갚아야 할 것**을 말한다. 회계에서는 일상적으로 사용하는 용어인 '빚' 또는 '채무'를 '부채'라는 용어로 표현하고 있다.

■ 자 본

부채 이외에 조달한 자금 중 기업자신이 조달한 것을 회계에서는 **자본(資本 : capital)**

이라고 한다.

따라서 (1)식을 회계용어로 다시 표현하면 다음과 같은 등식이 된다.

자산 = 부채 + 자본 ········· (2)

따라서 자산은 부채와 자본을 통해 얻어진 자금을 사용하여 획득한 것이다.

등식 **자산 = 부채+자본**의 구조를 기업의 **자금측면**에서 보면, 등호의 오른쪽인 부채와 자본은 그 자금을 어디에서 **조달**하였는가를 나타내는 것이고 등호의 왼쪽인 자산은 자금을 어떻게 **사용**했는가를 나타내는 것이 된다.

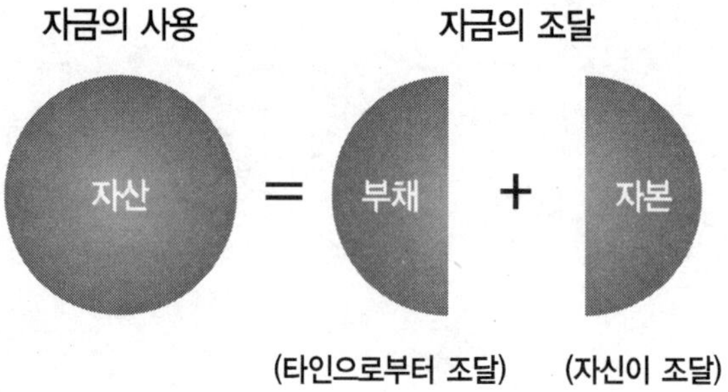

■ 자본은 순재산

흔히 자본을 본인이 소유하는 순수한 자기 재산이라는 의미에서 **순재산**(純財産 : net worth 또는 **순자산**이라고 하기도 한다)이라고 말하기도 하는데 그 이유를 알아보자.

앞에서 법률용어로 흔히 재산이라는 용어를 사용한다고 하였다. 법률적으로는 재산을 다시 둘로 나누어 플러스의 재산인 자산과 마이너스의 재산인 부채로 구분한다. 이 때 플러스(+)의 의미는 재산에 (+)의 효과를 준다는 것이고, 마이너스(−)의 의미는 재산에 (−)의 효과를 준다는 것이다. 마찬가지 의미에서 자산을 **적극재산(積極財産)**, 부채를 **소극재산(消極財産)**이라고 하기도 한다.

플러스의 재산 = 적극재산 : 자 산

마이너스의 재산 = 소극재산 : 부 채

따라서 플러스의 재산인 자산에서 마이너스의 재산인 부채를 빼면 순수한 자기 재산, 즉 순재산이 나온다.

플러스(+)의 재산 − 마이너스(−)의 재산 = 자산 − 부채 = 순재산 ········· (3)

그런데 '자산=부채+자본' 이므로 이 등식에서 부채를 왼쪽으로 옮기면 '자산−부채=자본' 이 된다.

자산 − 부채 = 자본 ········· (4)

(3)식과 (4)식을 비교하면 순재산=자본임을 알 수 있다.

따라서 순재산은 자본이다. 기업의 자본은 위 등식에 의하여 계산할 수 있기 때문에 이 등식을 **자본등식(資本等式)**이라 한다.

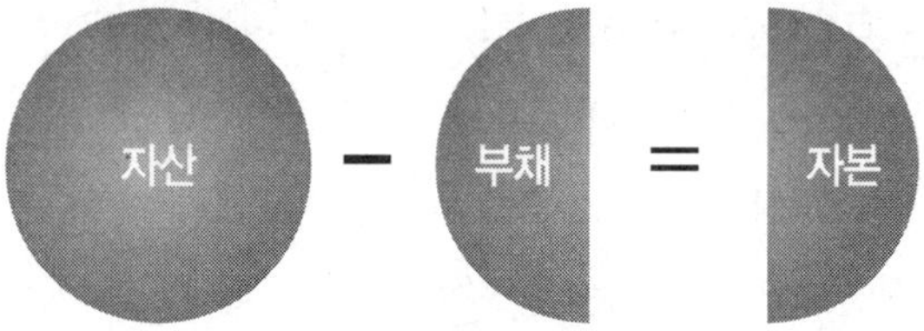

자본등식(資本等式)

[예 2] 순재산의 계산

한국상사가 다음과 같은 재산을 가지고 있다면 이 기업의 순재산은 얼마인가?

현　금 : 1,000,000원	상　품 : 2,000,000원
건　물 : 3,000,000원	차입금 : 2,000,000원

여기에서 현금, 상품, 건물은 자산이고 차입금(借入金: 남에게서 빌린 돈을 말한다)은 부채이다. 따라서 적극재산인 자산은 600만원(1,000,000+2,000,000+3,000,000)이고 소극재산인 부채는 200만원이므로 순재산인 자본은 400만원(6,000,000−2,000,000)이 된다.

2. 재무상태표

1 재무상태표의 의미

중세시대의 상인들은 자신이 가지고 있는 재산을 정리하기 위해서 재산목록을 작성했었다. 그 당시 재산목록을 작성하기 위한 지침을 보면 '첫째, 한 장의 백지에 자신이 가지고 있는 재산을 차례차례 쓸 것. 둘째, 재산정리를 다음날까지 계속하면 거래가 이루어져 재산이 변하니까 하루에 끝낼 것. 셋째, 잃어버리기 쉬운 현금 · 귀금속부터 먼저 쓸 것' 등으로 되어 있다.

중세시대에는 관리할 재산이 그렇게 많지 않았기 때문에 위의 지침대로 하나씩 재산을 정리할 수 있었을 것이다. 오늘날 가정에서 재산을 정리하여 목록을 작성해 본다면 텔레비전 1대, 냉장고 1대, 집 몇 m^2, 예금 얼마, 은행 융자액 얼마 등으로 중세에서처럼 한 장의 종이에 쉽게 정리할 수 있을 것이다.

이와 같이 일반적으로 개인이나 가정에서는 재산항목이 몇 개 되지 않으므로 재산목록을 작성하는데는 큰 어려움은 없다. 그러나 재산항목이 헤아릴 수 없이 많은 기업에서는 모든 재산을 하나씩 써서 정리한다면 한 장의 종이가 아니라 몇 백장의 종이로도 모자랄 것이다.

따라서 기업의 재산을 나타낼 때는 일정한 원리에 따라 보다 체계적으로 나타낼 필요가 있다.

앞에서 설명한 것처럼 자산은 부채와 자본을 합한 금액과 같다.

자산 = 부채 + 자본

회계에서는 이러한 등식에 따라 재산의 내용을 일정한 형식의 도표로 나타내는데 이 도표를 **재무상태표(財務狀態表, Statement of financial position)**라고 하며, 이 등식을 **재무상태표등식(財務狀態表等式)**이라고 한다. 이 등식에 따라 재무상태표는 아래와 같이 작성된다.

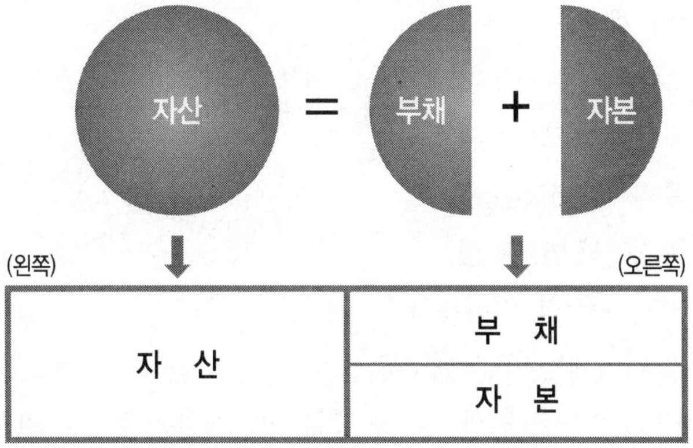

재 무 상 태 표

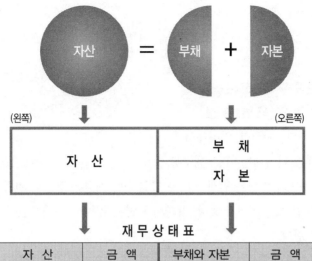

자 산	금 액	부채와 자본	금 액
현 금	×××	차입금	×××
•	•	•	•
•	•	•	•
•	•	자본금	×××
계	×××	계	×××

재무상태표의 왼쪽에는 기업이 가지고 있는 자산을 구성하는 항목들과 금액을 적고 오른쪽에는 부채와 자본을 구성하는 항목들과 금액을 적는다. [예 2]의 한국상사의 재무상태표를 작성하여 보면 다음과 같다.

재 무 상 태 표

한국상사 20××년 3월 1일

(왼쪽, 차변) (오른쪽, 대변)

자 산	금 액	부채와 자본	금 액
현 금	1,000,000	차입금	2,000,000
상 품	2,000,000	자본금*	4,000,000
건 물	3,000,000		
계	6,000,000	계	6,000,000

* 개인기업에서는 '자본=자본금'이다.

이와 같이 기업의 재산을 보여주는 표는 왼쪽과 오른쪽으로 나누어져 자산과 부채, 자본이 대조되는데 회계에서는 **왼쪽**을 **차변(借邊, debit)**, **오른쪽**을 **대변(貸邊, credit)**이라고 한다. 이러한 의미에서 기업의 재산상태를 나타내는 표를 재무상태표라고 한다. 차변과 대변은 원래 의미가 있었지만, 지금은 장부의 왼쪽과 오른쪽을 나타내는 용어일뿐 별다른 의미가 없다. 따라서 **차변, 대변**이라는 용어는 **왼쪽과 오른쪽**이라고 생각하기 바란다.

재무상태표의 위를 살펴보자. 첫째, 이 표가 재무상태표라는 것을 밝히기 위해서 재무상태표라는 **제목**이 쓰여 있다. 둘째, 이 재무상태표가 어느 기업의 재산상태를 나타내는 것인지 재무상태표라는 제목 밑에 **기업의 이름**이 쓰여 있다. 이 재무상태표는 한국상사의 재무상태표이다. 셋째, **언제**의 재무상태표인지 밝혀져 있다. 위의 재무상태표는 20××년 3월 1일로 쓰여 있다. 따라서 위의 재무상태표는 20××년 3월 1일 현재 한국상사의 재산상태를 나타내는 것이다.

재무상태표라는 것은 결국 기업이 일정시점에 가지고 있는 자산, 부채, 자본에는 어떠한 것이 있으며 그 금액이 얼마인지를 보여주는 표이다. 또한 재무상태표는 자금을 어디에서 조달하여 어떻게 사용하였는가 하는 두 가지 측면을 왼쪽은 자산, 오른쪽은 부채와 자본으로 나누어 대비시키면서 보여준다.

2 자산 · 부채 · 자본항목

나무를 기르는 농원의 주인에게 농원에는 어떠한 나무가 있는지를 물어 보았다. 그러자 ① "여기에는 나무가 모두 10년생으로 40그루 있습니다", ② "여기에는 10년생의 소나무,

잣나무, 은행나무, 밤나무가 각각 10그루씩 모두 40그루 있습니다" 라고 두 가지로 설명해 주었다.

어느 것이 더 농원의 내용을 알기 쉽게 설명하는가? 물론 후자일 것이다.

마찬가지로 기업의 자산, 부채, 자본은 총액이 얼마라고 이야기하기보다는 조금 더 자세히 이야기 해주는 것이 훨씬 이해하기 쉬울 것이다. 예를 들어 "어느 회사의 자산이 총 10억원이다"라고 하기 보다는 "자산 중 현금 얼마, 상품 얼마, 건물 얼마, 기계 얼마"라고 하는 것이 훨씬 그 내용을 알기 쉽게 설명해 줄 것이다.

회계는 **'기업의 언어'** 또는 **'경제활동의 언어'** 라고도 한다. 따라서 회계를 알기 위해서는 먼저 회계에서 사용하는 용어의 뜻을 잘 이해해야 한다. 이미 앞에서 자산, 부채, 자본이라는 회계용어에 대해 살펴보았다. 이제 자산 · 부채 · 자본을 다시 세분하면 공통적인 성격을 가진 여러 개의 항목으로 나눌 수 있다. 이러한 항목들을 회계에서는 어떻게 부르는지 살펴보자.(여기에서는 기본적인 항목의 이름을 익히는 것이 목적이며 구체적인 내용은 이 책의 후반부에서 설명될 것이다.)

■ 자산의 주요 구성항목

• 현금및현금성자산

한국은행에서 발행한 지폐와 동전 등의 통화와 통화대용증권(타인발행의 당좌수표, 자기앞수표 등 즉시 현금과 교환 가능한 증서), 당좌예금 · 보통예금 및 현금성자산(취득 당시 만기가 3개월 이내에 도래하는 단기투자자산)을 말한다.

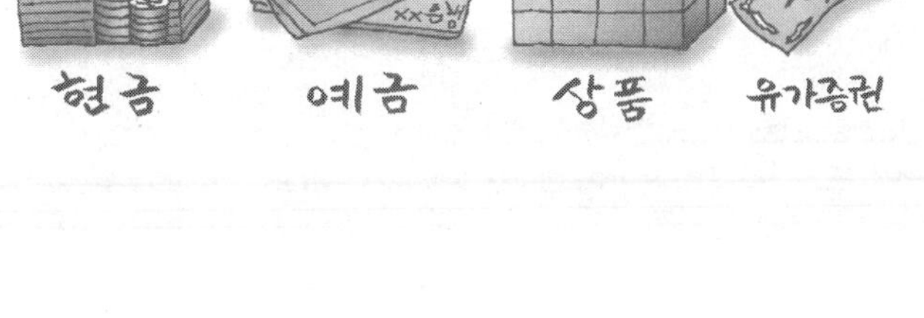

• **기타금융상품**(단기 · 장기)

은행 등 금융기관에 예금하고 있는 돈으로 정기예금, 정기적금, 사용이 제한되어 있는 예금 등을 말한다. 만기가 도래하는 기간이 1년 이내이면 단기기타금융상품, 1년 이후이면 장기기타금융상품이라고 한다.

• **유가증권**(당기손익인식금융자산 · 매도가능금융자산 등)

다른 회사가 발행한 주식이나 사채, 국가기관이 발행한 국채, 공채 등을 말하며, 기업회계에서는 이를 당기손익인식금융자산과 매도가능금융자산 등으로 분류하고 있다.

• **매출채권**(외상매출금 · 받을어음)

매출채권에는 크게 외상매출금과 받을어음이 있다. 외상으로 상품을 판매한 경우 판매자 입장에서는 판매대금을 받을 권리가 발생하는데 이 권리를 외상매출금이라고 한다. 받을어음이란 상품을 판매하고 그 대금으로 받은 어음을 말한다. 판매자의 입장에서는 나중에 어음대금을 받을 권리가 발생한다.

• **대여금**(단기대여금 · 장기대여금)

타인에게 빌려준 돈을 말한다.

• **상 품**

판매할 목적으로 다른 사람으로부터 구입한 물건을 말한다.

• **토 지**

영업용으로 사용하는 땅을 말한다.

• **건 물**

영업용으로 사용하는 공장이나 창고, 영업소 등의 건물, 본사의 빌딩 등을 말한다.

• **차량운반구**

회사에서 사용하는 자동차(승용차, 트럭)를 말한다.

• **비 품**

책걸상, 응접세트, 금고, 텔레비전, 복사기, 공장에서 쓰는 용구 등 회사에서 사용하는 물건을 말한다.

화폐금액 읽는 법과 쓰는 법

회계에서 화폐금액을 표시할 경우에는 일반적으로 ₩ 표시를 사용한다. 따라서 ' ₩100 ' 이라고 쓰고 ' 100원 ' 으로 읽는다. 이 책에서는 이러한 화폐금액표시에 익숙해질 때까지 ' 100 ' 과 ' 100원 ' 의 표시를 섞어서 사용할 것이다.

회계에서 숫자를 쓸 경우에는 세자리마다 콤마(,)를 찍는다. 따라서 숫자가 클 경우에는 콤마의 숫자를 기준으로 하여 읽는 방법을 배워야 한다. 콤마 앞의 단위를 기준으로 하여 읽으면 아래와 같이 일조, 십억, 백만, 천과 같이 일, 십, 백, 천으로 시작하면 된다.

일조 십억 백만 천
↓ ↓ ↓ ↓
1, 0 0 0, 0 0 0, 0 0 0, 0 0 0

아래의 숫자들을 가지고 연습해 보자.

1,234 1,234,567 1,234,567,890 1,234,567,890,123

■ **부채와 자본의 주요 항목**

부채의 주요항목은 다음과 같다.

- **매입채무**(외상매입금 · 지급어음)

상품을 외상으로 매입한 경우 매입자의 입장에서는 상품대금을 지급할 의무가 발생하는데 이 의무를 외상매입금이라고 한다. 또한 상품을 매입하고 그 대금으로 어음을 준 경우 매입자는 나중에 어음대금을 지급할 의무가 발생하는데 이 의무를 지급어음이라 한다. 이런 외상매입금과 지급어음을 합쳐 매입채무라고 한다.

- **차입금**(단기차입금 · 장기차입금)

타인으로부터 빌린 돈을 말한다.

- **미지급금**

상품 이외의 것을 외상으로 구입한 대금을 말한다.

자본의 주요 항목은 자본금이 있다.

- **자 본 금**

기업의 주인이 출자한 돈을 말한다.

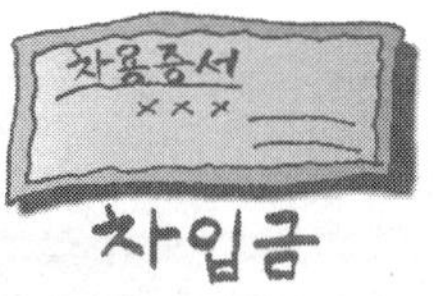

기업회계기준서 제1001호 재무제표 표시

기준서 제1001호는 표시되어야 할 항목의 순서나 형식을 규정하지 아니하였으며, 재무상태에 표시되는 정보는 단순히 재무상태표에 구분표시하기 위해 성격이나 기능면에서 명확하게 상이한 항목만을 제시하고 있다. 기업은 재무상태표에 자산을 유동자산과 비유동자산으로, 그리고 부채를 유동부채와 비유동부채로 구분표시하여야 한다.

[유동자산]
① 현금및현금성자산
② 매출채권과 기타채권
③ 기타금융자산(단기)
④ 재고자산
⑤ 기타자산(단기)

[비유동자산]
① 장기대여금 및 기타채권
② 기타금융자산(장기)
③ 투자부동산
④ 유형자산
⑤ 무형자산
⑥ 기타자산(장기)

[유동부채]
① 매입채무
② 기타금융부채(단기)
③ 충당부채
④ 기타부채(단기)

[비유동부채]
① 금융부채(장기)
② 퇴직급여부채
③ 기타부채(장기)

한편, 자본은 납입자본, 기타자본요소(자본유지조정, 기타포괄손익누계액, 일반적립금), 이익잉여금으로 구분하여 표시하여야 한다.

3. 재산의 변화와 재무상태표

기업이 영업활동을 수행함에 따라 기업이 가지고 있는 재산은 증감(增減)을 하면서 변화해 간다. 이와 같이 재산은 기업의 영업활동에 따라 증감하지만 어느 시점에서든 재무상태표에서의 자산총액과 부채와 자본을 합한 금액은 일치한다.

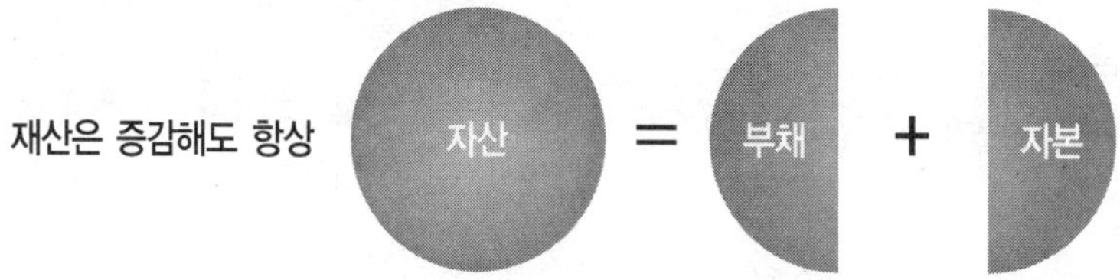

다시 말해 재산의 내용이 어떻게 변하든 **어느 시점에 작성하더라도 '자산=부채+자본' 이라는 재무상태표등식은 항상 성립된다**는 것이다.

과연 그런지 다음 예를 통해 살펴보기로 하자.

[예 3] 재무상태표의 변화

1/ 1 각종 잡화를 판매하기 위한 한국상사를 현금 1,000만원을 투자하여 설립하다.

1/ 5 영업자금이 부족해서 은행으로부터 현금 1,000만원을 빌리다.

1/10 상품 2,000만원 어치를 현금으로 구매하다.

1/20 위 상품을 3,000만원에 모두 판매하다.

1/31 한달치 집세 50만원과 이자 10만원, 그리고 점원 급여 40만원을 현금으로 지급하다.

이상과 같은 영업활동에 따라 한국상사의 재산상태가 어떻게 증감변화하는지 재무상태표의 변화를 통해 살펴보기로 하자.

1 설립시(1월 1일)

▶ **현금 1,000만원을 가지고 기업을 설립**

1월 1일 설립시 재산상태를 보면 자산은 현금 1,000만원만 있을 뿐 다른 자산은 없다. 그리고 부채와 자본은 자본금 1,000만원만 있을 뿐이다.

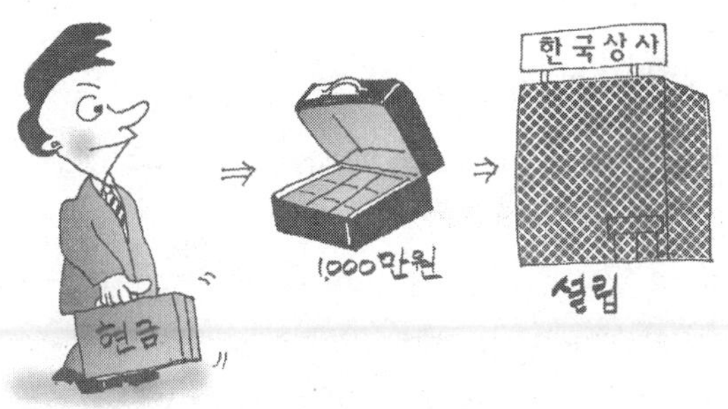

즉, 자산인 현금 1,000만원은 사업주가 출자한 자본금 1,000만원에 의해 이루어진 것임을 아래의 재무상태표는 보여주고 있다.

재 무 상 태 표 (설립시)

20xx년 1월 1일 현재*

한국상사 (단위 : 만원)

자 산	금 액	부채와 자본	금 액
현 금	1,000	자본금	1,000

* 재무상태표는 일정시점의 재산상태를 나타내는 표이므로 이처럼 시점을 반드시 표시해야 한다.

회계실체의 존재

법률적으로 개인기업의 경우에는 기업의 명의로 돈을 빌리더라도 개인이 책임을 진다. 예를 들어 한국상사의 주인이 이한국이라는 사람이라고 하자. 이때 한국상사가 다른 기업으로부터 돈을 빌렸다면 법률적으로는 이한국 씨가 돈을 빌린 것이 된다. 또는 앞의 예와 같이 이한국 씨가 한국상사를 1,000만원을 들여 설립했다면 법적으로는 1,000만원이라는 돈은 이한국 씨의 돈이자 한국상사의 돈이다. 따라서 법률적으로 볼 때 개인기업은 개인이라는 존재만 있을 뿐이지 기업은 별개의 존재가 아니다. 그러나 회계의 경우에는 개인기업의 경우라도 개인과는 독립적으로 분리되는 것으로 가정한다. 즉, 법률적으로 한국상사는 그 기업을 설립한 개인의 것이기는 하지만 자본금 1,000만원은 한국상사의 것이지 그 회사를 설립한 개인의 돈으로 기록하지는 않는다. 따라서 위의 예에서 나온 재무상태표는 한국상사의 재무상태표이지 한국상사를 설립한 사람의 재무상태표는 아니다. 회계에서는 이렇게 회계계산을 하는 존재로서 실체가 있고 이것은 설립한 사람과는 독립되어 존재하는 것으로 본다.

기업의 설립

기업을 설립하는 절차는 크게 개인기업과 주식회사(회사 중 대표적인 것)로 구분해 볼 수 있다. 간략하게 설립절차를 살펴보기로 하자.

개인기업의 형태로 사업을 하기 위해서는 세무서에 사업자등록을 신청해야 한다. 세무서에 비치되어 있는 사업자등록신청서에는 사업자의 인적사항, 사업자금 등을 포함한 사업장명세 등을 기록하게 되어 있다. 사업자등록신청을 하면 보통 5일(토요일 · 공휴일 및 근로자의 날은 제외) 내에 사업자등록번호가 기재된 사업자등록증이 나오게 된다.

사업자등록번호를 부여받아야만 정상적으로 거래를 시작할 수 있게 된다.

주식회사의 경우에는 자본금을 주주들로부터 납입받아 창립총회 등을 거쳐 상업등기소에 법인설립등기를 신청하게 된다. 법인설립등기가 되면 법인설립절차가 끝나게 되고 설립등기부등본, 개시재무상태표 등의 서류를 갖추어 사업자등록신청을 하게 된다. 이후 사업자등록번호가 기재된 사업자등록증이 나오게 되면 정상적으로 거래를 시작할 수 있게 된다.

2 부채 발생시(1월 5일)

▶ 은행으로부터 현금 1,000만원을 빌림

은행으로부터 현금 1,000만원을 빌릴 경우 현금(자산)이 1,000만원 증가됨과 동시에 부채로서 은행으로부터 빌린 차입금이 1,000만원 생긴다. 그래서 자산의 총액은 2,000만원으로 늘어나고 부채와 자본의 총액도 2,000만원으로 늘어난다. 이러한 상태를 재무상태표로 나타내면 아래와 같다.

재 무 상 태 표 (자금 차입시)

20xx년 1월 5일 현재

한국상사 (단위 : 만원)

자 산	금 액	부채와 자본	금 액
현 금	2,000	차입금	1,000
		자본금	1,000
계	2,000	계	2,000

3 구매시(1월 10일)

▶ **상품 2,000만원 어치를 현금으로 구매**

상품을 구매하면서 그 대가로 현금을 지급하였으므로 현재의 자산은 현금은 없고 상품 2,000만원만이 있게 된다. 즉, 상품구매시에는 상품이라는 자산이 2,000만원 증가한 만큼 현금이라는 자산이 2,000만원 감소하였으므로 결과적으로 자산총액에는 아무런 변화가 없다. 그렇다면 자본과 부채는 변동이 있는가? 전혀 변동이 없다.

재 무 상 태 표 (구매시)

20xx년 1월 10일 현재

한국상사 (단위 : 만원)

자 산	금 액	부채와 자본	금 액
상 품	2,000	차입금	1,000
		자본금	1,000
계	2,000	계	2,000

회계는 우선 원가로 기록하고자 한다.

한국상사에서 상품 2,000만원 어치를 구입한 예를 생각해 보자. 이 경우에는 한국상사에 들어오는 상품이라는 자산을 얼마로 기록했는가? 2,000만원이다. 이와 같이 회계에서 자산은 일반적으로 그 자산을 얻기 위해 지급한 가격, 즉 원가로 기록한다. 예를 들면 부동산가격의 상승과 같이 여러 가지 이유로 어떤 자산의 가치는 시간이 경과함에 따라 변할 수도 있다. 따라서 회계에서의 원가개념과 일상적으로 사용하는 가치라는 개념 사이에는 차이가 있을 수 있다.
그렇게 보면 회사의 재무상태표에 열거된 자산금액은 자산이 그 금액으로 팔릴 수 있다는 것이 아니다. 여하튼 회계는 우선은 자산을 취득시에 지급한 원가로 기록하고자 한다.

4 판매시(1월 20일)

▶ **상품 2,000만원 어치를 현금 3,000만원에 판매**

상품을 판매하고 그 대금을 현금으로 받은 경우에는 상품 2,000만원이 나가고 현금 3,000만원이 들어오게 되므로 결과적으로 자산이 1,000만원 증가하여 자산총액은 3,000만원이 된다.

이 경우 부채와 자본은 어떻게 될 것인가?

자산이 1,000만원 증가하였으므로 부채와 자본도 1,000만원 증가하여야 하는데 부채인 차입금은 변동이 없으므로 결국 1,000만원만큼 자본이 증가하여야 한다.

이와 같이 자본이 증가한 원인은 상품을 싸게 사서 비싸게 파는 영업활동에 의한 것임을 알 수 있다.

재 무 상 태 표 (판매시)

20xx년 1월 20일 현재

한국상사 (단위 : 만원)

자 산	금 액	부채와 자본	금 액
현 금	3,000	차입금	1,000
		자본금	2,000
계	3,000	계	3,000

5 월말에 각종 비용 지급시(1월 31일)

▶ 집세 · 이자 · 급여 100만원을 현금으로 지급

월말에 집세 50만원, 이자 10만원과 급여 40만원을 현금으로 지급하게 되면 현금 100만원이 감소하게 된다. 따라서 자산은 현금 2,900만원이 된다.

이 경우 자산인 현금이 100만원 감소되면 부채와 자본의 금액도 100만원 감소되어야 하는데 부채인 차입금은 변화가 없으므로 결국 자본이 100만원 감소되어야 한다.

이와 같이 자본이 감소된 이유는 영업활동을 위해 현금을 지출하였기 때문이다.

재 무 상 태 표 (월말)

20xx년 1월 31일 현재

한국상사 (단위 : 만원)

자 산	금 액	부채와 자본	금 액
현 금	2,900	차입금	1,000
		자본금	1,900
계	2,900	계	2,900

월말의 재산상태가 어떠한지를 알려면 월말의 재무상태표를 보면 된다. 즉 월말의 자산은 현금 2,900만원이며 이것은 은행으로부터 차입한 1,000만원과 자본금 1,900만원으로 구성되어 있음을 알 수 있다.

이상과 같이 기업의 영업활동에 따라 재산이 증감변화하면 그에 따라 자산, 부채, 자본도 변화하면서 변화된 재산상태가 재무상태표에 적절하게 나타난다.

제3장. 기업의 이익계산

1. 재산법과 손익법
2. 포괄손익계산서
3. 포괄손익계산서와 재무상태표의 관계

제3장. 기업의 이익계산

1. 재산법과 손익법

[1] 재 산 법

현재의 재무상태를 알기 위해서는 재무상태표를 작성해 보면 된다. 그러나 기업을 운영하는 입장에서는 재무상태뿐만 아니라 그 동안 얼마나 영업활동을 잘했는지 아는 것도 중요하다. 즉 이익이 얼마나 났는지 알아야 한다. 재무상태표를 이용하면 쉽게 이익을 계산할 수 있다.

■ 이익은 순재산의 증가

이익을 계산하는 예를 들어보자. 새벽에 현금 10만원을 가지고 나와 가락동 농수산물시장에서 사과를 사서 하루종일 팔았다. 저녁이 될 때까지 되어 사과를 모두 팔았다고 하자. 이제 수중에 남은 돈을 계산해 보니 15만원이었다. 그렇다면 오늘 하루 열심히 사과를 팔아 재산이 얼마나 늘어났는가?

아침에는 자산이 10만원, 부채가 0이므로 순재산인 자본은 10만원이었다. 그런데 저녁에는 자산이 15만원, 부채가 0이므로 순재산인 자본은 15만원이 되었으므로 결국 순재산이 5만원 늘어난 셈이다.

이렇게 하루 동안 열심히 활동하여 벌어들인 순수한 성과는 **순재산의 증가**로 나타낼 수 있다.

따라서 일정기간(하루 또는 한달

또는 일년) 동안 영업활동을 한 결과 재산이 얼마나 증감하였는지를 알려면 월초(새벽, 연초)와 월말(저녁, 연말)의 재산상태를 비교해야 한다. 즉 월초(새벽, 연초)와 월말(저녁, 연말)의 재무상태표를 비교해야 한다는 것이다.

2장에서 예를 든 한국상사의 월초와 월말의 재무상태표를 비교하여 보면 한달 동안 현금이 1,900만원(2,900만원－1,000만원) 증가하고, 차입금은 1,000만원(1,000만원－0), 자본금은 900만원(1,900만원－1,000만원) 증가하였다.

즉 한달 동안의 기업활동 결과 순재산인 자본은 900만원이 증가한 것이다.

재 무 상 태 표 (월초)

20xx년 1월 1일 현재

한국상사 (단위 : 만원)

자 산	금 액	부채와 자본	금 액
현 금	1,000	자 본 금	1,000
계	1,000	계	1,000

재 무 상 태 표 (월말)

20xx년 1월 31일 현재

한국상사 (단위 : 만원)

자 산	금 액	부채와 자본	금 액
현 금	2,900	차 입 금	1,000
		자 본 금	1,900
계	2,900	계	2,900

회계에서는 영업활동의 결과 월초에 비해 월말에 순재산인 자본이 증가된 금액(900만원)을 **순이익**(감소되면 **순손실**)이라고 한다. 따라서 순이익을 구하는 공식은 다음과 같다.

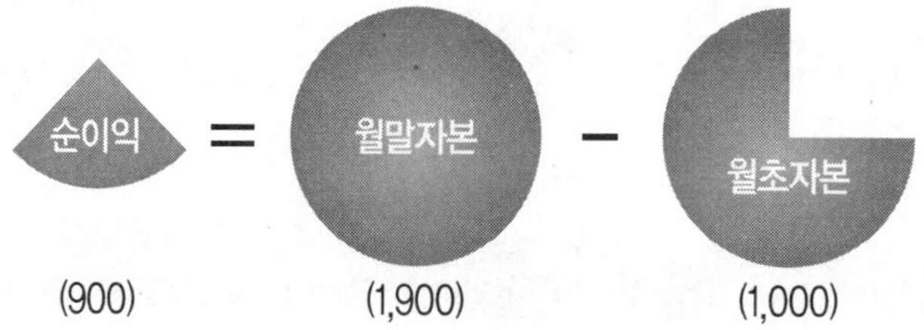

이제까지 설명한 바와 같이 재무상태표를 작성하면 일정시점에서 기업의 재산상태를 알 수 있다. 그리고 일정기간이 경과한 후 재무상태표를 작성해 보면 그 사이(기간)에 순재산

인 자본이 어떻게 변화했는지를 알 수 있다.

이때 **자본**이 증가하면 그 **증가분**을 **순이익**(純利益, net income)이라고 하며, 만약 자본이 감소하면 그 **감소분**을 **순손실**(純損失, net loss)이라고 한다.

영업활동의 결과 자본의 증가분	=	순 이 익
영업활동의 결과 자본의 감소분	=	순 손 실

한국상사의 월말재무상태표만 본다면 자본금 1,900만원으로 표시되어 있어 월초의 재무상태표와 비교하지 않고서는 월초자본금이 얼마인지, 순이익이 얼마인지를 알 수 없다.

따라서 월말의 자본금을 다음과 같이 순이익과 월초자본금으로 구분한 재무상태표가 일반적으로 사용되고 있다.

재 무 상 태 표

20xx년 1월 31일 현재

한국상사 (단위 : 만원)

자 산	금 액	부채와 자본	금 액
현 금	2,900	차 입 금	1,000
		자 본 금	1,000
		순 이 익	900
계	2,900	계	2,900

■ 이익의 계산기간

중세시대에 동방무역을 하는 사람들은 자금을 투자하여 배를 사고 선원을 고용하여 동방으로 가서 거래를 했다. 그리고 돌아와서는 선원들에게 그 동안 일한 대가로 급여를 지불하고 배를 포함한 모든 재산을 처분한 후에 남은 돈을 가지고 최초에 투자한 돈을 뺀 금액을 이익으로 계산하였다. 즉 **사업을 종료할 때**에야 이익을 계산했던 것이다.

그러나 **현대**에 와서는 이와 같은 방식으로 이익을 계산할 수는 없다. 왜냐하면 대부분 정상적인 경우에는 기업은 망하지 않고 계속 발전해 나가거나 **언제 끝날지 모르기 때문**에 경영자의 입장에서는 이익을 계산하기 위해서 기업의 생명이 끝날 때까지 기다릴 수는 없다. 또한 경영자는 "어떻게 회사가 돌아가고 있는지"를 알기 위해서도 자주 경영상태를 알 필요가 있다.

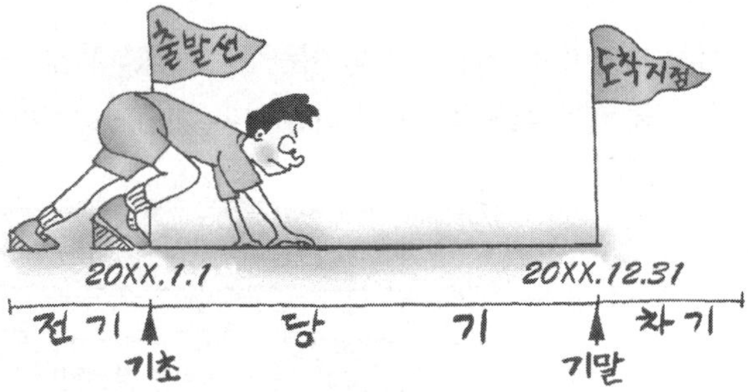

따라서 회계에서는 **인위적으로 기간을 일정하게 나누어 이익을 계산**하고 회사의 재무상태를 정리하고 있다. 이것을 **회계연도** 또는 **회계기간(會計期間, accounting period), 영업연도(營業年度)**라고 하며 **보통은 1년간**이다.

우리나라의 경우 많은 기업이 1월 1일부터 12월 31일까지를 회계연도로 정하고 있고 증권업과 같은 일부기업에서는 회계기간을 1월 1일이 아닌 다른 시점, 예를 들면 4월 1일, 7월 1일, 10월 1일부터 시작하는 경우도 있다.

이러한 회계기간이 시작되는 시점을 **기초**(期初), 끝나는 시점을 **기말**(期末)이라고 한다. 또 현재 이익이 계산되는 기간을 **당기**(當期), 직전 기간을 **전기**(前期), 다음 기간을 **차기**(次期)라고 한다.

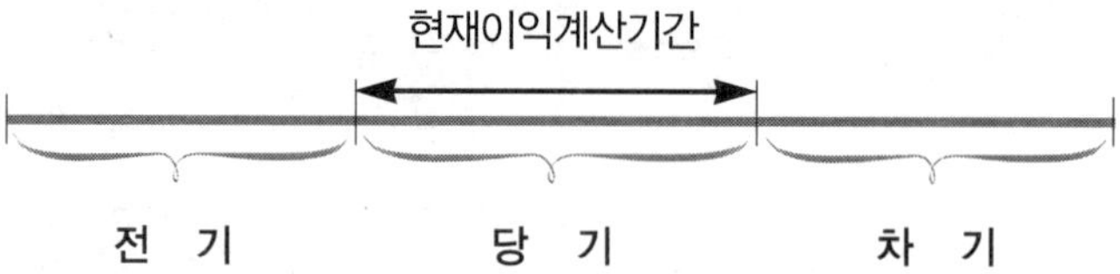

따라서 이번 회계기간 동안에 얻은 순이익, 즉 **당기순이익**(當期純利益)을 계산하기 위해서는 **당기의 기말자본에서 기초자본을 차감**하면 된다. 이때 (+)로 나오면 순이익이 난 것이며 (−)로 나오면 순손실이 난 것이다.

이와 같은 방법으로 이익을 계산하는 것을 회계에서는 **재산법**(財産法)이라고 한다.

〈 재산법에 의한 이익산출 공식 〉

[예 1] 당기순이익의 계산

1. 기초자본이 3,000원이고 기말자본이 4,000원이라면 당기순이익은 얼마인가?
2. 기초자본이 5,000원이고 기말자본이 4,000원이라면 당기순이익은 얼마인가?

A

1. 4,000원(기말자본)－3,000원(기초자본) = 1,000원(당기순이익)
2. 4,000원(기말자본)－5,000원(기초자본) = －1,000원(당기순손실)

또한 재산법의 이익산출등식에서 왼쪽의 기초자본을 오른쪽으로 옮기면 기말자본과 기초자본의 관계를 알 수 있다.

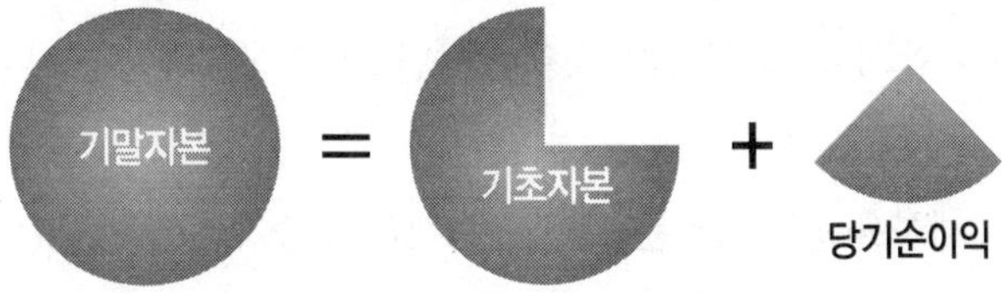

[예 2] 기말자본과 기초자본의 계산

기초자본이 1,000원이고 당기순이익이 800원이라면 기말자본은 얼마인가?

A

1,000원(기초자본) + 800원(당기순이익) = 1,800원(기말자본)

그리고 기말자산=기말부채+기말자본이므로 아래와 같은 관계가 성립한다.

기 말 자 산 = 기말부채 + 기초자본 + 당기순이익

기초재무상태표

기초자산	기초부채
	기초자본

기말재무상태표

기말자산	기말부채
	기초자본
	당기순이익

[예 3] 기초와 기말과의 관계

서울상회는 기초에 자산 3,000만원, 부채 2,000만원, 자본이 1,000만원이었다.
기말에는 순이익이 1,000만원이었고 자산이 5,000만원이었다면 기말의 부채는 얼마인가?

A

기말자산 = 기말부채 + 기초자본 + 당기순이익 이므로
5,000 = 기말부채 + 1,000 + 1,000 으로 기말부채는 3,000만원이다.

2 손 익 법

앞에서 재무상태표에 대하여 설명하면서 일정기간 동안 영업활동을 한 결과 기초의 순재산(자본)에 비해 기말의 순재산(자본)이 증가하면 그 순재산의 증가분이 이익이라는 것을 알았다.

기업의 목적은 순재산을 증가시키는 것이고 순재산의 증가분은 이익이므로 이익의 극대화가 곧 기업의 목적이라고 할 수 있다.

지금까지는 재무상태표를 이용하여 자본의 순증가액으로 이익을 계산하였다.

즉, 기초재무상태표의 자본액과 기말재무상태표의 자본액을 비교하여 전자보다 후자가 크면 이익이 난 것이고 반대의 경우에는 손실이 난 것이다.

기업은 이익을 만들어 내기 위해서 여러 가지 활동을 한다. 즉 제품을 만들기 위하여 원재료 등을 구입하는 **구매활동**, 구입한 원재료를 가공하여 완제품을 만드는 **생산활동**, 완제품을 판매하는 **판매활동**, 이러한 활동을 지원하는 **일반관리활동**, 그리고 주영업 목적 이외의 **부수적인 활동** 등을 수행하게 되며 이러한 기업의 모든 활동들을 통해 이익이 발생된다. 그러나 이익이 기업의 어떤 활동을 통해 얼마나 발생된 것인가를 알기 위해서는 재무상태표의 변화만을 보아서는 알 수가 없다.

한국상사의 예에서 재무상태표의 변화를 보면 기말자본이 1,900만원, 기초자본이 1,000만원이기 때문에 순이익이 900만원이라는 것은 알 수 있지만 어떤 활동을 통해 순이

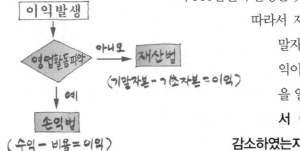

익 900만원이 발생한 것인지는 알 수 없다.

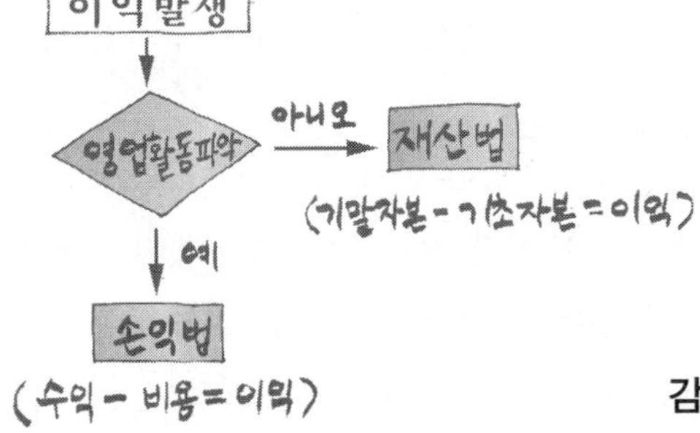

따라서 재무상태표를 이용한 **재산법**은 기말자본과 기초자본의 차이를 구해 이익이 얼마나 났는가 하는 최종 결과만을 알 수 있을 뿐 **어떠한 활동을 통해서 이익이 얼마나 증가하고 얼마나 감소하였는지는 알 수 없다.**

이러한 재산법의 단점을 극복하고 이익이 **어떠한** 영업활동에 의해 **얼마나** 발생되었는지, 그 과정과 결과를 동시에 알 수 있는 이익산출방식을 **손익법**(損益法)이라 한다.

손익법에서는 기업의 모든 영업활동 중에서 이익의 플러스(+) 요인인 **자본을 증가시키는 활동**을 **수익**활동으로 분류하고, 이익의 마이너스(−) 요인인 **자본을 감소시키는 활동**을 **비용**활동으로 분류한 후 양자의 차이로써 일정기간 동안의 이익을 산출한다.

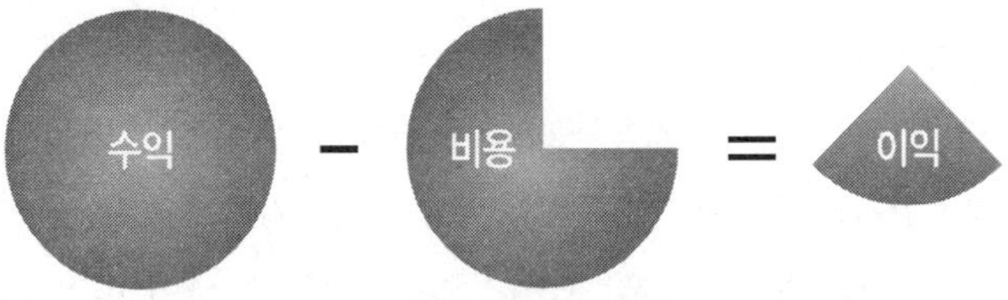

〈 손익법에 의한 이익산출공식 〉

이렇게 하면 일정기간 동안 어떠한 영업활동을 통해 이익이 증가하고 감소했는지를 알 수 있을 뿐만 아니라 자본의 순증가액인 이익이나 자본의 순감소액인 손실이 얼마인지를 정확히 산출할 수 있다.

3 수익 – 비용 = 이익

손익법에 의해 이익을 산출하기 위해서는 사전에 수익과 비용이 무엇인지를 정확히 파악하고 계산할 줄 알아야 한다. 따라서 수익과 비용의 개념 및 그 계산방식에 대해 알아보기로 하자.

수익이란 일정기간 동안 장사를 하여 벌어들인 돈(재산)을 말한다. 이에 따르면 하루에 벌어들인 돈 15만원이 하루 동안의 수익이 되는 셈이다. 다시 말해 **수익**(收益 : revenue)이란 영업활동 중 자본을 증가시키는 것으로 **기업이 고객에게 제공한 상품이나 서비스의 총액**을 말한다. 수익금액은 상품 등을 제공하고 그 대가로 받은 현금이나 기타 자산으로 측정한다.

이때 **수익**이라고 하는 것은 일정한 회계기간 동안의 수익을 말한다. 즉 한달 동안의 수익이라면 한달 동안, 일년 동안의 수익이라면 일년 동안 상품이나 서비스를 고객에게 제공하고 그 대가로 받은 현금이나 기타 자산 등을 의미하는 것이다. 여기서 기타 자산 등이라고 하는 것은 상품이나 서비스를 제공한 대가로 곧바로 현금을 받지 않고 외상으로 한 경우에도 나중에 현금을 받을 권리로서 채권 등이 생기는 경우가 있기 때문이다.

예를 들어 1만원짜리 상품을 2만원에 판매하고 그 대금을 현금으로 받은 경우를 생각해 보자. 상품판매라는 영업활동을 통해 2만원이라는 현금이 들어왔으므로 이 판매금액 2만원이 수익이 된다.

수 익
- ⇨ **자본을 증가시키는 것**
- ⇨ **고객에게 제공한 상품이나 서비스 금액**

이에 비해 비용이란 일정기간동안 장사를 하기 위해 소비(지출)한 돈(재산)을 말한다. 다시 말해 **비용(費用 : expense)**이란 자본을 감소시키는 원인이 되는 것으로서 **수익을 얻기 위해 희생 또는 소비된 현금, 상품, 서비스 등과 같은 자산의 원가**를 말한다.

위에 든 예에서 수익 2만원을 얻기 위해 상품(자산) 1만원이 소비되었으므로 이 상품의 원가 1만원이 비용이 된다.

비 용
- ⇨ **자본을 감소시키는 것**
- ⇨ **수익을 얻기 위해 소비된 자산의 원가**

따라서 다음과 같은 등식이 성립된다.

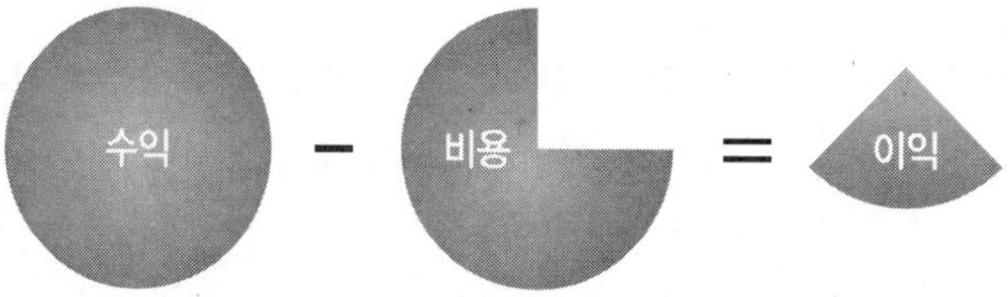

(자본의 증가) (자본의 감소) (자본의 순증가)

계산결과 마이너스가 나오면 손실이 된다.

수 익 > 비 용 ⇨ 이 익

수 익 < 비 용 ⇨ 손 실

이와 같이 수익은 **자본증가의 원인**이 되고 비용은 **자본감소의 원인**이 되는 것이다.

결국 상품판매를 통해 자본이 2만원 증가(수익)함과 동시에 1만원이 감소(비용)되어 결과적으로 자본은 1만원만큼 순증가한 것이 된다.

이익은 자본의 순증가분이라고 하였으므로 결국 수익 2만원에서 비용 1만원을 차감한 1만원이 이익이 된다.

회계에서는 상품을 판매해서 들어온 판매금액을 **매출액(賣出額)**이라고 하고 판매된 상품의 원가를 **매출원가(賣出原價)**라고 한다. 이와 같은 매출액은 기업의 주요한 수익이 되고 매출원가는 기업의 주요한 비용이 된다.

수익과 비용에는 이외에도 여러 가지가 있는데, 이에 대해서는 나중에 살펴 보기로 한다.

이익과 현금

이익이란 자본이 순증가하는 것이지 현금이 증가하는 것은 아니다. 따라서 어떤 기업이 이익이 많이 났다고 해서 현금이 많을 것이라고 생각해서는 안 된다. 흑자 도산이란 말은 이익이 났음에도 불구하고 현금이 부족하여 부도가 났다는 것이다.

간단한 예를 들어보자.

자본금 1만원을 현금으로 출자하였다. 그리고 이 현금으로 상품을 샀다고 하자. 그러면 자본은 1만원으로 변화한 것이 없다. 이후에 1만원에 산 상품을 모두 외상으로 2만원에 팔았다고 하자. 그러면 재무상태표는 다음 그림과 같이 나타날 것이다.

이 기업은 현재 현금은 얼마나 있는가? 이익은 1만원이 났음에도 불구하고 현금은 전혀 없다. 현금으로 팔았다면 이익 1만원이 생김과 동시에 현금 1만원이 늘어났을 것이다. 따라서 이익이 났다고 해서 현금이 그만큼 증가한 것은 아니라는 점에 주의해야 한다.

재무상태표

매출채권 2만원	자 본 금 1만원
	이 익 1만원

2. 포괄손익계산서

1 포괄손익계산서의 구조

일정기간 동안 기업이 영업을 잘했는가 못했는가 하는 영업성과는 그 기간 동안 발생한 모든 수익을 합한 **총수익**과 모든 비용을 합한 **총비용**을 비교해서 차감함으로써 가장 잘 알 수 있다. 이때 차감액을 **순이익**(마이너스인 경우 순손실)이라고 한다. 이를 등식화하여 보면 다음과 같다.

이 식은 다음과 같이 고쳐 쓸 수 있다.

그런데 수익은 자본증가의 원인이고 비용은 자본감소의 원인이므로 수익과 비용의 증감은 자본의 증감과 관련하여 기록해야 한다. 즉 재무상태표등식인 '자산＝부채＋자본' 에서 **자본의 증가**를 **오른쪽**에 기록한 것과 같이 자본의 증가를 초래하는 **수익**도 **오른쪽**에 기록하는 것이 체계적인 기록을 위해 타당할 것이다.

앞의 등식 **총수익＝총비용＋순이익**의 오른쪽과 왼쪽을 서로 맞바꾸어 고쳐 쓰면 다음과 같이 되어 수익이 오른쪽에 기록되게 된다.

회계에서는 이 등식에 근거하여 영업성적을 일정한 형식의 도표로 나타낼 수 있는데 이를 **포괄손익계산서(包括損益計算書 : statement of comprehensive income)**라고 하며, 이 등식을 **포괄손익계산서등식(包括損益計算書等式)**이라고 한다. 이러한 관계를 나타내어 보면 다음과 같다.

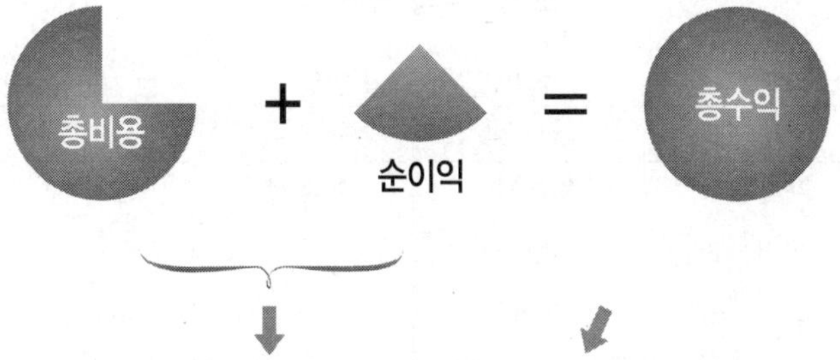

(차변) (대변)

총 비 용	총 수 익
순 이 익	

포 괄 손 익 계 산 서

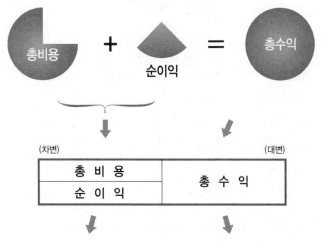

비 용	금 액	수 익	금 액
매출원가	×××	매출액	×××
•	•	•	•
•	•	•	•
•	•	•	•
•	•	•	•
순이익	×××	•	•
계	×××	계	×××

앞에서 예로 들었던 한국상사의 경우에 1월중의 포괄손익계산서를 작성하는 과정을 보면 다음과 같다.

우선 1월 1일, 5일, 10일에는 수익이나 비용이 발생하지 않았으므로 고려할 필요가 없다.

1월 20일에는 2,000만원에 구입한 상품을 3,000만원에 판매하였으므로 판매활동을 통해 들어온 현금 3,000만원이 매출액으로서 수익이 되고, 이 수익을 얻기 위해 소비된 상품이 2,000만원이므로 이것이 매출원가로서 비용이 된다.

그리고 1월 31일 집세 50만원, 은행이자 10만원, 점원급여 40만원을 지급하였는데 이것은 모두 영업활동을 위해 소비된 것이므로 비용이 된다.

이러한 분석 결과에 의해 포괄손익계산서를 작성해 보면 다음과 같다.

포 괄 손 익 계 산 서

한국상사 1월 1일부터 1월 31일* (단위 : 만원)

비 용	금 액	수 익	금 액
매출원가	2,000	매출액	3,000
임 차 료	50		
급 여	40		
이자비용	10		
순 이 익	900		
계	3,000	계	3,000

* 포괄손익계산서는 일정기간의 영업성적을 나타내는 표이므로 이처럼 반드시 기간을 표시해야 한다.

2 포괄손익계산서의 구성항목

포괄손익계산서는 수익과 비용이라는 두개의 큰 항목으로 구성되어 있지만 좀더 포괄손익계산서를 명확하게 이해하기 위해서는 수익과 비용의 구성항목에 대하여 알아 둘 필요가 있다. 이하에서는 포괄손익계산서의 주요 구성항목을 간략하게 설명한다.

성격별분류와 기능별분류

포괄손익계산서는 성격별분류와 기능별분류 중 하나의 분류로 작성하여야 한다. 성격별분류는 총수익을 수익(매출액)과 기타수익으로 분류하고, 당기손익에 포함된 비용은 그 성격(예:감가상각비, 원재료의 구입, 운송비, 종업원급여와 광고비)별로 통합하여 표시한다. 기능별분류에서는 비용을 매출원가, 그리고 물류원가와 관리활동원가 등과 같이 기능별로 분류한다.

■ 수익의 주요 항목

- **매출액**

상품을 판매한 금액을 말한다.

• **이자수익**

예금, 대여금 등에 붙은 이자를 말한다.

• **수수료수익**

상품판매 등을 대신해 주고 받은 수수료를 말한다.

■ 비용의 주요 항목

• **매출원가**

판매한 상품의 원가를 말한다.

• **급 여**

임원급여, 종업원에게 지급하는 급료로서 본봉과 상여금(보너스) 등을 말한다.

• **여비교통비**

회사의 업무상 지출하는 택시비, 버스비, 출장여비 등이다.

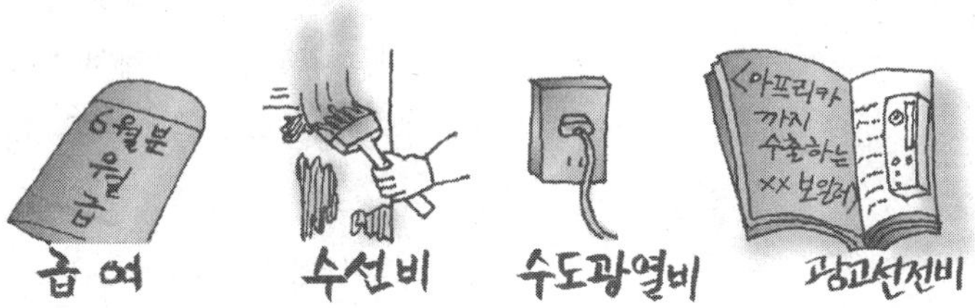

• **광고선전비**

신문, TV, 라디오, 잡지 등에 내는 광고료이다.

• **임차료**

건물, 토지, 주차장 등을 빌린 경우 그 주인에게 빌린 대가로 지급하는 것이다. 주인의 입장에서는 임대료(수익)가 된다.

• **수선비**

건물과 창고, 기계 등을 수선하는 데 든 비용이다.

• **수도광열비**

전기료, 가스료, 수도요금 등이다.

• **운반비**

외부의 운송업자에게 지급하는 상품의 발송에 관한 운임이다.

• **이자비용**

은행 등 타인으로부터 빌린 차입금에 대한 이자이다.

3. 포괄손익계산서와 재무상태표의 관계

한국상사의 월말재무상태표에 나타난 순이익 900만원은 전술한 포괄손익계산서에 나타난 바와 같이 매출액 3,000만원에서 매출원가 2,000만원, 집세 50만원, 급여 40만원, 이자 10만원을 지급하고 남은 금액이라는 것을 알 수 있다.

따라서 포괄손익계산서는 재무상태표의 순이익이 어떻게 발생되었는지를 알려주는 역할을 해준다. 그러면 여기에서 여러분들은 아마도 이런 의문을 가질 것이다.

"왜 재무상태표의 순이익과 포괄손익계산서의 순이익이 일치하는 것일까?" 하고 말이다.

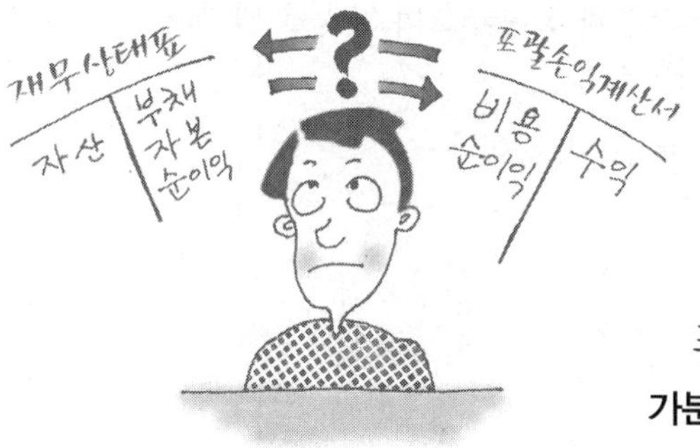

그 이유는 간단하다.

우리는 앞에서 수익이 발생하면 그만큼 자본이 증가하고 비용이 발생하면 그만큼 자본이 감소한다는 것을 알았다. 따라서 수익에서 비용을 차감한 포괄손익계산서의 순이익은 **자본의 순증가분**이다.

그리고 재무상태표의 순이익은 기말자본에서 기초자본을 차감한 **자본의 순증가분**이므로 양자의 순이익은 자본의 순증가분으로서 일치하는 것이다.

포괄손익계산서와 재무상태표의 관계를 물탱크의 예를 들어서 설명해 보기로 하자.

그림과 같이 월초에 남아 있는 물의 양은 300ℓ 이다. 그런데 이번 한달 동안 들어온 물의 양은 1,000ℓ 이고 한달 동안 탱크에서 나간 물의 양은 800ℓ 라면 월말에는 물탱크에 물이 얼마나 남아 있겠는가?

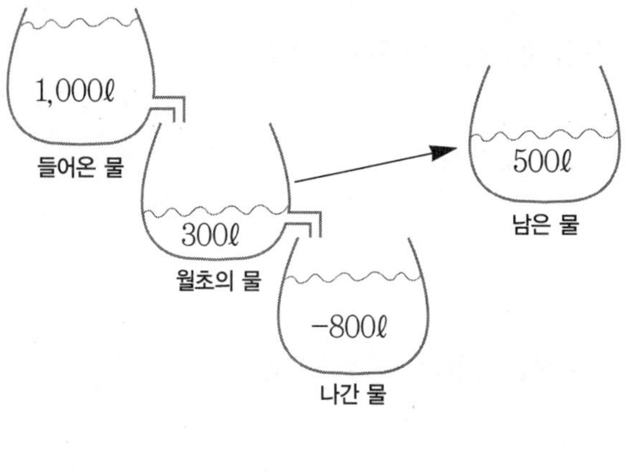

누구나 쉽게 답을 구할 수 있을 것이다. 즉 '월초의 물(300ℓ)+들어온 물(1,000ℓ)−나간 물(800ℓ)=남아 있는 물(500ℓ)' 이 된다.

자, 그렇다면 이번 달에 물은 얼마나 늘어났겠는가?

이것을 구하는 방식은 다음과 같은 두 가지가 있을 것이다. **먼저 월말에 물탱크에 있는 물 500ℓ (월말자본에 해당)**에서 **월초에 물탱크에 있던 물 300ℓ (월초자본에 해당)**를 빼면 이번 달에 늘어난 물의 양은 200ℓ 라는 것을 쉽게 구할 수 있다.

두번째 방법은 **이번 달에 들어온 물의 양 1,000ℓ** (수익에 해당)에서 **나간 물의 양 800ℓ** (비용에 해당)를 빼면 이번 달에 늘어난 물의 양(순이익에 해당)은 200ℓ 가 된다.

결국 양자의 방법으로 구한 "늘어난 물의 양"은 200ℓ 로서 일치한다. 이와 같이 볼 때 어떠한 방법으로 구하더라도 방법만 다를뿐 구하고자 하는 "늘어난 물의 양"은 일치한다는 것을 알 수 있다.

전자의 방법이 재무상태표에서 순이익을 구하는 방법(월말자본−월초자본=순이익)이며 후자의 방법이 포괄손익계산서에서 순이익을 구하는 방법(수익−비용=순이익)으로서 어떠한 방법으로 구하든 순이익은 일치한다는 것을 알 수 있다.

이러한 재무상태표와 포괄손익계산서의 관계를 도표로 나타내 보면 다음과 같다.

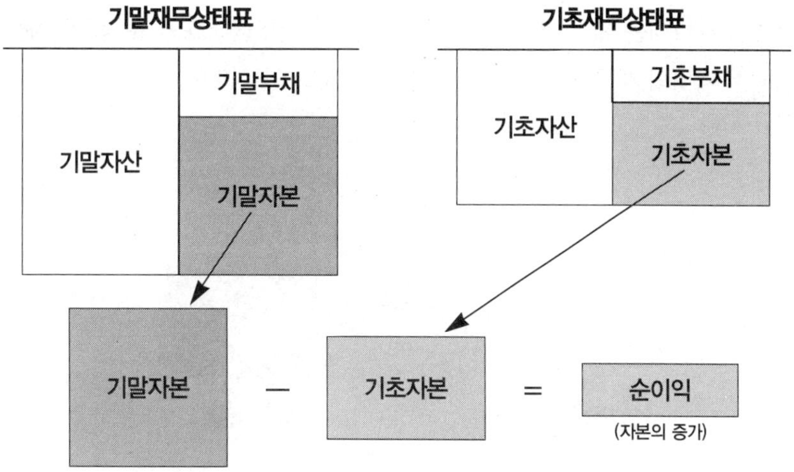

〈 재산법에 의한 이익의 계산 〉

두 표를 시간상의 관계로 본다면 **재무상태표**는 **일정 시점의 재무상태**를 표시하는데 비해 **포괄손익계산서**는 **일정 기간의 영업성과**를 나타낸다. 따라서 결국 기업은 전연도 말인

기초 재무상태표로 출발해서 여기에 포괄손익계산서에 나타난 영업활동을 더한 결과가 금년도 기말 재무상태표가 되는 것이다.

이를 도표로 나타내면 다음과 같다.

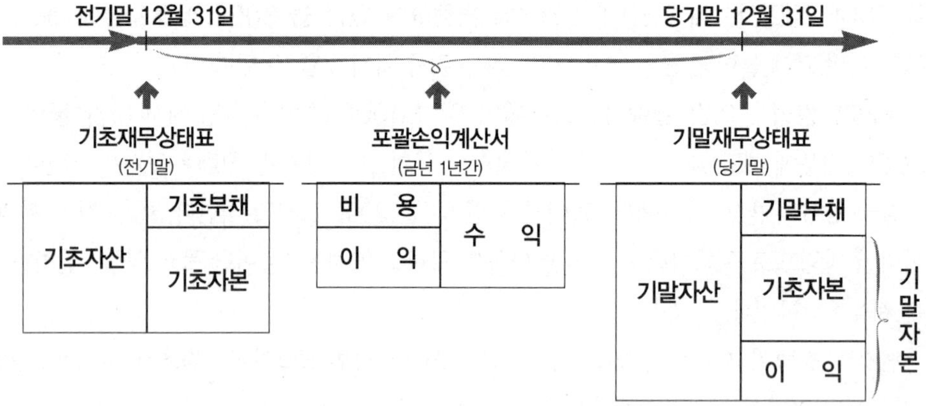

따라서 포괄손익계산서는 재무상태표의 순재산증가분인 이익이 어떻게 발생되었는지를 나타내며, 재무상태표는 포괄손익계산서에 나타난 영업활동의 결과 재산이 어떻게 변동되었는지를 나타내는 표인 것이다. 이와 같이 볼 때 **재무상태표와 포괄손익계산서**는 **상호보완**하면서 기업의 재무상태와 영업성과를 나타내고 있는 것이다.

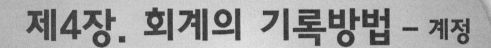

제4장. 회계의 기록방법 – 계정

1. 계정의 이용
2. 자산 · 부채 · 자본계정의 기록방법
3. 수익 · 비용계정의 기록방법

제4장. 회계의 기록방법 – 계정

1. 계정의 이용

1 계정의 의미

회계에서는 **어떻게 기록할까?** 이에 대해 알아보기 위해 어떤 기록방법이 가능한지 우선 살펴보기로 하자. 여러분은 용돈을 관리하기 위해 어떻게 기록하는가?

예를 들어 여러분의 한 달 동안의 용돈 씀씀이가 다음과 같다고 하자.

「3월 1일 어머니로부터 용돈 10만원을 받고, 3월 5일 아르바이트를 해서 2만원을 벌고, 3월 10일 책을 사는 데 3만원을 쓰고, 3월 20일 영어학원 수강료 7만원을 지급하고, 3월 25일 삼촌으로부터 용돈 3만원을 받다.」

이와 같은 용돈의 씀씀이를 기록하는 가장 쉽고 간편한 방법은 여러분의 수첩 등에 다음과 같이 간단히 메모하는 것이다.

3월	1일,	어머니로부터 용돈	10만원
	5일,	아르바이트 수입	2만원
	10일,	책 구입	3만원
	20일,	학원 수강료 지급	7만원
	25일,	삼촌으로부터 용돈	3만원

여러분은 위와 같이 기록함으로써 여러분의 용돈이 언제, 어떻게, 얼마나 들어왔는지(수입), 나갔는지(지출)를 알 수 있다.

일반적으로 용돈(현금)의 수입과 지출이 빈번하지 않은 경우는 이렇게 간단히 기록해도 용돈의 관리는 수월하다.

그러나 현금의 수입과 지출이 빈번한 경우에는 위와 같이 기록하면 현금의 수입과 지출이 분리되지 않기 때문에 총수입과 총지출이 얼마인지를 알기 어렵다.

따라서 이러한 경우에는 위의 방법을 좀더 개선하여 아래와 같이 기록할 수 있다.

현 금

날짜	적요*	수입	지출
3월 1일	용돈(어머니)	100,000	
3월 5일	아르바이트수입	20,000	
3월 10일	책구입		30,000
3월 20일	학원 수강료		70,000
3월 25일	용돈(삼촌)	30,000	

* 적요(摘要)란 '요점을 따서 적는다'는 뜻이다. 따라서 적요란에는 일어난 사건에 대해 알 수 있도록 그 내용을 간단히 기록한다.

이와 같은 방법으로 기록하면 현금의 수입(증가)과 현금의 지출(감소)을 구분할 수 있어 총수입과 총지출을 쉽게 계산할 수 있고 현재 잔액도 쉽게 계산된다.

일반적으로 개인이나 가정, 그리고 조그마한 규모의 개인상점에서는 이렇게 기록함으로써 현금의 수입과 지출의 관리가 가능하다. 그러나 현금의 수입(증가)과 지출(감소)이 매우 빈번히 일어나는 회사에서는 현금의 수입과 지출을 좀더 분명하게 구분하기 위해 아래와 같은 기록방법을 사용한다.

현 금

날 짜	적 요	수 입	날 짜	적 요	지 출
3/1	용돈	100,000	3/10	책구입	30,000
3/5	수입	20,000	3/20	수강료	70,000
3/25	용돈	30,000			

위와 같은 방식으로 기록하면 현금이 증가하는 부분인 수입과 현금이 감소하는 부분인 지출이 **양쪽으로 분명하게 구분**되어 현금의 수입과 지출을 혼동해서 기록하는 일이 거의 일어나지 않을 것이다.

현금의 총증가(수입)액을 계산하기 위해서는 왼쪽의 금액을 합하고, 현금의 총감소(지출)액을 계산하기 위해서는 오른쪽의 금액을 합하면 된다. 그리고 **왼쪽 금액 합계와 오른**

쪽 금액 합계의 차액이 그 날 가지고 있는 현금의 **잔액(殘額)**이 된다.

이러한 형태를 좀더 간략하게 표현하면 아래와 같이 T자 모양으로 만들 수 있다.

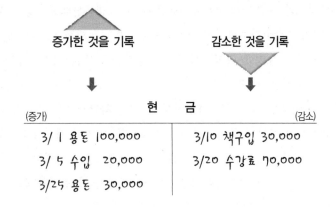

증가한 것을 기록 **감소한 것을 기록**

현 금

(증가)	(감소)
3/ 1 용돈 100,000	3/10 책구입 30,000
3/ 5 수입 20,000	3/20 수강료 70,000
3/25 용돈 30,000	

회계에서는 현금뿐만 아니라 모든 자산, 부채, 자본, 수익, 비용의 증가와 감소를 기록할 때 이와 같이 증가와 감소를 양쪽으로 분명히 구분하여 기록한다.

회계에서는 이와 같은 방식으로 **어떤 항목의 증가와 감소를 구분하여 계산·기록하는 장소**(T자형의 모양)를 **계정(計定, account)**이라고 한다. 그리고 **계정의 명칭**을 **계정과목(計定科目, title of account)**이라 한다. 현금에 관한 기록을 이와 같이 정리한 것을 현금계정이라고 한다. 즉 이 계정의 계정과목은 현금이다.

계정의 의미

계정이란 단어를 풀어보면 計는 言(말씀)과 十(수)로 이루어져 '수를 헤아리다'라는 뜻을 가지고 있고 定은 '정돈하다'는 의미의 正과 '집'을 의미하는 갓머리로 이루어져 일정한 장소를 정돈한다는 의미를 가지고 있다. 따라서 計定이란 '수를 헤아려 정돈하는 일정한 장소'를 의미한다. 계정의 단어인 account란 어떤 사실에 대해 체계적으로 설명하는 것을 의미한다. 영어이든 한자이든 계정은 '어떤 사실에 대해 체계적으로 설명하기 위해서 일정한 장소에 정돈하는 것 또는 정돈된 장소'를 의미한다.

2 계정의 종류

계정은 재무상태표와 포괄손익계산서의 내용에 따라 재무상태표계정인 자산계정 · 부채계정 · 자본계정과 포괄손익계산서계정인 수익계정과 비용계정으로 분류할 수 있다.

자산계정에는 자산의 유형에 따라 현금및현금성자산 · 당기손익인식금융자산, 매도가능금융자산, 기타금융자산 · 매출채권 · 상품 · 대여금 · 건물 · 비품 · 토지 등의 계정이 있고 **부채계정**에는 매입채무 · 차입금 등의 계정이 있다. **자본계정**은 개인기업에서는 주로 자본금계정을 설정하여 자본의 증가 · 감소를 기록한다. 이러한 자산계정 · 부채계정 · 자본계정의 내용에 대해서는 2장에서 재무상태표의 주요 항목으로 설명한 바 있다.

수익계정에는 매출 · 수수료수익 · 이자수익 등의 계정이 있고 **비용계정**으로서는 매출원가 · 급여 · 운임 · 임차료 · 이자비용 등의 계정이 있다.

이러한 수익계정과 비용계정의 내용에 대해서는 이미 포괄손익계산서의 주요항목으로 설명한 바 있다. 앞에서는 계정이라는 의미가 설명되지 않았기 때문에 항목이라고 했지만 지금부터는 항목이라 하지 않고 계정이라 부를 것이다.

계정은 그 성격에 따라 여러 가지로 분류할 수 있지만 자산 · 부채 · 자본 · 수익 · 비용계정으로 나누는 방식이 가장 일반적이다.

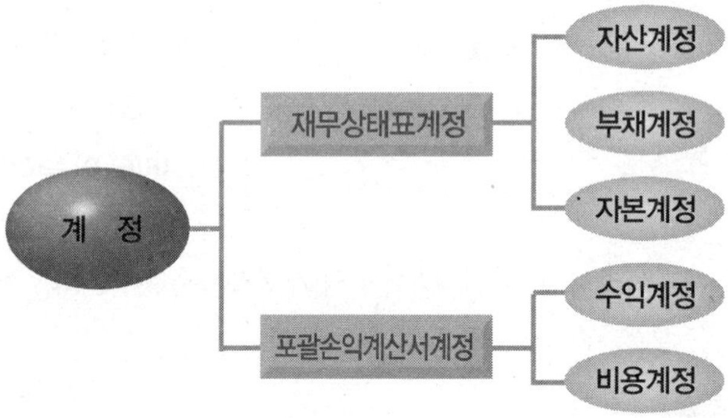

3 계정의 형식

계정은 금액란을 좌우 둘로 나누어 증가액과 감소액을 별도로 기입할 수 있도록 설정되어야 한다. 이 때 **계정의 왼쪽**을 **차변(借邊, debit, debtor, Dr)**, **오른쪽**을 **대변(貸邊, credit, creditor, Cr)**이라 한다. 이와 같이 차변과 대변으로 부르는 것은 재무상태표,

포괄손익계산서의 왼쪽을 차변, 오른쪽을 대변으로 부르는 것과 마찬가지이다.

계정을 기록하기 위하여 장부에 설정된 장소(紙面)를 계정계좌(計定計座)라고 하는데 계정계좌의 형식에는 표준식과 잔액식의 두 가지가 있다.

표준식(standard form)은 아래에서 보는 바와 같이 중앙에서 좌우 양쪽을 똑같이 나누어 왼쪽을 차변, 오른쪽을 대변으로 구분한다.

○ ○ 계 정

[표준식]

20××년		적 요	분면	차 변	20××년		적 요	분면	대 변

* 분면이라는 용어가 나오는데 뒤에서 설명될 것이다.

잔액식(balance form)은 잔액란이 별도로 설정되어 있어 차변에 기입한 금액과 대변에 기입한 금액과의 차액이 있으면 이를 잔액란에 기입하여 현재의 잔액을 알 수 있도록 되어 있다.

○ ○ 계 정

[잔액식]

20××년		적 요	분면	차 변	대 변	차 또는 대	잔 액

오늘날 실무계에서 많이 쓰고 있는 계정계좌의 형식은 잔액식이다. 그렇지만 실제로 장

부에 기입하는 것이 아니라 회계의 원리를 해설하기 위해 계정계좌를 사용할 경우에는 표준식 계정계좌를 간략하게 만든 T자형으로 생긴 계정을 사용한다. 이것은 T자형으로 생겼기 때문에 T계정이라고 한다.

○ ○ 계 정

차변	대변

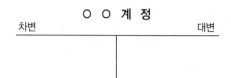

앞에서 설명한 것처럼 현금계정에 현금의 증가를 왼쪽에, 감소를 오른쪽에 기록하지만 모든 계정의 증가는 계정 왼쪽인 차변에, 감소는 계정의 오른쪽인 대변에 기록하는 것은 아니다. 이것에는 일정한 방법이 있다. 이와 같이 **계정과목의 증가와 감소를 계정의 어느 쪽에 기록할 것인가를 결정하는 방법**을 **계정기록*의 방법**이라고 한다.

* (계정에 기록하는 것을 기입(記入)한다고도 한다. 이 책에서는 기록과 기입을 혼용하기로 한다.)

차변과 대변(?)

회계를 처음 배우는 사람들은 계정의 왼쪽과 오른쪽을 왜 차변과 대변이라고 하는가라는 질문을 거의 틀림없이 하게 된다. 아무 의미없이 차변과 대변으로 부르게 된 것은 아니다. 회계의 역사를 살펴 보면 왜 그렇게 되었는지 분명히 알 수 있지만 여기서는 간단하게 그 이유를 살펴 보자. 한자로 따져 보면 차(借)는 돈을 빌린다는 의미이고 대(貸)는 돈을 빌려준다는 의미이다. 예를 들어 이영자씨라는 사람이 있어 내가 이영자씨에게 돈을 10,000원 빌려주었다고 하자. 그러면 이영자씨는 나에게 돈을 빌려 간 사람, 즉 차주(借主 : debtor)가 된다. 이영자씨에 대한 거래를 관리하기 위해서 이영자 씨의 계정을 만들어 이 내용을 쓴다면 위에서 나타난 바와 같이 왼쪽에 쓴다. 따라서 왼쪽은 차주쪽, 즉 차변(借邊)이라고 한다. 이영자씨가 빌려간 돈 중 5,000원을 가져 왔다면 그는 나에게 돈을 준 대주(貸主 : creditor)가 된다. 이것을 이영자씨 계정의 오른쪽에 쓴다. 이 오른쪽은 대주쪽, 즉 대변(貸邊)이라고 한다. 물론 전체적으로는 아직 이영자씨는 나에게 갚아야 할 돈이 남아 있는 차주(借主)이다. 이와 같은 방식으로 계정을 사용해 옴에 따라 돈을 빌려주고 받는 경우는 물론 이와 관계없는 계정에도 무조건 왼쪽은 차변(借邊), 오른쪽은 대변(貸邊)이라는 용어가 사용되게 된 것이다.

이 영 자

차변	대변
10,000	5,000

회계의 기본목적이, ① 일정시점의 재무상태를 파악하고, ② 일정기간 동안의 영업성과를 산출하는 것이고 이를 위해 작성하는 보고서가 재무상태표와 포괄손익계산서라는 것은 이미 설명한 바 있다.

회계에서는 기업에서 일어나는 일들을 계정에 기록한다면 이 계정을 통해 재무상태표와 포괄손익계산서를 작성할 수 있도록 계정기록의 방법이 만들어져야 할 것이다. 따라서 **계정기록의 방법**은 **재무상태표와 포괄손익계산서의 기본구조에서 나온다**고 할 수 있다.

그러면 재무상태표와 포괄손익계산서를 이용하여 계정기록의 방법에 대해 살펴보기로 하자.

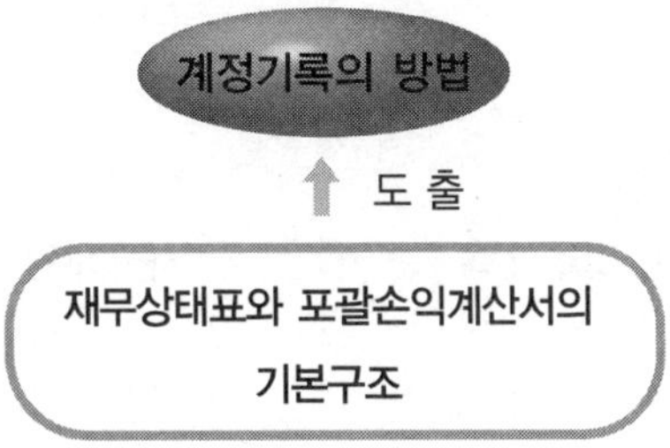

2. 자산 · 부채 · 자본계정의 기록방법

먼저 재무상태표를 통해 자산 · 부채 · 자본계정의 기록방법을 살펴보기로 하자.

우리는 앞에서 재무상태표는 재무상태표 등식인,

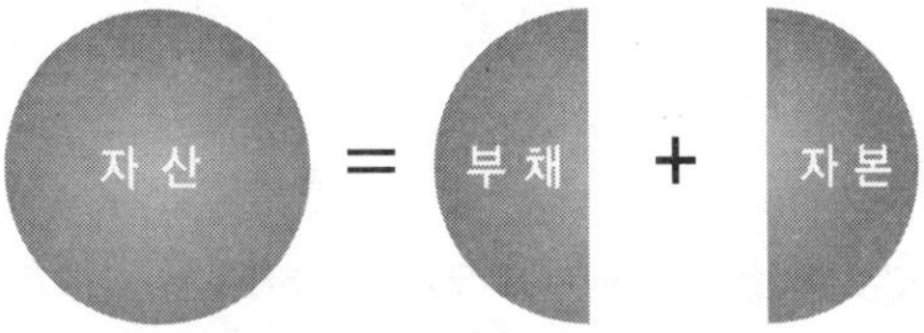

에 의해 작성된다는 것을 공부하였다.

이에 따라 작성된 재무상태표의 기본구조는 다음과 같다.

재무상태표

(차변) (대변)

자　산	부　채
	자　본

재무상태표의 기본구조에서 보듯이 재무상태표는 차변에 자산이, 대변에 부채와 자본이 나타나도록 작성되었다는 것을 알 수 있다. 재무상태표에 나타나 있는 자산 · 부채 · 자본은 그 시점에서 남아 있는 금액으로서 **잔액**을 뜻한다. 따라서 여기에서 재무상태표항목인 자산, 부채, 자본의 기록방법을 알 수 있다.

먼저 **자산**은 재무상태표의 **차변**에 기록되어 있으므로 **자산의 잔액**이 재무상태표의 **차변**에 나타날 수 있도록 **자산이 증가할 때**는 **차변에 기록하고 감소할 때는 대변에 기록**한다. 이렇게 기록하면 자산의 잔액은 차변에 남게 되어, 자산이 재무상태표의 차변에 기록되는 것이다.

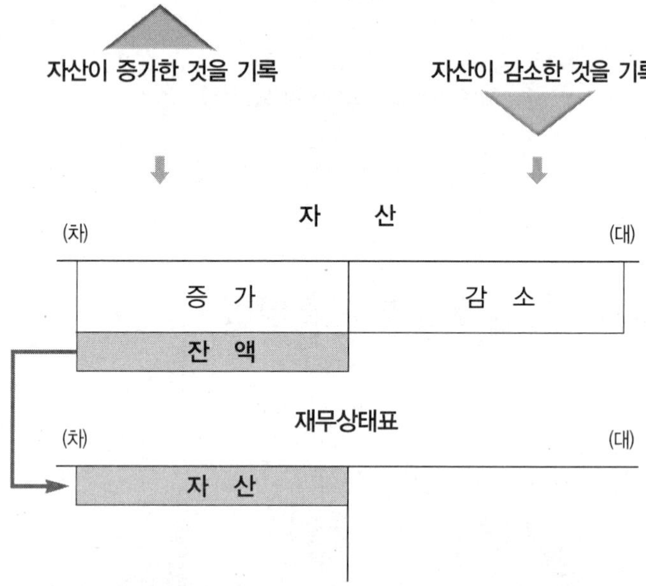

자산의 대표적인 계정인 예금을 기록하여 보기로 하자.

[예 1] 자산의 기록방법

6/ 5 현금 200,000원을 은행에 예금하다. (예금의 증가)
6/15 현금 100,000원을 은행에서 찾다. (예금의 감소)
6/25 현금 300,000원을 은행에 예금하다. (예금의 증가)

A

예금은 자산이므로 자산의 기록법칙에 따라
예금의 증가(6/ 5, 6/25)는 차변에, 예금의 감소(6/15)는 대변에 기록한다.

예 금

차변		대변	
6/ 5	200,000	6/15	100,000
6/25	300,000		

이와 같이 기록하면 예금의 잔액(400,000원)은 차변에 남게 되어
재무상태표 작성시 예금이라는 자산은 재무상태표의 차변에 400,000원이 기록되게 된다.

다음으로 부채와 자본의 기록법칙에 대해 알아 보기로 하자.

부채와 자본의 잔액은 재무상태표의 대변에 기록되어 있다. 따라서 부채나 자본이 재무상태표의 대변에 나타날 수 있도록 부채나 자본이 증가할 때는 대변에 기록하고 감소할 때는 차변에 기록한다. 이렇게 기록하면 부채나 자본의 잔액은 대변에 남게 되어 재무상태표의 대변에 기록되는 것이다.

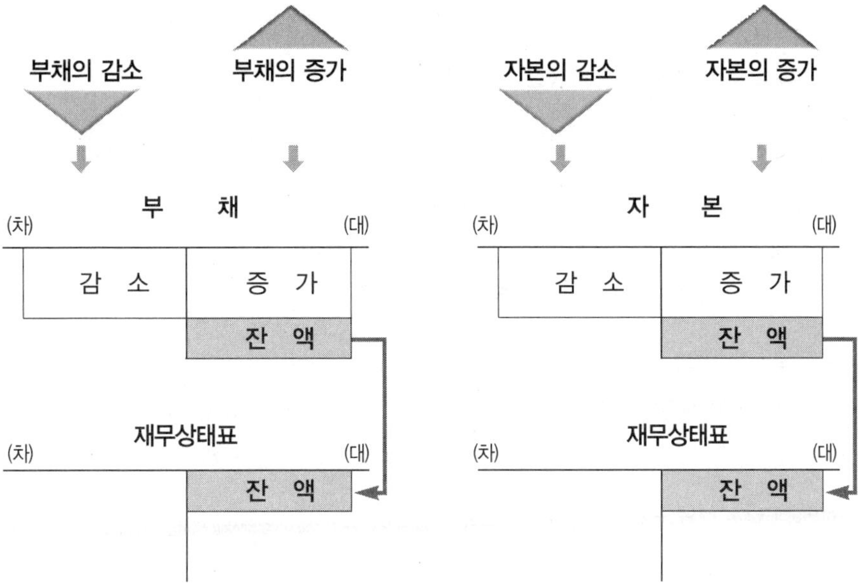

부채의 대표적인 계정인 **차입금**을 기록하여 보기로 하자.

[예 2] 부채의 기록방법

7/10 현금 500,000원을 빌리다. (차입금의 증가)
7/15 현금 300,000원을 갚다. (차입금의 감소)
7/25 현금 200,000원을 빌리다. (차입금의 증가)

차입금은 부채이므로 부채의 기록법칙에 따라
차입금의 증가(7/10, 7/25)는 대변에,
차입금의 감소(7/15)는 차변에 기록한다.

차 입 금

차변		대변	
7/15	300,000	7/10	500,000
		7/25	200,000

이와 같이 기록하면 차입금의 잔액(400,000원)은 대변에 남게 되어 재무상태표 작성시 차입금이라는 부채는 재무상태표의 대변에 400,000원이 기록되게 된다.

자본의 대표적인 계정인 자본금을 기록하여 보기로 하자.

[예 3] 자본의 기록방법

8/10 자본금 800,000원을 투자하다. (자본금의 증가)
8/15 자본금에서 현금 300,000원을 가져가다. (자본금의 감소)
8/25 추가로 400,000원을 투자하다. (자본금의 증가)

자본금은 자본이므로 자본의 기록법칙에 따라
자본금의 증가(8/10, 8/25)는 대변에, 자본금의 감소(8/15)는 차변에 기록한다.

자 본 금

차변		대변	
8/15	300,000	8/10	800,000
		8/25	400,000

이와 같이 기록하면 자본금의 잔액(900,000원)은 대변에 남게 되어 재무상태표 작성시 자본금이라는 자본은 재무상태표의 대변에 900,000원이 기록되게 된다.

이와 같이 자산계정의 차변에 나타난 모든 잔액은 재무상태표의 차변에 집계되고, 부채와 자본계정의 대변에 나타난 모든 잔액은 재무상태표의 대변에 집계됨으로써 재무상태표가 작성되는 것이다.

〈 재무상태표의 작성 〉

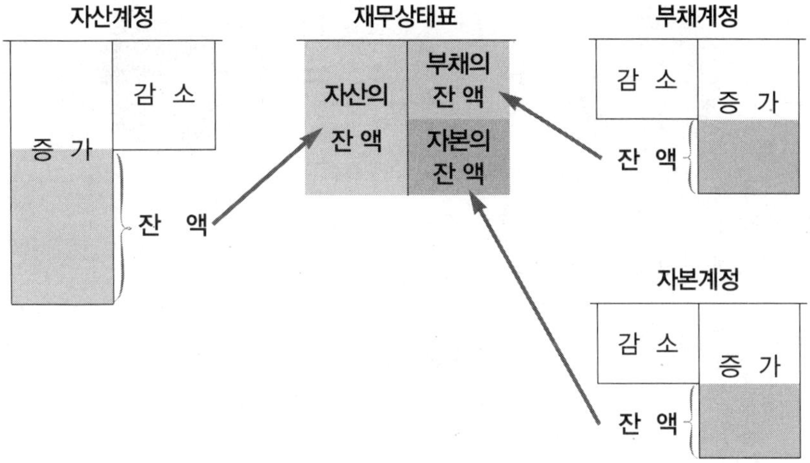

지금까지 설명한 재무상태표 항목인 자산, 부채, 자본계정을 기록하는 방법을 요약하여 보면 다음과 같다.

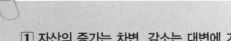

1 자산의 증가는 차변, 감소는 대변에 기록한다.
2 부채의 증가는 대변, 감소는 차변에 기록한다.
3 자본의 증가는 대변, 감소는 차변에 기록한다.

3. 수익 · 비용계정의 기록방법

다음은 포괄손익계산서의 구조를 이용하여 수익 · 비용의 기록방법을 살펴보기로 하자.

우리는 앞에서 포괄손익계산서는 포괄손익계산서등식인,

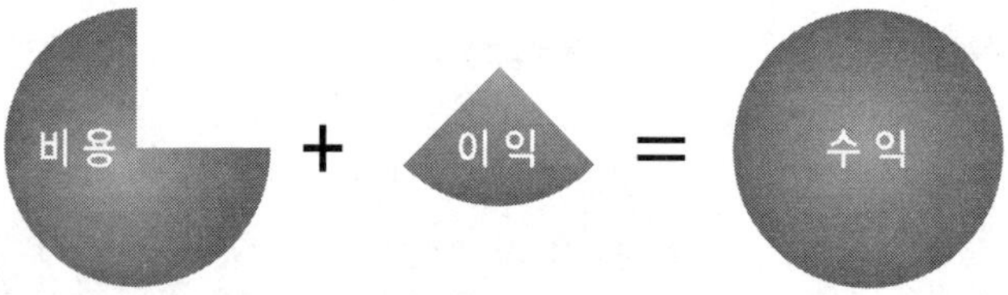

에 의해 작성된다는 것을 공부하였다.

이에 따라 포괄손익계산서의 기본구조는 다음과 같다.

포괄손익계산서

(차변)	(대변)
비 용	수 익
이 익	

포괄손익계산서의 기본구조에서 보듯이 포괄손익계산서는 차변에 비용이, 대변에는 수익이 기록되어 있다. 따라서 포괄손익계산서를 이용하면 수익 · 비용의 기록방법을 알 수 있다.

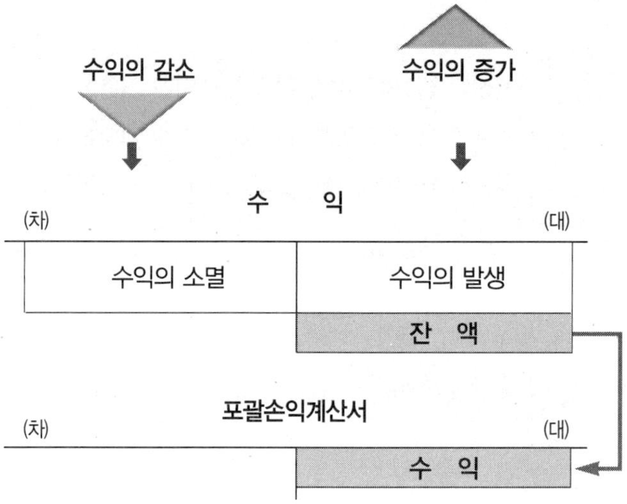

먼저 **수익의 기록방법**을 살펴 보기로 하자. 수익이 포괄손익계산서의 **대변**에 기록되기 위해서는 **수익이 발생(증가)하면 대변에 기록하고 수익이 소멸(감소)하면 차변에 기록**하여야 한다. 그래야만 그 차액인 수익의 잔액이 대변에 나타나서 수익이 포괄손익계산서의 대변에 기록될 수 있기 때문이다.

예를 들어 수익의 대표적인 계정인 **매출**을 기록하여 보기로 하자.

[예 4] 수익의 기록방법

8/ 5 상품 200,000원을 판매하다. (매출의 증가)
8/ 15 판매한 상품 중 100,000원이 되돌아오다. (매출의 감소)
8/ 20 상품 300,000원을 판매하다. (매출의 증가)

A

매출은 수익계정이므로 수익의 기록법칙에 따라
매출의 증가(8/5, 8/20)는 대변에, 매출의 감소는 차변에 기록한다.

매 출

차변		대변	
8/15	100,000	8/ 5	200,000
		8/20	300,000

이와 같이 기록하면 매출의 잔액(400,000원)은 대변에 남게 되어 포괄손익계산서 작성시 매출이라는 수익은 포괄손익계산서의 대변에 400,000원이 기록되게 된다.

다음으로 **비용의 기록방법**에 대해 살펴 보기로 하자. 비용이 포괄손익계산서의 **차변**에 기록되기 위해서는 **비용이 발생(증가)하면 차변에, 소멸(감소)하면 대변에 기록**하여야 한다. 그래야만 그 차액인 비용의 잔액이 차변에 나타나서 비용이 포괄손익계산서의 차변에 기록될 수 있기 때문이다.

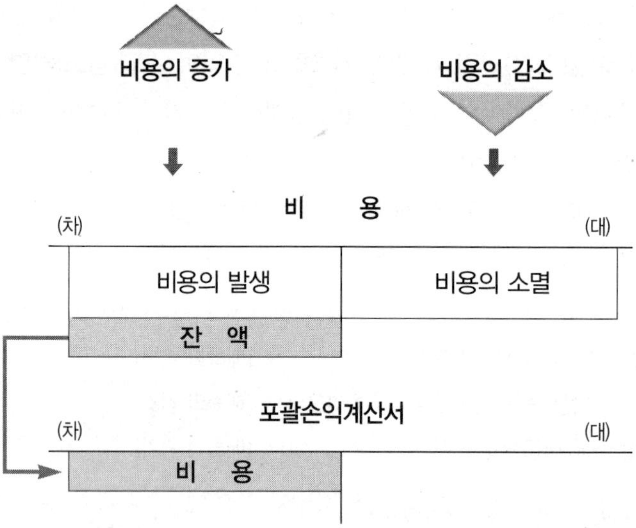

비용계정 중의 하나인 급여를 기록하여 보기로 하자.

[예 5] 비용의 기록방법

9/10 급여 1,000,000원을 지급하다. (급여의 증가)

9/15 지급한 급여 중 200,000원이 되돌아오다. (급여의 감소)

9/25 급여 500,000원을 지급하다. (급여의 증가)

급여는 비용계정이므로 비용의 기록법칙에 따라

급여의 증가(9/10 , 9/25)는 차변에, 급여의 감소(9/15)는 대변에 기록한다.

급 여

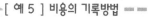

차변	대변
9/10 1,000,000	9/15 200,000
9/25 500,000	

이와 같이 기록하면 급여의 잔액(1,300,000원)은 차변에 남게 되어 포괄손익계산서 작성시 급여라는 비용은 포괄손익계산서의 차변에 1,300,000원이 기록되게 된다.

이와같이 대변에 나타난 모든 수익의 잔액은 포괄손익계산서의 대변에 집계되고, 차변에 나타난 모든 비용의 잔액은 포괄손익계산서의 차변에 집계됨으로써 포괄손익계산서가 작성되는 것이다.

지금까지 설명한 포괄손익계산서항목인 수익 · 비용계정을 기록하는 방법을 요약해 보면 다음과 같다.

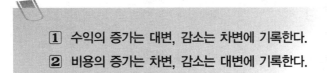

1 수익의 증가는 대변, 감소는 차변에 기록한다.
2 비용의 증가는 차변, 감소는 대변에 기록한다.

이를 도표로 나타내면 다음과 같다.

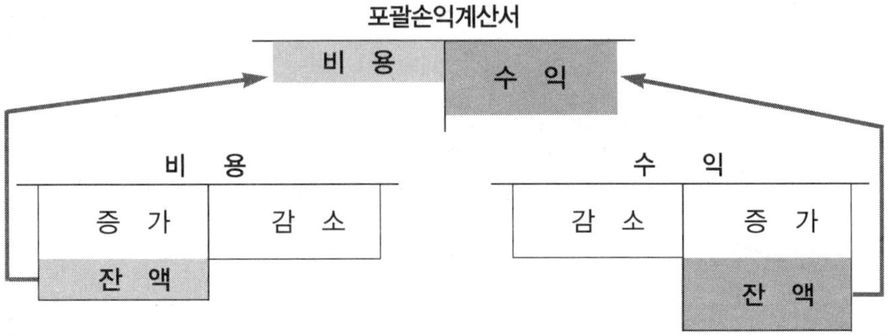

이와 같이 계정기록의 방법은 재무상태표와 포괄손익계산서의 구성형태로부터 나오며, 이를 정리 · 요약하여 보면 다음과 같다.

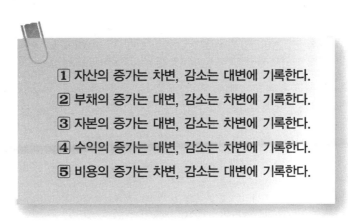

1 자산의 증가는 차변, 감소는 대변에 기록한다.
2 부채의 증가는 대변, 감소는 차변에 기록한다.
3 자본의 증가는 대변, 감소는 차변에 기록한다.
4 수익의 증가는 대변, 감소는 차변에 기록한다.
5 비용의 증가는 차변, 감소는 대변에 기록한다.

〈 자산 · 부채 · 자본 · 수익 · 비용계정의 기록방법 〉

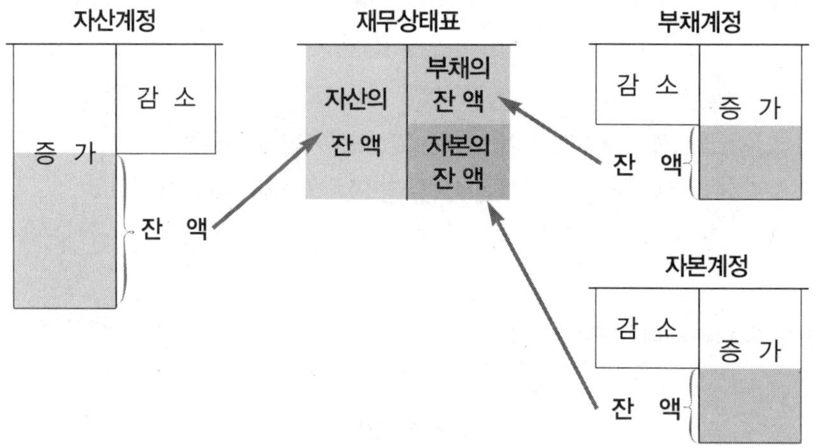

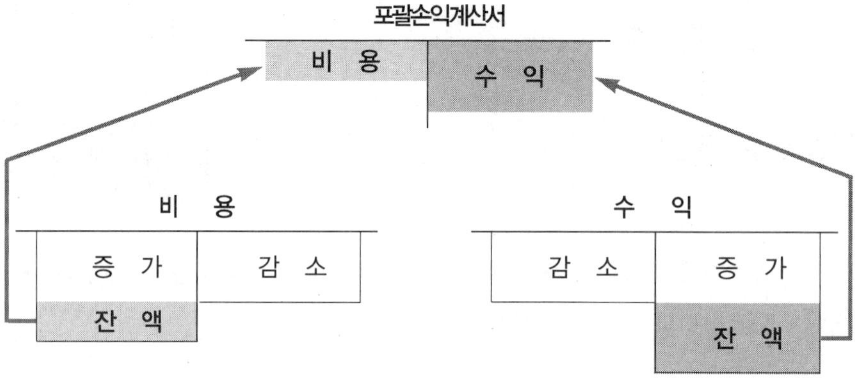

제5장. 회계의 기록대상 – 거래

1. 거 래
2. 거래의 요소

제5장. 회계의 기록대상 – 거래

1. 거 래

1 회계상 거래

기업이 영업활동을 수행하면 재산이 증감변동하게 된다. 회계에서는 이를 기록하고 정리하여 영업성과와 재무상태를 파악하고자 한다.

따라서 회계에서는 재산이 증감변동하는 사건을 기록해야 한다. 이미 설명한 바와 같이 재산은 자산 · 부채 · 자본을 의미하므로 **자산 · 부채 · 자본이 변동하는 사건**이 발생하면 동 사건은 회계기록의 대상이 된다. 이것을 회계에서는 **거래(去來, transaction)**라고 한다.

예를 들어 상품을 판매하고 그 대가로 현금을 받았다고 하자. 이 경우 상품이라는 자산이 감소하고 현금이라는 자산이 증가하여 재산의 변화를 가져오므로 이런 사건은 **회계상 거래**가 된다.

여기서 주의할 것은 **회계상 거래는 일상 생활에서 흔히 사용하는 거래의 의미와 반드시 일치하지는 않는다**는 점이다.

예를 들면 상품매매(賣買 : 사고 파는 행위)의 **주문**을 하는 사건은 일반적으로는 "거래를 했다"라고 하지만 **회계상으로는 거래로 볼 수 없다.** 왜냐하면 단순히 계약을 체결하여 상품을 주문한 것만으로는 계약을 체결한 순간에 상품이 기업에 들어와 자산이 증가하거나 상품대금을 지급해야 할 채무가 생긴 것이 아니기 때문이다. 계약이 체결된 후에 상품이 기업에 들어오고 대금지급채무가 생겨야만 비로소 회계기록의 대상이 된다.

마찬가지로 **토지의 구입계약**을 체결하는 사건도 일반적으로 "거래를 했다"라고 하지만 **회계상으로는 거래가 아니다.** 왜냐하면 토지를 구입하기로 계약한 것만으로는 토지가 회사의 소유가 된 것도 아니고 토지대금을 지불하지도 않았으므로 회사의 자산, 부채, 자본에 변동을 주지 못했기 때문에 회계상 거래라고 볼 수 없다. 이와 같이 계약은 재무상태변동의 원인은 되지만 일정한 시일이 경과해서 계약이 이행되어야만 회계상의 거래가 된다.

반면에 **현금을 분실**하거나 **화재가 발생**하여 건물이 소실된 사건은 일상생활에서는 거래라고 하지 않는다. 그러나 현금분실의 경우에는 현금이라는 자산이 감소하였고 화재의 경우에는 건물이라는 자산이 감소하여 재산이 증감변화했기 때문에 **회계**에서는 이를 모두 **거래**로 취급한다.

이와 같이 거래에는 일반적으로 이야기하는 거래에 해당되지만 회계상의 거래는 아닌 것과 일반적인 거래이면서 회계상의 거래인 것, 일반적으로 이야기하는 거래는 아니지만 회계상의 거래가 되는 것이 있다.

일반적인 거래만 되는 것	공통적인 거래	회계상의 거래만 되는 것
주 문	상품판매	분 실
계 약	건물매매	도 난
약속 등	자금차입 등	화재 등

따라서 회계기록을 위해서는 회계상의 거래가 어떤 것인지 분명히 이해하여야 한다.

한편 회계상의 거래가 되기 위해서는 그 거래를 반드시 **금액**으로 나타낼 수 있어야만 한다. 즉 재산의 변동을 **금액으로 측정**할 수 있어야 한다. 만약 금액으로 나타낼 수 없으면 아무리 중요한 사건이라도 회계상 거래가 되지 못한다.

예를 들어 유능한 경영자나 관리자의 이동 등은 중요한 재산의 변동사건이지만 금액으로 측정할 수 없기 때문에 회계상 거래가 되지 못한다.

회계가 모든 것을 알 수는 없다

오른쪽 상단에 있는 물체를 앞에서 쳐다본다고 하자. 어떻게 보이겠는가? 6자로 보일것이다. 또 위에서 쳐다보면 0자로, 옆에서 보면 8자로 보일 것이다. 이처럼 어느 한 면 만을 보아서는 그 모습을 제대로 알 수 없다.

'장님이 코끼리 만지기' 우화에서 알 수 있는 것처럼 인간 능력에는 한계가 있다. 회계도 마찬가

지로 한계가 있으며 기업에서 발생하는 모든 사건을 기록하고 정리할 수는 없다. 회계는 주로 자산, 부채, 자본, 수익, 비용이라는 개념을 중심으로 기업에서 일어나는 사건 중 화폐금액으로 나타낼 수 있는 것만을 포착하여 인식하고 있다. 따라서 회계는 많은 것을 기록하지만 모든 것을 기록할 수는 없는 것이다. 물론 회계는 화폐금액 이상의 것을 측정하고자 계속 노력하고 있다.

따라서 어떠한 사건이 회계상의 거래가 되려면, ① **재산에 증감변화를 초래**하고, ② 그것을 **금액으로 측정**할 수 있어야 한다.

회계의 출발점은 기업에서 수없이 발생하는 사건들 중 회계상의 거래로 인정될 수 있는 사건을 찾아내는 것이므로 회계상의 거래가 되기 위한 두 가지 조건을 정확히 알고 거래를 식별할 수 있어야 한다.

[예 1] 회계상의 거래

아래에서 회계상의 거래가 되는 것을 찾아보자.

1. 상품 500만원을 사고 대금은 월말에 주기로 하다.
2. 월급료 30만원을 지급하는 조건으로 종업원을 채용하다.
3. 종업원이 회사의 현금 300만원을 분실하다.
4. 회사가 사용할 사무실을 월 30만원씩 집세를 주기로 하고 계약을 체결하다.
5. 종업원에게 지급할 급여 100만원을 대전상회로부터 현금을 차입하여 지급하다.
6. 거래처로부터 상품 500만원을 매입해 달라는 부탁을 받고 주문서를 작성하다.
7. 사장이 현금 300만원을 개인용도로 인출해 가다.
8. 은행에 저축한 예금에서 이자 5만원이 발생하여 예금 통장에 입금되다.

A

1, 3, 5, 7, 8번이 회계상의 거래이다.
상기 사건 중 2, 4, 6번은 모두 회계상의 거래조건 중 첫 번째 조건인 재산의 증감변화를 초래하지 않았기 때문에 회계상의 거래가 될 수 없다.

2 거래의 양면성

일상생활에서 발생하는 사건은 대부분 원인과 그 결과가 있는 것처럼 회계상 거래에도 **원인과 결과**가 있다.

일상생활의 경우에도 "열심히 공부해서(원인) 대학입시에 합격하였다(결과)", "과로해서(원인) 병이 생겼다(결과)", "둘이 사랑해서(원인) 결혼하였다(결과)" 등 많은 일들을 원인과 결과로 짝지을 수 있다.

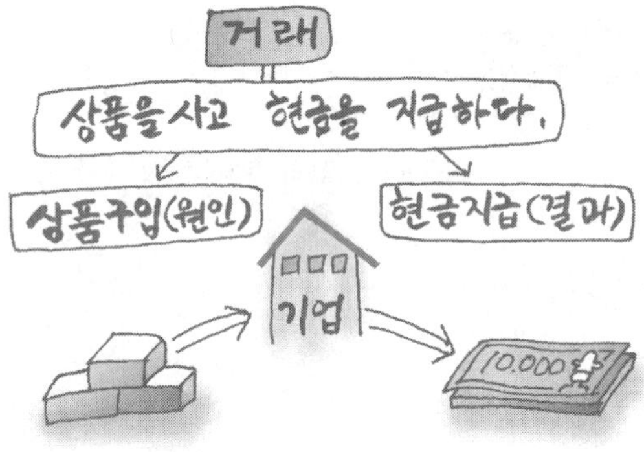

회계에서도 마찬가지이다. 상품을 판매하고 현금을 받은 거래의 경우 "상품을 판매하였으므로(원인) 현금을 받았다(결과)"와 같이 원인과 결과로 나눌 수 있다.

또한 토지를 구입하고 현금을 지급한 거래의 경우도 "토지를 구입하였으므로(원인) 현금을 지급하였다(결과)"와 같이 원인과 결과로 나눌 수 있다.

모든 회계상 거래는 이와 같이 한 거래가 반드시 원인과 결과라고 하는 두개의 얼굴을 동시에 가지고 있는 것이다.

이것을 회계에서는 **거래의 양면성** 또는 **이중성(二重性, duality)**이라고 한다.

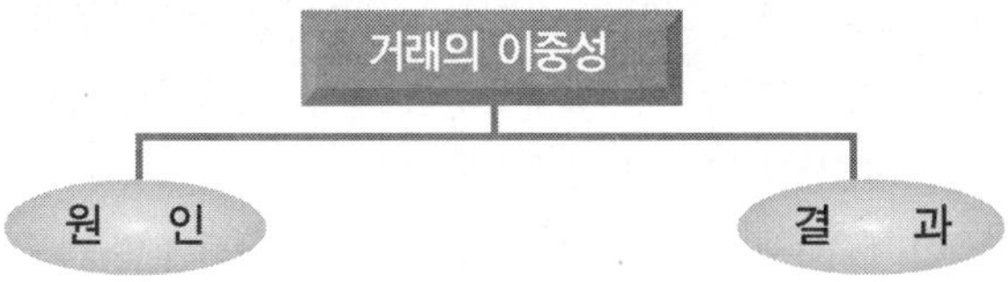

회계의 체계적 기록방법인 **복식부기**의 가장 큰 특징은 이와 같은 **거래의 두 얼굴인 원인과 결과를 동시에 기록한다**는 것이다. 복식부기의 복식(複式)이란 말도 이와 같이 하나의 거래를 두번 기록한다는 뜻에서 나온 말이다.

이에 비해 초보적 기록방식인 **단식(單式)부기**는 거래의 양면(兩面)을 모두 기록하지 않고 **단순히 현금의 수입이나 지출만을 기록한다**는 뜻에서 나온 말이다.

전형적인 단식부기의 예로 **가계부**를 들 수 있다. 아마 주부는 콩나물, 두부, 우유를 얼마에 사서 현금 얼마를 지출하였다고 쓰게 될 것이다. 이 경우 주부의 관점에서 중요한 것은 현금을 얼마나 쓰고 현재 얼마나 남았나 하는 것이다. 꼼꼼한 주부라서 현금이 무엇에 구입하는데 사용되었는지 자세히 쓴다고 하더라도 현재 집에 콩나물이 얼마나 있는지, 우유가 얼마나 있는지는 가계부에서 알 수는 없다.

이와 같이 단식부기에서는 거래의 한쪽 면만을 보아 현금의 지급만을 기록하고 상품의 구입을 기록 · 정리하지 않는다. 따라서 단식부기에서는 모든 재산의 증감변동상황을 정확히 파악할 수 없다.

그러나 복식부기의 경우에는 지출되는 현금뿐만 아니라 그 대가로 받는 콩나물, 우유 등을 기록하기 때문에 현재 얼마나 콩나물이 남아 있는지, 우유가 얼마나 남았는지를 알 수 있게 된다. 사실 가정에서는 이렇게 복식부기를 쓸 필요는 없을 것이다. 그러나 기업의 경우에는 다르다. 즉, 기업은 가정과는 달리 거래의 양적인 측면과 질적인 측면에서 헤아릴 수 없이 많고도 복잡한 거래들이 발생하고 있는 것이 일반적이다.

따라서 기업은 정확한 재산의 증감변동상황을 파악하여 영업성과인 이익을 계산하고 일정시점의 재무상태를 나타내기 위해서는 거래의 양면을 모두 기록하는 복식부기방식을 채택해야 한다.

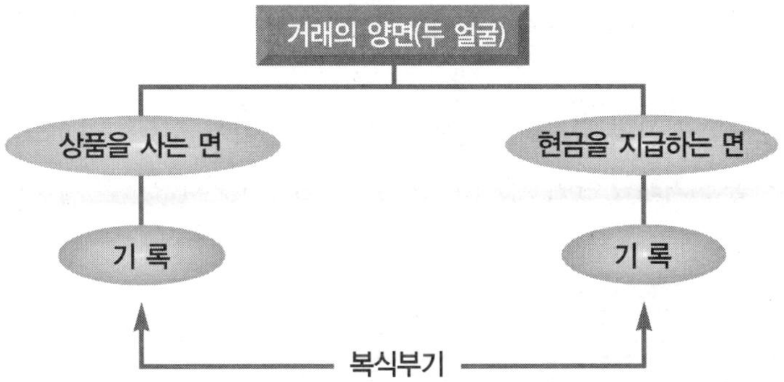

2. 거래의 요소

1 거래의 8요소

회계기록의 대상이 되는 모든 거래는 원인과 결과라는 두가지 측면, 이중성을 가지고 있기 때문에 모든 거래는 둘로 나누어 기록을 해야한다. 그때 장부의 왼쪽인 차변과 오른쪽인 대변에 무엇을 기록할 것인가를 결정하는 기준이 앞 장에서 설명한 계정기록법이다.

예를 들어 **상품을 구입하고 그 대금을 현금으로 지급**하는 거래의 경우를 보면 **상품을 구입한 측면**과 **현금을 지급한 측면**이 있는데 어느 쪽을 차변, 그리고 어느 쪽을 대변에 기록할 것인가는 계정기록법에 따른다.

계정기록법에 따라 이 거래를 기록하여 보면 **상품의 구입**은 **자산의 증가**이므로 차변에, **현금의 지급**은 **자산의 감소**이므로 대변에 기록하여야 한다.

이를 도표로 나타내면 다음과 같다.

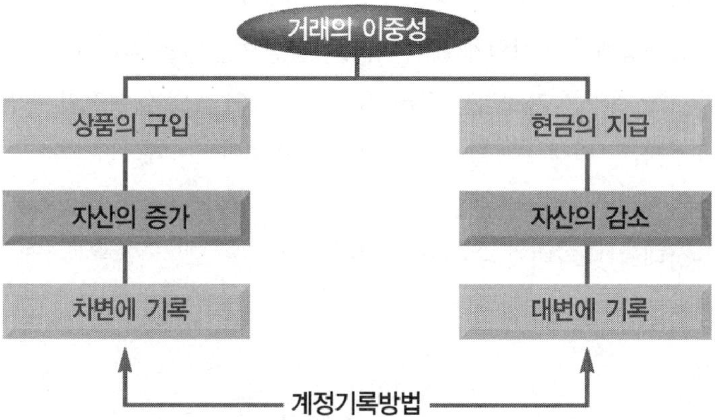

위의 거래는 결국 **자산의 증가**와 **자산의 감소**라는 두 가지 요소를 가지고 있는데, 회계에서는 이 요소들을 **거래요소(去來要素)**라고 한다. 이러한 거래요소는 계정기록법에서 나온 것이다.

계정기록법을 다시 살펴보면 아래와 같다.

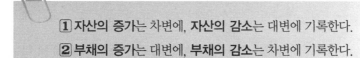

1 **자산의 증가**는 차변에, **자산의 감소**는 대변에 기록한다.
2 **부채의 증가**는 대변에, **부채의 감소**는 차변에 기록한다.

3 **자본의 증가**는 대변에, **자본의 감소**는 차변에 기록한다.
4 **수익의 증가**는 대변에, **수익의 감소**는 차변에 기록한다.
5 **비용의 증가**는 차변에, **비용의 감소**는 대변에 기록한다.

이와 같이 거래요소는 모두 10개이다. 그런데 그 중 **수익의 감소**와 **비용의 감소**는 실제 거래에서 거의 발생하지 않으므로 일반적으로 거래요소에서 제외시킨다. 그리고 수익의 증가와 비용의 증가라는 용어보다는 수익의 발생, 비용의 발생이라는 용어를 사용한다. 따라서 실제 발생하는 거래요소는 **8개**로 정리하여 보면 다음과 같다.

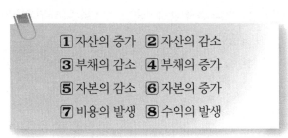

1 자산의 증가 **2** 자산의 감소
3 부채의 감소 **4** 부채의 증가
5 자본의 감소 **6** 자본의 증가
7 비용의 발생 **8** 수익의 발생

기업에서 발생하는 거래는 대기업일 경우 하루에도 수백개 또는 수천 개가 넘지만 거래를 구성하는 거래요소는 자산의 증가를 비롯하여 8개 밖에 되지 않는다. 이것을 **거래의 8 요소**라고 한다.

2 거래요소의 결합형태

거래요소에는 상기한 바와 같이 8개의 요소가 있고 이들 요소는 다음과 같이 2개의 그룹으로 나누어진다.

차변요소(4가지)	대변요소(4가지)
자산의 증가	자산의 감소
부채의 감소	부채의 증가
자본의 감소	자본의 증가
비용의 발생	수익의 발생

모든 거래는 이중성을 가지고 있기 때문에 반드시 **차변요소**와 **대변요소**가 포함되어 있다. 즉 모든 거래는 **차변요소 4가지**와 **대변요소 4가지**가 상호 어우러져 발생한다.

대부분의 거래는 차변요소 한개와 대변요소 한개가 결합하여 나타나는 **단순거래**의 형태를 취하지만, 두개 이상의 차변요소와 한개 또는 두개 이상의 대변요소가 결합하여 나타나는 **복합거래**도 얼마든지 발생한다.

단, 어떠한 경우라도 차변요소끼리의 결합 또는 대변요소끼리의 결합은 결코 발생하지 않는다.

이를 도표로 나타내면 다음과 같다.

〈 거래요소의 결합형태 표 〉

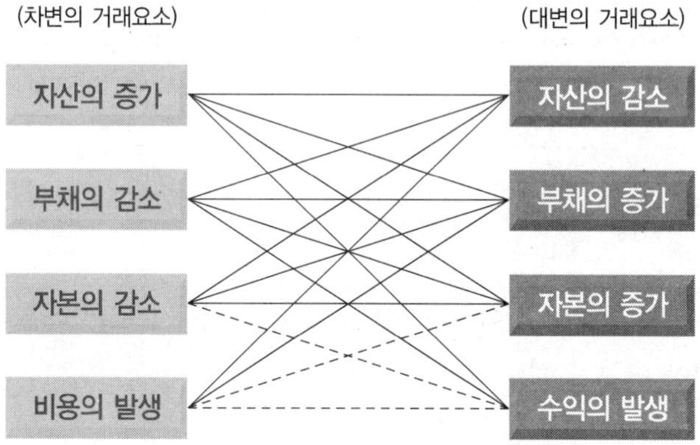

이론적으로 거래요소의 결합형태는 16가지(4×4)이지만 도표에서 점선으로 표시된 결합형태는 특수한 경우 이외에는 거의 발생하지 않는다. 그러므로 반복적 · 일상적으로 발생하는 결합형태는 실선으로 표시된 13가지라고 할 수 있다.

거래요소의 결합형태에 관한 예를 살펴보자.

■ 자산의 증가와 자산의 감소

먼저 자산의 증가와 자산의 감소가 결합하는 형태의 거래로는 **상품을 구입하고 현금을 지급하는 거래**를 들 수 있다. 이는 상품의 구입이 **자산의 증가**로서 **차변**에, 현금의 지급이 **자산의 감소**로서 **대변**에 기록되기 때문이다.

이를 도표로 나타내면 다음과 같다.

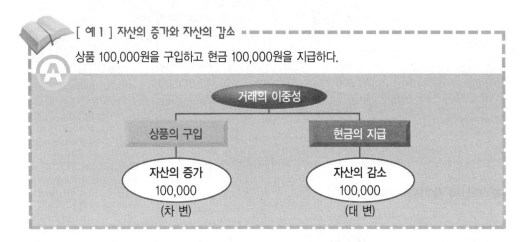

[예 1] 자산의 증가와 자산의 감소

상품 100,000원을 구입하고 현금 100,000원을 지급하다.

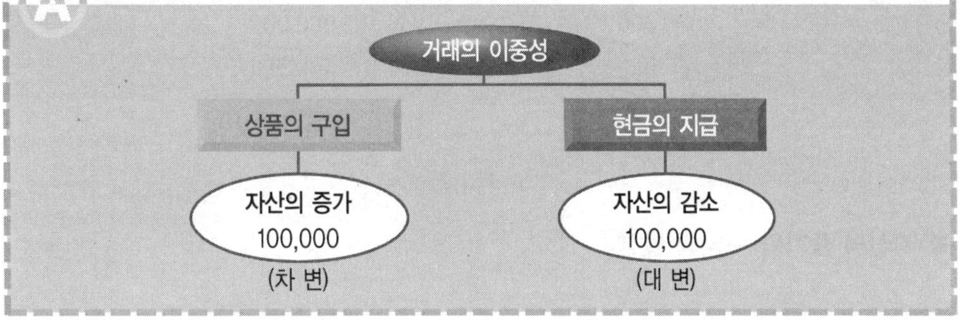

■ 자산의 증가와 부채의 증가

자산의 증가와 부채의 증가가 결합되는 거래로는 **상품을 외상으로 구입하는 거래**를 들 수 있다. 이는 상품의 구입이 **자산의 증가**로서 **차변**에 외상매입금의 발생이 **부채의 증가**로서 **대변**에 기록되기 때문이다.

이를 도표로 나타내면 다음과 같다.

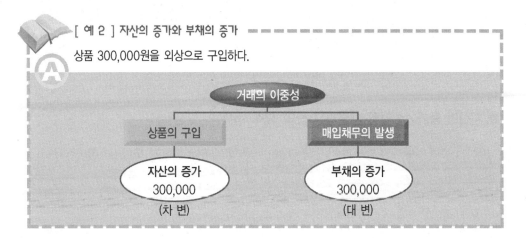

[예 2] 자산의 증가와 부채의 증가

상품 300,000원을 외상으로 구입하다.

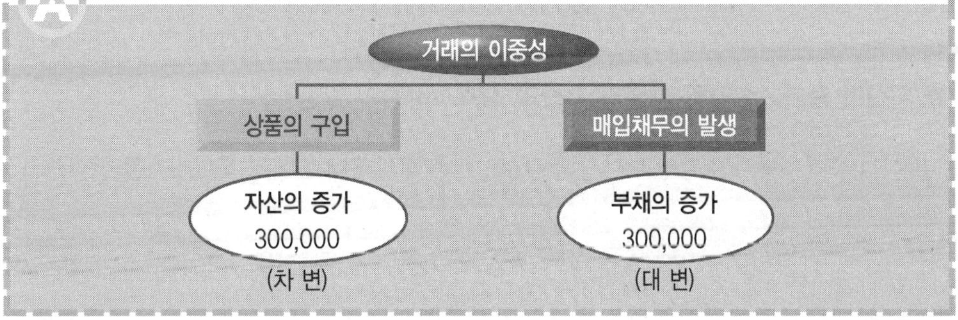

■ 자산의 증가와 자본의 증가

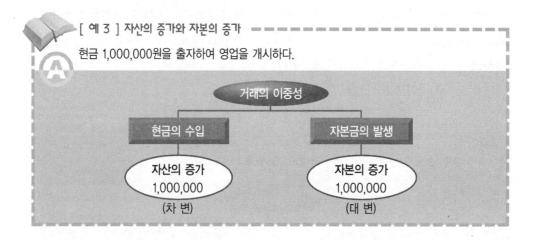

[예 3] 자산의 증가와 자본의 증가

현금 1,000,000원을 출자하여 영업을 개시하다.

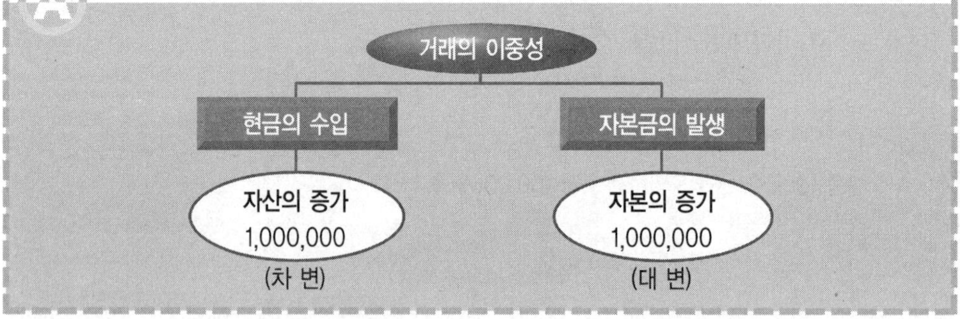

■ 자산의 증가와 수익의 발생

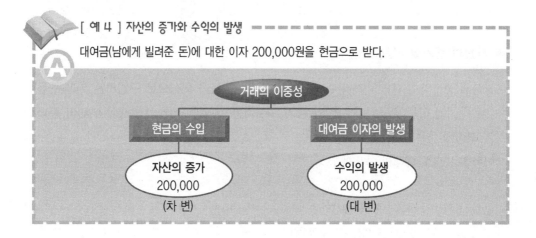

[예 4] 자산의 증가와 수익의 발생

대여금(남에게 빌려준 돈)에 대한 이자 200,000원을 현금으로 받다.

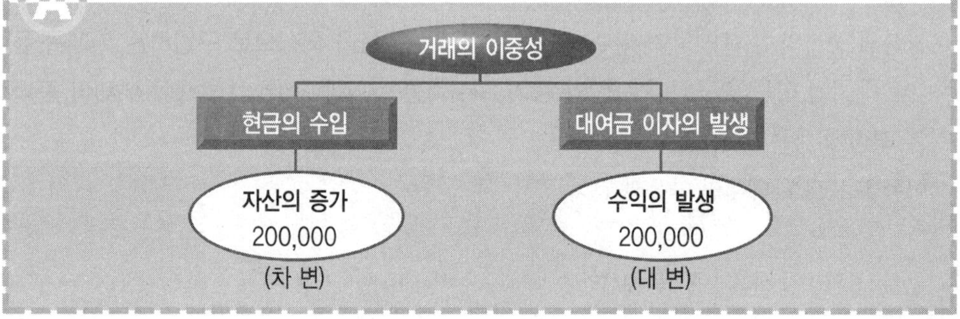

■ 자산의 증가 · 수익의 발생과 자산의 감소 · 비용의 발생

자산의 증가 · 수익의 발생과 자산의 감소 · 비용의 발생이 결합된 복합거래를 살펴보자.

[예 5] 자산의 증가와 수익의 발생, 비용의 발생과 자산의 감소

상품 400,000원(매입가액 320,000원)을 현금으로 판매하다.

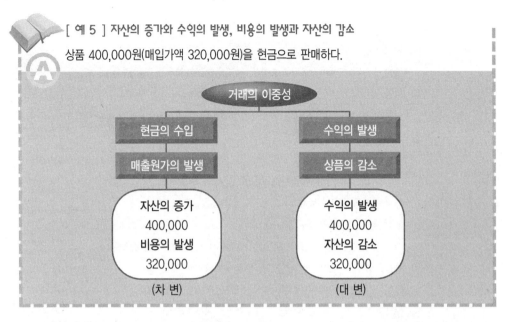

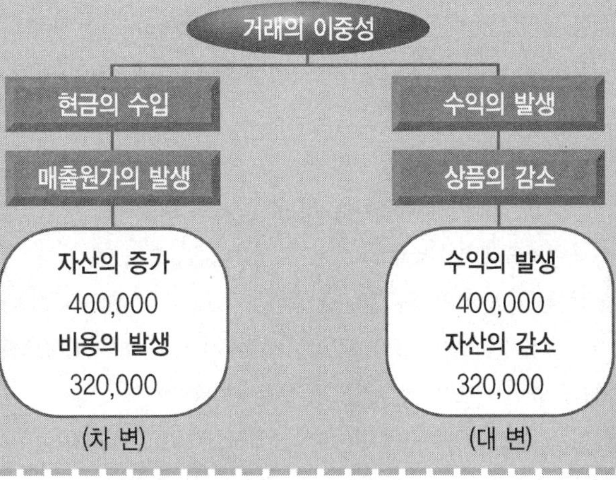

※ 앞에서 설명한 바와 같이 수익이란 고객에게 제공한 상품 등의 가액을 말하며 비용이란 수익을 얻기 위해 희생된 상품 등의 원가를 말한다. 따라서 위의 거래에서는 상품은 고객에게 제공하고 ₩400,000의 수익을 얻었으며 이 수익을 얻기 위해 희생된 비용은 ₩320,000이다

위의 거래들을 살펴보면 모두 **차변과 대변의 금액이 같다**. 따라서 **거래에서는 어떤 거래요소가 나타나더라도 양쪽이 같은 금액으로 결합되고 있음**을 알 수 있다.

[예 6] 거래요소의 분해 – 동일상점의 거래

동일상점이 3월중에 다음과 같은 경영활동을 한 경우의 자산 · 부채 · 자본의 증감 및 수익 · 비용의 발생이 어떻게 결합되는가를 분해해 보기로 하자. 거래를 살펴 본 후 어떻게 결합되어 있는지 익히기 바란다. 지금부터는 도표를 사용하지 않고 거래를 분해하기로 한다.

3월 1일 현금 ₩2,500,000을 출자하여 문구점을 개업하다.
현금(자산) ₩2,500,000의 증가 ↔ 자본금(자본) ₩2,500,000의 증가

3월 1일 상품 ₩1,250,000을 현금으로 매입하다.
상품(자산) ₩1,250,000의 증가 ↔ 현금(자산) ₩1,250,000의 감소

2일 영업용 책상 · 의자 등의 비품 ₩1,000,000을 현금으로 구입하다.
비품(자산) ₩1,000,000의 증가 ↔ 현금(자산) ₩1,000,000의 감소

3일 은행으로부터 현금 ₩500,000을 차입하다.
현금(자산) ₩500,000의 증가 ↔ 차입금(부채) ₩500,000의 증가

5일 상품 ₩825,000(매입가액 ₩675,000)을 매출하고 대금은 현금으로 받다.

현금(자산) ₩825,000의 증가 ↔ 매출(수익) ₩825,000의 발생
매출원가(비용) ₩675,000의 발생 ↔ 상품(자산) ₩675,000의 감소
7일 상품 ₩900,000을 매입하고, 대금은 월말에 지급하기로 하다.
상품(자산) ₩900,000의 증가 ↔ 외상매입금(부채) ₩900,000의 증가
15일 광고료 ₩70,000을 현금으로 지급하다.
광고선전비(비용) ₩70,000의 발생 ↔ 현금(자산) ₩70,000의 감소
20일 상품을 ₩1,150,000(매입가액 ₩950,000)을 매출하고,
대금은 후일에 받기로 하다.
외상매출금(자산)의 ₩1,150,000증가 ↔ 매출(수익) ₩1,150,000의 발생
매출원가(비용) ₩950,000의 발생 ↔ 상품(자산) ₩950,000의 감소
25일 종업원의 급여 ₩150,000을 현금으로 지급하다.
급여(비용) ₩150,000의 발생 ↔ 현금(자산) ₩150,000의 감소
27일 상품매매를 중개하고 수수료 ₩50,000을 현금으로 받다.
현금(자산) ₩50,000의 증가 ↔ 수수료수익(수익) ₩50,000의 증가
30일 외상매입금 ₩500,000을 현금으로 지급하다.
외상매입금(부채) ₩500,000의 감소 ↔ 현금(자산) ₩500,000의 감소
31일 은행으로부터의 차입금 중 ₩250,000과 이자 ₩20,000을 현금으로 지급하다.
차입금(부채) ₩250,000의 감소 ↔ 현금(자산) ₩270,000의 감소
이자비용(비용) ₩20,000의 발생

3 거래의 종류

기업의 경영자는 기업에서 일어나는 거래 중에서 어떤 것이 이익에 영향을 미치는 거래이고, 어떤 것이 이익에 영향을 미치지 않는 거래인지 파악할 필요가 있다. 이러한 관점에서 거래는 교환거래 · 손익거래 · 혼합거래의 세 가지로 나눌 수 있다.

■ 교환거래

이익에 영향을 미치지 않는 거래이다. 따라서 자산 · 부채 · 자본은 서로 증감하지만, 수익 · 비용이 발생하지 않는 거래이다. [예 6]에 나타나 있는 동일상점의 사례에서는 3월

1일, 2일, 3일, 7일, 30일의 거래가 교환거래에 해당한다.

■ 손익거래

이익에 영향을 미치는 거래이다. 따라서 수익 또는 비용을 발생하게 하는 거래이다. [예 6]에 나타나 있는 동일상점의 사례에서 15일, 25일, 27일의 거래는 손익거래에 해당한다.

■ 혼합거래

한 거래 중에 **교환거래와 손익거래가 혼합되어 있는 것**을 가리킨다. 손익거래와 마찬가지로 이익에 영향을 미친다. [예 6]의 동일상점의 사례에서 5일, 20일, 31일의 거래는 혼합거래에 해당한다.

제6장. 회계기록 – 분개와 전기

1. 거래기록의 시작 – 분개
2. 계정기록을 위한 원장

제6장. 회계기록 – 분개와 전기

1. 거래기록의 시작 – 분개

[1] 분개의 뜻과 구조

앞에서 거래가 발생하면 거래의 이중성에 따라 차변요소와 대변요소로 나누고 이것을 각각 해당 계정에 기록한다고 하였다.

예를 들어 이러한 거래의 기록과정을 살펴 보기로 하자.

[예 1] 거래의 분개

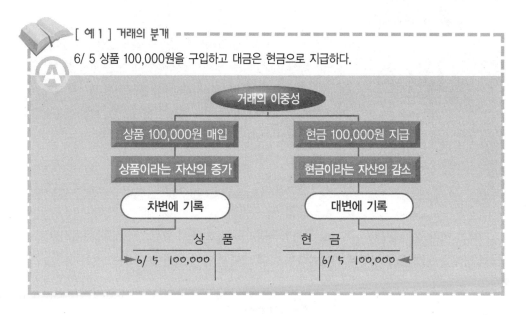

6/ 5 상품 100,000원을 구입하고 대금은 현금으로 지급하다.

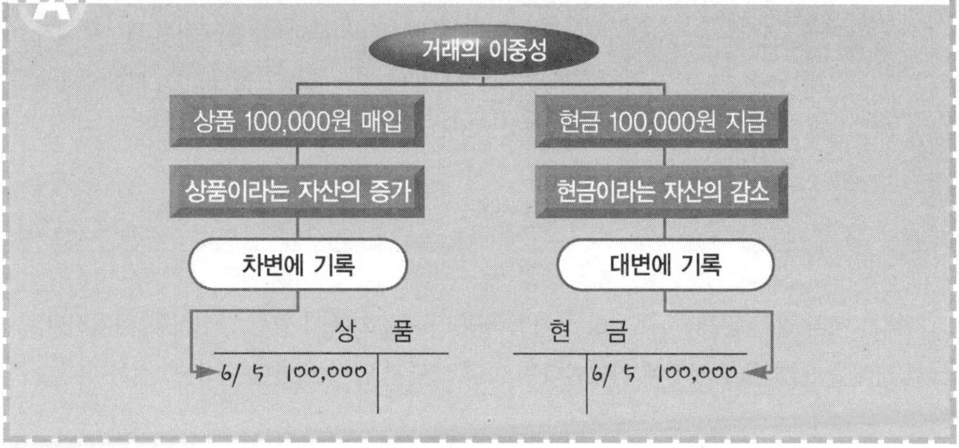

위에서 보는 바와 같이 거래가 발생하면 거래의 이중성에 따라 영향을 받는 각 계정에 기록해야 한다. 그런데 거래가 많을 경우에는 **각 계정에 곧장 기록**하게 되면 거래가 분명히 계정에 기록되었는지 **확인하기 어려울 뿐만 아니라** 계정에 기록된 거래가 **어떠한 내용인지도 알기 어렵게 된다.**

따라서 거래를 각 계정에 직접 기록하기 전에 **중간과정**으로서 거래를 다음과 같은 형식으로 기록하면 어떤 거래가 발생했는지 보다 분명해진다.

(차변) 상 품 100,000 (대변) 현 금 100,000

이 기록을 보면 차변에 상품이라는 자산이 기록되었기 때문에 상품이 들어오고 대변에는 현금이라는 자산이 기록되었기 때문에 상품을 구입한 대가로 현금 등이 나간 거래라는 것을 알 수 있다.

이와같이 거래를 거래의 이중성에 따라 차변과 대변으로 나누어 기록하는 것을 회계에서는 **분개(分介, journalizing)**라고 한다.

분개를 살펴보면 어떤 계정의 어느 변에 얼마의 금액으로 기록해야 하는지를 알 수 있다. 즉 상품계정의 차변에 100,000원을, 현금계정의 대변에 100,000원을 기록하라는 것임을 알 수 있는 것이다.

분개의 의미

분개라는 용어를 한자로서의 의미로 살펴 본다면 나눌 분(分), 낄 개(介)의 두 자로 이루어져 있다. 이는 회계상 거래를 원인과 결과로 분석하여 쪼갠 후, 동 구분된 원인과 결과 항목을 차변과 대변에 끼워 넣는 것을 뜻한다. 따라서 분개는 발생한 거래 내용을 차변과 대변으로 나누어 적는 것을 말한다.

거래를 이와 같이 **분개**한 후 계정에 기입하면 거래의 기록이 훨씬 간편하고 쉬워진다.

이 거래를 분개한 후 계정에 기록한다면 아래 그림과 같이 표현할 수 있을 것이다.

거래의 이중성

(차변) 상 품 100,000 (대변) 현 금 100,000

(차변)	상 품	(대변)
6/5 100,000		

(차변)	현 금	(대변)
		6/5 100,000

이와 같이 거래가 발생했을 때 **분개부터 하면**, 그 거래를 계정에 기록할 때는 무엇을 어느 변(차변 또는 대변)에 쓸 것인가 하는 계정기입방법을 의식할 필요없이 **분개된 내용을 보고 직접 해당 계정에 기계적으로 옮겨 적기만 하면 된다.**

따라서 회계기록이 정확하게 이루어지려면 분개를 정확하게 하여야 한다.

요약해 본다면 분개를 정확히 하기 위해서는 거래의 내용을, ① **어떤 계정**의, ② **어느 변(차변 또는 대변)**에, ③ **얼마의 금액**으로 기록할 것인가를 결정해야 한다.

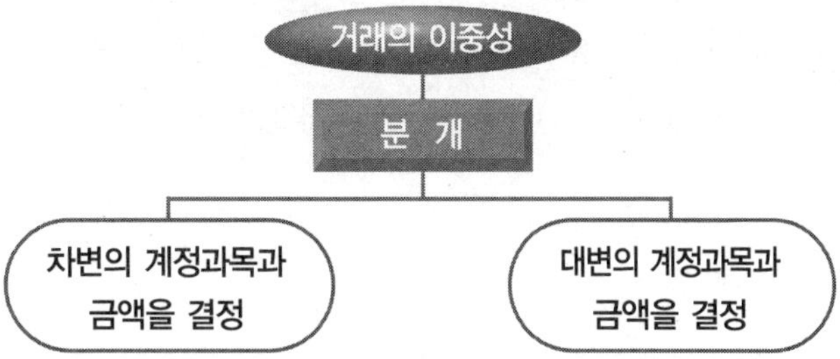

그러면 몇개의 예를 가지고 분개를 해보기로 하자.

[예 2] 거래의 분개

현금 1,000,000원을 지급하고 기계를 구입하다.

이 거래는 현금이라는 자산이 100만원 감소한 동시에 기계라는 자산이 100만원 증가했다. 따라서 현금이라는 자산의 감소는 대변에, 기계라는 자산의 증가는 차변에 기록한다. 그리고 금액은 각각 100만원이다.

이와 같은 분개과정을 도표로 나타내 보면 다음과 같다.

거래의 양면분석

기계의 구입 (자산의 증가)	현금의 지급 (자산의 감소)
차변기록	대변기록
계정과목 : 기계장치 금 액 : 1,000,000	계정과목 : 현 금 금 액 : 1,000,000

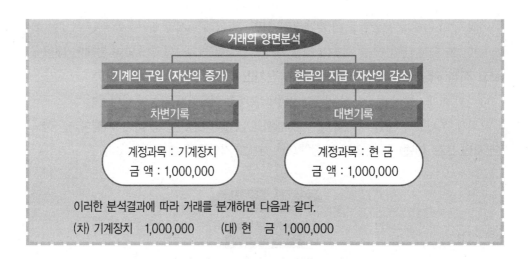

이러한 분석결과에 따라 거래를 분개하면 다음과 같다.

(차) 기계장치 1,000,000 (대) 현 금 1,000,000

[예 3] 거래의 분개

근로자급여 500,000원을 현금으로 지급하다.

이 거래는 급여라는 비용이 50만원 증가한 동시에 현금이라는 자산이 50만원 감소했다. 회계기록의 법칙에 따라 급여라는 비용의 발생은 차변에, 현금이라는 자산의 감소는 대변에 기록한다. 그리고 금액은 각각 50만원이다.

이와 같은 분개과정을 도표로 나타내 보면 다음과 같다.

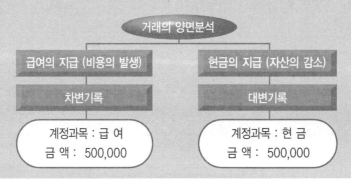

거래의 양면분석

급여의 지급 (비용의 발생)	현금의 지급 (자산의 감소)
차변기록	대변기록
계정과목 : 급 여 금 액 : 500,000	계정과목 : 현 금 금 액 : 500,000

이러한 분석결과에 따라 분개하면 다음과 같다.

(차) 급　여　　500,000　　(대) 현　금　　500,000

[예 4] 거래의 분개

제일은행으로부터 1,000,000원을 차입하고 이를 당좌예금하다.

A

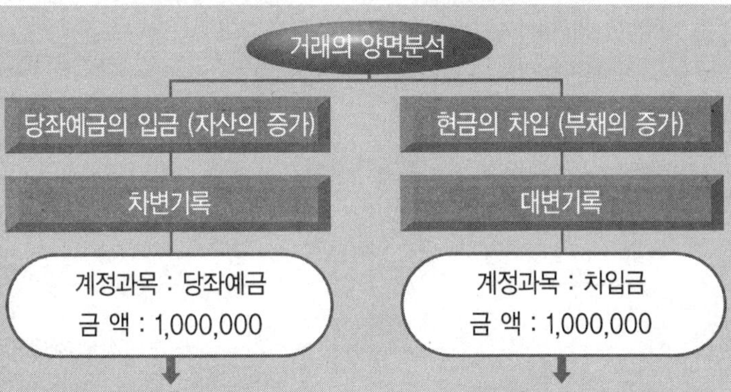

(차) 당좌예금　1,000,000　　(대) 차 입 금　1,000,000

[예 5] 거래의 분개

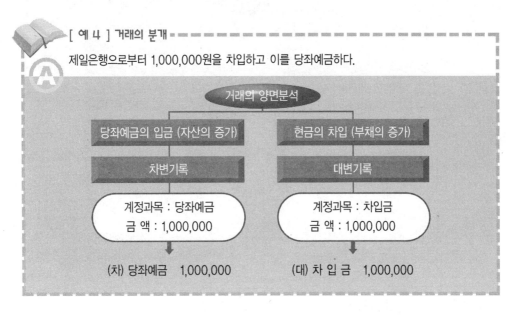

상품 1,000,000원을 구입하고 대금 중 반은 현금 지급하고 반은 외상으로 하다.

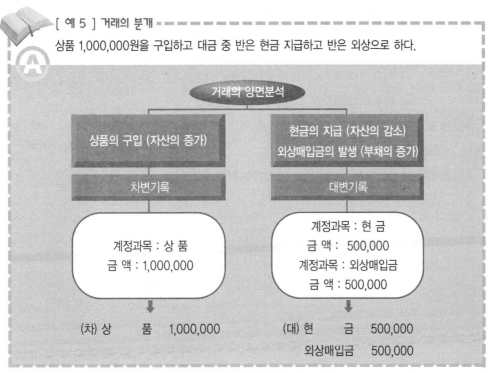

A

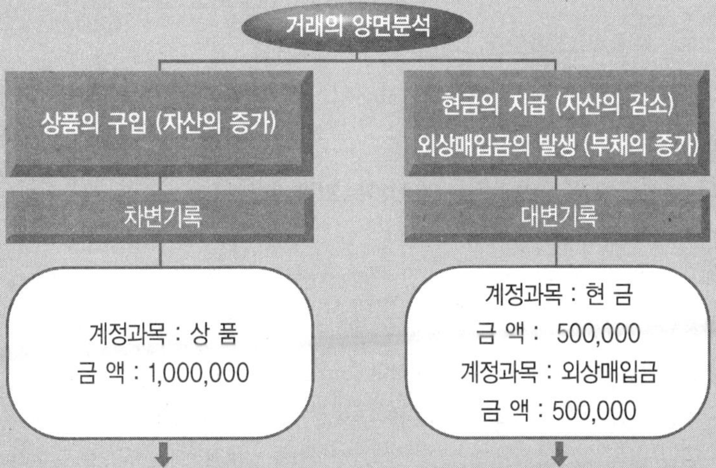

(차) 상　　품　1,000,000　　(대) 현　　금　500,000
　　　　　　　　　　　　　　　외상매입금　500,000

[예 6] 거래의 분개

상품 400,000원(매입가액 350,000원)을 남문상점에 현금으로 판매하다.

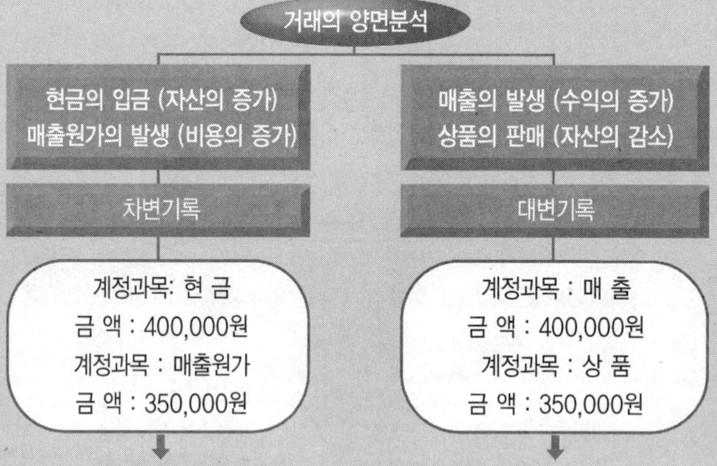

(차) 현 금	400,000	(대) 매 출	400,000
매출원가	350,000	상 품	350,000

이상과 같은 분개의 과정을 요약하여 보면 다음과 같다.

제1단계는 **거래의 양면(兩面)**을 찾아낸다. 즉 거래가 가지고 있는 두 가지 측면을 찾아내는 것이다.

제2단계는 찾아낸 거래의 양면을 계정기록방법(자산의 증가는 차변에, 감소는 대변에 기록 등)에 따라 **차변과 대변으로 나눈다**.

제3단계는 차변과 대변으로 나누어진 거래의 양면을 가장 잘 설명해 줄 수 있는 **계정과목**을 정하고 **금액**을 계산한다.

제4단계는 차변금액과 대변금액이 **일치하는지를 확인**한다.

[예 7] 거래의 분개

한일상점의 3월중에 일어난 다음과 같은 거래의 내용을 분개해 보기로 하자.

3월 1일 현금 2,000,000원을 출자하여 문구점을 개업하다.
5일 상품 500,000원을 강동상점으로부터 외상으로 매입하다.
10일 상품 400,000원(매입가액 350,000원)을 남문상점에 현금으로 판매하다.
15일 상품 30,000원을 현금으로 매입하다.
20일 강동상점으로부터의 외상매입금 중 300,000원을 현금으로 지급하다.
31일 당월분 건물임차료 30,000원을 현금으로 지급하다.

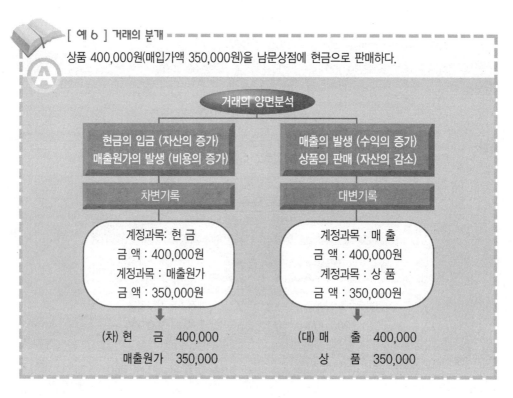

A

[분 개]

3/ 1	(차) 현　　금	2,000,000	(대) 자 본 금	2,000,000
5	(차) 상　　품	500,000	(대) 외상매입금	500,000
10	(차) 현　　금	400,000	(대) 매　　출	400,000
	(차) 매 출 원 가	350,000	(대) 상　　품	350,000
15	(차) 상　　품	300,000	(대) 현　　금	300,000
20	(차) 외상매입금	300,000	(대) 현　　금	300,000
31	(차) 임 차 료	30,000	(대) 현　　금	30,000

※ 분개를 설명할 때 (차변), (대변) 대신에 (차), (대)로 간략하게 쓰기도 한다.

2 분개를 위한 장부 – 분개장

기업에서 **분개를 일자순, 즉 거래의 발생순서에 따라 기록하는 서류**를 **분개장(分介帳, journal book)**이라 한다. 이 분개장은 거래를 계정에 옮겨 기입하기 위한 준비 또는 중개수단이 될 뿐만 아니라 거래의 간단한 설명도 붙여서 **영업일지로서의 역할**도 한다. 아래에는 이러한 분개장의 형식이 나타나 있다.

분 개 장

20××년		적　　　요	원면	차　변	대　변

앞의 [예 7]에 나타나 있는 한일 상점의 3월 중 거래의 일부를 분개장에 기록하여 보기로 하자.

3/ 1	(차) 현　　금	2,000,000	(대) 자 본 금	2,000,000
5	(차) 상　　품	500,000	(대) 외상매입금	500,000
10	(차) 현　　금	400,000	(대) 매　　출	400,000
	매 출 원 가	350,000	상　　품	350,000

분 개 장

20××년		적요	원면	차변	대변
3	1	(현금)	1	2,000,000	
		(자본금)	4		2,000,000
		현금출자하여 문구점을 개업			
	5	(상 품)	2	500,000	
		(외상매입금)	3		500,000
		강동상점으로부터 매입			
	10	(현금)	1	400,000	
		(매출)	5		400,000
		(매출원가)	6	350,000	
		(상품)	2		350,000
		남문상점에 매출			

예를 들어 3월 1일자의 거래가 어떻게 기록되었는지 살펴 보자. 우선 **거래의 발생일자**를 기록한다. (3월 1일) 그리고 **적요란**에는 분개의 **차변계정**(현금)을 **왼쪽 윗편(左上)**에 기록하고 분개의 **대변계정**(자본금)을 **오른쪽 아랫편(右下)**에 기록한다.

그리고 **차변란과 대변란**에 **금액**(2,000,000, 2,000,000)을 기입하고 마지막으로 적요란의 아랫 부분에 간단하게 **거래의 내용**(현금출자하여 문구점을 개업)을 기록하고 **적요란에 줄을 그어 다음 거래의 분개와 구분**한다. **원면**에는 차변과 **대변의 계정계좌의 페이지번호**를 기입한다.

2. 계정기록을 위한 원장

1 원장으로의 전기

거래가 발생하면 거래는 **거래의 이중성**에 따라 차변과 대변으로 나누어 **분개되고**, 발생하는 순서대로 분개장에 기록된다.

그러나 분개장에 기록된 분개는 일자순으로 기록되어 있기 때문에 분개장만을 사용해서는 특정 시점에서 현금이나 매출채권 또는 차입금 등과 같은 기업의 재산이 얼마나 있는지를 알기가 어렵다. 즉 분개장에 분개를 한 상태에서는 각 계정에 거래가 기록되어 있지는 않다.

예를 들어 1월 1일에 외상매출금이 얼마인지를 알고 있다고 하자. 그렇다면 1월중의 거래를 모두 분개장에만 기록했을 경우 1월말의 외상매출금은 얼마인지 어떻게 알 수 있을까?

이것을 알기 위해서는 1월 한 달 동안에 외상매출금이 얼마나 증가하고 얼마나 감소하였는지 분개장에서 하나하나 찾아서 더하고 빼고 하여 계산을 해야 할 것이다. 하루에 외상매출과 관련된 거래가 수십 건만 이루어진다 하더라도 이러한 계산은 끔직한 일이다.

외상매출금에 관한 거래를 분개장에서 뽑아 정리해서 순서대로 써 보면 아래와 같을 것이다.

〈 분개장에서의 외상매출금에 관한 거래 〉

(차변) 외상매출금 XXX	(대변) ....
(차변)	(대변) 외상매출금 XXX
(차변) 외상매출금 XXX	(대변) ....
(차변) 외상매출금 XXX	(대변) ....

비단 외상매출금뿐만 아니라 다른 계정과목에 대해서도 현재 잔액이 얼마인지, 그 동안의 증가 · 감소액을 알아야 기업경영을 원활히 할 수 있다. 그렇다면 분개장을 통해서가 아니라 다른 방법으로 각 **계정잔액**을 쉽게 아는 방법은 없을까?

이러한 문제를 해결하기 위해 회계에서는 거래를 분개장에 분개한 후에 각 계정과목별로 **해당 계정에 옮겨 기입**한다. 이것을 회계에서는 **전기(轉記 : 옮겨 기입한다는 뜻**, posting)라고 한다.

이러한 전기의 과정을 예를 들어 알아보기로 하자.

[예 8] 거래의 분개

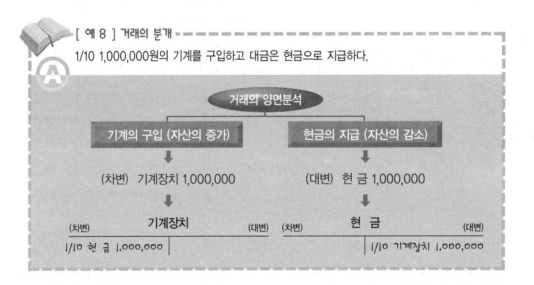

1/10 1,000,000원의 기계를 구입하고 대금은 현금으로 지급하다.

거래의 양면분석

기계의 구입 (자산의 증가) ↓ (차변) 기계장치 1,000,000 ↓

현금의 지급 (자산의 감소) ↓ (대변) 현 금 1,000,000 ↓

기계장치

(차변)	(대변)
1/10 현 금 1,000,000	

현 금

(차변)	(대변)
	1/10 기계장치 1,000,000

전기는 분개된 거래 내용을 기계적으로 각 해당 계정에 옮겨 적으면 된다. 전기하는 과정을 차례로 살펴보자.

제 1 단계 차변과 대변의 각 계정과목별로 해당 계정을 찾는다.

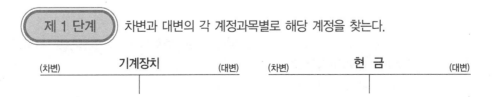

기계장치

(차변)	(대변)

현 금

(차변)	(대변)

제 2 단계 분개된 내용에 따라 날짜와 함께 분개의 차변요소는 해당 계정의 차변에, 분개의 대변요소는 해당 계정의 대변에 금액을 기록한다.

(차변) 기계장치	(대변)
1/10 1,000,000	

(차변) 현 금	(대변)
	1/10 1,000,000

제 3 단계 각 계정의 금액이 어떻게 발생하였는지를 설명해 주기 위해 분개한 상대편 계정과목을 기록한다.

(차변) 기계장치	(대변)
1/10 현 금 1,000,000	

(차변) 현 금	(대변)
	1/10 기계장치 1,000,000

예를 들어 기계장치계정의 차변에 기록된 현금 100만원은 기계장치가 100만원 증가하였고 이를 위해 현금이 지급된 것임을 알 수 있다. 단, **상대편 계정과목이 2개 이상일 때**는 **제좌(諸座)**라고 기입한다.

이와 같이 볼 때 **분개**만 정확히 하면 **전기**는 수월하게 이루어진다는 것을 알 수 있다.

[예 9] 거래의 전기

다음 분개의 내용을 해당 계정에 전기해 보자.

(1) 2/3	(차변) 건	물	1,000,000	(대변) 현	금	1,000,000
(2) 3/5	(차변) 급	여	500,000	(대변) 현	금	500,000
(3) 4/7	(차변) 상	품	1,000,000	(대변) 현	금	500,000
					외상매입금	500,000

A

(1)

(차변) 건 물	(대변)
2/3 현 금 1,000,000	

(차변) 현 금	(대변)
	2/3 건 물 1,000,000

(2)

(차변) 급 여	(대변)
3/5 현 금 500,000	

(차변) 현 금	(대변)
	3/5 급 여 500,000

(3)

(차변) 상 품	
4/7 제 좌 1,000,000	

외상매입금	(대변)
	4/7 상 품 500,000

현 금	(대변)
	4/7 상 품 500,000

이와 같이 모든 거래를 **분개**한 후에 **전기**하면 모든 거래가 각 **계정과목별**로 **분류**되고 기록, 정리되어 일일이 분개장을 보고 계산하지 않더라도 즉시 각 계정과목의 **증가**와 **감소액** 및 현재 **잔액**을 알수 있게 되는 것이다. 예를 들어 외상매출금의 현재 잔액이 얼마인지, 은행으로부터 빌린 차입금이 얼마인지, 수선비를 그 동안 얼마나 썼는지, 그 동안 얼마나 물건을 팔았는지 등을 알고 싶으면 해당 계정을 찾아보면 곧바로 알 수 있다.

위에서 설명한 거래의 전기는 학습을 위해 간략하게 만든 T계정으로 설명하였다. 설명의 편의상 날짜를 생략하는 경우도 있다. 이제 실제 장부에서는 어떻게 전기하는지 살펴보기로 하자.

컴퓨터로 하니까 전기는 배울 필요없다?

최근에는 컴퓨터를 이용한 회계프로그램이 많이 사용되고 있다. 이 회계프로그램들을 살펴보면 거래를 분개하여 입력하면 계정으로의 전기는 자동적으로 이루어 진다. 따라서 여기서 설명하는 전기절차는 사람이 아닌 컴퓨터가 하게 된다. 그렇기 때문에 '전기는 배울 필요없다' '귀찮은 장부기록을 왜 해야 하느냐' 등등의 이야기를 하는 사람들이 있을 지도 모른다. 그러나 회계의 기록과정이 어떤 식으로 이루어 지는지 모르고 회계프로그램에 의해 나온 결과를 이해할 수는 없다. 이런 말은 회계를 알지 못하는 문외한들이 잘못 생각하여 하는 말이라고 할 수 있다.

2 계정이 모여 있는 총계정원장

■ 총계정원장의 구조

모든 거래는 분개된 후 곧 해당 계정에 전기된다고 하였다. 여기에서 이러한 계정들이 모여 있는 장부를, 모든 계정들이 모여 있는 장부라는 뜻에서 **총계정원장(總計定元帳, ledger)** 또는 간단히 **원장(元帳)**이라고 한다.

총계정원장에는 앞에서 설명한 바와 같이 **표준식 원장**과 **잔액식 원장**의 두 가지가 있다.

총 계 정 원 장

[표준식]

20××년		적 요	분면	금 액	20××년		적 요	분면	금 액

총계정원장

[잔액식]

20××년		적요	분면	차변	대변	차 또는 대	잔액

[예 7]의 한일상점에서 3월 1일 거래를 분개한 것을 근거로 하여 표준식원장에 전기하는 절차를 보기로 하자.

1. 분개장의 차변과목이 현금계정이므로 분개장의 날짜를 현금계정의 차변의 날짜란에 기입한다.
2. 분개장의 차변금액을 원장에 있는 현금계정의 차변 금액란에 기입한다.
3. 분개장의 면수를 원장에 있는 현금계정의 차변 분면란에 기입한다.
4. 분개의 상대과목(이 경우에는 대변에 있는 과목)을 차변의 적요란에 기입한다. 상대과목이 두 과목 이상인 경우에는 '제좌' 라고 기입한다.
5. 전기한 현금계정의 원장번호를 분개장의 원면란에 기입한다.

분개장의 대변과목인 자본금계정에 대해서도 위와 같은 방법으로 전기한다.

분 개 장

20××년		적요	원면	차변	대변
3	1	(현금)	1	2,000,000	
		(자본금)	4		2,000,000
		현금출자하여 문구점을 개업			

총계정원장

(1) **현 금**

20××년		적요	분면	금액	20××년		적요	분면	금액
3	1	자본금	1	2,000,000					

(4) **자 본 금**

20××년		적요	분면	금액	20××년		적요	분면	금액
					3	1	현금	1	2,000,000

잔액식 총계정원장의 기입방법은 표준식의 경우와 거의 같지만, **하나의 전기가 끝나면 그때마다 잔액을 계산하여 잔액란에 기입**하고 **'차 또는 대' 란**에 차변금액이 대변금액보다 많은 경우(차변잔액)에는 **'차'** 라고 기입하며, 대변금액이 차변금액보다 많은 경우 (대변잔액)에는 **'대'** 라고 기입한다.

[예 7]의 한일상점 3월중의 거래를 현금계정에 잔액식으로 기입하면 다음과 같다.

총 계 정 원 장

현 금

[잔액식]

20××년		적 요	분면	차 변	대 변	차 또는 대	잔 액
3	1	자 본 금	1	2,000,000		차	2,000,000
	10	매 출	1	400,000		〃	2,400,000
	15	상 품	1		300,000	〃	2,100,000
	20	외상매입금	1		300,000	〃	1,800,000
	31	임 차 료	1		30,000	〃	1,770,000
	31	차기이월			1,770,000		
				2,400,000	2,400,000		
4	1	전기이월		1,770,000		〃	1,770,000

■ 총계정원장의 성격

총계정원장에는 모든 거래가 **각 계정과목별로 분류, 정리됨**으로써 기업의 자산, 부채, 자본, 수익, 비용 등의 증감 변동을 한 눈에 알아 볼 수 있는 장부가 되는 셈이다.

따라서 총계정원장을 정확히 작성하게 되면 기업을 경영하면서 그때그때 필요한 계정과목들의 증감변동상황을 쉽게 파악할 수 있을 뿐만 아니라 회계 기말에 **재무상태표와 포괄손익계산서를 작성하는 데 필요한 기본적인 자료를 제공**하게 된다.

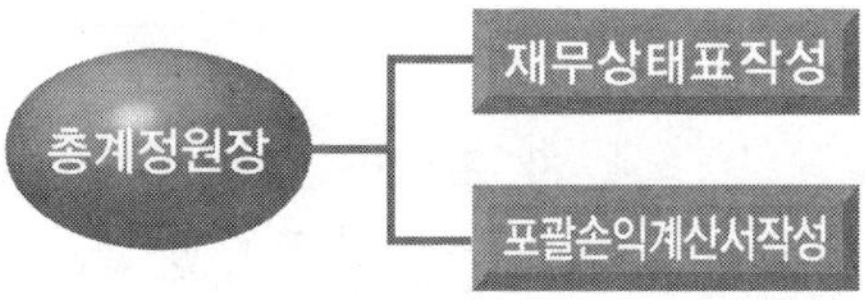

이런 의미에서 보면 총계정원장은 기업의 회계장부 중에서 가장 중요한 것이라고 할 수 있다.

분개장은 회사의 모든 거래를 발생순서대로 기록하는 역할을 하지만 총계정원장은 회사의 모든 거래를 계정과목별로 분류하여 기록 · 정리하는 역할을 한다.

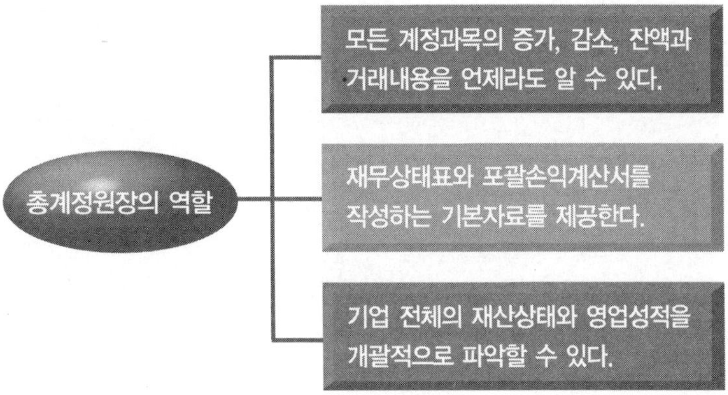
총계정원장의 역할
모든 계정과목의 증가, 감소, 잔액과 거래내용을 언제라도 알 수 있다.
재무상태표와 포괄손익계산서를 작성하는 기본자료를 제공한다.
기업 전체의 재산상태와 영업성적을 개괄적으로 파악할 수 있다.

분개장과 총계정원장은 모든 거래를 빠짐없이 기록하는 중요한 장부이므로 **주요부(主要簿)**라고 한다. 그리고 **주요부의 부족한 기록을 보충하기 위한 장부**를 **보조부(補助簿)**라 한다. 예를 들면 현금출납장 · 매입장 · 매출장 등의 보조부가 있다. 이러한 보조부에 대해서는 추후에 설명하기로 한다.

제7장. 시산표와 정산표

1. 시산표
2. 시산표의 종류와 작성방법
3. 정산표

제7장. 시산표와 정산표

1. 시 산 표

1 시산표의 뜻

회계에서는 모든 거래를 차변과 대변으로 나누어 기록하므로 올바르게 분개를 했다면 **차변금액과 대변금액은 반드시 일치**한다. 이것을 **대차평균의 원리**(principle of equlibrium)라고 한다. 따라서 분개장에 기록된 모든 거래의 차변합계와 대변합계도 일치한다.

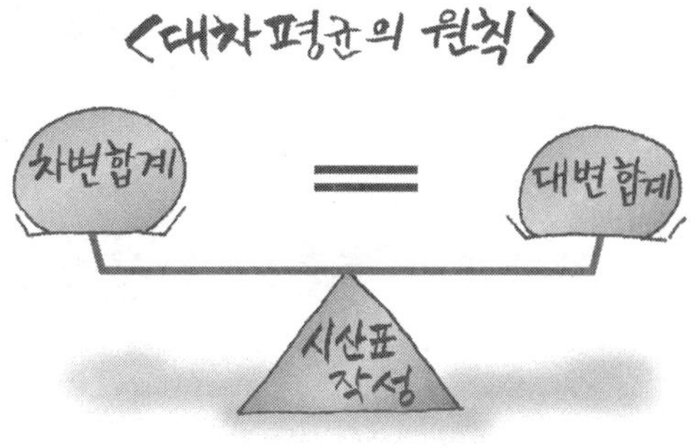

또한 **총계정원장**에는 회계기간 중의 모든 거래가 분개를 통해 전기되어 해당 계정의 차변과 대변에 기록되어 있기 때문에 올바르게 한 분개를 틀리지 않고 전기했다면 **모든 계정의 차변을 합계한 금액과 대변을 합계한 금액은 일치**하게 될 것이다.

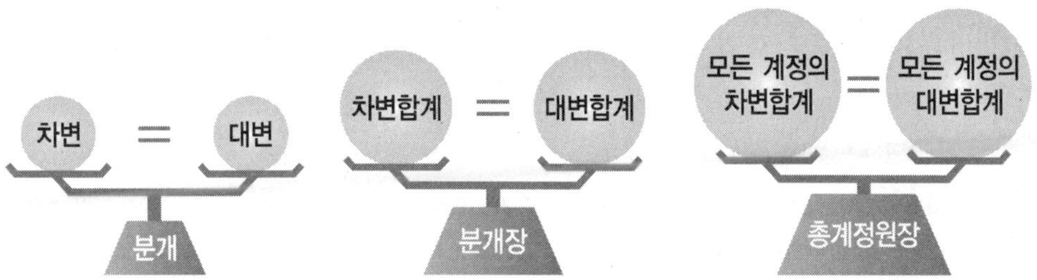

이와 같이 대차평균의 원리를 이용하여 총계정원장상의 모든 계정을 한 곳에 모아 모든 계정의 차변합계액과 대변합계액이 일치하는 지를 확인하면 모든 거래의 분개와 전기가

올바르게 이루어 졌는지를 점검할 수 있다.

총계정원장에 있는 모든 계정의 차변금액과 대변금액을 한 곳에 모아 정리한 표를 **시산표(試算表, trial balance)**라고 한다. 시산표란 말 그대로 '시(試)험적으로 계산(算)해 보는 표(表)'이다. 시산표는 그 동안 분개장과 총계정원장의 기록, 즉 **분개와 전기가 정확한지를 점검**하기 위해 작성하는 표이다.

시산표를 작성하면 장부기록의 정확성을 점검할 수 있을 뿐만 아니라 모든 계정이 하나의 표에 요약되어 집계되므로 **기업의 재무상태나 영업성과를 개괄적으로 파악하는 자료**로서도 이용된다.

이러한 시산표는 필요에 따라 매일, 또는 매주말 또는 매월말 또는 회계연도말에 작성된다. 매일 작성되는 시산표를 **일계표(日計表)**, 매주말에 작성되는 시산표를 **주계표(週計表)**, 매월말에 작성되는 시산표를 **월계표(月計表)**라고도 한다.

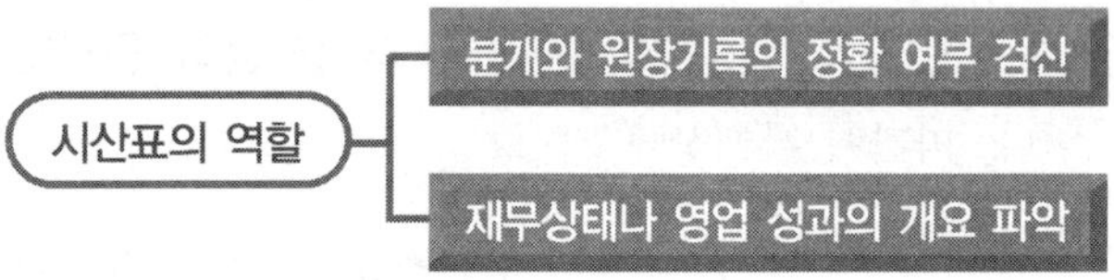

2. 시산표의 종류와 작성방법

1 합계시산표

모든 계정의 차변과 대변의 합계액을 모아서 정리한 표를 **합계시산표(合計試算表)**라고 한다. 다음 자료를 가지고 합계시산표를 작성해 보기로 하자.

[예 1] 합계시산표의 작성

다음 한국상사의 20××년 12월 31일의 원장기입으로부터 합계시산표를 작성하라. 각 계정의 계정과목명 왼쪽에 있는 숫자((1), (2) ……)는 총계정원장에 기록되어 있는 각 계정의 페이지번호, 즉 원면을 나타낸다.

(1) 현 금		(2) 외상매출금		(3) 상 품	
2,000	1,000	5,000	3,500	5,000	4,500

(4) 차량운반구

차변	대변
500	

(5) 외상매입금

차변	대변
2,500	4,000

(6) 차 입 금

차변	대변
1,000	1,500

(7) 자 본 금

차변	대변
	1,000

(8) 매 출

차변	대변
	6,000

(9) 매출원가

차변	대변
4,500	

(10) 이자수익

차변	대변
	500

(11) 급 여

차변	대변
1,000	

(12) 이자비용

차변	대변
500	

A

합계시산표는 모든 계정의 계정과목과 차변합계액 및 대변합계액을 합계시산표의 양식에 자산, 부채, 자본, 수익, 비용계정의 순으로 옮겨 적으면 작성된다.

이와 같이 하여 작성된 한국상사의 합계시산표는 다음과 같다.

합 계 시 산 표

한국상사 (20××년 12월 31일)

차 변	원면*	계정과목	대 변
2,000	1	현 금	1,000
5,000	2	외 상 매 출 금	3,500
5,000	3	상 품	4,500
500	4	차 량 운 반 구	
2,500	5	외 상 매 입 금	4,000
1,000	6	차 입 금	1,500
	7	자 본 금	1,000
	8	매 출	6,000
4,500	9	매 출 원 가	
	10	이 자 수 익	500
1,000	11	급 여	
500	12	이 자 비 용	
22,000		계	22,000

* 원면번호를 생략하는 경우도 있다.

합계시산표의 마지막 란에는 합계시산표의 차변란 합계액과 대변란 합계액을 계산하여 그 금액이 일치하는 것을 확인한 후 그 합계액을 기입한다. 위의 합계시산표의 **차변란 합**

계액은 22,000원으로 **대변란 합계액과 일치**한다.

또한 이 금액은 분개장을 기말에 마감하였을 때의 차변란과 대변란의 각 합계액과도 일치하도록 되어 있다. 따라서 합계시산표와 분개장의 총합계금액을 대조해 봄으로써 총계정원장 기입의 정확성 여부를 더욱 확실하게 검사할 수 있다.

2 잔액시산표

시산표에는 위와 같이 합계액을 비교하는 합계시산표도 있지만 **각 계정의 차변과 대변 잔액을 모아서 정리한 잔액시산표(殘額試算表)**도 있다.

잔액시산표는 각 계정의 **잔액**이 **차변**에 있으면 잔액시산표의 **차변란에 기입**하고, 이와는 반대로 **잔액**이 **대변**에 있으면 잔액시산표의 **대변란에 기입**하여 작성한다. 물론 합계시산표의 경우와 마찬가지로 차변란과 대변란 각각의 합계액을 계산하여 그 금액이 일치하는 것을 확인한 후 그 합계액을 기입한다.

잔액시산표는 이와 같이 자산, 부채, 자본, 수익, 비용계정의 잔액만을 집계하여 작성한 시산표이다.

〈 잔액시산표의 작성방법 〉

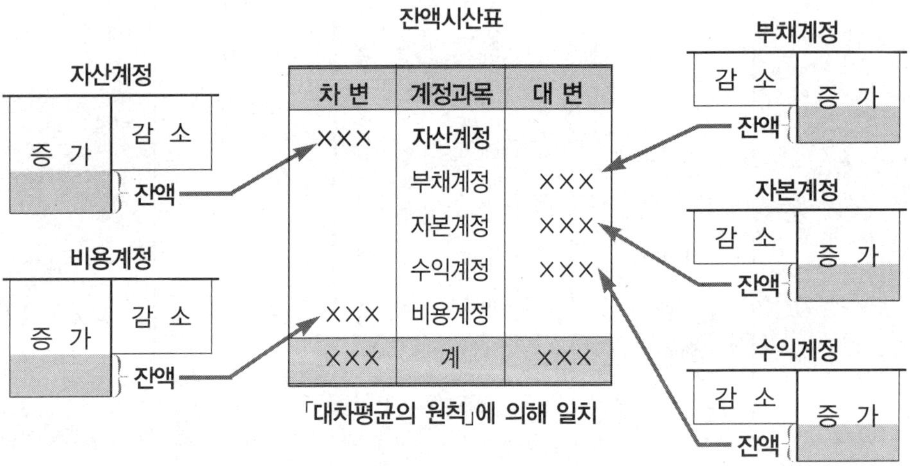

앞에서 예로 든 한국상사의 자료를 가지고 잔액시산표를 작성하면 다음과 같다.

잔 액 시 산 표

한국상사 (20××년 12월 31일)

차 변	원면	계정과목	대 변
1,000	1	현 금	
1,500	2	외상매출금	
500	3	상 품	
500	4	차량운반구	
	5	외상매입금	1,500
	6	차 입 금	500
	7	자 본 금	1,000
	8	매 출	6,000
4,500	9	매출원가	
	10	이자수익	500
1,000	11	급 여	
500	12	이자비용	
9,500		계	9,500

시산표의 종류에는 위에서 살펴 본 합계시산표와 잔액시산표 뿐만 아니라 다음에 설명하게 될 합계잔액시산표가 있다. 일반적으로 기업실무에서는 합계잔액시산표를 가장 많이 사용하며, 학습상으로는 잔액시산표를 가장 많이 사용한다.

3 합계잔액시산표

합계잔액시산표는 합계시산표와 잔액시산표를 합친것을 말한다. 이러한 합계잔액시산표의 양식은 다음과 같이 차변과 대변에 합계액과 잔액을 모두 표시하도록 되어 있다.

합 계 잔 액 시 산 표

차변		계 정 과 목	대변	
잔 액	합 계		합 계	잔 액
XXX	XXX	자산계정	XXX	
	XXX	부채계정	XXX	XXX
	XXX	자본계정	XXX	XXX
	XXX	수익계정	XXX	XXX
XXX	XXX	비용계정	XXX	
XXX	XXX	계	XXX	XXX

앞에서 예로 든 한국상사의 자료를 가지고 합계잔액시산표를 작성하면 다음과 같다.

합 계 잔 액 시 산 표

한국상사 (20××년 12월 31일)

차변		원면	계 정 과 목	대변	
잔 액	합 계			합 계	잔 액
1,000	2,000	1	현금	1,000	
1,500	5,000	2	외상매출금	3,500	
500	5,000	3	상품	4,500	
500	500	4	차량운반구		
	2,500	5	외상매입금	4,000	1,500
	1,000	6	차입금	1,500	500
		7	자본금	1,000	1,000
		8	매출	6,000	6,000
4,500	4,500	9	매출원가		
		10	이자수익	500	500
1,000	1,000	11	급여		
500	500	12	이자비용		
9,500	22,000		계	22,000	9,500

3. 정 산 표

1 시산표와 복식부기의 기본구조

잠시 잔액시산표의 구조를 살펴보기로 하자. 잔액시산표는 그림의 왼쪽과 같이 **차변**에는 **기말자산과 비용**이, **대변**에는 **기말부채와 기초자본, 수익**이 기록된다.

이익계산방법인 손익법과 재산법을 생각하면서 이 잔액시산표를 살펴 보자.

우선 잔액시산표에서 수익과 비용을 떼어 내면 그림과 같이 '수익－비용＝순이익' 으로 그 차액은 순이익이 되어 **포괄손익계산서를 작성**할 수 있게 된다.

또한 기말자산과 기말부채 · 기초자본을 떼어 내면 그림과 같이 그 차액은 순이익이 되어 '기말자산＝기말부채＋기초자본＋순이익' 으로 **재무상태표를 작성**할 수 있다.

잔액시산표 · 포괄손익계산서 · 재무상태표의 관계

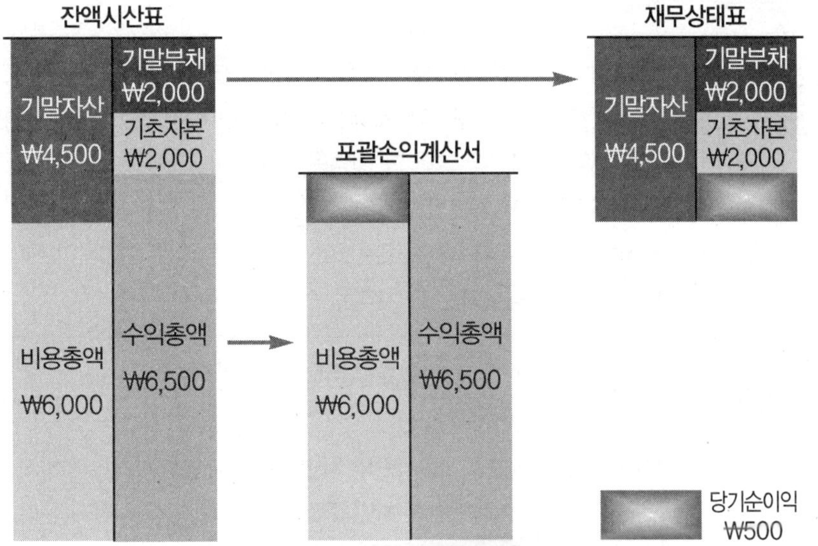

2 정산표의 작성절차

위에서 살펴본 바와 같이 잔액시산표는 포괄손익계산서와 재무상태표를 작성하는 토대가 된다. 잔액시산표에서 재무상태표와 포괄손익계산서를 보다 간편하고 정확하게 작성하기 위하여 하나의 표로 나타낸 것이 **정산표(精算表, worksheet)**이다.

이러한 정산표는 재무상태표와 포괄손익계산서를 작성하면서 잘못이 없도록 하기 위한 보조적인 것으로 반드시 해야 할 절차는 아니다. 그러나 정산표의 작성은 회계의 원리를 이해하는 데 도움이 되기 때문에 회계의 기초를 배우는 사람은 반드시 이해하고 실습해야 할 것이다.

정산표의 작성절차는 다음과 같다.

제 1 단계	잔액시산표의 계정과목을 제일 왼쪽에 옮겨 적고 해당 계정과목의 금액을 잔액시산표란에 쓴다.
제 2 단계	잔액시산표란의 수익 · 비용계정은 포괄손익계산서란에 옮겨 적고, 자산 · 부채 · 자본계정은 재무상태표란에 옮겨 적는다.
제 3 단계	포괄손익계산서란과 재무상태표란의 차변합계액과 대변합계액을 계산하여 그 차액을 구한다. 포괄손익계산서란에서 대변합계액(수익)이 차변합계액(비용)보다 크면 그 차액은 순이익이 되고, 재무상태표란에서 차변합계액(기말자산)이 대변합계액(기말부채+기초자본)보다 크면 그 차액은 순이익이 된다. 당연히 반대의 경우에는 그 차액은 순손실이 된다.
제 4 단계	순이익이 나오면 그 금액을 포괄손익계산서의 차변과 재무상태표의 대변에 기입한다. 이렇게 하면 포괄손익계산서란의 차변합계와 대변합계가 일치하게 되며 마찬가지로 재무상태표란의 차변합계와 대변합계도 일치하게 된다.

이렇게 하면 정산표의 작성절차가 마감된다.

그러면 실제로 시산표의 설명에서 나왔던 한국상사의 예를 가지고 정산표를 작성해 보도록 하자.

[총계정원장 잔액]

현 금	1,000	외상매출금	1,500	상 품	500
차량운반구	500	외상매입금	1,500	차 입 금	500
자 본 금	1,000	매 출	6,000	매출원가	4,500
이자수익	500	급 여	1,000	이자비용	500

정 산 표

한국상사

	잔액시산표		포괄손익계산서		재무상태표	
	차 변	대 변	차 변	대 변	차 변	대 변
현 금	1,000				1,000	
외상매출금	1,500				1,500	
상 품	500				500	
차량운반구	500				500	
외상매입금		1,500				1,500
차 입 금		500				500
자 본 금		1,000				1,000
매 출		6,000		6,000		
매출원가	4,500		4,500			
이자수익		500		500		
급 여	1,000		1,000			
이자비용	500		500			
당기순이익			**500**			**500**
	9,500	9,500	6,500	6,500	3,500	3,500

한국상사의 정산표를 작성하면 포괄손익계산서의 당기순이익과 재무상태표의 당기순이익은 모두 500원으로 일치함으로 알 수 있다.

이와 같이 정산표를 작성하면 포괄손익계산서와 재무상태표 그리고 당기순이익을 파악할 수 있다. 위의 정산표는 금액란이 여섯 개 있으므로 **6위식(六位式) 정산표**라고 한다.

합계잔액시산표와 정산표의 역할

실제로 합계잔액시산표를 작성하면 기업에서 기록하고 있는 모든 계정의 증가액과 감소액, 그리고 잔액을 한눈에 파악할 수 있다. 그리고 경영자가 정산표의 작성과정을 알고 있다면 굳이 정산표를 작성하지 않더라도 머리 속에서 포괄손익계산서와 재무상태표, 그리고 순이익을 그려 볼 수 있다. 따라서 경영자는 매월 합계잔액시산표를 작성해서 기업의 경영성과와 재무상태를 파악하고 현재의 상황을 점검해야 한다.

이와같이 합계잔액시산표는 단순히 전기의 정확성이나 오류의 점검에 있다고 하기보다는 실제로 매월 경영상태와 재무상태를 신속히 점검할 수 있게 하는 역할이 더 중요하다 할 수 있다.

제8장. 결 산

1. 결산의 뜻과 절차
2. 결산정리분개
3. 각종 장부의 마감
4. 재무상태표와 포괄손익계산서

제8장. 결 산

1. 결산의 뜻과 절차

1 결산의 의미

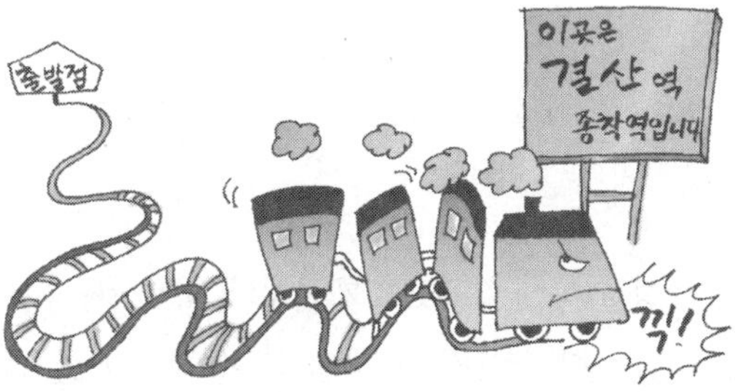

일상생활에서도 결산이라는 말을 사용하는 경우가 많다. **결산(closing)**이란 그 동안 열심히 일해서 얻은 성과가 무엇이고 얼마인지를 계산하고 정리하는 것을 의미한다. 이렇게 결산을 함으로써 그 동안의 성과를 정리하고 평가해 이를 바탕으로 좀더 나은 미래의 계획을 세울 수 있는 것이다.

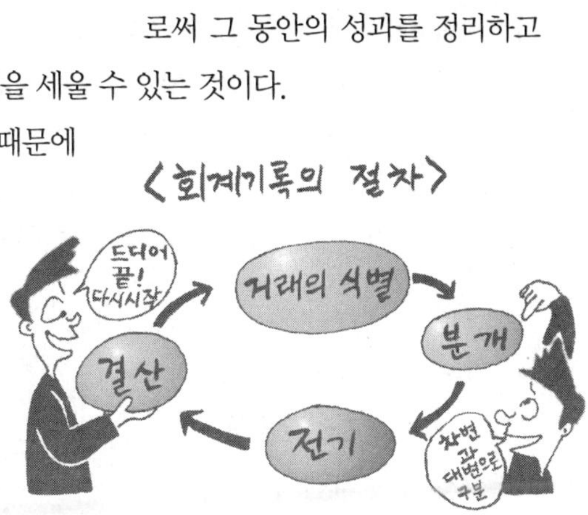

정상적인 기업은 언제 끝날지 알 수 없기 때문에 인위적으로 일정기간으로 나누어 경영성과를 계산하고 재무상태를 파악해야 한다. 따라서 **회계연도말**에는 **자산 · 부채 · 자본의 상태를 확인**하고, 그 기간에 생긴 **순손익**을 명백히 하기 위하여 장부의 기록을 정리하여 포괄손익계산서와 재무상태표를 작성해야 한다.

회계에서도 이를 위한 일련의 절차를 결산(決算)이라 하고 기말의 시점을 **결산일**이라 한다.

결산절차는 회계기록의 종점이자 가장 중요한 회계기록의 절차 중 하나이다.

회계기록의 절차는 옆의 그림과 같이 거래의 식별에서 시작하여 결산에서 끝이 나며 다시 그러한 과정이 반복되는 과정을 거치게 된다. 이러한 과정을 **회계의 순환과정**이라 한다.

결산은 1년에 한번씩만 해야 하나?

결산은 과연 1년에 한 번씩 만 해야 할까? 경영자의 입장에서 보면 자신이 경영하는 기업의 경영성과나 재무상태를 1년이 지나서야 알 수 있다면 심각한 문제일 것이다. 그러나 이 장에서는 법에 의해 주로 기업외부의 이해관계자인 투자자 · 채권자 · 세무당국 등을 위해 재무상태표와 포괄손익계산서를 제공하기 위한 절차로서 1년에 한 번 이루어지는 결산에 국한하여 설명하고자 한다. 물론 이렇게 해서 얻어지는 결과는 기업내부의 경영자도 이용하게 된다.

경영자는 효과적인 경영을 하기 위해서는 1년이 아니라 매월, 아니 매일 기업의 재무상태와 경영성과를 파악해야 한다. 일부 대기업의 경우에는 발달된 정보기술을 이용하여 주별 · 일별 결산을 함으로써 효율적인 경영활동을 해 나가고 있는 것이 최근의 추세이다.

따라서 독자 여러분은 재무상태와 경영성과를 파악하기 위해 어떤 방법으로 정리할 것인가를 이해한다는 관점에서 본 장을 학습하는 것이 바람직하다.

2 결산정리의 필요성

이미 앞에서 살펴 본 바와 같이 정산표의 작성을 통해 포괄손익계산서와 재무상태표는 잠정적으로 완성된 상태이다. 결산을 하기에 앞서 현재상태는 어떻게 되어 있는지 한 번 생각해 보자. 분개장에는 그 동안의 거래가 분개되어 있다. 그리고 분개장에 기록된 분개는 거래가 있을 때마다 또는 주기적으로 원장으로 전기되어 원장의 각 계정에 기록되어 있다.

그렇다면 기업의 재무상태와 경영성과를 올바로 나타낼 수 있도록 모든 거래가 기록된 것일까? 그렇지는 않다.

<회계기간중 기록하지 못한 재산의 변동>

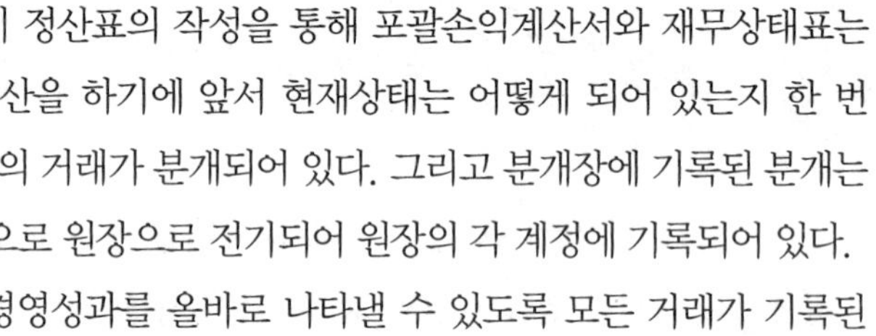

왜냐 하면 실제로 거래가 발생할 때마다 분개와 전기를 해서 장부의 기록을 정확히 한다고 해도 **회계기간중에 기록하지 못한 재산의 변동**이 있기 때문이다.

예를 들면 창고에 보관중인 **상품이 손상**되거나 **도난당했**다든가, 주식이나 사채의 가격이 처음에 산 가격보다 떨어졌다든가 또는 건물의 **가치가 감소**한다든가 하는 것들이 있다. 그리고 **비용이나 수익** 중에서도 미리 주거나, 받거나 해서 장부상의 기록과 실제 당기에 발생한 비용이나 수익이 일치하지 않는 경우가 많다.

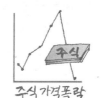

따라서 원장의 각 계정잔액을 수정하지 않고 그대로 집계하여 포괄손익계산서와 재무상태표를 작성하면 포괄손익계산서는 일정기간의 경영성과를 정확하게 나타내지 못할 것이며, 재무상태표도 일정시점의 재무상태를 정확하게 반영하지 못할 것이다.

이와 같은 이유에서 결산을 할 때 장부상의 금액과 실제금액이 일치하지 않는 경우를 모두 조사해서 **장부상의 금액을 실제의 금액으로 수정하는 절차**가 필요하다.

결산시에 수정하는 절차를 **결산정리(決算整理)** 또는 **결산수정(決算修正)**이라 하며 수정해야 할 사항을 결산수정사항이라 한다. 결산수정을 위해서는 분개를 하고 이를 원장에 전기하여야 한다. 결산정리를 위한 분개를 **정리분개(수정분개, adjusting entry)**라 하고, 이를 원장에 전기하는 것을 **정리기입(수정기입)**이라 한다.

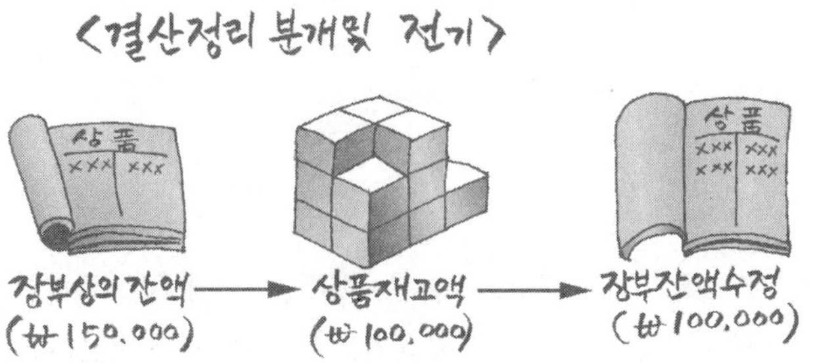

따라서 결산정리를 해야만 장부상의 기록이 비로소 기업의 실제 재무상태와 영업성과를 나타낼 수 있다.

결산정리는 재무상태표계정의 결산정리와 포괄손익계산서계정의 결산정리로 크게 구분할 수 있다. 여기에서는 대부분의 기업에서 공통적으로 수행되는 결산정리사항의 예를 몇가지만 살펴 볼 것이다. 구체적인 결산정리사항에 대해서는 10장 이후에서 설명하기로 한다.

3 장부의 마감절차

결산정리분개와 정리분개의 전기가 끝난 후에는 지금까지 회계기간 동안 거래를 기록해 온 분개장과 총계정원장의 기록을 결산일 시점에서 끝내고 다음 기에 계속하여 기록을 할 수 있도록 준비하는 절차가 필요하다. 이에는 **마감분개**를 포함해 몇 가지 절차를 진행하게 되는데 이것을 **장부의 마감**(어떤 한도에서 끝을 막는다는 뜻이기 때문에 올해의 장부기록을 결산일을 기준으로 끝낸다는 의미이다)이라고 한다. 그리고 정식으로 **재무상태표와 포괄손익계산서를 작성**하면 결산절차는 끝나게 된다.

※ 결산분개란 거래의 발생시에 행하는 분개가 아니라 결산시에 행하는 분개를 말한다.
이러한 결산분개는 수정분개와 마감분개의 두 가지로 구분된다.

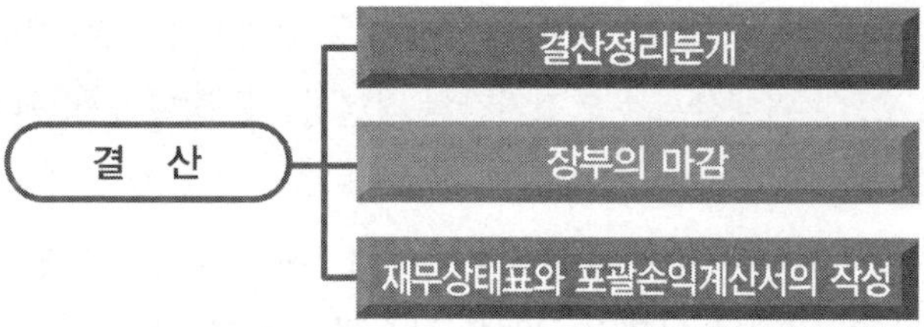

2. 결산정리분개

1 상품계정의 정리

■ 매출액과 매출원가

상기업의 주영업활동은 상품의 매입(買入)과 매출(賣出)이다. 매매(賣買)활동은 상기업에서 가장 빈번하게 이루어 지기 때문에 기업경영자의 입장에서는 이 활동이 주관심사가 된다.

상품을 판매해서 사온 값보다 비싸게 팔아 이익이 얼마나 났는지, 아니면 손해를 봤는지, 어떻게 하면 상품의 매입활동과 매출활동을 효과적으로 기록하고 관리할 수 있는지에 기업경영자는 관심을 갖게 된다.

매출액(賣出額, sales)이란 상품을 판매한 금액으로서 수익이며 **매출원가(賣出原價, cost of goods sold)**란 판매한 상품의 원가로서 비용이 된다. 따라서 매출액에서 매출원가를 빼면 매매활동을 통해 얻은 이익을 구할 수 있다.

매출총이익(賣出總利益, gross margin)이란 매출액에서 매출원가를 뺀 금액으로 매출활동과 매입활동이 얼마나 효과적으로 이루어졌는지를 측정하는 개략적인 척도가 된다.

여기서 '총이익' 이라는 표현을 사용한 이유는 모든 수익에서 모든 비용을 차감하면 순수하게 남는 '순이익' 과 구별하기 위해서이다.

■ 상품매매기록의 문제점

우리는 지금까지 상품을 살 때와 팔 때 다음의 예와 같이 기록하였다.

[예 1] 상품매매의 기록

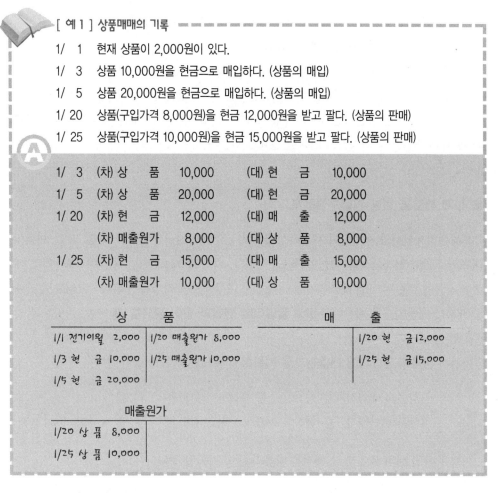

1/ 1 현재 상품이 2,000원이 있다.
1/ 3 상품 10,000원을 현금으로 매입하다. (상품의 매입)
1/ 5 상품 20,000원을 현금으로 매입하다. (상품의 매입)
1/ 20 상품(구입가격 8,000원)을 현금 12,000원을 받고 팔다. (상품의 판매)
1/ 25 상품(구입가격 10,000원)을 현금 15,000원을 받고 팔다. (상품의 판매)

A

1/ 3	(차) 상 품	10,000	(대) 현 금	10,000
1/ 5	(차) 상 품	20,000	(대) 현 금	20,000
1/ 20	(차) 현 금	12,000	(대) 매 출	12,000
	(차) 매출원가	8,000	(대) 상 품	8,000
1/ 25	(차) 현 금	15,000	(대) 매 출	15,000
	(차) 매출원가	10,000	(대) 상 품	10,000

상 품

1/1 전기이월 2,000	1/20 매출원가 8,000
1/3 현 금 10,000	1/25 매출원가 10,000
1/5 현 금 20,000	

매 출

	1/20 현 금 12,000
	1/25 현 금 15,000

매출원가

1/20 상 품 8,000	
1/25 상 품 10,000	

위의 예에서는 **상품을 매입할 때**는 **매입액**을 **상품계정의 차변**에, **상품을 판매할 때**는 판매한 상품의 원가에 해당되는 금액을 **상품계정의 대변**에 기록하여 상품계정에서 제거하고 **매출원가계정**에 기록하였다. 이와 같이 상품의 증가와 감소에 대하여 해당 거래가 있을 때마다 계속하여 기록하는 방법을 **계속기록법**이라고 한다.

상품의 매매에 관한 거래를 이와 같이 기록하면 **상품을 판매할 때 수익인 매출과 비용인 매출원가가 모두 기록**되어 **상품계정은 항상 현재의 잔액**을 나타내게 된다. 위의 상품계정을 살펴 보면 상품계정의 차변합계는 32,000원, 대변합계는 18,000원으로 현재 상품은 14,000원어치가 있음을 알 수 있다.

또한 수익인 매출은 27,000원으로 계상되어 있고 비용인 매출원가는 18,000원으로 계상되어 매출총이익은 9,000원임을 알 수 있다.

이와 같이 기록하면 기말이 되더라도 상품매매에 관련된 계정을 정리할 사항은 없다.

그러나 **위와 같이** 매번 상품을 판매할 때마다 일일이 판매한 상품의 매입원가를 알아서 **기록하는 것**은 **현실적으로 상당히 어렵다.**

예를 들어 할인점이나 수퍼마켓의 경우를 생각해보자. 상품은 계속 구입되고 판매된다. 매번 상품을 팔 때마다 판매한 상품의 매입원가를 알 수 있을까? 이것이 설사 가능하다 하더라도 상당히 시간이 걸리면서 번거로운 일이다. 그렇다면 과연 매번 이렇게 판매한 상품의 원가(매출원가)를 파악하고 기록할 필요가 있을까?

■ 문제 해결을 위한 기말수정분개

포괄손익계산서와 재무상태표를 작성해야 하는 기간은 1년단위이다. **매일 매일 재무상태표와 포괄손익계산서를 작성할 필요는 없다.** 따라서 최소한 1년 동안의 매출액과 매출한 상품에 대한 원가인 매출원가를 기록해서 재무제표를 작성하면 된다. 그러므로 판매할 때마다 매출원가를 계산하지 말고 **월말이나 연말과 같이 필요할 때** 구할 수 있도록 기록하면 될 것이다.

따라서 **상품의 판매시에 매출원가를 기록하지 않으면** 다음과 같이 된다.

(상품의 매입시)	(차) 상 품	×××	(대) 현 금	×××
(상품의 판매시)	(차) 현 금	×××	(대) 매 출	×××

이렇게 하면 위의 예에서 각 계정은 다음과 같이 기록될 것이다.

상 품

차변	대변
1/1 전기이월 2,000	
1/3 현 금 10,000	
1/5 현 금 20,000	

매 출

차변	대변
	1/20 현 금 12,000
	1/25 현 금 15,000

그러나 이 상태에서 **아무런 수정을 하지 않고** 결산시에 재무상태표와 포괄손익계산서를 작성하면 **틀린** 재무상태표와 포괄손익계산서를 작성하게 된다. 왜냐하면 상품계정은 매입한 상품액만을 차변에 기록했을뿐 판매한 상품원가가 감소되어 있지 않고, 또한 판매한 상품의 원가가 비용으로 기록되지 않았기 때문이다.

이렇게 기록하면 결산시에 이를 수정하기 위한 수정분개를 해야 한다.

결산시에 상품을 실제로 조사해서 기말 현재 남아 있는 재고액(기말재고액이라 한다)을 상품계정의 차변합계액에서 빼면 그동안 판매한 상품의 원가(매출원가)를 알 수 있다. 따라서 결산시에 상품계정에서 매출원가를 차감하는 분개를 해야 한다.

(차) 매출원가 ××× (대) 상 품 ×××

위의 예에서 기말재고액이 14,000원이라면 매출원가는 32,000원 - 14,000원 = 18,000원이므로 다음과 같이 기말수정분개를 해야 한다.

(차) 매출원가 18,000 (대) 상 품 18,000

여기에서 매출원가는 비용계정이다. 결국 상품 판매시에 상품계정을 감소시키면서 매출원가를 기록하는 분개를 하지 않는다면, 기말에 일괄하여 위와 같이 수정분개를 하면 된다.

■ 3분법의 사용과 기말수정분개

① 3분법의 의미와 기입방법

그런데 상품계정을 위에서 설명한 바와 같이 기입하면 하나의 상품계정에 기초상품재고액과 당기에 매입된 상품금액이 모두 기록되어 복잡하게 된다. 따라서 실제로는 상품과 관련된 거래를 세 개의 계정으로 나누어 기록하는 3분법으로 많이 사용되고 있다.

3분법은 매입활동에 관해서는 비용계정인 **매입계정**에, 매출활동에 관해서는 수익계정인 **매출계정**에, 기말상품에 대해서는 자산인 **상품계정**에 나누어 기록하는 것이다.

3분법의 기본적인 기록방법을 살펴보자.

상품을 매입할 경우에는 **매입액**을 **매입계정의 차변**에, 매입대가를 해당 계정의 대변에 기록한다. 그리고 **상품을 판매할 경우**에는 **판매액**을 **매출계정의 대변**에, 판매대가는 해당 계정의 차변에 기록한다.

[예 2] 3분법의 기록

1/ 1 현재 상품 2,000원이 있다.

1/ 3 상품 10,000원을 현금으로 매입하다. (상품의 매입)

1/ 5 상품 20,000원을 현금으로 매입하다. (상품의 매입)

1/ 20 상품(구입가격 8,000원)을 현금 12,000원을 받고 팔다. (상품의 판매)

1/ 25 상품(구입가격 10,000원)을 현금 15,000원을 받고 팔다. (상품의 판매)

1/ 3	(차) 매 입	10,000		(대) 현 금	10,000
1/ 5	(차) 매 입	20,000		(대) 현 금	20,000
1/ 20	(차) 현 금	12,000		(대) 매 출	12,000
1/ 25	(차) 현 금	15,000		(대) 매 출	15,000

상 품

차변	대변
1/1 전기이월 2,000	

매 출

차변	대변
	1/20 현 금 12,000
	1/25 현 금 15,000

매 입

차변	대변
1/3 현 금 10,000	
1/5 현 금 20,000	

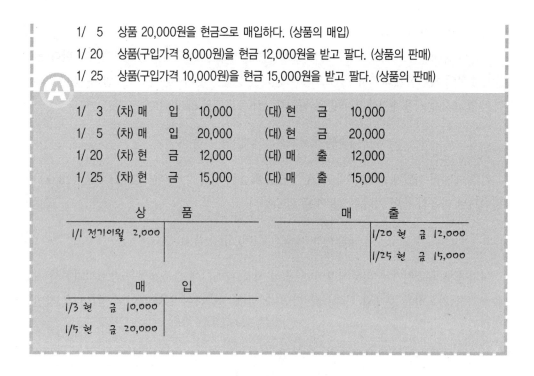

이와 같이 매입계정에는 당기에 매입한 상품의 원가가, 매출계정에는 당기에 매출한 상품매출액이, 상품계정에는 기초의 상품재고액이 기록된다.

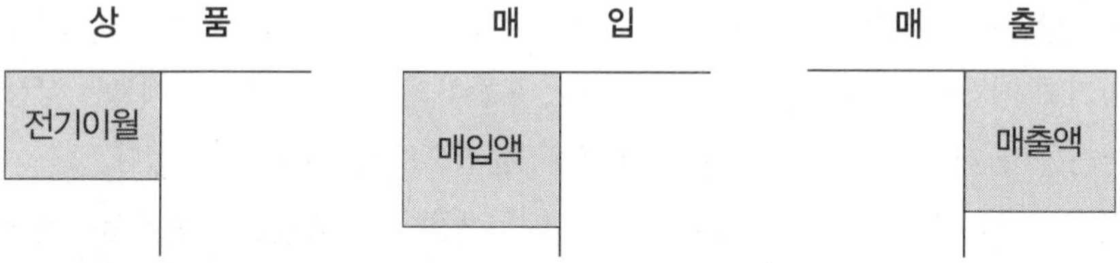

② 기말결산시 결산정리분개

3분법에 의해 기중에 상품매매거래를 기록하고 결산시에 아무런 수정없이 재무상태표와 포괄손익계산서를 작성하면 틀리게 된다. 왜냐하면 상품계정의 잔액은 기초의 상품재고액일 뿐 기말의 상품재고액이 아니기 때문이다. 또한 매입계정도 당기에 판매한 상품의 원가 뿐만 아니라 판매하지 않고 기말에 남아 있는 상품의 원가인 기말재고액이 그대로 남아 있기 때문이다.

따라서 3분법에 의해 매입 · 매출을 기록할 때의 이와 같은 문제점을 해결하기 위해서 기말결산시에 수정분개를 해야 한다.

가. 매출총이익의 계산

매출총이익(또는 총손실)은 다음의 식과 같이 계산한다

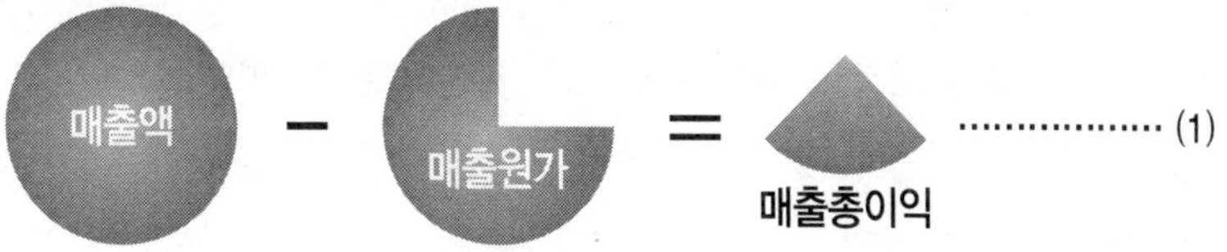

여기에서 매출액은 매출계정 대변의 총합계액이므로 쉽게 구할 수 있다. 매출계정을 보면 매출액은 27,000원이다. 그러나 매출원가는 판매된 상품의 원가이므로 여러가지 요소를 고려하여야 한다.

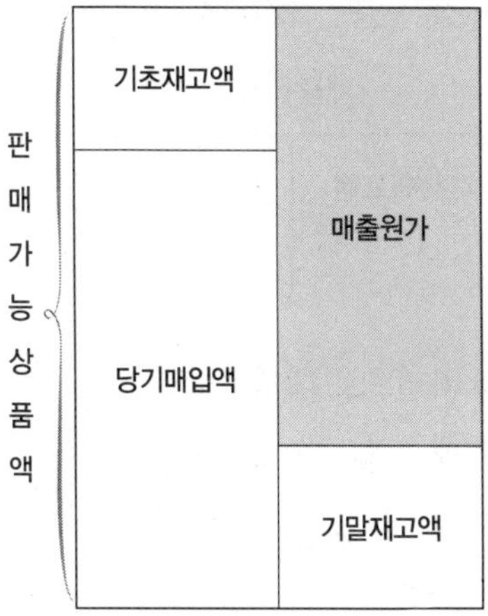

옆의 그림에서 보듯이 기업에서 **1년 동안에 판매가능한 상품금액**은 전기에 팔다 남아 당기로 이월된 기초상품재고액에다 당기에 매입한 총상품매입액(당기매입액)을 더한 금액이다. 이와 같은 판매가능한 총상품금액에다 금년에 팔리지 않고 창고에 남아 있는 상품금액인 **기말재고액을 차감**하면 우리가 구하고자 하는 판매된 상품의 원가인 매출원가가 된다.

이것을 산식으로 나타내면 다음과 같다.

매출원가 = (기초상품재고액 + 매입액) − 기말상품재고액 .... (2)

앞의 예에서 매출원가를 구해 보면 다음과 같다. 기말상품재고액은 14,000원이다.

매출원가	=	2,000	+	30,000	−	14,000
		(기초재고액)		(당기매입액)		(기말재고액)
	=	18,000(원)				

(2)식의 기초상품재고액은 상품계정에 기록되어 있고, 매입액은 매입계정에 기록되어 있다. 이월상품계정을 보면 기초상품재고액은 2,000원이고 매입계정을 보면 매입액은 30,000원이다.

그러므로 매출원가는 2,000+30,000−14,000=18,000원이 된다.

따라서 매출총이익은 27,000−18,000= 9,000원이다.

나. 결산정리분개

이와 같이 매출원가를 단순히 계산상의 수치로 나타내는 데에는 별다른 어려움이 없으나 어느 계정에 어떻게 기입하여 이를 나타낼 것인가는 주의 깊게 생각하여야 한다.

회계에서는 **분개와 계정을 사용해서 모든 계산을 한다.** 따라서 위와 같은 매출원가의 계산도 분개와 계정을 통해서 계산한다. 그러면 기말에 매출원가가 분개를 통해 어떻게 기록하는지 살펴보자.

㉠ 상품계정에 있는 기초상품재고액을 매출원가계정 차변으로 대체한다.

(차) 매출원가 2,000 (대) 상 품 2,000

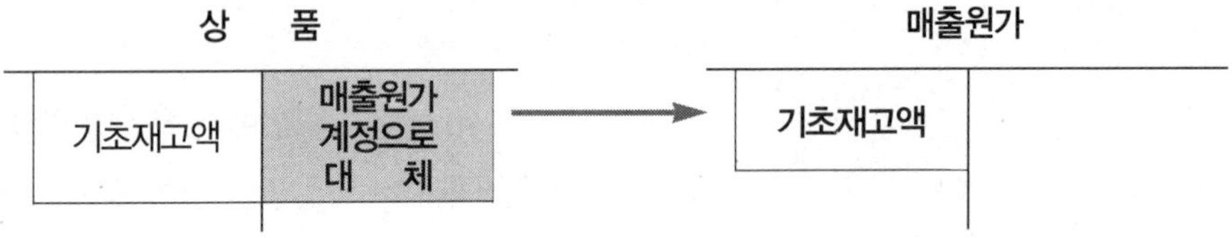

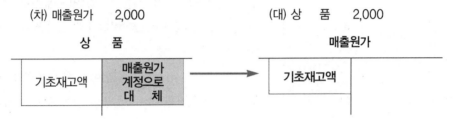

㉡ 매입계정에 있는 당기상품매입액을 매출원가계정 차변으로 대체한다.

(차) 매출원가 30,000 (대) 매 입 30,000

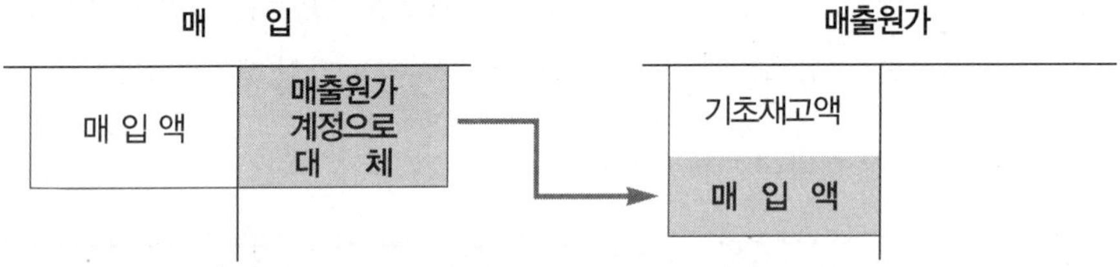

이렇게 하면 매출원가계정의 차변합계는 (2)식의 (기초상품재고액+매입액)이 된다.

㉢ 기말상품재고액을 매출원가계정에서 상품계정 차변으로 대체한다.

기말상품재고액이 14,000원이라면 다음과 같이 분개한다.

(차) 상 품 14,000 (대) 매출원가 14,000

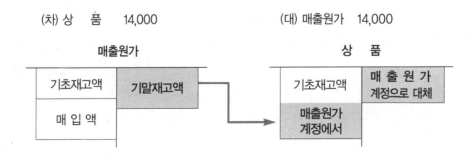

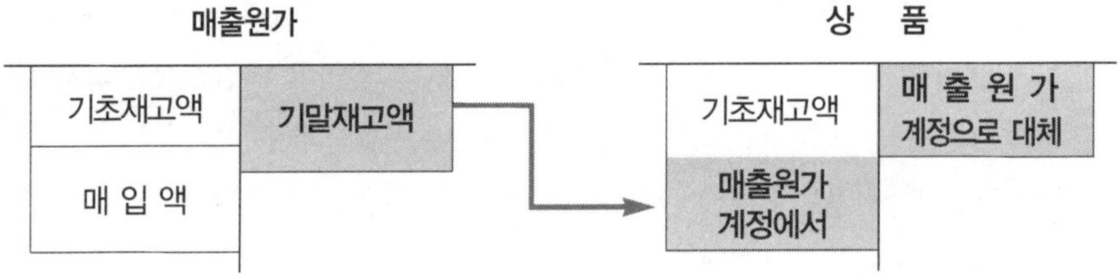

이렇게 하면 **매출원가계정의 차변잔액**은 (기초상품재고액+매입액-기말상품재고액)으로 **매출원가**가 되고 **상품계정의 잔액**은 **기말의 상품재고액**이 된다.

이와 같이 세 개의 분개를 하고 해당 계정에 전기하면 상품거래에 관한 기말수정사항이 완료된다.

2 감가상각

올해 1월초에 자동차를 1,000만원에 현금으로 구입하였다고 하자. 그렇다면 자동차 구입시의 분개는

(차) 차량운반구 10,000,000 (대) 현 금 10,000,000

이 될 것이다. 차변의 차량운반구는 자산이므로 차량운반구라는 자산계정에 기록될 것이다. 12월말에 결산을 하기 위해서 차량운반구계정을 보면 구입시와 똑같이 1,000만원으로 기록되어 있을 것이다.

그렇다면 한번 생각해 보자. 1월초에 1,000만원에 산 차량운반구의 가치는 1년이 지난 12월말에도 똑같이 1,000만원일까? 그리고 3년, 5년이 지난 다음에도 이 자동차의 가치는 똑같이 1,000만원일까?

그렇지는 않다. 차량운반구를 비롯하여 건물 기계 등과 같은 **유형자산**은 시간이 경과하고 계속적으로 사용함에 따라 **필연적으로 그 가치가 점차 감소**하게 된다.

따라서 정확한 손익계산과 재산상태를 파악하기 위해서는 1년 동안 발생한 유형자산의 가치감소분을 결산기말에 기록하는 절차가 필요하다. 왜냐하면 이러한 유형자산의 가치감소는 1년 동안 서서히 발생하므로 **연중(年中)에는 거래로 기록할 수 없기 때문**에 1년 동안의 가치감소분을 모아서 연말(기말)에 한꺼번에 처리하는 것이다.

이러한 절차를 **감가상각**이라고 한다. 여기에서 감가란 한자로 減價로서 '가치가 감소하다'를 뜻하고 상각이란 한자로 償却으로서 '차감하다'라는 뜻이므로 결국 **감가상각**이란 **'가치감소분을 차감하다'** 라는 말인 것이다.

감가상각 : 유형자산의 가치감소분을 차감하는 절차

이와 같이 결산기말이 되면 차량운반구를 비롯하여 가치가 감소되는 모든 유형자산에 대해 감가상각을 하여야 하는데 그것을 기록하는 방법을 보기로 하자.

먼저 유형자산의 감가상각은 기업의 수익을 얻기 위해 감소된 유형자산의 가치감소분을 **감가상각비**라는 비용계정의 **차변**에 기록한다. 그 다음에는 유형자산이 그만큼 감소하였으므로 유형자산의 감소로서 해당 **유형자산**(예 : 차량운반구, 건물)계정의 대변에 기록하여야 된다. 그러나 이런식으로 분개를 하게 되면, 당해 유형자산의 취득원가가 얼마인지 그리고 그 동안 유형자산의 가치가 얼마나 감소하였는지를 정확히 산출할 수 없으므로 실제로는 자산에서 직접 차감하지 않고 간접적인 차감방식인 **감가상각누계액**이라는 계정을 사용하여 감가상각누계액계정의 대변에 기록한다.

이와 같은 감가상각에 관한 결산기말의 정리분개 및 전기를 정리하여 보면 다음과 같다.

〈 감가상각에 관한 정리분개 및 전기 〉

(차변) 감가상각비 xxx　　　(대변) 감가상각누계액 xxx

⬇　　　⬇

감가상각비

감가상각누계액 xxx	

감가상각누계액

	감가상각비 xxx

감가상각누계액은 분개할 때는 대변에 기록되지만 재무상태표에 표시할 경우에는 유형자산의 취득원가에서 차감하는 형식으로 표시한다. 유형자산에서 직접 차감하지 않고 이와 같이 하면 차량운반구의 취득원가와 그 동안 감가상각한 금액이 모두 나타나기 때문에 재무상태표를 보는 사람들이 더 많은 정보를 얻을 수 있다.

재무상태표 (단위: 천원)

건　물	10,000		
감가상각누계액	△2,000	8,000	

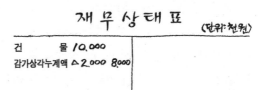

감가상각에서 제일 어려운 문제는 실제로 한 회계기간 동안 얼마만큼의 가치가 감소하였는지를 정확히 계산하는 것이다. 하지만 이것이 현실적으로 불가능하기 때문에 회계에서는 여러가지 방법을 사용하여 감가상각비를 계산하는데 그 중 가장 대표적인 계산방법인 **정액법(定額法)**에 관해 알아 보기로 하자.

정액법이란 유형자산의 **내용연수**(사용가능연수)와 **잔존가치**(사용후 남은 가치로서 처분가액에서 처분비용을 차감한 잔액을 뜻함)를 추정하여, 취득원가로부터 잔존가치를 차감한 금액을 **내용연수**로 나누어 **연간감가상각비**를 계산하는 방법이다.

$$\text{연간감가상각비} = \frac{\text{취득원가} - \text{잔존가치}}{\text{내용연수}}$$

따라서 감가상각비는 매년 일정한 금액이 되므로 정액법이라고 한다.

이를 계산식으로 나타내면 다음과 같다.

$$\text{연간감가상각비} = \frac{10{,}000{,}000\text{원} - 1{,}000{,}000\text{원}}{5\text{년}} = 1{,}800{,}000\text{원}$$

이월된예를 들어 취득원가 1,000만원, 잔존가치 100만원, 내용년수 5년인 자동차의 경우에 연간감가상각비를 구하고 결산정리분개를 하여 보면 다음과 같다.

〈 결산정리분개 〉

(차변) 감가상각비 1,800,000 (대변) 감가상각누계액 1,800,000

3 포괄손익계산서계정의 결산정리

수익과 비용에 속하는 계정 중에는 그 계정의 기말잔액이 그 기간의 올바른 수익 · 비용을 나타내지 못하고 있는 것이 있다. 따라서 이러한 수익 · 비용계정이 있는 경우에는 이것을 수정하지 않으면 그 기간의 올바른 손익계산을 할 수가 없다. 따라서 결산시에 이러한 내용들을 수정분개 및 전기를 해야 한다.

■ 선급비용

보험료 · 집세 · 이자 등 당기(當期)에 지급한 비용 중에는 차기(次期)에 가서야 비용으로 될 것이 포함되어 있는 경우가 있다.

구체적으로 화재보험료의 경우를 생각해 보자.

건물 · 기계설비에 대한 화재보험료는 1년분을 미리 지급하는 것이 보통이다. 예를 들어 10월 1일자로 보험계약을 맺고 1년분의 보험료 12만원을 미리 지급했다고 하자.

그러면 10월 1일 1년치 보험료 12만원을 지급했을 때의 분개는 다음과 같다.

10/1 (차) 보 험 료 120,000 (대) 현 금 120,000

그런데 회사의 결산일이 12월 31일이라면 결산시점에서 볼 때 보험기간은 아직 3개월밖에 지나지 않았다. 그런데 보험료는 1년분을 지급했으므로 9개월분을 미리 지급한 셈이 된다.

따라서 12월말 결산에서 아무런 결산정리분개 및 전기를 하지 않는다면 12만원의 보험료는 전부 당기의 비용으로 기록되어 차기의 비용인 9만원만큼 비용이 **과대기록**되고, 차기의 보험료는 0이 되어 9만원만큼 차기의 비용이 **과소기록**되어 **기간순이익이 잘못 계산**되는 결과를 초래한다.

그러므로 이 보험료를 기간별로 나누어 12월말 결산에서는 3개월분 3만원 만을 당기의 비용으로 기록하고, 나머지 9개월분 9만원은 차기 이후 비용의 선(先)지급분(이를 '미리 지급한 비용' 이라는 뜻에서 **선급비용**(先給費用이라고 한다)으로 하여 자산(미리 준 것이므로 받을 권리가 있다는 뜻에서 자산이 됨)으로 기록하는 **결산정리분개 및 전기**를 행하여야 한다.

이와 같이 결산정리 분개 및 전기를 하게 되면 보험료계정에는 차변에 잔액이 3만원 있게 되는데 이 3만원이 당기의 비용이 된다.

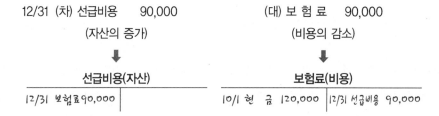

12/31 (차) 선급비용 90,000 (대) 보 험 료 90,000

(자산의 증가) (비용의 감소)

⬇ ⬇

선급비용(자산)	
12/31 보험료 90,000	

보험료(비용)	
10/1 현 금 120,000	12/31 선급비용 90,000

따라서 당기에 지급한 비용 중에서 차기 이후의 기간에 속하는 비용이 있는 경우에는 정확한 기간순손익을 계산하기 위해 그에 해당하는 금액을 결산기말에 **당기의 비용에서 차감**함과 동시에 **선급비용(先給費用, prepaid expense)**이라는 **자산계정으로 기록**하는 결산정리분개 및 전기로 필요하다.

선급비용은 선급보험료 · 선급이자 · 선급임차료 등의 명칭으로 처리하여 일시적인 자산으로서 차기로 이월된다.

[예 3] 선급비용의 분개

(1) 10월 1일 화재보험료 1년분 ₩120,000을 현금으로 지급하다.

(2) 12월 31일 결산때에 보험료 중 ₩90,000을 차기에 이월하다.

(1) (차) 보 험 료 120,000 (대) 현 금 120,000

(2) (차) 선급비용 90,000 (대) 보 험 료 90,000

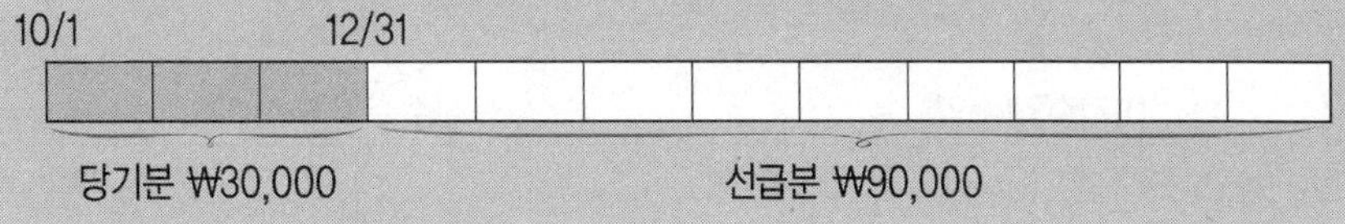

■ 선수수익

이자수익 · 임대료 · 수수료수익과 같이 당기(當期)에 현금으로 받은 수익 중에는 차기(次期)에 가서야 수익으로 될 것이 포함되어 있는 경우가 있다.

구체적으로 대여금에 의한 이자수익의 경우를 생각해 보자.

일반 기업의 대여금은 미리 이자를 받는 경우가 많다. 7월 1일자로 대여금을 대여하고 1년분의 이자 48만원을 미리 받았다고 하자.

그러면 7월 1일 1년치 이자 48만원을 받았을 때의 분개는 다음과 같다.

7/1 (차) 현 금 480,000 (대) 이자수익 480,000

그러나 회사의 결산일이 12월 31일이라면 결산시점에서 볼 때 대여기간은 아직 6개월밖에 지나지 않았다. 그런데 이자는 1년분을 받았으므로 **6개월분인 24만원을 미리 받은 셈**이 된다.

따라서 12월말 결산에서 아무런 결산정리분개를 하지 않는다면 48만원의 이자수익은 전부 당기의 수익으로 기록되어 24만원(차기의 수익)만큼 **수익이 과대기록**되고 차기의 이자수익은 0이 되어 24만원 만큼 **차기의 수익이 과소기록됨**으로써 기간순이익이 잘못 계산되는 결과를 초래한다.

그러므로 이 이자수익을 기간별로 나누어 12월말 결산에서는 6개월분 24만원 만을 당기의 수익으로 기록하고, 나머지 6개월분 24만원은 차기 이후의 수익을 미리 받은 것(이를 '미리 받은 수익'이라는 뜻에서 **선수수익**(先受收益)이라고 한다. 미리 받은 것이므로 제공할 의무가 있다는 뜻에서 부채임)으로 하여 수익으로 기록하는 결산정리분개를 행하여야 한다.

이와 같이 결산정리 분개를 하게 되면 이자수익계정에는 차변에 잔액이 24만원 있게 되는데 이 24만원이 당기의 수익이 되는 것이다.

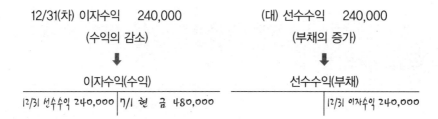

12/31(차) 이자수익 240,000 (대) 선수수익 240,000

(수익의 감소) (부채의 증가)

⬇ ⬇

이자수익(수익)

12/31 선수수익 240,000	7/1 현 금 480,000

선수수익(부채)

	12/31 이자수익 240,000

따라서 당기에 받은 수익 중에서 차기 이후의 기간에 속하는 수익이 있는 경우에는 정확한 기간순손익을 계산하기 위해 그에 해당하는 금액을 결산기말에 **당기의 수익에서 차감**함과 동시에 **선수수익(先受收益, deferred income)**이라는 **부채계정으로 기록**하는 결산정리가 필요하다.

[예 4] 선수수익의 분개

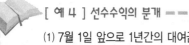

(1) 7월 1일 앞으로 1년간의 대여금에 대한 이자 1년분 480,000원을 현금으로 미리 받다.
(2) 12월 31일 결산때에 이자수익 중 240,000원을 차기에 이월하다.

(1)	(차) 현 금	480,000	(대) 이자수익	480,000
(2)	(차) 이자수익	240,000	(대) 선수수익	240,000

■ 미지급비용

기업에서는 당기에 여러 가지 서비스 등을 제공받고도 그에 대한 대가를 지급하지 않았기 때문에 결산시점까지 아직 비용으로 기록하지 않은 경우가 있다.

예를 들어 올해 6월초에 사무실을 빌리면서 임차료는 한달에 30만원, 즉 1년분에 360만원을 지급하기로 하였다고 하자. 그런데 이 사무실을 빌린 후 3개월 동안은 임차료를 지급했지만 10월부터 12월 결산시까지 3개월간 임차료를 지급하지 않았다.

이러한 경우 비록 3개월분의 임차료는 당기의 결산기말까지 지급하지 못하였다고 하더라도 당기에 부담하여야 할 비용이므로 임차료이라는 비용계정의 차변에 기록하고, 동시에 이것을 미지급임차료로서 **미지급비용**(未支給費用 : 아직 지급하지 못한 비용)이라는 부채(아직 지급하지 못했으므로 후에 지급할 의무라는 뜻에서 부채가 됨)계정으로 기록하는 결산정리를 하여야 한다.

12/31 (차) 임차료 900,000 (대) 미지급비용 900,000

(비용의 증가) ⬇

임 차 료(비용계정)

6/1 현 금 900,000	
12/31 미지급비용 900,000	

(부채의 발생) ⬇

미지급비용(부채계정)

	12/31 임차료 900,000

[예 5] 미지급비용의 분개

12월 31일 결산시에 당기의 임차료 1,800,000원 중 미지급액 900,000원을 계상하다.

(차) 임 차 료 900,000 (대) 미지급비용 900,000

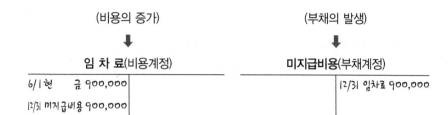

따라서 당기에 속하는 비용이나 제공받은 서비스에 대해서 아직 비용으로 기록하지 않는 미지급분이 있다면 이것을 **비용으로 기록**함과 동시에 **부채로서 미지급비용(未支給費用, accrued expenses)으로 계상**하여야 한다. 이러한 미지급비용으로는 미지급이자, 미지급임차료 등이 있다.

■ 미수수익

기업에서는 당기에 여러 가지 서비스 등을 제공하고도 그에 대한 대가를 받지 않았기 때문에 결산시점까지 아직 수익으로 기록되지 않은 경우가 있다.

예를 들어 대여금 100만원에 대한 당기분이자 30만원을 결산 기말까지 받지 못한 경우에는 당기분 이자 30만원은 당기의 수익이므로 이자수익이라는 **수익계정**의 대변에 기록하고, 동시에 이것을 **미수수익**(未受收益 : 아직 받지 못한 수익)이라는 자산(아직 받지 못했으므로 후에 받을 권리라는 뜻에서 자산이 됨)**계정**으로 기록하는 결산정리를 하여야 한다.

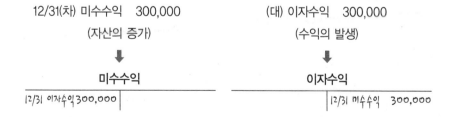

12/31(차) 미수수익 300,000 (대) 이자수익 300,000

(자산의 증가) ⬇ (수익의 발생) ⬇

미수수익

12/31 이자수익 300,000	

이자수익

	12/31 미수수익 300,000

이와 같이 결산기말에 아직 받지 못한 수익이 있는 경우에는 이를 당기의 수익으로 기록함과 동시에 **미수수익**(未受收益, accrued income)이라는 자산계정으로 기록하는 결산정리분개 및 전기를 함으로써 기간순이익을 정확히 계산할 수 있다.

[예 6] 미수수익의 분개

12월 31일 결산시에 당기의 이자수익 1,200,000원 중 미수액 300,000원을 계상하다.

(차) 미수수익 300,000 (대) 이자수익 300,000

4 정산표의 작성

결산절차를 보다 간편하고 정확하게 행하기 위해 결산정리분개를 한 후 정산표를 작성하여 오류가 없는지를 확인한 후 이를 근거로 재무상태표와 포괄손익계산서를 작성한다.

이미 앞에서 시산표를 작성한 후에 정산표를 작성한 바 있다. 여기서는 결산정리분개가 추가될 뿐이다.

결산정리분개란이 추가됨으로써 정산표는 6위식이 아닌 8위식 정산표가 된다.

정산표의 작성절차는 다음과 같다.

제 1 단계	결산정리전의 잔액시산표의 계정과목을 제일 왼쪽에 옮겨 적고 해당 계정과목의 금액을 잔액시산표란에 쓴다.
제 2 단계	결산정리분개를 해당과목의 정리분개란을 찾아 기입한다. 이때 계정과목이 추가될 때에는 계정과목란에 새로 기입하고 그 금액을 정리분개란에 기입한다.
제 3 단계	잔액시산표란의 금액과 정리분개란의 금액을 가감하여 수익 · 비용계정은 포괄손익계산서에 기입하고, 자산 · 부채 · 자본계정은 재무상태표란에 기입한다.

이때 포괄손익계산서란의 차 · 대변합계액의 차액과 재무상태표란의 차 · 대변합계액의 차액인 당기순이익이 일치하는지의 여부에 따라 정산표가 정확히 작성되었는지를 확인할 수 있게 된다.

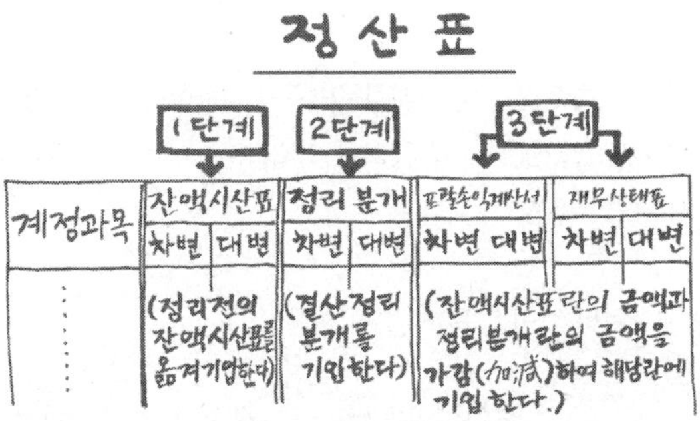

정 산 표
1단계
2단계
3단계
계정과목
잔액시산표
정리분개
포괄손익계산서
재무상태표
차변 대변
차변 대변
차변 대변
차변 대변
(정리전의 잔액시산표를 옮겨기입한다)
(결산정리 분개를 기입한다)
(잔액시산표란의 금액과 정리분개란의 금액을 가감(加減)하여 해당란에 기입한다.)

3단계에서 포괄손익계산서란과 재무상태표란에 기입되는 금액은 다음과 같이 구해진다.

1 잔액시산표란의 차변과 정리분개란의 차변은 더하고 (+)

2 잔액시산표란의 차변과 정리분개란의 대변은 빼고 (−)

3 잔액시산표란의 대변과 정리분개란의 차변은 빼고 (−)

4 잔액시산표란의 대변과 정리분개란의 대변은 더한다. (+)

다시 말하면 잔액시산표란과 정리분개란의 금액이 같은 변에 있으면 더하고 다른 변에 있으면 차감해서 구한 금액을 포괄손익계산서란 또는 재무상태표란에 기입한다는 것이다.

그러면 실제로 정산표를 작성해 보자.

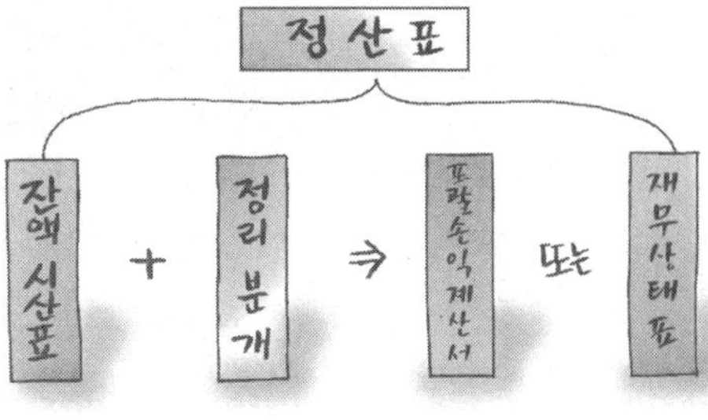

[예 7] 정산표의 작성

한국상사의 결산기말 시점에서 총계정원장의 잔액과 결산정리사항이 다음과 같을 경우 정산표를 작성해보자.

〔 총계정원장잔액 〕

(1) 현　　금 ₩1,000	(2) 외상매출금 ₩1,500	(3) 상　품 ₩1,000	(4) 차량운반구 ₩500
(5) 외상매입금 ₩1,500	(6) 차입금 ₩500	(7) 자본금 ₩1,000	(8) 매　　출 ₩6,000
(9) 매　　입 ₩4,000	(10) 이자수익 ₩500	(11) 급　여 ₩1,000	(12) 이자비용 ₩500

※ 이 기업의 경우에는 상품, 매출 · 매입계정이 있기 때문에 상품거래를 3분법에 의해 기록하고 있음을 알 수 있다.

※ (1), (2), …는 원장의 페이지 번호이다.

〔 결산정리사항 〕

① 기말상품재고액 : ₩500　② 차량운반구의 감가상각비 : ₩100

③ 이자수익의 선수분 : ₩300　④ 급여의 미지급분 : ₩100

⑤ 이자비용의 선급분 : ₩50

A

결산정리사항을 분개하여 보면 다음과 같다.

결산정리분개 (단위 : 천원)

① (차) 매 출 원 가	1,000	(대) 상　　　품	1,000	(기초재고상품)
매 출 원 가	4,000	매　　　입	4,000	
상　　　품	500	매 출 원 가	500	(기말재고상품)
② (차) 감 가 상 각 비	100	(대) 감가상각누계액	100	
③ (차) 이 자 수 익	300	(대) 선 수 수 익	300	
④ (차) 급　　　여	100	(대) 미 지 급 비 용	100	
⑤ (차) 선 급 비 용	50	(대) 이 자 비 용	50	

설명 ① : 상품은 잔액시산표란의 차변금액 1,000원에 정리분개란의 차변금액 500원을 더하고 다시 대변금액 1,000원을 빼서 나온 500원을 재무상태표란의 차변(상품은 자산이므로)에 기입한다.
매출원가는 정리분개란의 차변금액 5,000원에서 대변금액 500원을 빼서 나온 4,500원을 포괄손익계산서란의 차변(매출원가는 비용이므로)에 기입한다.

설명 ② : 감가상각비와 감가상각누계액은 잔액시산표에 없는 계정과목이므로 계정과목란에 새로 기입하고 정리분개란에 금액을 기입한다. 그리고 감가상각누계액은 자산에 대한 차감계정이므로 재무상태표의 대변에 기입한다.

설명 ③, ④, ⑤ : 선수수익, 미지급비용, 선급비용은 잔액시산표에 없는 계정과목이므로 계정과목란에 새로 기입하고 정리분개란에 금액을 기입한다.

설명 ⑥ : 포괄손익계산서란과 재무상태표란의 당기순이익액이 일치하므로 정산표가 제대로 작성되었음을 알 수 있다.

정 산 표

(단위: 천원)

계정과목	잔액시산표		정리분개		포괄손익계산서		재무상태표	
	차 변	대 변	차 변	대 변	차 변	대 변	차 변	대 변
현금	1,000						1,000	
외상매출금	1,500						1,500	
상품	1,000		❶ 500	❶ 1,000			500	
차량운반구	500						500	
외상매입금		1,500						1,500
차입금		500						500
자본금		1,000						1,000
매출		6,000				6,000		
매입	4,000			❶ 4,000				
이자수익		500	❸ 300			200		
급여	1,000		❹ 100		1,100			
이자비용	500			❺ 50	450			
	9,500	9,500						
매출원가			❶ 5,000	❶ 500	4,500			
감가상각비			❷ 100		100			
감가상각누계액				❷ 100				100
선수수익				❸ 300				300
미지급비용				❹ 100				100
선급비용			❺ 50				50	
당기순이익					❻ 50			❻ 50
			2,050	2,050	6,200	6,200	3,550	3,550

이와 같이 정산표를 작성한 후 결산의 목적인 포괄손익계산서와 재무상태표를 작성하게 되면 훨씬 용이하고 정확하게 포괄손익계산서와 재무상태표를 작성할 수 있을 것이다.

※ 결산정리분개 전의 시산표를 생각해 보자. 앞장에서 당기순이익은 500원이었다. 그러나 결산정리 후의 당기순이익은 50원이 되었다. 따라서 결산정리를 안하면 틀린 재무상태표와 틀린 포괄손익계산서를 작성하게 된다.

5 결산정리사항의 분개장기입과 전기

결산수정분개는 분개장에 다음과 같이 기록된다.

분 개 장

20××년		적 요	원면	차 변	대 변
12	31	결산수정분개			
		(매출원가)	13	1,000	
		(상 품)	3		1,000
		기초재고 대체			
		(매출원가)	13	4,000	
		(매 입)	9		4,000
		매입액 대체			
		(상 품)	3	500	
		(매출원가)	13		500
		기말재고 계상			
		(감가상각비)	13	100	
		(감가상각누계액)	14		100
		감가상각비 계상			
		(이자수익)	10	300	
		(선수수익)	15		300
		선수이자 계상			
		(급 여)	11	100	
		(미지급비용)	16		100
		미지급급여 계상			
		(선급비용)	17	50	
		(이자비용)	12		50
		이자선급분 계상			

* 결산수정분개를 분개장에 기입할 때에는 '결산수정분개' 라고 적는다

수정분개를 한 후에는 원장에 전기해야 한다. 이를 위하여 매출원가, 감가상각비, 감가상각누계액계정, 선수이자계정과 미지급급여계정, 선급이자계정은 아직 계정이 설정되어 있지 않기 때문에 새로 설정해야 한다.

상 품 (3)

1/ 1전기이월 1,000	12/31 매출원가 1,000
12/31 매출원가 500	

매 출 원 가 (13)

12/31 상 품 1,000	12/31 상 품 500
12/31 매 입 4,000	

매 입 (9)

4,000	12/31 매출원가 400

감가상각비 (14)

12/31 감가상각누계액 100	

감가상각누계액 (15)

	12/31 감가상각비 100

이 자 수 익 (10)

12/31 선수수익 300	

선 수 수 익 (16)

	12/31 이자수익 300

급 여 (11)

1,000	
12/31 미지급비용 100	

미지급비용 (17)

	12/31 급여 100

이 자 비 용 (12)

500	12/31 선급비용 50

선 급 비 용 (18)

12/31 이자비용 50	

3. 각종 장부의 마감

결산수정사항의 분개와 전기가 끝난 후에는 회계기록과 관련된 장부들을 마감하여야 한다. 이 사항들에 대해 살펴보기로 하자.

1 총계정원장의 마감

총계정원장은 포괄손익계산서계정인 수익 · 비용계정과 재무상태표계정인 자산 · 부채 · 자본계정이 서로 다른 방법으로 마감하기 때문에 구분하여 설명하기로 한다.

■ 수익 · 비용계정의 마감

① 수익 · 비용계정의 손익계정으로의 대체

포괄손익계산서계정인 수익과 비용계정을 마감하기 위해서는, 회계기간중 발생한 모든 수익 · 비용을 모으기 위한 계정을 새로 만들어야 할 필요가 있다. 이렇게 만들어진 별도의 계정을 **손익계정** 또는 **집합손익계정(集合損益計定, revenue and expense summary account)**이라고 한다.

(집합)손익계정의 차변에는 회계기간중 발생한 모든 비용계정의 잔액을 모으고 (집합)손익계정의 대변에는 모든 수익계정의 잔액을 빠짐없이 모으면 대변금액 합계와 차변금액 합계의 차이, 즉 손익계정의 잔액은 당연히 당기순이익(순손실)이 된다. 결국 손익계정은 모든 수익과 비용을 모은 것이기 때문에 손익계정은 **약식포괄손익계산서**라고 할 수 있다.

수익 · 비용의 대체

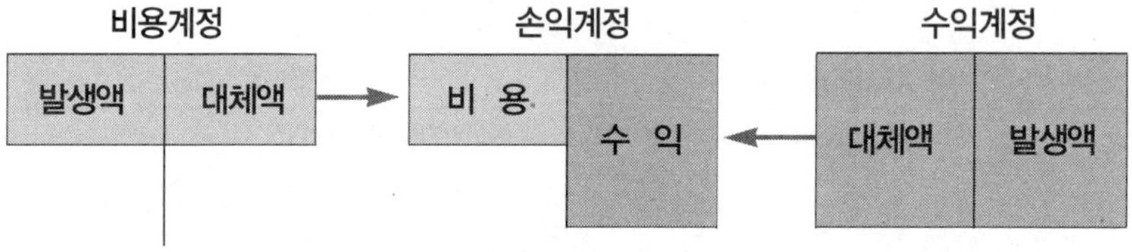

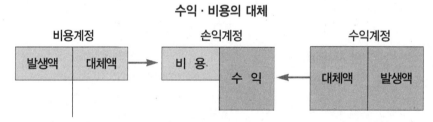

기중에 기록해 왔던 수익 · 비용계정의 잔액을 손익계정에 모은다는 것은 결국 각 계정들의 잔액을 손익계정으로 옮긴다는 것이다. 이와 같이 **어떤 계정의 금액을 다른 계정으로 옮기는 일**을 **대체(對替, transfer)**라 하며, 대체를 하기 위한 분개를 **대체분개**라 한다.

수익 · 비용에 속하는 각 계정잔액은 다음과 같이 손익계정에 대체한다.

㉮ 수익계정의 대체

수익계정의 잔액을 **수익계정의 차변**에 기입하고 **손익계정의 대변**에 기입한다.

[예 1] 수익계정의 대체

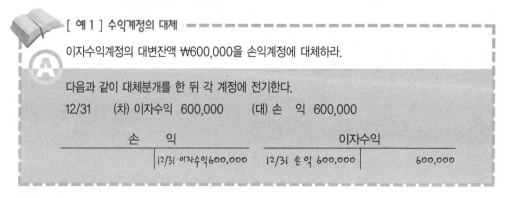

이자수익계정의 대변잔액 ₩600,000을 손익계정에 대체하라.

다음과 같이 대체분개를 한 뒤 각 계정에 전기한다.

12/31 (차) 이자수익 600,000 (대) 손 익 600,000

손 익		이자수익	
	12/31 이자수익 600,000	12/31 손 익 600,000	600,000

이렇게 하면 이자수익계정은 차변의 금액과 대변의 금액이 일치하기 때문에 잔액이 없다. 그리고 손익계정의 대변에는 상대계정이 이자수익인 항목이 ₩600,000이 증가한다. 따라서 이자수익계정의 잔액은 손익계정으로 대체된 것이다.

㉯ 비용계정의 대체

비용계정의 잔액을 각 **비용계정의 대변**에 기입함과 동시에 **손익계정의 차변**에 기입한다.

[예 2] 비용계정의 대체

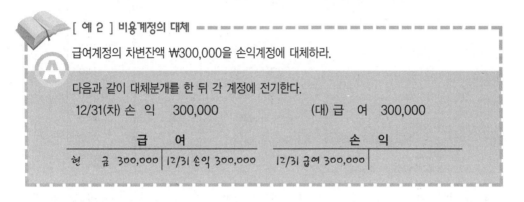

급여계정의 차변잔액 ₩300,000을 손익계정에 대체하라.

A

다음과 같이 대체분개를 한 뒤 각 계정에 전기한다.

12/31(차) 손 익 300,000 (대) 급 여 300,000

급	여	손	익
현 금 300,000	12/31 손익 300,000	12/31 급여 300,000	

이렇게 하면 급여계정은 차변의 금액과 대변의 금액이 일치하기 때문에 잔액이 없다. 그리고 손익계정의 차변에는 상대계정인 급여항목이 ₩300,000이 증가한다. 따라서 급여계정의 잔액은 손익계정으로 대체된 것이다.

실지로 **결산 때의 대체분개**는 위와 같이 하나하나의 계정마다 일일이 행하는 것이 아니라 수익계정과 비용계정을 각각 **일괄해서 행한다.**

지금까지 예로 들었던 한국상사의 수익 · 비용계정을 손익계정으로 대체하려면 다음과 같이 대체분개한다.

(차)	매 출	6,000	(대) 손 익	6,200
	이 자 수 익	200		
(차)	손 익	6,150	(대) 매 출 원 가	4,500
			감 가 상 각 비	100
			급 여	1,100
			이 자 비 용	450

실제로 분개장에는 다음 면에 나타낸 것과 같이 기록된다.

분 개 장

20××년		적 요		원면	차 변	대 변
12	31	결산대체분개*				
		제 좌	(손 익)	19		6,200
		(매 출)		8	6,000	
		(이자수익)		10	200	
		수익의 각 계정을 손익계정에 대체				
		(손 익)	제 좌	18	6,150	
			(매출원가)	13		4,500
			(감가상각비)	14		100
			(급 여)	11		1,100
			(이자비용)	12		450
		비용의 각 계정을 손익계정에 대체				

* 결산대체분개를 분개장에 기입할 때에는 '결산대체분개' 라고 적는다

위의 대체분개를 분개장에 기입하고 총계정원장에 전기하면 수익과 비용의 각 계정은 차변합계와 대변합계가 일치하므로 차 · 대변의 끝행 아래에 한줄을 긋고 합계를 산출하여 다음 칸에 기입하고 아래에 두줄을 그어서 마감한다(여기서 한줄은 '=' 에 해당하는 의미이고 두 줄은 계산이 완료되었다는 의미이다).

예를 들어 한국상사의 경우에는 다음과 같이 마감한다.

매 출

차변	대변
12/31 손 익 6,000	6,000

이자수익

차변	대변
12/31 선수수익 300	500
12/31 손 익 200	
500	500

매 출 원 가

차변	대변
12/31 상 품 1,000	12/31 상 품 500
12/31 매 입 4,000	12/31 손 익 4,500
5,000	5,000

감가상각비

차변	대변
12/31 감가상각누계액 100	12/31 손 익 100

급 여

차변	대변
1,000	12/31 손 익 1,100
12/31 미지급비용 100	
1,100	1,100

이자비용

차변	대변
500	12/31 선급비용 50
	12/31 손 익 450
500	500

손 익

12/31	매출원가	4,500	12/31	매 출	6000
12/31	감가상각비	100	12/31	이자수익	200
12/31	급 여	1,100			
12/31	이자비용	450			

② 손익계정의 자본금계정에의 대체

이제 수익 · 비용계정은 모두 마감되었지만 이 계정들의 잔액이 모여진 손익계정은 마감되지 않았다. **손익계정의 대변**에는 **수익계정의 잔액**이 모여 있고, **차변**에는 **비용계정의 잔액**이 모여 있기 때문에, 손익계정의 대변과 차변의 **차액**은 **순이익 또는 순손실**을 나타낸다. 즉 손익계정의 대변잔액은 순이익을, 차변잔액은 순손실을 나타낸다.

개인회사인 경우에는 **순이익**이면 자본의 증가를 뜻하는 것이므로 **자본계정인 자본금계정의 대변에 대체**하고 **순손실**이면 자본의 감소를 뜻하는 것이므로 **자본금계정의 차변에 대체**한 후에 (집합)손익계정을 마감한다.

※ 주식회사의 경우에는 손익계정의 마감방법이 약간 다르다.
이에 대해서는 나중에 설명하기로 한다.

[예 3] 손익계정잔액의 자본금계정으로의 대체

한국상사의 경우 손익계정의 잔액을 자본금계정으로 대체 분개를 하면?

다음과 같이 대체 분개를 하고 전기를 한다.
(차) 손 익 50 (대) 자 본 금 50

이와 같이 손익계정의 잔액을 자본금계정에 대체하면 손익계정의 차변합계와 대변합계가 일치하기 때문에 손익계정의 잔액은 ₩0이 된다.

손 익

12/31	매 입	4,500	12/31	매 출	6,000
12/31	감가상각비	100	12/31	이자수익	200
12/31	급 여	1,100			
12/31	이자비용	450			
12/31	자 본 금	50			
		6,200			6,200

자 본 금

					1,000
			12/31	손 익	50

정리해 보면 수익 · 비용계정의 마감은 크게 세 단계를 거친다.

- 수익계정의 손익계정 대체
  (차) 수익항목 ××× (대) 손 익 ×××
- 비용계정의 손익계정 대체
  (차) 손 익 ××× (대) 비용항목 ×××
- 순이익의 자본금계정 대체
  (차) 손 익 ××× (대) 자 본 금 ×××

수익 · 비용계정을 마감하고 나면 다음 해에는 어떻게 수익 · 비용을 기록할까?

올해의 수익 · 비용계정은 완전히 정리되어 잔액이 없으므로 다음해에는 새롭게 수익 · 비용계정을 설정하여 기록을 시작하게 된다

■ 자산 · 부채 · 자본 계정의 마감

올해 12월 31일 자정에 가지고 있는 현금은 내년 1월 1일 0시에 가지고 있는 현금과 같다. 상품도 건물도 차입금도 마찬가지로 이번 기말의 잔액이 다음 기초의 잔액이다. 즉, 자산 · 부채 · 자본계정은 **기업에 실제 존재하는 항목을 표시하는 계정**이기 때문에 **각 계정의 기말잔액을 차기의 기초잔액으로 이월**(移越 : 옮겨 넘김)하는 절차를 밟으면 된다.

재무상태표계정의 마감은 포괄손익계산서계정처럼 잔액을 별도로 다른 계정에 모아서 정리하는 절차가 필요가 없기 때문에 매우 간단하다. 이제 구체적인 절차를 살펴 보기로 하자.

• 이월기입과 개시기입

자산계정은 차변의 합계액이 대변의 합계액보다 크기 때문에 차변에 잔액이 생긴다. 이 잔액이 차기로 이월되는 금액이므로, 결산일 날짜로 대변에 그 금액을 쓰고 **'차기이월(次期移越 : 이 금액을 다음기로 넘김)'**이라 기입한다. 이것을 **이월기입(移越記入)**이라 한다. 다음에 **한줄을 긋고(−) 차변 · 대변의 합계액을 각각 쓴 후에 마감표시(=)한다**〔앞에서 (−)은 =의 의미이고 (=)은 끝났다는 의미라고 설명했다〕.

[예 4] 이월기입과 개시기입 – 자산계정

다음에 나타낸 현금계정을 마감하라.

현 금

전기이월	1,500	매 입	2,500
차량운반구	1,000		
매 출	1,000		

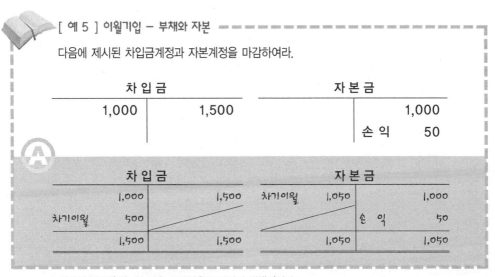

A

현 금

전기이월	1,500	매 입	2,500
차량운반구	1,000	차기이월	1,000
매 출	1,000		
	3,500		3,500

부채와 자본계정은 자산의 계정과는 반대로 대변에 잔액이 생긴다. 이 잔액도 차기로 이월되는 금액이므로, 차변에 결산일 날짜로 이 금액과 '차기이월'이라는 글씨를 기입하고, 대차를 일치시켜 마감한다.

자산 · 부채 · 자본의 각 계정에 **'차기이월'**이라고 기입한 반대쪽에 다음 회계연도의 첫 날짜로 **'전기이월(前期移越)'**이라 쓰고 이월한 금액을 기입한다. 이것을 개시기입(開始記入)이라 한다. **이렇게 함으로써 다음 기에 거래가 발생하면 기록을 할 수 있도록 준비하는 것**이다.

[예 5] 이월기입 – 부채와 자본

다음에 제시된 차입금계정과 자본계정을 마감하여라.

차 입 금

	1,000		1,500

자 본 금

			1,000
		손 익	50

A

차 입 금

	1,000		1,500
차기이월	500		
	1,500		1,500

자 본 금

차기이월	1,050		1,000
		손 익	50
	1,050		1,050

※ 위에서 빗금(')을 친 것은 공란임을 표시하기 위해서이다.

위에서 살펴본 바와 같이 자산 · 부채 · 자본계정의 마감 및 이월의 절차는 **분개를 하지 않는다**. 따라서 분개장을 통하지 않고 직접 총계정원장의 각 계정에만 기입되는 것이다.

이상과 같이 분개장을 통하지 않고 직접 총계정원장에서 '차기이월' 및 '전기이월'의 기입을 하여 결산하는 방법을 **영미식 결산법**이라 하는데, 우리나라에서는 이 방법이 널리 이용되고 있다.

2 이월시산표의 작성

자산 · 부채 · 자본에 속하는 각 계정을 마감한 후 이들 각 계정의 **'차기이월액'**을 모아서 **이월시산표(移越試算表)**를 작성한다. 이 시산표는 자산 · 부채 · 자본에 속하는 각 계정의 이월기입의 정확성 여부를 검사하기 위하여 작성되며, 이것은 또한 재무상태표를 작성하기 위한 자료로서 이용되기도 한다.

3 분개장의 마감

분개장은 일상적인 거래의 기입이 끝난 때에 일단 마감하나, 결산을 위한 대체분개(결산분개)가 끝났을 때에도 결산 분개의 차변, 대변의 합계액을 기입하여 마감한다.

또한 다음 회계연도말에 있어서의 분개장의 합계금액과 총계정원장의 각 계정을 자료로 작성되는 합계시산표의 합계금액을 일치시키기 위하여 이월시산표의 대차 합계액을 다음 회계연도 분개장의 첫째줄에 다음과 같이 기입해 둔다.

분개장

20××년		적 요	원면	차 변	대 변
12	31	전기이월	√*	3,550	3,550

* 개시기입은 총계정원장에 전기하지 않으므로 원면란에는 √ 표시를 한다.

[예 6] 이월시산표의 작성

한국상사의 이월시산표를 작성하면 다음과 같다.

A

이월시산표

한국상사

차 변	원면	계정과목	대 변
1,000	1	현 금	
1,500	2	외상매출금	
500	3	상 품	
500	4	차량운반구	
50	17	선급비용	
	5	외상매입금	1,500
	6	차 입 금	500
	14	감가상각누계액	100
	15	선수수익	300
	16	미지급비용	100
	7	자 본 금	1,050
3,550			3,550

4. 재무상태표와 포괄손익계산서

1 재무상태표와 포괄손익계산서의 작성

총계정원장을 비롯하여 모든 장부의 마감이 끝나면 다음으로 결산절차의 마지막 단계로서 재무상태표와 포괄손익계산서를 작성하여야 한다.

포괄손익계산서는 수익 · 비용에 속하는 각 계정의 잔액을 한데 모은 손익계정을 자료로 하여 작성되고, 재무상태표는 총계정원장의 자산 · 부채 · 자본에 속하는 각 계정의 차기이월액을 한데 모은 이월시산표를 자료로 하여 작성된다.

포괄손익계산서

한국상사 20××년 1월 1일 ~ 12월 31일

비 용	금 액	수 익	금 액
매출원가	4,500	매 출	6,000
급 여	1,100	이자수익	200
감가상각비	100		
이자비용	450		
당기순이익	50		
	6,200		6,200

위에 나타난 포괄손익계산서는 계정양식과 마찬가지로 왼쪽과 오른쪽으로 나누어 수익과 비용을 대비시켜 표시하고 있다. 이와 같은 양식의 보고서를 **계정식 포괄손익계산서**라고 한다.

아래의 재무상태표도 계정양식과 마찬가지로 왼쪽과 오른쪽으로 나누어 자산과 부채 · 자본을 대비시켜 표시하고 있다. 이와 같은 양식의 보고서를 **계정식 재무상태표**라고 한다.

재무상태표

한국상사 20××년 12월 31일

자 산	금 액	부채 및 자본	금 액
현금및현금성자산	1,000	매입채무	1,500
매출채권	1,500	차 입 금	500
상 품	500	감가상각누계액	100
차량운반구	500	선수수익	300
선급비용	50	미지급비용	100
		자 본 금	1,000
		당기순이익	50
	3,550		3,550

※ 위의 재무상태표를 살펴보면 현금이 현금및현금성자산으로, 외상매출금이 매출채권으로, 외상매입금이 매입채무로 계정과목이 바뀌었음을 알 수 있다. 이것은 기업회계기준에 따라 외부에 보고하기 위한 것으로 계정과목명이 보다 포괄적으로 바뀐것이다.

제9장. 전표에 의한 회계처리

1. 증빙서류
2. 전 표

제9장. 전표에 의한 회계처리

1. 증빙서류

1 증빙서류의 필요성

백화점에서 물건을 산다고 하자. 대금을 지급하면 물건과 함께 영수증을 받게 된다. 이 영수증은 거래가 이루어졌음을 증명하는 문서이다.

기업이 거래 상대방과 거래를 하게 되면 거래가 발생한 사실을 입증할 수 있는 서류를 상대방에게 교부하여 주거나 받게 된다. 이와 같이 **거래가 발생하였다는 것을 입증해 줄 수 있는 서류**를 **증빙서류(證憑書類)**라고 한다.

> 증 빙 서 류 : 거래가 발생하였다는 것을 입증해 줄 수 있는 서류

따라서 실제 거래가 발생하면 이러한 거래증빙을 토대로 기업 내부에서 기록하는 과정이 시작된다. 즉, 기업에서 거래가 발생하면 분개를 함으로써 회계기록이 시작되지만 분개를 하기 위한 전단계로서 반드시 증빙서류에 의해 거래가 발생한 사실이 확인되어야 한다.

증빙서류가 없다면 정당하게 거래가 발생한 것으로 인정되지 못하게 되어 회계와 세무상 여러 가지 불이익을 당하게 된다.

증빙서류는 기업의 특성이나 거래의 특성에 따라 여러 가지가 있기 때문에 이를 모두 설명할 수는 없고 여기서는 가장 기본적인 증빙서류들에 대해서 살펴보기로 하자. 기본적인 증빙서류로는 다음과 같은 것을 들 수 있다.

가. 세금계산서

나. 영수증

다. 영수증을 대신할 수 있는 것

라. 계산서

마. 지출결의서

바. 입금표

증빙서류가 없다면?

기업회계기준에서는 "회계처리 및 보고는 신뢰할 수 있도록 객관적인 자료와 증거에 의해 공정하게 처리하여야 한다."라고 규정하고 있기 때문에 증빙서류가 없이 회계처리를 하여서는 안된다. 세법에서도 증빙에 의해 회계처리하도록 규정하고 있고 이를 위배하여 증빙이 없거나 부실하게 누락한 경우에는 과세당국이 일방적으로 추정하여 세금을 계산(이를 추계라 한다)할 수 있도록 하고 있다. 따라서 증빙서류가 없을 경우에 받는 불이익이 상당히 크다는 점을 주의하여야 한다.

2 증빙서류의 종류

■ 부가가치세와 세금계산서

우리나라의 경우에는 상품 · 제품의 판매와 매입시에는 부가가치세가 필수적으로 관련된다. 따라서 이에 대해 충분히 이해해야 경리업무를 원활하게 진행할 수 있다. 그러나 부가가치세에 대한 자세한 설명은 세무편에서 하기로 하고 여기서는 회계처리를 위해 필요한 **기본적인 내용**만을 설명하기로 한다.

부가가치세법에 따르면 상품 등을 판매하면 판매자가 구매자로부터 **판매금액의 10%**를 부가가치세로 징수하여야 한다.

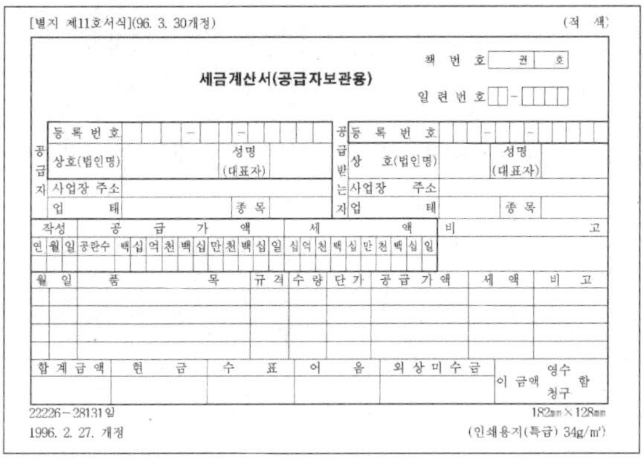
[별지 제11호서식](96. 3. 30개정) (적 색)

세금계산서(공급자보관용)

책 번 호 권 호

일 련 번 호 -

공급자: 등록번호 / 상호(법인명) / 성명(대표자) / 사업장 주소 / 업태 / 종목

공급받는자: 등록번호 / 상호(법인명) / 성명(대표자) / 사업장 주소 / 업태 / 종목

작성 연 월 일 공란수 / 공급가액 백 십 억 천 백 십 만 천 백 십 일 / 세액 십 억 천 백 십 만 천 백 십 일 / 비고

월 일 / 품목 / 규격 / 수량 / 단가 / 공급가액 / 세액 / 비고

합계금액 / 현금 / 수표 / 어음 / 외상미수금 / 이 금액 영수 청구 함

22226-28131일 182㎜×128㎜

1996. 2. 27. 개정 (인쇄용지(특급) 34g/㎡)

〔 세금계산서 〕

동시에 판매자는 판매자와 구매자의 사업자등록번호와 판매금액, 그리고 부가가치세 등을 기재한 증빙서류인 세금계산서(공급받는자용)를 교부하고 그 사본(공급자보관용)은 판매자가 보관하여야 한다.

따라서 상품 등을 **판매**하면 판매자는 구매자에게 판매금액과 부가가치세를 징수하면서 세금계산서를 교부한다. 그리고 **징수한 부가가치세**는 나중에 세무서에 내야할 것을 미리(預) 받아(受) 놓은 것이기 때문에 **부가가치세예수금**이라는 **부채**계정의 대변에 기록하여야 한다.

상품 판매시 :

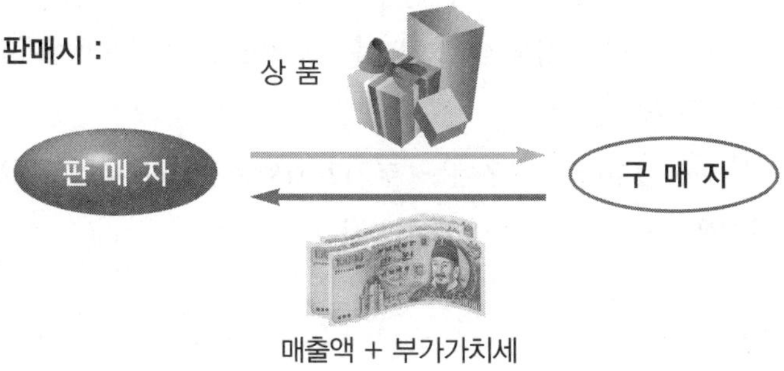

[예 1] 매출과 부가가치세

상품 판매금액 1,000,000원 (부가가치세 별도)를 판매하고 현금 1,100,000원을 받다.

(차) 현 금	1,100,000	(대) 매 출	1,000,000
		부가가치세예수금	100,000

반대로 상품 등을 **매입**하고 세금계산서를 교부받은 경우에는 상품의 매입가액은 물론 매입가액의 10%에 해당하는 **부가가치세를 판매자에게 지급**하게 된다. 이 경우 부가가치세는 **부가가치세대급금**이라는 **자산**계정의 차변에 기록한다.

상품 매입시 :

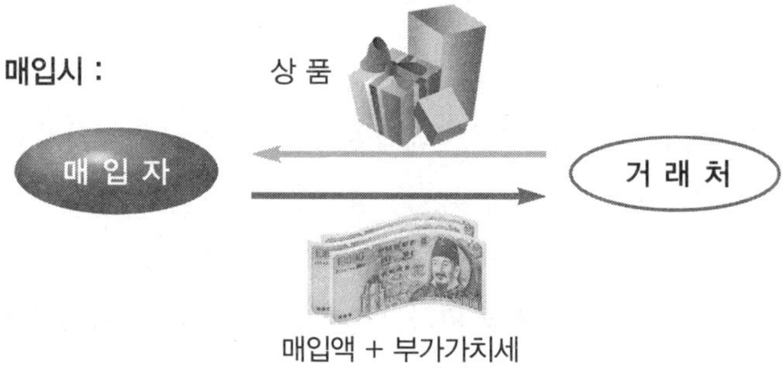

[예 2] 매입과 부가가치세

상품 매입금액 500,000원(부가가치세 별도)을 매입하고 현금 550,000원을 지급하다.

(차) 매 입	500,000	(대) 현 금	550,000
부가가치세대급금	50,000		

이와 같이 상품 등을 판매하고 매입하는 과정에 부가가치세가 관련된다. 법인사업자는 일반적으로 3개월마다 부가가치세를 신고 · 납부하게 된다. 매출시에 교부한 세금계산서들을 살펴 보면 그동안의 부가가치세예수금 총액을 알 수 있고 매입시에 교부받은 세금계산서들을 살펴보면 그동안의 부가가치세대급금 총액을 알 수 있다. 이 때 부가가치예수금이 부가가치세대급금보다 많은 경우에 그 **차액을 납부**하게 된다. (반대의 경우에는 돌려받게 되는데 이를 환급이라 한다)

따라서 부가가치세를 **납부**하는 경우에는 **부가가치세예수금과 부가가치세대급금을 상계**하고 납부한 차액을 현금 등으로 처리하여야 한다.

[예 3] 부가가치세의 납부

3개월 동안의 부가가치세예수금 100,000원과 부가가치세대급금 50,000원을 상계하고 차액 50,000원을 납부하다.

A

(차) 부가가치세예수금	100,000	(대) 부가가치세대급금	50,000
		현 금	50,000

이와 같이 처리하면 부가가치세예수금과 부가가치세대급금은 없어지게 된다.

세금계산서는 위에서 살펴 본 바와 같이 **상품의 판매와 매입사실을 증명할 수 있는 기본적인 증빙서류**가 된다.

■ 영수증

상품 등을 판매할 경우 판매자가 구매자에게 판매금액의 10%를 부가가치세로 징수하지만 증빙서류로서 세금계산서를 발행하지 않고 영수증을 발행하는 경우가 있다.

영수증이란 상품 등을 구입하는 사람, 즉 매입자에 관한 사항(사업자등록번호나 기타 사항)이 기재되지 않으며, **판매금액과 부가가치세를 구별하지 않고 합계금액이 기재된 증빙서류**이다.

상품 등을 소비자에게 판매하는 경우 또는 부가가치세법에서 규정한 특정의 사업의 경우에는 영수증을 발행한다.

그러나 영수증을 교부하는 기업이라 하더라도 **상품 등을 판매할 경우**에는 **판매금액과 부가가치세를 구분하여 회계처리**하여야 한다.

※ 소규모사업자의 경우에는 구분하여 회계처리하지 않지만 여기서는 설명하지 않기로 한다.

[예 4] 매출과 영수증

상품 1,100,000원을 판매하고 판매대금 1,100,000원을 현금으로 받고 영수증을 발행하다. 판매대금에 부가가치세가 포함되어 있다.

(차) 현 금	1,100,000	(대) 매 출	1,000,000
		부가가치세예수금	100,000

한편, 상품 등을 **매입하고 영수증을 받은 경우**에는 일반적으로 대금지급액에 포함된 부가가치세를 공제받지 못하기 때문에 부가가치세를 구분하지 않고 회계처리한다.

[예 5] 매입과 영수증

비품 550,000원을 매입하고 매입대금을 현금으로 지급하고 영수증을 받다.

(차) 비 품	550,000	(대) 현 금	550,000

■ 영수증을 대신할 수 있는 것

영수증과 마찬가지로 매입자에 관한 사항이 기재되어 있지 않지만 상품 등의 구매사실을 증명할 수 있는 서류들이 있다. 예를 들어 **금전등록기영수증**이나 **입장권, 승차권, 청구서** 등도 영수증을 대신할 수 있는 증빙서류이다.

영수증을 대신할 수 있는 증빙서류도 영수증에 준하여 회계처리하여야 한다.

■ 계산서

부가가치세를 적용받지 않는 기업(이를 면세사업자라 한다)은 상품 등을 판매할 때 구매자로부터 부가가치세를 징수하지 않는다. 따라서 면세사업자는 상품 등을 판매하면서 세금계산서가 아닌 계산서를 구매자에게 교부하여야 한다.

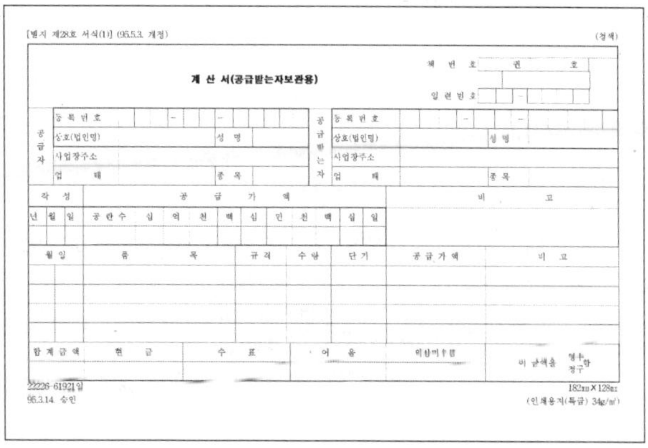
[별지 제28호 서식(1)] (95.5.3. 개정) (청색)

계 산 서(공급받는자보관용)

책 번 호 권 호
일 련 번 호

공급자: 등록번호 / 상호(법인명) / 성명 / 사업장주소 / 업태 / 종목
공급받는자: 등록번호 / 상호(법인명) / 성명 / 사업장주소 / 업태 / 종목

작성 (년 월 일) | 공급가액 (공란수 십 억 천 백 십 만 천 백 십 일) | 비고

월 일 | 품목 | 규격 | 수량 | 단가 | 공급가액 | 비고

합계금액 | 현금 | 수표 | 어음 | 외상미수금 | 이 금액을 영수/청구 함

22226-61921일 96.3.14. 승인
182㎜×128㎜ (인쇄용지(특급) 34g/㎡)

계산서는 **세금계산서와 같으나 부가가치세에 대한 내용은 없는 증빙서류**이다.

따라서 계산서를 교부받은 경우에는 부가가치세를 고려하지 않고 회계처리한다.

■ 지출결의서

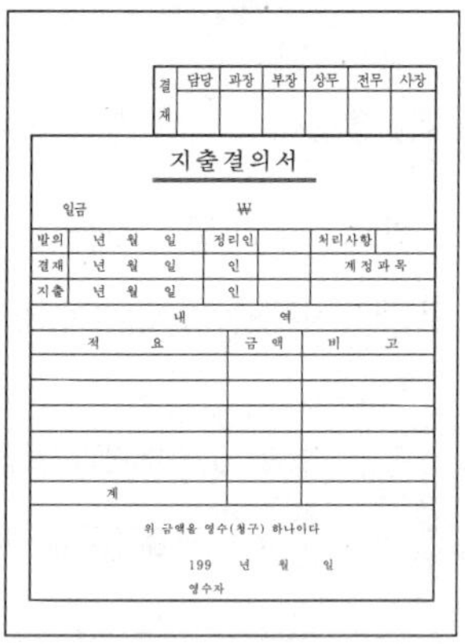

기업 외부로 대금을 지급하거나 기업 외부로부터 대금을 회수하는 경우에는 기본적으로 이와 같은 세금계산서, 영수증, 영수증에 대신할 수 있는 증빙서류, 계산서와 같은 증빙서류가 거래의 발생사실을 증명할 수 있다.

그러나 **지하철, 버스, 택시** 등을 타는 경우와 같이 **기업 외부에 대금을 지급하더라도 증빙을 받을 수 없는 경우**가 있다. 이러한 경우에는 **기업 내부에서 지출사실을 확인하는 지출결의서**를 작성하여야 한다.

[예 6] 지출결의서와 회계처리

택시비로 3,000원을 지급하다. 이 사실은 지출결의서에 의해 확인하다.

(차) 여비교통비 3,000　　(대) 현　　금 3,000

■ 입금표

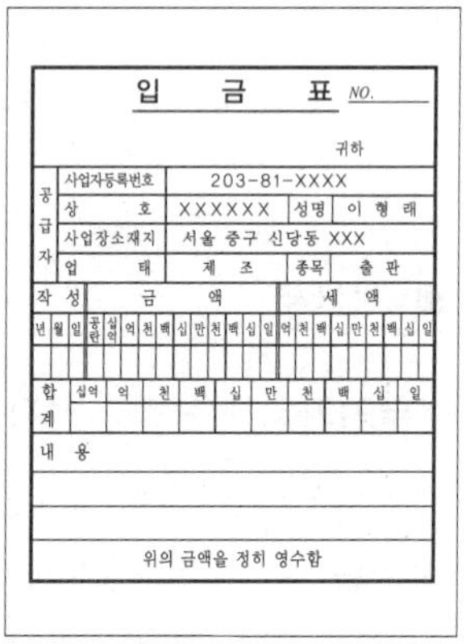

현금을 주고 받을 경우 이러한 사실을 증명할 수 있는 증빙서류를 주고 받지 않을 경우에는 나중에 그 사실 유무에 대한 분쟁이 발생할 가능성이 있다. 따라서 일반적으로 상품 등을 외상으로 판매하고 추후에 현금을 받을 경우에는 입금표를 사용한다. **입금표는 현금의 수령과 지급사실을 확인하기 위한 증빙서류**로서 아래와 같이 판매자(공급자)용과 구매자(공급받는자)용의 2장으로 작성된다.

[예 7] 입금표와 대금회수

외상매출금 500,000원을 현금으로 회수하다. 이 사실은 입금표에 의해 확인되다.

(차) 현　　금 500,000　　(대) 외상매출금 500,000

2. 전 표

1 전표와 거래

■ 전표란 ?

기업은 거래가 발생하면 지급받거나 발행한 증빙서류를 통해 거래사실을 확인하고 기록을 하게 된다. 회계에서는 회계상 거래가 발생하면 분개를 하게 되며 분개를 기록하는 문서가 분개장이라고 설명한 바 있다. 그러나 실제로 기업에서는 분개를 분개장에 직접 하는 경우는 그렇게 많지 않다. 대부분 분개장 대신 전표를 이용하여 회계기록을 시작한다.

컴퓨터를 사용하여 회계처리를 하는 경우에도 입력시 컴퓨터 화면에 전표의 양식을 그대로 나타나거나 전표양식을 보다 발전시킨 형태로 나타나는 경우가 많다.

그렇다면 전표란 무엇인가?

전표란 **회사에서 일어나는 거래를 하나 하나 일정한 방법으로 분개를 하여 기록하는 종이쪽지**를 말한다. 따라서 전표는 하나의 거래를 분개한 것이기 때문에 전표를 순서대로 모으면 분개장이 된다. (※ 정확하게 말하면 전표는 하나의 거래를 분개한 것이 될 수도 있고 더 세분화될 수 있지만 일단 이해를 위하여 이렇게 표현하였다.)

분개장에 기업에서 발생하는 모든 거래를 분개한다고 생각해 보자. 그렇다면 판매부에서는 매출에 관한 거래를, 구매부에서는 매입에 관한 거래를, 총무부에서는 관리활동에 관한 거래가 발생하기 때문에 각 부서에서 이를 하나의 분개장에 기록하려면 특정 시간을 정해서 모두 모여서 기록해야 할 것이다. 이렇게 되면 얼마나 불편한가 !

각 부서에서 발생한 거래를 따로 따로 분개하고 이를 합할 수 있다면 이러한 문제점을 해결할 수 있다. 따라서 하나의 분개장을 사용하지 않고 전표를 사용하여 이를 모으면 분개장이 될 수 있도록 한 것이다.

전 표 : 하나의 거래에 대해 분개를 한 것

■ 전표의 종류와 거래

앞에서 회계에서의 거래는 기업의 자산 · 부채 · 자본에 변화를 주는 사건이며 회계에서는 거래를 차변과 대변으로 나누어 분개한다고 하였다. 전표는 이러한 개념과 함께 거래를 현금을 기준으로 하여 구분한다.

기업에서 발생하는 모든 거래를 현금을 기준으로 나눈다면 세가지로 나눌 수 있다.

첫째로 **기업으로 현금이 들어 오는 거래**가 있다. 이것을 **입금거래**(入金去來)라 한다. 현금을 받고 상품을 팔거나, 은행예금에서 현금을 찾는 경우 또는 외상매출금을 현금으로 회수하는 경우와 같은 거래들을 예로 들 수 있다. 이 거래들은 현금이 기업으로 들어왔기 때문에 입금거래가 된다.

입금거래(入金去來) : 기업에 현금이 들어 오는 거래

둘째로 **기업에서 현금이 나가는 거래**가 있다. 이것을 **출금거래(出金去來)**라 한다.

예를 들면 이자를 현금으로 지급한다든가, 상품을 현금을 주고 매입하는 경우에는 기업에서 현금이 나갔기 때문에 출금거래가 된다.

출금거래(出金去來) : 기업에서 현금이 나가는 거래

그리고 마지막으로 **현금이 들어오지도 않고 나가지도 않는 거래**가 있다. 이것을 **대체거래(對替去來)**라 한다. 예를 들면 외상으로 물건을 판다든가 외상으로 물건을 사는 거래는 현금이 들어 오지도 않고 나가지도 않는 거래들이다. 이러한 거래는 대체거래가 된다.

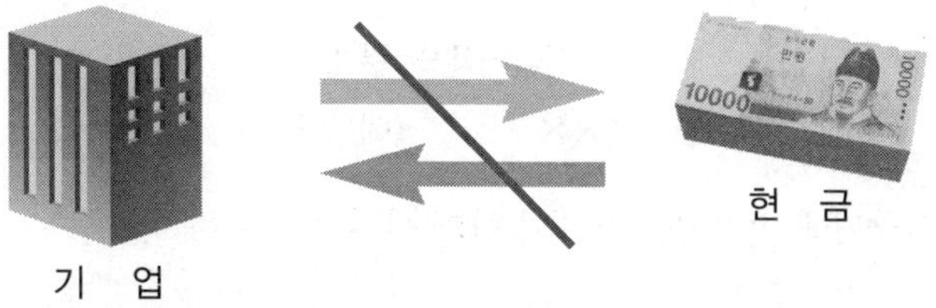

대체거래(對替去來) : 현금이 들어오지도 않고 나가지도 않는 거래

전표에서는 거래를 이와 같은 세가지 유형으로 나누어 입금거래는 **입금전표**에, 출금거래는 **출금전표**에, 그리고 대체거래는 **대체전표**에 기록한다.

입금거래 ➔ **입금전표** 에

출금거래 ➔ **출금전표** 에

대체거래 ➔ **대체전표** 에

우리나라에서 일반적으로 사용되는 전표제도는 입금전표, 출금전표 및 대체전표의 세가지를 이용한다.

그렇다면 구체적으로 어떻게 거래를 전표에 기록할 것인가?

앞에서 설명한 분개의 원리를 이해하면 쉽게 전표에 기록하는 방법을 이해할 수 있다. 입금전표, 출금전표, 그리고 대체전표를 어떻게 작성하는지 살펴 보기로 하자.

※ 대체전표를 둘로 나누어 대체차변전표와 대체대변전표를 사용하는 경우도 있지만 대체전표 하나만을 작성하는 경우와 거의 유사하다.

2 전표의 기록

■ 입금전표의 기록

① 입금거래의 특징

입금거래의 특징은 현금이 기업에 들어온다는 것이다. 따라서 입금거래를 분개하면 **차변**에 **항상 현금**이 나타나게 된다.

입금거래의 분개

(차) 현　　금 ×××　　　(대) 제　　좌 ×××

보기를 들어 입금거래 몇가지를 분개와 함께 살펴보기로 하자.

[예 8] 외상매출금의 분개

외상매출금 100,000원을 현금으로 회수하다.

이 거래를 분개하면 차변에 현금계정이 나타난다.

(차) 현　　금 100,000　　(대) 외상매출금 100,000

[예 9] 이자수익의 분개

이자수익 50,000원을 현금으로 받다.

이 거래도 분개하면 위 거래와 마찬가지로 차변에 현금계정이 나타난다.

(차) 현　　금 50,000　　(대) 이 자 수 익 50,000

[예 10] 차입금의 분개

현금으로 50,000원을 차입하다.

이 거래도 분개하면 마찬가지로 차변에 현금계정이 나타난다.

(차) 현　　금 50,000　　(대) 차 입 금 50,000

위에서 보는 바와 같이 입금거래는 기업에 현금이 들어 오는 것이기 때문에 항상 차변에 현금계정이 나타난다.

일반적으로 기업이 영업활동을 하게 되면 현금이 들어오는 입금거래는 빈번하게 발생하게 된다. 따라서 빈번하게 입금거래가 발생할 때마다 차변과 대변으로 나누어 분개를 한다고 하자. 그러면 항상 차변에 현금계정을 기록해야 할 것이다. 이렇게 한다면 쓸데없이 업무량만 많아지게 된다.

따라서 차변에 현금계정을 쓰지 않기 위해서 입금전표를 사용한다.

입금전표는 **입금전표라는 제목 자체가 차변이 현금계정임을 나타내는 것**이기 때문에 **차변의 현금계정은 기록하지 않고 대변의 상대계정만을 기록**한다.

입금전표의 차변 ➜ 

무조건 현금

또한 실무에서는 입금전표를 **빨간색**으로 인쇄하여 색깔로도 구별할 수 있도록 하고 있다.

② 입금전표의 양식과 기록방법

이제 입금전표의 성격에 대해 어느 정도 이해했으리라고 생각된다.

그렇다면 실제 실무에서 많이 사용되는 입금전표의 양식을 살펴보기로 하자.

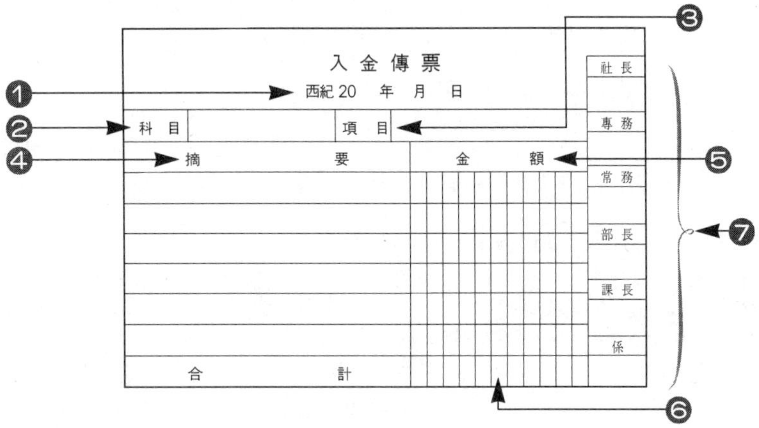

위의 양식에 표시된 번호와 함께 살펴보자.

우선 ①은 현금이 기업에 들어 온 날짜, 즉 입금일자를 적는다. ②는 대변계정과목으로 현금이 들어 오게 된 원인을 알려 주게 된다. ③은 거래처 등 입금된 현금의 출처를 적는다. ④는 입금거래의 구체적인 내용을 요약하여 요점을 적는다. ⑤ 입금내역별 구분금액을 기록한다. ⑥ 합계액을 적는 난으로 총입금액을 적는다. ⑦ 결재란으로 담당자로부터 전결권자까지의 결재상황을 나타낸다.

전표에서의 **결재란**을 보면 전통적인 회사의 계층구조를 나타냄을 알 수 있다. 기업에는 기능에 따라 여러 부서가 있다. 예를 들어 영업부, 총무부, 경리부와 같이 여러 부서가 있을 경우 각 부서에서는 거래가 발생하게 된다. 그렇다면 담당부서에서 거래를 전표에 기록하여 담당부서장의 승인과 해당 거래의 최고승인자의 승인을 얻은 후 전표의 **결재란**에 그 **승인사항**(도장이나 사인)을 기재하게 된다.

그리고 거래를 집행하는 동시에 경리부에 전표를 보내면 경리부에서는 해당 거래를 처리하는 것이 일반적이다.

사실상 전표는 단순한 거래의 **기록**뿐만 아니라 그 **거래**가 권한이 있는 사람들이 **검토**하고 **승인**했음을 나타내는 문서이자 **증거**로서의 역할을 하고 거래의 발생사실을 기업내부에 다른 곳에 **전달**하는 수단으로 사용되는 것이다.

몇가지 예를 들어 입금전표를 작성해보기로 하자. 앞에서 보았던 실제 입금전표를 지면관계상 아래와 같이 약식으로 중요한 부분 만을 표시한 입금전표로 표시하기로 한다.

입금전표			
년 월 일			
과목		항목	

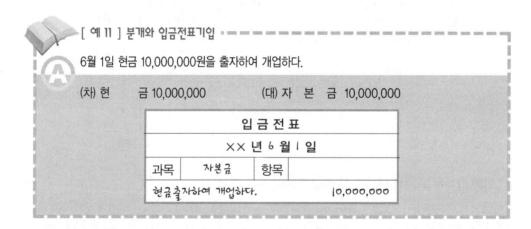

[예 11] 분개와 입금전표기입

6월 1일 현금 10,000,000원을 출자하여 개업하다.

(차) 현 금 10,000,000 (대) 자 본 금 10,000,000

입금전표			
×× 년 6 월 1 일			
과목	자본금	항목	
현금출자하여 개업하다.			10,000,000

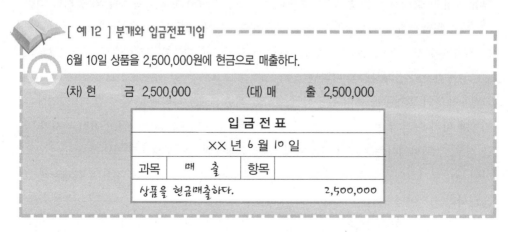

[예 12] 분개와 입금전표기입

6월 10일 상품을 2,500,000원에 현금으로 매출하다.

(차) 현 금 2,500,000 (대) 매 출 2,500,000

입금전표			
×× 년 6 월 10 일			
과목	매 출	항목	
상품을 현금매출하다.			2,500,000

[예 13] 분개와 입금전표기입

6월 22일 받을어음 400,000원을 현금으로 회수하다.

(차) 현　　금　400,000　　　　(대) 받 을 어 음　400,000

입 금 전 표			
XX 년 6 월 22 일			
과목	받을어음	항목	
받을어음을 현금회수하다.			400,000

■ 출금전표의 기록

① 출금거래의 특징

출금거래의 특징은 기업에서 현금이 나간다는 것이다. 따라서 출금거래를 분개하면 **대변에 항상 현금계정이 나타나게 된다.**

출금거래의 분개

(차) 제　　좌 ×××　　(대) 현　　금 ×××

예를 들어 출금거래 몇가지를 분개와 함께 살펴보기로 하자.

[예 14] 분개와 출금전표기입

외상매입금 100,000원을 현금으로 지급하다.

이 거래를 분개하면 현금이 나갔으므로 대변에 현금계정이 나타난다.

(차) 외상매입금　100,000　　(대) 현　　금　100,000

[예 15] 분개와 출금전표기입

이자비용 50,000원을 현금으로 지급하다.

이 거래를 분개하면 마찬가지로 현금이 나갔으므로 대변에 현금계정이 나타난다.

(차) 이자비용　50,000　　(대) 현　　금　50,000

[예 16] 분개와 출금전표기입

현금 50,000원을 전기료로 지급하다.

이 거래도 위 거래와 마찬가지로 현금이 나갔으므로 대변에 현금계정이 나타난다.

(차) 수도광열비 50,000 (대) 현 금 50,000

위에서 보는 바와 같이 출금거래는 기업에서 현금이 나가는 것이기 때문에 항상 대변에 현금계정이 나타난다.

일반적으로 기업이 영업활동을 하면서 현금이 나가는 출금거래는 빈번하게 발생하게 된다. 따라서 빈번하게 출금거래가 발생할 때마다 차변과 대변으로 나누어 분개를 한다고 하자. 그러면 항상 대변에 현금계정을 기록해야 할 것이다. 이렇게 한다면 쓸데없이 업무량만 많아지게 된다.

위와 같은 단점을 없애기 위해서 기업에서는 출금전표를 사용한다.

출금전표는 **출금전표라는 제목 자체가 대변이 현금계정임을 나타내는 것이기 때문에 대변의 현금계정은 기록하지 않고 차변의 상대계정 만을 기록**한다.

출금전표의 대변 ➔ 

무조건 현금

또한 실무에서는 출금전표를 **파란색**으로 인쇄하여 색깔로도 구별할 수 있도록 하고 있다.

② 출금전표의 양식과 기록방법

이제 출금전표의 양식을 살펴보기로 하자.

구체적인 기록양식은 입금전표와 유사하게 생각하면 된다.

몇가지의 예를 가지고 실무상의 출금전표를 작성해보기로 하자. 지면상 출금전표양식을 그대로 사용할 수 없기 때문에 약식으로 중요한 부분만을 표시한 출금전표를 사용하였다.

出 金 傳 票 西紀 20 年 月 日				社 長
科 目		項 目		專 務
摘 要			金 額	常 務
				部 長
				課 長
				係
合 計				

〔 출금전표 〕

[예 17] 분개와 출금전표기입

6월 5일 상품을 현금 3,000,000원을 주고 매입하다.

(차) 매 입 3,000,000 (대) 현 금 3,000,000

출금전표			
XX 년 6 월 5 일			
과목	매 입	항목	
상품	매 입		3,000,000

[예 18] 분개와 출금전표기입

6월 24일 비품을 300,000원에 현금을 지급하고 구입하다.

(차) 비 품 300,000 (대) 현 금 300,000

출금전표			
XX 년 6 월 24 일			
과목	비 품	항목	
비품	구 입		300,000

[예 19] 분개와 입금전표기입

6월 25일 급여 500,000원을 현금으로 지급하다.

(차) 급 여 500,000 (대) 현 금 500,000

출금전표			
XX 년 6 월 25 일			
과목	급 여	항목	
급여	지 급		500,000

■ 대체전표의 기록

① 대체거래의 특징

기업에서 일어나는 거래는 입금거래와 출금거래 이외에 대체거래가 있다.

대체거래는 무엇일까? 아래의 거래와 분개를 보면서 생각해보자.

[예 20] 분개

상품 100,000원을 외상으로 판매하다.

(차) 외상매출금 100,000 (대) 매 출 100,000

위 거래는 현금이 들어 오지도 않았고 나가지도 않았다. 따라서 입금거래도 출금거래도 아니다. 이와 같이 **입금도 출금도 아닌 거래**를 **대체거래**라 한다. 즉 현금이 들어오거나 나가지 않은, 현금과는 관련없는 거래를 대체거래라 한다.

또 하나의 예를 살펴보자.

[예 21] 분개

책상 100,000원짜리를 구입하고 대금은 나중에 주기로 하다.

(차) 비 품 100,000 (대) 미지급금 100,000

위와 같은 거래도 현금이 들어 오거나 나가지도 않았기 때문에 대체거래인 것이다.

② 대체전표의 양식과 기록방법

대체전표는 앞에서 우리가 배웠던 차변과 대변으로 나누어 분개하는 방법을 그대로 사용한다.

입금전표나 출금전표는 차변이나 대변이 항상 현금계정으로 나타나기 때문에 현금계정을 기록하지 않고 생략할 수 있었다. 그러나 대체거래는 차변이나 대변에 어떤 계정과목이 항상 나타나지는 않기 때문에 차변과 대변 어느 하나를 생략할 수 없다.

대체전표는 **까만색**으로 인쇄된 양식을 사용한다.

대체전표의 양식을 구체적으로 살펴보기로 하자.

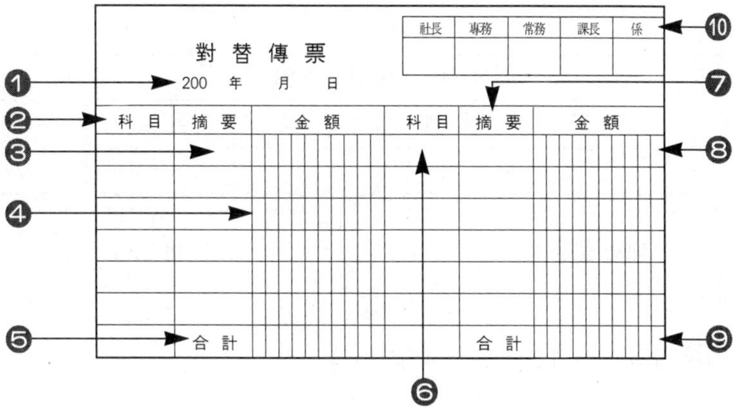

①은 거래가 발생한 날짜이다. ②는 차변계정과목, ③은 차변계정의 구체적인 거래내역을 적는다. ④는 차변계정과목의 변동금액, ⑤합계는 차변계정과목의 합계금액, ⑥대변에 기입될 계정과목, ⑦대변적요는 대변계정의 구체적인 거래내역, ⑧대변계정의 변동금액, ⑨합계는 대변계정금액의 합계금액, ⑩결재는 담당자로부터 전결권자까지의 결재상황을 나타낸다.

대체전표에서는 전표에 기재된 차변합계금액과 대변합계금액이 항상 일치해야만 한다.

대체전표를 둘로 나누어 하나로 된 대체전표의 차변을 대체출금전표, 대체전표의 대변을 대체입금전표로 사용하는 경우도 있다.

다음의 경우를 이용하여 대체입금전표와 대체출금전표에 대하여 생각해 보자.

상품 100,000원을 외상으로 판매하다.

(차) 외 상 매 출 금　100,000　(대) 매　　출　100,000

이 분개는 아래와 같이 두 개의 거래가 합쳐진 것으로 볼 수 있다.

(차) 외 상 매 출 금　100,000　(대) 현　　금　100,000 ········· (1)
(차) 현　　　금　100,000　(대) 매　　출　100,000 ········· (2)

물론 이 거래가 현금이 들어오거나 나간 것은 아니지만 이러한 거래들이 이루어진 것으로 가상하고 (1)을 **대체출금거래**로, (2)를 **대체입금거래**로 간주하여 (1)을 대체출금전표에, (2)를 대체입금전표에 기록한다.

이것은 대체전표의 오른쪽과 왼쪽을 나눈 것과 같은 형태이다. 따라서 대체전표의 왼쪽은 대체출금전표, 오른쪽은 대체입금전표가 된다.

대 체 전 표					
××년 ××월 ××일					
과 목	적 요	금 액	과 목	적 요	금 액
대체 출금			대체 입금		

몇가지의 예를 가지고 대체전표를 작성해보기로 하자.

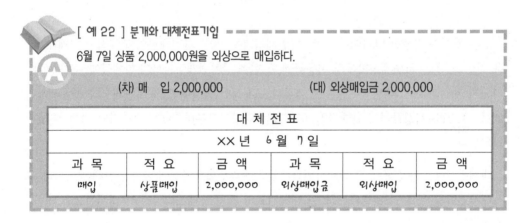

[예 22] 분개와 대체전표기입

6월 7일 상품 2,000,000원을 외상으로 매입하다.

(차) 매　입 2,000,000　　(대) 외상매입금 2,000,000

대 체 전 표					
××년　6월　7일					
과 목	적 요	금 액	과 목	적 요	금 액
매입	상품매입	2,000,000	외상매입금	외상매입	2,000,000

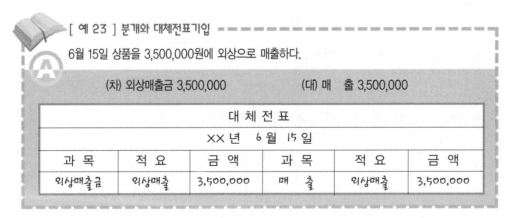

[예 23] 분개와 대체전표기입

6월 15일 상품을 3,500,000원에 외상으로 매출하다.

(차) 외상매출금 3,500,000　　(대) 매　출 3,500,000

대 체 전 표					
××년　6월　15일					
과 목	적 요	금 액	과 목	적 요	금 액
외상매출금	외상매출	3,500,000	매　출	외상매출	3,500,000

또한 **기말정리사항에 대한 수정분개**는 현금의 입 · 출금이 없는 거래이므로 **대체전표**를 작성하여야 한다. 예를 들어 이자비용에 대하여 결산시 미지급이자를 50,000원을 계상하여야 한다면 다음과 같이 분개와 전표가 작성된다.

(차) 이자비용　50,000　　(대) 미지급비용　50,000

대 체 전 표					
XX년 12월 31일					
과 목	적 요	금 액	과 목	적 요	금 액
이자비용	기말정리사항	50,000	미지급비용	기말정리사항	50,000

③ 일부대체거래와 전표작성

아래의 거래를 살펴보고 어떻게 전표를 작성해야 하는지 생각해 보기로 하자.

6월 12일 상품을 100,000원에 판매하고 70,000원은 외상, 30,000원은 현금으로 판매하였다.

(차) 현　　　금　30,000　　(대) 매　　출　100,000
　　외상매출금　70,000

위와 같은 거래의 경우에는 현금 30,000원이 들어오는 입금거래와 현금이 들어오지 않는 대체거래가 혼합되어 있다.

(차) 현　　　금　30,000　　(대) 매　　출　30,000
(차) 외상매출금　70,000　　(대) 매　　출　70,000

이와 같이 **입금거래와 대체거래, 출금거래와 대체거래가 함께 나타나는 거래**를 **일부대체거래**라 한다.

이러한 일부대체거래의 경우에는 어떻게 전표를 작성해야 하나?

하나의 전표에 이러한 일부대체거래를 모두 기록할 수는 없다. 따라서 위 거래를 입금거래와 대체거래로 분리한다.

입금거래 ➔ (차) 현　　　금　30,000　(대) 매　　출　30,000
대체거래 ➔ (차) 외상매출금　70,000　(대) 매　　출　70,000

따라서 이 거래의 경우에는 입금전표와 대체전표, 두개의 전표에 나누어 작성한다.

일부대체거래는 입금이나 출금거래와 대체거래를 분리하여 각각 입금이나 출금전표와 대체전표에 따로 따로 기록한다. (이렇게 하면 나중에 설명하는 전표집계표에서 매수계산이 불편하기 때문에 대체전표에 함께 기록하는 경우도 있다)

일부대체거래 : 거래를 분리하여 입금이나 출금전표와 대체전표에 따로 따로 기록한다

위의 예는 아래와 같이 입금전표와 대체전표에 기록된다.

입금전표			
XX 년 6 월 12 일			
과목	매 출	항목	
상품을 현금매출하다.			30,000

대 체 전 표					
XX 년 6 월 12 일					
과 목	적 요	금 액	과 목	적 요	금 액
외상매출금	외상매출	70,000	매 출	외상매출	70,000

또 하나의 예를 들어보자.

[예 24] 분개와 출금전표 · 대체전표기입

6월 23일 상품 100,000원어치를 매입하였는데 현금 40,000원을 지급하고 60,000원은 외상으로 하였다.

(차) 매 입	100,000	(대) 현 금	40,000
		외상매입금	60,000

이와 같은 경우에는 출금거래와 대체거래가 혼합되어 있으므로 출금전표와 대체전표를 각각 작성한다.

출금전표			
XX 년 6 월 23 일			
과목	매 입	항목	
상품을 현금 매입하다.			40,000

대 체 전 표					
XX 년 6 월 23 일					
과 목	적 요	금 액	과 목	적 요	금 액
매 입	외상매입	60,000	외상매입금	외상매입	60,000

■ 5전표제도

일반적으로 전표회계를 사용할 경우 입금전표, 출금전표, 대체전표의 3가지를 사용하는 3전표제도를 사용한다. 그러나 기업체의 특성이나 업무의 규모에 따라 전표의 종류가 더 많이 사용될 수도 있다.

판매활동이 기업활동에서 큰 비중을 차지하여 빈번하게 발생하는 경우에는 매출거래와 매입거래를 다른 거래와 분리하여 **매출전표**와 **매입전표**에 기록하는 경우도 있다. 이렇게 되면 입금전표, 출금전표, 대체전표, 매출전표, 매입전표의 **5가지 전표**가 사용된다. 이것을 **5전표제도**라고 한다.

5전표제도

3전표제도

입금전표 | 출금전표 | 대체전표 | 매출전표 | 매입전표

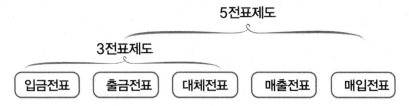

기업의 특성에 따라 이러한 전표의 종류는 많을 수도 있고 적을 수도 있다. 중요한 것은 어느 것이 기업의 거래기록에 효과적이냐 하는 것이고 이에 따라 전표제도가 정해져야 한다.

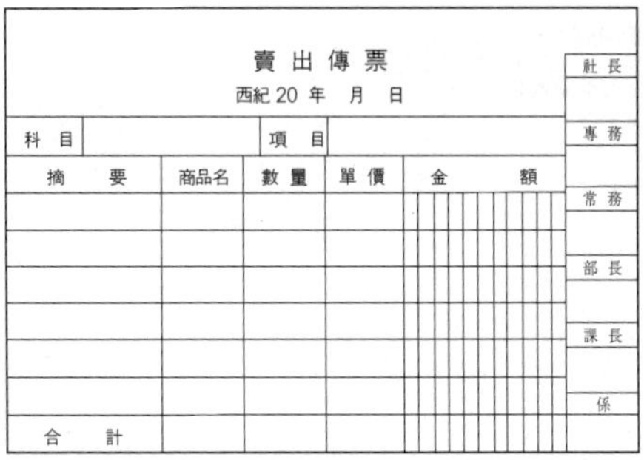
賣 出 傳 票
西紀 20 年 月 日
科 目 / 項 目
摘 要 | 商品名 | 數 量 | 單 價 | 金 額
合 計
社 長 / 專 務 / 常 務 / 部 長 / 課 長 / 係

〔 매출전표 〕

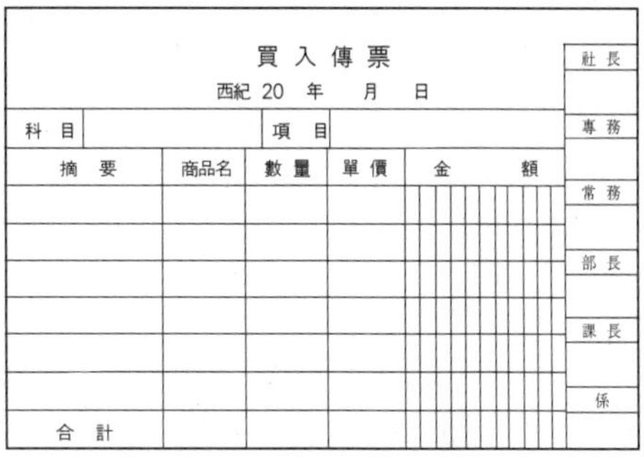
買 入 傳 票
西紀 20 年 月 日
科 目 / 項 目
摘 要 | 商品名 | 數 量 | 單 價 | 金 額
合 計
社 長 / 專 務 / 常 務 / 部 長 / 課 長 / 係

〔 매입전표 〕

아래에는 매출전표와 매입전표의 예를 들어 놓았다.

증빙관리와 전표

소기업의 경우에는 전표 뒷면에 해당 거래의 증빙서류를 붙이고 전표를 철하여 증빙관리를 하는 경우가 많다. 또한 거래가 많은 기업의 경우에는 증빙서철을 만들어 증빙을 체계적으로 관리하고 전표와 증빙에 연결번호를 붙여서 관리하게 된다.

3 전표합계표의 작성

전표는 분개장을 대신한다고 하였다. 따라서 전표에 거래를 기록하면 그 다음에는 전표에 기록된 거래를 총계정원장에 전기해야 할 것이다. 기업에서 발생하는 거래가 많지 않다면 기록된 전표를 하나하나 보면서 원장에 전기하면 될 것이다.

그러나 일반적으로 하루에 발생하는 전표의 수는 상당히 많다. 따라서 전표를 곧바로 총계정원장에 전기하면 오류가 발생할 가능성이 큰 동시에 굉장히 많은 시간이 걸리게 된다.

따라서 전표를 각 계정과목별로 모아 정리하는 **전표합계표**를 작성하는 절차가 필요하다. 하루의 거래량이 많으면 매일 전표를 집계하는 절차가 필요하고 그렇지 않으면 주별 또는 월별로 집계하게 된다.

전표합계표는 전표의 종류에 따라 **입금전표합계표, 출금전표합계표, 대체전표합계표**로 나눌 수 있다. (※기업의 특성에 따라 계정과목별 집계표를 작성하는 경우도 있다)

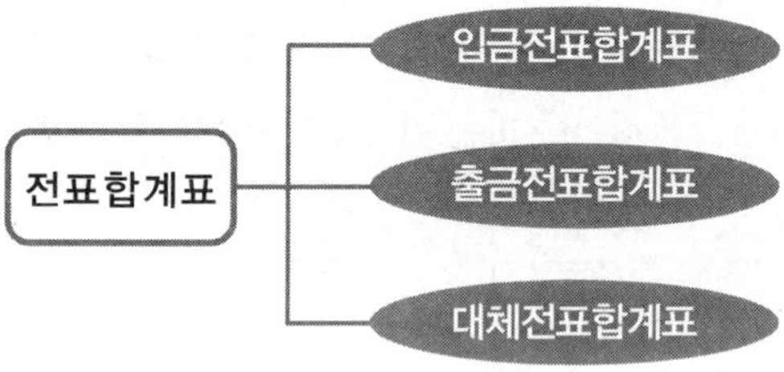

다음의 예를 이용하여 설명하기로 하자.

[예 25] 분개와 기록해야 할 전표

1. 6월 1일 현금 10,000,000원을 출자하여 개업하다.
2. 6월 5일 상품을 현금 3,300,000원(부가가치세 포함)을 주고 매입하다.
3. 6월 7일 상품 2,200,000원(부가가치세 포함)을 외상으로 매입하다.
4. 6월 10일 상품을 2,200,000원(부가가치세 포함)에 현금으로 매출하다.
5. 6월 12일 상품을 220,000원(부가가치세 포함)에 판매하고
   부가가치세 20,000원은 현금을 받고 잔액은 외상으로 하다.
6. 6월 15일 상품을 4,400,000원에 외상으로 매출하다.
7. 6월 22일 외상매출금 400,000원을 현금으로 회수하다.
8. 6월 23일 상품 330,000원(부가가치세 포함)어치를 매입하였는데
   부가가치세 현금 30,000원을 지급하고 잔액은 외상으로 하였다.

9. 6월 24일 비품을 300,000원에 현금을 지급하고 구입하다.

10. 6월 25일 급여 500,000원을 현금으로 지급하다.

A

1. 6월 1일 현금 10,000,000원을 출자하여 개업하다.

(차) 현 금 10,000,000 (대) 자 본 금 10,000,000 입금전표 1

2. 6월 5일 상품을 현금 3,300,000원(부가가치세 포함)을 주고 매입하다.

(차) 매 입 3,000,000 (대) 현 금 3,300,000 출금전표 2
부가가치세대급금 300,000 출금전표 3

3. 6월 7일 상품 2,200,000원(부가가치세 포함)을 외상으로 매입하다.

(차) 매 입 2,000,000 (대) 외 상 매 입 금 2,200,000 대체전표 4
부가가치세대급금 200,000

4. 6월 10일 상품을 2,200,000원(부가가치세 포함)에 현금으로 매출하다.

(차) 현 금 2,200,000 (대) 매 출 2,000,000 입금전표 5
부가가치세예수금 200,000 입금전표 6

5. 6월 12일 상품을 220,000원(부가가치세 포함)에 판매하고 부가가치세 20,000원은 현금을 받고 잔액은 외상으로 하다.

(차) 외 상 매 출 금 200,000 (대) 매 출 200,000 대체전표 7
현 금 20,000 부가가치세예수금 20,000 입금전표 8

6. 6월 15일 상품을 4,400,000원에 외상으로 매출하다.

(차) 외 상 매 출 금 4,400,000 (대) 매 출 4,000,000 대체전표 9
부가가치세예수금 400,000

7. 6월 22일 외상매출금 400,000원을 현금으로 회수하다.

(차) 현 금 400,000 (대) 외 상 매 출 금 400,000 입금전표 10

8. 6월 23일 상품 330,000원(부가가치세 포함)어치를 매입하였는데 부가가치세 현금 30,000원을 지급하고 잔액은 외상으로 하였다.

(차) 부가가치세대급금 30,000 (대) 현 금 30,000 출금전표 11
매 입 300,000 외 상 매 입 금 300,000 대체전표 12

9. 6월 24일 비품을 300,000원에 현금을 지급하고 구입하다.

(차) 비 품 300,000 (대) 현 금 300,000 출금전표 13

10. 6월 25일 급여 500,000원을 현금으로 지급하다.

(차) 급 여 500,000 (대) 현 금 500,000 출금전표 14

■ 입금전표합계표

입금전표합계표는 **입금전표를 계정과목별로 합계하여 정리한 표**이다. 입금전표의 차변은 항상 현금이기 때문에 입금전표합계표에 쓰는 계정과목은 당연히 **대변과목**이 된다. 그리고 마지막에 입금전표의 합계액으로 차변인 현금과목을 기록한다.

입금전표합계표의 **매수**에는 각 계정과목별 전표의 합계매수를 기록하고 **금액**에는 각계정과목별 전표의 합계액을 기록한다.

입금전표합계표

No. ×× − 6 − 1 20××년 6월 30일

계정과목	매 수	금 액	사 장
자 본 금	1	₩10,000,000	
매 출	1	₩2,000,000	부 장
부가가치세예수금	2	₩220,000	
외 상 매 출 금	1	₩400,000	취급자
현 금 차 변 합 계	5	₩12,620,000	

■ 출금전표합계표

출금전표합계표는 **출금전표를 계정과목별로 정리하여 합계한 표**이다. 출금전표의 대변은 항상 현금이기 때문에 출금전표합계표에 쓰는 계정과목은 당연히 **차변과목**이 된다. 그리고 마지막에 출금전표의 합계액으로 대변인 현금과목을 기록한다.

출금전표합계표의 매수에는 각 계정과목별 전표의 합계매수를 기록하고 금액에는 각계정과목별 전표의 합계액을 기록한다.

출금전표합계표

No. ×× − 6 − 2 20××년 6월 30일

계정과목	매 수	금 액	사 장
매 입	1	₩3,000,000	
부가가치세대급금	2	₩330,000	부 장
비 품	1	₩300,000	
급 여	1	₩500,000	취급자
현 금 대 변 합 계	5	₩4,130,000	

■ 대체전표합계표

대체전표합계표는 **대체전표에 기재된 계정과목별로 금액을 합계하여 정리한 표**이다. 대체전표합계표의 차변계정과목란에는 대체전표의 차변계정과목을 합계하여 기록하고 대변계정과목란에는 대체전표의 대변계정과목을 합계하여 기록한다. (※대체전표의 차변은 대체출금이며 대체전표의 대변은 대체입금이라는 점을 유의하기 바란다.)

차변매수란에는 대체전표 차변계정과목별로 합계**매수**를 기록하고 **금액**란에는 각 계정과목별 전표의 합계액을 기록한다. 마찬가지로 대변매수란에는 대체전표 대변계정과목별로 합계매수를 기록하고 금액란에는 각 계정과목별 전표의 합계액을 기록한다. 그리고 마지막에는 대체전표 차변과 대변의 번호를 기록한다.

대체전표합계표

No. ×× — 6 — 2　　　20××년 6월 30일

부장		과장		취급자	

차변계정과목	매수	금액	대변계정과목	매수	금액
매입	2	₩ 2,300,000	외상매입금	2	₩ 2,500,000
부가가치세대급금	1	200,000	매출	2	4,200,000
외상매출금	2	4,600,000	부가가치세예수금	1	400,000
합계	5	₩ 7,100,000	합계	5	₩ 7,100,000

(※최근에는 컴퓨터를 활용함에 따라 전표의 내용을 컴퓨터에 입력하고 그 이후의 절차는 자동적으로 진행되는 것이 일반적이다. 그러나 자동적으로 이루어 진다고 하더라도 그 절차가 어떻게 이루어지는지 명확하게 이해하기 위해서는 전표합계표와 일계표에 대하여 파악하고 있어야 한다.)

4 일계표의 작성

전표합계표를 매일 작성하여 이를 정리한 표를 **일계표,** 매주마다 작성하여 정리한 표를 **주계표,** 매월 작성하여 정리한 표를 **월계표**라고 한다. 따라서 일계표 · 주계표 · 월계표는 정리하는 기간에 따라 구별하기 위한 용어이지 기본적인 작성방법은 모두 동일하다. 결국 이 표들은 시산표와 마찬가지이다. 여기서는 일계표의 작성방법에 대해 살펴 보기로 하자.

하루동안에 발생한 거래들은 전표에 기록되고, 전표들은 전표합계표(입금 · 출금 · 대체전표합계표)에 정리된다. 다시 전표합계표들은 일계표로 정리되는 것이기 때문에 **일계표**

는 **하루의 거래 결과가 요약된 표**이다. 따라서 경영자의 입장에서는 일계표를 검토하면 하루의 거래가 어떻게 이루어졌는지를 쉽게 알 수 있다.

앞의 전표합계표를 이용하여 일계표를 작성하면 아래와 같다.

일 계 표

20××년 6월 30일 작성자 ○○○

차 변			계 정 과 목	원면	대 변		
합 계	대 체 ❺	현 금 ❹			현 금 ❷	대 체 ❸	합 계
			자 본 금	8	10,000,000		10,000,000
			매 출	2	2,000,000	4,200,000	6,200,000
			부가가치세예수금	7	220,000	400,000	620,000
4,600,000	4,600,000		외 상 매 출 금	4	400,000		400,000
5,300,000	2,300,000	3,000,000	매 입	10			
530,000	200,000	330,000	부가가치세대급금	3			
300,000		300,000	비 품	11			
500,000		500,000	급 여	12			
			외 상 매 입 금	5		2,500,000	2,500,000
11,230,000	7,100,000	4,130,000	소 계 ❻ ❼	·	12,620,000	7,100,000	19,720,000
8,490,000	0	8,490,000	당일현금 전일현금	1	0	0	0
19,720,000	7,100,000	12,620,000	합 계	·	12,620,000	7,100,000	19,720,000

위의 일계표는 어떻게 작성하는지 살펴보자. 작성된 일계표를 함께 보면서 작성절차를 살펴 보기 바란다.

① **일계표 제목의 작성** : 우선 가운데에 계정과목란과 원면란을 설정한다.
왼쪽에는 차변밑에 합계, 대체, 현금으로 적고 오른쪽에는 대변밑에 현금, 대체, 합계로 적는다. (※실제로는 일계표양식은 미리 작성되어 있고 이 양식에 내용을 기재하는 것이 일반적이다.)

② **입금전표합계표의 대변전기** : 입금전표합계표의 계정과목순으로 일계표에 계정과목을 적고 합계액을 **일계표의 대변에 있는 현금란**에 옮겨 적는다. 단, 현금금액은 옮겨 적지 않는다.

③ **대체전표합계표의 대변전기** : 대체전표합계표의 대변(성격상 대체입금이다)을 계정과목순으로 일계표에 계정과목을 적고 합계액을 **일계표의 대변에 있는 대체란**에 옮겨 적는다. 단, 이미 입금전표합계표를 전기하면서 일계표에 기록된 계정과목이 있다면 새로 쓰지 않고 금액만을 옮겨 적는다.

④ **출금전표합계표의 차변전기** : 출금전표합계표의 계정과목순으로 일계표에 계정과목을적고 합계액을 **일계표의 차변에 있는 현금란**에 옮겨 적는다. 단, 현금금액은 옮겨 적지 않으며 이미 계정과목이 쓰여진 것이 있으면 새로 쓰지 않고 금액만을 옮겨 적는다.

⑤ **대체전표합계표의 차변전기** : 대체전표합계표의 차변(성격상 대체출금이다)을 계정과목순으로 일계표에 계정과목을 적고 합계액을 **일계표의 차변에 있는 대체란**에 옮겨 적는다. 단, 이미 계정과목이 쓰여진 것이 있으면 새로 쓰지 않고 금액만을 옮겨 적는다.

⑥ **소계란의 기록** : 차변의 각 란과 대변의 각 란을 합계하여 차변의 소계란과 대변의 소계란에 각각 기록한다.

⑦ **전일현금란 · 당일현금란과 합계란의 기록**: 전일현금란에는 전일현금잔액을 기록하고 **당일현금란**에는 **전일현금+일계표대변의 현금소계−일계표차변의 현금소계**를 계산하여 기록한다. 그리고 마지막으로 합계를 계산하여 합계란에 록한다.

5 일계표에서 원장으로의 전기

일계표는 하루에 발생한 거래들이 각 계정과목의 차변과 대변에 얼마의 금액으로 영향을 미쳤는지 요약한 표이다. 결국 일계표는 분개장에 기록된 하루의 거래를 계정과목별로 요약한 시산표와 마찬가지이다. 발생된 거래를 분개장에 기록한 후에 분개장의 분개를 총계정원장에 전기한 것과 마찬가지로 일계표는 **총계정원장에 전기**하여야 한다.

일계표에서 계정과목별로 총계정원장에 전기한다. 이 때 총계정원장의 각 계정에는 **날짜**를 기재하고 **적요란**에는 **"일계표에서"**라고 기록한다. 이렇게 하면 해당 계정이 어느 날짜에 얼마의 영향을 미쳤는지를 알 수 있다.

유의할 것은 현금과목이다. 현금과목을 마지막에 전기하게 되는데 일계표 대변 현금소계를 차변에, 일계표 차변 현금소계를 대변에 기록하여야 한다.

이후 시산표의 작성이나 재무제표 작성은 전표에 의한 절차가 아닌 분개장에 의한 기장절차와 마찬가지이다.

〔원장의 예〕

총계정원장

현 금

일 자		적 요	차 변	대 변	잔 액
6	30	일계표에서	12,620,000	4,130,000	8,490,000

외상매출금

일 자		적 요	차 변	대 변	잔 액
6	30	일계표에서	4,600,000	400,000	4,200,000

6 보조부의 필요성

거래가 발생하게 되면 따라 증빙서류를 기초로 전표를 작성하게 된다. **전표**를 작성한 후에 이를 매일 집계하여 **전표집계표**를 작성하고 전표집계표에 의해 **일계표**를 작성하게 된다. 그리고 작성된 일계표에 따라 **원장**에 전기하는 것이 전표에 의한 회계처리과정이다.

그러나 이와 같이 전표에 의해 회계처리를 하게 되면 **원장**에서는 **각 계정의 세부적인 내용에 대해서는 알 수 없다.** 왜냐하면 원장의 각 계정에는 내역이 모두 **"일계표에서"**라고 되어 있을 뿐이기 때문이다.

이러한 경우 원장은 각 계정의 차변과 대변의 금액, 그리고 잔액을 알 수 있을 뿐이고 재무상태표와 포괄손익계산서를 작성하는 데에는 도움을 줄 수 있지만 경영관리를 위한 세부적인 내용을 제공하지 못하게 된다.

따라서 세부적인 내역을 파악하기 위해서는 별도로 장부를 만들어야 한다. 이와같이 **각 계정의 세부적인 내역이나 기업관리를 위해 세부적인 내용을 기록하는 장부**를 **보조부**라고 한다. 보조부는 다시 각 계정의 세부적인 내역을 기입하는 **보조원장**과 각 계정의 특정한 사항에 대한 세부적인 내역을 기입하는 **보조기입장**으로 구분하기도 한다.

구체적인 보조원장과 보조기입장에 대해서는 앞으로 설명하게 될 것이다.

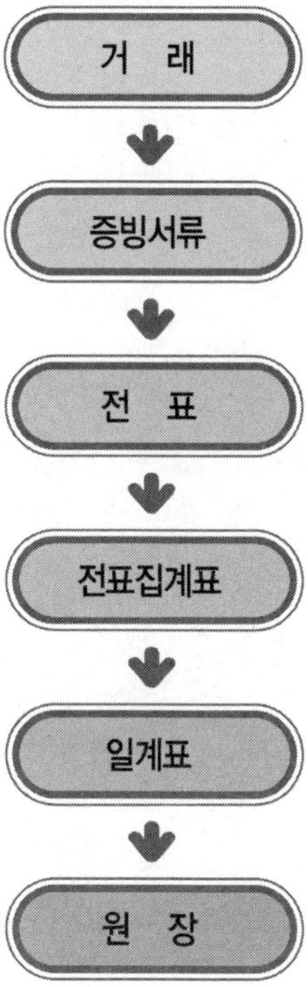

제10장. 재무제표의 구조와 기업의 활동

1. 재무상태표와 포괄손익계산서의 구조
2. 기업의 활동과 재무제표

제10장. 재무제표의 구조와 기업의 활동

1. 재무상태표와 포괄손익계산서의 구조

회계기록을 통해 여러 가지 정보를 정리할 수 있다. 결산이 끝나면 기업은 재무제표를 작성하게 된다. **재무제표**란 한자로는 財務諸表로서 이는 재무에 관한 모든 보고서를 말한다. 즉 기업의 재무상태나 영업성과 등을 나타내는 재무상태표나 포괄손익계산서를 총칭하는 말이다.

기업은 일년 동안의 기업활동을 한 결과를 회계보고서인 재무제표를 작성한 후, 주주총회에서 승인을 받는다. 특히 기업의 규모가 커지고 기업의 사회적 · 공공적 성격이 강해짐에 따라, 기업을 둘러싼 각종 이해관계자들의 권익을 보호하고 대립되는 이해를 조정하기 위해 상법 · 세법 · 증권거래법 그리고 주식회사의외부감사에 관한법률에서 재무제표를 보고할 것을 의무화하고 있다.

따라서 재무제표는 기업에 관한 회계정보가 종합되어 정리된 것으로서 그 기업의 성적표라고 할 수 있다.

우리나라에는 기업회계기준서(企業會計基準書)이 재무제표와 같은 회계보고서를 작성할 때 지켜야 할 회계처리 및 보고에 관한 기준으로 존재하고 있다.

기업회계기준서에 따라 작성된 재무제표는 경영자로 하여금 경영의사결정에 필요한 정보를 제공함과 동시에 주주나 채권자, 거래처, 세무서 등 기업의 이해관계자들에게 그들의 의사결정에 필요한 정보를 제공해 준다. 우리나라 **기업회계기준서**에서 기업이 작성해야 할 **재무제표**는 ① **재무상태표**, ② **포괄손익계산서**, ③ **현금흐름표**, ④ **자본변동표**로 구성되며 주석을 포함한다고 규정하고 있다.

여기서는 재무제표 중 재무상태표와 포괄손익계산서의 구조를 살펴 보기로 한다.

1 재무상태표의 구조와 작성원칙

■ 재무상태표의 구조

재무상태표는 일정시점에 있어서 기업이 가지고 있는 자산 · 부채 · 자본의 상태를 나타내는 표이다. 재무상태표는 자산=부채+자본이라는 등식에 따라 일정한 형식의 표로 나타낸다.

재무상태표

자 금 의 운 용 상 태	자 금 의 조 달 상 태

재무상태표의 차변항목인 **자산**은 기업의 자금을 어디에 어떻게 사용했는가를 나타내는 **자금의 운용상태**를 표시하고 대변항목인 **부채와 자본**은 기업의 자금을 어디에서 어떻게 조달하였는가를 나타내는 **자금의 조달상태**를 표시한다.

그러면 자산 · 부채 · 자본계정들의 구조를 살펴보자. 앞으로는 이러한 개별항목에 대해 설명하기 때문에 여기서는 기본적인 구조만을 설명하고자 한다.

우선 자산은 **유동성(流動性, liquidity)이 높은 순서대로 배열**한다. 여기서 유동성이란 환금성(換金性), 즉 현금으로 얼마나 빨리 전환될 수 있느냐의 기준에 따라 배열된다는 것이다. 자산중에 가장 환금성이 높은 것은 당연히 현금이다. 따라서 재무상태표의 차변에 가장 먼저 위치하게 된다. 1년을 기준으로 현금화될 것으로 예측되느냐, 그렇지 않느냐에 따라 자산을 크게 나누어 **유동자산**(流動資産, current assets)과 **비유동자산**(非流動資産, non-current assets)으로 구분한다. 즉, 1년 내에 현금화될 것으로 예측되는 자산을 유동자산으로, 그렇지 않을 것으로 예측되는 자산은 비유동자산으로 구분한다. 따라서 유동자산이 비유동자산보다 먼저 배열된다.

예를 들어 판매를 목적으로 구입한 상품이나 외상매출금은 1년 내에 현금화될 것으로 예측되지만 회사가 판매할 목적이 아니라 기업활동을 위해 구입한 건물은 1년 내에 현금화될 것으로 예측되지 않는다. 따라서 상품이나 외상매출금은 유동자산, 건물이나 비품같은 자산은 비유동자산으로 분류된다. 유동자산의 예로는 현금및현금성자산, 당기손익인식금융자산, 매출채권 즉 외상매출금과 받을어음, 상품,

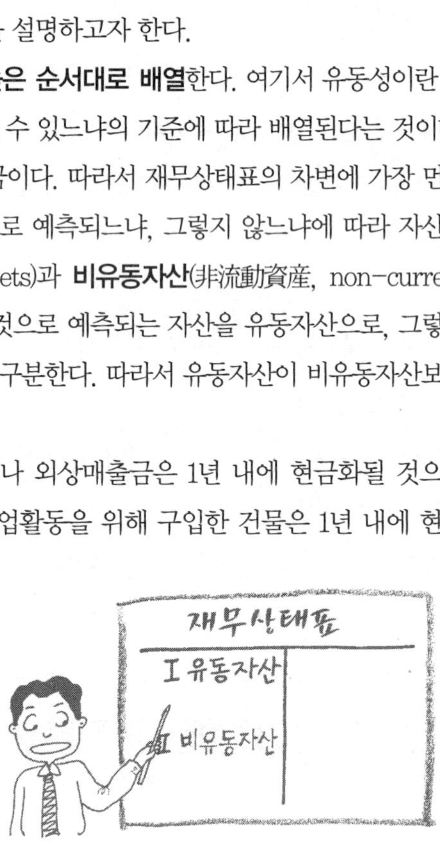

단기대여금 등을 들 수 있으며 비유동자산으로는 만기보유금융자산, 매도가능금융자산, 토지, 건물, 기계 등의 유형자산, 특허권, 상표권 등의 무형자산 등을 들 수 있다.

기업은 투자가치를 보고 다른 기업이 발행한 주식이나 사채를 구입하여 장기간 보유하는 경우가 있다. 이와 같이 구입하는 주식이나 사채는 장기투자증권이라고 하며 **만기보유금융자산, 매도가능금융자산**이라는 계정과목으로 회계처리한다. **유형자산**으로는 토지나 건물, 기계장치, 차량운반구와 같은 설비자산들이 있다. **무형자산**은 특허권 · 상표권과 같이 형태가 없는 자산이기는 하지만 장기간에 걸쳐 경영에 이용해서 기업이 효익을 얻을 수 있는 권리를 말한다.

부채는 자산의 분류에 맞추어 **만기(滿期)**가 **재무상태표일을 기준으로 1년 내**에 상환하여야 하는 부채, 즉 1년 내에 갚아야 할 부채를 **유동부채**(流動負債, current liabilities)로 분류하고 만기가 1년 이상인 부채를 **비유동부채**(固定負債, long term liabilties)로 분류한다. 유동부채의 예로는, 단기차입금, 매입채무 즉, 외상매입금과 지급어음 등을 들 수 있으며 비유동부채의 예로는 장기차입금, 사채 등을 들 수 있다.

재 무 상 태 표

자산	부채와 자본
Ⅰ. 유동자산	부 채
	Ⅰ. 유동부채
	Ⅱ. 비유동부채
Ⅱ. 비유동자산	자 본
	1. 납입자본
	2. 기타자본요소
	3. 이익잉여금

자본은 개인기업의 경우에는 이를 구분하지 않고 자본금계정으로만 운용한다. 그렇지만 주식회사의 경우에는 **납입자본, 기타자본요소, 이익잉여금**으로 분류된다. 자본의 분류에 대해서는 나중에 자세히 설명될 것이다.

■ 재무상태표의 작성기준

이미 앞에서 재무상태표의 구조를 살펴 보면서 재무상태표의 작성기준도 암묵적으로 설명되었다. 구체적으로 살펴보면 재무상태표의 작성기준은 다음과 같이 정리할 수 있다.
(※부록에 수록되어 있는 기업회계기준서의 재무제표 서식을 함께 살펴보면서 검토하기 바란다.)

① 구분표시

정보이용자들이 이해하기 쉽도록 재무상태표상의 **자산 · 부채 · 자본항목은 구분**하여 표시하여야 한다. 예를 들어 자산은 유동자산과 비유동자산, 부채는 유동부채와 비유동부채로, 자본은 납입자본, 기타자본요소, 이익잉여금(또는 결손금)으로 각각 구분하는 것이다.

② 총액표시

자산 · 부채 · 자본은 원칙적으로 **총액으로 기재**해야 한다. 자산의 항목과 부채 또는 자본의 항목을 서로 관련되는 항목이 있다고 하여 이를 상계시키고 나머지 잔액만을 기재하여서는 안된다. 예를 들어 외상매출금과 외상매입금을 상계하면 안 된다는 것이다.

③ 1년 기준

자산과 부채항목을 유동 · 비유동항목으로 구분표시할 때는 **1년을 기준**으로 하여 구분한다. 즉, 자산을 유동자산과 비유동자산으로 구분하는 기준으로는 1년 이내에 현금화가

주기와 주석

재무제표에 포함되는 것으로 주기와 주석이 있다. 주기(註記)란 재무제표상의 해당과목 다음에 그 회계사실의 내용을 간단한 자구 또는 숫자로 괄호안에 표시하는 방법을 말한다.
주석(註釋)이란 재무제표상에 추가적인 정보를 공시하는 방법 중의 하나로서, 재무제표상의 해당과목이나 금액에 번호를 붙이고 재무제표 난외나 별지에 동일한 번호를 붙여 그와 관련된 보충적인 정보를 간략히 표시해 주는 것이다.
이러한 주기와 주석사항의 공시는 재무제표에 포함되는 것이기 때문에 빼놓을 수 없는 회계절차가 되고 있다. 따라서 재무제표의 본문 이외에도 공시할 필요가 있는 추가적인 정보는, 정보이용자의 이해를 돕기 위하여 가능한 한 간결하게 빠짐없이 공시해 주도록 하여야 한다. 기업회계기준에서는 이러한 주석사항들에 대하여 규정하고 있다. 아래는 주석의 예를 들어 놓았다.

재무상태표

자 산	금 액	부채 · 자본	금 액
유동자산			
재고자산(2)	1,840,000		

〈주석〉 : (2) 저가주의에 의한 시가평가액으로서, 시가와 원가의 비교시에 원가결정은 선입선출법(FIFO)에 의하여 행하였음.

가능한가의 여부를 사용하며, 부채를 유동부채와 비유동부채로 구분하는 기준으로는 1년 이내에 상환기간이 도래하는가의 여부를 사용한다는 것이다.

④ 유동성배열

자산과 부채항목이 재무상태표상에 기재할 때에는 유동성(현금화속도)이 큰 항목에서부터 작은 항목순으로 배열한다는 것이다. 이를 **유동성배열법**이라고 하는데, 우리나라의 경우 자산항목을 유동자산 · 비유동자산으로 배열하고 부채항목을 유동부채 · 비유동부채의 순으로 배열하는 것은 이와 같은 유동성배열법에 의한 것이다.

재무상태표의 형식은 **계정식**과 **보고식**이 있는데, 계정식은 T자형의 계정 형식으로 작성하는 것이고, 보고식은 차변 · 대변을 구별하지 않고 자산 · 부채 및 자본의 순서대로 기재하는 방법이다. 어떠한 형식으로 작성하든지 재무상태표는 **회사명** · **결산기수** · **작성일** 등이 명시되어야 하며, 전연도와 비교하는 형식으로 작성되어야 한다.

오늘날의 재무상태표와 옛날의 재무상태표

1856년에 작성된 영국의 재무상태표를 보면 오늘날의 재무상태표와는 구성이 완전히 반대로 되어 있는 것을 알 수 있다. 자산은 오른쪽, 부채와 자본은 왼쪽에 놓고 그 안의 구성항목도 자산은 토지, 건물과 같은 비유동자산으로부터 시작해서 마지막에는 현금을 배열해 놓고 있고, 부채와 자본의 경우에도 자본부터 먼저 놓고 부채가 뒤에, 그리고 부채도 비유동부채가 먼저, 유동부채를 가장 밑에 배열해 놓고 있다.

1856년의 영국식 재무상태표

(차)	(대)
자본과부채	자 산
Ⅰ.자 본	Ⅰ.고정자산
자본금	토 지
⋮	건 물
Ⅱ.부 채	⋮
1. 고정부채	Ⅱ. 유동자산
⋮	예 금
2. 유동부채	현 금
	⋮

이와 같이 재무상태표에 어떠한 방식으로 배열하느냐는 절대적인 원칙이 있는 것이 아니라 그 시대의 필요성에 따라 다르게 할 수 있는 것이다. 1494년에 복식부기에 대한 저서를 최초로 집필한 루카파치오리는 재무상태표를 유동성배열법에 따라 작성할 것을 권고하고 있다. 그가 이렇게 권고한 이유는 재미있게도 현금 및 귀금속은 가장 분실하기 쉽기 때문에 처음에 기입하여 잊어버리지 않도록 해야 하기 때문이라고 이야기하고 있다.

독일의 경우에는 재무상태표를 유동성배열법이 아닌 고정성배열법을 사용하여 왔는데 단기적인 성격의 자산보다는 기업에 장기적인 효과를 지니는 고정자산이 더 중요하다고 생각하는 민족성과 역사성 때문인지도 모르겠다.

2 포괄손익계산서의 구조와 작성원칙

■ 포괄손익계산서의 구조

포괄손익계산서는 일정기간 동안의 기업의 성과를 나타내기 위해서 수익과 비용을 보고하는 표이다.

수익과 비용의 기본적인 개념에 대해서는 앞에서 설명한 바 있다. **수익**(收益, revenue)이란 기업이 고객에게 제공한 상품이나 서비스의 총액을 말한다. 수익에는 본래의 영업 활동에서 나타나는 **영업수익(營業收益)**이 있고 영업활동 외에서 나타나는 **기타수익**이 있다.

예를 들면 상품매매업에서 상품매출액은 영업수익이며 예금이나 채권 등을 통해 얻는 이자수익이나 주식 등을 보유함으로 인해 얻는 배당금수익, 건물 등을 임대함으로 인해 얻는 임대료수익 등은 기타수익이다.

비용(費用, expense)은 **수익을 얻기 위해 소비된 현금, 상품, 서비스 등의 가치**를 말하며 매출원가, 매출원가 이외의 비용이 있다.

예를 들면 상품매매업에 있어서는 상품매출원가 이외 비용인 급여, 수당, 여비 · 교통비 이자비용 · 기부금 등이 있다.

따라서 수익은 영업수익과 기타수익으로, 비용은 매출원가, 물류비, 관리비, 이자비용, 기타비용 등으로, 각각 구분할 수 있다.

포괄손익계산서는 이러한 내용들을 바탕으로 **계정식**과 **보고식**의 두 가지 양식으로 나타낼 수 있다.

계정식 포괄손익계산서는 계정형식으로 수익과 비용항목을 오른쪽과 왼쪽으로 나누어 표시한 것이다. 이러한 포괄손익계산서의 양식은 앞에서 검토한 바 있다.

반면 보고식 포괄손익계산서는 수익 · 비용 항목을 위에서 아래로 가감하여 이익을 활동별로 구분하여 표시하고 있다. 기업회계기준에서는 보고식 포괄손익계산서를 사용하도록 하고 있다.

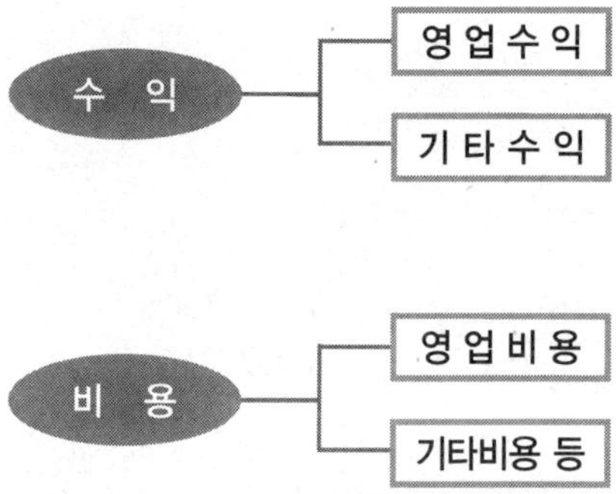

포 괄 손 익 계 산 서(기능별 분류)

(회사명 : ×××)	(20××. ×. ×.-×. ×.)	(단위 : 원)
매출액		×××
매출원가		(×××)
매출총이익		×××
기타수익		×××
물류비		(×××)
관리비		(×××)
마케팅비용		(×××)
이자비용		(×××)
기타비용		(×××)
법인세비용차감전이익		×××
법인세비용		(×××)
당기순이익		×××

■ 포괄손익계산서의 작성기준

포괄손익계산서를 작성하는 기준으로 다음과 같은 것을 제시할 수 있다.

① 대응의 원칙

수익과 비용은 그 발생원천에 따라 명확하게 분류하고 각 수익항목과 비용항목을 대응해서 표시해야 한다. 즉, 비용은 관련된 수익이 보고되는 동일한 기간에 보고되어야 한다는 원칙이다. 그러나 수익과 개별적으로 정확하게 대응시키기 곤란한 비용은 기간별로 합리적으로 배분하여야 한다.

② 총액주의

수익과 비용은 총액에 의하여 기재하는 것이 원칙이며, 수익항목과 비용항목을 직접 상계하여 그 전부 또는 일부를 포괄손익계산서에서 누락시키면 안된다.

포괄손익계산서의 형식으로는 계정식과 보고식이 있지만 기업회계기준에서는 보고식을 사용하도록 하고 있다.

2. 기업의 활동과 재무제표

1 기업의 종류

기업은 어떤 물건에 대한 수요가 있을 경우에 수요를 충족시킬 수 있는 물건들을 공급하여 이익을 얻고자 여러 가지 활동을 한다. 이러한 활동은 기업에 따라 다른데, 그 활동에 따라 기업을 분류하여 보면 상기업 · 제조기업 · 서비스기업의 세 가지로 나누어 볼 수 있다.

■ 상기업

상기업(商企業)은 물건을 구입해서 그 **물건**을 구입한 가격보다 높게 **판매**하여 이익을 얻는 것을 주요한 활동으로 하는 기업이다.

예를 들면 가전제품대리점, 수퍼마켓, 자동차부품상 등의 경우가 상기업이라고 할 수 있다. 이때 **상기업이 판매를 목적으로 구입하는 물건**을 **상품**이라 한다.

상 기 업 : 상품을 구매하여 판매하는 것을 주된 활동으로 하는 기업

■ 제조기업

제조기업(製造企業)은 각종 원재료를 구입하여 이를 기계와 노동력을 이용하여 가공해서 물건을 **만들어 판매**하는 것을 주요활동으로 하는 기업이다.

제조기업의 예로는 전자제품제조회사, 자동차제조회사, 의류회사 등과 같은 경우를 들 수 있다.

이때 **제조기업이 판매를 목적으로 제조하는 물건**을 **제품**이라고 한다.

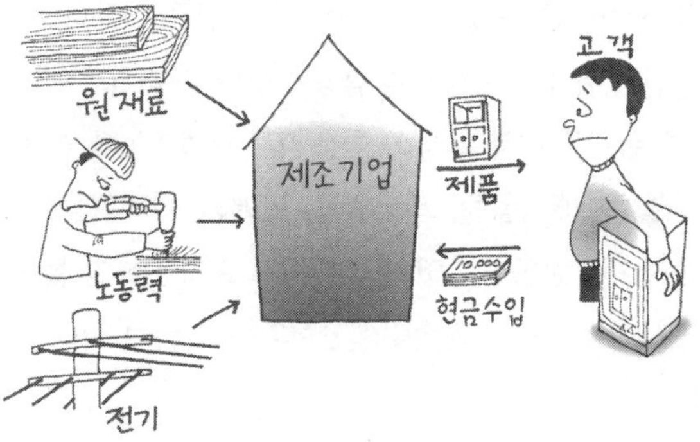

제 조 기 업 : 제품을 생산, 판매하는 것을 주된 활동으로 하는 기업

■ 서비스기업

서비스기업은 이들 기업과는 달리 물건을 대상으로 하지 않고 보이지 않는 **서비스(용역)를 제공**하는 것이 주요 활동이다.

예를 들면 회계서비스를 제공하는 회계법인, 법률서비스를 제공하는 법무법인 등이 서비스기업이라고 할 수 있다.

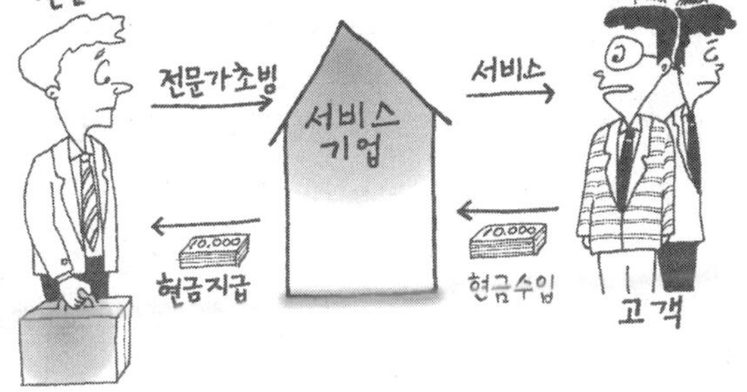

서 비 스 기 업 : 서비스의 제공을 주된 활동으로 하는 기업

2 상기업의 활동

여기서는 기업이 수행하는 활동 중 상기업의 활동을 중심으로 살펴보기로 한다.

기업의 활동은 이익을 얻기 위하여 여러 가지 활동을 한다. 이러한 활동은 이익을 얻기 위한 주활동과 부수적인 활동으로 나누어 볼 수 있고 이를 각각 영업활동과 영업외활동이라 한다.

영업활동은 다시 **매출활동, 매입활동, 재고활동, 판매와 관리활동**으로 구분할 수 있고 **영업외활동**은 **투자활동**과 **재무활동, 그 이외의 활동**으로 구분하여 볼 수 있다. 이 활동들이 무엇인지, 그리고 재무상태표와 포괄손익계산서와는 기본적으로 어떻게 관련되어 있는지 살펴 보기로 하자.

■ 매출활동

상기업은 상품을 판매한다. 거래상대방인 매출처에 상품을 판매하고 그 대금을 회수함으로써 수익을 올리게 된다. 이와 같이 매출처에 상품을 판매하는 활동을 **매출활동**이라고 한다.

매 출 활 동 : 상품을 판매하는 활동

매출활동은 **포괄손익계산서**의 **매출액**과 **재무상태표**의 유동자산인 **현금및현금성자산, 매출채권**인 받을어음 및 외상매출금과 관련되는 것이 일반적이다.

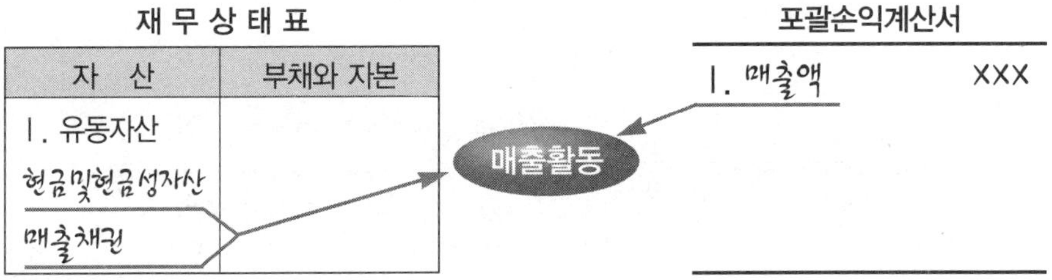

■ 매입활동

기업이 상품을 구입하는 활동을 **매입활동**이라고 한다. 기업이 계속적으로 상품을 판매하게 되면 상품을 구입하는 매입활동도 계속하여 반복적으로 일어나게 된다. 이에 따라 상품을 구입하는 거래처(매입처)도 정해지게 되고 거래조건(예를 들면, 상품배달방법이나 대금지급방법)도 일정하게 정해져 거래가 진행되는 것이 보통이다.

매 입 활 동 : 상품을 구입하는 활동

매입활동은 매입계정을 거쳐 **포괄손익계산서**의 **매출원가**로 나타나게 되고 **재무상태표**에서는 유동부채인 지급어음과 외상매입금과 같은 **매입채무**로서 나타나게 되는 것이 일반적이다.

재 무 상 태 표

자 산	부채와 자본
Ⅰ. 유동자산	Ⅰ. 유동부채
현금및현금성자산	매입채무 → 매입활동
매출채권	

포괄손익계산서

Ⅰ. 매출액	XXX
Ⅱ. 매출원가 → 매입활동	XXX

■ 재고활동

상품을 매입하고 매입한 상품을 매출하는 중간에서 재고자산인 상품을 관리하게 된다. 이러한 활동은 매출활동, 매입활동과 엄밀하게 구분할 수 있는 것은 아니지만 여기서는 이를 **재고활동**으로 구분하기로 한다. 회계기말에 남아 있는 상품을 파악하여 **재무상태표**에는 재고자산인 **상품**이, 포괄손익계산서에서는 당기의 총판매가능상품액에서 기말재고액을 차감하여 매출원가가 계상된다.

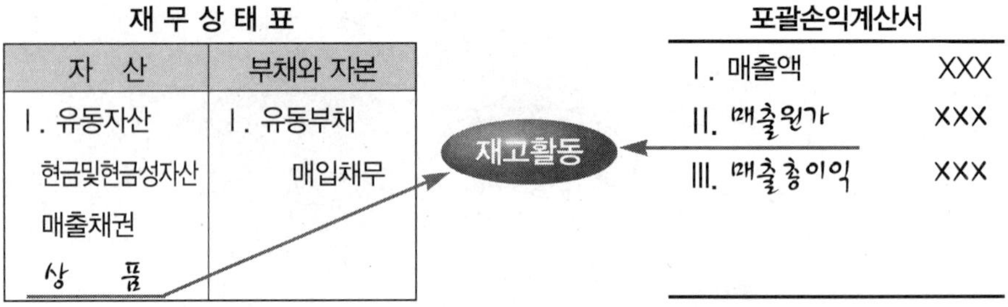

■ 판매와 관리활동

기업이 영업활동을 하다 보면 매출원가 이외에도 많은 비용이 발생한다. 상품을 판매하기 위해서는 직접 상품을 운반하는 일뿐만 아니라 상품이 원활히 공급되도록 매입 · 매출을 지휘하는 활동, 판매가 보다 잘 되도록 광고를 하고 사은품을 증정하는 판매촉진활동 등을 하게 된다. 또한 거래처를 만나 교제를 함으로써 새로운 판매시장을 개척하고 기존 시장을 확대하는 활동 등도 하게 된다.

이러한 활동들이 모두 **판매활동**에 포함된다. 이러한 판매활동을 하는 데에 드는 비용을 **판매비**(販賣費)라고 한다.

한편 기업에서는 이와 같은 판매활동에 직접 관련되지는 않더라도 기업을 유지하고 관리하기 위한 활동도 수행한다. 예를 들면 기업을 경영하기 위하여 관리직원을 고용하거나 사무실을 빌리거나, 사무실을 운영하고 관리하기 위해 보험료를 지급하거나 비품을 구입하고 전기 · 전화 · 수도 등을 사용한다.

이와 같이 기업을 전반적으로 관리하는 활동을 **관리활동**이라고 한다. 이러한 관리활동을 하면서 쓰게 되는 비용을 **관리비**(管理費)라고 한다.

판매비와 관리비는 기능별 표시방법과 성격별 표시방법 중의 하나로 세분류한다.

이러한 비용이 **선급**되거나 **미지급**되는 경우에는 자산으로서 **선급비용**, 부채로서 **미지급비용**으로 재무상태표에 기록된다.

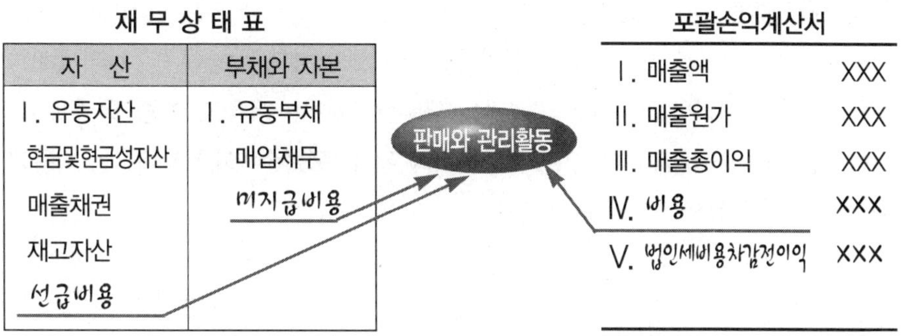

이상에서 설명한 매출활동, 매입활동, 재고활동, 판매와 관리활동은 기업이 이익을 얻기 위해 가장 큰 비중을 가지고 수행하는 영업활동에 속한다.

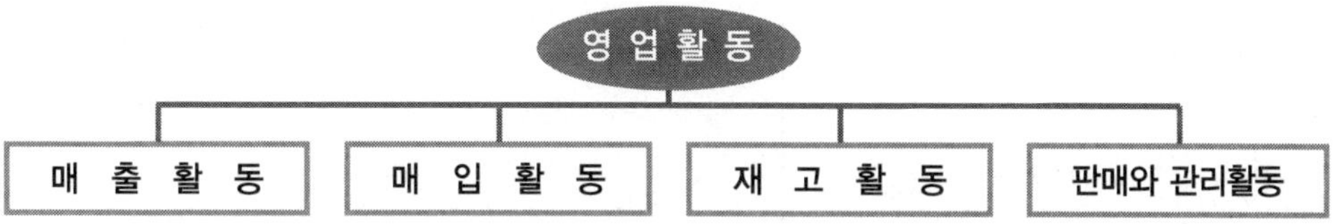

■ 투자활동

영업활동을 원활하게 하고 기업을 유지, 발전시키기 위해서는 이와 같이 조달된 자금을 사용하여 건물, 비품 등을 구입할 필요도 있고 자금 여유가 있을 경우에는 수익성이 높은

유가증권 등에 투자하는 경우도 있다. 또한 기업의 상황에 따라 유가증권을 매각하거나 건물이나 토지를 판매해서 자금을 회수하기도 한다.

이와 같이 영업활동을 원활히 하기 위해서 필요한 상품 이외의 자산을 취득하고 처분하는 활동을 **투자활동**(投資活動)이라고 한다. 유가증권에의 투자와 처분, 단기대여금에의 투자와 회수, 토지, 건물과 기계와 같은 설비자산의 투자와 처분 등이 투자활동의 주요 요소라고 할 수 있다. 이러한 투자활동의 결과는 **재무상태표**에는 **유동자산 중 일부**에 나타나기도 하지만 대부분 **비유동자산부분**에 나타나게 된다. **포괄손익계산서**에서는 **비용과 기타수익**에서 투자활동의 결과가 나타나게 된다.

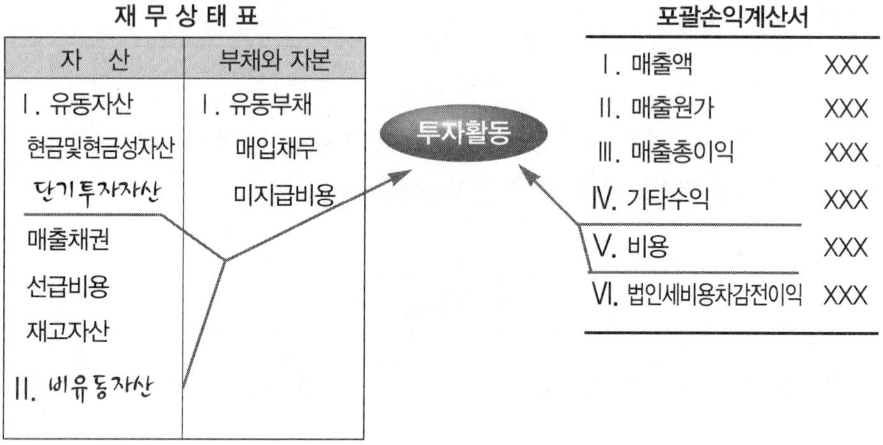

■ 재무활동

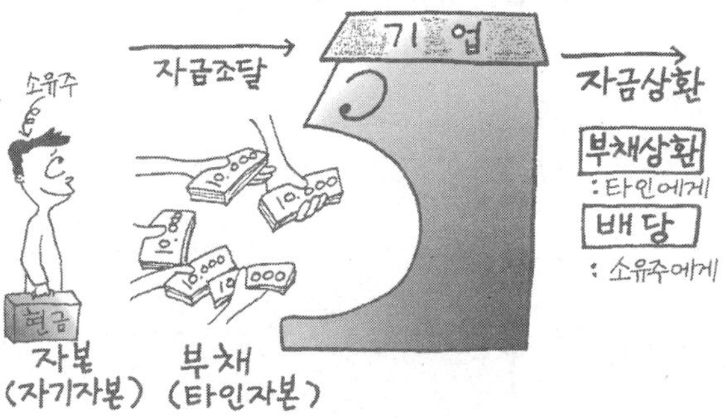

영업활동을 원활히 하기 위해서는 무엇보다 자금이 필요하다. 이러한 자금을 얻기 위해서는 외부에서 자금을 빌리거나 내부에서 소유주가 출자를 하여야 한다.

이 경우에 다른 사람이나 기관으로부터 자금을 조달하는 경우에는 부채가 발생하게 된다. 그리고 기업의 소유주(주식회사의 경우에는 주주)로부터 조달하는 경우에는 자본이 발생한다. 이 때 부채로 조달된 자금을 **타인자본**이라고 하고 소유주가 출자한 자금을 **자기자본**이라고 한다.

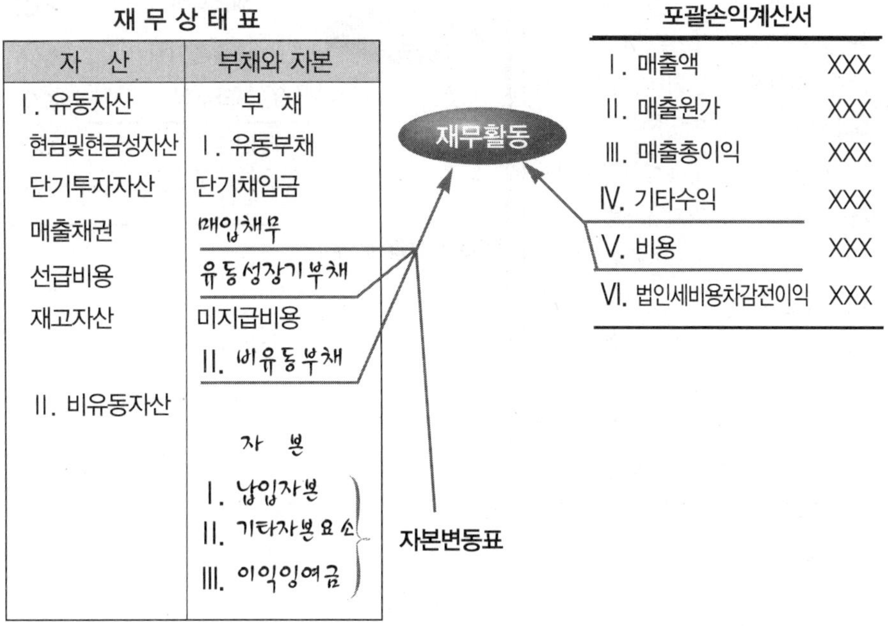

다른 사람으로부터 빌린 부채는 언젠가는 갚아야 한다. 부채를 갚게 되면 그 만큼의 자금은 기업에서 빠져 나가게 된다. 또한 주주들에게 배당을 하는 경우에도 자금이 기업에서 빠져 나가게 된다.

이와 같이 기업의 영업활동과 투자활동에 필요한 자금을 외부로부터 빌리거나, 배당을 하는 활동을 **재무활동(財務活動)**이라고 한다.

재무활동의 결과는 **재무상태표**에서는 **유동부채 중 일부분, 비유동부채의 대부분**에서 나타나게 되며, **포괄손익계산서**에서는 **기타수익과 비용**에 나타나게 된다.

■ 외환활동과 법인세

① 외환활동

재무제표는 원화로 표시되지만 외환과 관련해서 발생하는 이익과 손실이 있다. **외환과 관련된 수익**은 **기타수익, 외환과 관련된 비용**은 **비용**으로 포괄손익계산서에 표시된다.

재 무 상 태 표

자 산	부채와 자본
Ⅰ. 유동자산	부 채
현금및현금성자산	Ⅰ. 유동부채
단기투자자산	단기채입금
매출채권	매입채무
선급비용	유동성장기부채
재고자산	미지급비용
	Ⅱ. 비유동부채
Ⅱ. 비유동자산	
	자 본
	Ⅰ. 납입자본
	Ⅱ. 기타자본요소
	Ⅲ. 이익잉여금

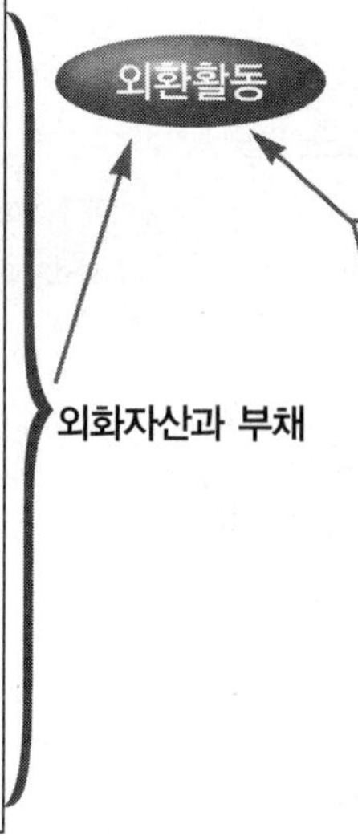

포괄손익계산서

Ⅰ. 매출액	XXX
Ⅱ. 매출원가	XXX
Ⅲ. 매출총이익	XXX
Ⅳ. 기타수익	XXX
Ⅴ. 비용	XXX
Ⅵ. 법인세비용차감전이익	XXX

② 법인세

포 괄 손 익 계 산 서

(회사명 : ×××) (20××. ×. ×.-×. ×.) (단위 : 원)

매출액	×××
매출원가	(×××)
매출총이익	×××
기타수익	×××
물류비	(×××)
관리비	(×××)
마케팅비용	(×××)
이자비용	(×××)
기타비용	(×××)
법인세비용차감전이익	×××
법인세비용	(×××)
당기순이익	×××

포괄손익계산서 작성의 마지막 단계에서는 법인세를 고려하게 된다. 즉, 법인세비용차감전순이익에서 법인세비용을 차감하여 당기순이익을 계산하게 되는 것이다.

3 기업활동과 현금흐름표

재무상태표와 포괄손익계산서는 영업활동, 투자활동, 재무활동 등의 기업활동을 모두 포착하여 재무상태표에는 일정시점의 재무상태(자산, 부채, 자본의 구성상태)를 표시하게 되고, 포괄손익계산서에는 일정기간동안의 성과를 표시하게 된다.

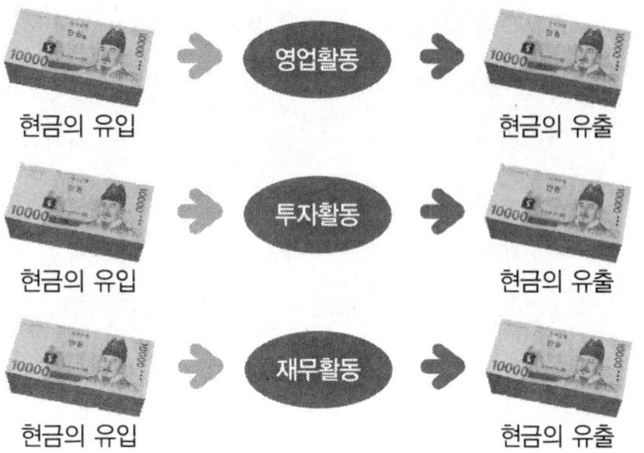

현금흐름표는 기업의 각 활동에서 유입되는 현금과 유출되는 현금을 표시하는 재무제표이다.

현금흐름표는 현금의 유입 · 유출활동을 아래와 같이 세가지 활동으로 구분하여 체계적으로 작성된 표이다.

현 금 흐 름 표

××주식회사 20××년

I. 영업활동으로 인한 현금흐름		×××
II. 투자활동으로 인한 현금흐름		
1. 투자활동으로 인한 현금유입액		
2. 투자활동으로 인한 현금유출액	×××	×××
III. 재무활동으로 인한 현금흐름		
1. 재무활동으로 인한 현금유입액	×××	
2. 재무활동으로 인한 현금유출액	(×××)	×××
IV. 외화표시 현금의 환율변동효과		×××
V. 현금의 증가(감소) (I+II+III±IV)		×××
VI. 기초의 현금		×××
VII. 기말의 현금		×××

자금일보의 작성은?

현금흐름표는 회계기간, 즉 1년 동안의 현금유입과 유출을 보고하는 재무제표이다. 기업에서는 매일, 매일의 기업활동을 원활히 하기 위해서 하루 하루의 자금계획을 세우고 실제 자금결과를 기록해야 한다. 따라서 효과적인 자금관리를 위해서 경영자는 자금일보(資金日報)를 작성하고 매주 또는 매월 자금결과를 정리하고 검토해야 한다.

자금일보의 작성은 어떻게 해야 할까? 이미 앞에서 설명한 바와 같이 매출활동을 통해서 유입될 자금과 매입활동을 통해 유출될 자금을 기록하고 재무활동을 통해 유입될 자금과 유출될 자금을 기록해야 한다. 일반적으로 투자활동은 일상적으로 일어나지 않으므로 작성할 란을 별도로 만들어 둘 필요는 없을 것이다. 이렇게 하면 그날의 자금부족분, 또는 자금여유분이 산출될 것이다.

이렇게 자금일보를 작성하여 앞으로의 자금계획을 세워야 합리적인 경영이 이루어질 수 있다.

따라서 현금흐름표는 그 자체로서의 의미도 중요하지만 매일 매일의 현금흐름표인 자금일보를 어떻게 작성하고 자금관리할 것인가를 제시해 준다는 점에서도 중요한 의미를 갖는다.

제11장. 현금및현금성자산 기타금융자산

1. 현금및현금성자산
2. 기타금융자산

제11장. 현금및현금성자산과 기타금융자산

1. 현금및현금성자산

일반적으로 현금은 대부분의 기업활동을 통해 들어오고 나가기 때문에 기업에 들어오는 현금(현금유입)과 기업에서 나가는 현금(현금유출)에 대한 회계기록을 현금이라는 한 분야에서 설명한다는 것은 곤란하다. 따라서 여기에서는 총괄적인 의미에서의 현금의 기록과 관리에 관해서만 설명하기로 한다. 각 활동에 따른 현금유입과 유출에 대해서는 해당 분야에서 설명될 것이다.

1 현금의 뜻과 기록

현금이란 그 자체가 **유동성(流動性)**이며, 자산 중에서 가장 유동성이 큰 자산이다. 일반적으로 현금(現金, cash)이라고 할 때는 한국은행에서 발행한 지폐나 동전인 **통화(通貨)**를 말한다.

그러나 필요할 경우에는 통화로 즉시 바꿀 수 있는 **통화대용증권(通貨代用證券)**도 회계상으로는 현금에 포함시킨다. 이와 같은 통화대용증권으로는 **자기앞수표, 송금수표, 우편(전신) 환증서, 타인발행수표** 등이 있다.

현 금

현 금	통화대용증권

[예 1] 현금의 의미

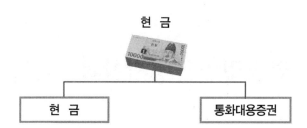

서울상사는 12월 31일 금고를 조사해보니 다음과 같은 항목들이 있었다. 12월 31일 현재 서울상사의 현금은 얼마인가?

한국은행권 만원권 25장, 천원권 50장, 국민은행 자기앞수표 10만원권 10매, 제일은행 자기앞수표 10만원권 2매, 서울상사 발행 당좌수표 200만원 1매.

자신의 당좌수표는 현금에 포함되지 않으므로 서울상사의 12월 31일 현재의 현금은
₩250,000 + ₩50,000 + ₩1,000,000 + ₩200,000 = ₩1,500,000 이다.

현금은 자산이므로 **현금의 수입**은 **자산의 증가**가 된다. 따라서 현금의 수입은 현금계정의 **차변**에 기록한다.

[예 2] 현금의 수입

1/1 현금 ₩1,000,000을 출자하여 영업을 시작하다.

(차) 현 금	1,000,000	(대) 자 본 금	1,000,000

현금의 지출은 자산의 감소이다. 따라서 현금계정의 대변에 기록한다.

[예 3] 현금의 지출

1/5 상품 ₩500,000을 매입하고 대금은 현금으로 지급하다.

(차) 매 입	500,000	(대) 현 금	500,000

현금거래를 모두 기록했다면 현금의 수입에서 지출을 뺀 나머지인 **현금잔액**은 **현금 계정의 차변잔액**이 된다.

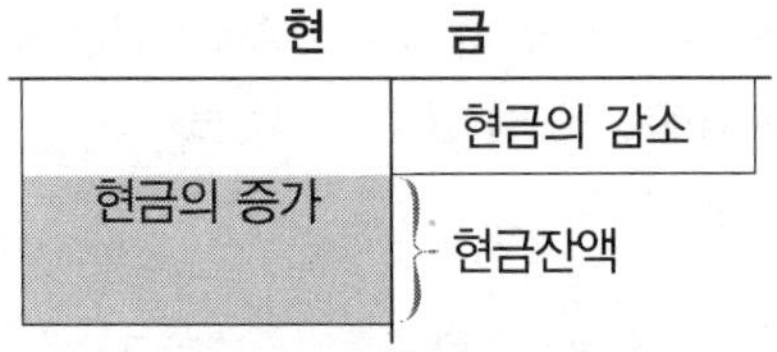

위 [예]의 두 거래를 현금계정에 전기하면 아래 그림과 같다. 현재 현금잔액은 차변합계 ₩1,000,000에서 대변합계 ₩500,000을 뺀 ₩500,000임을 알 수 있다.

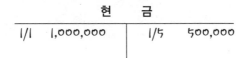

현 금

1/1	1,000,000	1/5	500,000

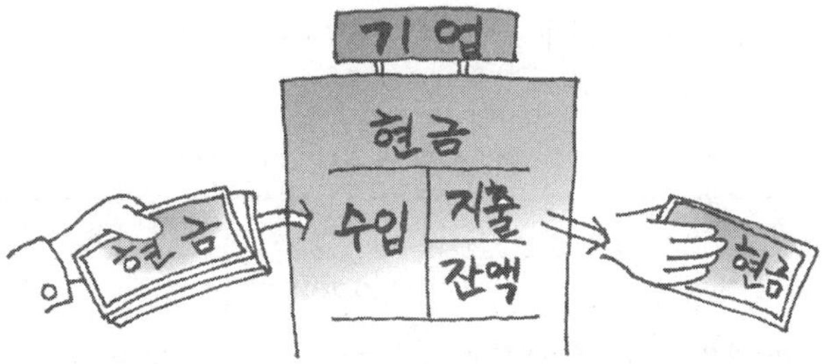

현금은 자산항목 중에서 가장 입 · 출이 빈번할 뿐만 아니라 기업에서는 항시 중점적으로 관리해야 할 항목이다. 그러나 전표에 의한 회계처리를 수작업으로 하는 경우에는 원장의 현금계정에는 하루의 입출금내역이 "일계표에서"라고 적혀 있을 뿐이다. 결국 입출금내역을 원장에서 알 수는 없다. 따라서 분개장과 원장의 현금계정에 기록하는 것 이외에 별도로 **현금출납장**(또는 금전출납부라고도 한다)이라는 장부를 만들어 현금의 수입 · 지출내용에 대해 상세히 기록한다.

[예 4] 현금거래의 분개와 현금출납장

다음 거래를 분개하고 현금출납장에 기록하라.

6월 1일 현금 ₩5,000,000을 출자하여 영업을 개시하다.

3일 강원상사으로부터 책상 · 의자 등 비품 ₩500,000을 구입하고, 대금을 현금으로 지급하다.

6일 금산상사으로부터 상품 ₩1,000,000을 매입하고, 내금의 반은 현금으로 지급하고 나머지는 외상으로 하다.

16일 경주상사에 상품 ₩600,000을 매출하고, 대금은 동점 발행의 수표로 받다.
6월 25일 6월분 급여 ₩800,000을 현금으로 지급하다.

A

[분 개]

6/1	(차) 현 금	5,000,000	(대) 자 본 금	5,000,000
6/3	(차) 비 품	500,000	(대) 현 금	500,000
6/6	(차) 매 입	1,000,000	(대) 현 금	500,000
			매 입 채 무	500,000
6/16	(차) 현 금	600,000	(대) 매 출	600,000
6/25	(차) 급 여	800,000	(대) 현 금	800,000

위 [예]의 분개는 분개장에 기록된다. 그리고 원장의 현금계정에 전기되어 위의 분개장과 유사한 형태로 기록될 것이다. 이 거래를 현금출납장에 기록하면 아래와 같다.

현 금 출 납 장

일	자	적 요	수 입	지 출	잔 액
6	1	현금출자하여 개업함	5,000,000		5,000,000
	3	강원상사에서 책상 · 의자를 매입함		500,000	4,500,000
	6	금산상사에 상품대금 일부 지급함		500,000	4,000,000
	16	경주상사에 상품 매출함(수표)	600,000		4,600,000
	25	5월분 급여 지급함		800,000	3,800,000

수작업에 의해 회계기록을 하는 경우에는 원장의 현금계정과 현금출납장의 기록작업이 분리되어 이루어지지만 컴퓨터에 의해 회계기록을 하는 경우에는 분개장에 입력함으로써 (또는 전표형태로 입력함으로써) 원장과 현금출납장이 동시에 만들어지는 것이 보통이다. 따라서 컴퓨터에 의해 회계기록이 된 경우에는 원장의 현금계정과 현금출납장이 동일한 경우가 많다. 결국 현금출납장을 보조부로서 따로 작성할 필요가 없이 컴퓨터에 의해 처리된 현금출납장을 이용하면 되지 않을까 생각할 수도 있다.

그러나 거래가 발생하여 회계자료가 생기더라도 **즉시 입력하지 않는 경우**에는 **컴퓨터**에 의해 작성된 원장의 **현금계정**은 현재 시점에서 **부정확한 내역**을 보여 줄 뿐이다. 따라서 중소기업의 경우 **수작업에 의한 현금출납장을 따로 작성하여 관리하는 경우가 많다.**

내부통제가 잘 되어 있지 않으면?

내부통제제도란 조직의 목적을 효과적으로 달성하기 위해서 설치해 놓은 제도를 말한다. 예를 들면 거래를 할 경우에는 반드시 담당자의 승인을 받게 한다든가, 상품은 반드시 창고에 보관한다든가 하는 제도를 말한다. 우리나라에 이따금 발생하는 세금비리사건은 내부통제가 적절하게 만들어져 있지 않음으로써 나타난 전형적인 예라고 할 수 있다. 세금의 부과와 징수, 그리고 그 기록이 어느 한 사람에게 집중되어 있고 내부견제와 감사가 합리적으로 이루어지지 않음으로서 내부통제가 잘 이루어지지 않아 그러한 부정과 비리가 저질러진 것이다. 내부통제제도를 그 조직의 목적에 맞게 합리적으로 고안하고 운용하는 것은 부정방지는 물론 조직의 효율성을 높이기 위해서도 필수불가결한 것이다.

2 현금과부족계정

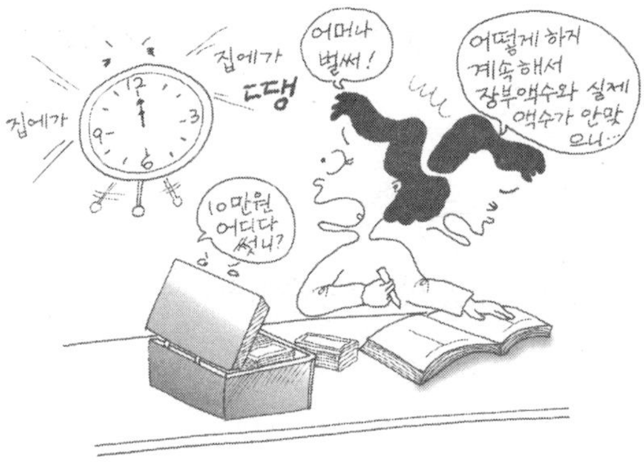

현금이 들어오고 나갈 때마다 정확하게 기록한다면 장부(현금계정 또는 현금출납장)상의 현금잔액과 실제 현금잔액은 항상 일치할 것이다.

그러나 실수로 기록하는 것을 잊어버리거나 잘못 계산 · 기록하는 경우에는 **장부상의 현금잔액**과 **실제 현금잔액**은 일치하지 않을 것이다.

따라서 장부상의 현금잔액과 실제 현금잔액이 일치하지 않는다는 사실이 발견되면 그 원인을 조사하는 동안 **현금과부족계정**을 설정하여 현금의 장부잔액을 실제 현금보유액과 일시적으로 일치시켜야 한다.

현금실제액이 장부잔액보다 부족하면 불일치금액만큼 현금계정의 대변에 기입하여 장부상의 현금을 줄이고 불일치를 표시하기 위하여 그만큼의 금액을 현금과부족계정의 차변에 기록한다.

[예 5] 현금과부족의 발생

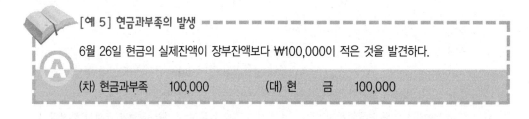

6월 26일 현금의 실제잔액이 장부잔액보다 ₩100,000이 적은 것을 발견하다.

(차) 현금과부족 100,000 (대) 현 금 100,000

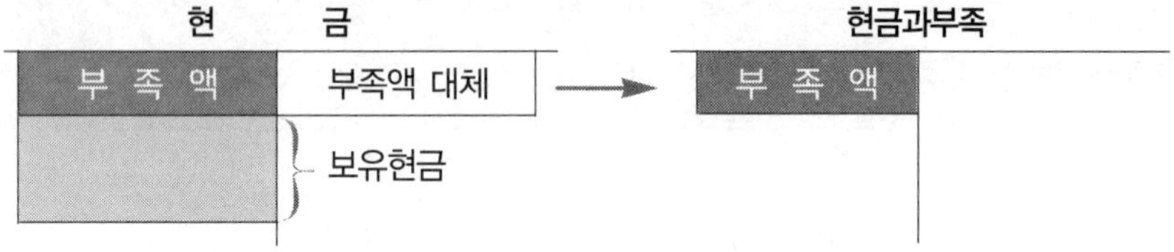

(현금 보유액이 장부 잔액보다 적은 경우)

반대로 현금실제액이 장부잔액을 초과하는 경우에는 불일치금액만큼 장부상의 현금을 늘려서 현금계정의 차변에 기입하고 불일치를 표시하기 위하여 그 금액만큼을 현금과부족계정의 대변에 기입한다. 즉 아래와 같이 기록한다.

(차) 현 금 ××× (대) 현금과부족 ×××

나중에 현금과부족의 원인이 밝혀지면 그만큼의 금액을 현금과부족계정에서 해당 계정에 대체한다.

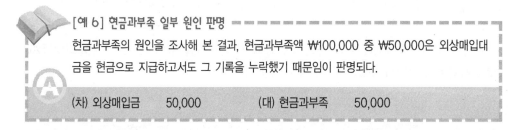

[예 6] 현금과부족 일부 원인 판명

현금과부족의 원인을 조사해 본 결과, 현금과부족액 ₩100,000 중 ₩50,000은 외상매입대금을 현금으로 지급하고서도 그 기록을 누락했기 때문임이 판명되다.

(차) 외상매입금 50,000 (대) 현금과부족 50,000

현금과부족계정은 장부상의 현금잔액과 실제 현금잔액의 불일치를 해소하기 위해 만든 **임시계정**이다.

현금의 불일치를 해결하기 위하여 현금계정에서 그 불일치한 금액만큼을 현금과부족계정을 만들어 대체한 것이기 때문에 불일치의 원인이 밝혀지면 현금과부족계정은 없어지게 되는 **임시적인 가계정**이다.

만일 **결산할 때**까지 현금과부족의 원인이 판명되지 않으면 부족액은 **잡손실**로, 초과액은 **잡이익**으로 처리한다.

[예 7] 현금과부족 원인 미판명

현금과부족액 ₩50,000은 결산일인 12월 31일까지 그 원인이 밝혀지지 않았다.

(차) 잡 손 실 50,000 (대) 현금과부족 50,000

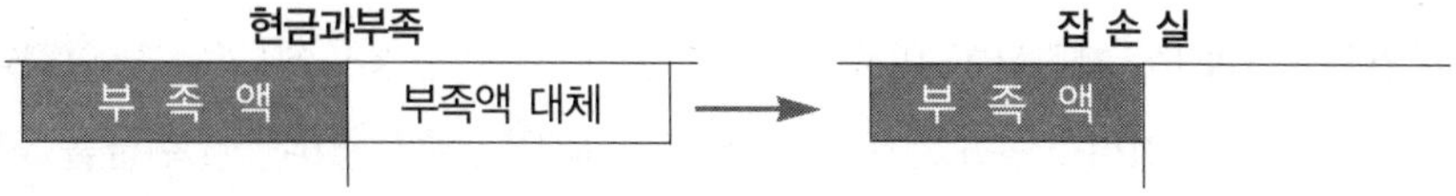

앞에서 든 예와 반대의 경우에는 어떻게 기록해야 되는지 살펴보자.

[예 8] 현금과부족

(1) 현금의 실제잔액이 장부잔액보다 ₩100,000이 많은 것을 발견했는데 현재로서는 그 차이의 원인을 알 수 없다.
(2) 후일 원인을 조사해 본 결과 현금과부족액 ₩100,000 중 ₩50,000은 외상매출금을 수취하였으나 그 기록이 누락된 것으로 판명되었다.
(3) 나머지 현금과부족액 ₩50,000은 결산일까지 원인이 판명되지 않았다.

(1)	(차) 현　　금	100,000	(대) 현금과부족	100,000
(2)	(차) 현금과부족	50,000	(대) 외상매출금	50,000
(3)	(차) 현금과부족	50,000	(대) 잡 이 익	50,000

3 소액현금

■ 소액현금계정

현금을 수중에 보관함으로써 생길 수 있는 분실이나 도난의 위험을 방지하기 위해서는 현금이나 수표를 받은 때에는 이를 바로 은행에 예금하고, 현금을 지급할 필요가 있는 경우에는 수표를 발행하여 은행에서 찾아가도록 하면 편리하다.

그러나 잡비, 교통비, 여비, 소모품비 등과 같은 경비까지도 일일이 수표를 발행하여 지급한다고 하면 도리어 번잡하고 불편할 것이다.

따라서 **소액의 경비**를 지급하기 위하여 회계과는 각 부서에 용도계를 두고, 일정한 금액을 선급하여 소액의 경비를 용도계로 하여금 지급하게 할 수도 있다. 이 현금을 **소액현금**(少額現金, petty cash), 이러한 관리제도를 소액현금제도라고 한다. 그리고 소액현금의 수입과 지출은 소액현금계정에 기입한다.

※ 용도계 : 용도란 씀씀이라는 뜻도 있지만 회사에서 사무용품따위를 구입해서 내부에 공급하는 일이라는 뜻도 있다. 용도계란 회사에서 사무용품을 구입해서 내부에 공급하는 일을 하는 부서를 말한다. 흔히 총무과에서 이 일을 맡아서 하기도 한다.

■ 정액자금전도제

소액현금을 관리하기 위하여 흔히, **정액자금전도제**가 이용되고 있다. 이것은 다음과 같은 절차에 따라 이루어 진다.

① 회계과는 일정기간, 예를 들면 1개월분의 지급예정액을 미리 정하고, 월초에 그 금액에 해당하는 수표를 발행하여 소액현금을 취득하는 용도계에 전도한다.

[예 9] 소액현금의 전도

6월 1일 정액자금전도제에 따라 회계과는 소액현금으로 ₩150,000의 수표 #14를 발행하여 용도계에 전도하다.

(차) 현 금	150,000	(대) 당좌예금	150,000

② 용도계는 일정기간 동안에 있었던 소액현금의 지급내역을 모두 소액현금출납장에 기입하고, 월말에 회계과에 이를 보고한다. 그러면 회계과는 용도계로부터 보고된 지급액과 같은 금액의 수표를 다음달의 소액현금으로 용도계에 지급한다.

[예 10] 소액현금의 보고와 보충

6월 30일 용도계로부터 6월분의 소액현금이 다음과 같이 지급되었다는 보고를 받고 동액의 수표 #28을 발행하여 지급하다.

통신비 ₩42,500 교통비 ₩37,500 소모품비 ₩32,500 잡비 ₩16,500

(차) 통 신 비	42,500	(대) 현 금	129,000
교 통 비	37,500		
소모품비	32,500		
잡 비	16,500		
(차) 현 금	129,000	(대) 당좌예금	129,000

※ 위의 분개에서 6월 30일의 지급보고와 소액현금의 보급이 같은 날짜에 이루어지는 경우에는 차변 · 대변의 현금계정을 생략하여 다음과 같이 분개해도 된다.

(차) 통 신 비	42,500	(대) 당좌예금	129,000
교 통 비	37,500		
소모품비	32,500		
잡 비	16,500		

이와 같이 사용한 소액현금을 매월말에 보충하면 매월초에 용도계가 가지고 있는 소액현금은 항상 **일정액**이 된다. 위의 예에서 7월 1일의 소액현금은 ₩150,000－₩129,000＋₩129,000＝₩150,000이다. 따라서 6월 1일자의 소액현금이 ₩150,000으로 7월 1일자의 소액현금과 같다.

■ 소액현금출납장

앞에서와 같은 소액현금의 회계처리는 회계부서의 현금업무담당자가 수행한다. 그리고 용도계의 소액현금담당자는 선급받은 소액현금의 사용내역을 **소액현금출납장**이라는 보조부에 별도로 기록하였다가, 일정기간 단위로 증빙서류(영수증 등)을 첨부하여 그 사용명세를 현금업무담당자에게 보고한다. 위의 예를 소액현금출납장에 기입하면 다음과 같다.

소 액 현 금 출 납 장

수입액	20××		적요	지급액	지급명세				잔액
					통신비	교통비	소모품비	잡비	
150,000	6	1	수입액(수표#14)						150,000
		4	우표대	7,500	7,500				142,500
		5	택시료	13,500		13,500			129,000
		8	문방구대	26,500			26,500		102,500
		13	전화료	35,000	35,000				67,500
		18	신문대	10,500				10,500	57,000
		21	버스회수권대	24,000		24,000			33,000
		24	전표.장부대	6,000			6,000		27,000
		28	접대용다과대	6,000				6,000	21,000
				129,000	42,500	37,500	32,500	16,500	
129,000		30	수입액(수표#28)						150,000
		〃	차월이월	150,000					
279,000				279,000					
150,000	7	1	전월이월						150,000

4 당좌예금

■당좌예금의 의미와 기록

금융기관에 맡기는 예금에는 당좌예금, 보통예금, 저축예금, 정기예금 등 여러 가지 종류가 있다. 그러나 이러한 예금 중에서 기업들이 가장 빈번하게 이용하고 있는 예금은 당좌예금이다.

당좌예금(當座預金)이란 기업이 은행과 거래를 하면 기업의 현금관리업무를 은행이 대행해 주는 예금제도라고 할 수 있다. 아래의 그림을 토대로 당좌예금을 통한 거래가 어떻게 이루어지는지 알아 보기로 하자.

① 상인 A가 은행에 가서 당좌거래계약을 맺고 당좌예금을 하고
   은행으로부터 당좌수표용지 10매를 받다.
② 거래처 B가 상인 A에게 상품을 판매하다.
③ 상인 A는 거래처 B에게 상품대금을 현금 대신에
   당좌수표를 1매 발행하여 지급하다.
④ 거래처 B는 상인 A로부터 받은 당좌수표를 은행에 제시하다.
⑤ 은행은 상인 A의 당좌예금으로부터 거래처 B가 제시한 당좌수표의 금액을 지급하다.

당좌예금을 하려면 사전에 은행과 **당좌거래약정**을 맺어야 하며, 예금할 때에는 현금이나 타인발행의 수표도 되지만, 현금을 찾을 때는 반드시 은행에서 교부받은 당좌수표를 발행하여야 한다.

기업은 현금의 보관 · 관리업무를 간편히 하기 위하여 이 예금제도를 이용하고 있는데, 당좌예금제도를 이용하면 기업에서는 굳이 현금을 보관할 필요가 없다.

즉, 당좌예금은 예금이자가 지급되지 않는 반면 언제든지 자유롭게 입출금할 수 있고 당좌수표가 현금을 대신해서 자유롭게 사용된다.

그러나 당좌수표의 발행금액이 예금잔액이나 당좌거래약정에서 맺은 금액을 초과하여 인출될 경우에는 **부도**가 된다.

은행에 당좌예금으로 예입하였을 때에는 당좌예금계정의 차변에 기입하고, 당좌수표를 발행했을 때는 대변에 기입한다. 따라서 당좌예금계정의 잔액은 차변에 나타나 예금의 현재액을 표시하게 된다.

당 좌 예 금

전기이월액	인 출 액 (수표발행)
예 입 액	} 예금잔액

[예 11] 당좌거래의 기록

6월 1일 서부은행과 당좌거래 계약을 체결하고, 현금 ₩800,000을 예금하다.
5일 동원상사에서 상품 ₩600,000을 매입하고 수표 #1를 발행하여 지급하다.
10일 낙원상사에 대한 외상매출금 중 ₩720,000을 동점 발행수표로 받아 즉시 당좌예금하다.
23일 석교상사에서 상품을 ₩560,000에 매출하고, 대금을 동점 발행수표로 받아 즉시당좌예금하다.

A

6/1	(차) 당좌예금	800,000	(대) 현 금	800,000
5	(차) 매 입	600,000	(대) 당좌예금	600,000

10	(차) 당좌예금	720,000	(대) 매출채권	720,000
23	(차) 당좌예금	560,000	(대) 매　　출	560,000

■ 당좌차월

당좌수표는 원칙적으로 당좌예금의 한도 내에서만 발행할 수 있다. 이 한도를 초과하여 수표를 발행하면 은행은 수표대금에 대한 지급을 거절하게 되어 그 수표는 **부도(不渡)**가 된다. 그러나 거래은행과 당좌차월계약을 맺어 두면 차월한도액까지는 당좌예금잔액을 초과하여 수표를 발행할 수 있다.

은행과 당좌차월계약을 맺고 있는 경우 예금잔액을 초과하여 인출되면 그 초과액은 **당좌차월(當座借越, bank overdraft)**이라 하는데, 기업의 장부에는 당좌예금계정의 대변잔액이 된다. 일반적으로 회계기간 중에는 당좌예금과 당좌차월을 구분하지 않고 당좌예금계정에서 일괄처리를 하다가 결산시점에 당좌예금이 차변잔액이면 유동자산의 당좌자산으로 분류하고, 대변잔액이면 이를 단기차입금으로 유동부채로 분류한다.

또한 여러 은행과 당좌거래를 하고 있는 경우 어느 한 은행에 당좌예금잔액이 있고, 다른 은행에 당좌차월이 있다면, 이를 상계하지 않고 각각 자산과 부채로 분류하여 재무상태표에 표시하여야 한다.

[예 12] 당좌차월의 회계처리

(1) 6월 13일 강원상사로부터 상품 ₩1,080,000을 매입하고 수표 #2를 발행하여 지급하다.
　단, 당좌예금잔액은 ₩920,000이나 당좌차월계약에 의한 차월 한도액은 ₩1,200,000이다.
(2) 16일 현금 ₩740,000을 당좌예금하다. 단, 당좌차월계정의 잔액은 ₩160,000이다.

A

(1)	(차) 매　　입	1,080,000	(대) 당좌예금	1,080,000
(2)	(차) 당좌예금	740,000	(대) 현　　금	740,000

■ **당좌예금출납장**

당좌예금의 입금과 출금에 대한 내역을 상세히 기입하기 위하여 원장의 당좌예금계정은 물론 보조부인 **당좌예금출납장**을 사용하는 것이 일반적이다. 이 당좌예금출납장에는 당좌차월에 관해서도 기입한다. 위에서 설명한 [예]의 거래들을 당좌예금출납장에 기입하면 다음과 같다.

당 좌 예 금 출 납 장

20××		적 요	예 금	출 금	차 또는 대	잔 액
6	1	현금을 예금하다.	800,000		차	800,000
	5	동원상점에 상품매입대금 지급 (수표 #1)		600,000	〃	200,000
	10	낙원상점으로부터 외상매출금 회수	720,000		〃	920,000
	13	강원상점에서 상품매입 (수표 #2)		1,080,000	대	160,000
	16	현금을 예금하다.	740,000		차	580,000
	23	석교상점에서 외상매출금 회수	560,000		〃	1,140,000
	30	차월이월		1,140,000		
			2,820,000	2,820,000		
7	1	전월이월	1,140,000		차	1,140,000

5 현금및현금성자산

기업회계기준에서는 첫번째 계정과목으로 현금및현금성자산을 예시하고 있다. 현금및현금성자산에는 앞서 설명한 현금, 즉 통화와 타인발행수표 등 통화대용증권 그리고 당좌예금과 보통예금, 현금성자산이 포함된다. 당좌예금과 보통예금*은 사용상의 제약이 거의 없어 실제로 현금과 다름없는 것으로 보기 때문에 이 계정과목에 포함시키도록 한 것이다. 그리고 현금성자산이란 현금을 단기적으로 운용하여 이익을 얻기 위해 투자한 것으로 현금과 거의 유사한 환금성을 갖는 항목을 말한다. ① 유동성이 높은 단기투자자산으로서 ② 큰 거래비용없이 현금으로 전환이 용이하고 ③ 이자율변동에 따른 가치변동의 위험이 중요하지 않으며 ④ 취득당시 만기(또는 상환일)가 3개월 이내에 도래하는 것이 현금성자산에 속한다.

현금성자산의 예로는 취득당시의 만기가 3개월 이내에 도래하는 채권이나 취득당시의 상환일까지의 기간이 3개월 이내인 상환우선주, 3개월 이내의 환매조건인 환매채 등을 들 수 있다.

* 보통예금은 당좌수표를 발행하지 못한다는 것을 제외하고는 당좌예금과 성격이 거의 같다.

6 현금및현금성자산의 재무제표상 표시

현금및현금성자산과 관련해서 지금까지 설명한 계정과목들이 재무상태표와 포괄손익계산서에 어떻게 표시되는지 살펴보자.

기업회계기준에서는 현금(통화 및 타인발행수표 등 통화대용증권), 당좌예금, 보통예금, 현금성자산에 속하는 단기투자자산을 현금및현금성자산이라는 계정과목으로 통합하여 표시하도록 하고 있다. 따라서 기업의 내부경영관리목적상 현금및현금성자산계정을 현금, 당좌예금, 보통예금 등으로 계정들을 분할하여 기록하더라도 재무상태표작성시에는 이를 통합하여 표시하여야 한다.

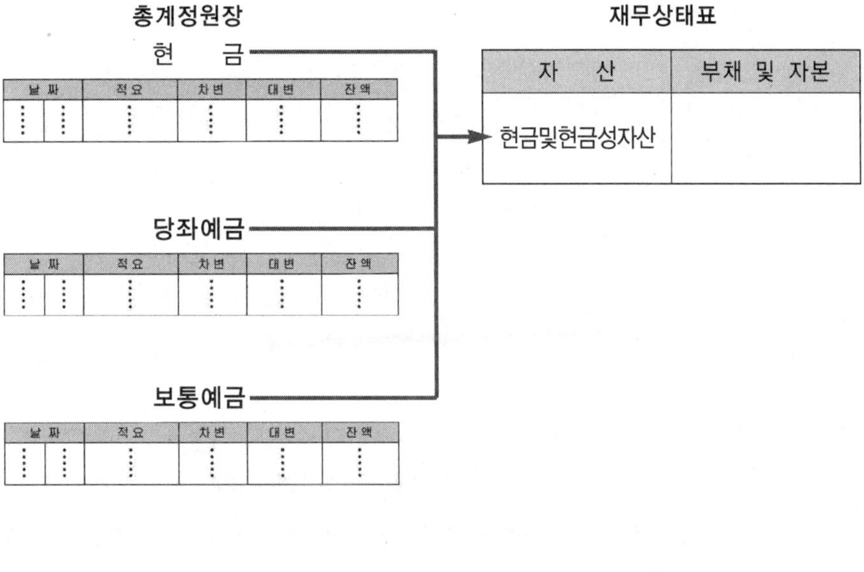

2. 기타금융자산

기타금융자산은 단기의 투자목적을 위해서 보유하고 있는 자산으로서 기업이 여유자금의 활용목적으로 보유하는 단기예금, 당기손익인식금융자산, 단기대여금 등의 자산을 포함한다. 여기에서는 단기예금을 중심으로 설명하기로 한다.

금융기관이 취급하는 **정기예금 · 정기적금** 및 **기타 정형화된 상품** 등으로 **단기적 자금 운용목적으로 소유하거나 기한이 1년 내에 도래하는 것**이 단기예금 등의 기타금융자산에 속한다.

기타금융자산에 속하는 기타 정형화된 상품이란 양도성예금증서, 금전신탁, 신종기업어음(CP), 중개어음, 표지어음 등을 들 수 있다.

[예 13] 단기금융상품

(1) 6월 1일 동부은행에 현금 1,000,000을 6개월 만기 정기예금으로 예금하다.

(2) 12월 30일 정기예금 1,000,000이 만기가 되어 이자 50,000과 더불어 현금 1,050,000을 수취하다.

(3) 7월 1일 서부은행에 현금 2,000,000을 1년 만기 정기예금으로 예금하다.

(4) 12월 31일 결산시 정기예금 2,000,000에 대한 미수이자 100,000를 계상하다

A

(1)	(차) 정 기 예 금	1,000,000	(대) 현 금	1,000,000
(2)	(차) 현 금	1,050,000	(대) 이 자 수 익	50,000
			정 기 예 금	1,000,000
(3)	(차) 정 기 예 금	2,000,000	(대) 현 금	2,000,000
(4)	(차) 미 수 수 익	100,000	(대) 이 자 수 익	100,000

정기예금 · 정기적금 등 각종 금융상품은 각 상품마다 각각의 계정을 설정하여 기입하지만 이러한 거래가 자주 일어나지 않는다든지 또는 금액이 비교적 소액일때에는, **기타금융자산계정**이라는 하나의 자산계정을 설정하여 처리하여도 된다. 그리고 재무상태표를 작

성하여 공시할 경우에는 기타금융자산으로 통합하여 표시한다.

결산시에는 예금의 기간경과분에 대한 이자를 미수수익으로 계상하여야 한다. 미수수익은 재무상태표일을 기준으로 해 보면 1년 내에 현금으로 회수될 것으로 간주되기 때문에 재무상태표의 유동자산항목에 속한다. 그리고 이자수익은 포괄손익계산서의 기타수익 항목에 속한다.

담보 등의 제공으로 인하여 사용이 제한되어 있는 예금은 만기가 재무상태표일로부터 1년 이상인 경우에는 기타금융자산(장기)에 속하게 되지만 만기가 1년 이내에 도래하는 경우에는 기타금융자산(단기)으로 재분류하고 그 내용을 주석으로 기재하여야 한다.

[예 14] 사용제한예금

(1) XXX1년 5월 1일 남부은행에 현금 1,000,000을 2년 만기 정기예금로 예금하다. 이 예금은 당좌거래를 개설하기 위한 보증금의 성격으로서 당좌거래를 하는 동안에는 인출이 제한되어 있다.

(2) XXX2년 12월 31일 당좌거래개설보증금으로 예금한 정기예금 1,000,000이 만기가 재무상태표 일로부터 1년 내이므로 단기금융상품으로 재분류하다.

A

(1) (차)정기예금 1,000,000 (대) 현 금 1,000,000
(또는 기타금융자산-장기)

(2) (차)정기예금 1,000,000 (대) 정기예금 1,000,000*
(또는 기타금융자산-단기) (또는 기타금융자산-장기)

* 실제로는 대 · 차변에 똑같은 계정과목과 금액이 나오지는 않겠지만 위의 예에서 재분류한 분개는 예시적인 것이다.

제12장. 매출과 대금회수활동

1. 매출시 기본적인 회계처리
2. 매출거래의 수정과 매출할인
3. 어음의 배서양도와 개서
4. 매출채권의 대손
5. 매출활동의 관리
6. 매출활동과 재무제표

제12장. 매출과 대금회수활동

1. 매출시 기본적인 회계처리

기업이 상품을 판매하면 그 대가로 현금 등을 받게 된다. (※물론 현금뿐만 아니라 외상으로도 상품을 사고 판매할 수 있지만 궁극적으로는 현금이 된다고 할 수 있기 때문에 현금 등이라고 표현한 것이다.) 따라서 상품매출시에서는 수익인 매출과 상품매출대가인 현금 등의 자산이 거래의 양면이 된다.

따라서 상품을 판매하면 아래와 같이 **대변**에 **수익계정인 매출**을 기록하고 **차변**에는 상품을 판매한 대가로 받은 **자산**을 기록하게 된다.

(차) 현금 등 판매대가 ×××　　(대) 매　　　　출　×××

일반적으로 판매계약을 맺은 후에 상품을 구매자에게 인도하면 그 대가를 받게 된다. 상품대가로 받을 수 있는 것은 현금및현금성자산(현금, 당좌수표 등), 받을어음, 외상매출금이라고 할 수 있다. 받을어음과 외상매출금은 매출채권으로서 일정기간 후에 대금을 현금으로 회수해야 한다. 각각의 경우에 대하여 살펴보기로 하자.

1 현금으로 판매한 경우

상품이 매출되고 그 대가로 현금을 받았으므로 **대변**에서는 **매출, 차변**에는 현금으로 기록한다.

(차) 현 금 ×××   (대) 매 출 ×××

[예 1] 현금매출

2월 20일 상품을 ₩100,000에 현금으로 판매하였다.

2/20 (차) 현 금 100,000 (대) 매 출 100,000

2 판매대금으로 당좌수표를 받은 경우

매출처로부터 대금을 당좌수표를 받으면 현금으로 보아 **현금계정**의 **차변**에 기록한다.

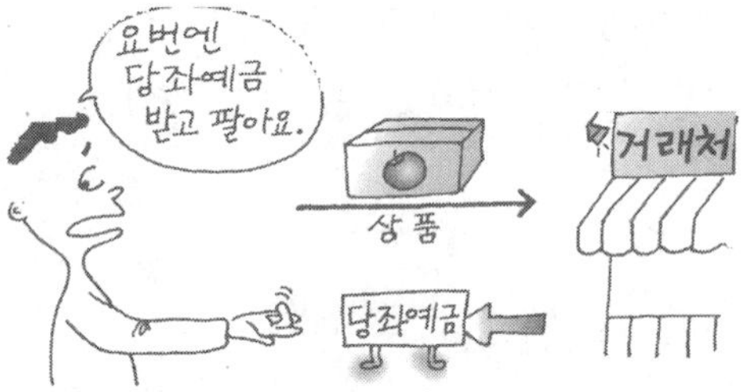

(차) 현 금 ×××   (대) 매 출 ×××

이처럼 당좌수표를 현금으로 처리하는 이유는 타인이 발행한 당좌수표는 언제든지 현금으로 바꿀 수 있기 때문이다.

그러나 당좌수표를 받으면 곧바로 기업의 예금구좌에 입금하는 것이 일반적이다. 따라서 당좌수표를 당좌예금하는 경우에는 **당좌예금계정**의 **차변**에 기록한다.

[예 2] 판매대금－당좌수표

4/20 상품을 ₩200,000에 판매하고 당좌수표를 받아 곧바로 예금하였다.

(차) 당좌예금 200,000 (대) 매 출 200,000

3 받을어음의 수취와 대금의 회수

상품을 판매하고 구매자가 발행한 약속어음을 받은 판매자의 입장에서는 일정 기일 후에 어음대금을 받을 권리인 어음상의 채권이 발생하는데 이것을 회계에서는 **받을어음**(notes receivable account)이라는 자산계정으로 처리한다.

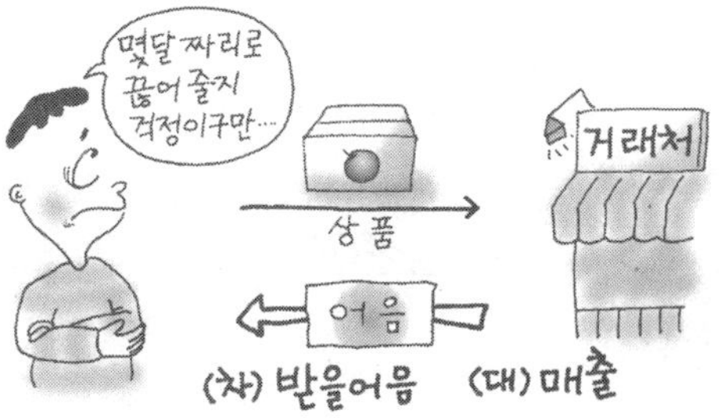

따라서 상품을 매출하고 그 대금으로 어음을 받은 경우에는 **매출계정**의 **대변**과 **받을어음계정**의 **차변**에 기록한다.

(차) 받을어음 ×××　　　　(대) 매　　출 ×××

만기에 대금을 현금으로 **회수**한 경우에는 **현금계정**의 **차변**과 **받을어음계정**의 **대변**에 기록한다.

(차) 현　　금 ×××　　　　(대) 받을어음 ×××

[예 3] 받을어음의 수취와 대금의 회수

(1) 4/5 상품 ₩100,000을 판매하고 대금은 약속어음으로 하다.

(2) 4/20 상품 ₩200,000을 판매하고 대금은 약속어음으로 하다.

(3) 5/5 어음대금 ₩100,000을 만기일이 되어 현금으로 받다.

A

(1)	(차) 받 을 어 음	100,000	(대) 매　　　출	100,000
(2)	(차) 받 을 어 음	200,000	(대) 매　　　출	200,000
(3)	(차) 현　　　금	100,000	(대) 받 을 어 음	100,000

받 을 어 음

4/ 5	매　출	100,000	5/ 5	현　금	100,000
4/20	매　출	200,000			

받 을 어 음

차변	대변
어음채권의 발생	어음채권의 소멸
	} 어음금액 미수액

4 외상매출과 외상매출금의 회수

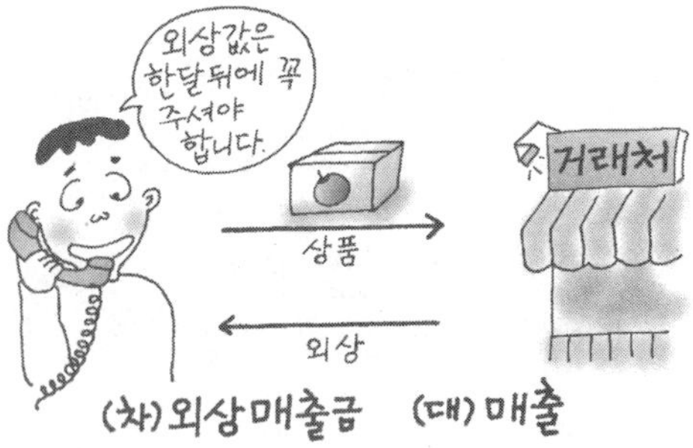

외상으로 상품을 판매하면 법적으로 판매자는 상품을 판매한 대가로 판매대금을 받을 권리가 발생한다.

회계에서는 이러한 권리를 외상매출금(外上賣出金, account receivable-trade)이라고 한다. 회계에서는 외상매출금과 같은 권리도 현금이나 건물과 같이 자산으로 취급한다.

따라서 외상으로 상품을 매출한 경우에는 **매출계정**의 **대변**과 **외상매출금계정**의 **차변**에 기록한다.

(차) 외상매출금 ××× (대) 매 출 ×××

만기에 대금을 현금으로 **회수**한 경우에는 **현금계정**의 **차변**과 **외상매출금계정**의 **대변**에 기록한다.

(차) 현 금 ××× (대) 외상매출금 ×××

[예 4] 외상매출과 외상매출금의 회수

8/20 상품 ₩500,000을 판매하고 대금은 외상으로 하다.

9/20 외상매출금 중 ₩200,000을 현금으로 회수하였다.

8/20	(차) 외상매출금	500,000	(대) 매 출	500,000
9/20	(차) 현 금	200,000	(대) 외상매출금	200,000

5 상품대금을 먼저 받는 경우

상품을 인도하기 전에 대금을 먼저 받는 경우에는 아직 상품을 인도하지 않았기 때문에 앞으로 상품을 인도해야 할 의무로서 부채인 **선수금**이 발생한다.

따라서 이러한 경우에는 현금계정의 차변과 선수금계정의 대변에 기록한다. 차후에 상품을 인도하면 선수금계정의 차변과 매출계정의 대변에 기록한다.

[예 5] 선수금

7/20 상품을 한달 후에 판매하기로 하고 선금 ₩100,000을 받다
8/20 상품을 ₩500,000에 판매하고 선수금 ₩100,000을 제외한 ₩400,000을 현금으로 받다.

A

7/20	(차) 현 금	100,000	(대) 선 수 금	100,000
8/20	(차) 현 금	400,000	(대) 매 출	500,000
	선 수 금	100,000		

2. 매출거래의 수정과 매출할인

1 매출에누리와 환입

상품을 판매하여 매출처에 상품을 납품한 경우 품질 · 규격 · 색상 · 포장 등이 처음에 체결되었던 거래조건에 맞지 않게 납품된 경우가 있다. 이러한 경우 그 정도에 따라 상품대금을 깎아 주거나 아니면 반품받아야 한다.

이렇게 거래조건에 맞지 않아 상품대금을 깎아 주는 것을 **매출에누리**라고 하고, 매출한 상품을 돌려 받는 것을 **매출환입(賣出還入)**이라고 한다.

매출에누리나 매출환입이 발생하는 경우에는 그만큼 받아야 할 금액이 줄어들게 된다. 따라서 그만큼 매출을 감소시키고, 외상매출금이 감소된다. 따라서 매출에누리와 환입을 **매출계정**의 **차변**에 기록하여 매출을 감소기키고 **외상매출금계정의 대변**에 기록하여 외상매출금을 감소시켜야 한다.

※ 일정기간의 거래수량이나 거래금액에 따라 감액하는 것도 에누리에 포함된다.

[예 1] 매출에누리와 매출환입의 기록

(1) 8월 20일 오성상회에 외상으로 사과를 10상자 ₩200,000에 매출하다.
(2) 8월 21일 오성상회에 외상으로 매출했던 사과 중 3상자는 일부가 손상되어 ₩20,000을 에누리 해주기로 했나.

(3) 8월 22일 2상자(매출액 ₩30,000)는 완전히 상했기 때문에 반품되어 돌아왔다.

(1)	(차) 외상매출금	200,000	(대) 매　　출	200,000
(2)	(차) 매　　출	20,000	(대) 외상매출금	20,000
(3)	(차) 매　　출	30,000	(대) 외상매출금	30,000

2 매출할인

상거래를 하면서 외상을 준다는 것은 상품을 주고 대금을 나중에 갚으라는 것이다. 현금판매와 비교하면 외상을 갚을 때까지 돈을 빌려주는 것이나 마찬가지이다. 이러한 외상매출금을 빨리 갚도록 하기 위해서 지정한 기간내에 외상을 갚을 경우 외상매출대금의 일정비율을 깎아주는 경우가 있다.

예를 들어 ₩100,000의 상품을 판매하고 대금은 한달 후에 갚으라고 외상판매를 했다고 하자. 그런데 10일 내에 갚으면 대금의 2%를 깎아주겠다라고 조건을 제시하는 경우가 있다. 이 경우 외상매입처에서 10일내에 외상을 갚으면 ₩100,000에서 2%인 ₩2,000을 뺀 ₩98,000을 현금으로 갚게 된다. 이와 같이 외상매출금을 빨리 회수하기 위해 정해놓은 할인제도는 외상매출금을 받기 위해 깎아 주는 것이기 때문에 **매출할인**이라고 한다.

매출할인이 발생하면 그만큼 받아야 할 금액이 줄어들게 된다. 따라서 해당 금액을 매출계정의 차변과 외상매출금의 대변에 기록해서 매출을 줄임과 동시에 외상매출금을 감소시키는 기록을 해야 한다.

[예 2] 매출할인

(1) 8월 25일 외상으로 상품 ₩100,000을 대륙상사에 매출하다.
외상매출금을 10일 이내에 갚으면 2%를 할인해 주기로 하였다.

(2) 8월 31일 대륙상사에서 10일이내의 기간인 9일 경과후 2%인 ₩2,000 제외한
나머지를 현금으로 갚았다.

A

(1)	(차) 외상매출금	100,000	(대) 매 출	100,000
(2)	(차) 현 금	98,000	(대) 외상매출금	100,000
	매 출	2,000		

[예1]과 [예2]를 매출계정에 전기하면 아래와 같다.

매 출

8/21	외상매출금	20,000	8/20	외상매출금	200,000
8/22	외상매출금	30,000	8/25	외상매출금	100,000
8/31	외상매출금	2,000			

매출계정의 **대변**에는 아래 그림과 같이 당기의 **총매출액**이, **차변**에는 **매출에누리와 매출환입액 · 매출할인**이 기록된다.

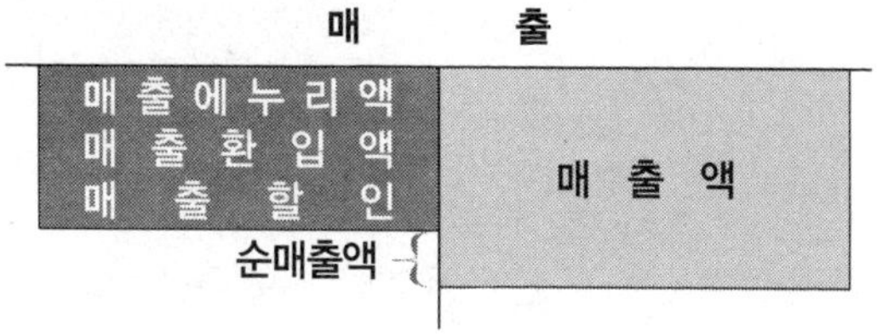

3. 어음의 배서양도와 개서

1 어음의 의미

일반적으로 상품을 사고 파는 거래를 할 때 그 대금의 지급방법에는 현금 또는 외상 이외에도 어음에 의한 지급방법이 있다. 실제로 상거래상 어음을 사용하는 경우가 상당히 많다. 이와 같이 어음을 주고 받는 이유는 어음상의 권리나 의무는 법적(어음법)으로 보장받기 때문이다.

이러한 어음에는 약속어음과 환어음이 있는데 기업에서 사용하고 있는 어음의 대부분은 약속어음이므로 여기에서는 약속어음의 의미에 대하여 알아보기로 한다.

약속어음(promissory notes)이란 상품을 구입한 구매자가 일정기일에 일정금액을 상품을 판매한 판매자에게 지급하겠다는 것을 약속하는 증서이다.

따라서 약속어음을 발행(작성)하면 발행인은 채무자가 되고 어음의 수취인은 채권자가 된다.

발 행 인 ➜ 약속어음을 발행해서 일정기일에 어음금액을 지급할 사람(채무자)

수 취 인 ➜ 약속어음을 받아 일정기일에 어음금액을 받을 사람(채권자)

아래에서 예로 든 약속어음은 오성상사의 김갑돌이 강릉주식회사의 홍길동에게 20××년 11월 9일에 345만원을 지급하기로 하고 발행한 어음이다.

약 속 어 음

167302-0021

강릉주식회사 홍길동 귀하

자가09955063

₩3,450,000※

₩金參百四拾五萬원整

위의 금액을 귀하 또는 귀하의 지시인에게 이 약속어음과 상환하여 지급하겠습니다.

지급기일 20XX 년11 월09 일

지 급 지 서울特別市

지급장소 주식회사 한일은행 서사동지점

발행일 20XX 년09 월10 일

발행지

주소 株式會社 오성상사

발행인 代表理事 김갑돌

(02-510-7374)

09955063⑈ 24⑈ 09251:00 0006⑈ 06

이와 같은 약속어음의 흐름도를 보면 다음과 같다.

어음의 지급장소는 일반적으로 발행인의 거래은행이 되고, 어음금액은 발행인이 거래하는 은행의 당좌예금에서 지급된다.

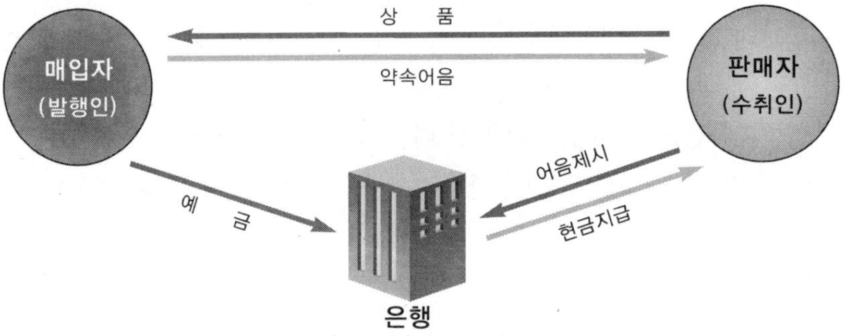

또한 수취인은 일반적으로 자기의 거래은행에 어음금액의 결제를 의뢰하여 만기일에 자기 거래은행의 당좌예금에 입금되도록 한다.

2 배　서

현금은 전혀 없고 현재 가지고 있는 것은 상품을 판매한 대금으로 받은 어음밖에 없다고 하자. 이 때 매입처에서 외상대금을 빨리 갚으라고 하면 어떻게 할 것인가?

이런 경우에는 자기가 받은 어음(어음채권)을 매입처에 건네주고 매입처가 대신 어음대금을 받게 할 수 있다.

이처럼 거래의 편의를 위해서 **어음법**에서는 매출대금으로 받은 어음을 다른 사람에게 넘겨 주어 다른 사람이 그 어음대금을 대신 받을 수 있도록 하는데, 이것을 어음의 **배서(背書)**라고 한다.

배서라는 용어를 쓰는 이유는 어음을 양도할 때 어음 뒷면(背)에 필요한 사항을 기입하고, 기명날인하여 양수인에게 양도교부하기 때문이다. 이 때 어음양도인을 **배서인,** 어음양수인을 **피배서인**이라 한다.

점선아래부분에 글씨를 쓰거나 더럽히지 마십시오.

앞면에 적은 금액을
이 승 구　　또는
그 지시인에게 지급하여 주십시요.
(목적 또는 부기)
거절증서 작성을 면제함.
20XX년 9월 10일
주소 : 서울 강남구 신사동 419번지
성명 : 홍 길 동 ㊞

앞면에 적은 금액을
이 민 정　　또는
그 지시인에게 지급하여 주십시요.
(목적 또는 부기)
거절증서 작성을 면제함.
20XX년 9월 10일
주소 : 서울 강북구 미아동 134-8
성명 : 이 승 구 ㊞

위에서 어음의 뒷면에 배서한 것을 보면 어음의 최초 수취인인 홍길동이 이승구에게 어음을 배서양도하였으며 이승구는 다시 어음을 이민정에게 배서양도하였음을 알 수 있다. 현재 상태에서는 이민정이 이 어음금액을 청구할 권리를 갖는다.

어음을 배서하여 다른 사람에게 넘겨 주는 것은, 1. 추심위임배서, 2. 배서양도, 3. 어음할인을 위한 배서의 세 가지 경우가 있다. 각각의 경우 어떻게 기록하는지 살펴보기로 하자.

■ 추심위임배서

예를 들어 한국기업이 오성상사로부터 6월 만기의 어음 ₩1,000,000을 상품판매대금조로 받았다고 하자. 그런데 한국기업은 외환은행과 보통예금거래를 하고 있고 오성상사의 어음은 국민은행도 어음이다. 한국기업이 이 어음대금을 받기 위해서는 외환은행의 한국기업 보통예금구좌에 어음을 맡기게 된다.

그러면 외환은행은 은행간의 어음교환소를 통해 국민은행에 오성상사의 어음결제를 의뢰하게 된다. 이 의뢰를 받은 국민은행에서는 오성상사의 예금구좌에 해당되는 어음금액 이상의 예금이 있으면 어음금액에 해당되는 예금을 외환은행에 있는 한국기업의 예금구좌에 입금시키게 된다.

이와 같이 은행이 소지인의 의뢰를 받아 어음을 지급인에게 제시하여 지급하게 하는 것을 **어음추심(推尋)**이라 한다. 따라서 한국기업이 오성상사의 어음대금을 받기 위해서는 외환은행에 만기일 전에 어음의 추심의뢰를 해야 한다.

어음대금의 추심을 의뢰할 때에도 어음에 배서를 하여야 하는데, 이것을 **추심위임배서**라 한다. 이 때에는 대금의 추심을 의뢰하면서 어음만 은행으로 이전되었을 뿐이며, **어음상의 권리가 이전된 것이 아니다.** 따라서 추심의뢰를 했을 경우에는 받을어음계정에 기입하지 않고 은행으로부터 **추심완료의 통지를 받았을 때**에 은행의 예금계정금액을 증가시킴과 동시에 **어음채권을 소멸**시킨다.

[예 1] 추심위임배서의 기록

(1) 동양상사 발행 약속어음 ₩300,000을 당좌예금을 하고 있는 거래은행에 추심위임하기 위하여 배서양도하고, 추심수수료 ₩1,000을 현금으로 지급하다.
(2) 위의 어음이 만기일에 추심되었다는 통지를 은행으로부터 받다.

(1)	(차) 지급수수료	1,000	(대) 현 금	1,000
(2)	(차) 현 금	300,000	(대) 받을어음	300,000

■ **어음의 배서양도**

상품대금이나 외상매입금을 지급하기 위하여 소유하고 있는 어음을 만기일 전에 다른 사람에게 배서양도할 수 있다.

여기 깨비상회 입~다.
받은어음을 배서양도해
외상매입금을
갚으려고요.
세계유통입니다!
외상매입금
받을어음
(차) 외상매입금
(대) 받을어음

받을어음을 배서양도하는 경우 어음의 배서인은 어음을 양도했다고 해서 어음거래가 완전히 끝난 것은 아니다. 만기일이 되어 지급인이 어음대금을 지급하지 않을 때에는 배

서인은 그 어음금액을 어음소지인에게 상환할 의무가 있다. 이것을 어음의 **배서의무**라고 한다.

이와같이 어음을 배서한 경우에는 어음에 관련된 권리가 실질적으로 이전된것으로 본다.

[예 2] 어음배서양도의 기록

(1) 남대문상사의 외상매입금 ₩500,000을 지급하기 위하여 이미 동대문상사로부터 받은 약속어음을 배서양도하였다.
(2) 남대문상사로부터 배서양도한 어음이 무사히 결재되었음을 통보받다.

A

(1) (차) 외상매입금 500,000 (대) 받 을 어 음 500,000
(2) 분개없음

위의 예와 같이 어음을 배서양도하였을 경우에는 어음상의 권리가 이전된 것으로 보아 처리한다. 배서양도한 어음이 결재된 경우에는 회계처리는 없다.

결산시에 배서양도한 어음이 있는 경우에는 그 내용을 주석으로 기재한다.

주석(註釋)이라 함은 재무제표상의 해당과목 또는 금액에 기호를 붙이고 난외 또는 별지에 동일한 기호를 표시하여 그 내용을 간결명료하게 기재하는 것을 말한다.

주석과 주기

재무제표는 재무상태표와 포괄손익계산서에 표시되는 계정과목과 금액 뿐만 아니라 그 내용을 충분히 이해할 수 있도록 필요한 사항에 대해서는 주기 및 주석을 해야 한다.
주기는 재무제표상의 해당과목 다음에 그 회계사실의 내용을 간단한 자구 또는 숫자로 괄호 안에 표시하는 것을 말하며, 주석이란 재무제표상의 해당과목 또는 금액에 기호를 붙이고 난외 또는 별지에 동일한 기호를 표시하여 그 내용을 간결명료하게 기재하는 것을 말한다.

■ 어음할인을 위한 배서

자금이 넉넉하지 않은 경우 소지하고 있는 어음을 만기일 전에 은행에 배서양도하고, 일정한 이자와 수수료를 차감한 잔액을 받는 수가 있다. 이것을 어음의 **할인(割引)**이라 한다. 이 때 차감되는 이자와 수수료를 할인료라 하고, 어음대금에서 할인료를 차감한 잔액을 **실수금**이라 한다. 어음할인일로부터 만기일까지의 **할인료**는 **매출채권처분손실계정**의 차변에 기입한다.

어음할인의 경우에도 어음의 배서양도와 마찬가지로 만기일에 지급인이 어음대금을 지급하지 않은 경우에는 어음의 양도인이 어음대금을 상환할 의무가 생긴다. 따라서 어음할인의 경우에도 배서양도와 마찬가지로 처리한다.

[예 3] 어음의 할인

(1) 소유하고 있는 약속어음 ₩730,000을 은행에서 할인받고, 할인료를 차감한 실수금을 당좌예금하다. 단, 할인일수 60일(1년은 365일이라 가정함), 할인율은 연 20%이다.

(2) 할인한 어음이 결재되었음을 은행으로부터 통지 받다.

A

(1)	(차) 당 좌 예 금	706,000	(대) 받 을 어 음	730,000
	매출채권처분손실	24,000		

매출채권처분손실(할인료)는 다음과 같이 계산한다.

할인료 = 어음금액 × 할인율(연) × 할인일수 × 1/365
= 730,000 × 0.2 × 60 × 1/365
= 24,000

(2) 분개없음

결산시에 배서양도한 어음이 있는 경우에는 그 내용을 주석으로 기재한다.

매각거래? 또는 차입거래?

기업회계기준에서는 외상매출금을 타인에게 양도하거나 받을어음을 할인 또는 배서양도한 경우의 회계처리는 당해 채권에 대한 권리와 의무가 양도인과 분리되어 포괄적으로 이전하는 경우에만 매출채권을 양도된 것으로 회계처리하고 있다. 당해 채권에 대한 권리와 의무가 양도인과 분리되어 포괄적으로 이전되지 않는 경우에는 차입거래로 회계처리하도록 하고 있다.
사실상 우리나라의 경우 매출채권이 차입거래로 처리될 수 있는 경우는 그리 많지 않다. 따라서 어음의 할인과 배서양도의 경우에는 모두 매각거래로 보고 회계처리를 설명하였다.
매각거래로 처리한다면 기본적으로 아래와 같이 회계처리된다.

(차) 현　　금	×××	(대) 매 출 채 권	×××
매출채권처분손실	×××	(외상매출금 또는 받을어음)	

차입거래로 회계처리하는 경우는 기본적으로 다음과 같다.

(차) 현　　금	×××	(대) 단 기 차 입 금	×××
이 자 비 용	×××		
(차) 단 기 차 입 금	×××	(대) 매 출 채 권	×××

■ 어음의 개서

약속어음의 발행인이나 환어음의 인수인 등 어음채무자는 어음의 지급기일(만기일)에 어음금액을 지급하여야 한다. 그러나 어음지급인이 만기일에 자금부족으로 지급연기를 요청하는 수가 있다. 어음소지인이 지급연기를 승낙하면 지급인은 새로운 어음을 발행하여 **구어음과 교환**하고, 기일 연장에 대한 이자는 현금으로 별도로 지급하거나 또는 새로운 어음금액에 가산한다. 이것을 어음의 **개서(改書)**라 한다.

어음을 개서한 때 어음소지인과 어음지급인의 입장에서 각각 다른 분개를 한다. 즉, 어음소지인의 경우 받을어음개서가 되며, 이자를 받는 때에는 이자수익이 발생한다. 그러나 어음 지급인의 경우 지급어음의 개서가 되며, 이자를 지급하면 이자비용이 발생한다.

[예 4] 어음의 개서

청주상사 발행의 약속어음 ₩300,000을 동상사의 지급연기요청을 받아 이를 승낙하고, 새로운 어음으로 개서하여 받다. 이자 ₩15,000을 현금으로 받다.

A

〈어음 소지인의 경우〉

(차) 받 을 어 음	300,000	(대) 받 을 어 음	300,000
현　　금	15,000	이 자 수 익	15,000

〈어음 지급인의 경우〉

(차) 지 급 어 음	300,000	(대) 지 급 어 음	300,000
이 자 비 용	15,000	현　　금	15,000

4. 매출채권의 대손

1 외상매출금의 대손

외상매출금은 당연히 기한이 되면 회수되어야 할 채권이지만, 경우에 따라서 매출처의 부도나 파산 등으로 받지 못하게 되는 경우가 있다. 이것을 **대손(貸損, bad debts)***이라 한다.

(*외상매출금뿐만 아니라 당좌수표나 받을어음도 대손이 될 수 있다. 이에 대해서는 다음에 설명하기로 한다.)

이와 같이 외상매출대금을 못 받게 되면 외상매출채권이 없어지므로 매출채권계정 대변에 기록한다. 동시에 회수 못한 금액은 비용처리하여 **대손상각비(貸損償却費)**계정의 차변에 기록한다

[예 1] 외상매출금의 대손

충주상사에 외상판매한 대금 ₩1,000,000을 충주상사의 부도로 못받게 되다.

(차) 대손상각비 1,000,000 (대) 외상매출금 1,000,000

사실상 기업경영을 하다보면 평균적으로 외상매출금 중 일정비율은 현금으로 받지 못하는 경우가 일반적이라고 할 수 있다.

따라서 회계기말에 있는 외상매출금 중 일정비율은 못 받게 될 것이므로 **결산시**에 이 일정비율의 금액을 미리 **당기의 비용**으로 **대손상각비계정 차변**에 기록한다. 그리고 이 금액은 아직 대손이 발생한 것이 아니라 발생할 것이라고 추정한 것이므로 외상매출금계정에서 직접 차감하지 않고 **대손충당금(貸損充當金)계정의 대변**에 기록한다.

[예 2] 기말의 대손추정

기말에 외상매출금 잔액이 ₩1,000,000이 있다. 이 금액 중 2%는 대손될 것으로 예상하고 대손상각비를 계상하다. 단, 기말현재 대손충당금은 전혀 없다.

대손상각비 = ₩1,000,000×2% = ₩20,000

(차) 대손상각비 20,000 (대) 대손충당금 20,000

대손충당금은 외상매출금 등과 같은 매출채권의 금액을 차감하여 올바른 금액으로 표시해 주는 계정으로서의 특성을 가지고 있으므로 **재무상태표에 표시할 때**는 아래와 같이 **매출채권(외상매출금과 받을어음)에서 차감**하는 형식으로 기재한다.

재 무 상 태 표

자산	금액		부채와 자본	금액
Ⅰ. 유동자산			⋮	⋮
매출채권		1,000,000		
대손충당금	(20,000)	980,000		
⋮		⋮		

위와 같이 표시하면 결산일 현재 매출채권은 100만원이고 이 중 못 받으리라고 예상되는 금액은 2만원으로 98만원이 순수하게 받을 수 있을 것으로 생각되는 외상매출금임을 알 수 있다. 기말에 남아 있는 대손충당금의 잔액이 설정해야 할 대손충당금 금액보다 **적으면** 그 차액을 대손상각비로 계상하는 동시에 **대손충당금**으로 계상한다. 반면 기말에 남아 있는 대손충당금의 잔액이 설정해야 할 대손충당금 금액보다 **많으면** 그 차액은 대손충당금에서 제외시키고 영업외수익항목인 **대손충당금환입(貸損充當金還入)**계정의 대변에 기록해야 한다.

- 기말대손충당금잔액 〈 설정해야 할 대손충당금 → 차액 : 대손상각비
- 기말대손충당금잔액 〉 설정해야 할 대손충당금 → 차액 : 대손충당금환입

[예 3] 대손충당금의 설정

(1) 기말에 외상매출금 잔액이 ₩1,000,000이 있다. 이 금액 중 2%는 대손될 것으로 예상하고 대손상각비를 계상하다. 단, 현재 대손충당금잔액은 ₩10,000이 있다.

(2) 기말에 외상매출금 잔액이 ₩1,000,000이 있다. 이 금액 중 2%는 대손될 것으로 예상하고 대손상각비를 계상하다. 단, 현재 대손충당금잔액은 ₩30,000이 있다.

A

(1) 1,000,000 × 2% − 10,000 = 10,000
(차) 대 손 상 각 비 10,000 (대) 대 손 충 당 금 10,000

(2) 1,000,000 × 2% − 30,000 = −10,000
(차) 대 손 충 당 금 10,000 (대) 대손충당금환입 10,000

결산기말에 대손충당금을 설정한 경우에 그 다음 연도에 **실제로 대손이 발생**하게 되어 그 대손금액이 이미 설정된 대손충당금 이내의 금액이라면 **대손충당금의 차변**에 기입한다.

[예 4] 대손충당금에 의한 대손처리

전연도에 있던 외상매출금 중 ₩7,000을 거래처의 부도로 못 받게 되다. 단, 현재 대손충당금 잔액이 27,000이 있다.

(차) 대손충당금	7,000	(대) 외상매출금	7,000

결산기말에 설정한 대손충당금보다 **더 많은 대손**이 그 다음 연도에 발행하는 경우에는, 대손금액을 먼저 대손충당금의 차변에 기입하고 **대손충당금을 초과하는 금액**은 **대손상각비**로 처리한다.

[예 5] 대손충당금을 초과한 대손

전년도에 있던 외상매출금 중 ₩45,000을 거래처의 부도로 못 받게 되다. 단, 대손충당금 잔액이 ₩20,000이 있다.

(차) 대손충당금	20,000	(대) 외상매출금	45,000
대손상각비	25,000		

외상매출금을 못 받게 되어 이미 대손으로 처리했는데, 나중에 예기치 않게 받게 되는 경우가 있다. 이러한 경우 대손처리한 기록은 원상복귀(반대분개)시키고 외상대금을 정상적으로 회수하는 회계처리를 하면 된다.

[예 6] 대손금의 회수

올해 대손으로 처리했던 외상매출금 ₩50,000을 현금으로 회수하다.

원상회복분개 :	(차) 외상매출금	50,000	(대) 대손충당금	50,000
회 수 분 개 :	(차) 현 금	50,000	(대) 외상매출금	50,000

대손충당금에 관한 회계처리는 받을어음과 외상매출금의 매출채권 이외의 채권에 대해서도 마찬가지로 적용된다. 즉 매출채권 이외의 채권에 대한 대손상각비도 대손상각비(비용)로 계상된다.

2 어음과 수표의 부도

■ 부도어음

소유하고 있는 어음이나 거래은행에서 할인받은 어음이 만기일에 지급이 거절되는 것을 부도(不渡)라 하고, 지급이 거절된 어음을 **부도어음**이라 한다.

어음이 부도된 때에는 어음소지인은 배서인 · 발행인, 기타 어음채무자에게 어음금액을 청구할 수 있고(소구권), 공증인에게 의뢰하여 어음대금 이외에 지급거절증서 작성비, 만기일로부터 상환일까지의 법정이자 등도 청구할 수 있다.

어음에 부도가 발생하면 원칙적으로 회계처리를 할 필요가 없다. 그러나 기업이 은행에서 할인받은 어음이나 배서양도한 어음이 부도가 난 경우에는 은행이나 피배서인에게 상환청구받은 금액을 지급하고, 동 금액을 매출채권계정의 대변에 기록한다. 현재 기업회계기준에서는 부도어음에 대하여 매출채권계정에 포함시켜 관리하도록 규정하고 있다.

[예 7] 약속어음의 부도와 상환청구

(1) 한양상사 발행, 홍남수 배서의 약속어음 ₩200,000을 만기일이 되어 제시한 바 부도가 되었다. 따라서 홍남수에게 상환청구를 하였으며, 지급거절증서 작성비용 등 ₩3,200을 현금으로 지급하다.

(2) 제비용을 포함한 위의 어음금액과 만기일 이후의 법정이자 ₩5,700을 현금으로 받다.

(1)	(차) 매 출 채 권	3,200	(대) 현 금	3,200
(2)	(차) 현 금	208,900	(대) 매 출 채 권	203,200
			이 자 수 익	5,700

은행에서 할인받은 어음이 부도가 된 경우에도 마찬가지 방법으로 회계처리한다.

[예 8] 은행에서 할인받은 어음의 부도

이병상으로부터 양도받고, 고려 은행에서 할인받은 약속어음 ₩5,000,000이 부도가 되어 고려은행으로부터 상환청구를 받다. 이에 청구비용 ₩15,000과 만기일 이후의 법정이자 ₩20,000을 포함한 ₩5,035,000을 현금으로 지급하고, 이병상에게 상환을 청구하다.

(차) 매출채권	5,035,000	(대) 현 금	5,035,000

위에서 보는 바와 같이 부도어음을 일단 처리하였으나, 어음대금의 회수가 불가능해지면 대손으로 처리하게 된다. 이때 대손충당금이 이미 설정되어 있으면 **대손충당금**으로 우선적으로 대체하고, 잔액에 대해서는 **대손상각비**계정에 기입한다.

[예 9] 부도어음의 회수불능

부도어음 ₩5,035,000 중 ₩3,800,000은 현금으로 회수하고, 잔액은 회수가능성이 없으므로 대손처리로 하다. 단, ₩200,000의 대손충당금이 설정되어 있다.

(차) 현 금	3,800,000	(대) 매출채권	5,035,000
대손충당금	200,000		
대손상각비	1,035,000		

■ 부도수표

거래대금으로 받은 당좌수표를 은행에 지급제시하였으나 당좌수표 발행인의 예금부족 등으로 지급이 거절되는 것을

부도(不渡)라 하고, 지급이 거절된 수표를 **부도수표**라 한다. 부도수표가 발생한 경우에도 당좌예금이 부도수표로 처리되는 것을 제외하고는 부도어음과 마찬가지로 처리한다.

[예 10] 수표의 부도

이병상으로부터 받은 당좌수표 ₩5,000,000을 은행에 당좌예금하였으나 부도가 되어 고려은행으로부터 상환청구를 받다. 이에 청구비용 ₩15,000과 만기일 이후의 법정이자 ₩20,000을 현금으로 지급하고, 이병상에게 상환을 청구하다.

(차) 매 출 채 권	35,000	(대) 현　　금	35,000

5. 매출활동의 관리

1 매출장

지금까지 상품의 매출거래에 대하여 설명하였다. 앞에서 검토한 내용은 주요부인 분개장과 원장에 기록되는 내용이다. 그러나 분개장과 원장에 기록된 내용만으로는 매출거래를 원활히 관리할 수 없다. 따라서 보다 상세한 내용을 기록하기 위한 보조부로서 매출장이 필요하다.

매출장(賣出帳, sales book)은 상품의 매출에 관한 명세를 발생순서에 따라 기입하는 **보조장부**이다. 매출장에는 상품을 매출할 때의 날짜 · 매출처 · 대금의 수령방법 · 상품명 · 수량 · 단가 · 금액 등을 기입한다.

매출환입이나 에누리액은 매출장에 붉은색으로 기입하고, 장부마감 때 총매출액에서 차감하여 순매출액을 산출한다. 매출에 관한 거래를 매출장에 기입하면 다음과 같다.

매 출 장

20××년		적 요		내 역	금 액
6	6	강원 상사	외 상		
		탁상용 시계 40개	@15,000		600,000
	10	강원 상사	에누리		
		탁상용 시계 40개	@250		10,000
	17	영동 상사	외 상		
		탁상용 시계 50개	@14,500		725,000
	27	성남 상사	수표 및 외상		
		탁상용 시계 60개	@15,250	915,000	
		소형 계산기 70개	@9,000	630,000	1,545,000
	30		총 매 출 액		2,880,000
	〃		매출에누리액		10,000
			순 매 출 액		2,870,000

장부를 어떤 형식으로 만들 것인가?

개인의 경우 발생한 일들을 기록하지 않으면 기억에는 한계가 있기 때문에 쉽게 잊어버리고 만다. 하물며 개인의 경우보다 훨씬 복잡하고 많은 사건들이 발생하는 기업의 경우 발생한 사건을 정확하고 체계적으로 기록하는 것을 필수적이며 기업관리상 매우 중요하다.

예를 들어 매출장은 어떤 방식으로 작성할 것인가? 매출장은 매출활동을 관리하는데 필요한 정보를 얻을 수 있도록 작성되어야 한다. 어떤 사건을 요약하는 방법으로 6하원칙이라는 것을 흔히 사용하고 있다. 6하원칙은 언제? 어디에서? 누가? 무엇을? 어떻게? 왜?라는 물음에 대한 대답형식으로 기록하고자 하는 것이다.

그렇다면 매출기록은 어떻게 6하원칙을 적용할 것인가? 다음과 같이 적용하면 될 것이다.

언제 ··············› 6월 10일에

어디에서 ··············› 광복상점에서

누가 ··············〉 내가

무엇을 ··············〉 A상품 10개를

어떻게 ··············〉 외상으로 판매

왜 ··············〉 기업활동을 위해서

왜

누가와 왜는 당연한 것이므로 기록할 필요가 없을 것이다.

따라서 매출장은 일자란에 매출한 날짜(언제)를 적고 적요란에는 대금결제방법(어떻게)·상품명·수량·단가(무엇을)를 기입하고, 매출처란에는 매출처명(어디서)을 기입하고, 금액란에는 매출금액을 기록하게 된다.

이러한 사고는 매출장의 경우에만 적용되는 것은 아니며 다른 장부의 경우에도 마찬가지로 적용된다. 여기서 유의하여야 할 것은 장부의 양식이 중요한 것이 아니라 어떤 내용을 적을 것인가, 그리고 이러한 내용을 어떻게 활용할 것인가하는 것이다. 따라서 장부를 특정양식이 있는 것으로 생각하고 무조건 외우려고 하는 것은 의미 없는 일이다. 더구나 요즘처럼 컴퓨터를 사용하여 회계처리를 하는 경우에는 프로그램마다 이 매출장의 양식이 다양하게 나타난다. 그렇다고 하더라도 기본적으로 포함되는 내용에는 큰 차이가 없기 때문에 이러한 사고방식의 활용이 중요하다.

실무적으로는 부가가치세를 고려한 다음 양식이 매출장으로 사용되는 경우가 많다.

매 출 장

일 자	거래처명	거래내용			매출액		합 계	비 고
	사업자등록번호	품명	수량	단가	매출가	부가세		

2 매출처원장

외상거래를 받을어음과 외상매출금계정에만 기록하면, 외상거래의 증가·감소 총액이나 잔액만을 알 수 있을 뿐, 개개의 거래처, 즉 매출처에 관한 채권·채무의 관계는 알 수 없다.

따라서 외상거래를 하였을 때 각 거래처의 상사명·회사명 등을 구분하여 계정을 기록하면 거래처별로 채권관계를 명백히 알 수 있다.

〈외상매출금 VS 매출처원장〉

외상매출금

외상매출액	10,000	회 수 액	7,000

매출처원장

A상사

외상매출액	6,000	회 수 액	5,000

B상사

외상매출액	4,000	회 수 액	2,000

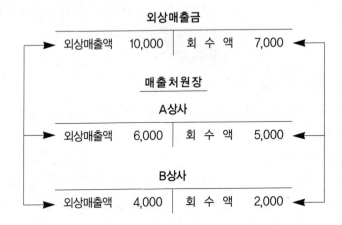

이와 같이 거래처의 상사명 · 회사명을 계정과목으로 하여 채권관계의 발생 · 소멸을 기입하게 되는 계정을 **인명계정(人名計定, personal account)**이라 한다.

○ ○ 상 사

• 외상매출액	• 외상매출금 회수액 • 매출에누리와 환입 • 매출할인

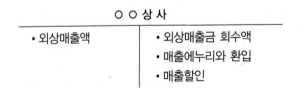

인명계정의 차변에는 매출채권을 기입하고, 대변에는 매출채권 회수액 등을 기입한다.

따라서 각 매출처에 관한 명세는 매출처원장이라는 보조원장에 기입하고, 총계정원장에는 매출채권(받을어음과 외상매출금)계정을 설정하여 총괄적으로 처리하면 편리하다.

외상매출금계정과 같이 하나의 계정이 보조원장을 가지고 많은 인명계정을 일괄적으로 통합할 수 있는 계정을 **통제계정(統制計定, control account)**이라 한다.

통제계정과 인명계정을 사용하여 기록관리하는 경우에는 상품을 매출한 때에 총계정원장의 외상매출금계정 차변에 기입하는 동시에, 그 내용을 보조원장인 매출처원장의 인명계정 차변에도 기입한다.

따라서 외상매출금계정의 대차합계는 매출처원장계정의 대차합계와 일치한다.

통제계정인 외상매출금계정과 인명계정과의 관계를 그림으로 나타내면 다음과 같다.

총 계 정 원 장

외 상 매 출 금

6/ 1	매 출	39,000	6/26	현 금	20,000
6/19	〃	50,000	6/30	차 월 이 월	69,000
		89,000			89,000
7/ 1	전 월 이 월	69,000			

보 조 원 장

매 출 처 원 장

청 운 상 사

6/ 1	매 출	39,000	6/26	현 금	20,000
			6/30	차 월 이 월	19,000
		39,000			39,000
7/ 1	전 월 이 월	19,000			

동 대 문 상 사

6/19	매 출	50,000	6/30	차월이월	50,000
7/ 1	전월이월	50,000			

3 받을어음기입장

받을어음에 관한 명세는 받을어음기입장이라는 보조부에 기입한다.
받을어음기입장의 예를 보면 다음과 같다.

받을어음기입장

20XX년		적 요	금 액	어음종류	어음번호	지급인	발행인	발행일	만기일	지 급 장 소	전 말		
											월	일	적요
4	5	상품매출	100,000	약어	12	김포상사	김포상사	4/ 5	5/ 5	한양은행	5	5	입금
4	20	상품매출	200,000	약어	38	강남상사	강남상사	4/20	7/15	한남은행	6	25	할인

받을어음기입장을 통해 받을어음의 추심위임시기, 회수예상액 등을 알 수 있기 때문에 이는 자금관리의 기초자료가 된다.

6. 매출활동과 재무제표

매출활동이란 상품 등을 판매하는 활동으로서 이 활동을 통해 수익이 발생된다.

상품을 판매함으로써 매출이라는 수익이 발생되고 그 대가로서 현금이나 받을어음, 외상매출금 등의 매출채권이 발생하게 된다. 따라서 포괄손익계산서에는 **매출액**이, 재무상태표에는 **현금및현금성자산** 또는 **매출채권**이 기록된다. (기업회계기준상 매출채권은 일반적 상거래에서 발생한 외상매출금과 받을어음으로 한다.)

상품을 판매하면서 대금회수기간이 1년 이상인 경우에는 유동자산의 매출채권에 표시되지 않고 비유동자산에 속하는 **장기성매출채권**으로 표시된다.

또한 매출채권을 현금으로 회수하지 못하는 경우를 고려하여 **대손충당금**이 설정되는데 이 때에는 포괄손익계산서에 속하는 **대손상각비**로서 비용으로 계상한다.

제13장. 매입과 대금지급활동

1. 매입시 기본적인 회계처리
2. 매입거래의 수정과 매입할인
3. 매입활동의 관리
4. 매입활동과 재무제표

보론: 채권 · 채무의 현재가치 평가

제13장. 매입과 대금지급활동

1. 매입시 기본적인 회계처리

기업이 상품을 매입하면 상품대금을 지급해야 한다. 따라서 상품매입시에서는 비용인 매입과 상품매입대가인 현금 등이 거래의 양면이 된다.

상품을 매입하면 **차변**에 **비용계정인 매입**을 기록하고 **대변**에는 **상품을 매입한 대가**를 기록하게 된다.

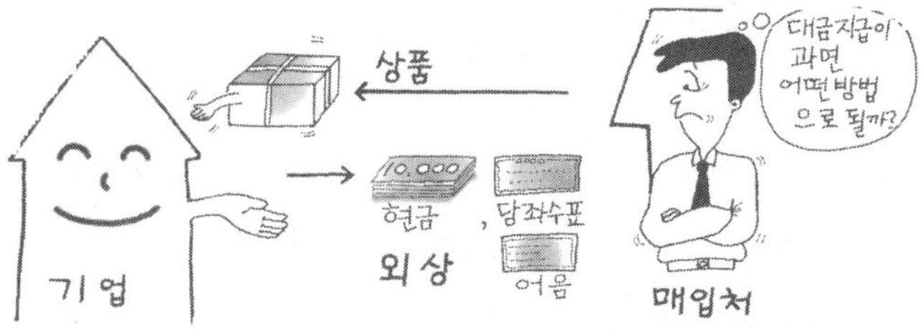

(차) 매 입 ××× (대) 현금 등 ×××

일반적으로 상품대금은 매입시에 현금이나 당좌수표로 곧바로 지급하는 경우도 있고 외상으로 하거나 어음을 주고 나중에 대금을 지급하는 경우도 있다.

상품대가로 지급하는 것은 현금, 당좌수표, 지급어음, 외상매입금이라고 할 수 있다. 지급어음과 외상매입금은 매입채무이기 때문에 일정기간 후에 대금을 현금으로 지급해야 한다. 이하 각각의 경우에 대하여 살펴보기로 하자.

1 현금으로 매입하는 경우

상품이 매입되고 그 대가로 현금을 지급하였으므로 차변에서는 **매입**, 대변에는 **현금**으로 기록한다.

(차) 매　　입　×××　　(대) 현　　금　×××

[예 1] 현금매입

3월 15일 상품을 15만원의 현금을 지급하고 구입하였다.

3/15 (차) 매　　입　150,000　(대) 현　　금　150,000

2 매입대금으로 당좌수표를 지급한 경우

상품을 매입하고 당좌수표를 지급하면 상품은 증가하지만 당좌수표를 받은 매입처가 은행에 가서 당좌수표를 제시하고 예금을 인출할 때까지는 당좌예금은 줄어 들지 않는다.

그러나 보통 당좌수표를 발행한 후 은행에서 인출되기까지의 시간이 짧기 때문에 매입대가로 당좌수표를 발행할 경우에는 즉시 당좌예금이 감소되는 것으로 기록한다.

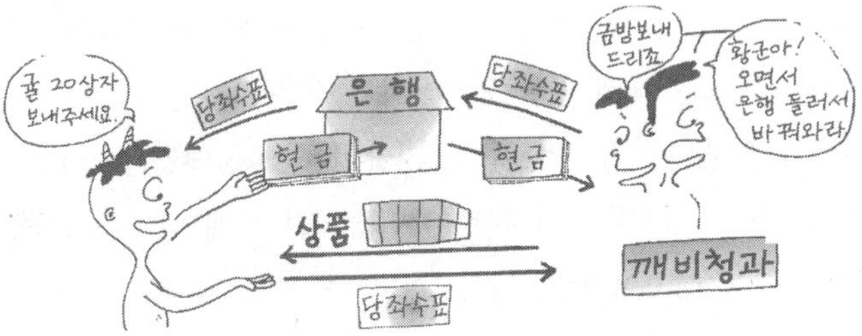

(차) 매　　입　×××　　(대) 당좌예금　×××

[예 2] 매입대금으로 당좌수표지급

5월 15일 상품을 20만원에 구입하고 대금을 당좌수표로 지급하다.

5/15 (차) 매　　입　200,000　(대) 당좌예금　200,000

3 지급어음의 발행과 어음대금의 지급

상품을 매입하고 일정기일 후에 어음금액을 지급하겠다고 약속한 어음을 발행한 구매자는 어음상의 채무가 발생하는데 이것을 회계에서는 **지급어음(notes payable)**이라는 부채계정으로 처리한다.

지급어음은 부채이므로 어음을 **발행**(부채의 증가)할 때는 **지급어음계정 대변**에 기록한다. 그리고 일정기일이 되어 어음대금을 **지급**(부채의 감소)할 때는 **지급어음계정** 차변에 기록한다.

[예 3] 지급어음의 발행과 어음대금의 지급

(1) 4/10 상품 ₩200,000을 매입하고 대금은 약속어음을 발행하여 주다.
(2) 4/25 상품 ₩100,000을 매입하고 대금은 약속어음을 발행하여 주다.
(3) 5/10 어음대금 ₩200,000을 만기일이 되어 현금으로 지급하다.

(1)	(차) 매　　입	200,000	(대) 지급어음	200,000
(2)	(차) 매　　입	100,000	(대) 지급어음	100,000
(3)	(차) 지급어음	200,000	(대) 현　　금	200,000

위의 거래를 지급어음계정에 전기하면 다음과 같다.

지 급 어 음

5/10 현　금	200,000	4/10 매　입	200,000
		4/25 매　입	100,000

지 급 어 음

어음채무의 소멸	어음채무의 발생액
어음금액미지급액	

4 외상매입과 외상매입금의 지급

상품을 외상으로 매입하면 매입자 입장에서 매입대금을 지급할 의무가 발생한다. 회계에서는 이러한 의무를 **외상매입금**(外上買入金, account payable-trade)이라고 한다.

외상으로 상품을 **매입**하는 경우에는 **매입계정의 차변**과 **외상매입금계정의 대변**에 기록한다. 나중에 외상매입금을 갚게 되면 외상매입금계정의 차변과 현금 등의 대변에 기록한다.

[예 4] 외상매입과 외상매입금의 지급

3/10 상품 ₩100,000을 외상으로 매입하다.

3/20 위의 외상매입대금 중 ₩50,000을 현금으로 지급하다.

A

3/10	(차) 매 입	100,000	(대) 외상매입금	100,000
3/20	(차) 외상매입금	50,000	(대) 현 금	50,000

5 매입시 부대비용의 처리

상품을 매입하면 상품의 매입가격뿐만 아니라 회사에 도착하기까지 들어간 운임, 보험료, 매입수수료, 관세 등의 **매입부대비용**을 지급해야 한다. 이와 같이 상품을 매입하기 위해서 지출한 모든 비용은 상품의 **취득원가에 포함**시킨다.

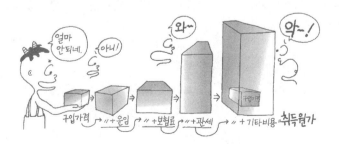

따라서 매입부대비용이 있으면 매입가격에 부대비용을 더하여 상품의 취득원가로 하고 이 취득원가를 매입계정의 차변에 기록한다.

[예 5] 매입부대비용의 기록

1월 15일 상품을 ₩100,000에 현금으로 매입하였다.
운송비용 ₩5,000도 함께 현금으로 지급했다.

A

1/15	(차) 매 입	105,000	(대) 현 금	105,000

매출시의 부대비용은?

상품을 매출할 때에도 포장비 · 발송운임 등의 비용을 부담하는 수가 있다. 이러한 경우에 발생하는 비용은 각각 해당되는 비용계정으로 처리한다.

[예 6] 매출부대비용의 기록

2월 15일 상품을 ₩100,000에 현금으로 판매하였다.
운송비용 ₩5,000을 함께 현금으로 지급했다.

A

2/15	(차) 현 금	100,000	(대) 매 출	100,000
	운 송 비	5,000	현 금	5,000

6 상품대금을 먼저 지급하는 경우

상품대금의 일부를 먼저 주고 상품을 매입하는 경우가 있는데 이때는 어떻게 회계처리할 것인가?

상품을 받기 전에 먼저 주는 금액을 **선급금(先給金)**이라고 하는데, 상품뿐만 아니라 다른 물건의 경우에도 미리 대금을 주고 나중에 구입하게 되는 경우에는 선급금으로 처리한다.

선 급 금 : 상품 등을 받기 전에 먼저 주는 금액

선급금은 현금을 지급한 대가로 나중에 상품을 받을 수 있는 **권리**인 자산이다. 일단 선급금을 지급하면 현금은 지급되었지만 아직 상품은 받지 않은 상태가 된다. 따라서 상품대금을 먼저 주는 경우에는 **선급금계정의 차변**과 **현금계정의 대변**에 기록한다.

(차) 선급금 ××× (대) 현 금 ×××

[예 7] 선급시의 기록

7월 15일 요즈음 인기가 좋은 국산사과를 사기 위해 미리 대금의 일부인 10만원을 현금으로 주었다

7/15 (차) 선 급 금 100,000 (대) 현 금 100,000

나중에 상품을 받게 되면 상품을 받을 권리였던 선급금은 없어진다. 그리고 나머지 차액이 지급될 경우에는 대금결제방법에 따라 현금, 당좌예금 등의 자산이 감소되거나 외상매입금 등의 부채가 증가한다. 이와 같이 볼 때 선급금계정은 현금 선급시에 설정되었다가 상품 매입(도착)시에 정리(소멸)되는 계정임을 알 수 있다.

[예 8] 상품도착시의 기록

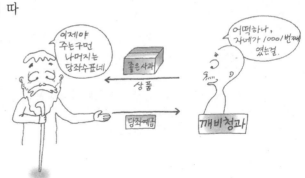

7월 25일 사과 10상자를 받고, 사과 매입대금 30만원 중 7월 15일에 지급했던 선급금 10만원을 제외한 20만원을 당좌수표로 지급하였다.

7/25	(차) 매 입	300,000	(대) 선 급 금	100,000
			당좌예금	200,000

이상과 같은 선급금에 관한 거래를 선급금계정에 전기하여 보면 아래와 같다.

선급금 (자산계정)

7/15 현 금	100,000	7/25 매 입	100,000

2. 매입거래의 수정과 매입할인

1 매입에누리와 환출

상품을 주문하여 매입처로부터 상품을 받은 경우, 주문한 대로 상품이 온 것인지를 검토하다 보면 품질 · 규격 · 색상 · 포장 등이 당초에 약속되었던 거래조건에 맞지 않는 경우가 있다. 이런 경우 그런대로 판매할 수 있다면 상품대금을 깎고 그렇지 않으면 반품해야 한다.

이 때 매입한 상품대금의 일부를 깍는 것을 **매입에누리**＊라고 하고, 매입한 상품을 돌려보내는 것(반품)을 **매입환출(買入還出)**이라고 한다.

매입에누리나 매입환출이 발생하면 그만큼 지급해야 할 금액이 줄어들게 된다. 따라서 해당 금액을 **매입계정의 대변**과 **외상매입금의 차변**에 기록해서 매입을 줄임과 동시에 외상매입금을 감해야 한다.

＊일정기간의 거래수량이나 거래금액에 따라 감액하는 것도 에누리에 포함된다.

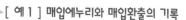

[예 1] 매입에누리와 매입환출의 기록

(1) 9월 15일 한성상사로부터 사과 10상자를 ₩100,000에 외상으로 구입하였다.

(2) 9월 16일, (1)에서 외상으로 구입한 상품 10상자의 내용물을 살펴본 결과 3상자는 주문한 크기와 달라 상품대금을 ₩15,000 에누리하다.

(3) 9월 17일, 위 (1)의 거래에서 2상자는 대부분이 상하여 반품하였다. 2상자의 매입원가가 ₩10,000이었다.

A

9/15	(차) 매　　입	100,000	(대) 외상매입금	100,000
9/16	(차) 외상매입금	15,000	(대) 매　　입	15,000
9/17	(차) 외상매입금	10,000	(대) 매　　입	10,000

2 매입할인

매입할인은 앞에서 설명한 매출할인과 반대의 경우이다. 외상매입을 한 입장에서는 자금의 여유가 있을 경우 빨리 갚는 경우 외상매입금을 깍아 준다면 이를 이행하는 것이 유리하다.

외상매입금을 지정된 기간 내에 지급함으로써 덜 내게 된 경우 이를 **매입할인**이라고 한다.

매입할인이 발생하면 그만큼 지급해야 할 금액이 줄어들게 된다. 따라서 해당금액을 매입계정의 대변과 외상매입금의 차변에 기록해서 매입을 줄임과 동시에 외상매입금을 감소시키는 기록을 해야 한다.

[예 2] **매입할인**

(1) 9월 20일 서울상사로 부터 외상으로 상품 ₩100,000을 매입하다.
매출처에서는 10일 내에 갚으면 2%를 할인해 주기로 하였다.

(2) 9월 29일 서울상사에 대한 외상매입금을 매입 후 9일째에 갚다.
따라서 2%를 제외한 나머지를 현금으로 갚았다.

(1)	(차) 매　　입	100,000	(대) 외상매입금	100,000
(2)	(차) 외상매입금	100,000	(대) 현　　금	98,000
			매　　입	2,000

[예1]과 [예2]의 거래를 매입계정에 전기하면 아래와 같다.

매　　입

9/15 외상매입금	100,000	9/16 외상매입금	15,000
9/20 외상매입금	100,000	9/17 외상매입금	10,000
		9/29 외상매입금	2,000

매입에누리와 매입환출 · 매입할인이 있는 경우의 매입계정은 다음과 같이 매입계정의 차변은 당기중 상품매입액으로, 대변은 매입에누리와 환출액 그리고 매입할인으로 구성된다.

매 입	
매 입 액 (매입제비용 포함)	매입에누리액 매입환출액 매입할인
	} 순매입액

3. 매입활동의 관리

1 매입장

지금까지 상품의 매입거래에 대하여 설명하였다. 앞에서 검토한 내용은 주요부인 분개장과 원장에 기록되는 내용이다. 그러나 분개장과 원장에 기록된 내용만으로는 매입거래를 원활히 관리할 수 없다. 따라서 보다 상세한 내용을 기록하기 위한 보조부인 **매입장**이 필요하다.

매입장(買入帳, purchase book)은 **상품의 매입에 관한 명세**를 발생 순서에 따라 기입하는 보조장부이다. 매입장에는 상품을 매입한 날짜 · 매입처 · 대금의 지급조건 · 상품명 · 수량 · 단가 · 금액 등을 기입한다.

매입환출액이나 매입에누리액은 매입장에 붉은색으로 기입하고, 장부마감 때 총매입액에서 차감하여 순매입액을 산출한다.

매입장에 기입한 예를 살펴보면 다음과 같이 된다.

매 입 장

20××년		적 요	내 역	금 액
6	11	옥포 상사 외상		
		탁상용 시계 100개 @₩10,300	1,030,000	
		소형 계산기 60개 @₩6,500	390,000	1,420,000
	19	한양 상사 수표		
		탁상용 시계 90개 @₩10,250	922,500	
		인수 운임 현금으로 지급	18,000	940,500
	30	총 매 입 액		2,360,500
	〃	매입 환출액		0
		순 매 입 액		2,360,500

* 매입장의 총매입액은 원장의 매입계정의 차변합계액과 일치하고, 순매입액은 매입계정의 차변잔액과 일치한다. [예 13]의 계정과 비교해 보기 바란다.

2 매입처원장

외상거래를 매입채무(지급어음과 외상매입금)계정에만 기록하면, 외상거래의 증가 · 감소 총액이나 잔액만을 알 수 있을뿐 개개의 거래처, 즉 매입처에 관한 채무관계는 알 수 없다.

〈외상매입금 VS 매입처원장〉

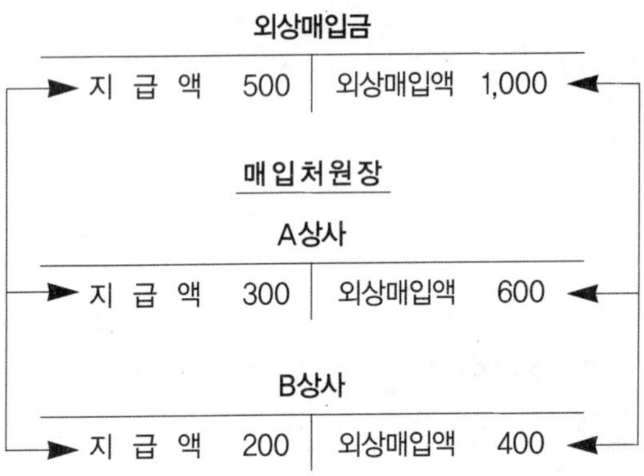

외상거래를 하였을 때 이를 총계정원장의 매입채무계정을 사용하지 않고 각 거래처의 상사명 · 회사명 등을 계정과목으로 사용하면 거래처별로 채무관계를 명백히 알 수 있다.

이와 같이 거래처의 상사명 · 회사명을 계정과목으로하여 채권 · 채무관계의 발생 · 소멸을 기입하게 되는 계정을 **인명계정**(人名計定, personal account)이라 한다.

○ ○ 상 사

• 매입채무 지급액	• 매입채무
• 매입에누리와 환출	
• 매입할인	

인명계정의 차변에는 외상매입금 지급액 등을 기입하고, 대변에는 외상매입금 등을 기입한다. 따라서 각 매입처에 관한 명세는 매입처원장이라는 보조원장에 기입하고, 총계정원장에는 외상매입금계정을 설정하여 총괄적으로 처리하면 편리하다.

외상매입금계정과 같이 하나의 계정이 보조원장을 가지고 많은 인명계정을 일괄적으로 통합할 수 있는 계정을 **통제계정**(統制計定, control account)이라 한다.

통제계정과 인명계정을 사용할 경우 외상으로 상품을 매입한 때에는 매입채무계정의 대변에 기입하는 동시에 매입처원장의 인명계정 대변에도 기입한다.

따라서 매입채무계정의 대차합계는 각각 매입처원장 각 계정의 대차합계와 일치한다.

통제계정인 외상매입금계정과 인명계정과의 관계를 그림으로 나타내면 다음과 같다.

총 계 정 원 장

외 상 매 입 금

6/14 매 입	10,000	6/ 9 매 입	70,000
6/23 당좌예금	50,000	6/13 〃	75,000
6/30 차월이월	85,000		
	145,000		145,000
		7/ 1 전월이월	85,000

보 조 원 장

매 입 처 원 장

세 진 상 사

6/23 당좌예금	50,000	6/ 9 매 입	70,000
6/30 차월이월	20,000		
	70,000		70,000
		7/ 1 전월이월	20,000

남대문상사

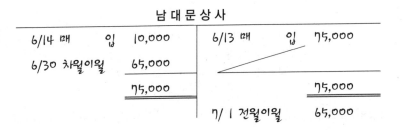

6/14 매 입	10,000		6/13 매 입	75,000
6/30 차월이월	65,000			
	75,000			75,000
			7/1 전월이월	65,000

[3] 지급어음기입장

지급어음에 관한 명세는 지급어음기입장이라는 보조부에 기입한다.

지급어음기입장의 예를 보면 다음과 같다.

지급어음기입장

20××년		적 요	금액	어음 종류	어음 번호	지급인	발행인	발행일	만기일	지급 장소	전 말		
											월	일	적요
4	10	상품매입	200,000	약어	29	대전상점	당점	4/10	5/10	한양은행	5	10	지급
4	25	상품매입	100,000	약어	25	충주상점	당점	4/25	8/19	한양은행	8	19	지급

4. 매입활동과 재무제표

매입활동이란 상품 등을 구매하는 활동으로서 이 활동을 통해 판매되는 상품의 원가, 즉 매출원가라는 비용이 발생하게 된다.

상품을 매입하면 매입(궁극적으로 매출원가)으로서 비용으로 기록되며 그 대가는 현금및현금성자산 또는 매입채무가 된다.

상품을 매입하면서 대금지급기간이 1년 이상인 경우에는 유동부채의 매입채무에 표시되지 않고 비유동부채에 속하는 장기성매입채무로 표시된다.

보론 : 채권 · 채무의 현재가치 평가

1. 현재가치의 의의

1 이해를 위한 예

이해를 위하여 하나의 예를 들어 보자(명확한 이해를 위하여 약간 극단적인 예를 들었다). 기업 A는 기계설비를 조립 · 제작하여 판매하는 회사이다. 기업 B는 기업 A가 기계설비를 완성하는 데 필요한 부품설비를 제작 · 판매하는 회사이다. 기업 A는 기업 B로부터 기계설비를 완성시키기 위한 부품설비를 ×××1년 1월 1일에 구입하고 그 대금으로 10년 뒤에 1,000억원을 갚기로 했다고 하자. 그렇다면 기업 B는 부품설비를 판매하는 시점에서 어떻게 회계처리해야 할 것인가?

일반적으로 생각하면 다음과 같이 회계처리할 것이다.(단위는 억원)

×××1년 1월 1일

기업 B (차) 장기성매출채권 1,000 (대) 매 출 1,000

기업 B의 ××× 1년 12월 31일 재무상태표에는 자산으로서 장기성매출채권이 1,000억원, 포괄손익계산서에는 매출이 1,000억원이 나타날 것이다. 10년 뒤까지 기업 B의 재무상태표에는 장기성매출채권이 1,000억원이 나타나게 된다.

이제 생각해보자. 과연 기업 B는 ××× 1년 12월 31일에 매출채권이 1,000억원 있는 것일까? 재무상태표는 특정시점에서의 기업의 자산 · 부채 · 자본의 상태를 나타내는 것으로 그 목적은 그 시점에서의 기업 가치를 올바로 나타내고자 하는 것이다. 그렇다면 일반적인 매출채권 1,000억원과 장기성매출채권 1,000억원, 두 금액이 ××× 1년 12월 31일 시점에서 그 가치가 같을까?

매출채권 1,000억원은 적어도 다음 기에는 현금으로 회수될 것이라고 예상되는 것이지만 장기성매출채권 1,000억원은 10년 뒤에야 현금으로 회수된다. 따라서 매출채권 1,000

억원과 장기성매출채권 1,000억원은 그 가치가 다를 수밖에 없다. 즉, 지금 내가 갖고 있는 1,000억원 10년 뒤에 받을 1,000억원은 현재 시점에서는 그 가치가 다를 수밖에 없다.

2 현재가치의 개념

우리는 은행에 일정기간 동안 예금을 하면 이자를 받게 된다. 이자는 왜 받는가?

화폐(돈)를 일정시간 동안 맡겨 놓았기 때문이다. 즉, 이자는 화폐의 시간값이다. 따라서 이자는 **화폐의 시간적 가치**(time value of money)라고 할 수 있다.

예를 들어 이자율이 10%인 경우에(다른 위험요소가 없고 이자율만이 존재한다면) 현재의 100만원과 1년 뒤의 110만원은 그 가치가 같다고 할 수 있다.

이자율이 있다면 1년 뒤의 110만원을 현재시점의 가치로 바꾸어 놓을 수 있다. 연간 이자율이 10%라면 다음과 같이 계산할 수 있다.

$$\frac{110}{1+0.1} = 100$$

따라서 현재시점에서의 가치를 **현재가치(現在價値 : present value)**또는 **현가**라고 하며 **미래시점(未來價値 : future value)**에서의 가치를 미래가치라고 한다. 현재가치와 미래가치를 연결해 주는 역할, 즉 화폐의 시간적 가치가 이자율이다.

현재가치 ←—— 이자율(이자) ——→ **미래가치**

예를 들어 이자율이 10%이고 매년 이자율이 복리로 계산된다면 10년 뒤의 1,000억원은 현재시점의 가치로는

$$\frac{1,000}{(1+0.1)^{10}} = 386\text{억원이 된다.}$$

(소수점 첫째자리에서 반올림하였다.)

※ $\frac{1}{(1+i)^n}$ (i : 이자율, n : 연도)를 현가계수라고 한다. 이 값은 컴퓨터를 이용하여 쉽게 계산할 수 있다.)

그렇다면 명목상의 가액(즉, 미래가치) 1,000억원과 현재가치 386억원의 차이인 614억원은 무엇인가? 이 금액은 매년 10%씩 복리로 계산되는 이자이다.

따라서 아래 그림과 같이 현재가치 386억원에서 1년 뒤에는 10%의 이자가 적용되어 (386+39=)425억원, 2년 뒤에는 원금에 전연도의 이자가 포함된 금액인 425억원에 10%의 이자가 적용되어 467억원, 이렇게 하여 10년 뒤에는 1,000억원이 된다.

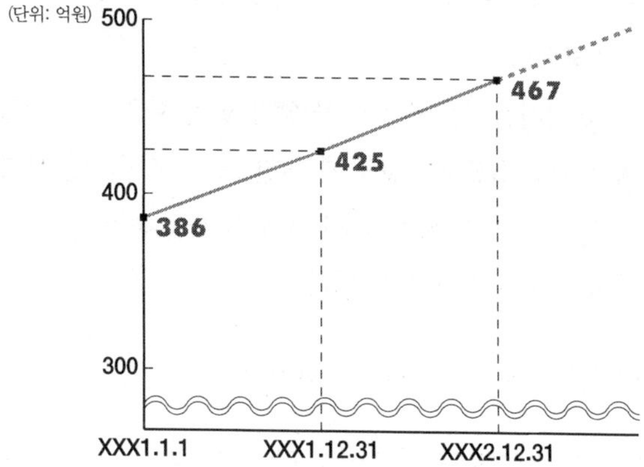

2. 현재가치를 고려한 회계처리

이제 현재가치의 개념을 고려하면 재무상태표에 채권 · 채무의 명목상의 가액을 그대로 표시할 경우의 문제점이 분명해진다.

기업 B의 경우 명목상의 가액 1,000억원을 그대로 표시하면 다음과 같이 된다.

(차) 장기성매출채권 1,000　　　(대) 매　　　출　　1,000

그러나 현재가치로 표시한다면 매출은 386억원, 장기성매출채권은 386억원이 되어야 할 것이다. 그리고 10년간 매년 이자수익을 인식해야 한다.

따라서 기업회계기준에서는 ① 장기연불조건의 매매거래, 장기금전대차거래 또는 이와 유사한 거래에서 발생하는 채권 · 채무로서 ② 명목가액과 현재가치의 차이가 중요한 경우에는 현재가치로 평가하도록 하고 있다.

채권 · 채무의 명목가액과 현재가치의 차액은 **현재가치할인차금**이라는 과목으로 하여 당해 채권 · 채무의 명목가액에서 차감하는 형식으로 기재한다.

따라서 기업 B의 경우 ×××1년 1월 1일의 분개는 다음과 같이 된다.

×××1. 1. 1 (차) 장기성매출채권 1,000 (대) 매 출 386
현재가치할인차금 614

×××1년 1월 1일에는 장기성매출채권 1,000억원에서 현재가치할인차금 614억원이 차감된 순액인 386억원이 계상된다.

현재가치할인차금은 유효이자율법을 적용하여 상각 또는 환입하고 이를 이자비용 또는 이자수익의 과목으로 계상한다. 유효이자율법에 대한 보다 구체적인 설명은 14장의 보론에서 하기로 하고 지금 설명하는 예의 유효이자율이 10%라고 하자.

×××1년 12월 31일의 분개는 다음과 같이 된다.

(차) 현재가치할인차금 39 (대) 이 자 수 익 39

따라서 ×××1년 12월 31일의 재무상태표에서 장기성매출채권이 386억원이 아닌 425억원이 나타나게 되고 포괄손익계산서에는 이자수익 39억원이 나타나게 된다.

	XXX1.1.1	XXX1.12.31	XXX2.12.31	XXX3.12.31	XXX4.12.31	XXX5.12.31	XXX6.12.31	XXX7.12.31	XXX8.12.31	XXX9.12.31	XX10.12.31
장기성매출채권	1,000	1,000	1,000	1,000	1,000	1,000	1,000	1,000	1,000	1,000	1,000
현재가치할인차금	614	575	533	486	435	378	316	248	173	90	0
순액	386	425	467	514	565	622	684	752	827	910	1,000
상각액		39	42	47	51	57	62	68	75	83	90

(단순화를 위해 억원의 소수 첫째자리에서 반올림하였다.)

이와 같이 매년 현재가치할인차금이 상각되어 10년 뒤에는 현재가치할인차금이 완전히 상각되어 ₩0 가 되고 장기성매출채권은 1,000억원이 된다.

따라서 ××10년 12월 31일의 분개는 다음과 같다.

(차) 현재가치할인차금 90 (대) 이 자 수 익 90
(차) 현 금 1,000 (재) 장기성매출채권 1,000

기업 A는 기업 B와 반대로 처리될 것이다.

×××1년 1월 1일의 분개는 다음과 같다.

(차) 매　　　　　입　386　(대) 장기성매입채무　1,000
　　현재가치할인차금　614

따라서 장기성매입채무는 현재가치할인차금이 차감되고 매입금액도 이를 고려하여 기록된다.

×××1년 12월 31일의 분개는 다음과 같다.

(차) 이　자　비　용　39　(대) 현재가치할인차금　39

현재가치를 계산하기 위한 이자율은 유효이자율로 적용한다. 유효이자율에 대한 설명은 제16장의 보론 : 장기투자증권에서 설명하기로 한다.

3. 현재가치의 적용배제

상장법인, 코스닥상장법인, 금융감독위원회 등록법인 및 금융업을 영위하는 법인을 제외한 중소기업의 경우에는 장기연불조건의 매매거래 및 장기금전대차거래 등에서 발생하는 채권 · 채무는 명목상 가액을 재무상태표가액으로 할 수 있다. 따라서 현재가치의 적용이 배제된다.

제14장. 재고활동

1. 매출총이익의 계산
2. 기말상품재고액의 계산
3. 상품의 결산분개
4. 재고감모손과 재고평가손
5. 특수한 상품매매거래
6. 재고활동과 재무제표

제14장. 재고활동

일반적으로 매출활동은 영업부서에서, 매입활동은 구매부서에서 이루어진다. 매출활동과 매입활동에서 필연적으로 관련되는 것은 창고부서에서 관리하는 상품과 같은 재고자산이다.

재고자산(在庫資産)이란 기업이 **주영업활동을 통해 판매하려고 구입한 자산**을 말한다. 따라서 상기업에서 판매를 목적으로 보유하고 있는 자산은 **상품**이라고 한다. 제조기업이 제조를 하여 판매를 목적으로 보유하고 있는 자산은 **제품**이라 한다. 따라서 TV나 냉장고와 같은 물건은 제조회사의 입장에서는 제품이지만 가전판매점의 입장에서는 상품이 된다.

기업에서 제조활동을 통해 제품을 제조하려면 **원재료**를 구입하야 하며, 이 원재료에 노동력과 기계를 투입하여 가공하여 제조하면 최종적으로 **제품**이 된다. 원재료가 투입되어 완제품이 되기 전까지에 있는 물건은 **재공품** 또는 **반제품**이라고 한다.

여기서는 상기업을 중심으로 설명하기 때문에 재고자산으로서 상품에 관한 내용을 살펴보기로 한다.

1. 매출총이익의 계산

1 매출총이익의 의미

매출액(賣出額, sales)이란 상품을 판매한 금액을 말하며, 매출원가(賣出原價, cost of goods sold)란 판매한 상품의 원가를 말한다. 따라서 매매활동을 통해 얻은 이익은 매출액에서 매출원가를 빼면 구할 수 있다.

매출총이익(賣出總利益, gross margin)이란 매출액에서 매출원가를 뺀 금액으로 매출 활동과 매입활동이 얼마나 효과적으로 이루어졌는지를 측정하는 개략적인 척도가 된다.

여기서 '총' 이익이라는 표현을 사용한 이유는 모든 수익에서 모든 비용을 차감하면 순수하게 남는 '순이익' 과 구별하기 위해서이다.

기업이 이익을 얻기 위해 든 비용은 상품의 원가뿐만 아니라 직원의 급여, 집세, 이자비용, 수도료 등 여러 항목이 있기 때문에 '매출총이익' 은 매출액에서 매출원가를 뺀 항목이라는 것을 표시하기 위해서 사용하는 용어이다.

[예 1] 매출총이익과 순이익

다음은 동양상사의 1년간 발생한 수익 · 비용항목들이다. 매출총이익과 순이익을 구하라.

매 출 액	₩1,000,000	매출원가	₩600,000	광고비	₩100,000
전기 · 수도료	₩50,000	이자비용	₩50,000	급 여	₩200,000

A

매출총이익 = ₩1,000,000−₩600,000=₩400,000

순 이 익 = ₩1,000,000−₩600,000−₩100,000−₩50,000 −₩50,000−₩200,000
= 0

매출 · 판매 · 매상 · 매입 · 구입 · 사입

상품을 팔았을 때 일반적으로 '판매' 했다라는 말을 많이 사용한다. 그러나 회계에서는 매출이라는 용어를 주로 사용한다. 매상이라는 용어도 쓰이기는 하지만 일본적 색채가 강한 용어이다.

또한 상품을 사는 경우에는 일반적으로 '구입' 했다라는 말을 많이 사용한다. 그러나 회계에서는 매입이라는 용어를 주로 사용한다. 매상(買上), 사입(仕入)이라는 용어도 쓰이기는 하지만 이 또한 일본적 색채가 강한 용어이다.

회계에서는 매출 · 매입이라는 용어를 주로 사용하므로 이 용어들에 익숙해지기 바란다.

2 매출총이익의 계산

매출활동을 기록하면 매출계정에는 그 동안의 매출과 관련된 항목들이 기록된다.

매출계정을 보면 알 수 있는 것처럼 **순수한 매출액**은 **총매출액에서 매출에누리와 매출환입 · 매출할인을 차감한 것**으로 매출계정의 대변잔액이 된다.

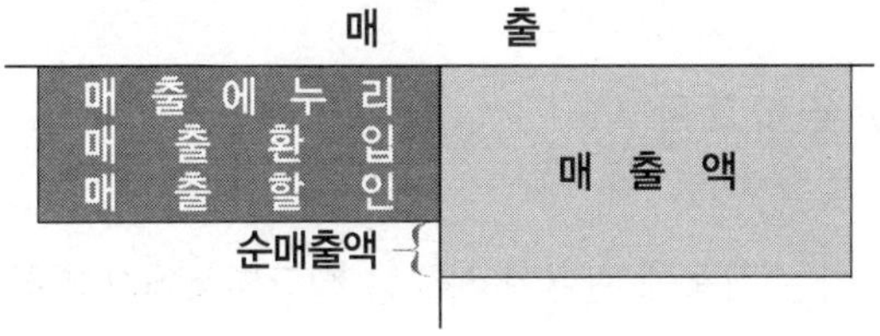

매출총이익(또는 총손실)은 다음의 식과 같이 계산한다.

············ (1)

여기에서 매출액은 매출계정에서 알 수 있다. 따라서 매출총이익을 계산하려면 이제 매출원가를 알아야 한다. 매출원가는 아래의 (2)식에 의해 계산하면 된다.

(기초상품재고액 +당기매입액) − 기말상품재고액 = 매출원가 ············ (2)

(2)식의 기초상품재고액은 상품계정에 기록되어 있고, 매입액은 매입계정에 기록되어 있다.

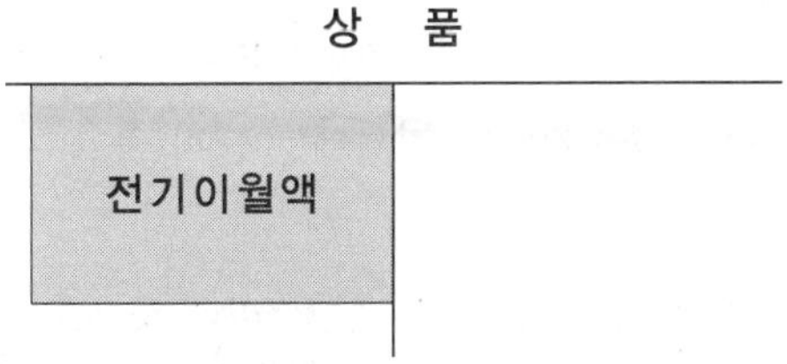

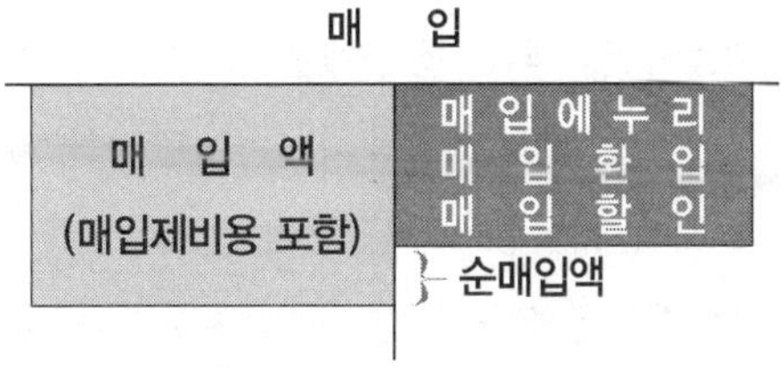

이제 총계정원장에서 알 수 없는 것은 기말상품재고액이다. 따라서 기말상품재고액을 알면 매출원가를 알 수 있으며 또한 매출총이익도 구할 수 있다.

2. 기말상품재고액의 계산

앞에서 설명했던 것처럼 기말에 매출총이익을 계산하기 위해서는 기말상품재고액을 알아야 한다.

1 창고부서와 상품재고장

기업에 들어오고 나가는 상품에 관련된 사항은 **창고부서**에서 기록된다. 상품의 입고·출고가 계속적으로 기록되는 장부를 **상품재고장**이라고 한다. 따라서 **상품재고장은 상품의 입고·출고·잔액의 명세를 발생순서에 따라 기록하는 보조장부**이다.

상 품 재 고 장

상품명 : 탁상용 시계

20××년		적 요	입 고			출 고			잔 고		
			수량	단가	금액	수량	단가	금액	수량	단가	금액

상품재고장에는 위의 양식에서 보듯이 상품을 매입할 때마다 상품종류별로 매입한 상품의 수량, 단가, 금액을 기록하는 **입고란(入庫欄)**과 상품을 판매할 때 판매한 상품의 수량, 단가, 금액을 기록하는 **출고란(出庫欄)**, 그리고 창고에 남아 있는 상품의 수량, 단가, 금액을 기록하는 **잔고란(殘高欄)**이 있다.

상품이 입고되는 경우에는 당연히 매입한 상품의 수량, 단가, 금액이 기록된다. 그러나 출고시에는 판매한 상품의 수량, 단가를 기록하지만 중소기업의 경우에는 단지 출고수량만을 기록하는 경우도 많다.

상품재고장을 보면 알 수 있는 것처럼 기말상품재고액은 기말상품재고수량에 상품의 단가를 곱하여 계산할 수 있다.

기 말 상 품 재 고 액 = 기말재고수량 × 기말상품단가

이에 따라 기말상품재고액을 계산하는 방법을 기말재고수량과 기말상품단가를 결정하는 두 가지 측면을 구분하여 살펴보자.

2 기말재고의 수량 계산

■ 계속기록법

상품의 기말재고수량이나 기중매출수량을 파악하는 방법은 크게 두 가지로 나눌 수 있다. 첫번째는 장부기록을 이용하여 파악하는 방법이다. 이것은 상품의 매입 또는 매출이 있을 때마다 그 종류별 내역(수량 · 단가 · 금액)을 장부에 기록함으로써, 장부상에서 당기의 매출수량과 기말재고수량을 결정하는 방법이다. 따라서 이 방법을 **장부기록법** 또는 **계속기록법**(繼續記錄法, perpetual inventory method)이라고 한다.

상품재고장을 계속기록법을 사용하여 정확히 작성하면 상품재고장에서 상품의 기초재고수량을 알 수 있고 입고란을 합계하여 당기매입수량을, 그리고 출고란을 합계하여 기중매출수량을 파악할 수 있다. 따라서 기초재고수량과 당기매입수량을 합계한 수치에서 기중매출수량을 차감하면 기말재고수량이 계산된다.

기초재고수량 + 당기매입수량 − 당기매출수량 = 기 말 재 고 수 량

[예 1] 계속기록법에 의한 기말재고수량

상품재고장을 살펴보니 기초재고는 2개, 당기입고분(당기매입수량)은 8개, 당기출고분(당기매출수량)은 4개였다. 당기말에 남아 있는 재고는 몇개인가?

A

기말재고수량 = 기초재고수량+당기매입수량−당기매출수량= 2 + 8 − 4 = 6(개)

계속기록법을 사용하면 기말재고의 수량은 상품재고장을 통해 계산할 수 있지만 이것은 **장부상의 재고**이지 **실제로 창고에 그만큼의 수량이 남아 있는지는 알 수 없다.** 실제 기말재고의 수량을 파악하기 위해서는 창고에 있는 재고자산을 조사해야만 알 수 있을 것이다.

■ 실지재고조사법

기말재고수량을 구하는 두번째 방법은 실제로 재고조사를 행하여 파악하는 방법이다.

이 방법은 상품의 매입이 있을 때마다 종류별로 그 내역을 상품재고장에 기록하지만 상품의 매출에 대해서는 별도로 기록하지 않는 방법이다.

따라서 회계기말에 직접 재고를 조사해서 기말재고수량을 파악하기 때문에 이를 **실지재고조사법 또는 실사법(實査法, physical inventory method)**이라고 한다.

이 방법을 사용하면 먼저 회계기말의 기말재고수량을 재고조사에 의해 파악하고, 이를 기초재고수량과 당기매입수량의 합계에서 차감하여 당기의 매출수량을 구한다.

(기초재고수량 +당기매입수량) − 기말재고수량 = 당기매출수량

[예 2] 실지재고조사법에 의한 당기매출수량의 파악

상품재고장을 살펴보니 기초재고는 2개, 당기입고분(당기매입수량)은 8개였다. 당기출고분(당기매출수량)은 기록하지 않아 알 수 없다. 그러나 재고조사를 한 결과 남아 있는 재고는 5개였다. 당기매출수량은 몇개인가 ?

A

당기매출수량 = 기초재고수량 + 당기매입수량 − 기말재고수량 = 2 + 8 − 5 = 5(개)

실지재고조사법을 사용하면 기말에 남아 있는 재고의 수량은 확실하게 파악할 수 있다. 그러나 과연 실지재고조사법을 통해 파악한 당기매출수량이 모두 판매된 것일까?

위의 두 예에서 보는 것처럼 기말에 실제로 있는 재고는 실지재고조사법에 의해 파악된

5개이다. 그리고 판매된 수량은 계속기록법에 의해 기록된 4개이다. 따라서 상품 1개는 판매되지도 않고 기말에 창고에도 없으므로 없어진 것이다. 이와 같이 재고가 분실 · 도난 · 마모 등으로 인해 없어진 것을 **재고감모**라고 하며 그 수량을 **재고감모수량**이라 한다.

재 고 감 모 수 량 = 계속기록법에 의한 기말재고수량 – 재고조사법에 의한 기말재고수량

■ 계속기록법과 실지재고조사법의 병용

실제로 기말재고수량을 파악하기 위해서 계속기록법과 실지재고조사법을 병행하여 사용하는 것이 일반적이다. 따라서 매번 상품이 입 · 출고될 때마다 계속 입 · 출고수량을 기록하여 기말에 남아 있는 장부상의 재고수량을 파악한 후 실지 재고조사를 하여 실제재고수량을 파악한 후에 그 차이를 재고감모수량으로 계산하게 된다.

[예 3] 재고감모수량의 계산

다음 자료에 의해 재고감모수량을 구해보자.

(1) 기초재고수량 : 100개, 당기매입수량 : 900개

(2) 계속기록법에 의한 기중 매출수량 : 850개

(3) 실지재고조사법에 의한 기말재고수량 : 120개

A

장부상의 재고수량 = 100 + 900 – 850 = 150(개)

재고감모수량 = 150 – 120 = 30개

3 기말재고의 단가 계산

기말재고수량이 계산되면 상품의 기말재고액을 산정하기 위해서 상품난위당 원가(줄여서 단가라고 한다)를 파악해야 한다.

상품을 항상 같은 원가로 구입한다면 재고상품의 단가를 구하는 것은 문제가 되지 않는다. 그러나 일반적으로 같은 상품이라고 하더라도 구입하는 시점에 따라 단가가 다르다. 이와 같은 경우에 기말재고상품의 단가가 얼마인지를 파악해야 하는 문제가 발생한다.

예를 들어 어떤 주유소에서 한달동안 세 차례에 걸쳐 다음과 같이 휘발유를 매입하였다고 가정해 보자.

매입량	리터당 매입단가	금액
1,000 ℓ	@ 600	600,000
1,500 ℓ	@ 620	930,000
2,000 ℓ	@ 630	1,260,000
4,500 ℓ		2,790,000

그리고 같은기간 동안 이 주유소는 위 휘발유 중 2,500리터를 판매하고 나머지 2,000리터를 저장탱크에 기말재고로 보유하고 있다고 하자.

그렇다면 월중 판매한 2,500리터의 휘발유와 월말재고로 남아 있는 2,000리터의 리터당 단위원가는 각각 얼마인가?

이 경우에는 단위원가가 서로 다른 휘발유가 혼합되어 판매된 것이기 때문에, 기말재고로 남아 있는 휘발유의 단위원가를 별도로 파악한다는 것은 사실상 불가능하다. 이러한 상황은 휘발유의 경우뿐만 아니라, 입고와 출고가 빈번한 모든 종류의 상품에 해당되는 문제이다.

결국 상품의 단위원가를 결정하기 위해서는 상품이 어떤 흐름에 따라 들어오고 나간다고 **가정**하여야 할 것이다.

상품흐름의 가정을 어떻게 하느냐에 따라 **상품의 단위원가를 결정하는 방법**이 달라지는 데 출고단가를 결정하는 방법에는 선입선출법 · 후입선출법 · 이동평균법 · 총평균법 등이 많이 쓰인다. 후입선출법은 기업회계기준서에서 인정하지 않는다.

선입선출법(先入先出法, first-in first-out method)은 계산상 **먼저 매입한 상품을 먼저 출고**한다는 가정하에서 출고단가를 정하는 방법이다. 그러므로 이 방법하에서는 출고

상품에 대하여는 과거의 입고단가가 적용되는 반면에, 기말재고상품은 최근의 입고단가로 평가된다.

후입선출법(後入先出法, last-in first-out method)은 선입선출법과는 반대의 방법으로서, **최근에 매입한 상품이 먼저 출고**된다는 가정하에서 출고단가를 정하는 방법이다. 그러므로 이 방법하에서는 출고상품에 대하여는 최근의 입고단가가 적용되는 반면에 기말재고상품은 과거의 입고단가로 평가된다.

이동평균법(移動平均法, moving average method)은 단가가 다른 상품이 구입될 때마다 잔액란의 금액과 매입금액의 합계액을 잔액란의 수량과 매입수량과의 합계수량으로 나누어서 평균단가를 구하여 그것을 출고단가로 하는 방법이다. 즉, 상품이 입고될 때마다 상품의 가중평균단가를 수정해 나가는 방법이다.

총평균법(總平均法, gross average method)은 상품을 출고할 때에는 단지 출고수량만을 기입해 두고, 기말에 기간중의 총입고액을 총입고수량으로 나누어서 총가중평균단가를 구하여 그것을 그 기간중의 출고단가로 적용하는 방법이다.

이상과 같은 방법을 간단한 예를 통해 이해해 보자.

[예 4] 기말재고상품의 단가계산

다음은 상품의 매입 · 매출에 대한 기록이다. 선입선출법 · 후입선출법 · 이동평균법 · 총평균법에 따라 3일에 판매된 상품의 매입단가와 4일에 남은 재고 2개의 매입단가를 계산하라.

1일 매입 1개 매입단가 100원	2일 매입 1개 매입단가 140원
3일 매출 1개 판매단가 200원	4일 매입 1개 매입단가 150원

[선입선출법] 매출상품단가 : 100원 기말재고상품단가 : (140+150)/2=145원
[후입선출법] 매출상품단가 : 140원 기말재고상품단가 : (100+150)/2=125원
[이동평균법] 매출상품단가 : 120원 기말재고상품단가 : (120+150)/2=135원
[총 평 균 법] 총매입원가(100+140+150)/3=130원
매출상품단가 : 130원 기말재고상품의 단가 : 130원

이제 구체적으로 상품재고장에 어떻게 기입되는지 살펴보자.

[예 5] 상품재고장에 기입 – 선입선출법, 후입선출법, 이동평균법, 총평균법

한국상사는 탁상용시계를 판매하는 도매상이다. 6월중 발생한 다음의 거래를 보고 탁상용시계를 선입선출법 · 후입선출법 · 이동평균법 · 총평균법에 따라 상품재고장에 기입하여라.

6월 1일 상품의 전기이월액 60개 @₩10,000 ₩600,000
6일 강원상사에 40개(@₩15,000)를 판매하고 대금 ₩600,000은 외상으로 하다.
10일 강원상사에 판매한 상품에 대해서 @ 250원씩 에누리하고 ,
에누리액 ₩80,000은 외상매출금에서 차감하다.
11일 옥포상사에서 100개(@₩10,300, ₩1,030,000)를 외상으로 매입하다.
17일 영동상사에 50개(@₩14,500)를 외상으로 매출하다.
또한 운반비 ₩12,000은 현금으로 지급하다.
19일 한양상사에서 90개(@₩10,250, ₩922,500)를 수표발행해서 구입하다.
인수운임 ₩18,000은 현금으로 지급하다.
27일 성남상사에 60개(@₩15,250, ₩915,000)를 성남상사 발행수표를 받고 매출하다.

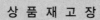

상 품 재 고 장

(선입선출법) 상품명 : 탁상용 시계

20XX년		적 요	입 고			출 고			잔 고		
			수량	단 가	금 액	수량	단 가	금 액	수량	단 가	금 액
6	1	전기이월	60	10,000	600,000				60	10,000	600,000
	6	강원상사				40	10,000	400,000	20	10,000	200,000
	11	옥포상사	100	10,300	1,030,000				20	10,000	200,000
									100	10,300	1,030,000
	17	영동상사				20	10,000	200,000			
						30	10,300	309,000	70	10,300	721,000
	19	한양상사	90	10,450	940,500*				70	10,300	721,000

									90	10,450	940,500
	27	성남상사				60	10,300	618,000	10	10,300	103,000
									90	10,450	940,500
	30	차기이월				10	10,300	103,000			
						90	10,450	940,500			
			250		2,570,500	250		2,570,500			
7	1	전기이월	10	10,300	103,000				10	10,300	103,000
			90	10,450	940,500				90	10,450	940,500

※ 상품재고장은 다음 사항에 유의하여 기장한다.

① 매입환출은 입고한 단가로 출고란에 기입한다.
② 매입에누리는 출고란에 에누리액을 기입하고, 잔고란의 단가 및 금액을 수정한다.
③ 매출환입은 출고단가로 입고란에 기입한다. 또 매출에누리는 상품재고장에 기입하지 않는다.

상 품 재 고 장

(후입선출법) 상품명 : 탁상용 시계

20XX년		적 요	입 고			출 고			잔 고		
			수량	단 가	금 액	수량	단 가	금 액	수량	단 가	금 액
6	1	전기이월	60	10,000	600,000				60	10,000	600,000
	6	강원상사				40	10,000	400,000	20	10,000	200,000
	11	옥포상사	100	10,300	1,030,000				20	10,000	200,000
									100	10,300	1,030,000
	17	영동상사				50	10,300	515,000	20	10,000	200,000
									50	10,300	515,000
	19	한양상사	90	10,450	940,500				20	10,000	200,000
									50	10,300	515,000
									90	10,450	940,500
	27	성남상사				60	10,450	627,000	20	10,000	200,000
									50	10,300	515,000
									30	10,450	313,500
	30	차기이월				20	10,000	200,000			
						50	10,300	515,000			
						30	10,450	313,500			
			250		2,570,500	250		2,570,500			
7	1	전기이월	20	10,000	200,000				20	10,000	200,000
			50	10,300	515,000				50	10,300	515,000
			30	10,450	313,500				30	10,450	313,500

상 품 재 고 장

(이동평균법)

상품명 : 탁상용 시계

20XX년		적 요	입 고			출 고			잔 고		
			수량	단 가	금 액	수량	단 가	금 액	수량	단 가	금 액
6	1	전기이월	60	10,000	600,000				60	10,000	600,000
	6	강원상사				40	10,000	400,000	20	10,000	200,000
	11	목포상사	100	10,300	1,030,000				120	10,250*	1,230,000
	17	영동상사				50	10,250	512,500	70	10,250	717,500
	19	한양상사	90	10,450	940,500				160	10,362^{50}	1,658,000
	27	성남상사				60	10,362^{50}	621,750	100	10,362^{50}	1,036,250
	30	차기이월				100	10,362^{50}	1,036,250			
			250		2,570,500	250		2,570,500			
7	1	전기이월	100	10,362^{50}	1,036,250				100	10,362^{50}	1,036,250

* 6월 11일의 잔고란 단가는 다음과 같이 계산한다.
(200,000+1,030,000)÷(20+100)=10,250

상 품 재 고 장

(총평균법)

상품명 : 탁상용 시계

20XX년		적 요	입 고			출 고			잔 고		
			수량	단 가	금 액	수량	단 가	금 액	수량	단 가	금 액
6	1	전기이월	60	10,000	600,000				60	10,000	600,000
	6	강원상사				40	10,282*	411,280	20		
	11	목포상사	100	10,300	1,030,000				120		
	17	영동상사				50	10,282*	514,100	70		
	19	한양상사	90	10,450	940,500				160		
	27	성남상사				60	10,282*	616,920	100		
	30	차기이월				100	10,282*	1,028,200		10,282*	1,028,200
			250		2,570,500	250		2,570,500			
7	1	전기이월	100	10,282*	1,028,200				100	10,282*	1,028,200

* (₩600,000 + ₩1,030,000 + 940,500) ÷ (60 + 100 + 90) = ₩10,282

3. 상품의 결산분개

1 상품과 관련한 결산정리분개

이제 위에서 설명한 바와 같이 기말상품재고액을 구하면 매출원가를 구할 수 있고, 매출총이익을 구할 수 있다.

(기초상품재고액 +당기매입액) – 기말상품재고액 = 매출원가

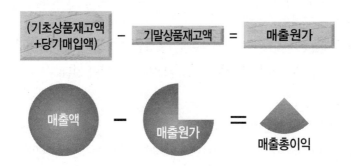

회계에서는 분개와 계정을 사용해서 모든 계산을 한다. 따라서 위와 같은 매출총이익의 계산도 분개와 계정을 통해서 계산한다. 그러면 기말에 매출총이익이 분개를 통해 어떻게 기록되는지 살펴보자.

① 상품계정에 있는 기초상품재고액을 매출원가계정 차변으로 대체한다.

(차) 매출원가	2,000	(대) 상	품	2,000

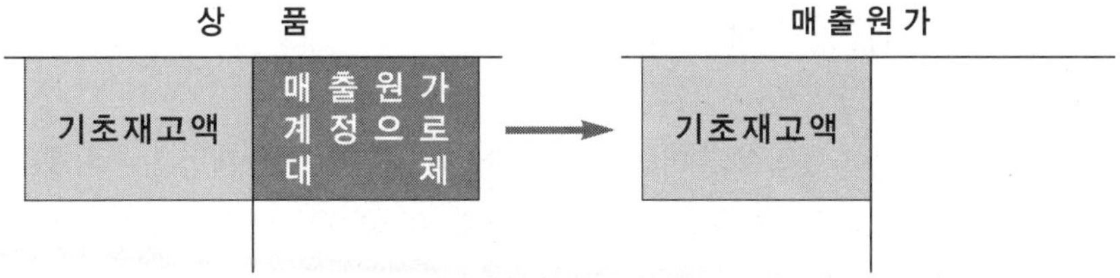

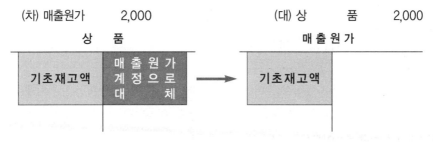

② 매입계정에 있는 당기상품매입액을 매출원가계정 차변으로 대체한다.

(차) 매출원가	30,000	(대) 매	입	30,000

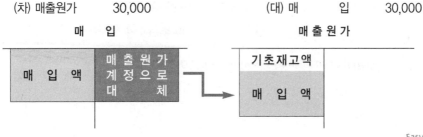

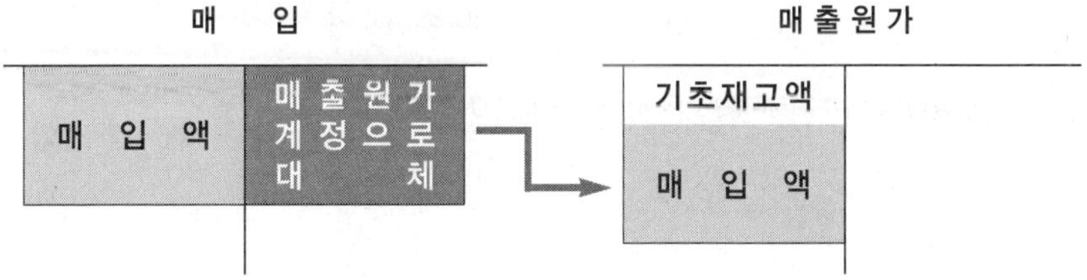

② 기말상품재고액을 매출원가계정에서 상품계정 차변으로 대체한다.

(차) 상　　품　　4,000　　　　(대) 매출원가　　4,000

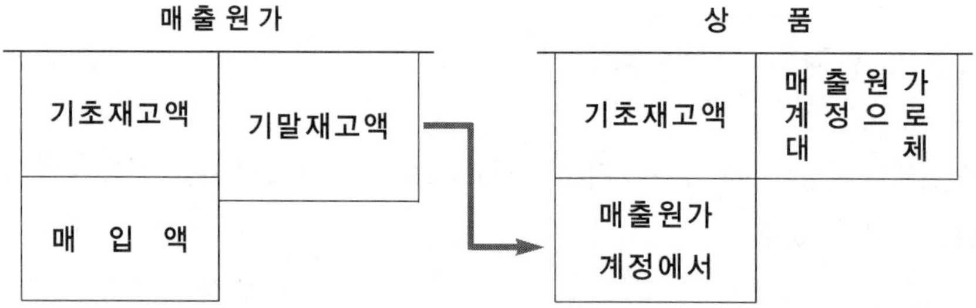

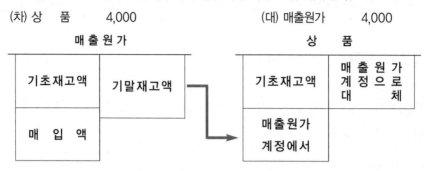

이렇게 하면 매출원가계정의 차변잔액은 (기초상품재고액+매입액−기말상품재고액)으로 매출원가가 되고 상품계정의 잔액은 기말의 상품재고액이 된다.

[예 1] 상품과 관련한 결산정리분개

기초상품재고액은 ₩100, 당기매입액은 ₩900, 당기매출액은 ₩900이다. 기말재고액이 ₩200이라면 결산시 상품과 관련한 결산정리분개는 ?

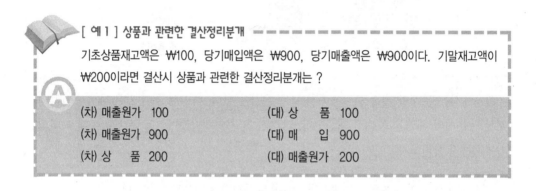

(차) 매출원가　100　　　　(대) 상　　품　100
(차) 매출원가　900　　　　(대) 매　　입　900
(차) 상　　품　200　　　　(대) 매출원가　200

2 상품과 관련한 결산대체분개

우리는 이미 앞의 결산에서 장부의 마감절차를 배웠다. 수익 · 비용계정은 손익계정으로 대체분개를 해야 한다. 따라서 결산수정분개와 전기를 한 후에는 매출계정은 수익계정이고 매입계정은 비용계정이므로 손익계정으로 대체분개를 해야 한다.

① 매출계정의 대변잔액을 손익계정의 대변에 대체한다.

(차) 매　　출　900　　　　(대) 손　　익　900

② 매출원가의 차변잔액을 손익계정의 차변에 대체한다.

(차) 손　　익　800　　　　(대) 매출원가　800

'①·②'와 같이 하면 손익계정의 대변에는 매출액이, 차변에는 매출원가가 기입된다. 따라서 그 차액은 매출총이익이 된다.

[예 1] 상품과 관련한 결산정리분개

기초상품재고액은 ₩100, 당기매입액은 ₩900, 당기매출액은 ₩900이다. 기말재고액이 ₩200이라면 결산시 상품과 관련한 결산대체분개는 ?

A

(차) 매 출	900	(대) 손 익	900
(차) 손 익	800	(대) 매출원가	800

3 상품매매의 기록방법 정리

3분법으로 상품매매를 기록하는 방법을 정리해 보자.

① 기중의 거래

상품을 매입할 경우에는 매입금액을 매입계정의 차변에 기록하고 매입대가는 해당계정의 대변에 기록한다.

(차) 매 입	×××	(대) 현 금	×××

상품을 매출하면 매출금액을 매출계정의 대변에 기록하고 매출대가는 해당계정의 차변에 기록한다.

(차) 현 금	×××	(대) 매 출	×××

② 기말의 처리

가. 결산정리분개

상품계정의 차변잔액(기초상품재고액)을 매출원가계정으로 대체하고, 매입계정에 있는 당기상품매입액을 매출원가 차변으로 대체한다. 이렇게 하면 매출원가계정은 기초상품재고액+당기매입액으로 당기에 판매가능한 상품총액(원가)을 나타낸다.

(차) 매 출 원 가	×××	(대) 상 품	×××
(차) 매 출 원 가	×××	(대) 매 입	×××

기말에 남아 있는 상품재고액(기말상품재고액)을 매출원가계정에서 상품계정으로 대체한다. 이렇게 하면 매출원가계정의 차변잔액은 매출원가(기초상품재고액+당기매입액−기말재고액)를 나타내고 상품계정의 차변잔액은 기말에 남아 있는 상품재고액을 나타내게 된다.

(차) 상　　　품　×××　　(대) 매 출 원 가　×××

나. 결산대체분개

매출계정의 대변잔액을 손익계정에 대체한다.

(차) 매　　　출　×××　　(대) 손　　　익　×××

매출원가계정의 차변잔액을 손익계정에 대체한다.

(차) 손　　　익　×××　　(대) 매 출 원 가　×××

손익계정에 대체된 매출계정의 대변잔액과 매출원가계정의 차변잔액의 차이는 매출총이익을 나타낸다.

[예] 재고자산의 회계처리

기초상품재고액은 ₩4,000, 당기매입액은 ₩20,000, 당기매출액은 ₩25,000이다. 기말상품재고액이 ₩7,000인 경우 기중분개와 결산과정을 나타내면?

(1) 상품매입

(차) 매　　　입　20,000　　(대) 현　　　금　20,000

(2) 상품매출

(차) 현　　　금　25,000　　(대) 매　　　출　25,000

(3) 결산시

① 수정전 시산표 작성

수정전 시산표

⋮		⋮	
상 품(기초)	4,000		
⋮			
매 입	20,000	매 출	25,000

② 기말결산분개

(차) 매 출 원 가	4,000	(대) 상 품	4,000
(차) 매 출 원 가	20,000	(대) 매 입	20,000
(차) 상 품	7,000	(대) 매 출 원 가	7,000

③ 수정후 시산표 작성

수정후 시산표

⋮		⋮	
상 품(기말)	7,000		
⋮			
매 출 원 가	17,000	매 출	25,000

④ 장부마감

(차) 매 출	25,000	(대) 손 익	25,000
(차) 손 익	17,000	(대) 매 출 원 가	17,000

4. 재고감모손과 재고평가손

1 재고감모손

앞에서 계속기록법과 재고조사법에 의하면 재고감모수량이 나타나는 경우가 있다고 하였다. 장부(상품재고장)상의 재고수량보다 실제 재고수량이 적으면 이 차이를 **재고자산감모수량**이라 하며, 이것에 단위원가를 곱한 금액이 **재고자산감모손실**이다.

재고자산감모손실이란 상품을 보관하는 과정에서 파손, 마모, 도난, 분실, 증발 등으로 인하여 기말에 상품재고장에 기록된 장부상의 재고수량보다 실제재고량이 적은 경우에 발생하는 손실을 말한다. 재고자산감모손실이 발생한 경우에는 장부상의 기말재고액을 감소시키고 감모손실만큼 비용으로 처리 해야한다. 원가성이 있는 감모손실은 매출원가로 원가성이 없는 감모손실은 기타비용으로 처리한다.

[예 1] 재고자산감모손실

기초상품재고액은 100원, 당기매입액은 900원, 당기매출액은 900원이다. 장부상의 기말재고액은 200원이었으나 재고자산감모손실이 50원이었다. 따라서 실제기말재고액은 150원이었다. 상품과 관련한 결산정리분개는 ? 〈감모손실은 원가성이 있는 것으로 본다〉

A

(차) 매 출 원 가	100	(대) 상 품	100
(차) 매 출 원 가	900	(대) 매 입	900
(차) 상 품	150	(대) 매 출 원 가	150

2 재고평가손

기말에 재고자산이 실제 존재하지만 재고자산의 순실현가능가치*, 즉 시가가 원가보다 적은 것으로 평가되는 경우가 있다. (*여기서 순실현가능가치란 추정판매가액에서 판매시까지 정상적으로 발생하는 추정비용을 차감한 가액을 말한다. 초보자 입장에서는 일단 넘어가도 무방하리라 생각된다.)

이러한 경우 재고자산은 원가와 시가 중 적은 금액으로 평가하게 되는데 이를 **저가법**이라 한다. 저가법에 의해 평가하는 경우에는 **재고자산평가손실**을 계상하여 발생한 기간에 비용으로 인식하고 재고자산평가 충당금계정을 설정한다.

[예 2] 재고자산평가손실

기초상품재고액은 100원, 당기매입액은 900원, 당기매출액은 900원이다. 장부상의 기말재고액과 실지재고액은 일치하였으며 200원이었다. 그러나 재고자산의 시가(150원)가 원가보다 적어 그 차액을 재고자산평가손실로 계상하기로 하였다. 상품과 관련한 결산정리분개는 ?

A

(차) 매 출 원 가	100	(대) 상 품	100
(차) 매 출 원 가	900	(대) 매 입	900
(차) 상 품	200	(대) 매 출 원 가	200
(차) 매 출 원 가	50	(대) 재고자산평가충당금	50

참고를 위 [예2]에 대한 약식 재무상태표와 포괄손익계산서를 예시하면 다음과 같다.

재무상태표

재고자산		
상 품	200	
평 가 충 당 금	(50)	150

포괄손익계산서

매 출 액		900
매 출 원 가		850
기초상품재고액	100	
당기상품매입액	900	
기말상품재고액	(150)	
매출총이익		50

재고자산의 저가법 적용과 관련하여 주의할 사항은 다음과 같다.

① 원재료 및 소모품 등을 투입하여 생산할 제품이 원가 이상으로 판매될 것으로 예상하는 경우에는 원재료 및 소모품 등에 대해서는 저가법을 적용하지 않는다. 따라서 실무적으로는 제품, 상품 및 재공품에 대해서만 저가법을 적용하는 것이 일반적이다.

② 항목별 기준으로 저가법을 적용하는 것을 원칙으로 하되, 재고자산들이 서로 유사하거나 관련있는 경우에는 조별기준으로도 저가법을 적용할 수 있다. 따라서 총계기준은 인정하지 않는다.

③ 기말상품재고액은 장부상 가액에서 감모손실과 평가손실을 차감한 금액으로 기록된다.

④ 매출원가(당기에 비용으로 처리되는 재고자산)는 다음의 세 가지 금액의 합계액이다.

당기에 판매목적으로 소비한 상품 + 재고자산감모손실 + 재고자산평가손실

= 매출원가

5. 특수한 상품매매거래

지금까지 설명한 내용은 가장 일반적인 상품매매거래와 관련한 것이었다. 이제부터는 특수한 상품매매와 관련하여 발생하는 거래에 대하여 살펴 보기로 하자.

1 미착상품의 매매

때로는 외국과 같이 멀리 떨어진 지역으로부터 상품을 매입하는 경우가 있다. 이 경우 회계연도말 현재 소유권은 이미 이전되었지만 운송중에 있는 상품을 **미착상품**(未着商品, goods to arrive)이라 한다.

미착상품은 그 상품 실물 자체는 기업에 있지 않지만 이미 소유권은 기업으로 이전되어 있는 상태이므로 매입자의 재고자산으로 처리하여야 한다. 다만 기업의 소유이기는 하지만 기업 내에 있는 상품과 구별하기 위하여 별도의 회계처리가 필요하다.

■ 미착상품의 매입

미착상품을 매입한 경우 이를 점포에 있는 상품과 구별하기 위하여 자산계정인 미착상품계정의 차변에 기입한다.

[예 1] 미착상품의 매입

부산상사으로부터 월말에 도착예정인 상품 ₩3,000,000을 외상으로 매입하고 선하증권을 받다.

(차) 미착상품	3,000,000	(대) 외상매입금	3,000,000

■ 미착상품의 도착

후에 상품이 실제로 도착하면 미착상품계정에서 매입계정으로 대체 기입한다.

[예 2] 미착상품의 도착

위의 상품이 도착하였으므로 선하증권과 상환으로 상품을 찾고,
인수운임 ₩80,000을 현금으로 지급하다.

(차) 매 입	3,080,000	(대) 미착상품	3,000,000
		현 금	80,000

위의 회계처리를 보면 알 수 있는 것처럼 미착상품계정은 결국 상품이 도착하게 되면 없어지지만 일반상품과 구별하기 위해서 임시로 설정해서 관리하기 위한 계정이라고 할 수 있다.

2 위탁판매

출판물과 같이 기업 자체에서 전국적인 판매유통망이 없는 경우에는 일정한 수수료를 지급하기로 타지역의 판매업자와 계약을 하고 위탁하여 상품을 판매할 수 있다. 이와 같이 다른 사람에게 위탁하여 상품을 판매하는 것을 **위탁판매(委託販賣)**라 한다.

위탁판매를 하게 되면 기업 내에 있는 상품이 위탁판매업자에게로 옮겨진다. 위탁판매를 하기 위하여 발송한 상품을 기업 내의 상품과 구별하기 위하여 **적송품(積送品)**이라 하는데 이러한 위탁판매에 대한 별도의 회계처리가 필요하다.

■ 상품의 적송

위탁판매를 위하여 상품을 적송한 때에는 점포에 있는 상품과 구별하여 적송품계정을 설정하여 상품의 원가와 적송 제비용을 그 차변에 기입한다.

[예 3] 상품의 위탁

6월 15일 광복상사에 위탁판매계약을 맺었다. 그리고 A상품(매입원가 ₩2,000,000)을 운송업자를 통해 광복상사에 적송하고, 적송비용 ₩20,000은 운송업자에게 현금으로 지급하였다.

(차) 적 송 품	2,020,000	(대) 매 입	2,000,000
		현 금	20,000

■ 적송품의 판매통지

수탁자는 수탁받은 적송품을 판매하고 판매금액에서 자신이 부담한 비용과 수수료를 제

외한 나머지 금액을 이러한 내역이 기재된 매출계산서와 함께 통지하게 된다.

위탁자는 수탁자로부터 매출계산서를 받으면 적송품이 판매된 것이기 때문에 **적송품원가**를 적송품계정 대변에 기입하고, **매출손익**은 **적송품매출이익** 또는 **적송품매출손실**계정에 기입한다.

[예 4] 판매통지

7월 10일 광복상사으로부터 다음과 같은 매출계산서와 실수금 ₩2,684,500을 우편환수표 #45로 받다. 우편환수표는 즉시 당좌예금하였다.

매 출 계 산 서		
총매출액		₩2,850,000
제비용		
운반비	12,000	
보관료	7,000	
잡 비	4,000	
수수료(매출액의 5%)	142,500	165,500
송금액		2,684,500

A

(차) 당좌예금	2,684,500	(대) 적 송 품	2,020,000
		적송품매출이익	664,500

적송품은 수탁처가 적을 때에는 수탁자의 인명 또는 지명을 붙인 적송품계정을 총계정원장에 설정하여 처리한다. 그러나 수탁처가 많을 때에는 **적송품원장**이란 보조원장을 두고 수탁처별로 기입하는 동시에 총계정원장에서는 적송품이란 하나의 통제계정을 두고 이 곳에서 모든 적송품을 총괄하는 것이 바람직하다.

3 할부판매

상품을 판매할 때 판매대금을 모두 받지 않고 월부 · 반년부 · 연부 등으로 정기적으로 분할하여 받기로 약속하는 경우가 있다. 이것을 **할부판매(割賦販賣,** installment sales)라고 한다.

할부판매의 경우에는 고객에게 상품을 인도하고, 그 대금은 미래의 기간에 받게 되므로, 판매시점에서 상품의 매출이익을 모두 계상할 것인가, 아니면 할부금의 입금을 기준으로 매출이익을 계상할 것인가가 문제가 된다.

일반적으로 할부판매는 **일반상품의 매출과 동일한 방법**으로 회계처리를 한다. 즉, 할무매출에 대한 수익은 원칙적으로 상품을 인도하는 날인 판매시점에서 인식하여야 한다. 다만, 할부매출로 인한 경제적 효익의 유입이 불확실한 경우(예컨대, 현금회수가능성을 합리적으로 예측할 수 없는 경우)에는 현금을 회수한 시점에 수익을 인식하여야 한다.

4 상품권 등의 판매

상품권을 판매하는 경우에는 상품권의 판매시점에 상품권의 판매대가인 현금 등을 먼저 수취하게 되고 앞으로 상품 등을 제공할 의무가 생기게 된다.

이를 표시하기 위해 선수금계정이 사용된다.

[예 1] 상품권의 판매

상품권 액면 ₩100,000을 현금 ₩98,000을 받고 판매한다.

(차) 현　　금	98,000	(대) 선 수 금	100,000
상품권할인액	2,000		

상품권을 회수한 시점에 매출을 인식하고 선수금계정을 삭제한다.

[예 2] 상품권의 회수

(1) 상품권 액면 ₩100,000을 받고 상품 ₩100,000을 판매한다.

(2) 상품권 액면 ₩100,000을 받고 상품 ₩95.000을 판매하고 잔액은 환급하여 주다.

(1)	(차) 선 수 금	100,000	(대) 매　　출	100,000
(2)	(차) 선 수 금	100,000	(대) 매　　출	95,000
			현　　금	5,000

6. 재고활동과 재무제표

재고활동에 의해 영향을 미치는 재무제표의 계정들을 살펴보기로 하자.

재무상태표에서는 상품 등의 재고자산이, 포괄손익계산서에서는 매출원가와 재고자산 평가손실 및 재고자산감모손실이 재고활동에 의해 영향을 받는 계정이 된다.

개별법과 매출가격환원법

재고자산의 평가방법으로는 앞의 네가지 방법 이외에 개별법과 매출가격환원법을 사용할 수 있다고 규정하고 있다. 개별법은 상품을 취득할때 상품별로 구입가격표를 부착한 후 남아있는 재고자산의 구입가격표를 합계하여 기말재고액을 계산하는 방법이다. 이 방법은 개별성이 강하고 비교적 고가인 상품, 귀금속 · 보석 등에 적용되는 방법이다.

매출가격환원법은 주로 백화점이나 소매기관 등에서 이용되는 재고자산평가방법이다.

이 방법을 적용하기 위한 기본적인 전제는 기초재고상품과 당기에 매입한 상품의 매출가격을 알고 있어야 한다는 것이다.

즉, 기초재고상품과 당기에 매입한 상품의 원가와 판매가격을 알게 되면 상품의 원가와 매출가격사이의 관계(즉, 원가율 = 원가 / 매출가격)를 알 수 있게 된다. 당기매출액을 파악하면 (기초재고상품의 매출가격 + 당기매입상품의 매출가격) − 당기매출의 식으로 계산하여 기말재고상품의 매출가격을 알 수 있게 되고, 이에 원가율을 곱하면 기말재고상품의 원가를 알게 된다

예를 들어보자.

	원 가	매출가격
기초재고액	₩100,000	₩150,000
당기매입액	500,000	850,000
판매가능제품액	₩600,000	₩1,000,000
매출액		800,000
기말재고액(매출가격)		₩200,000
기말재고액(원가)	₩120,000 *	

* 원가율 = 600,000 ÷ 1,000,000 = 60%

₩200,000 × 60% = 120,000

이러한 매출가격환원법은 당해 회사의 업종이나 재고자산의 특성에 비추어 다른 방법을 적용하는 것보다 합리적이고 인정되는 경우에 한하여 적용할 수 있다.

제15장. 판매와 관리활동

1. 판매와 관리활동의 의미
2. 급여와 복리후생비
3. 퇴직급여와 퇴직급여충당부채
4. 광고선전비 · 접대비 · 여비교통비
5. 기타의 판매비와 관리비
6. 판매 · 관리활동과 재무제표

제15장. 판매와 관리활동

1. 판매와 관리활동의 의미

영업활동이란 상품을 매입하고 판매하는 활동이며 이 활동을 통해 매출총이익이 발생한다. 매출총이익은 상품의 판매액에서 상품의 원가, 즉 매출액에서 영업비용인 매출원가를 차감한 것이었다.

그러나 기업이 영업활동을 하다 보면 매출원가 이외에도 많은 비용이 발생한다.

<판매활동>

상품을 판매하기 위해서는 직접 상품을 운반하는 일뿐만이 아니라 상품이 원활히 공급되도록 매입 · 매출을 지휘하는 활동, 보다 판매가 잘 되도록 광고를 하고 사은품을 증정하는 판매촉진활동 등을 하게 된다. 또한 거래처를 만나 교제를 함으로써 새로운 판매시장을 개척하고 기존 시장을 확대하는 활동 등도 하게 된다.

이러한 활동들이 모두 **판매활동**에 포함된다. 이러한 판매활동을 하는 데에는 필연적으로 비용이 들 수밖에 없다. 기업회계에서는 이러한 활동을 하는 데 드는 비용을 **판매비**(販賣費)라고 한다.

한편 기업에서는 이와 같은 판매활동에 직접 관련되지는 않더라도 기업을 유지하고 관리하기 위한 활동도 수행한다.

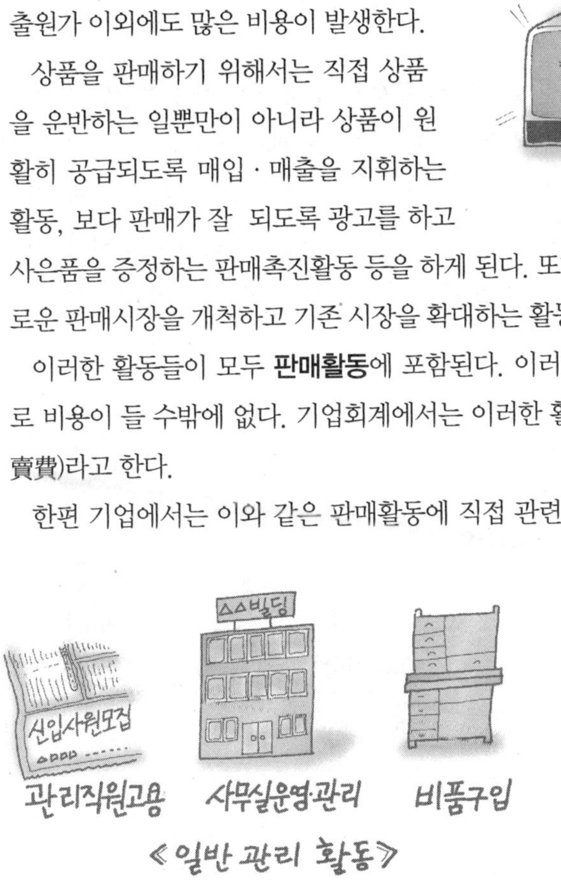

《일반 관리 활동》

예를 들면 기업을 경영하기 위하여 관리직원을 고용하거나 사무실을 빌리거나, 사무실을 운영하고 관리하기 위해 보험료를 지급하거나 비품을 구입하고 전기 · 전화 · 수도 등을 사용한다.

이와 같이 기업을 전반적으로 관리하는 활동을 **관리활동**이라고 한다. 기업회계에서는 이러한 관리활동을 하면서 쓰게 되는 비용을 **관리비(管理費)**라고 한다.

그러면 이러한 판매비와관리비는 어떻게 기록되는가? 판매비와 관리비는 기능별 표시 방법과 성격별 표시방법 중 하나로서 비용을 세분류하여 기록하여야 한다.

판매비와관리비는 영업활동을 하면서 발생하는 비용으로서 판매비와관리비가 지출될 때는 **그 내역**이 **차변**에 기록되고 **그 대가**로 지출되는 현금 등은 **대변**에 기록된다.

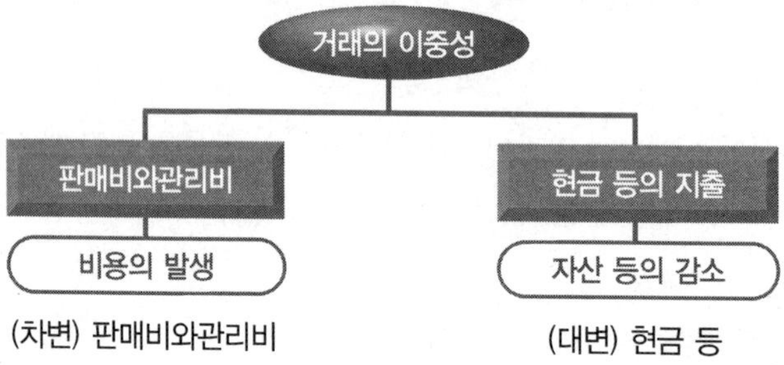

상품을 판매하면 매출이라는 수익이 계상되는 동시에 그 대가가 기록되었다. 그리고 수익에 대응하여 기업에 있던 자산인 판매된 상품이 원가로서 매출원가라는 비용(비용이란 수익을 얻기 위해 사용된 금액이다)계정에 기록되었다. 판매와 관리활동을 하게 되면 필연적으로 자산이 기업으로부터 빠져 나간다. 이 자산들은 매출이라는 수익을 얻기 위해서 희생된 것이다. 따라서 이와 같이 희생된 금액을 판매비와관리비라는 비용으로 계상하게 된다.

그러나 모든 영업활동에서 발생하는 비용을 판매비와관리비로 기록하기에는 활동들이 너무나 많고 다양하다. 따라서 활동들의 특징을 살린 계정과목을 사용하는 것이 바람직하다.

그러면 판매비와관리비는 구체적으로 어떤 것들이 있으며 이런 활동들을 하면서 비용이 지출되면 어떻게 기록하는지를 살펴보자.

2. 급여와 복리후생비

1 급 여

기업은 영업활동에 참여하는 종업원에게 그 대가를 지불한다. 기업회계기준에서는 **근로자가 근로를 제공한 대가로 받는 모든 급여**를 **급여**라는 용어로 표현하고 있다. 일반적으로 급여에는 맡은 직무와 근속연수 등을 기준으로 하여 정해지는 **기본급**(흔히 본봉이라고 한다)과 가족수당, 통근수당, 주택수당, 잔업수당 등의 각종 **수당**이 있고 일정기간마다 받게 되는 **상여금**이 있다.

급 여 = 본 봉 + 수 당 + 상여금

급여의 명칭

급여의 명칭은 일상적으로 사용하는 용어이기 때문에 명확한 구별은 어렵지만 봉급 · 급여 · 보수는 정신적 근로자가, 임금은 육체적 근로자가 근로를 제공한 대가로 정기적으로 지급받는 금액을 말한다. 상여는 흔히 보너스라고 하는 것으로 봉급 · 급여 · 임금 등에 가산하여 부정기적으로 지급받는 금액을 의미한다. 수당은 봉급 · 급여 · 임금 등에 가산하여 별도의 명목이나 기준에 따라 지급받는 금액을 말한다.

급여는 이와 같이 계산되어 기업에서는 월급날 전에 급여를 지급할 준비를 하게 된다. 따라서 정확한 급여계산을 위해서 아래와 같은 **급여대장**을 준비하여 작성해 놓는 것이 필요하다.

(1) 월분 급여 지급명세서

회사명 : 어울림

순위	직위	성 명	주민등록번호	지 급 내 용					공 제 내 용				차감수령액	수령자 인	비 고
				기본급	상여	수당		계	소득세	지방소득세		계			
		박영호	610717-1648411	700,000				700,000	8,900	890		9,790	690,210		
		이기숙	5504119-2120112	500,000				500,000	4,810	480		5,290	494,710		
		이서미	700605-2122028	500,000				500,000	4,810	480		5,290	494,710		
								1,700,000	18,520	1,850		20,370	1,679,630		

※ 이러한 급여대장은 관리상의 필요에 의해서는 물론, 나중에 근로소득세를 정확히 원천징수하기 위해서도 필요하다.

2 예수금

그렇지만 기업에서는 월급날에 급여를 전부 종업원에게 지급하는 것은 아니다. 왜냐하면 급여를 받는 근로소득자는 근로소득의 일정 비율을 소득세법에 따라 **소득세** 등을 세금으로 내야 하기 때문이다.

소득세법에 의하면 근로소득을 종업원들에게 지급하는 회사는 세무서를 대신해서 소득자의 월급에서 세금만큼을 징수하도록 하고 있다. 이것을 **원천징수(源泉徵收)**라고 하는데 회사는 원천징수한 세금을 다음달에 관할세무서에 내야 한다.

소득세 이외에 원천징수되는 항목은 여러 가지가 있을 수 있는데 그 중 대표적인 것으로 **건강보험료**가 있다. 종업원이 부담하는 건강보험료도 소득세와 마찬가지로 급여를 지급하면서 회사가 원천징수하여 갖고 있다가 다음달에 국민건강보험공단에 내게 된다.

이와 같이 소득세, 건강보험료 등의 원천징수금액은 회사가 세무서와 국민건강보험공단에 납부하기 전에 일시적으로 회사가 **미리(預) 받아 놓는(受) 돈(金)**이기 때문에 내기 전까지는 세무서와 국민건강보험공단에 빚(채무)을 지고 있는 것이다. 이러한 부채를 **예수금(預受金)**이라고 한다.

따라서 급여지급시에는 각종 공제액을 빼기 전의 총지급액을 급여계정의 차변에 기록한다. 그리고 소득세, 건강보험료 등의 공제액은 부채이기 때문에 소득세예수금, 건강보험료예수금 등의 대변에 그 금액을 기록한다.

그리고 총지급액에서 각종 공제액을 빼고 순지급액을 현금으로 지급할 경우에는 현금계정, 당좌수표로 지급할 경우에는 당좌예금계정의 대변에 기록한다.

[예 1] 급여의 지급

9월 25일 9월달의 급여 ₩1,000,000 중에서 소득세예수금 ₩80,000, 건강보험료예수금 ₩20,000을 제외한 ₩900,000을 현금으로 지급하였다.

A

(차) 급 여	1,000,000	(대)	소 득 세 예 수 금	80,000
			건강보험료예수금	20,000
			현 금	900,000

그리고 원천징수한 소득세예수금을 다음달에 세무서에 납부하면 부채인 예수금이 없어지므로 차변에는 예수금, 대변에는 현금으로 기록한다.

[예 2] 예수금의 납부

지난 달 급여지급시 예수했던 소득세예수금 ₩80,000을 세무서에 납부하다.

A

(차) 소득세예수금	80,000	(대) 현 금		80,000

3 복리후생비

국민건강보험공단에 건강보험료를 납부할 경우에는 종업원으로부터 받은 건강보험료예수금 뿐만 아니라 국민건강보험법에 의해 기업도 기업비용으로 종업원의 건강을 위해 건강보험료를 납부해야 한다.

이와 같이 기업이 부담하는 건강보험료는 종업원의 건강과 생활증진, 즉 복리후생을 위해 지출된 비용이므로 이를 **복리후생비(福利厚生費)**라고 한다.

따라서 건강보험료 납부시에는 차변에는 건강보험료예수금과 기업이 부담한 건강보험료를 복리후생비로 기록하고 대변에는 현금 등으로 기록된다.

[예 3] 복리후생비에 속하는 건강보험료

지난 달에 종업원들로부터 예수한 건강보험료예수금 ₩20,000과 회사가 부담해야 할 건강보험료 ₩20,000을 국민건강보험공단에 납부하였다.

(차) 복 리 후 생 비	20,000	(대) 현 금	40,000
건강보험료예수금	20,000		

복리후생비는 회사가 부담한 건강보험료뿐인가? 그렇지는 않다. 기업이 자발적으로 종업원의 건강과 생활 등의 복리후생을 위해서 **운동회비용, 여행비용, 회식비, 경조비**를 지출하거나 사무복을 만드는 데 든 비용도 복리후생비로 처리한다.

[예 4] 복리후생비

종업원들의 사기를 올리기 위해 식사를 하고 음식대금으로 ₩300,000을 지출했다.

(차) 복리후생비	300,000	(대) 현 금	300,000

3. 퇴직급여와 퇴직급여충당부채

근로자를 고용하고 있는 기업은 회사에 장기간 근속하고 퇴직하는 근로자들을 위하여 회사의 규정 또는 법의 규정에 따라 퇴직급여를 지급하는 것이 일반적이다. 퇴직급여도 근로자가 근로를 제공한 대가로 받는 것이다. 따라서 퇴직급여도 급여이므로 비용으로 처리하여야 한다.

그러나 퇴직급여는 근로자가 퇴직할 때 지급하는 것이기 때문에 퇴직시에 퇴직급여를 모두 비용으로 계상한다면 기업의 이익계산에 문제가 발생한다.

예를 들어 퇴직급여지급규정이 근로자가 근무한 연수에 퇴직 전 3개월 평균급여를 지급하도록 되어 있다고 하자. (근로자퇴직급여보장법상의 규정이다.)

그렇다면 이 근로자의 근무연수에 따라 퇴직급여는 결산일을 기준으로 할 때 근속연수가 길어질수록 다음과 같이 증가한다.

근속연수	1년	2년	3년	4년
3개월평균급여	1,000,000	1,200,000	1,400,000	1,600,000
지급해야 할 퇴직급여	1,000,000	2,400,000	4,200,000	6,400,000
1년전과의 차이	1,000,000	1,400,000	1,800,000	2,200,000

퇴직급여의 성격은 근로자가 근무한 대가이기 때문에 **매년 증가하는 퇴직급여는 해당 연도의 비용**으로 계상되어야 한다. 따라서 회계처리는 우선 다음과 같이 되어야 할 것이다.

(차) 퇴직급여 ××× (대) ? ×××

차변에는 퇴직급여인 비용계정이 계상되지만 아직 퇴직을 하지 않았기 때문에 대변에 기록할 항목이 문제이다.

대변에는 앞으로 지출될 퇴직급여의 지급에 대비하기 위한 충당부채로서 **퇴직급여충당부채**를 설정하여야 한다.

퇴직급여충당부채란 이와 같이 **종업원이 퇴직할 때 의무적으로 지급할 퇴직급여에 대한 준비로서, 매기 정해진 금액을 비용으로 계상하기 위해 설정하는 충당부채**를 말한다.

이때 '매기 정해진 금액'이란 기말 현재로 전 임직원이 일시에 퇴직한다면 지급하여야 할 퇴직급여총액에서 현재까지의 퇴직급여충당부채누계를 차감한 잔액을 말한다.

기업은 매기말에 이 금액을 계산하여 비용으로서 퇴직급여계정의 차변에 기록하고 퇴직급여충당부채라는 부채계정의 대변에 기록한다.

임직원이 **퇴직할 경우**에는 **퇴직급여지급액**을 **퇴직급여충당부채의 차변**에 기록한다. 퇴직급여충당부채가 **모자랄 경우**에는 **퇴직급여**로서 **비용**으로 계상한다.

[예 1] 퇴직급여충당부채

(1) ×2년 12월 31일 결산일에 퇴직급여충당부채를 계산한 바, 전임직원이 퇴직한다면 지급해야 할 퇴직급여액이 ₩10,000,000으로 계산되었다.
현재 퇴직급여충당부채잔액은 ₩6,000,000이다.

(2) ×3년 3월 근로자 2명이 퇴직하여 퇴직급여 ₩8,000,000을 현금으로 지급하다.

(3) ×3년 6월 근로자 4명이 퇴직하여 퇴직급여 ₩5,000,000을 현금으로 지급하다.

A

(1) (차) 퇴 직 급 여 4,000,000 (대) 퇴직급여충당부채 4,000,000
(2) (차) 퇴직급여충당부채 8,000,000 (대) 현 금 8,000,000
(3) (차) 퇴직급여충당부채 2,000,000 (대) 현 금 5,000,000
퇴 직 급 여 3,000,000

결산시 남아 있는 퇴직급여충당부채잔액이 퇴직급여추계액 총액을 **초과**할 경우에는 해당금액을 **퇴직급여충당부채계정**의 **차변**과 **퇴직급여충당부채환입**계정의 **대변**에 기록하여야 한다.

[예 2] 퇴직급여충당부채의 환입

×2년 12월 31일 결산일에 퇴직급여충당부채를 계산한 바 전임직원이 퇴직한다면
지급해야 할 퇴직급여액이 ₩10,000,000으로 계산되었다.
현재 퇴직급여충당부채 잔액은 ₩15,000,000이다.

A

(차) 퇴직급여충당부채 5,000,000 (대) 퇴직급여충당부채환입 5,000,000

충당부채란?

당기의 수익에 대응하는 비용으로서 장래에 지출될 가능성이 높은 것과 당기의 수익에서 차감되는 것이 합리적인 것에 대하여는 그 금액을 추산하여 충당부채로 계상하여야 한다.
충당부채는 퇴직급여충당부채 · 판매보증충당부채 · 공사보증충당부채 등을 예로 들 수 있다.

4. 광고선전비 · 접대비 · 여비교통비

1 광고선전비

기업은 상품판매를 촉진하기 위해서 일반 대중에게 상품을 알리고 회사의 이미지를 부각시키는 방법으로 매스컴을 통해 광고선전을 하게 된다. 이와 같이 불특정 다수인에게 제품의 판매를 촉진하기 위하여 지출된 비용을 **광고선전비(廣告宣傳費)**라고 한다.

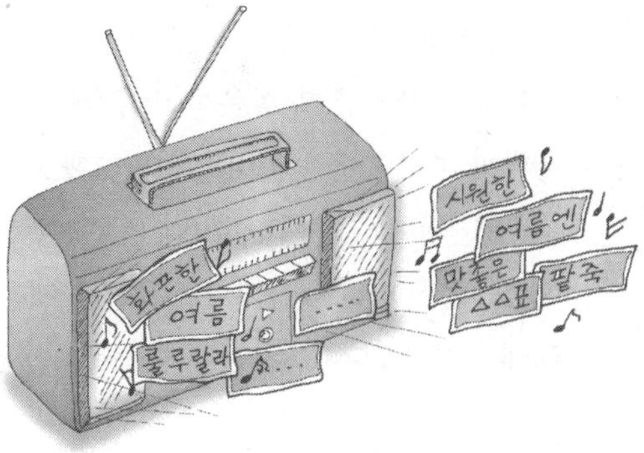

[예 1] 광고선전비

회사가 신문에 광고를 내기로 하고 광고료 ₩100,000을 지급했다.

(차) 광고선전비 100,000 (대) 현 금 100,000

2 접대비

기업은 영리목적을 달성하기 위해서 영업활동을 해야 하며, 이를 위해 거래처 또는 거래처가 아니라도 업무와 관련있는 자 등과 접촉을 해야 한다. 이와 같이 기업이 거래처 등에게 업무와 관련하여 접대하기 위하여 지출되는 비용을 접대비라고 한다.

이와 같이 판매촉진을 위해 거래처 등과의 관계를 유지 · 개선할 목적으로 사용되는 비용은 **접대비(接待費)**로 처리한다.

[예 2] 접대비

매출처인 한음상회의 담당자와 저녁식사를 하고 식사대금 ₩50,000을 지출했다.

(차) 접 대 비 50,000 (대) 현 금 50,000

3 여비교통비와 가지급금 · 가수금

■ 여비교통비

종업원을 회사의 업무를 위해서 거래처 등에 출장을 보낼 경우 교통비, 숙박비 등의 계산은 회사가 규정해 놓은 여비규정에 따라 행해지는 것이 보통이다. 이와 같은 교통비와 숙박비 등의 지출은 **여비교통비(旅費交通費)**로 기록한다.

굳이 구분을 한다면 **여비**란 업무수행을 위하여 **장거리출장**을 가는 경우에 기업의 여비지급규정에 따라 지급되어 사용된 금액을 말하며, **교통비**란 업무수행을 위하여 **가까운 거리**에 출장을 가는 경우 사용된 금액을 말한다.

[예 3] 여비교통비의 지급

종업원의 교통비로 현금 ₩100,000을 지급하다.

(차) 여비교통비 100,000 (대) 현 금 100,000

■ 가지급금

여비교통비가 많이 드는 출장의 경우에는 출장 전에 여비를 미리 개략적으로 계산하여 건네 주는 경우가 있다. 이러한 경우에는 얼마를 어떤 용도에 사용할지 명확하게 모르기 때문에 출장비를 지급할 당시에는 어떤 계정과목으로 얼마의 금액을 기록해야 할 지 알 수 없다.

따라서 이렇게 지급되는 금액은 아직은 계정과목이나 금액을 모르기 때문에 그 내역을 알 때까지 일시적으로 자산계정인 **가지급금(假支給金)**계정에 기록한다.

[예 4] 가지급금의 지급

종업원에게 부산에 있는 매출처 칠성상회에 출장을 보내면서 여비 등의 명목으로 ₩100,000을 지급했다.

(차) 가지급금 100,000 (대) 현 금 100,000

출장을 다녀온 후 출장시 사용한 금액을 계산해서 남은 경우에는 회수하고, 모자라는 경우에는 추가적으로 지급하게 되는데 이를 흔히 **정산(精算)**한다고 한다. 이와 같이 정산을 하게 되면 그 사용내역과 금액이 확정되므로 그에 따라 출장가서 사용한 금액은 여비교통비의 차변에 기록하고 가지급금계정의 대변에 기록한다.

[예 5] 가지급금의 정산

출장비로 지급한 가지급금 ₩100,000을 정산한 바 ₩20,000을 회수하다.

(차) 현 금	20,000	(대) 가지급급	100,000
여비교통비	80,000		

■ 가수금

종업원을 출장 보내면 아직 돌아 오지 않은 상태에서 내용이 분명치 않은 금액을 송금해오는 경우가 있다. 이러한 경우 아직 그 내용을 정확히 알지 못하므로 어느 계정으로 처리해야 할 지 모르게 된다. 따라서 받은 돈의 내역이 밝혀질 때까지 일시적으로 처리하기 위해 **가수금(假受金)**이라는 부채계정을 설정하여 처리한다.

[예 6] 가수금의 입금

출장을 보낸 종업원으로부터 아무런 내용이 없는 ₩100,000의 수표가 송금되어 오다.

(차) 현 금	100,000	(대) 가 수 금	100,000

후에 가수금의 내용이 판명되면 적절한 계정과목으로 대체해야 한다.

[예 7] 가수금의 내역 판명

출장을 보낸 종업원이 돌아와서, 송금한 수표 ₩100,000이 외상매출금을 회수한 것이라는 것이 밝혀지다.

(차) 가 수 금	100,000	(대) 외상매출금	100,000

5. 기타의 판매비와 관리비

1 임차료

사업상 필요에 의하여 토지나 건물 등을 빌려서 사용하는 경우가 종종 있다. 이 때에는 토지나 건물 등을 사용하는 대가를 지급해야 한다. 토지나 건물 등을 사용하고 지급한 대가를 **임차료(賃借料)**라고 하며 임차료를 지급하면 비용인 임차료계정의 차변에 기입한다.

[예 1] 임차료의 지급

7월 1일 6개월간의 건물임차료 ₩660,000(부가가치세 포함)을 현금으로 지급하다.

(차) 임 차 료	600,000	(대) 현 금	660,000
부가가치세대급금	60,000		

2 보험료

또한 화재 등 예측하지 못한 재해에 대비하여 건물, 상품 등을 보험에 가입하고 보험료를 지급하는 경우에는 지급한 보험료를 비용인 **보험료(保險料)**계정으로 처리한다.

[예 2] 보험료의 지급

7월 1일 6개월간의 건물 화재보험료 ₩1,200,000을 현금으로 지급하다.

(차) 보 험 료	1,200,000	(대) 현 금	1,200,000

3 통신비

회사의 업무를 위해서 우표, 우편엽서를 구입하거나 전신전화요금, 텔렉스 사용요금 등의 비용을 지출하는 경우가 있다. 이러한 통신을 요하는 지출은 **통신비(通信費)**계정으로 처리한다.

[예 3] 통신비

6월 전화요금 ₩30,000을 현금으로 납부하다.

(차) 통 신 비	30,000	(대) 현 금	30,000

4 세금과공과

개인뿐만 아니라 기업도 여러 가지 세금과공과금을 내야 한다. **세금**이란 국가 또는 지방자치단체가 재정수요를 충족시키기 위하여 세법에 따라 부과하는 것을 말한다. 반면 **공과금**이란 공공단체가 사업을 수행하면서 소요되는 경비에 충당하기 위하여 부과되는 세금 이외의 것을 말한다. 따라서 세금과공과계정은 세금은 물론 공과금을 포함한 것이며 판매비와관리비로서 당기 비용으로 계상되어야 할 것을 기록하는 데 사용된다.

예를 들면 토지 · 건물 등의 부동산에 부과하는 **재산세**와 **종합부동산세,** 일정액 이상의 법정계약서, 어음 등에 첨부해야 하는 **인지세,** 기타 허가나 면허가 필요한 사업인 경우에는 **면허세,** 자동차를 가지고 있으면 **자동차세** 등을 내야 한다.

또한 국가에서 징수하는 것은 아니지만 상공회의소, 중소기업협동조합, 적십자사 등에 각종 회비나 조합비 등을 내야 한다. 이와 같은 비용을 지출하는 경우에는 **세금(稅金)과공과(公課)**계정으로 기록한다. (※물론 이미 설명한 바와 같이 자산을 구입할 경우에 납부해야 하는 **취득세와 등록세**는 세금과공과로서 비용으로 계상하는 것이 아니라 **해당 자산의 취득원가**에 포함된다.)

세금의 경우 납부통지서를 수령할 경우에는 세금과공과로서 비용으로 계상하는 동시에 부채로서 미지급세금을 계상하여야 한다. 이후 세금을 납부할 경우에 부채인 미지급세금을 없애는 회계처리를 하여야 한다.

[예 4] 세금과 공과

(1) 재산세 ₩100,000의 고지서를 수령하다.
(2) 재산세를 현금으로 납부하다.
(3) 상공회의소 회비 ₩50,000을 현금으로 납부하다.

A

(1)	(차) 세금과공과	100,000	(대) 미지급세금	100,000
(2)	(차) 미지급세금	100,000	(대) 현 금	100,000
(3)	(차) 세금과공과	50,000	(대) 현 금	50,000

5 연구비

신제품 또는 신기술의 연구를 위하여 발생한 비용으로서 기업의 연구소에서 연구활동을 위하여 지출되는 연구비는 당기비용인 **연구비**로 처리하여야 한다.

6 경상개발비

신제품 등의 개발을 위하여 발생한 비용으로서 경상적으로 지출되는 개발비는 당기비용인 경상개발비로 처리하여야 한다.

7 소모품비

기업에서 판매 · 관리업무를 처리하기 위해서는 필기도구, 장부 등과 같은 사무용품이 필요하다. 이러한 사무용품을 구입하게 되면 비교적 단시일 내에 모두 사용하므로 구입할 때

비용계정인 소모품비(消耗品費)계정으로 처리한다. 그러나 결산기말에 사용되지 않고 남아 있다면 남아 있는 금액을 소모품비계정에서 저장품이라는 자산계정으로 대체처리한다.

[예 5] 소모품의 처리

(1) 10월 1일 사무용품 ₩50,000을 현금구입하다.

(2) 12월 31일 결산기말이 되어 조사해 보니 사무용품 중 미사용된 것이 ₩20,000이 있다.

A

(1) (차) 소모품비 50,000 (대) 현 금 50,000

(2) (차) 저 장 품 20,000 (대) 소모품비 20,000

이와 같이 처리하면 기말의 소모품비계정에는 1년 동안 사용된 소모품비로 30,000원만 남게 되어 정확하게 사용된 금액만큼만 비용으로 기록된다.

8 기타 판매비와 관리비

기타 기업의 필요에 따라 수도광열비, 수선비, 운반비, 도서인쇄비, 회의비, 교육훈련비 등의 계정과목을 사용할 수 있으며 그 금액이 크지 않을 경우에는 **잡비계정**을 설정하여 사용하기도 한다.

가지급금과 가수금

가지급금 또는 가수금 등의 미결산항목은 그 내용을 나타내는 적절한 과목으로 표시하여야 한다. 미결산항목이란 그 내용이 불명확한 항목을 말한다. 가지급금이나 가수금은 기업이 회계연도중에 경영활동을 하다 보면 흔히 발생할 수 있다. 그러나 이러한 불명확한 계정은 그대로 두어서는 안되며 결산시에 정리하여 재무상태표와 포괄손익계산서에 명확한 계정으로 표시하여야 한다. 흔히 기업의 경영자가 기업으로부터 명확한 용도를 밝히지 않고 자금을 인출하여 갈 경우에는 가지급금이 발생하게 된다. 이 가지급금이 연말까지 그 용도가 명확하게 정리되지 않으면 단기대여금으로 처리하여야 한다. 이러한 가지급금이 존재하면 세무상 불이익을 받게 된다. 이에 대해서는 세무편에서 설명하기로 한다.

6. 판매 · 관리활동과 재무제표

판매비와관리비는 각 활동들의 특징을 살린 계정과목을 사용하여 기능별 분류방법이든 성격별 분류방법이든 둘 중의 하나의 방법으로 분류된다.

이러한 판매비와관리비가 선급되거나 미지급되는 경우에는 자산으로서 선급비용, 부채로서 미지급비용으로 재무상태표에 기록된다.

제16장. 투자활동

1. 투자활동의 의의
2. 당기손익인식금융자산과 대여금
3. 투자목적자산의 취득과 처분
4. 유형자산의 취득과 평가 · 처분
5. 무형자산의 취득과 평가
6. 이연법인세자산 · 부채와 보증금
7. 기부활동의 기록
8. 투자활동과 재무제표

보론: 만기보유(매도가능)금융자산

제16장. 투자활동

1. 투자활동의 의의

1 투자활동의 의미

기업은 이익을 얻기 위해 활동을 한다. 이익을 얻기 위한 주활동은 상기업의 경우에는 상품을 사고 이것을 판매하여 이익을 얻는 것이다. 이것이 영업활동이다. 그렇지만 영업활동만으로 기업은 장기적으로 유지 · 발전할 수 없다.

왜냐하면 영업활동을 원활히 하기 위해서는 상품을 보관할 **창고**도 필요하고 사원들이 근무할 **건물**도 필요하다. 물론 창고나 건물은 곧바로 팔아서 이익을 얻고자 하는 것은 아니다. 이러한 자산들이 기업에 있어야만 제대로 **영업활동을 할 수 있도록 지원**할 수 있다.

기업은 상품을 판매하여 현금을 받게 되고 현금은 매입이나 기타 영업활동에 다시 사용된다. 이때 현금을 즉시 매입 등의 활동에 사용하지 않는 경우에는 수중에 가지고 있는 것보다는 예금 등을 하는 것이 유리하다. 왜냐하면 현금을 가지고 있으면 아무런 이익을 얻을 수 없지만 예금을 하면 이자가 발생하기 때문이다.

이와 같이 영업활동을 하면서 여유자금이 생기면 일반적으로 즉시 현금화할 수 있는 보통예금이나 저축예금 등을 하지만, 어느 정도 시간적 여유가 있는 경우에는 예금보다 수익성이 높은 금전신탁을 하거나, 회사채나 주식 등과 같은 **유가증권에 투자**하거나, 부동산에 투자하여 수익을 올리는 경우가 많다.

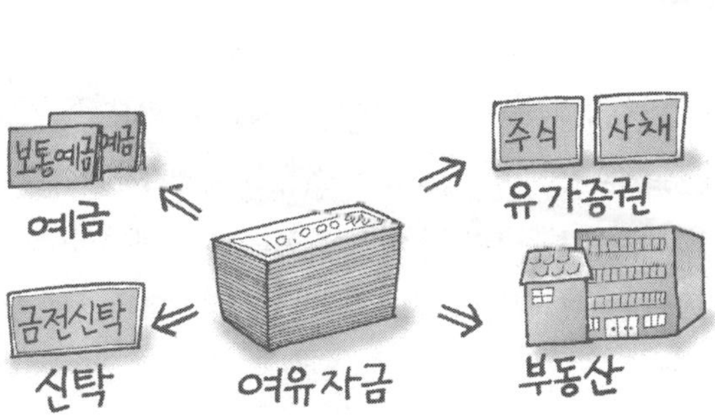

이와 같이 **여유자금을 증식**시키기 위해서 예금이나 유가증권, 부동산 등에 자금을 투자하거나

영업활동을 원활하게 하기 위해 필요한 기계, 비품, 건물과 같은 자산을 구입하거나 매각하는 활동을 **투자활동**이라고 한다.

기업의 투자활동이란 결국 여유자금을 증식시키기 위해 수익성이 높은 예금, 유가증권, 부동산 등에 투자 또는 회수하는 활동과 영업활동을 보조하기 위해 필요한 건물, 비품 등을 구입 또는 매각하는 활동으로 나누어진다. 이렇게 보면 기업의 투자활동이란 결국 기업의 자금을 상품과 같은 자산이 아닌 자산에 적절히 투자하고 관리하는 것임을 알 수 있다.

2 투자활동과 자산

■ 유동자산과 비유동자산의 구분

자산은 재무상태표일을 기준으로 하여 1년 내에 현금화되거나 사용될 것으로 예상되는 자산은 **유동자산**으로 구분하고 그 이외의 자산은 모두 **비유동자산**으로 분류한다. 이러한 분류를 바탕으로 투자활동과 관련하여 발생하는 자산들은 어떤 것이 있는지 좀더 자세하게 분류해 보자.

자금여유가 있거나 필요에 따라 기업은 현금을 보유하지 않고 은행에 예금을 하게 된다. 일반적으로 예금을 하더라도 항상 기업의 필요에 따라 인출할 수 있는 예금은 1년 내에 현금화할 수 있거나 기업이 원하면 언제든지 인출할 수 있기 때문에 유동자산으로 분류한다. 따라서 당좌예금이나 보통예금, 재무상태표일로부터 1년 이내에 만기가 도래하는 정기예금과 정기적금은 유동자산에 해당한다.

그러나 예금 중에서도 **1년 내에 현금화할 수 없는** 예금은 유동자산으로 분류하지 않고 비유동자산으로 분류한다.

대부분의 기업은 일시적으로 여유자금을 가지고 있으면 은행에 예금을 하는 경우도 있지만, 한국증권선물거래소 등에서 거래되고 있는 주식이나 사채, 국채 · 공채와 같은 **유가증권**을 사기도 한다.

유가증권에 투자하는 이유는 투자하여 이익을 얻을 수 있으면서도 자금이 필요할 때는 즉시 매각하여 현금화할 수 있기 때문이다. 이와 같이 일시적으로 소유할 목적으로 기업이 구입하는 주식이나 사채, 국채, 공채 등을 회계에서는 **당기손익인식금융자산**이라고 한다.

이러한 당기손익인식금융자산은 단기적으로 보유하였다가 매각하는 것을 목적으로 하기 때문에 유동자산에 속한다.

그러나 장기적인 투자가치를 보고 다른 기업이 발행한 주식이나 사채를 구입하여 장기간 보유하는 경우가 있다. 주식은 배당금을 얻고자 하거나 앞으로의 성장성 때문에, 사채는 이자를 얻고자 구입하는 것이다. 좀더 자금을 증식시키기 위해서 일시적으로 여유자금을 사용하여 구입하는 당기손익인식금융자산과는 달리 이러한 유가증권은 **만기보유금융자산, 매도가능금융자산**으로서 비유동자산으로 분류된다.

자금의 여유가 있거나 요청에 의하여 다른 기업에 돈을 빌려 주는(대여: 貸與) 경우를 생각해 볼 수 있다. 자금을 대여하면 자금이 기업에서 나가는 동시에 **대여금**이라는 채권이 발생한다. 대여금은 만기가 1년 이내인 경우에는 단기대여금, 만기가 1년 이상인 경우에는 **장기대여금**으로 구별한다.

토지나 건물과 같은 부동산을 구입하더라도 이것을 기업의 영업활동을 지원하는데 사용하는 것이 아니라 단지 투자차익을 얻기 위해 구입한 부동산이 있을 수 있다. 기업회계기준에서는 이러한 부동산을 **투자부동산**으로 별도로 분류하도록 하고 있다.

기업의 필요에 의해 건물 등을 임차할 경우에 전세금을 내는 경우가 있다. 이와 같이 전세금을 내면 전세기간 동안 건물 등을 사용할 수 있는 권리인 전세권인 자산이 발생한다. 이와 같이 전세권, 전신전화가입권, 임차보증금, 영업보증금은 비유동자산으로 분류하도록 하고 있다.

이상에서 설명한 항목들은 동일한 대상임에도 불구하고 그 성격에 따라 유동자산과 비유동자산으로 구분되는 경우가 많다.

유동자산	비유동자산
현금및현금성자산 단기기타금융상품 당기손익인식금융자산 단기대여금	장기기타금융상품 만기보유금융자산 매도가능금융자산 장기대여금

위의 표에서 나타난 유동자산이 아닌 다른 항목들은 투자활동에서 발생한 것으로 비유동자산에 세분류한다.

■ 비유동자산의 세분류

비유동자산 중 유형자산과 무형자산에 대해 살펴보자.

유형자산(有形資産, tangible assets)은 기업의 정상적인 영업활동과정을 지원하기 위해 장기적으로 사용하는 것으로 구체적인 형태를 가지고 있는 자산을 말한다. 이 유형자산은 상품과 같이 애초에 판매를 목적으로 구입한 자산이 아니다.

기업회계기준에서는 유형자산을 **토지,** 건물, 구축물, 기계장치, 선박, 차량운반구와 같은 **설비자산, 건설중인자산,** 기타의 유형자산 등으로 구분하고 있다.

유형자산의 분류방식을 살펴보면 감가상각을 하지 않는 토지와 감가상각 대상자산인 설비자산(건물, 기계장치, 차량운반구 등), 아직 감가상각여부가 결정되지 않은 건설중인자산으로 분류하고 있음을 알 수 있다.

이는 **가치의 감소 여부에 따른 분류방식**에 의한 것이다. 천연자원으로서 **토지**는 기본적으로 가치가 감소되거나 형체가 변화되지 않는 것이다. 건물, 구축물, 기계장치, 선박, 차량운반구와 같은 **설비자산**은 구입한 후 시간이 경과하고 사용함에 따라 가치가 감소되는 자산이다. **건설중인자산**은 아직 완성되지 않았기 때문에 사용되기 전의 상태로서 기업이 건설중인자산을 보유하고 있다고 해서 가치가 감소되는 것은 아니다. 따라서 가치가 감소되지 않는 유형자산으로서 토지와 건설중인자산, 가치가 감소되는 유형자산으로서 설비자산인 건물, 구축물, 기계장치, 선박, 차량운반구로 구분하여 볼 수 있다.

무형자산이란 기업이 독점적으로 소유하고 지배할 수 있는 권리로서 형태는 없지만 장기간에 걸쳐 경영에 이용함으로써 기업이 효익을 얻을 수 있는 것을 말한다.

그렇지만 형태가 없는 자산은 여기서 말하는 무형자산 말고도 이미 설명한 것이 있다. 예금도 자금을 청구할 수 있는 권리로서 형태가 없는 것이고 외상매출금도 상품대금을 청구할 수 있는 권리이기 때문에 형태가 없다.

그러나 여기서 말하는 무형자산이란 그러한 자산들과는 달리 **영업활동과정에서 얻어지는 권리가 아닌 투자활동에서 얻어진 권리**를 말한다. (**권리란 일반적으로 법에 의해 보호받는 힘, 또는 법에 의해 보호받는 이익을 말한다.**)

기업회계기준에서는 무형자산으로 영업권, 산업재산권, 개발비, 기타의 무형자산 등을 들고 있다.

하나의 예를 들어 무형자산의 의미를 명확히 이해해 보기로 하자. 산업재산권 중에 **특허권**이라는 것이 있다. 특허권이란 특허법에 의하여 발명(전에 없던 새로운 것을 생각하거나 만들어 냄)한 것을 특허권자가 독점적 · 배타적으로 소유하면서 그 이익을 누릴 수 있는 권리를 말한다. 갑이라는 사람이 발명을 하여 특허권을 얻어 새로운 기계를 만들었다고 하자. 을이라는 기업이 이 특허권을 1억원을 주고 샀다면 어떻게 회계처리할 것인가?

틀림없이 현금 1억원은 을기업에서 갑이라는 사람에게로 지급된다. 그러면 을기업에 현금 1억원의 대가로 들어 온 것은 무엇인가? 특허권이라는 보이지 않는 권리를 그 대가로 을기업이 소유하게 되었다. 이것은 외상매출금과 같이 나중에 현금을 받을 수 있는 권리는 아니지만 만들어지는 제품을 통하여 궁극적으로는 기업에 이익을 주게 된다. 이러한 성격의 자산이 무형자산이다.

3 투자활동의 회계처리

투자활동이 이루어질 경우 언제 어떻게 기록할 것인가를 생각해 보자. 즉, 기업의 입장에서 자산가치의 증가와 감소를 언제, 어떻게 파악할 것인가 하는 것이다.

우선 투자대상자산을 **구입**하고 대가를 지급하면 투자대상자산이 증가하지만 그 대가인 자산(일반적으로)이 감소한다. 따라서 투자시점(구입시점)에서 회계기록을 해야 한다. 구입시점의 투자대상자산의 증가는 **취득원가**로 기록한다. 즉, 투자대상자산을 취득하는 데 든 모든 금액을 해당자산의 원가로 기록하게 된다.

투자대상자산을 **처분**할 경우에는 해당자산이 감소되면서 그 대가가 기업에 들어 온다. 따라서 처분시 투자대상자산의 장부가액과 처분시 받은 대가의 차이가 **처분이익**이나 **손실**로 기록된다.

투자대상자산은 토지나 투자자산을 제외하고는 일반적으로 장기에 걸쳐 기업이 소유하게 되기 때문에 그 가치가 감소된다. 이러한 가치의 변화 내지는 감소를 **결산시**에 파악해야 한다.

이하에서는 투자활동에 대한 회계처리를 유동자산에 해당하는 당기손익인식금융자산과 대여금, 비유동자산에 해당하는 유형자산, 무형자산의 순서대로 설명하기로 한다.

2. 당기손익인식금융자산과 대여금

1 당기손익인식금융자산의 취득 · 평가 · 처분

■ 당기손익인식금융자산의 뜻

대부분의 기업은 일시적으로 여유자금을 가지고 있으면 은행에 예금을 하는 경우도 있지만, 한국증권선물거래소 등에서 거래되고 있는 주식이나 사채, 국채 · 공채와 같은 유가증권을 사기도 한다.

유가증권에 투자하는 이유는 투자하여 이익을 얻을 수 있으면서도 자금이 필요할 때는 즉시 매각하여 현금화할 수 있기 때문이다. 이와 같이 일시적으로 소유할 목적으로 기업이 구입하는 주식이나 사채, 국채, 공채 등의 유가증권을 회계에서는 **당기손익인식금융자산**이라고 한다.

재무상태표상의 유동자산에 포함되는 당기손익인식금융자산은 '**시장성**있는 유가증권(maretable securities) 중에서 **일시적으로 소유**할 것을 목적으로 하는 것' 만을 대상으로 한다. 다시 말하자면, (1) 한국증권선물거래소 등을 통하여 **공개적인 매매거래**가 이루어지고 있는 시장성있는 주식 · 채권 중에서, (2) 여유 자금을 활용하기 위해서 **단기적 자금운용을 목적(1년 내에 처분할 목적)**으로 소유하는 것만을 유동자산의 당기손익인식금융자산 계정에 포함시킨다.*

똑같은 주식이나 사채라 하더라도 일시적으로 소유하는 것이 아니거나 **장기간 소유**하면서 **투자나 지배를 목적**으로 하는 것은 **비유동자산**으로 처리한다. 따라서 동일한 유가증권이라 할지라도 그 유가증권을 보유하는 의도와 보유기간에 따라 다르게 분류한다.

* 당기손익인식금융자산의 회계처리는 상기업에서의 상품처럼 유동성이 강하고 자유롭게 사고 팔수 있다는 것을 전제로 한 것이다. 따라서 당기손익인식금융자산은 증권의 매매가 빈번한 금융회사나 일부 대기업 등의 경우에 적용되는 것이며 우리나라 중소기업의 경우에는 적용되는 경우가 많지는 않을 것이다.

회계에서의 유가증권과 법에서의 유가증권

회계에서 유가증권이라고 할때는 주식, 사채, 국채, 공채를 이야기하고 어음과 수표는 제외된다. 그러나 법에서 유가증권이라고 할 때는 어음, 수표가 모두 포함된다. 똑같은 용어라 하더라도 전문분야에 따라 그 의미가 다르다는 점에 유의해야 한다.

■ 당기손익인식금융자산의 취득과 처분

당기손익인식금융자산을 매입할 경우에는 당기손익인식금융자산계정의 차변에 다른 자산을 취득할 경우와 마찬가지로 취득원가(取得原價)로 기록한다. **취득원가**란 매입하면서 발생하는 비용을 말하는 것으로 당기손익인식금융자산 자체의 **매입가격**이다. 매입수수료 · 기타 **매입부대비용**은 수수료비용으로 별도 표시한다.

당기손익인식금융자산

취 득 원 가	} 보 유 액

[예 1] 당기손익인식금융자산의 취득

(1) 서울상사가 한국증권선물거래소에서 거래되는 오성상사의 주식 10주를 1주당 ₩10,000 (액면가액 @ ₩5,000)에 단기보유목적으로 매입하고, 그 매입대금과 매입수수료 ₩15,000을 수표로 발행하여 지급하였다.

(2) 서울상사는 칠성상사의 주식 20주를 1주당 ₩20,000(액면가액 @₩5,000)에 현금으로 매입하고, 매입에 따르는 부대비용 ₩30,000을 현금으로 지급하였다.

A

(1) (차)	당기손익인식금융자산	100,000	(대) 당 좌 예 금	115,000
	수 수 료 비 용	15,000		
(2) (차)	당기손익인식금융자산	400,000	(대) 현 금	430,000
	수 수 료 비 용	30,000		

당기손익인식금융자산의 원가는 보조장부인 당기손익인식금융자산기입장에 당기손익인식금융자산의 종류별 · 취득일자별로 기입해 둘 필요가 있는데, 그것은 향후 보유증권을 매각(처분) 또는 평가할 때에 나타나는 손익을 정확히 계산하기 위해서이다.

당기손익인식금융자산 기입장

칠성상사주식 (액면가액: ₩5,000)

20XX년		적 요	취 득			처 분			잔 액		
			수량	단 가	금 액	수량	단 가	금 액	수량	단 가	금 액
		현금구입	20	20,000	400,000				20	20,000	400,000

당기손익인식금융자산이란 일시적인 이익을 얻을 목적으로 보유한 것이기 때문에, 보유 중에 처분해야겠다고 판단하면 어느 시점에서든 자유롭게 처분할 수 있다. 당기손익인식금융자산처분시에 당기손익인식금융자산의 장부가액보다 처분가액이 크면 **당기손익인식금융자산처분이익**, 장부가액보다 처분가액이 작으면 **당기손익인식금융자산처분손실**이 발생하여 각각 수익과 비용계정으로 기록한다. 당기손익인식금융자산처분손익을 금융자산처분손익이라고 표시해도 무방하다.

장부가액 < 처분가액 ➔ 당기손익인식금융자산처분이익 발생

장부가액 > 처분가액 ➔ 당기손익인식금융자산처분손실 발생

[예 2] 당기손익인식금융자산의 처분

(1) 위 예1의 서울상사가 보유하고 있던 당기손익인식금융자산에서 칠성상사주식 10주 (20주를 갖고 있다)를 1주당 ₩25,000에 매각하고 현금을 받았다.

(2) 보유하고 있던 당기손익인식금융자산에서 오성상사주식 10주를 1주당 ₩5,000에 매각하고 현금을 받았다.

A

(1)	(차) 현　　금	250,000	(대) 당기손익인식금융자산	200,000*
			당기손익인식금융자산처분이익	50,000

* 400,000×(10/20)=215,000

(2)	(차) 현　　금	50,000	(대) 당기손익인식금융자산	100,000
	당기손익인식금융자산처분손실	50,000		

어쩔 수 없이 산 채권은?

일반적인 기업이라면 유가증권에 투자할 만큼 자금여유가 있는 경우가 별로 없을 것이다. 그렇다 하더라도 차량이나 부동산과 같은 유형자산을 취득하면 강제적으로 국·공채인 채권을 구입하게 된다. 이러한 채권은 대부분 구입시에도 구입가격보다 시가가 현저하게 낮다. 이와 같은 경우에는 매입가액과 공정시가와의 차액을 당해 유형자산의 취득원가에 산입한다.

예를 들어 승용차를 취득하면서 지하철공채 2,000,000원을 강제매입하였고 공채를 포함한 차량의 총매입가액은 5,000,000원이었다. 그리고 지하철공채의 취득당시 시세는 채권시장에서 1,000,000원으로 형성되어 있다면 다음과 같이 회계처리한다.

(차) 당기손익인식금융자산*	1,000,000	(대) 현 금	5,000,000
차량운반구	4,000,000		

* 나중에 설명할 매도가능금융자산, 만기보유금융자산의 계정과목도 가능하다.

■ 배당금수익과 이자수익

주식이나 사채 등의 당기손익인식금융자산을 가지고 있으면 처분하지 않는다 하더라도 보유하고 있는 대가로 배당금(配當金)이나 이자가 발생한다. 이때 주식을 보유함으로써 배당금을 받으면 **배당금수익**계정으로 기입한다. 또한 사채나 채권 등을 보유함으로써 받는 이자는 **이자수익**계정으로 기입한다.

[예 3] 배당금수익과 이자수익

(1) 보유중인 장부가액 ₩600,000의 주식(100주 @₩5,000)에 대하여 10%의 배당금을 현금으로 수취하다.

(2) 보유중인 액면가액 ₩1,000,000의 사채(이자율: 연 10%)에 대하여, 6개월분 이자를 현금으로 수취하다.

A

(1) (차) 현 금 50,000* (대) 배당금수익 50,000

* 100주×@5,000×10%=₩50,000 (배당은 액면가액을 기준으로 계산한다)

(2) (차) 현 금 50,000* (대) 이 자 수 익 50,000

* 1,000,000×10%×1/2=50,000

■ 당기손익인식금융자산의 평가

원칙적으로 자산은 취득원가에 의하여 평가한다. 따라서 당기손익인식금융자산도 마찬가지로 취득시에는 취득원가로 기록한다. 그러나 기말 재무상태표상에 당기손익인식금융자산을 계상할 경우에는 **공정가액(公正價額)**으로 하여야 한다. 당기손익인식금융자산은 시가가 형성되어 있고 그 시가로 처분할 수 있는 것이 일반적이다. 따라서 결산일 시점에서는 당기손익인식금융자산을 공정가액인 **시가**로 표시해야 의미가 있을 것이다.

따라서 회계에서는 기업이 결산일에 당기손익인식금융자산을 가지고 있다면 결산일 현재의 공정가액인 시가로 표시하도록 하고 있다. 이때 나타나는 당기손익인식금융자산평가손익은 기타수익(또는 비용)으로 계상한다.

즉, 당기손익인식금융자산의 결산일 현재 시가가 7,000원이고 취득원가가 10,000원이라면 당기손익인식금융자산은 시가 7,000원으로 평가하고 시가가 15,000원인데 취득원가가 10,000원이라면 시가 15,000원으로 평가한다는 것이다. 이때 시가란 결산일 현재 유가증권시장에서의 종가*를 말한다. 재무상태표일 현재의 종가가 없는 경우에는 직전 거래일의 종가에 의한다. 따라서 우리나라의 경우 유가증권시장의 마지막 거래일이 12월 28일이고 재무상태표일이 12월 31일이기 때문에 결산기말의 시가는 12월 28일로 결정되는 것이 일반적이다.

* 종가란 유가증권시장에서 매일 형성되는 가격 중 유가증권시장이 끝날 때 형성된 가격을 의미한다.

[예 4] 당기손익인식금융자산의 평가

12월 31일 결산기말에 보유중인 당기손익인식금융자산의 명세가 다음과 같다. 당기손익인식금융자산평가이익(손실)을 계산하여라.

종 류	수 량	장부가액	시 가
오성상사주식	5주	10,000	5,000
칠성상사주식	10주	20,000	23,000

A

당기손익인식금융자산	장 부 가 액	시 가	차 이
오성상사	@10,000 × 5주 = ₩50,000	@5,000 × 5주 = ₩25,000	(₩25,000)
칠성상사	@20,000 × 10주 = ₩200,000	@23,000 × 10주 = ₩230,000	₩30,000
	₩250,000	₩255,000	₩5,000

(차) 당기손익인식금융자산평가손실 25,000 (대) 당기손익인식금융자산 25,000
(차) 당기손익인식금융자산 30,000 (대) 당기손익인식금융자산평가이익 30,000
따라서 당기손익인식금융자산의 장부가액은 250,000원에서 255,000원으로 증가하게 된다.

2 단기대여금과 장기대여금

다른 기업이 필요로 하는 자금을 **차용증서**를 받고(담보물을 제공받기도 함.) 빌려 주고 일정기한까지 해당금액을 상환받기로 하는 경우에는 자산인 대여금이 발생한다.

차용증서를 받고 현금을 대여하였을 때는 대여금계정 차변에 기입하고, 상환받는 때에는 상환금액을 대변에 기입한다. 따라서 대여금계정의 차변잔액은 대여금의 현재액을 표시한다.

(차) 대여금 ××× (대) 현 금 ×××

(차) 현 금 ××× (대) 대여금 ×××

대여금을 대여하여 사용하는 기간에 대하여 수취하는 이자는 이자수익계정에 기록한다.

[예 5] 대여금

(1) 김일동으로부터 ₩200,000을 현금으로 빌려 주고 차용증서를 받다.

(2) 김일동에게 대여한 ₩200,000 중 ₩100,000을 기한이 되어 이자 ₩5,000과 함께 현금으로 받다.

A

(1) (차) 대 여 금	200,000	(대) 현 금	200,000
(2) (차) 현 금	105,000	(대) 대 여 금	100,000
		이 자 수 익	5,000

대여금의 만기가 재무상태표일부터 1년 이내에 도래하는 경우에는 **단기대여금**계정으로, 1년 이상인 경우에는 **장기대여금**계정으로 기록한다. 따라서 재무상태표작성시에 단기대여금은 유동자산으로, 장기대여금은 비유동자산으로 분류하여 표시한다.

[예 6] 장기대여금

×1년 1월 2일 서울상사는 한일상사에게 연간 이자율 10%의 조건으로 3년 기한으로 ₩100,000을 대여하였다. 대여금의 이자는 매년 12월 31일에 받기로 하고 원금은 ×3년 12월 31일에 받기로 하였다. 이 거래과 관련된 시점에서의 분개를 하라.

A

×1. 1. 2	(차) 장기대여금	100,000	(대) 현 금	100,000
×1. 12. 31	(차) 현 금	10,000	(대) 이자수익	10,000
×2. 12. 31	(차) 현 금	10,000	(대) 이자수익	10,000
×2. 12. 31	(차) 단기대여금	100,000	(대) 장기대여금	100,000
×3. 12. 31	(차) 현 금	10,000	(대) 이자수익	10,000
×3. 12. 31	(차) 현 금	100,000	(대) 단기대여금	100,000

3. 투자목적자산의 취득과 처분

기업에 자금의 여유가 있는 경우에는 1년 이상 장기의 투자목적으로 주식 · 사채 · 국공채 등 유가증권이나 특정의 장기금융상품 또는 부동산 등을 취득할 수가 있다.

1 투자부동산

투자부동산(投資不動産)은 자금을 활용하여 이익을 얻을 목적으로 건물, 토지 등 부동산을 취득하는 것을 말한다. 비유동자산내에서 별도항목으로 표시한다.

[예 1] 투자부동산

서울주식회사는 토지 ₩10,000,000을 현금을 지급하고 구입하다.
이 토지는 투자목적으로 구입한 것이다.

A

(차) 투자부동산 10,000,000 (대) 현 금 10,000,000

2 만기보유금융자산, 매도가능금융자산

기업이 유가증권에 장기적 투자를 하는 것은 이자나 배당금의 수입, 자산의 시세차익 또는 어느 회사가 **다른 회사를 통제**하거나 특별한 영업관계를 유지함으로써 기업의 운영을 합리화하고자 하는 데 목적이 있다. 만기보유금융자산이나 매도가능금융자산에는 주식, 사채, 국 · 공채, 출자금 등이 있다. 여기서 **출자금**이란 주식회사 이외의 회사, 즉 합명회사 · 합자회사 · 유한회사 또는 조합 등에 대한 출자액을 말한다. ※ 보다 구체적인 설명은 보론을 참조하기 바란다.

[예 2] 매도가능금융자산

(1) 동북주식회사는 장기투자목적으로 서울주식회사의 발행주식의 5%에 해당하는 3,000주를 주당 ₩6,000씩에 매입하고, 대금은 수표를 발행하여 지급하다.

(2) 동북주식회사는 서울주식회사의 주식 1,000주를 주당 ₩7,000씩 매각처분하고, 대금은 현금으로 받아 당좌예금하다.

A

(1)	(차) 매도가능금융자산	18,000,000	(대) 당 좌 예 금	18,000,000
(2)	(차) 당 좌 예 금	7,000,000	(대) 매도가능금융자산	6,000,000
			금융자산처분이익	1,000,000

3 관계회사투자

관계회사투자란 투자회사가 피투자회사를 지배하거나 유의한 영향력을 행사 할 목적으로 취득한 주식을 말한다. 지분법을 적용한다. ※본서의 범위를 넘어서오는 설명을 생략한다.

4 기타금융상품(장기)

기타금융상품(장기)은 금융상품으로서 유동자산에 속하지 않는 것을 말한다. 예를 들어 장기 부채의 상환을 위한 자금 등을 마련하거나 여유자금을 활용할 목적으로 **장기의 특정예금**에 예입한 것을 말한다.

[예 3] 기타금융상품 – 1

(1) 5년 뒤에 만기가 도래하는 사채를 상환하기 위한 기금을 마련하기 위해 현금 ₩10,000,000을 은행에 장기로 예금하다. 연이자율은 10%이다.

(2) 결산시에 위 예금의 1년간 이자상당액 ₩1,000,000을 계상하다.

(1) (차)	기타금융상품(장기)	10,000,000	(대) 현 금	10,000,000
(2) (차)	미 수 이 자	1,000,000	(대) 이 자 수 익	1,000,000

또한 장기차입금 등에 대하여 담보적 성격이 있는 것으로 동 차입기간 동안 **사용이나 인출이 제한**되어 있는 예금도 기타금융상품(장기)으로 기록한다.

[예 4] 기타금융상품 – 2

은행으로부터 장기차입금 ₩10,000,000을 차입하면서 현금 ₩3,000,000을 예금하다. 이 예금은 차입금을 상환할 때까지 인출이 제한되어 있다.

(차) 기타금융상품(장기)	3,000,000	(대) 현 금	3,000,000

4. 유형자산의 취득과 평가 · 처분

1 유형자산의 뜻과 종류

주로 상품의 판매를 통해 이익을 얻을 목적으로 영업활동을 하는 상기업도 상품이 아닌 토지나 건물을 구입하게 된다. 이러한 토지나 건물은 기업이 장기간에 걸쳐 영업활동에 사용하는 자산으로서 **유형자산**이라고 한다.

따라서 유형자산은 형태가 있는 자산으로서 원래 판매를 해서 이익을 얻을 목적으로 취득한 것이 아니고 영업활동을 지원할 목적으로 장기간에 걸쳐 소유하고 있는 비유동자산이다. 이러한 유형자산에 투입된 자금은 장기간 기업 내에 고정화되어 있고, 정상적인 영업활동과정에서는 현금화되지 않는다.

여기서 장기간 영업활동목적을 위해서 소유한다고 할 경우에 장기 또는 단기의 구별은 1년 기준을 따르는 것이 보통이다. 즉, 이 기준은 자산을 유동자산과 비유동자산으로 구분할 때의 기준으로서 결산일로부터 1년 이상에 걸쳐 영업활동목적에 사용할 자산이 유형자산이다.

유형자산의 예로는 토지, 건물, 구축물, 기계장치, 선박, 차량운반구 등을 들 수 있다.

2 유형자산의 취득

유형자산을 취득하는 때에는 그 취득원가를 각 계정의 차변에 기입한다. **취득원가**에는 매입자금 외에 이것을 사용하기까지 소요된 모든 비용(이것을 부대비용이라 한다)을 포함시켜야 한다. 이하에서는 대표적인 유형자산인 토지, 건물의 예를 들어 설명한다.

취득원가 = **매입금액** + **부대비용**

■ 토지계정

기업에서 사용할 영업용 토지를 취득한 때에는 토지를 매입한 때의 취득원가로 토지계정 차변에 기입한다. 즉 토지는 **매입대금**과 **중개수수료 · 등기료 · 취득세 · 토지를 원래 목적대로 사용하기 위한 정지비**(整地費) 등 모든 비용을 포함한 금액이 취득원가로 평가된다.

토	지
취 득 원 가 (매입대금 + 부대비용)	

[예 1] 토지의 취득

(1) 영업용 토지 ₩3,000,000을 매입하고, 대금은 수표를 발행하여 지급하다.
그리고 중개인 수수료 ₩30,000, 등기료 및 기타 제비용 ₩50,000은 현금으로 지급하다.

(2) 취득한 토지에 대하여 땅고르기 작업에 소요된 ₩200,000을 현금으로 지급하다.

A

(1) (차) 토 지	3,080,000	(대) 당 좌 예 금	3,000,000
		현 금	80,000
(2) (차) 토 지	200,000	(대) 현 금	200,000

■ 건물계정

건물을 타인으로부터 취득할 때에는 매입대가와 매입에 소요된 모든 비용, 즉 중개인 수수료 · 등기료 · 개량비 등을 취득원가로 하여 건물계정의 차변에 기입한다. 그러나 건물을 신축하는 경우에는 공사가 완성될 때까지 나타나는 지출금액을 건설중인자산계정의 차변에 기입하였다가 건물이 완성되면 건물계정에 대체한다.

[예 2] 건물의 취득

(1) 영업용 건물 ₩45,000,000을 매입하고, 대금은 수표 #23을 발행하여 지급하고
매입수수료 ₩400,000는 현금으로 지급하였다.

(2) 건물의 신축도급계약을 맺고, 도급대금 ₩80,000,000 중 ₩30,000,000을
수표를 발행하여 지급하다.

(3) 신축건물이 완성되어 도급대금 중 ₩40,000,000은 수표로 지급하고,
건물을 인수하다. 나머지는 월말에 지급하기로 하다.

A

(1) (차) 건 물	45,400,000	(대) 당 좌 예 금	45,000,000
		현 금	400,000
(2) (차) 건설중인자산	30,000,000	(대) 당 좌 예 금	30,000,000
(3) (차) 건 물	80,000,000	(대) 건설중인자산	30,000,000
		당 좌 예 금	40,000,000
		미 지 급 금	10,000,000

■ 유형자산 취득시 거래단계별 처리

일반적으로 토지나 건물과 같은 유형자산을 취득하기 위해 매매계약을 맺으면 대금은

계약금, **중도금**, **잔금**의 세단계로 나누어 지급하게 된다. 따라서 매입가액 = 계약금 + 중도금 + 잔금이 된다. 또한 **매입부대비용**은 부동산을 등기하기 위해서 취득세, 등록세, 등기비용, 중개수수료, 채권구입액 등이 된다. 이미 설명한 바와 같이 유형자산의 취득원가는 매입가액에 매입부대비용을 합한 금액이 된다. 따라서 유형자산의 취득과 관련하여 일반적으로 다음과 같은 회계처리가 이루어지게 된다.

계약금지급시

(차) 선 급 금 ××× (대) 현 금 ×××

중도금 지급시

(차) 선 급 금 ××× (대) 현 금 ×××

잔금지급시

(차) 토 지 ××× (대) 현 금 ×××
건 물 ××× 선 급 금 ×××
부가가치세대급금 ×××

부대비용지출시 (취득세, 중개수수료)

(차) 건 물 ××× (대) 현 금 ×××

차량운반구의 부가가치세

차량운반구를 구입하면 구매자는 판매자에게 차량운반구의 판매가액에 대한 10%를 부가가치세로 내야 한다. 이러한 경우 구입한 차량운반구가 세법상 비영업용승용차인 경우에는 해당 부가가치세를 부가가치세대급금으로 기장하지 않고 차량운반구의 취득원가에 포함시켜야 한다. 예를 들어 승용차를 구입하고 그 대가로 11,000,000원(부가가치세 포함)을 현금으로 지급하였다면

(차) 차 량 운 반 구 10,000,000 (대) 현 금 11,000,000
부가가치세대급금 1,000,000

으로 회계처리하지 말고

(차) 차 량 운 반 구 11,000,000 (대) 현 금 11,000,000

으로 회계처리하여야 한다.

3 유형자산의 취득 이후 지출

건물이나 기계와 같은 유형자산을 취득한 후 영업활동에 사용하다 보면 파손이나 고장 등에 의해 수선을 해야 하는 경우가 있다. 이때 유형자산에 대해 발생한 **수선비**는 **수선비계정**에서 처리한다. 그러나 수선의 결과 건물의 가치가 증가한다든지, 또는 내용연수를 증대시키는 수선비는 그 지출의 한도 안에서 이를 자산화시켜 건물계정 차변에 기입할 수 있다.

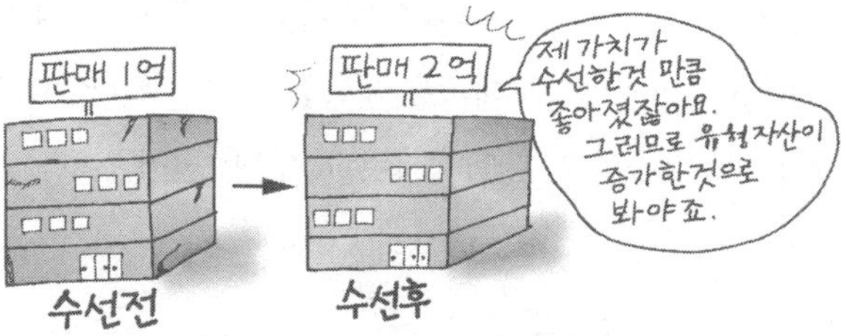

이와 같이 지출이 있었지만, 이를 유형자산의 원가에 포함시킬 수 있는 지출을 **자본적지출**(資本的支出, capital expenditure)이라 한다. 그리고 유형자산과 관련되어 지출되었지만 이를 비용으로 처리하는 지출을 **수익적지출**(收益的支出; revenue expenditure)이라 한다.

어떠한 지출을 자본적지출로 처리하면 당기의 순이익에 직접 영향을 미치지 아니하나, 수익적지출로 처리하면 비용이 증가하여 당기의 순이익에 직접 영향을 미치게 된다는 점에 유의하여야 한다.

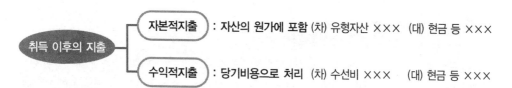

취득 이후의 지출
- **자본적지출** : **자산의 원가에 포함** (차) 유형자산 ××× (대) 현금 등 ×××
- **수익적지출** : **당기비용으로 처리** (차) 수선비 ××× (대) 현금 등 ×××

[예 3] 취득 이후의 지출

건물의 일부를 개축하고, 개축비 ₩2,000,000을 수표를 발행하여 지급하다. 이 중에서 ₩1,500,000은 자본적지출로, ₩500,000은 수리비로 처리하다.

A

(차)	건 물	1,500,000	(대) 당 좌 예 금	2,000,000
	수 선 비	500,000		

4 금융비용의 자본화

자산의 취득에 장기간을 요하거나 건물과 같은 유형자산을 건설하기 위하여 차입한 차입금의 이자비용을 어떻게 처리할 것인가?

적격자산의 제조 · 매입 · 건설에 사용된 차입금의 이자비용(단, 제조, 매입 또는 건설완료시까지 발생한 이자비용)은 지출시의 비용으로 처리하지 않고 당해 자산의 취득원가에 산입하도록 하고 있다. 다만, 당해 차입금의 일시예금으로 인하여 발생하는 이자수익을 취득원가에서 산입되는 이자비용에서 차감한다.

한국주식회사는 건물의 건설에 필요한 차입금을 ×××1년 1월 1일 ₩100,000,000을 이자율 10%로 차입하였다. 이자는 매년말 지급된다. 이 건물은 ×××2년 12월 31일 완공될 예정이다.

건물의 건설을 위해 다음과 같은 지출이 이루어졌다.

지출일	지출액
×××1. 1. 1	₩10,000,000
×××1. 6. 30	40,000,000
×××1. 12. 31	20,000,000
	₩70,000,000

한국주식회사는 다른 차입금은 없으며, 이 차입금을 예금함으로 인해 이자수익 ₩3,000,000이 ×××1년 12월 31일 현금으로 입금되었다.

이 거래와 관련하여 각 날짜별로 해야 할 분개는?

×××1. 1. 1	(차) 현 금	100,000,000	(대) 장 기 차 입 금	100,000,000
	(차) 건설중인자산	10,000,000	(대) 현 금	10,000,000
×××1. 6. 30	(차) 건설중인자산	40,000,000	(대) 현 금	40,000,000
×××1.12. 31	(차) 건설중인자산	20,000,000	(대) 현 금	20,000,000
	(차) 이 자 비 용	10,000,000	(대) 현 금	10,000,000
	현 금	3,000,000	이 자 비 용	3,000,000
	건설중인자산	7,000,000	이 자 비 용	7,000,000

5 유형자산의 감가상각

■ 감가상각의 필요성

토지를 제외하고 건물 · 기계 · 차량운반구 등과 같은 유형자산은 **시간이 경과**하고 계속적으로 **사용**함에 따라 필연적으로 **그 가치가 감소**하게 된다.

따라서 정확한 손익계산과 재무상태를 파악하기 위해서는 1년 동안 발생한 유형자산의 가치감소분을 결산기말에 기록하는 절차가 필요하다. 왜냐하면 이러한 유형자산의 가치감소는 1년 동안 서서히 발생하므로 연중에는 거래로 기록할 수 없기 때문에 1년 동안의 가치감소분을 모아서 연말(기말)에 한꺼번에 처리하는 것이다.

이러한 절차를 **감가상각**(減價償却, depreciation) 이라고 하는데 여기에서 감가란 한자로 減價로서 '가치가 감소하다' 를 뜻하고 상각이란 한자로 償却으로서 '차감하다' 라는 뜻이므로 결국 감가상각이란 '가치감소분을 차감하다' 라는 말인 것이다.

이와 같이 결산기말이 되면 차량운반구를 비롯하여 가치가 감소되는 모든 유형자산에 대해 감가상각을 해서 **결산수정분개**로서 기록하게 된다.

대륙횡단철도회사와 감가상각

감가상각의 중요성은 그리 오래 전부터 인식되어 온 것은 아니다. 산업혁명 이전까지는 대부분의 국가에서 감가상각을 이해하거나 인정하지 않았다. 미국도 예외는 아니었다.
19세기경 미국에서는 주주들로부터 자본을 출자받아 동부에서 서부로 철도를 가설하고 철도영업을 해서 그 이익을 배당하는 회사들이 우후죽순처럼 생겨났다. 이 회사들 대부분이 철로나 기차는 사용할수록 가치가 감소된다는 사실을 인식하지 않았다. 그 결과 매년 이익은 감가상각을 하지 않은 만큼 크게 나타났고 이익을 모두 주주에게 배당하였다. 따라서 이러한 사실을 알지 못하는 투자자들은 많은 배당을 해 주는 철도회사의 주식을 사고자 하였고 결과적으로 주가는 오를 수밖에 없었다. 그러나 시간이 지남에 따라 철로와 기차는 사용할 수 없게 되었고 과도하게 이익을 배당한 철도회사들은 파산하고 말았다. 많은 철도회사들이 지불한 거액의 배당금은 이익이 아닌 자본을 배당한 것이었기 때문에 결국 아무 것도 남는 것이 없는 껍데기회사가 되어 버린 것이다. 이러한 사건이 나타남에 따라 감가상각을 해야 할 필요성과 중요성을 명확히 인식하게 된 것이다.

■ 감가상각의 방법

① 직접법

유형자산의 감가상각은 기업의 수익을 얻기 위해 감소된 유형자산의 가치감소분을 감가상각비(減價償却費, depreciation expense)라는 비용계정의 차변에 기록한다. 그 다음에 유형자산이 그만큼 감소하였으므로 유형자산의 장부가액을 감소시키기 위해서 해당 유형자산(예 : 건물, 기계 등)계정의 대변에 기록하여야 한다.

[예 4] 직접법에 의한 감가상각

취득한 차량운반구(취득원가 : ₩10,000,000)에 대해서 ₩1,000,000을 직접법으로 감가상각하다.

A

(차) 감가상각비 1,000,000 (대) 차량운반구 1,000,000

위와 같이 분개하면 차량운반구계정은 아래 그림의 오른쪽과 같이 나타나며 재무상태표에 아래 그림의 왼쪽과 같이 9,000,000으로 표시된다.

재무상태표

자 산	금 액
유형자산	
차량운반구	9,000,000
⋮	⋮

차량운반구

현 금 10,000,000	감가상각비 1,000,000

이와 같이 직접 유형자산의 가액에서 감가상각비를 차감하는 방법을 **직접법**이라 한다.

② 간접법

직접법에 의해 기록하면 유형자산은 취득원가에서 감가상각비를 뺀 금액으로 표시되기 때문에 그 동안 가치가 얼마나 감소하였는지를 정확히 알 수 없다. 따라서 자산에서 직접 차감하지 않고 **감가상각누계액(減價償却累計額)**이라는 계정을 사용하여 감가상각누계액 계정의 대변에 기록하여 간접적으로 차감한다. 이와 같은 방법을 **간접법**이라 하며 대부분의 기업들은 간접법에 의한 감가상각을 하고 있다.(다만, 재무제표에 공시할 때는 직접법에 의한 순액으로 공시하여도 된다)

[예 5] 간접법에 의한 감가상각

취득한 차량운반구(취득원가 : ₩10,000,000)에 대해서 ₩1,000,000을 간접법으로 감가상각하다.

(차) 감가상각비 1,000,000 (대) 감가상각누계액 1,000,000

이와 같이 감가상각을 기록하면 당해 연도의 감가상각비가 비용으로 계상되어 올해의 이익을 줄이게 되며 재무상태표에는 감가상각누계액이 유형자산의 감소항목으로 기록되어 해당 자산의 장부가액을 줄여서 표시하게 된다. 여기서 **장부가액**이란 (**유형자산의 취득원가 – 감가상각누계액**)을 말한다.

감가상각누계액은 분개할 때는 대변에 기록되지만 재무상태표에 표시할 경우에는 아래 그림과 같이 유형자산의 취득원가에서 차감하는 형식으로 표시한다. 유형자산에서 직접 차감하지 않고 이와 같이 하면 차량운반구의 취득원가와 그 동안 감가상각한 금액이 모두 나타나기 때문에 재무상태표를 보는 사람이 더 많은 정보를 얻을 수 있다.

재무상태표

자 산	금 액	부채 및 자본	금 액
유형자산		⋮	⋮
차량운반구	10,000,000		
감가상각누계액	(1,000,000) 9,000,000		
⋮	⋮		

차량운반구

현 금 10,000,000	

감가상각누계액

	감가상각비 1,000,000

③ 감가상각비의 계산

유형자산이 실제로 한 회계기간 동안 얼마만큼의 가치가 감소하였는지를 정확히 계산하는 것은 현실적으로 불가능하다. 따라서 감가상각비를 계산하는 방법에는 여러 가지가 있지만 여기서는 정액법, 정률법, 생산량비례법에 대해서만 설명하기로 한다.

우선 감가상각비를 계산하기 위해서는 다음과 같은 세가지 계산요소를 결정하여야 한다.

〔 감가상각비의 계산요소 〕

취득원가	: 유형자산의 매입가액, 제작가액에 부대비용을 가산한 금액
잔존가액	: 내용연수 경과 후 유형자산의 예정처분가액
내용연수	: 유형자산을 사용할 수 있는 예상연수

가. **정액법**

정액법(定額法, straight-line method)은 매기 일정액을 감가상각비로 계상하는 방법이다. 정액법은 유형자산의 취득원가에서 잔존가액을 차감한 후 이것을 내용연수로 나누어 1년간의 감가상각비를 계산한다. 이것을 식으로 표시하면 다음과 같다.

$$1\text{년간의 감가상각비} = \frac{(\text{취득원가} - \text{잔존가액})}{\text{내용연수}}$$

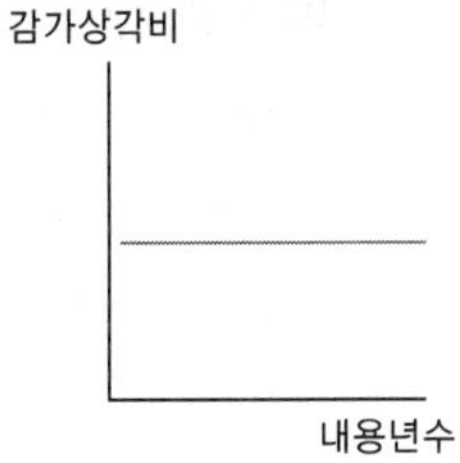

이 방법에 의하면 감가상각비는 매년도에 균등하게 계상된다.

[예 6] 정액법에 의한 감가상각

취득원가 ₩500,000, 잔존가액 ₩50,000, 내용연수 5년의 비품에 대하여 정액법으로 감가상각비를 계산하라.

감가상각비=(500,000−50,000)/5=90,000

나. 정률법

정률법(定率法, fixed-rate method)은 유형자산의 미상각잔액(취득원가−그 동안의 감가상각누계액을 차감한 잔액)에 일정한 비율(정률)을 곱하여 매년의 감가상각비를 계산하는 방법이다.

이것을 식으로 표시하면 다음과 같다.

$$1\text{년의 감가상각비} = \text{장부가액} \times \text{정률(상각률)}$$

$$\text{정률(상각률)} = 1 - \sqrt[n]{\frac{\text{잔존가치}}{\text{취득원가}}}$$

n : 내용연수

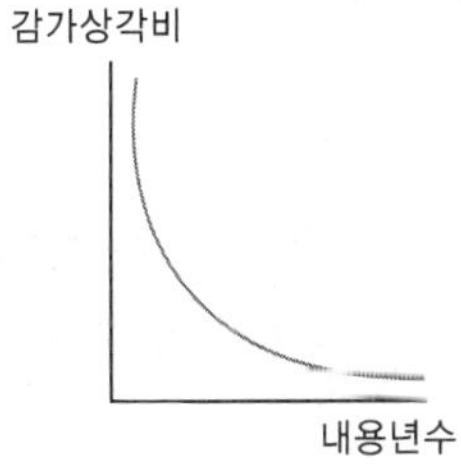

[예 7] 정률법에 의한 감가상각

[예 6]의 비품에 대하여 정률법에 의한 감가상각비를 계산하라. 감가상각률은 0.369이다.

연도	기초미상각잔액	상각률	감가상각비
1	500,000	0.369	184,500
2	315,500	0.369	116,420
3	199,080	0.369	73,461
4	125,619	0.369	46,353
5	79,266	0.369	29,249

정률법의 경우 위의 예에서 볼 수 있는 것처럼 점차로 감소하는 장부가액에 일정한 비율을 곱하게 되므로 감가상각비도 점차로 줄어 들게 된다. 따라서 정률법을 **체감법**(遞減法)이라고도 한다.

정률법은 자산의 능률이 높고 수선비가 나타나지 않는 초기에는 감가상각비가 많고, 기간이 지남에 따라 수선비는 증가하고 감가상각비는 감소하므로, 매년의 감가상각비와 수선비를 가산한 금액이 평균화되는 장점이 있다.

다. 생산량비례법

삼림, 유전, 광산 등과 같은 천연자원의 경우에는 벌목량 혹은 채굴량에 비례하여 그 가치가 감소된다. 따라서 이러한 경우에는 내용연수를 기준으로 하지 않고 생산량 또는 사용량에 비례해서 감가상각액을 계산한다. 이 방법을 **생산량비례법**(生産量比例法, units-of-production method)이라고 한다.

이것을 식으로 표시하면 다음과 같다.

$$\text{1년간의 감가상각비} = \frac{(\text{취득원가} - \text{잔존가액})}{\text{예상총생산량}} \times \text{1년의 생산량}$$

광산에서는 매장량을 비교적 정확하게 추정할 수 있으므로 취득원가에서 잔존가액을 차감한 금액을 추정매장량으로 나누어 매장량 단위당 상각비를 계산한 후, 이에 매연도의 채굴량을 곱하여 광업권이나 광업용기계 등의 상각비를 계산한다.

[예 8] 감가상각 – 생산량비례법

어떤 광산의 1년간 채굴량은 100,000톤이고, 광산의 추정매장량은 3,000,000톤이다. 또 광산의 취득원가는 ₩900,000,000이고 잔존가액은 없다. 이때 생산량비례법에 따라 금년의 감가상각비를 계산하라.

$$\text{광업권의 상각비} = \frac{900,000,000}{3,000,000} \times 100,000 = ₩\,30,000,000$$

6 유형자산의 매각처분

유형자산이 불필요하게 되거나 사용할 수 없게 되면 매각처분을 하게 된다. 이 때에는 해당되는 유형자산 계정의 대변에 장부가액으로 기입하고, 처분가액이 장부가액보다 높은 때에는 그 차액을 **유형자산처분이익계정**의 대변에 기입한다. 반대로 처분가액이 장부가액보다 낮은 경우에는 그 차액을 **유형자산처분손실계정**의 차변에 기입한다.

[예 9] 유형자산의 매각

(1) 취득한 토지의 일부를 ₩2,000,000(취득원가 ₩1,500,000)에 처분하고, 대금은 수표로 받아 당좌예금을 하다.

(2) 취득한 토지의 일부를 ₩1,200,000(취득원가 ₩1,500,000)에 처분하고, 대금은 수표로 받아 당좌예금을 하다.

(3) 취득원가 ₩2,500,000, 감가상각누계액 ₩500,000(장부가액 ₩2,000,000)의 사무용 복사기가 불필요하게 되었기에, 이것을 ₩1,200,000에 처분하고 대금을 현금으로 받다.

(1)	(차) 당 좌 예 금	2,000,000	(대) 토 지	1,500,000
			유형자산처분이익	500,000
(2)	(차) 당 좌 예 금	1,200,000	(대) 토 지	1,500,000
	유형자산처분손실	300,000		
(3)	(차) 감가상각누계액	500,000	(대) 비 품	2,500,000
	현 금	1,200,000		
	유형자산처분손실	800,000		

미수금과 미지급금

상품판매와 같은 일반적인 상거래 이외에서 발생하는 채권은 외상매출금계정이 아닌 미수금계정으로 처리한다. 반대로 일반적인 상거래 이외에서 발생하는 채무는 외상매입금계정이 아닌 미지급금계정으로 처리한다.

예를 들어 토지를 ₩2,000,000(취득원가₩1,500,000)에 처분하고 대금은 아직 받지 않았다면 다음과 같이 회계처리한다.

(차) 미 수 금	2,000,000	(대) 토 지	1,500,000
		유형자산처분이익	500,000

미지급금은 반대의 경우이다. 예를 들어 토지를 ₩2,000,000에 취득하고 대금은 아직 지급하지 않았다면 다음과 같이 회계처리한다.

(차) 토 지	2,000,000	(대) 미 지 급 금	2,000,000

5. 무형자산의 취득과 평가

1 무형자산의 뜻

무형자산은 유형자산처럼 구체적인 형태가 있는 것은 아니지만 이러한 자산을 소유함으로써 장기간에 걸쳐 경영에 이용하여 기업이 효익을 얻을 수 있는 무형의 권리이다. 이러한 무형자산에는 법률적인 권리는 아니라 하더라도 무형의 장기적 가치를 갖고 있는 자산으로서 영업권이 있으며 그밖에 법률에 의하여 장기간 인정된 권리를 나타내는 자산이 대부분의 무형자산을 차지하고 있다.

2 영 업 권

사업이 잘되는 상가의 경우에는 흔히 권리금이라는 것이 형성된다. 이러한 권리금은 특정 기업이 같은 업종의 다른 기업에 비해 훨씬 많은 이익을 얻고 있기 때문이다. 이러한 초과이익이 발생하는 이유는 그 기업이 제조상의 우수한 기술이나 유리한 입지조건 등 유리한 조건을 가지고 있기 때문이다.

이와 같이 기업이 같은 업종의 다른 기업보다 높은 **초과이익력**을 갖고 있는 경우에 나타나는 무형의 가치를 **영업권(營業權, goodwill)**이라고 한다.

영업권은 장래에 이익력의 원천이 될 수 있는 경영상의 가치로서 법률상의 보호를 받는 권리는 아니지만 사실상의 가치가 있는 무형자산이다.

그러나 과연 초과이익이 얼마나 되는지, 얼마나 지속될 것인지에 대해서는 매우 불확실하므로 사실상 영업권을 객관적으로 평가하기는 어렵다. 따라서 현실적으로 사업결합으로 인하여 영업권을 유상으로 취득하여 객관적으로 영업권의 가액을 결정할 수 있을 경우에만, 즉 **유상취득한 대가**를 영업권이라는 자산으로 재무상태표상에 계상한다.

자기창설의 영업권은 현실적으로 아무리 가치가 있다고 할지라도 이를 **자산으로 인정하지 아니한다.** 다른 기업을 매수하든가, 또는 합병을 한 경우에 인수하는 순자산의 잔액보다 다른 기업의 매수 또는 합병의 대가가 큰 경우에 그 초과액을 영업권으로 계상한다. 따라서 타기업의 매수 또는 합병의 경우에 타기업에 대한 평가액에 따라 영업권이 결정된다. 반대의 경우는 염가매수차익이라고 한다.

영업권을 인정하고 기업을 매수 또는 합병한 때에는 이를 영업권계정 차변에 기입한다.

[예 1] 영업권의 계상

다음과 같은 재무상태의 동양상사를 ₩8,000,000으로 양수하고, 대금은 수표를 발행하여 지급하다.

재무상태표

동양상사

자 산	금 액	부채 및 자본	금 액
매출채권	900,000	매입채무	700,000
상 품	4,500,000	자 본 금	7,500,000
비 품	300,000		
건 물	2,500,000		
	8,200,000		8,200,000

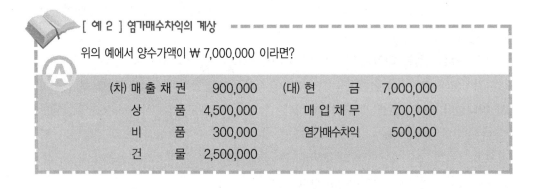

(차) 매 출 채 권	900,000	(대) 현 금	8,000,000
상 품	4,500,000	매 입 채 무	700,000
비 품	300,000		
건 물	2,500,000		
영 업 권	500,000*		

* 영업권 = 구입가액 - 순자산 = ₩8,000,000 - ₩7,500,000 = 500,000
동양상사의 순자산은 750만원인데 800만원을 주고 양수하였으므로 영업권은 50만원이 된다.

이와같이 기업이 영업권을 취득한 후, 때에 따라서는 영업권의 가치가 더 증가할 수 있겠지만 대부분은 경쟁의 격화로 인하여 가치가 감소되는 것이 일반적이다. 그러나 사업결합으로 취득한 영업권은 상각하지 않는다.

[예 2] 염가매수차익의 계상

위의 예에서 양수가액이 ₩ 7,000,000 이라면?

(차) 매 출 채 권	900,000	(대) 현 금	7,000,000
상 품	4,500,000	매 입 채 무	700,000
비 품	300,000	염가매수차익	500,000
건 물	2,500,000		

3 법률적으로 보호받는 권리

법률상의 권리로서의 무형자산은 다음과 같은 것들이 있다.

■ 산업재산권

산업재산권이란 산업상의 무형적 이익을 누릴 수 있도록 법적으로 보장된 권리를 말한다. 산업재산권에는 다음과 같은 것들이 있다.

• **특　허　권** : 일정기간 그 발명품에 대하여 독점적으로 이용할 수 있는 권리로서 특허법에서 규정한다.
• **실용신안권** : 물건의 구조와 용도를 경제적으로 개선하여 생활에 편익을 줄 수 있도록 고안되어 전용권을 얻은 것으로 실용신안법에서 규정한다.
• **디 자 인 권** : 미관을 위주로 물품의 형상 · 도안 등을 아름답게 개량하여 전용권을 인정받은 것으로 디자인권에서 규정한다.
• **상　표　권** : 상품을 제조 · 판매하는 자가 자신의 상품에 상표를 사용할 수 있도록 전용권을 인정한 것으로 상표법에서 규정한다.

법률상의 권리인 무형자산에 대해서는 유형자산의 경우와 마찬가지로 그 권리를 취득할 때까지 소요된 모든 지급액을 취득원가로서 해당 계정 차변에 기입한다.

[예 3] 무형자산의 취득

산업재산권을 발명가 조동일씨로부터 ₩5,000,000에 매입하고,
대금은 수표 #45를 발행하여 지급하다. 또한 이의 등기료 ₩200,000은 현금으로 지급하다.

(차) 산업재산권　5,200,000　　(대) 당 좌 예 금　5,200,000

■ 광업권과 어업권

일정한 광구에서 광물을 채굴할 수 있는 권리로서 광업법에서 규정하고 있는 광업권과 일정한 수역에서 어업을 경영할 수 있는 권리로서 수산업법에서 규정하고 있는 어업권도 무형자산에 해당된다.

■ 라이선스와 프랜차이즈

라이선스는 일반적으로 국가 등 허가권자로부터 인 · 허가를 받아 확보한 사업권을 말한다. 라이선스의 예로는 방송사업권이나 통신사업권을 들 수 있다.

프랜차이즈(franchise)는 본부와 가맹점간 계약을 맺고 일정한 관할권 내에서 본부회사의 재화 · 용역을 독점적으로 생산 · 판매할 수 있는 권리를 말한다.

4 개발비

개발비(開發費)란 신제품 또는 신기술의 개발과 관련하여 비경상적으로 발생한 비용을 말한다. 개발비를 무형자산으로 계상하기 위해서는 개별적으로 식별가능하고 미래의 경제적 효익을 확실하게 기대할 수 있는 것이어야 한다.

따라서 그렇지 못한 경우에는 경상개발비로서 무형자산이 아닌 비용으로 계상하여야 한다. 기업의 연구소에서 연구활동을 위하여 지출한 연구비는 무형자산이 아닌 비용으로 계상하여야 한다.

[예 4] 개발비의 계상

(1) 신제품을 개발하기 위하여 개발비 ₩5,000,000을 수표로 지급하다.

(차) 개 발 비 5,000,000 (대) 현 금 5,000,000

개발비가 무형자산으로 계상되기 위한 조건

개발비가 무형자산으로 계상되기 위해서는 신제품이나 신기술의 개발과 관련한 비용이 개별적으로 식별가능하고 미래의 경제적 효익을 확실하게 기대할 수 있어야 한다. 이러한 조건은 다음과 같이 보다 세부적인 조건으로 설명할 수 있다.

① 제품이나 공정이 명확하게 정해져 있으며 이와 관련된 비용을 개별적으로 식별할 수 있고 신뢰성 있게 측정할 수 있는 경우
② 제품이나 공정의 기술적 실현가능성을 설명할 수 있을 경우
③ 제품이나 공정을 생산 · 판매 · 사용할 의도가 존재하는 경우
④ 제품이나 공정에 대한 판매시장이 존재해야 하며 만약 제품이나 공정을 판매하기보다는 내부목적으로 사용하는 경우에는 당해 개발비의 기업에 대한 유용성이 설명가능하여야 한다.
⑤ 프로젝트를 완성하여 제품이나 공정을 판매 · 사용하기 위한 적정 부존자원이 존재하거나 이를 이용할 수 있는 경우

5 창업비 등의 비용

무형의 자원을 위해 현금 등이 지출되었다고 하더라도 그 성격상 무형자산으로 계상하기 부적합한 것은 발생한 기간의 비용으로 처리한다. 이러한 예는 다음과 같은 것들이 있다.

- 창업비와 개업비 또는 사업개시비용
- 교육훈련비용
- 광고비 또는 판촉활동비용
- 사업이전비 또는 조직개편비용

6 무형자산의 상각

유형자산의 경우에 감가상각을 실시하는 것과 마찬가지로 무형자산에 대해서도 그 취득원가를 일정기간에 걸쳐 **상각**해야 한다. 무형자산의 권리가 법률이나 계약에 의해 존속기간이 정해져 있는 때에는 그 기간을 한도로 하여 상각한다. 이와 같이 존속기간이 정해져 있지 않은 경우에는 당해 자산의 사용가능한 시점부터 합리적인 기간 동안 상각한다.

산업재산권의 경우에는 관계법령에서 정한 상각기간을 따른다. **특허권**의 경우에는 **10년**, **실용신안권 · 디자인권 · 상표권**은 **5년**이다. **광업권**은 **20년**, **어업권**은 **10년**으로 법령에서 정하고 있다. **개발비**는 사용가능일부터 **합리적인 기간**에 걸쳐 상각한다.

무형자산을 상각할 때에는 잔존가액을 ₩0으로 하여 **정액법** 또는 **생산량비례법** 등 으로 상각액을 계산하며, 기장 및 재무상태표의 표시는 직접법 또는 간접법에 의한다.

[예 5] 무형자산의 상각

결산시에 [예 3]의 산업재산권을 상각하다. 내용연수는 10년이다.

A

(차) 무형자산상각비 520,000 (대) 산 업 재 산 권 520,000

6. 이연법인세자산 · 부채와 보증금

1 이연법인세자산 · 부채

포괄손익계산서상의 법인세비용차감전순이익에 법인세율을 곱하여 계산된 금액을 법인세비용이라 한다.* 그러나 기업은 이와 같이 계산된 법인세비용을 납부하는 것이 아니다. 법인세비용을 차감한 당기순이익에 세법에서 고려하는 사항들을 가감하여 법인세를 납부하게 된다. 이와 같이 납부하는 법인세를 법인세부담액이라 한다. 따라서 법인세비용과 법인세부담액이 차이가 생길 경우에 이 차이를 조정하기 위한 것이 이연법인세자산과 이연법인세부채이다.

법인세비용 〈 법인세부담액인 경우에는 선급비용적 성격으로서의 자산인 이연법인세자산이 발생한다.

(차) 법 인 세 비 용	×××	(대) 미 지 급 법 인 세	×××
이연법인세자산	×××		

법인세비용 〉 법인세부담액인 경우에는 부채인 이연법인세대가 발생한다.

(차) 법 인 세 비 용	×××	(대) 미 지 급 법 인 세	×××
		이연법인세부채	×××

* 정확한 이해를 위해서는 상급교재를 참조하기 바란다. 여기서는 과목의 이해를 위해 내용을 단순화하였다.

2 보증금

전세권 · 임차보증금 · 영업보증금 · 장기미수금 등과 같이 투자목적으로 소유하는 것이 아니라 영업활동을 위한 필요에서 1년 이상 장기간 소유하는 자산은 비유동자산으로 분류한다.

[예 1] 보증금

(1) 건물을 임차하고 임차보증금 ₩10,000,000과 1개월분의 임차료 ₩100,000을 수표발행하여 지급하다.

(2) 장부가액 ₩1,000,000인 비품을 ₩1,000,000에 처분하면서 2년 후에 받기로 하였다.

(1) (차) 보 증 금	10,000,000	(대) 당 좌 예 금	10,100,000
임 차 료	100,000		
(2) (차) 장기미수금	1,000,000	(대) 비 품	1,100,000
비품처분손실	100,000		

7. 기부활동의 기록

기업은 사회의 한 구성단위이기 때문에 영리활동만을 추구할 수는 없다. 또한 기업의 이익을 얻게 해 주는 사회를 위해 영업활동 이외의 기여를 늘 해야 할 것이다. 따라서 기업은 아무런 대가를 받지 않고 사회에 현금 등의 자산을 기부하게 된다.

엄밀히 보면 이러한 기부활동은 영업활동도 아니며 투자활동이나 재무활동도 아니다. 그렇다고 기부활동이 비경상적이며 비반복적으로 나타나는 활동이어서도 안될 것이다. 그러나 기부활동을 기업의 유지를 위한 투자활동으로 보고 여기에 포함시키기로 한다.

기업회계기준에서는 기부활동으로 인해 기업이 지출하는 금액은 기부금으로서 영업외비용으로 계상하도록 하고 있다.

[예 1] 기부금

수재의연금으로 방송국에 ₩1,000,000을 기부하다.

(차) 기부금 1,000,000 (대) 현 금 1,000,000

8. 투자활동과 재무제표

투자활동(投資活動, investing activity)이란 영업활동을 원활히 하기 위해서 필요한 상품 이외의 자산을 취득하고 처분하는 활동이다. 유가증권에의 투자, 단기대여금에의 투자, 토지 · 건물 · 기계와 같은 유형자산의 투자가 투자활동의 주요요소라고 할 수 있다.

보론: 만기보유(매도가능)금융자산의 평가

유가증권 중 당기손익인식금융자산 이외의 증권, 즉 만기보유금융자산이나 매도가능금융자산은 성격에 따라 지분증권과 채무증권의 두가지로 분류할 수 있다.* **지분증권**은 장기적으로 주식을 발행한 회사의 경영활동을 지배 · 통제하거나 배당 또는 매매차익을 얻기 위해 취득하는 유가증권이며 **채무증권**은 이자 또는 매매차익을 얻기 위한 유가증권이다. 따라서 지분증권과 채무증권으로 구분하여 설명되어야 한다.

* 주식과 채권을 보다 근본적인 성격을 강조하기 위해 지분증권과 채무증권으로 부르기도 한다. 이는 경제의 발전과 더불어 전통적인 형태의 주식이나 채권이 아닌 새로운 형태의 증권들이 계속 출현함에 따른 현상이다.

1. 지분증권

지분증권의 취득원가는 취득을 위하여 제공한 대가에 부대비용을 가산하여 산정한다. 따라서 지분증권의 취득시에는 취득원가로 기록될 것이다. 그러나 문제는 취득 이후에 **결산일**에 재무상태표를 작성해야 하는 경우 "지분증권의 재무상태표가액을 얼마로 할 것인가?"하는 것이 문제이다. 즉, 기업회계기준에서는 지분증권의 취득원가를 재무상태표가액으로 그대로 기록하도록 하고 있지 않다. 결산시점에서 지분증권을 평가(가치의 재계산이라고 할 수 있음)하여 그 **평가액을 재무상태표가액**으로 기록하도록 하고 있다.

따라서 지분증권의 회계처리에서 우선 생각해야 할 점은 "지분증권의 재무상태표가액을 어떻게 산정할 것인가?"하는 것이다.

이렇게 되면 장부가액(취득원가 또는 전기 결산시점에서 평가된 가액)과 평가된 재무상태표가액(줄여서 재무상태표가액이라고 하기로 한다) 사이에 차이가 발생할 수 있다. 따라서 **장부가액과 재무상태표가액의 차액**에 대하여 어떻게 처리할 것인가가 문제가 된다.

기업회계기준에서는 지분증권의 회계처리를 지분증권의 종류에 따라 구분하여 규정하고 있다. 따라서 우선 지분증권의 종류를 살펴 보기로 하자.

1 지분증권의 종류

재무상태표가액을 산정하는 방법에 따라 지분증권의 종류를 구분하여 보면 2단계를 거쳐 3가지로 나누어진다고 할 수 있다. 우선 유의한 영향력을 행사할 수 있는가, 아닌가에 따라 **유의한 영향력을 행사할 수 있는 지분증권**(이를 **관계회사투자**라 한다)과 그렇지 않은 지분증권(이를 기업회계기준에서는 **매도가능금융자산**이라 한다)으로 구분되며, 그렇지 않는 지분증권은 시장성이 있느냐 없느냐에 따라 **시장성있는 지분증권**과 **시장성없는 지분증권**으로 구분된다.

따라서 유의한 영향력을 행사할 수 있는 지분증권은 시장성 여부에 상관이 없으며, 시장성있는 지분증권과 시장성없는 지분증권으로 구분하는 것은 모두 유의한 영향력을 행사할 수 없는 지분증권인 셈이다.

그렇다면 **유의한 영향력**을 행사할 수 있는지 없는지는 어떻게 구별하나? **발행주식총수의 100분의 20 이상**의 주식을 소유하고 있는 경우에는 유의한 영향력을 행사할 수 있다고 보는 것이 원칙이다.

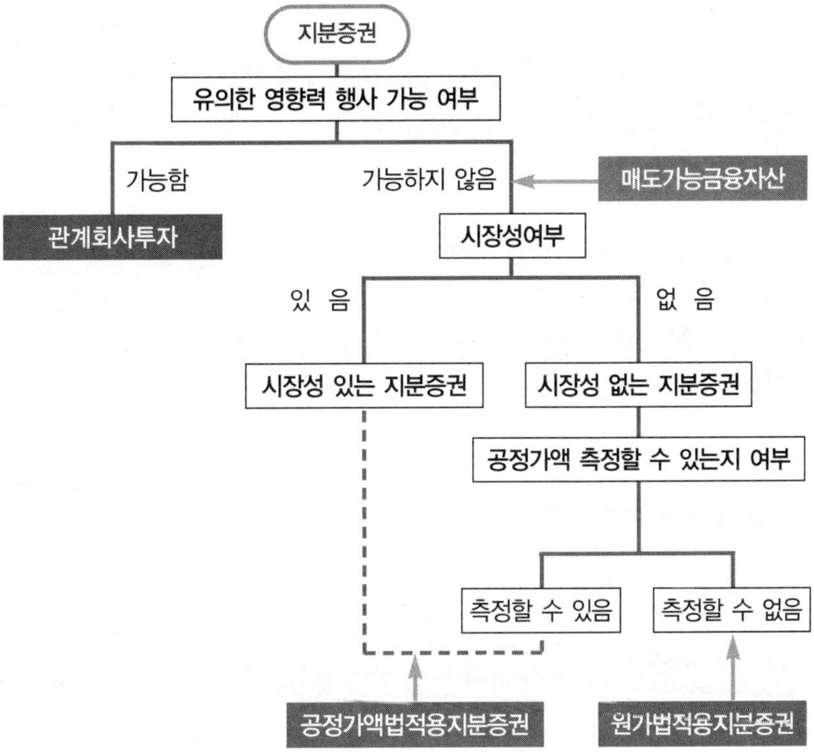

한편, 해당 주식이 유가증권시장이나 코스닥시장에서 거래되어 시가가 형성되어 있는 경우에는 시장성이 있는 것으로 보는 것이 원칙이다.

정리해보면 유가증권 중 주식은 **당기손익인식금융자산, 매도가능금융자산, 관계회사투자(20%이상 취득)**으로 구분할 수 있다.

매도가능금융자산은 시장성 여부로 두가지로 나뉘지만 시장성이 없는 주식은 공정가액을 측정할 수 있느냐 없느냐에 따라 두가지로 나누어 진다. 기업회계기준에서는 평가의 기준을 공정가액으로 둠으로써 결국 매도가능금융자산은 공정가액을 측정할 수 있는 지분증권과 공정가액을 측정할 수 없는 지분증권으로 나뉘어진다.

[예 1] 지분증권의 종류

한국주식회사가 200X년 12월 31일 현재 투자목적으로 보유하고 있는 주식은 다음과 같다. 지분증권의 종류를 구분하라. (이해를 위해 금액을 단순화하였다)

피투자회사명	발행주식총수	소유주식총수	지분율	장부가액	시장거래 여부
서울주식회사	100주	30주	30%	40,000	거래함
인천주식회사	100주	10주	10%	50,000	거래함
대전주식회사	100주	30주	30%	20,000	거래 안함*
속초주식회사	100주	10주	10%	10,000	거래 안함*

* 공정가액 측정할 수 없음.

A

유의한 영향력을 행사할 수 있는 지분증권(관계회사투자)
: 서울주식회사, 대전주식회사의 주식
시장성있는 주식 : 인천주식회사의 주식
시장성없는 주식 : 속초주식회사의 주식

2 각 지분증권의 재무상태표가액의 산정

설명의 편의를 위하여 매도가능금융자산 중 공정가액을 측정할 수 있는 지분증권부터 검토하기로 한다.

① 매도가능금융자산(공정가액을 측정할 수 있는 지분증권)의 재무상태표가액의 산정

매도가능금융자산은 공정가액을 재무상태표가액으로 한다. 따라서 유가증권시장에서 거래되는 시가가 재무상태표가액이 된다.

[예 2] 매도가능금융자산의 재무상태표가액 산정

한국주식회사의 200X년 12월 31일 현재 매도가능금융자산 중 공정가액을 측정할 수 있는 지분증권의 재무상태표가액은 얼마인가?

법인명	장부가액	시 가
인천주식회사	50,000	35,000

A

한국주식회사의 매도가능금융자산 중 해당 지분증권은 인천주식회사의 주식이며 시가가 35,000원이므로 이 금액이 재무상태표가액이 된다.

② 매도가능금융자산 중 공정가액을 측정할 수 없는 지분증권의 재무상태표가액 산정

매도가능금융자산 중 공정가액을 측정할 수 없는 지분증권은 **취득원가**를 재무상태표가액으로 한다.

③ 유의한 영향력을 행사할 수 있는 지분증권(관계회사투자)의 재무상태표가액 산정

유의한 영향력을 행사할 수 있는 투자주식은 **지분법에 의해 평가한 금액**을 재무상태표가액으로 한다. 즉, 투자회사가 피투자회사의 순자산(자산 − 부채)에 대한 지분비율만큼을 해당증권의 가액으로 한다.

발행주식총수의 100분의 20 이상을 소유하여 유의한 영향력을 행사할 수 있다는 것은 피투자회사의 경영정책에 대해 영향력을 행사하여 투자회사의 이익을 조정할 수 있다는 의미이다.

따라서 이러한 경우에는 피투자회사 순자산가액의 지분비율에 해당하는 금액이 해당 투자주식의 재무상태표가액으로 본다는 것이다. 예를 들어 어느 회사의 순자산가액이 100억원이고 그 회사의 주식을 30%를 소유하고 있다면 해당 주식의 가치를 30억원으로 보겠다는 것이 지분법의 기본적인 취지이다. 50%이상 소유하고 있다면 연결재무제표를 작성하여야 한다.

[예 3] 지분법에 의한 평가

세계주식회사의 200X년 12월 31일 현재 순자산은 다음과 같다. 한국주식회사는 세계주식회사의 발행주식총수 중 30%를 가지고 있다. 한국주식회사의 세계주식회사에 대한 지분(순자산가액)은 얼마라고 할 수 있는가?

세계주식회사	
자 본	
자 본 금	90
기타자본요소	20
이익잉여금	30
당기순이익	10

A

순자산×30%=(90+20+30+10)×30%=45(억원)

2. 채무증권

기업이 장기보유목적으로 채권을 취득하게 되면 이를 지분증권과 구분하여 채무증권이라고 한다. 투자채권은 그 성격상 크게 두가지로 분류할 수 있다. 첫째, 만기까지 보유할 목적으로 취득하고 이를 실질적으로 만기까지 보유할 수 있는 경우이다(이를 **만기보유금융자산**이라 한다). 둘째는 만기까지 보유할 목적은 아니지만 장기적으로 투자하기 위해 취득한 투자채권이다(이를 **매도가능금융자산**라 한다).

이하에서는 쉽게 이해할 수 있도록 먼저 만기보유금융자산을 설명한 후에 매도가능금융자산을 설명하기로 한다.

1 취득원가와 액면가액이 같은 경우

채무증권의 취득원가는 매입가액에 부대비용을 가산하여 산정한다. 따라서 채무증권의 취득시에는 취득원가가 기록될 것이다.

[예 4] 만기보유금융자산 – 1

액면가액 10,000,000원의 사채를 XXX1년 1월 1일에 현금 10,000,000원을 지급하고 취득하다. 이자는 12월 31일 연1회씩 받기로 하였으며 사채의 만기는 3년이며 사채의 액면이자율은 연 10%이다. 취득시와 이자수령시, 만기시의 회계처리는?

A

XXX1년 1월 1일 취득시

(차) 만기보유금융자산 10,000,000 (대) 현 금 10,000,000

XXX1년 12월 31일 이자수령시

(차) 현 금 1,000,000 (대) 이자수익 1,000,000

XXX1년 12월 31일의 재무상태표에는 만기보유금융자산이 취득원가인 10,000,000원으로 표시된다.

XXX2년 12월 31일 이자수령시

(차) 현 금 1,000,000 (대) 이자수익 1,000,000

XXX3년 12월 31일 이자수령시

(차) 현 금 1,000,000 (대) 이자수익 1,000,000

XXX3년 12월 31일 투자사채 만기시

(차) 현 금 10,000,000 (대) 만기보유금융자산 10,000,000

이와 같이 취득원가와 액면가액이 같은 경우에는 만기시까지 만기보유금융자산은 취득원가가 재무상태표가액으로 표시된다.

2 취득원가와 액면가액이 다른 경우

예를 들어 살펴보기로 하자.

① 이해를 위한 예

[예 5] 취득원가와 액면가액이 다른 채무증권

액면가액이 ₩10,000,000원인 사채를 XXX1년 1월 1일에 현금 ₩8,858,000에 취득하였다. 이자지급은 12월 31일 연 1회 이루어지며 사채의 만기는 3년, 사채의 액면이자율은 연 10%이다.

취득시의 분개를 다음과 같이 생각해 볼 수 있다.

(차) 만기보유금융자산 8,858,000 (대) 현 금 8,858,000

그런데 위의 사례[예 5]에서 과연 사채인 채무증권을 통해 얻는 실제수익률이 10%일까?

투자채권인 사채를 취득하기 위하여 지급한 금액이 8,858,000원이 아닌 10,000,000원이라면 위의 1에서 살펴본 것처럼 이 사채를 취득하여 얻는 이자율은 10%일 것이다.

이것은 다음과 같은 식을 통해 알 수 있다.

액면가액	1년 후의 이자 (현재가치)	2년 후의 이자 (현재가치)	3년 후의 이자와 수령액 (현재가치)
10,000,000	$\frac{1,000,000}{(1+0.1)^1}$	$\frac{1,000,000}{(1+0.1)^2}$	$\frac{11,000,000}{(1+0.1)^3}$
10,000,000	909,091	826,446	8,264,463

1년마다 이자율이 10%씩 계산되는 상황하에서 1년 뒤의 1,000,000원은 현재의 1,000,000/(1+0.1)=909,901원과 같다고 할 수 있으며, 2년 뒤의 1,000,000원은 현재의 $1,000,000/(1+0.1)^2=826,446$원, 3년 뒤의 11,000,000원은 현재의 $11,000,000/(1+0.1)^3=8,264,463$원과 같다고 할 수 있다.

그러나 [예 5]와 같이 액면가액보다 싸게 취득한 경우에는 이 사채를 통해 얻는 이자율은 10%가 아니며 더 높을 수밖에 없다. 아래의 식에서 보는 바와 같이 이자율을 X라고 하면 ×를 시행착오법(trial and error method)이나 컴퓨터를 통해 구할 수 있다.

$$8,858,000 = \frac{1,000,000}{(1+\times)^1} + \frac{1,000,000}{(1+\times)^2} + \frac{11,000,000}{(1+\times)^3}$$

이 식의 ×를 구하면 0.15, 즉 15%가 된다.

이 15%는 기업이 투자채권를 통해 앞으로 얻는 금액의 현재가치가 투자채권의 취득가액과 일치하도록 하는 이자율이다. 이를 유효이자율(the effective interest rate)이라고 한다. 이 투자채권의 유효이자율이 15%라는 의미를 좀더 자세히 살펴보자.

아래 그림에서 보는 바와 같이 8,858,000원은 1년 뒤인 ×××1년 12월 31일에는 이자율이 15%이면 이자는 (8,858,000×15%=)1,329,000원이 된다(천원 이하 반올림함).

그런데 실제로 지급받는 이자액은 1,000,000원이므로 1,329,000원−1,000,000원=329,000원은 투자채권의 금액(원금)에 포함된다.

다음해인 ×××2년에는 8,858,000원에 329,000원이 추가된 금액인 9,187,000원에 15%의 이자가 붙게 된다. 따라서 ×××2년의 이자는 9,187,000×0.15=1,378,000원이 된다. 그런데 ×××2년 12월 31일에 지급받는 이자는 1,000,000원이므로 378,000원이 남게 된다.

×××3년초의 투자채권원본은 (9,187,000+378,000=)9,565,000원이므로 XXX3년의 이자는 9,565,000×15%=1,435,000원이 된다. 지급받는 이자는 1,000,000원이므로 435,000원은 원금에 추가된다. 따라서 ×××3년 12월 31일의 투자채권원금은 9,565,000+435,000=10,000,000원이 된다.

이를 그림과 표로 나타내면 아래와 같다.

연도	연초의 사채금액	유효이자	지급한이자	상각액	연말의 사채금액
×××1년	8,858,000	1,329,000	1,000,000	329,000	9,187,000
×××2년	9,187,000	1,378,000	1,000,000	378,000	9,565,000
×××3년	9,565,000	1,435,000	1,000,000	435,000	10,000,000

* 금액은 설명의 편의를 위해 천원 이하 반올림함.

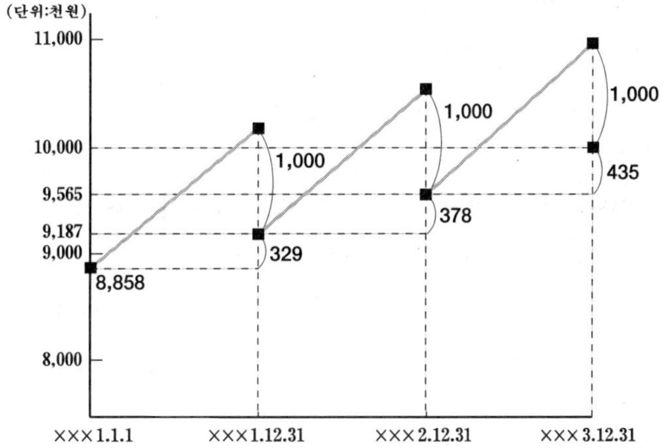

사채	10,000,000	10,000,000	10,000,000	10,000,000
사채할인발행차금	(1,142,000)	(813,000)	(435,000)	—
장부가액	8,858,000	9,187,000	9,565,000	10,000,000

② 회계처리

①과 같이 취득원가와 액면가액이 다른 투자채권은 그 차액을 상환기간에 걸쳐 유효이자율법을 적용하여 취득원가와 이자수익에 가감한다. 이렇게 하년 만기일의 장부가액은 액면가액에 일치하게 된다. 이러한 방법을 **상각원가법**이라고 한다.

①의 예에 대한 회계처리를 살펴보기로 하자.
취득시에는 취득원가로 기록한다.

×××1년 1월 1일

(차) 만기보유금융자산	8,858,000	(대) 현 금	8,858,000

×××1년 12월 31일의 분개는 다음과 같다.

(차) 만기보유금융자산	329,000	(대) 이 자 수 익	1,329,000
현 금	1,000,000		

따라서 유효이자율에 의한 이자(유효이자)가 이자수익으로 기록되며 유효이자와 실제 지급한 이자와의 차액은 투자채권의 원금에 가산된다.
이후의 회계처리도 마찬가지이다.

×××2년 12월 31일

(차) 만기보유금융자산	378,000	(대) 이 자 수 익	1,378,000
현 금	1,000,000		

×××3년 12월 31일

(차) 만기보유금융자산	435,000	(대) 이 자 수 익	1,435,000
현 금	1,000,000		
(차) 현 금	10,000,000	(대) 만기보유금융자산	10,000,000

3 매도가능금융자산의 경우

만기보유금융자산은 위의 1, 2에서 살펴본 바와 같이 취득원가를 재무상태표가액으로 한다. 그리고 취득원가와 액면가액이 다른 경우에는 상각원가법을 적용하며 그 차액을 상환기간에 걸쳐 유효이자율법을 적용하여 가감한 가액을 재무상태표가액으로 한다.
그러나 매도가능금융자산은 장부가액(만기보유금융자산과 같이 유효이자율법을 적용한 금액)이 공정가액과 다른 경우에는 **공정가액을 재무상태표가액**으로 한다. 그리고 그 차액을 **매도가능금융자산평가이익** 또는 **매도가능금융자산평가손실**의 과목으로 하여 기타포괄손익누계액항목으로 처리한다.

[예 6] 매도가능금융자산의 회계처리

[예 5]의 투자채권을 만기보유목적이 아닌 장기보유목적으로 취득하였다고 하자. XXX2년 12월 31일 현재의 공정가액은 9,000,000원이다. 이 경우 XXX2년 12월 31일의 회계처리는 ?

(차) 매 도 가 능 금 융 자 산	378,000	(대) 이 자 수 익	1,378,000
현 금	1,000,000		
(차) 매도가능금융자산평가손실	565,000*	(대) 매도가능금융자산	565,000

* 장부가액 – 공정가액 = (10,000,000 – 435,000) – 9,000,000 = 565,000

제17장. 재무활동

1. 재무활동과 재무제표
2. 차입금의 조달과 상환
3. 사채의 발행과 상환
4. 주식회사의 자본조달

제17장. 재무활동

1. 재무활동과 재무제표

1 재무활동의 이해

기업활동을 수행하기 위해서는 그 원동력이 되는 자금이 필요하다. 물론 영업활동을 통해서 이익을 얻음으로써 자금을 조달할 수도 있다. 그러나 이러한 영업활동을 통해 얻는 자금은 계속적으로 들어오는 것이기는 하지만 커다란 금액이 되기 위해서는 상당한 시간을 요한다. 또한 기업을 시작할 때는 이러한 자금이 있을 리 없다. 따라서 어느 기업이든지 처음 사업을 시작할 때는 자금을 출자하게 된다. 이것을 **자본금**이라 한다. (※주식회사의 경우에는 처음에 출자되는 금액이 자본금과 자본잉여금으로 나뉘어 질 수 있지만 대부분 자본금이 될 것이다. 자본잉여금에 대해서는 나중에 설명할 것이다.)

그러나 사업을 운영하다 보면 처음에 출자한 자본금만으로는 자금이 부족하게 되는 경우가 많다. 이렇게 되면 추가로 자금을 조달해야 한다.

자금을 조달하는 방법에는 타인이나 은행 등과 같은 **기업외부**로부터 자금을 빌려 오는 방법과 사업주(개인기업의 경우) 또는 **주주**(주식회사의 경우)에게서 **출자**를 받는 방법이 있다.

■ **부채의 차입과 상환**

기업의 소유주가 아닌 외부의 타인(은행 등)으로부터 돈을 빌려오는 경우 빌려온 돈을

차입금이라고 한다. 따라서 차입금을 빌려 오게 되면 기업에 현금과 같은 자산이 증가함과 동시에 **부채**인 차입금이 증가한다.

기업에서 필요로 하는 자금을 외부로부터 차입하여 부채가 존재하게 되면 언젠가 이 부채는 갚아야 한다. 또한 일정기간 사용한 대가로서 **이자를 지급**해야 한다. 만기일에 차입금 원금을 갚지 못하거나 이자지급일에 이자를 지급하지 못하게 되면 채무지급불능사태, 즉 부도가 발생하게 된다.

일반적으로 자금의 용도가 일시적으로 필요한 운영자금일 경우에는 1년 내에 갚아야 하는 **단기차입금**으로 조달하고, 건물, 기계와 같은 유형자산의 투자에 필요한 자금을 조달하기 위해서는 만기가 1년 이상인 **장기차입금**으로, 그리고 장기이면서 거액의 자금이 필요할 경우에는 **사채**를 발행하여 조달하는 것이 바람직하다.

장기차입금과 사채는 비유동부채를 구성하는 주요 항목이다. **비유동부채**란 재무상태표일로부터 1년 이후에 지급을 해야 할 부채로서 비유동부채는 자기자본과 함께 기업의 장기자본을 구성한다. 또한 비유동부채는 유형자산투자를 위한 **자금의 주공급원**이 되는 동시에 **기업재무의 안정성를 확보**하는 데 중요한 기여를 한다.

■ 자본의 조달과 이익처분

타인으로부터 자금을 조달하는 차입금과는 달리 사업주나 주주로부터 출자를 받아 자금을 조달하는 방법이 있다. 이와 같이 사업주나 주주가 추가적으로 자금을 출자하는 것을 **증자**라고 한다.

또한 현금자금을 추가로 조달하는 것은 아니지만 실질적으로 자본이 증가되는 경우가 있다. 예를 들어 다른 기업과의 합병을 통해 **합병**의 대가로 지급한 금액보다 더 큰 자산이 기업에 들어오는 경우가 있다. 이러한 경우가 자본이 추가적으로 증가하여 실질적으로 자본이 조달된 것이라고 할 수 있다.

기업이 1년 동안 기업활동을 통해 창출된 부가가치는 **순이익**이라고 할 수 있다. 이 순이익은 기초자본보다 기말자본이 증가했음을 의미한다. 따라서 순이익을 통해 기업은 자본이 증가된다. 이러한 순이익은 주주총회를 거쳐 기업 내에 남거나(흔히 **사내유보**라고 한다) **배당**이라는 과정을 통해 주주들에게 현금 등의 자산으로 분배된다.

이러한 모든 활동은 기업이 자금을 조달하고 상환하는 과정에서 나타나는 활동, 즉 재무활동이다. 회계에서는 이러한 재무활동을 측정하고 기록한다.

2 재무활동에 따른 재무제표 항목

재무상태표의 대변을 살펴 보면 대부분 영업활동에서 발생하는 부채인 매입채무와 투자활동과 관련하여 발생하는 미지급금 등을 제외하면 차입금과 사채, 자본으로 나타난다. 결국 **재무활동**은 대부분 재무상태표상의 대변인 **부채와 자본**에 해당되는 것임을 알 수 있다.

차입금과 사채는 부채이며 이러한 부채는 기업이 사용하는 기간에 대한 대가로서 이자를 지급해야 한다. 이것은 포괄손익계산서의 **이자비용**으로 나타난다.

2. 차입금의 조달과 상환

1 단기차입금과 장기차입금

기업이 필요로 하는 자금을 **차용증서**를 작성하여 주고(담보물을 제공하기도 함) 타인(은행 등)으로부터 빌려 오고 일정기한까지 해당금액을 상환하기로 하는 경우 부채인 **차입금**이 발생한다.

차용증서를 주고 현금을 차입하였을 때는 차입금계정 대변에 기입하고, 상환하는 때에는 상환금액을 차변에 기입한다. 따라서 차입금계정의 대변잔액은 차입금의 현재액을 표시한다.

차입시 : (차) 현 금 ××× (대) 차 입 금 ×××
상환시 : (차) 차 입 금 ××× (대) 현 금 ×××

차입금을 차입하여 사용하는 기간에 대하여 지급하는 이자는 **이자비용계정**에 기록한다.

[예 1] 차입금

(1) 김일동으로부터 ₩200,000을 현금으로 빌리고 차용증서를 작성하여 주다.
(2) 김일동으로부터 차입한 ₩200,000중 ₩100,000을 기한이 되어 이자 ₩5,000과 함께 현금으로 지급하다.

(1)	(차) 현 금	200,000	(대) 차 입 금	200,000
(2)	(차) 차 입 금	100,000	(대) 현 금	105,000
	이자비용	5,000		

차입금의 만기가 재무상태표일부터 **1년 이내의 단기간**인 경우에는 **단기차입금**계정으로, **1년 이상**인 경우에는 **장기차입금계정**으로 기록한다. 따라서 재무상태표작성시에 단기차입금은 유동부채로, 장기차입금은 비유동부채로 분류하여 표시한다.

또한 장기차입금의 지급기한이 1년 내로 다가오면 **유동성장기부채**로 계정을 대체한다.

[예 2] 장기차입금

×1년 1월 2일 서울상사는 한일은행으로부터 연간 이자율 10%의 조건으로 3년 기한으로 ₩100,000을 차입하였다. 차입금의 이자는 매년 12월 31일에 납부하기로 하고 원금은 ×3년 12월 31일에 상환하기로 하였다. 이 거래과 관련된 시점에서의 분개를 하라.

×1. 1. 2.	(차) 현 금	100,000	(대) 장 기 차 입 금	100,000
×1.12.31.	(차) 이 자 비 용	10,000	(대) 현 금	10,000
×2.12.31.	(차) 이 자 비 용	10,000	(대) 현 금	10,000
×2.12.31.	(차) 장 기 차 입 금	100,000	(대) 유동성장기부채	100,000
×3.12.31.	(차) 이 자 비 용	10,000	(대) 현 금	10,000
×3.12.31.	(차) 유동성장기부채	100,000	(대) 현 금	100,000

2 어음을 이용한 자금의 차입

기업에서는 상품을 매입하기 위해 어음을 발행하거나, 상품을 매출하고 어음을 받는 것과 같이 정상적인 상거래과정에서 어음을 사용한다. 이와 같이 영업활동(상품의 매입과 매출)에서 사용하는 어음을 **상업어음** 또는 **진성어음**이라고 한다.

그러나 상품의 매매와는 상관없이 단순히 기업에서 필요한 자금을 차입하고 차용증서 대신 어음을 발행해 주는 경우가 있다. 이러한 어음을 자금을 융통하는 데 사용되는 어음이라 하여 **융통어음** 또는 **금융어음**이라고 한다. 즉, 어음관계자 상호간의 합의에 따라 어음을 발행하고 이것을 은행에서 할인을 받는다든가, 또는 다른 사람에게 배서양도하여 자금을 융통한다. 따라서 융통어음은 불확실성이 높아 종종 부도가 생기는 경우가 많다. (※합법적으로 발행한 융통어음을 다른 융통어음과 구분하여 **상업어음**(commercial paper ; C.P.)이라고 한다.)

융통어음을 발행한 경우에는 **단기차입금계정**을 사용하여 기록한다.

[예 3] 융통어음의 발행

삼성상점은 영업자금을 마련하기 위하여 형제상점에 약속어음 ₩1,000,000을 발행하여 주고 현금으로 받아 즉시 당좌예금하다.

A

(차) 당좌예금	1,000,000	(대) 단기차입금	1,000,000

단기차입금계정에는 차용증서를 발행하여 자금을 차입한 것과 어음을 발행하여 자금을 차입한 두가지 경우가 모두 포함된다.

우리나라의 재무상태표에서는 단기차입금이라는 계정과목 밑에 어음상의 채무액을 기록하도록 하여 어음으로 차입한 금액이 얼마인지를 알 수 있도록 하고 있다.

재무상태표

	단기차입금 2,000,000 (어음상의 채무 : 1,000,000)

3. 사채의 발행과 상환

1 사채의 성격

기업이 설비를 구입하거나 사업을 확장하려고 할 경우에는 필요한 자금액이 클 뿐만 아니라 투자효과가 단기적으로 나타나기보다는 장기간이 경과해야 나타나는 것이 일반적이기 때문에 장기에 걸쳐 빌릴 수 있는 거액의 자금이 필요하다.

따라서 이자는 일정기간마다 지급하더라도 원금의 상환이 1년 이상인 장기자금을 차입해야 한다. 은행 등으로부터 장기자금을 차입하는 경우에는 이를 장기차입금이라 하였고 그 기록방법은 이미 앞에서 설명하였다. 장기자금을 차입하는 방법에는 장기차입금 이외에 사채의 발행이 있다.

주식회사는 장기에 걸쳐 거액의 자금을 조달하기 위하여 **일반대중**으로부터 회사의 채무임을 표시하는 증권(사채권)을 발행할 수 있는데 이것이 **사채**(社債, bonds)이다.

이러한 사채는 주식회사만이 발행할 수 있고 액면가액은 10,000원 이상이어야 하며 사채의 금액은 균일하도록 되어 있다.

사채는, ① 장기자금의 조달수단이 되며, ② 유가증권이며, ③ 일반대중으로부터 자금을 조달한다는 점 등이 주식(stock)과 유사하지만, ① 사채는 사채권자에 대한 회사의 채무이지만 주식은 회사의 채무가 아니고, ② 사채권자는 경영에 참가할 수 없으나 주주는 참가할 수 있으며, ③ 사채는 회사이익의 유무에 관계없이 일정의 이자를 지급해야 하지만 주식은 회사의 이익이 있을 때만 배당하고, ④ 사채에는 회사의 상환의무가 존재하지만 주식에는 상환의무가 없고 해산시 잔여재산의 분배의무만 있다는 점에서 주식과는 다르다.

2 사채의 액면가액과 액면이자율

사채를 발행하면 기본적으로 두 가지 사항이 결정된다. 첫째 **액면가액**으로 만기(滿期)시에 갚아야 하는(흔히 상환(償還)한다고 한다) 원금을 결정해야 한다. 둘째 사채권에 기재되는 이자율로서 일정기간마다 얼마씩 주겠다는 사항을 정한 **액면이자율**이다.

예를 들어 사채 액면가액 10,000,000원짜리를 ×1년 1월 1일에 발행하였다고 하자. 그리고 이자지급은 12월 31일의 연 1회로 하기로 하고 사채의 만기는 3년이며 연이자율은 10%라고 하자.

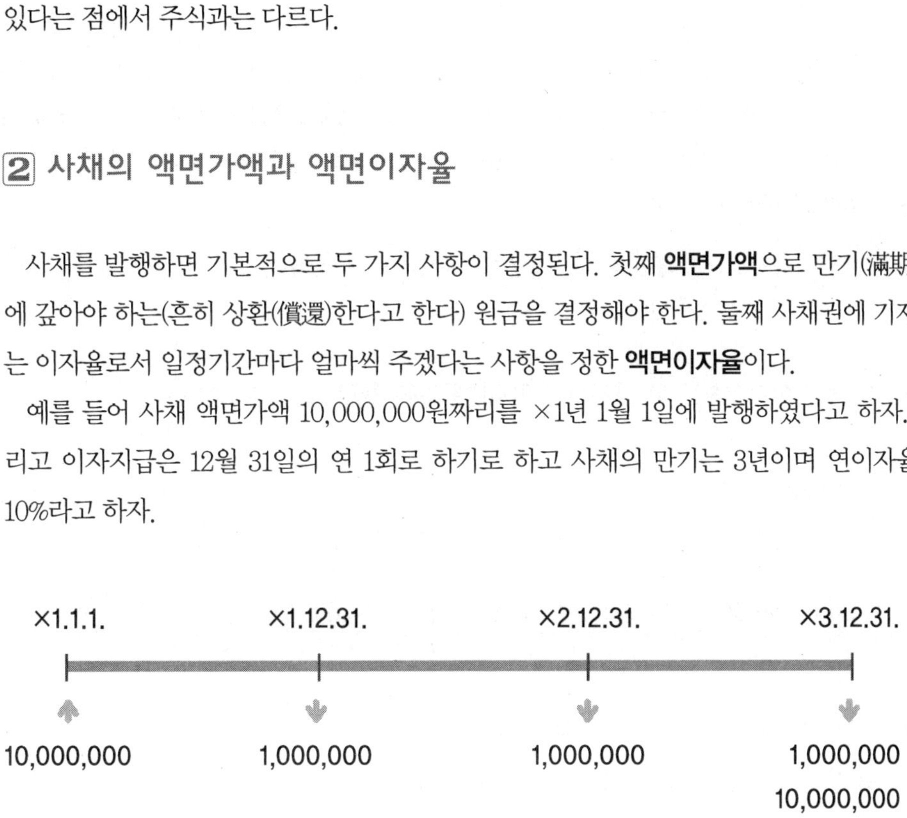

이 경우에는 위의 그림에 나타난 것과 같이 ×1년 1월 1일에 회사에 현금 10,000,000원이 들어오지만 회사는 매년 12월 31일에 이자를 지급해야 한다. 12개월마다 지급해야 하는 이자는 10,000,000×0.1=1,000,000원이다. 그리고 3년뒤인 ×3년 12월 31일에는 이자 1,000,000원뿐만 아니라 원금 10,000,000원을 갚아야 한다.

세가지 요소 이외에 고려해야 할 또 하나의 요소로서 유효이자율이 있다. 이에 대해서는 점차 내용을 진행하면서 살펴보기로 하자.

3 사채의 액면발행과 상환

액면가액을 모두 받고 사채를 발행한 경우는 액면가액과 발행가액이 일치하기 때문에 **액면발행**이라고 한다.

[예 1] 사채의 액면발행

액면가액이 ₩1,000,000인 사채를 ×1년 1월 1일에 발행하고 현금 ₩1,000,000을 조달하였다. 그리고 이자지급은 6월 30일, 12월 31일의 연 2회로 하기로 하고 사채의 만기는 3년이며 연이자율은 10%이다.

(차) 현　　금	1,000,000	(대) 사　　채	1,000,000

사채에 대한 이자를 지급할 경우에는 **이자비용(利子費用)**으로 기록한다.

[예 2] 사채의 이자지급

×1년 6월 30일 발행한 사채에 대한 이자 ₩50,000을 현금으로 지급하다.

(차) 이자비용	50,000	(대) 현　　금	50,000

다른 이자지급일에도 같은 방법으로 기록될 것이다.
사채를 상환하는 경우에는 사채계정의 차변에 기록한다.

[예 3] 사채의 상환

×3년 12월 31일 만기가 되어 최종 6개월간의 이자를 지급하고 원금을 상환하다.

(차) 이자비용	50,000	(대) 현　　금	1,050,000
사　　채	1,000,000		

4 사채의 할인발행과 할증발행

■ 할인발행과 할증발행의 의미

사채는 만기에 갚아야 할 금액인 액면가액으로 발행하는 것이 일반적이지만 사채의 액면이자율과 시장이자율이 다를 경우에는 사채의 액면가액과 발행가액이 달라지게 된다.

시장이자율이란 현재의 자금시장에서 형성된 이자율로서 자금을 공급(수요)할 경우 일반적으로 얻을 수 있는(지급해야 하는) 이자율을 의미한다.

예를 들어 사채의 액면이자율이 연 10%인데 시장이자율이 연 15%이면 투자자들은 사채의 이자율이 시장이자율보다 더 낮으므로 사채를 사려고 하지 않을 것이다. 왜냐하면 다른 곳에 투자하면 15% 이자를 받을 수 있는 데 비해서 사채에 투자하면 10%의 이자밖에 못 받기 때문이다.

따라서 이러한 경우에는 사채의 발행가액을 액면가액보다 낮게 해서 부족한 이자를 보충해 주어야 한다. 예를 들어 액면가액이 1,000,000원이라면 이 사채를 발행할 때 980,000원만을 받고 만기에는 1,000,000원을 돌려 주는 것이다. 이렇게 발행가액이 액면가액보다 낮게 발행되는 것을 **할인발행(割引發行)**이라 한다.

이와같이 발행가액이 액면가액보다 낮게 되는 경우 그 차액은 액면이자율과 시장이자율의 차이를 보충해주기 위한 이자비용의 성격이라고 할 수 있다.

사채를 발행하는 회사의 입장에서는 매번 이자를 지급할 때마다 높은 이자를 지급하지 않고 만기상환시에 시장이자율과의 차이를 지급하는 경우를 선호하면 할인발행을 선택하게 된다.

할인발행된 사채를 매입한 투자자들은 매 이자지급일에 시장이자율보다 낮은 이자를 받는 대신에 만기에는 사채를 구입할 때 지불한 금액보다 많은 액면가액으로 상환받을 수 있게 된다.

반대로 사채의 액면이자율이 다른 곳에 투자하여 얻을 수 있는 시장이자율보다 높다고 판단되면 투자자들이 서로 사채를 매입하려고 할 것이므로 사채의 발행가액은 액면가액 이상이 된다. 예를 들어 사채의 액면이자율은 연 15%인데 시장이자율이 연 10%이면 투자자들은 사채의 이자율이 시장이자율보다 높으므로 사채를 구입하려 할 것이다. 이 경우에는 발행가액이 액면가액보다 높아지게 되는데 이것을 **할증발행**이라고 한다.

할증발행된 사채를 매입한 투자자들은 매이자지급일에 시장이자율보다 높은 이자를 지급받는 대신에 만기에는 사채를 구입할 때 지불한 금액보다 적은 액면가액으로 상환받게 된다.

이와 같이 **발행가액이 액면가액보다 낮은 경우**를 **할인발행**이라고 하고 **발행가액이 액면가액과 같은 경우**에는 **액면발행, 발행가액이 액면가액보다 높은 경우**에는 **할증발행(割增發行)**이라고 한다.

이자율의 조건	사채의 발행형태
액면이자율=시장이자율	액 면 발 행
액면이자율<시장이자율	할 인 발 행
액면이자율>시장이자율	할 증 발 행

■ 사채발행비와 사채발행차금

사채를 발행하기 위해서는 회사가 직접 사채를 살 사람을 모집하는 경우는 거의 없고 대부분 금융기관을 통해 모집하게 된다. 이러한 경우 금융기관에 사채발행과 모집에 대한 수수료를 지급해야 하고 사채모집을 위해서 광고를 하게 되면 광고비도 지출해야 한다. 또한 사채권을 인쇄하기 위한 인쇄비도 지출된다. 이렇게 사채발행과 관련된 지출은 어떻게 기록할 것인가? 이와 같이 사채발행수수료와 사채발행과 관련하여 직접 발생한 기타 비용을 사채발행비라 하여 사채발행비는 사채발행가액에서 차감한다. 결국 사채발행가액이란 사채를 발행하여 얻은 금액에서 사채발행비를 차감한 금액을 의미하는 것이다.

사채발행수수료와 사채발행과 관련하여 직접 발생한 기타 비용를 차감한 후의 **사채발행가액과 액면가액의 차액**은 **사채할인발행차금** 또는 **사채할증발행차금**으로 기록된다.

액면가액 〉 사채발행가액 (사채발행비 차감 후의 금액)

액면가액 － 사채발행가액 ＝ 사채할인발행차금

액면가액 〈 사채발행가액 (사채발행비 차감 후의 금액)

사채발행가액 － 액면가액 ＝ 사채할증발행차금

[예 4] 사채발행비와 사채발행차금의 발생

(1) 액면가액이 ₩10,000,000인 사채를 ×1년 1월 1일에 현금 ₩10,000,000에 발행하였다. 그리고 이자지급은 12월 31일 연 1회로 하기로 하고 사채의 만기는 3년이며 사채의 액면이자율은 연10%이다. 사채발행비는 ₩1,000,000이 현금으로 지급되었다.

(2) 액면가액이 ₩10,000,000인 사채를 ×1년 1월 1일에 현금 ₩12,000,000에 발행하였다. 그리고 이자지급은 12월 31일 연 1회로 하기로 하고 사채의 만기는 3년이며 사채의 액면이자율은 연10%이다. 사채발행비는 ₩1,000,000이 현금으로 지급되었다.

(3) 액면가액이 ₩10,000,000인 사채를 ×0년 1월 1일에 현금 ₩8,958,000에 발행하였다. 그리고 이자지급은 12월 31일 연 1회로 하기로 하고 사채의 만기는 3년이며 사채의 액면이자율은 연10%이다. 사채발행비는 ₩100,000이 현금으로 지급되었다.

A

(1)	(차) 현 금	10,000,000	(대) 사 채	10,000,000
	사채할인발행차금	1,000,000	현 금	1,000,000
(2)	(차) 현 금	12,000,000	(대) 사 채	10,000,000
			현 금	1,000,000
			사채할증발행차금	1,000,000
(3)	(차) 현 금	8,958,000	(대) 사 채	10,000,000
	사채할인발행차금	1,142,000	현 금	100,000

■사채발행차금의 표시와 상각

사채발행차금은 사채의 **평가계정(評價計定)**으로 재무상태표상에는 아래와 같이 사채에서 차감하거나 부가하는 형식으로 기재한다.

[사채할인발행차금의 경우] **재 무 상 태 표**

자 산	금 액	부채 및 자본	금 액	
⋮	⋮	사 채	10,000,000	
		사채발행차금	(1,000,000)	9,000,000

[사채할증발행차금의 경우] **재 무 상 태 표**

자 산	금 액	부채 및 자본	금 액	
⋮	⋮	사 채	10,000,000	
		사채발행차금	1,000,000	11,000,000

사채할인(할증)발행차금은 사채의 상환기간 동안에 매결산기마다 **일정한 방법으로 상각**하여 **만기일에는 사채의 액면가액과 장부가액이 일치하도록** 처리한다. 이렇게 처리하는 이유는 발행회사가 만기일에 지급하는 상환액이 발행가액이 아닌 액면가액이기 때문이다.

사채할인발행차금의 상각방법은 유효이자율법이 원칙이다.

[예 4]의 (3)을 이용하여 이를 살펴보기로 하자.

액면가액이 ₩10,000,000이 사채를 ×1년 1월 1일에 현금 ₩8,958,000에 발행하였다. 그리고 이자지급은 12월 31일 연 1회로 하기로 하고 사채의 만기는 3년이며 사채의 액면이자율은 연 10%이다. 사채발행비는 ₩100,000이 현금으로 지급되었다.

사채발행시의 분개는 아래와 같다.

(차) 현 금	8,858,000	(대) 사	채	10,000,000
사채할인발행차금	1,142,000	현	금	100,000

이 기업이 사채를 통해 얻은 자금을 사용하기 위한 실제이자율이 과연 10%일까?

사채를 발행하여 얻은 금액이 8,858,000원이 아닌 10,000,000원이라면 이 자금을 사용하는 이자율은 10%일 것이다.

이것은 다음과 같은 식을 통해 알 수 있다.

$$\underline{\text{발행가액}} \quad \underline{\text{1년 후의 이자(현재가치)}} \quad \underline{\text{2년 후의 이자(현재가치)}} \quad \underline{\text{3년 후의 이자와 원금(현재가치)}}$$

$$10{,}000{,}000 = \frac{1{,}000{,}000}{(1+0.1)^1} + \frac{1{,}000{,}000}{(1+0.1)^2} + \frac{11{,}000{,}000}{(1+0.1)^3}$$

$$10{,}000{,}000 = 909{,}091 + 826{,}446 + 8{,}264{,}463$$

이와 같은 식이 성립하는 이유는 1년마다 이자율이 10%씩 계산되는 상황하에서 1년 뒤의 1,000,000원은 현재의 1,000,000/(1+0.1)=909,901원과 같다고 할 수 있으며, 2년 뒤의 1,000,000원은 현재의 $1{,}000{,}000/(1+0.1)^2=826{,}446$원, 3년 뒤의 11,000,000원은 현재의 $11{,}000{,}000/(1+0.2)^3=8{,}264{,}463$원과 같다고 할 수 있기 때문이다(이것은 현재가치의 개념을 이용한 것으로 좀더 자세히 알기 위해서는 상급 교재를 참고하기 바란다. 기본적인 내용은 13장 · 14장의 보론에서 설명한 바 있다).

그러나 [예]와 같이 할인발행한 경우에는 이자율이 10%가 아니며 더 높을 수밖에 없다. 아래의 식에서 보는 바와 같이 이자율을 X라고 하면 X를 시행착오법(trial and error method)나 컴퓨터를 통해 구할 수 있다.

발행가액		1년 후의 이자 (현재가치)		2년 후의 이자 (현재가치)		3년 후의 이자와 원금 (현재가치)
8,858,000	=	$\frac{1,000,000}{(1+\times)^1}$	+	$\frac{1,000,000}{(1+\times)^2}$	+	$\frac{11,000,000}{(1+\times)^3}$

이 식의 X를 구하면 0.15, 즉 15%가 된다. 이 15%는 사채를 발행함으로써 **기업이 앞으로 지급하게 될 금액의 현재가치와 사채의 발행가액을 일치하도록 하는 이자율**이다. 이를 **유효이자율(the effective interest)**라고 한다.

따라서 이 사채의 실제이자율(유효이자율)은 10%가 아닌 15%이다.

그렇다면 이 사채의 유효이자율이 15%라는 의미를 좀더 자세히 살펴보자.

아래 그림에서 보는 바와 같이 8,858,000원은 1년 뒤인 ×1년 12월 31일에는 이자율이 15%이면 이자는 (8,858,000×15%=)1,329,000원이 된다. (천원 이하 반올림함)

그런데 실제로 지급되는 이자액은 1,000,000원이므로 1,329,000원−1,000,000원=329,000원은 사채의 금액(원본)에 포함된다. 따라서 이 329,000원은 사채할인발행차금에서 그만큼을 차감하여 사채금액을 증가시키게 된다.

다음해 ×2년에는 8,858,000원에 329,000원이 추가된 금액인 9,187,000원에 15%의 이자가 붙게 된다. 따라서 ×2년의 이자는 9,187,000×0.15=1,378,000원이 된다. 그런데 ×2년 12월 31일에 지급되는 이자액은 1,000,000원이므로 378,000원이 남게 된다. 이 금액은 다시 원본에 추가되어 9,187,000+387,000=9,565,000원이 된다. 따라서 378,000원만큼 사채할인발행차금이 상각되어 원본인 사채금액이 그 만큼 늘어난다.

그리고 ×3년 초의 사채원본금액은 (9,187,000+378,000=)9,565,000원이므로 ×3년의 이자는 9,565,000×15%=1,435,000원이 된다. 지급되는 이자는 1,000,000원이므로 435,000원은 사채할인발행차금에서 상각되어 원본에 추가된다. 따라서 마지막 해의 원본은 9,565,000+435,000=10,000,000원이 된다.

연 도	연초의 사채금액	유효이자	지급한이자	상각액	연말의 사채금액
×××1년	8,858,000	1,329,000	1,000,000	329,000	9,187,000
×××2년	9,187,000	1,378,000	1,000,000	378,000	9,565,000
×××3년	9,565,000	1,435,000	1,000,000	435,000	10,000,000

※ 금액은 설명의 편의를 위해 천원 이하 반올림함.

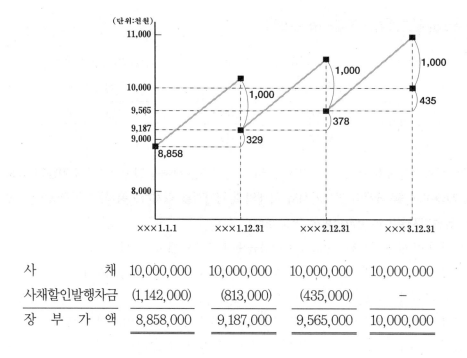

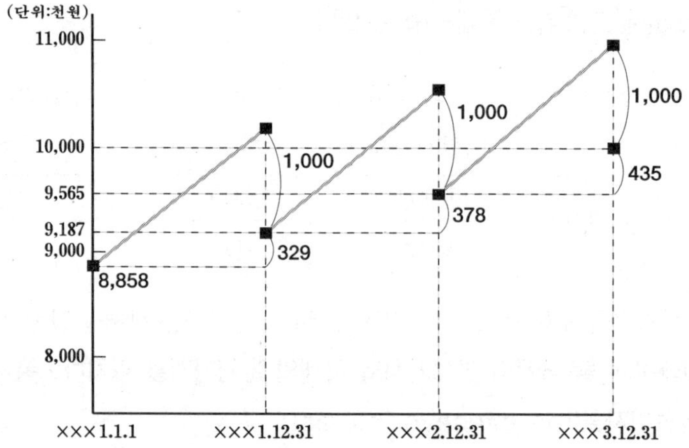

사 채	10,000,000	10,000,000	10,000,000	10,000,000
사채할인발행차금	(1,142,000)	(813,000)	(435,000)	-
장 부 가 액	8,858,000	9,187,000	9,565,000	10,000,000

■ 사채할인발행차금 상각의 회계처리

위에서 설명한 유효이자율법에 따라 사채에 대한 거래를 회계처리하면 다음과 같이 이루어 진다.

×××1. 1. 1	(차) 현 금	8,858,000	(대) 사 채	10,000,000
	사채할인발행차금	1,142,000	현 금	100,000
×××1.12.31	(차) 이 자 비 용	1,329,000	(대) 현 금	1,000,000
	사채할인발행차금	329,000		
×××2.12.31	(차) 이 자 비 용	1,378,000	(대) 현 금	1,000,000
	사채할인발행차금	378,000		
×××3.12.31	(차) 이 자 비 용	1,435,000	(대) 현 금	1,000,000
	사채할인발행차금	435,000		
	사 채	10,000,000	(대) 현 금	10,000,000

사채를 할증발행하여 발생한 사채할증발행차금의 경우에는 반대로 처리하면 된다. 즉, 이자비용에서 상각한 금액만큼이 줄어 들게 된다.

[예 5] 사채의 할증발행과 사채할증발행차금의 상각

액면가액이 ₩10,000,000인 사채를 ×1년 1월 1일에 현금 ₩11,343,426에 발행하였다. 그리고 이자지급은 12월 31일 연 1회로 하기로 하고 사채의 만기는 3년이며 사채의 액면이자율은 연 15%이다. 사채발행비는 ₩100,000이 발생하였다. 이 경우 회계처리는?

A

(차) 현 금	11,343,426	(대)	사 채	10,000,000
			사채할증발행차금	1,243,426
			현 금	100,000

이 경우에는 사채발행시 사채할증발행차금이 1,243,426이 발생한다.

이 사채의 유효이자율을 X라 하면 다음의 관계가 성립한다.

$$11,243,426 = \frac{1,500,000}{(1+X)^1} + \frac{1,500,000}{(1+X)^2} + \frac{11,500,000}{(1+X)^3}$$

이 식에 대해 계산하면 X는 10%가 되므로 유효이자율은 10%이다.

따라서 다음과 같은 표로 정리할 수 있다.

연 도	기초가액	유효이자	지급한 이자	상각액	기말가액
×××1년	11,243,426	1,124,343	1,500,000	375,657	10,867,769
×××2년	10,867,769	1,086,777	1,500,000	413,223	10,454,546
×××3년	10,454,546	1,045,455	1,500,000	454,545	10,000,000*

* 단수차이로 생긴 1원은 절사하였음.

할증발행차금의 경우에는 할인발행차금의 반대로 생각하면 된다. 따라서 기초가액이 11,243,426원에 대하여 10%의 이자를 계산하면 1,124,343원이다. 그런데 지급한 이자는 1,500,000원이므로 원본에서 그 차액인 375,657원(1,500,000−1,124,343)을 차감하여 원본의 금액을 줄여야 한다. 따라서 그만큼을 사채할증발행차금에서 상각하게 된다.

따라서 다음과 같이 분개를 해야 한다.

×××1.12.31	(차) 이 자 비 용	1,124,343	(대) 현 금	1,500,000
	사채할증발행차금	375,657		

그 다음해에도 바찬가지로 분개가 된다.

×××2.12.31	(차) 이 자 비 용	1,086,777	(대) 현 금	1,500,000
	사채할증발행차금	413,223		

마지막 해에는 다음과 같이 분개된다.

×××3.12.31	(차) 이 자 비 용	1,045,455	(대) 현 금	1,500,000
	사채할증발행차금	454,545		
	사 채	10,000,000	(대) 현 금	10,000,000

■사채의 상환

사채를 상환하는 방법에는 만기상환과 수시상환의 두 가지가 있다. **만기상환**이란 사채의 상환기일인 만기일에 사채전액을 일시에 사채의 액면가액으로 상환하는 방법이다. 이에 반해 **수시상환**이란 사채를 만기일 이전에 상환하는 것이다.

수시상환시 상환일 현재 아직 상각되지 않은 사채할인(할증)발행차금이 남아 있는 경우에는 이를 모두 상각시켜 주어야 하며, 사채의 장부가액과 상환가액이 다른 경우에는 그 차이를 **사채상환손익**으로 처리한다. 사채의 장부가액은 액면가액에서 미상각사채할인(할증)발행차금를 차감하여 구한다.

[예 6] 수시상환

(1) 액면가액이 ₩10,000,000인 사채를 ×1년 1월 1일에 현금 ₩8,958,000에 발행하였다. 그리고 이자지급은 12월 31일 연 1회로 하기로 하고 사채의 만기는 3년이며 사채의 액면이자율은 연 10%이다. 사채발행비는 ₩100,000이 발생하였다.

(2) ×1년 1월 1일에 발행된 사채를 ×2년 1월 1일에 시장에서 ₩9,000,000에 매입하여 상환하다.

(1)	(차) 현 금	8,858,000	(대) 사 채	10,000,000
	사채할인발행차금	1,142,000		
(2)	(차) 사 채	10,000,000	(대) 현 금	9,000,000
			사채할인발행차금	813,000
			사 채 상 환 이 익	187,000

※사채할인발행차금 잔액은 전연도에 상각한 ₩329,000을 제외한 ₩813,000이다.
즉 1,142,000－329,000＝813,000

※사채상환이익 : (10,000,000－813,000)－9,000,000＝187,000

4. 주식회사의 자본조달

1 주식회사의 특징

주식회사는 가장 대표적인 회사조직의 형태라고 할 수 있다. 이 장에서는 주식회사의 자본을 중심으로 설명한다.

개인기업의 자본에 대한 회계처리는 비교적 간단하므로 나중에 설명하였다.

주식회사(株式會社)란 대규모 기업을 운영하는 데 소요되는 자본의 조달을 용이하게 하기 위해 생성된 현대의 대표적인 기업형태이다. 개인기업이나 조합은 자금조달을 위해 주식을 발행하지 않지만 주식회사는 주식을 통해 자본을 조달한다. 주식회사는 이에 따라 자본금이 **주식**으로 분할되어 있고, 주주는 인수주식에 대한 출자의무만 부담할뿐 회사채무에 대하여 전혀 책임을 지지 않는 회사이다.

주식회사는 다른 형태의 회사에 대하여 다음과 같은 **특징**을 가지고 있다.

① 거액의 자본조달이 가능하여 얼마든지 대규모 기업이 될 수 있다.
② 주주는 회사의 채무에 대하여 유한책임을 진다.
③ 자본이 증권화되어 있어 자유로이 유통될 수 있으며, 따라서 주식회사의 소유주가 수시로 변화할 수도 있다.
④ 소유와 경영이 분리될 수 있다.
⑤ 기업이 회사소유주의 개인 사정과는 관계없이 계속적으로 존속할 수 있다.
⑥ 주식회사는 많은 이해관계자를 가지게 되므로, 여러 가지 법적 규제가 뒤따른다.

2 자본의 구조와 재무상태표

예를 단순화시켜서 주식회사의 자본에 대해 전체적으로 살펴 보기로 하자.

이 예는 단순화시킨 것이기 때문에 예를 든 것 이외의 다른 변화는 없는 것으로 가정하였다는 점에 유의하기 바란다.

■ 주식의 발행

부채가 없는 단순주식회사는 ×1년 1월 1일 주당 액면가액 10,000원, 발행주식수 10,000주를 발행하여 현금 100,000,000원(만×만이니까 1억원이다)을 **자본금**으로 납입 받다.

이러한 경우 회계처리는 다음과 같다.

(차) 현　　금 1억원　　(대) 자 본 금 1억원

재무상태표는 다음과 같이 된다.

재 무 상 태 표

×1년 1월 1일

자　산	금　액	부채 및 자본	금　액
현　금	1억원	자본금	1억원

단순주식회사의 자본에는 자본금계정만 존재한다. **자본금**이란 **주식의 액면가액×주식수**를 말한다.

굳이 자본이라 하지 않고 자본금이라 한 이유는 주식회사의 자본 중 자본금은 **채권자를 보호**하기 위한 최소한의 금액이기 때문에 기업회계기준에서는 이를 구분하여 자본금으로 표시하도록 하고 있다.

■ 이익의 처리

회사는 ×1년의 결산 결과 포괄손익계산서는 다음과 같다.

손 익 계 산 서

×1. 1. 1 ~ 1. 12. 31

수 익	10억
비 용	9억 5천만원
순이익	5천만원

결산에서 배웠던 내용을 상기해 보자. 결산을 할 때 수익계정과 비용계정을 모두 집합손익계정에 모으고 집합손익계정의 잔액(순이익이다)을 자본금계정에 대체했었다.

그러나 주식회사의 경우에는 순이익을 자본금계정에 대체하지 않고 **미처분이익잉여금 계정에 대체**한다.

이익잉여금이란 **회사의 자본 중에서 손익활동에 의해 회사에 남겨진 자본의 증가분**을 말한다. 따라서 ×1년 말 현재 단순주식회사의 이익잉여금은 당기순이익밖에 없다.

그렇다면 **왜 미처분이익잉여금**이라는 계정을 사용했나?

주식회사는 주주들이 주인이며 이사들은 주주들로부터 경영을 위임받아 1년 동안 기업을 경영한다. 따라서 보통 2월달에 열리는 정기주주총회에서 주주들은 경영자들이 보고하는 재무상태표와 포괄손익계산서를 살펴 보고 이를 승인한다. 그리고 순이익(궁극적으로는 이익잉여금이지만 여기서는 단순주식회사의 예로 생각해 이렇게 표현하자)을 처분하게 된다.

순이익을 처분한다는 것은 무슨 말인가? 순이익이란 기말자본이 기초자본보다 늘어난 것을 말한다. 따라서 ×1년초에 기업활동을 시작할 때는 기초자본으로 시작한 것이다. 따라서 기말에는 투자원금인 기초자본을 넘은 금액은 주주들이 가져 갈 수도 있고(이것을 배당이라고 한다) 기업에 그대로 남겨두어(이것을 사내유보 또는 유보라고 한다) 재투자할 수도 있다. 주주총회에서는 재무상태표와 포괄손익계산서를 승인하고 나면 이제 이익잉여금(여기서는 당기순이익)을 **배당**할 것인지 **사내유보**할 것인지 처분을 해야 한다. 따라서 결산시점은 12월말이고 주주총회시점은 다음해 2월이므로 결산을 하는 입장에서는 당기순이익을 처분하기 전이기 때문에 **미처분**이익잉여금에 대체하는 것이다.

따라서 다음과 같이 회계처리된다.

(차) 손　　익　5천만원　(대) 미처분이익잉여금　5천만원

×1년 12월 31일의 재무상태표는 다음과 같이 표시된다.

재 무 상 태 표

×1년 12월 31일

자 산	금 액	부채 및 자본	금 액
⋮	⋮	자 본 금 미처분이익잉여금	1억원 5천만원
	1억5천만원		1억5천만원

■ 이익의 처분

그렇다면 이제 12월 31일 결산 시점의 재무상태표에는 당기순이익이 미처분이익잉여금으로 나타나게 된다. 이사회의 결의내용이 주주총회에서 그대로 통과되지 못하고 수정되어 통과되는 경우도 있다. 따라서 다음 해의 주주총회에서 이익잉여금처분이 결의되기 까지는 회계처리는 미처분이익잉여금의 상태에서 머물게 된다.

단순주식회사의 이사회에서는 미처분이익잉여금을 **1천만원은 이익준비금, 1천5백만원은 시설개선적립금, 2천만원을 배당**하기로 처분결의하였고 주주총회에서도 이를 그대로 받아 들여 이익의 처분을 결의하였다.

그렇다면 이때에는 다음과 같이 회계처리된다.

• 이사회 결의시　　　　　　　　분개없음

• 주주총회 결의시

(차) 미처분이익잉여금	4천5백만원	(대) 이 익 준 비 금	1천만원
		시 설 개 선 적 립 금	1천5백만원
		미 지 급 배 당 금	2천만원

위의 회계처리내용에 대해 살펴보자.

상법에서는 주식회사가 현금배당을 할 경우에는 그 배당액의 10분의 1 이상의 금액을 **'이익준비금'**이라는 이름으로 **내부유보, 즉 적립**하도록 하고 있다. 따라서 단순주식회사는 상법의 규정에 따라 1천만원을 내부유보한 것이다.

다음으로 단순주식회사는 **시설개선적립금 1천5백만원**을 적립하였다. 이것은 법령에 의한 것이 아니고 단지 회사의 필요에 의해 특정 용도에 사용하기 위해서 적립한 것이다. 이와 같이 법령에 의하지 않고 회사에서 특정 용도에 사용하기 위해 임의로 유보한 적립금을 **임의적립금**이라고 한다.

미지급배당금은 무엇인가? 주주들에게 배당하기로 했지만 아직 실제로 배당하지 않은 것이다. 그리고 주주들에게 배당하지 않고 내부에 유보되는 잉여금이 있다. 예에서는 5백만원의 잉여금은 처분되지 않고 다음 기로 넘어 가게 (이월) 된다.

■ 배당금의 지급

이제 주주총회에서 확정한대로 배당금을 현금지급하였다고 하면 다음과 같이 회계처리된다.

(차) 미지급배당금 2천만원 (대) 현 금 2천만원

이때의 재무상태표를 작성해 본다면 다음과 같이 된다.

재 무 상 태 표

X2년 3월 31일

자 산	금 액	부채 및 자본	금 액
⋮	⋮	자본금	1억원
		이익준비금	1천만원
		시설개선적립금	1천5백만원
		미처분이익잉여금	5백만원
	1억3천만원		1억3천만원

■ 신주의 발행과 주식발행초과금

×2년 4월에 단순주식회사는 영업활동의 확대를 위한 투자설비의 구입이 필요했기 때문에 새로이 주식을 발행하여(이른바 신주) 투자자금을 조달하기로 하였다. 새로 발행하는 주식은 액면가액 10,000원, 발행주식수 10,000주로서 1주당 15,000원을 받기로 하였고 이 금액(총 1억5천만원)을 모두 받았다고 하자.

앞에서 설명한 바와 같이 자본금은 액면가액×발행주식수이다. 따라서 위와 같이 **액면가액보다 발행가액이 큰 경우**에는 **할증발행**이라고 한다. 단순주식회사의 경우에는 다음과 같이 회계처리된다.

(차) 현 금 1억5천만원 (대) 자 본 금 1억원
주식발행초과금 5천만원

주식발행초과금이란 액면가액을 초과하여 납입된 금액을 말한다. 따라서 단순주식회사의 경우에는 1억5천만원 – 1억원 = 5천만원이 주식발행초과금이 된다. 그렇다면 신주발행이라는 거래는 어떤 성격이며 주식발행초과금계정의 성격은 어떤 것인가?

이 거래는 매출거래나 매입거래와 같이 수익이나 비용이 발생하는 거래(이러한 거래를 손익거래라고 함)가 아니다. 이 거래는 **자본에 영향을 미치는 자본거래**이다. 이 거래를 통해 자본금 이상의 자본이 증가되었다. 따라서 이 거래에서 나타난 자본금 이상의 금액은 **자본잉여금**이 된다. 자본잉여금이란 **자본거래를 통해 나타난 자본금 이상의 증가분**을 말한다.

×2년 4월 1일의 재무상태표는 다음과 같이 된다.

재 무 상 태 표

×2년 4월 1일

자 산	금 액	부채 및 자본	금 액
⋮	⋮	자본금	2억원
		주식발행초과금	5천만원
		이익준비금	1천만원
		시설개선적립금	1천5백만원
		미처분이익잉여금	5백만원
	2억8천만원		2억8천만원

위와 같이 기재하면 자본의 구성항목들이 가지고 있는 성격이 명확히 구별된다. 기업회계기준의 **순서**도 **납입자본, 기타자본요소, 이익잉여금**으로 구분표시된다. **즉 자본금, 주식발행초과금, 감자차익, 이익준비금, 시설개선적립금**의 순서로 쓰도록 하고 있다. 따라서 자산과 부채는 항목의 배열을 유동성이 높은 것을 차례대로 배열하도록 하고 있지만 자본의 경우에는 **유동성과는 상관없이 배열**하도록 하고 있는 것이다.

■ 감자와 감자차익

단순주식회사는 5월 1일 자본금이 생각했던 것보다 너무 많아 자본금을 줄이기로 하였다. 따라서 액면가액 10,000원에 대하여 5,000원씩 현금으로 지급하기로 하고 총 10,000주를 소각하였다.

이 거래는 다음과 같이 회계처리된다.

(차) 자 본 금	1억원	(대) 현　　금	5천만원
		감자차익	5천만원

우선 이 거래는 수익 · 비용이 발생하는 손익거래가 아닌 **자본거래**이다. 그리고 이 거래는 자본금이 1억원이 감소하였지만 자산인 현금은 5천만원밖에 감소하지 않았다. 나머지 5천만원은 자본을 감소시키는 자본거래에서 나타난 잉여금이다. 이를 **감자차익**이라 하며 감자차익은 자본잉여금에 속한다.

따라서 ×2년 5월 1일의 재무상태표는 다음과 같이 표시된다.

재 무 상 태 표

×2년 5월 1일

자　　산	금　　액	부채 및 자본	금　　액
⋮	⋮	자 본 금	1억원
⋮	⋮	주식발행초과금	5천만원
⋮	⋮	감차차익	5천만원
⋮	⋮	이익준비금	1천만원
⋮	⋮	시설개선적립금	1천5백만원
⋮	⋮	미처분이익잉여금	5백만원
	2억3천만원		2억3천만원

■ ×2년의 결산시

×2년 단순주식회사의 포괄손익계산서는 다음과 같다.

포 괄 손 익 계 산 서

X2. 1. 1 ~ X2. 12. 31

수 익	1억원
비 용	6천만원
순이익	4천만원

따라서 이익에 대한 처리는 다음과 같이 된다.

(차) 손 익 4천만원 (대) 미처분이익잉여금 4천만원

×2년 말에 처분할 수 있는 이익잉여금, 즉 **미처분이익잉여금**은 **이전에 있던 미처분 이익잉여금** 5백만원과 ×2년의 **이익**인 4천만원을 합한 4천 5백만원이 된다.

×2년 12월 31일의 재무상태표는 다음과 같이 표시한다.

재 무 상 태 표

×2년 12월 31일

자 산	금 액	부채 및 자본	금 액
⋮	⋮	자 본 금	1억원
		주식발행초과금	5천만원
		감 차 차 익	5천만원
		이 익 준 비 금	1천만원
		시설개선적립금	1천5백만원
		미처분이익잉여금	4천5백만원
	2억7천만원		2억7천만원

■ ×2년의 이익처분

이제 ×3년에 열린 주주총회에서는 다음과 같이 이익잉여금을 처분하기로 하였다.

이 익 준 비 금 : 1천만원
시 설 개 선 적 립 금 : 1천5백만원
배 당 금 : 1천만원
차기이월미처분이익잉여금 : 1천만원

이때 회계처리는 다음과 같이 된다.

(차) 미처분이익잉여금	3천5백만원	(대) 이 익 준 비 금	1천만원
		시 설 개 선 적 립 금	1천5백만원
		미 지 급 배 당 금	1천만원

이때의 재무상태표를 작성해본다면 다음과 같이 표시될 것이다.

재 무 상 태 표

×3년 3월 26일

자 산	금 액	부채 및 자본	금 액
⋮	⋮	미지급배당금	1천만원
		자 본 금	1억원
		주식발행초과금	5천만원
		감 자 차 익	5천만원
		이 익 준 비 금	2천만원
		시설개선적립금	3천만원
		미처분이익잉여금	1천만원
	2억7천만원		2억7천만원

3 납입자본

■ 설립방법에 따른 회계처리

주식회사의 설립방법은 발기설립과 모집설립의 두 가지로 나눌 수 있다. 설립방법별로 회계처리를 살펴보기로 하자.

① 발기설립

회사의 설립시에 발기인이 발행주식 전부를 인수함으로써 회사를 설립하는 것을 **발기설립**(發起設立)이라 한다. 이 경우는 소정의 법정절차를 거쳐 설립등기를 하면 회사가 설립된다.

[예 1] 발기설립

산동주식회사는 설립시에 발행주식 10,000주, 1주의 금액을 @₩5,000으로 하고, 발기인이 발행주식 전부를 인수하고 주금총액 ₩50,000,000이 납입되어 이를 당좌예금을 한 뒤 설립등기를 마침으로써 회사가 설립되다.

(차) 당좌예금 50,000,000 (대) 자 본 금 50,000,000

자본금이 보통주식으로만 구성되어 있을 때에는 단일계정(자본금계정)으로 설정하여도 무방하지만, 발행주식이 보통주와 우선주로 구성되어 있는 경우에는 보통주자본금, 우선주자본금으로 구분하여 표시하여야 한다.

② 모집설립

발기인이 발행주식의 일부를 인수하고 나머지는 일반공중으로부터 **공모**하여 주주가 인수함으로써 설립하는 것을 **모집설립**(募集設立)이라 한다. 일반공중으로부터 주식의 청약을 받아 공모할 경우, 주식청약시의 청약증거금은 신주청약증거금(新株請約證據金)이라는 자본유지조정계정에 일단 계상해 두었다가 청약자에게 주식을 배정하는 경우 자본금으로 대체시킨다.

[예 2] 모집설립

(1) 동국주식회사는 수권주식 20,000주, 회사설립시에 발행하는 주식 10,000주(1주당 액면 ₩5,000) 중 2,000주는 발기인이 인수하고, 나머지 8,000주는 주주를 모집하였으며, 각 응모자로부터 신주청약증거금으로 1주에 대하여 ₩2,000씩 받아 당좌예금을 하다.

(2) 동국주식회사는 발기인으로부터 배정된 주금을 전액 납입받았으며, 주식청약자에게는 주식을 배정하고 이미 납입한 신주청약증거금을 제외한 나머지를 현금으로 납입받아 당좌예금을 함으로써 회사를 설립하다.

A

(1)	(차) 당 좌 예 금	16,000,000	(대) 신주청약증거금	16,000,000
(2)	(차) 신주청약증거금	16,000,000	(대) 자 본 금	50,000,000
	당 좌 예 금	34,000,000		

■ **발행금액의 차이에 의한 회계처리**

주식발행은 주식의 액면가액과 발행가액의 차이에 따라 액면발행, 할인발행, 할증발행 등으로 구분된다.

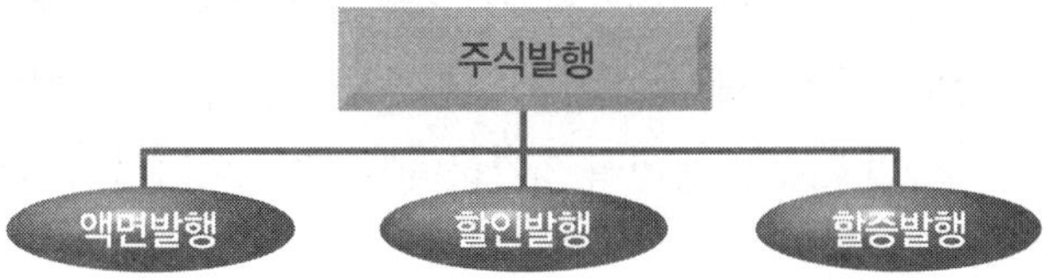

① 액면발행

액면발행은 주식을 액면가액으로 발행하는 것으로서, 납입된 금액(발행주식수×액면가액) 전부가 자본금으로 대체된다.

② 할증발행

회사의 영업 전망이 좋고 재무구조가 건실하거나 또는 증권시장의 특수한 사정으로 인하여 주식을 액면가액 이상으로 발행하는 경우가 있는데, 이것을 **할증발행**(割增發行)이라 한다. 이때에 주식액면가액을 초과하는 금액은 **주식발행초과금**(株式發行超過金)계정의 대변에 기입하고 액면가액은 자본금계정에 기입한다.

[예 3] 할증발행

경기주식회사는 액면 @₩5,000의 주식 10,000주를 1주당 ₩6,000으로 발행하고, 납입받은 대금은 당좌예금을 하다.

(차) 당 좌 예 금	60,000,000	(대) 자 본 금	50,000,000
		주식발행초과금	10,000,000

주식발행초과금은 기업의 영업활동에서 얻어진 잉여금이 아니고 주주가 납입한 자본의 일부로서 자본금을 초과하는 금액이다. 따라서 주식발행초과금은 납입자본의 가산항목이 된다.

③ 할인발행

주식의 할인발행(割引發行)이란 발행주식의 액면가액보다 낮은 가액으로 주식을 발행하는 것을 말하는데, 우리나라는 상법에 의하여 주식의 할인발행은 원칙적으로 금지하고 있다.

그러나 회사가 설립된 지 2년이 경과하였고 자금이 긴급히 필요하나, 증권시장의 사정으로 보아 불가피한 경우에 법에 정한 절차를 거쳐 주식의 할인발행이 허용되는 경우가 있는데, 이때에는 주식의 액면가액과 발행가액과의 차액은 주식할인발행차금계정의 차변에 기입하고 재무제표상의 자본계정에서 이 금액을 차감하여 표시하여야 한다. 또한 이 가액은 3년 내에 이익잉여금의 처분을 통하여 상각하여야 한다. 따라서 **주식할인발행차금**은 **납입자본**의 차감항목에 해당된다.

[예 4] 할인발행

오성주식회사는 액면 @₩5,000의 주식 10,000주를 @₩4,000에 발행하고, 주금납입액은 당좌예금을 하다.

(차) 당 좌 예 금	40,000,000	(대) 자 본 금	50,000,000
주식할인발행차금	10,000,000		

④ 주식할인발행차금의 상각

주식을 할인발행한 경우 주식의 액면가액과 발행가액과의 차액은 주식할인발행차금계정의 차변에 기입하고, 재무제표상의 자본계정에서 납입자본항목으로 표시하여야 한다.

또한 이 가액은 3년 내에 **이익잉여금의 처분을 통하여 상각**하여야 한다.

[예 5] 주식할인발행차금과 상각

(1) 오성주식회사는 액면 @ ₩5,000의 주식 10,000주를 @ ₩4,000에 발행하고, 주금납입액은 당좌예금을 하다.

(2) 오성주식회사는 주식할인발행차금 중 ₩5,000,000을 이익처분시 상각하다.

A

(1) (차)	당 좌 예 금	40,000,000	(대) 자 본 금	50,000,000
	주식할인발행차금	10,000,000		
(2) (차)	미처분이익잉여금	5,000,000	(대) 주식할인발행차금	5,000,000*

■ 자본의 변화－증자와 감자

주식회사의 자본금은 주식으로 균일하게 분할되어 있으며, 이 자본금은 임의로 증가 또는 감액시킬 수 없다. 이것을 자본금확정의 원칙이라 한다. 따라서 자본금을 증감시키고자 하는 경우에는 상법에 규정된 특별한 절차를 준수함으로써만 가능하다.

① 자본금의 증가

가. 실질적 증자

회사의 설립 후에 사업확장 또는 부채상환을 위하여 자금이 필요한 경우에 주식을 추가로 발행하여 자금을 조달하게 되는데, 이것을 **신주발행** 또는 **유상증자(有償增資)**라 하며, 신주발행의 경우에는 자본금이 증가하는 동시에 실제로 자산도 증가하게 되므로 이를 실질적 증자라 한다.

[예 6] 실질적 증자

은성주식회사는 사업확장을 위하여 액면 @₩5,000의 주식을 발행가액 @₩5,500으로 1,000주를 발행하고, 주금을 납입받아 당좌예금을 하다.

A

(차) 당 좌 예 금	5,500,000	(대) 자 본 금	5,000,000
		주식발행초과금	500,000

증자를 하는 경우 신주발행수수료 등 신주발행을 위하여 직접 발생한 기타의 비용인 신주발행비는 주식발행가액에서 차감한다. 따라서 이를 차감한 후의 주식발행가액이 액면가액을 초과하는 경우에 그 초과액이 주식발행초과금이 된다.

[예 7] 신주발행비의 고려

동성주식회사는 사업확장을 위하여 액면 ₩5,000의 주식(신주)을 발행가액 ₩6,000으로 1,000주를 발행하고, 주금을 납입받아 당좌예금을 하다. 단, 신주발행수수료는 ₩500,000이 발생하였다.

(차) 당 좌 예 금	5,500,000	(대) 자 본 금	5,000,000
		주식발행초과금	500,000 *

* 주식발행가액(신주발행수수료 등 신주발행을 위하여 직접 발생한 기타의 비용을 차감한 후의 금액) − 액면가액 = 주식발행초과금

나. 형식적 증자

회사가 신주를 발행함으로써 자본금은 증가하나, 회사의 순자산은 실제로 증가하지 않고 변동이 없는 경우에 이를 **형식적 증자** 또는 **무상증자(無償增資)**라 한다.

이익잉여금 등을 자본금으로 전입(전환)함으로써 자본금은 증가하고, 잉여금은 감소하는 경우가 형식적 증자에 해당된다. 이 경우에는 회사의 순자산에는 변동이 없이 자본계정의 구조만이 변동된다.

이익잉여금을 자본으로 전입하여 **주식배당**을 하는 경우 이사회의 결의가 이루어지면 미처분이익잉여금은 **미교부주식배당금**이라는 **자본유지계정**으로 대체한다.

주주총회의 결의에 의해 이 사항이 확정되면 이때 미교부주식배당금은 자본금으로 확정된다.

[예 8] 형식적 증자

(1) 이사회의 결의에 의하여 주식발행초과금 ₩5,000,000을 자본전입하기로 하고 액면 ₩5,000의 주식 1,000주를 발행하여 기존 주주에게 교부하다.

(2) 이사회에서 미처분이익잉여금 ₩2,000,000 중 ₩1,000,000은 현금으로 배당하고, 나머지 ₩1,000,000은 주식으로 배당하기로 결의하다.

(3) 주주총회에서 이사회에서 결의한 이익처분내용을 원안대로 확정하였다.

(4) 며칠 후 현금배당 ₩1,000,000을 지급하고 주식배당 ₩1,000,000에 대해서는 주식을 발행하다.

(1) (차) 주식발행초과금 5,000,000 (대) 자 본 금 5,000,000
(2) 분개없음
(3) (차) 미처분이익잉여금 1,000,000 (대) 미 지 급 배 당 금 1,000,000
미교부주식배당금 1,000,000
(차) 미 지 급 배 당 금 1,000,000 현 금 1,000,000
미교부주식배당금 1,000,000 자 본 금 1,000,000

※ 주식배당액 ₩1,000,000은 형식적 증자에 해당된다.

② 자본금의 감소

가. 실질적 감자

회사의 당초 사업계획의 취소 또는 축소 등으로 인하여 자본금이 과잉하게 된 때에 이미 발행한 주식을 매입하거나(매입소각) 주금을 주주에게 환급하여 줌으로써 실질적으로 자본금을 감소시키는 것을 **실질적 감자**(實質的減資)라 한다.

주식을 매입소각하는 경우에 주식의 액면가액보다 싼 값으로 매입하게 되는 경우 **액면가액과 매입가액과의 차액**을 **감자차익(減資差益)**계정에 계상하여야 하며, 감자차익은 **납입자본계정**으로 분류된다.

[예 9] 형식적 감자

회사는 회사의 규모를 축소하기 위하여 액면 ₩5,000의 주식 1,000주를 시가 ₩4,000씩 매입하여 소각하다.

(차) 자 본 금 5,000,000 (대) 현 금 4,000,000
감자차익 1,000,000

나. 형식적 감자

회사의 결손금이 누적되어 있고 가까운 장래에 영업성적이 호전되어 누적된 결손금을 보전할 전망이 없는 경우에 회사의 자본금을 감소시켜 이 금액으로 **이월결손금을 보전**하는 것을 **형식적 감자(形式的減資)**라 한다.

실질적 감자가 회사의 자본금과 함께 자산이 감소하는 데 대하여 형식적 감자의 경우에는 자본금만 감소할뿐 회사의 순자산에는 아무런 변동이 없다.

[예 10] 형식적 감자

회사는 이월결손금 ₩1,000,000을 보전하기 위하여 액면 ₩5,000의 주식 300주를 매입하여 소각하다.

(차) 자 본 금	1,500,000	(대) 감자차익	1,500,000
감자차익	1,000,000	이월결손금	1,000,000

※ 주식수를 줄이는 대신 주금액을 감소시키는 방법도 있다.

4 자본유지조정

자본유지계정이란 그 과목의 특성상 자본에서 차감하거나 가산하여야 할 성격이지만 아직 그 내용이 확정되지 않았거나 자본과 부채의 양면적 성격을 갖고 있어 어느 항목에서 차감하거나 가산하여야 할지 알 수 없기 때문에 기타자본요소 내에서 중분류항목으로 제시되어 있는 과목이다. 따라서 임시적 성격의 항목이라고 할 수 있다.

이러한 자본유지조정계정으로는 감자차익, 자기주식처분이익, 배당건설이자, 미교부주식배당금, 신주청약증거금 등이 있다.

① 감자차익

자본금을 감소시킬 경우 자본금의 감소액보다 주식의 매입가액이 적거나 이월결손금의 보전액이 적으면 그 차액을 **감자차익(減資差益)**이라 한다. 이에 대한 회계처리는 주식의 감자에서 이미 설명하였다.

② 자기주식처분이익

회사는 설립시 또는 신주발행의 경우에 자기회사의 주식을 인수할 수 없음은 물론이고, 이미 유통되고 있는 주식일지라도 원칙적으로 자기주식의 취득을 금지하고 있다.

그러나 특별한 경우에 불가피하게 회사가 자기가 발행한 주식을 소유하게 되는 경우가 있는데, 이것을 **자기주식**(自己株式)이라 한다. 자기주식을 취득하면 그 취득원가를 **납입자본**항목으로하여 자본에서 차감하여 표시한다. 자기주식을 취득가액보다 높은 가액으로 처분하였을 때 그 처분이익을 **자기주식처분이익(自己株式處分利益)**이라 하며, **자본유지조정항목**으로 처리하여야 한다.

[예 11] 자기주식처분이익

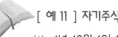

(1) x1년 12월 1일 1주당 액면 ₩5,000, 자기주식 1,000주를 주당 ₩6,000에 매입하고, 대금은 수표를 발행하여 지급하다.

(2) x1년 12월 15일 위의 자기주식 100주를 주당 ₩4,000에 처분하고, 그 대금은 수표를 받아 당좌예금하다.

(3) x1년 12월 24일 (1)의 자기주식 중 300주를 주당 ₩7,000에 처분하고, 그 대금은 수표를 받아 당좌예금하다.

A

	차변	금액	대변	금액
(1)	(차) 자 기 주 식	6,000,000	(대) 당 좌 예 금	6,000,000
(2)	(차) 당 좌 예 금	400,000	(대) 자 기 주 식	600,000
	자기주식처분손실	200,000		
(3)	(차) 당 좌 예 금	2,100,000	(대) 자 기 주 식	1,800,000
			자기주식처분손실	200,000
			자기주식처분이익	100,000 *

* 이 거래에서 자기주식처분이익은 원래 ₩300,000이지만 자기주식처분손실 ₩200,000을 차감한 나머지 ₩100,000을 자기주식처분이익으로 계상하여야 한다.

위의 거래를 종합하여 보면 X1년 12월 31일의 재무상태표는 아래와 같이 나타나게 된다.

재 무 상 태 표

	⋮	
	자 본	
	I. 납입자본	
	⋮	
	자기주식	(3,600,000)
	⋮	
	II. 기타자본요소	
	자기주식처분이익	100,000 *

③ 배당건설이자

주식회사는 이익이 없으면 배당을 하지 못하는 것이 원칙이다. 그러나 철도 · 운하 · 항만 · 전기 · 가스사업과 같이 사업을 정상적으로 운영하여 이익을 내기까지 장기간을 요하고 **투자규모가 큰 사업**의 경우에는 **장기간 이익을 배당하기 어렵게 된다**.

이와 같이 장기적으로는 이익을 내고 배당을 할 수 있음에도 불구하고 초기에 이익을 내지 못하고 배당을 하지 못하는 기업은 주식을 매입하고자 하는 투자자가 구하기 어렵게 된다.

이러한 문제점을 해결하기 위해 회사설립 후 2년 이상 영업 전부를 개시하기가 불가능하다고 인정되는 때에는 정관에 의하여 그 개업 전 일정한 기간 내에 연 5% 이하의 이자를 법원의 인가를 얻어 일정한 이자를 주주에게 배당할 수 있다. 이러한 이자를 배당건설이자라 한다.

배당건설이자는 장래에 발생할 이익을 미리 지급하는 성격을 가지고 있기 때문에 **자본에서 차감**하는 형식(자본유지조정계정)으로 기재한다. 배당건설이자는 개업 후 연 6% 이상의 이익을 배당하는 경우에는 그 6%를 초과하는 금액과 동등액 이상을 상각하도록 하고 있다. 이때 배당건설이자의 **상각은 이익잉여금의 처분항목**으로 표시한다.

[예 12] 배당건설이자

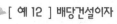

(1) 한국개발주식회사(자본금 ₩100,000,000)는 법원의 인가를 얻어 주주들에게 배당건설이자 ₩2,000,000을 현금으로 배당하다.

(2) 한국개발주식회사는 3년 후 이익이 발생하였고 미처분이익잉여금은 ₩10,000,000였다. 이 중 ₩1,000,000은 이익준비금으로, 배당금(현금)은 ₩7,000,000(자본금의 7%), 배당건설이자상각은 ₩1,000,000(배당금이 자본금의 7%이므로 6%를 초과하는 1%)으로 처분할 것을 주주총회에서 결의하였다.

A

(1)	(차) 배 당 건 설 이 자	2,000,000*	(대)	현 금	2,000,000
(2)	(차) 미처분이익잉여금	9,000,000	(대)	이 익 준 비 금	1,000,000
				미 지 급 배 당 금	7,000,000
				배 당 건 설 이 자	1,000,000

* 여기서 배당건설이자는 자본유지조정계정이다. 따라서 자본에서 차감하여 표시한다.

④ 미교부주식배당금

미교부주식배당금이란 주주총회에서 결정된 주식배당액을 말하며, 주식교부시에 자본금으로 대체된다.

⑤ 신주청약증거금

신주청약증거금이란 모집설립에 대한 주식발행시 계약금으로 받은 금액을 말하는데, 이는 주식발행시 자본금으로 대체된다.

5 일반적립금

■ 법정적립금

법의 규정에 따라 적립하여야 하는 잉여금을 말한다. 대표적인 법정적립금으로 이익준비금을 들 수 있다.

주식회사는 상법의 규정에 따라 자본금의 **2분의 1에** 이를 때까지 매 결산기의 **현금배당액의 10분의 1 이상의 금액**을 이익준비금으로 적립하여야 한다.

이익준비금은 장래에 영업성적의 부진 또는 재산상의 손실 등으로 회사의 존립이 위태롭게 될 경우에 대비하여 자본을 충실히 할 목적으로 강제적으로 적립하는 일종의 법정적립금이다.

■ 임의적립금

임의적립금은 정관 또는 주주총회의 결의에 따라 이익의 일부를 배당하지 않고 적립한 임의의 적립금을 말하는데, 적극적 적립금과 소극적 적립금으로 구분할 수 있다. 적극적 적립금으로는 사업확장적립금 · 감채적립금 등을 들 수 있고, 소극적 적립금으로는 배당평균적립금 · 결손보전적립금 등을 들 수 있다.

6 기타포괄손익누계액

기타포괄손익누계액의 예로는 매도가능금융자산평가손익, 해외사업환산손익, 현금흐름위험회피 파생상품평가손익 등의 잔액 등을 들 수 있다.

■ 매도가능금융자산평가손익

매도가능금융자산평가손익이란 매도가능금융자산으로 분류된 주식이나 채권을 공정가액법으로 평가함에 따라 발생하는 평가손익을 말하는데, 이는 매도가능금융자산의 처분 시에 당해 처분손익에 가감된다.

■ 해외사업환산손익

해외사업환산손익이란 해외지점, 해외사무소 등의 외화표시 자산 · 부채를 현행환율법에 의하여 원화로 환산하는 경우에 발생하는 환산손익을 말한다.

■ 현금흐름위험회피 파생상품평가손익

파생상품평가손익이란 현금흐름위험회피를 목적으로 투자한 파생상품에서 발생하는 평가손익을 말하는데, 이는 관련손익의 인식시점에서 당기손익으로 대체된다.

7 주식회사의 손익처분

■ 이익잉여금의 처분

결산 후에 포괄손익계산서상의 당기순이익은 전기이월미처분이익잉여금과 합하여져서 미처분이익잉여금을 구성한다. (※미처분이익잉여금을 보다 구체적으로 살펴보면 전기이월미처분이익잉여금에 회계변경의 누적효과, 전기오류수정이익(손실), 중간배당액, 당기순이익이 가감되지만 당기순이익 이외의 항목에 대해서는 보다 상급교재를 참고하기 바란다. 여기에서는 이러한 항목들이 없는 것으로 가정한다.)

이 미처분이익잉여금에 회사의 필요에 따라 임의로 적립한 임의적립금 등을 이입하면 최종적으로 당기에 처분 가능한 이익잉여금총액이 산출된다.

이 이익잉여금총액에 대해서 이사회에서는 처분결의를 하게 되고 주주총회에서 최종적으로 이러한 처분결의에 대해서 승인함으로써 이익잉여금이 처분된다.

일반적으로 이익잉여금의 처분은 다음과 같은 순서로 한다.

① 이익준비금의 적립

앞에서 설명한 바와 같이, 이것은 상법에 의하여 자본금의 2분의 1에 이를 때까지 매결산기의 금전배당액의 10분의 1 이상의 금액을 이익준비금으로 반드시 적립하여야 한다.

② 기타법정적립금

상법 이외의 법령규정에 따라 해당되는 회사는 그 법령규정에 따라 반드시 적립하여야 한다.

③ 주식할인발행차금 상각

당기에 주식할인발행차금의 상각액이 있는 경우에는 이 상각액은 이익잉여금의 처분으로 처리하여야 한다.

④ 주주배당금

위의 ①, ②, ③의 사항을 처리한 후에 남은 이익잉여금에 대하여 주주에 대한 배당금지급결의를 할 수 있다.

⑤ 임의적립금의 설정

회사의 특별한 목적을 위하여 이익잉여금의 일부를 배당하지 않고 적립할 필요가 있다고 판단되면 적절한 명칭으로 임의적립금을 적립할 수 있다.

⑥ 차기이월미처분이익잉여금

당기말 미처분이익잉여금과 임의적립금 이입액의 합계액에서 위에서 설명한 이익잉여금처분액을 차감하고도 잔액이 있으면 이는 차기이월미처분이익잉여금이 된다.

[예 13] 이익잉여금의 처분

(1) 결산한 결과 당기순이익은 ₩1,000,000이고 이 회사의 전기이월미처분이익잉여금은 ₩300,000이다.

(2) 이사회에서 위의 미처분이익잉여금을 다음과 같이 처분하기로 결의하다.

이 익 준 비 금	50,000
배 당 금	500,000
감 채 적 립 금	200,000
결손보전적립금	300,000

(3) 주주총회에서 이사회의 처분안대로 확정하고 배당금을 현금지급하다.

A

(1)	(차) 손 익	1,000,000	(대) 미처분이익잉여금	1,000,000
(2)	분개없음			
(3)	(차) 미처분이익잉여금	1,050,000	(대) 이 익 준 비 금	50,000
			미 지 급 배 당 금	500,000
			감 채 적 립 금	200,000
			결손보전적립금	300,000
	(차) 미 지 급 배 당 금	500,000	(대) 현 금	500,000

■ 결손금의 처리

주식회사가 이월결손금 또는 당기순손실이 있으면 먼저 이 손실을 보전하여야 한다. 보전(補塡)이란 부족을 메워서 채운다는 의미이다.

우선 당기순손실의 의미를 생각해 보기로 하자. 수익보다 비용이 크면 순손실이 발생한다. 이를 결손금이라고도 한다.

예를 들어 보기로 하자. 기초에 총자산이 1,000원, 부채와 자본은 자본만이 있어 총계가 1,000원인 기업이 있다. 이 기업은 당기에 수익 800원, 비용 1,000원으로 당기순손실이 발생하였다고 하자. 결국 당기순손실이란 기업밖에 상품 등을 판매하면서 받은 대가보다는 그 대가를 얻기 위해서 희생된 것이 더 많다는 의미이므로 기말의 자산은 기초보다 200원이 적게 된다.

기초재무상태표

자 산	부채와 자본
	자본 1,000
1,000	1,000

포괄손익계산서

수 익	800
비 용	1,000
순손실	(200)

기말재무상태표

자 산	부채와 자본
	자본 800
800	800

이 결손금은 기초자본에 비해 기말자본이 적어졌다는 의미이다. 결손금이 존재하는 이상 이익을 배당할 수 없다. 따라서 결손금이란 당기순손실을 의미하지만 이것이 보전되지 않고 다음 기로 넘어가게 되면 미처리결손금(또는 이월결손금)이 된다.

미처리결손금은 먼저 미처분이익잉여금으로 보전하고, 그렇게 하고도 모자라면 임의적립금 · 기타자본요소 · 납입자본 등의 순서로 보전하여야 한다.

[예 14] 결손금의 처리

(1) 정기주주총회에서 결손금 ₩3,000,000 중 ₩2,000,000은 전기이월미처분이익잉여금으로 보전하고, 나머지는 임의적립금 ₩300,000, 배당평균적립금 ₩300,000, 이익준비금 ₩300,000으로 보전하기로 하다. 나머지 결손금은 다음기로 이월하기로 하다.

(2) 정기주주총회에서 당기순이익 ₩3,000,000을 다음과 같이 처분할 것을 결의하다.

이월결손금보전	200,000
이 익 준 비 금	300,000
주 주 배 당 금	2,500,000

(1) (차)	미처분이익잉여금	2,000,000	(대) 미처리결손금	2,900,000
	임 의 적 립 금	300,000		
	배당평균적립금	300,000		
	이 익 준 비 금	300,000		
(2) (차)	미처분이익잉여금	3,000,000	(대) 미처리결손금	200,000
			이 익 준 비 금	300,000
			미지급배당금	2,500,000

8 개인기업의 자본

■ 자본금계정

개인기업에서는 자본의 증감을 자본금(資本金)계정에 기입한다. 따라서 자본금계정은 다음과 같은 방법으로 그 내용을 기장한다.

영업을 개시하여 출자되는 자본은 자본금계정 대변에 기입한다.

[예 15] 자본금

7월 1일 현금 ₩4,000,000, 비품 ₩500,000, 건물 ₩10,000,000을 출자하여 영업을 개시하다.

(차)	현 금	4,000,000	(대) 자 본 금	14,500,000
	비 품	500,000		
	건 물	10,000,000		

처음에 자본금을 출자한 후에 자본을 추가한 경우나 순이익이 발생하였을 때에도 **자본금계정 대변**에 기입한다. 여기서 자본추가액이란 사업을 개시한 후에 필요에 따라 자본을 추가로 출자한 것을 말한다. 순이익은 영업활동에 의하여 생긴 자본의 증가액이다. 이것은 이미 앞에서 배운 바와 같이 결산 때에 손익계정에서 자본금계정에 대체된다.

[예 16] 자본금의 변화

사업을 확장하기 위하여 기업주가 현금 ₩1,500,000을 추가로 출자하다.

(차) 현　　금 1,500,000　　(대) 자 본 금 1,500,000

자본금계정의 차변에는 영업활동의 결과 생긴 손손실과 기업주가 인출한 자본액을 기입한다. 자본의 인출은 현금으로 이루어지는 경우가 많으나, 때에 따라서는 상품이나 그밖의 자산으로 이루어지는 경우도 있다.

또한 본래 기업주의 가계에서 부담하여야 할 비용을 기업이 대신 지급한 때에도 인출로써 처리한다.

[예 17] 인출금

(1) 기업주가 개인 목적에 사용하기 위하여 현금 ₩200,000을 인출하다.
(2) 기업주 가정의 전력사용료 ₩30,000을 현금으로 대신 지급하다.
(3) 결산의 결과 당기의 순손실이 ₩300,000으로 계산되다.

(1)	(차) 자 본 금	200,000	(대) 현　　금	200,000
(2)	(차) 자 본 금	30,000	(대) 현　　금	30,000
(3)	(차) 자 본 금	300,000	(대) 손　　익	300,000

자본금 계정(순이익이 생긴 경우)

	•자 본 인 출 액 •당기순손실액	•자 본 출 자 액 •자 본 추 가 액 •당 기 순 이 익
현재잔액		

■ 인출금계정

영업기간중에 영업주가 자본을 인출할 경우에는 앞에서 설명한 바와 같이 자본금계정에서 처리하지만, 이와 같은 거래가 빈번히 나타날 때에는 별도로 **인출금(引出金)계정**을 설정하여 처리하기도 한다. 인출금계정을 설정할 경우에는 기말에 인출금계정 잔액을 자본금계정에 대체한다.

또한 인출금계정을 설정하였을 경우 당기순손익은 직접 손익계정으로부터 자본금계정으로 대체하기도 하나, 먼저 인출금계정에 대체하고 나서 인출금계정 잔액을 자본금계정에 대체하기도 한다.

[예 18] 인출금

7월 15일 기업주가 사적인 모임에서 지출한 비용을 지급하기 위하여 ₩300,000을 수표를 발행하여 지급하다.
8월 20일 기업주가 가계비에 사용하기 위하여 현금 ₩450,000을 인출하다.
12월 31일 기말에 인출금계정의 합계 ₩750,000을 자본금계정에 대체하다.

A

7/15	(차) 인 출 금	300,000	(대) 당좌예금	300,000
8/20	(차) 인 출 금	200,000	(대) 현 금	200,000
12/31	(차) 자 본 금	750,000	(대) 인 출 금	750,000

위의 [예]에서 자본금계정과 인출금계정의 기입은 다음과 같이 된다. 단, 자본금의 전기이월액은 ₩4,000,000, 당기순이익은 ₩500,000인 것으로 한다.

인 출 금

7/15	당좌예금	300,000	12/31	자본금	750,000
8/20	현금	450,000			
		750,000			750,000

자 본 금

12/31	인출금	750,000	1/1	전기이월	4,000,000
〃	차기이월	3,750,000	12/31	손익	500,000
		4,500,000			4,500,000
			1/1	전기이월	3,750,000

제18장. 외환활동과 법인세비용

1. 외환활동의 기록

2. 법인세비용

제18장. 외환활동과 법인세비용

지금까지 설명하지 않은 활동으로 외환활동과 법인세비용이 있다. 이에 대해 설명하기로 하자.

1. 외환활동의 기록

1 외환차손익

국내의 거래에서 나타난 자산과 부채는 국내 통화(원화)로 정해지나, 외국과의 무역거래나 자금거래에서 발생하는 채권 · 채무의 크기는 외화(달러 · 엔 · 파운드 등)로 표시되는 경우가 많다. 이와 같이 외화로 그 크기가 표시되는 자산 및 부채를 **외화자산 · 외화부채**라 한다.

원화와 외화의 교환비율인 **환율(exchange rate)**은 항상 변동하기 때문에 외화자산이나 외화부채가 발생했을 때와 외화자산을 회수하거나 외화부채를 상환할 때의 환율은 다른 것이 일반적이다. 따라서 **외화자산의 회수 또는 외화부채의 상환시**에 환차로 인해 손실이나 이익이 발생하게 된다. 이것을 **외환차손** 또는 **외환차익**이라 한다.

[예 1] 외환차손익

(1) ×1년 1월 5일 동해주식회사는 외화단기차입금 $100(차입시 환율 $1:₩1,200)을 차입하다.
(2) ×1년 3월 5일 동해주식회사는 외화단기차입금 중 $50(상환시 환율 $1: ₩1,400)을 상환하다.
(3) ×1년 5월 5일 동해주식회사는 외화단기차입금 중 $50(상환시 환율 $1: ₩1,000)을 상환하다.

A

(1) (차) 현 금 120,000 (대) 단기차입금 120,000
(2) (차) 단기차입금 60,000 (대) 현 금 70,000
외 환 차 손 10,000*
(3) (차) 단기차입금 60,000 (대) 현 금 50,000
외 환 차 익 10,000*
* 외환차손 = $50 × (1,200 − 1,400) = − ₩10,000
** 외환차익 = $50 × (1,200 − 1,000) = ₩10,000

2 외화환산손익

외화자산과 외화부채(엄격히 말하면 화폐성 외화자산과 화폐성외화부채)가 결산일 현재 존재할 경우에는 결산일 현재의 환율에 의하여 외화자산과 외화부채의 금액을 재무상태표에 원화로 표시하여야 한다. 이것을 **환산(換算)**이라고 한다. 그러나 이전에 외화자산 · 부채를 원화로 표시하기 위해서 사용했던 환율과 차이가 생기는 것이 일반적이다. 이와 같은 환율의 차이로 인하여 **결산일**에 **외화자산 · 부채를 환산할 경우에 생기는 손익**을 **외화환산손익**이라고 한다. 따라서 외화환산손익은 **결산수정분개**에 의해 나타난다.

[예 2] 외화환산손익

(1) ×1년 10월 1일 동해주식회사는 6개월 만기의 외화단기차입금 $100
(차입시 환율 $1 : ₩1,200)을 차입하다.
(2) ×1년 11월 1일 동해주식회사는 6개월 만기의 외화단기대여금 $100
(대여시 환율 $1 : ₩1,000)을 대여하다.
(3) ×1년 12월 31일 동해주식회사는 결산에 외화단기대여금과 외화단기차입금을 결산일의 환율로 환산하다. (결산일 환율 $1 : ₩1,400)
(4) ×2년 3월 31일 동해주식회사는 외화단기차입금 $100(상환시 환율 $1 : ₩1,500)을 상환하다.
(5) ×2년 4월 30일 동해주식회사는 외화단기대여금 $100(회수시 환율 $1 : ₩1,300)을 회수하다.

(1) (차) 현　　　금 120,000　　(대) 단기차입금 120,000
(2) (차) 단기대여금 100,000　　(대) 현　　　금 100,000
(3) (차) 외화환산손실 20,000*　　(대) 단기차입금 20,000**
　　　 단기대여금 40,000　　　　 외화환산이익 40,000
　　*외화환산손실 = $100 × (1,200 − 1,400) = −20,000
　　**외화환산이익 = $100 × (1,400 − 1,000) = 40,000
(4) (차) 단기차입금 140,000　　(대) 현　　　금 150,000
　　　 외 환 차 손 10,000
(5) (차) 현　　　금 130,000　　(대) 단기대여금 140,000
　　　 외 환 차 손 10,000

2. 법인세비용

법인세란 법인이 일정기간 동안에 얻은 소득에 대하여 내야 하는 세금을 말한다. 회계에서의 당기순이익과 법인세법상 과세소득의 **개념과 구조의 차이**로 인하여 발생하게 되는 항목이 재무상태표에서 나타나는 이연법인세자산과 이연법인세부채항목이다. 그러나 이 부분은 법인세에 대한 이해가 우선되어야 이해할 수 있을 것으로 생각하기 때문에 본서에서는 그 설명을 생략하기로 한다. 다만, **중소기업의 경우**에는 일반기업과는 달리 **법인세비용**을 **법인세법 등의 법령에 의하여 납부하여야 할 금액**으로 할 수 있으므로 여기서는 중소기업의 경우로 가정하여 설명을 하기로 한다.

일반적으로 회계기간중에 법인세를 납부하는 경우는 금융기관으로부터 이자를 받았을 경우에 부담하는 원천징수세액과 중간예납세액의 두가지이다. 금융기관은 법인에게 이자를 지급하는 경우에는 이자금액에 대하여 일정율의 법인세를 원천징수하고 그 차액을 지급한다.

이러한 경우에는 **원천징수된 법인세**를 선급법인세로 처리한다.

[예 1] 이자의 원천징수

은행으로부터 예금에 대한 이자를 받다. 이자총액은 ₩1,000,000이며 원천징수액 ₩220,000을 제외한 ₩780,000을 현금으로 받다.

(차) 현　　금 780,000　　(대) 이자수익 1,000,000
　　 선급법인세 220,000

법인(일반적으로 주식회사)은 회계연도(세법상의 용어로 사업연도) 중에 전연도 법인세 납부세액의 1/2에 상당하는 금액을 미리 납부해야 한다. 이것을 중간예납이라고 한다.

따라서 **중간예납**하는 법인세도 **선급법인세**로 기록한다.

[예 2] 법인세의 중간예납

전연도 법인세 납부세액의 1/2에 상당하는 금액 ₩20,000,000원을 중간예납하다.

(차) 선급법인세 20,000,000 (대) 현 금 20,000,000

결산시에는 당해 연도에 납부해야 할 법인세를 계산하고 이미 납부한 법인세(선급법인세)를 제외한 나머지는 **미지급법인세**로 기록한다.

[예 3] 결산시 법인세의 기록

결산시 당해 연도의 법인세을 계산한 결과 ₩50,000,000으로 계산되다.

그동안 납부한 법인세로 선급법인세에 계상되어 있는 금액은 총 ₩20,800,000이었다.

(차) 법인세비용	50,000,000	(대) 선 급 법 인 세	20,800,000
		미지급법인세	29,200,000

따라서 재무상태표에는 미지급법인세 ₩29,200,000이, 포괄손익계산서에는 법인세비용 ₩50,000,000이 나타나게 된다.

미지급법인세는 다음해에 법인세납부시 없어지게 된다.

[예 4] 법인세의 납부

전연도의 법인세 ₩29,200,000을 납부하다.

(차) 미지급법인세 29,200,000 (대) 현 금 29,200,000

부록: 재무제표양식

재무상태표

제×기 20××년×월×일 현재
제×기 20××년×월×일 현재

회사명 (단위 : 원)

과목	제×(당)기		제×(전)기	
	금액		금액	
자산				
유동자산		×××		×××
현금및현금성자산				
매출채권및기타채권				
기타금융자산				
재고자산				
기타자간				
비유동자산		×××		×××
대여금및수취채권				
기타금융자산				
관계기업투자				
투자부동산				
유형자산				
무형자산				
기타자산				
매각예정자산		×××		×××
자산총계		×××		×××
부채				
유동부채		×××		×××
매입채무				
기타금융부채				
충당부채				
미지급법인세				
기타부채				
비유동부채		×××		×××
금융부채				
퇴직급여부채				
기타부채				
부채총계		×××		×××
자본				
납입자본				
이익잉여금				
기타자본요소				
자본총계		×××		×××
부채와자본총계		×××		×××

포괄손익계산서(성격별)

제×기 20××년×월×일부터 20××년×월×일까지
제×기 20××년×월×일부터 20××년×월×일까지

회사명 (단위 : 원)

과목	제×(당)기		제×(전)기	
	금액		금액	
수익(매출액)		×××		×××
기타수익		×××		×××
제품과재공품의변동				
원재료와소모품사용액				
종업원급여				
감가상각비와기타 상각비				
이자비용				
기타비용				
총비용		(×××)		(×××)
법인세비용차감전손익		×××		×××
법인세비용		(×××)		(×××)
계속영업손익		×××		×××
중단영업손익		×××		×××
당기순손익		×××		×××
기타포괄손익		×××		×××
매도가능금융자산평가손익				
해외사업환산손익				
파생상품평가손익				
재평가잉여금				
보험수리적손익				
기타포괄손익과관련된 법인세		(×××)		(×××)
세후기타포괄손익		×××		×××
총포괄손익		×××		×××
당기순이익의귀속		×××		×××
지배기업소유주				
비지배지분				
총포괄손익의귀속		×××		×××
지배기업소유주				
비지배지분				
주당손익		×××		×××
기본주당계속사업손익				
기본주당순손익				
희석주당계속사업손익				
희석주당순손익				

포괄손익계산서(기능별)

제×기 20××년×월×일부터 20××년×월×일까지
제×기 20××년×월×일부터 20××년×월×일까지

회사명 (단위 : 원)

과목	제×(당)기		제×(전)기	
	금액		금액	
수익(매출액)		×××		×××
매출원가		(×××)		(×××)
매출총이익		×××		×××
기타수익		×××		×××
물류비				
관리비				
마케팅비용				
이자비용				
기타비용				
총비용		(×××)		(×××)
법인세비용차감전손익		×××		×××
법인세비용		(×××)		(×××)
계속영업손익		×××		×××
중단영업손익		×××		×××
당기순손익		×××		×××
기타포괄손익		×××		×××
매도가능금융자산평가손익				
해외사업환산손익				
파생상품평가손익				
재평가잉여금				
보험수리적손익				
기타포괄손익과 관련된 법인세		(×××)		(×××)
세후기타포괄손익		×××		×××
총포괄손익		×××		×××
당기순이익의 귀속		×××		×××
지배기업소유주				
비지배지분				
총포괄손익의 귀속		×××		×××
지배기업소유주				
비지배지분				
주당손익		×××		×××
기본주당계속사업손익				
기본주당순손익				
희석주당계속사업손익				
희석주당순손익				

자본변동표

제×기 20××년×월×일부터 20××년×월×일까지
제×기 20××년×월×일부터 20××년×월×일까지

회사명 (단위 : 원)

구 분	납입자본	자본유지조정	기타포괄손익누계액	일반적립금	이익잉여금	총 계
20××.×.×(보고금액)	×××	×××	×××	×××	×××	×××
회계정책변경누적효과					×××	×××
전기오류수정손익					×××	×××
수정후이월이익잉여금					×××	×××
임의적립금의이입액				(×××)	×××	
연 차 배 당					(×××)	(×××)
기타이익잉여금처분액		×××		×××	(×××)	
처분후이월이익잉여금					×××	×××
중 간 배 당					(×××)	(×××)
유상증자(감자)	×××					×××
자기주식취득	(×××)					(×××)
기타포괄손익의 대체			(×××)		×××	
총포괄손익			×××		×××	×××
20××.×.×	×××	×××	×××	×××	×××	×××
20××.×.×(보고금액)	×××	×××	×××	×××	×××	×××
회계정책변경누적효과					×××	×××
전기오류수정손익					×××	×××
수정후이월이익잉여금					×××	×××
임의적립금의이입액				(×××)	×××	
연 차 배 당					(×××)	(×××)
기타이익잉여금처분액		×××		×××	(×××)	
처분후이월이익잉여금					×××	×××
중 간 배 당					(×××)	(×××)
유상증자(감자)	×××					×××
자기주식취득	(×××)					(×××)
기타포괄손익의대체			(×××)		×××	
총포괄손익			×××		×××	×××
20××.×.×	×××	×××	×××	×××	×××	×××

현금흐름표(직접법)

제×기 20××년×월×일부터 20××년×월×일까지
제×기 20××년×월×일부터 20××년×월×일까지

회사명 (단위 : 원)

과목	제×(당)기		제×(전)기	
	금액		금액	
영업활동현금흐름		×××		×××
고객으로부터수취한현금				
공급자에게지급한현금				
기타영업활동으로수취한현금				
기타영업활동에서지급한현금				
영업활동에서창출된현금				
이자수입				
이자지급				
법인세지급				
투자활동현금흐름		×××		×××
금융자산취득				
금융자산처분				
유형자산취득				
유형자산처분				
무형자산취득				
재무활동현금흐름		×××		×××
차입금차입				
차입금상환				
주식발행				
배당금지급				
외화표시현금및현금성자산의환율변동효과		×××		×××
현금및현금성자산의증가(감소)		×××		×××
기초의현금및현금성자산		×××		×××
기말의현금및현금성자산		×××		×××

현금흐름표(간접법)

제×기 20××년×월×일부터 20××년×월×일까지
제×기 20××년×월×일부터 20××년×월×일까지

회사명 (단위 : 원)

과목	제×(당)기		제×(전)기	
	금액		금액	
영업활동현금흐름		×××		×××
법인세비용차감전이익				
가감 :				
영업현금흐름과관련없는손익제거				
영업활동과관련된자산·부채의증감				
영업에서창출된현금				
이자수익				
이자지급				
법인세비급				
투자활동현금흐름		×××		×××
금융자산취득				
금융자산처분				
유형자산취득				
유형자산처분				
무형자산취득				
재무활동현금흐름		×××		×××
차입금차입				
차입금상환				
주식발행				
배당금지급				
외화표시현금및현금성자산의환율변동효과		×××		×××
현금및현금성자산의증가(감소)		×××		×××
기초의현금및현금성자산		×××		×××
기말의현금및현금성자산		×××		×××

알기쉬운

세무실무

Foreword

[개정판을 내면서]

2020에 적용되는 세법에 따라 「알기쉬운 세무실무」도 이를 반영하여 수정되었다. 이 책의 내용은 처음에 출간되었던 취지에 어긋남이 없도록 초보자의 입장과 지식 정도를 고려하여 기본적인 내용을 이해하고 이를 바탕으로 보다 깊이있는 지식을 얻을 수 있도록 배려하였다.

이번 개정판이 나오기까지 도와주신 많은 분들에게 감사드린다.

그리고 앞으로도 본서의 내용에 대해 독자들의 많은 지도와 격려를 부탁드린다.

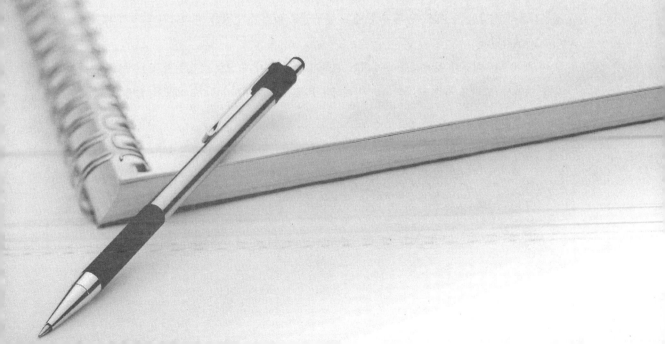

2020 2월

저 자

Preface

[머 리 말]

최근의 경제위기와 함께 기업환경의 변화가 가속화됨에 따라 기업의 관리자는 전반적인 기업업무에 대한 이해를 토대로 전문적인 지식을 가져야만 계속 성장할 수 있음이 분명해 지고 있다. 기업에서 경리업무란 가장 기본적이면서도 없어서는 안 되는 분야중의 하나이다. 따라서 경리업무에 대한 기본적인 이해가 없이 관리자로 성장한다는 것은 생각할 수 없다. 경리업무 중 가장 기본적인 분야는 회계와 세무이다.

그러나 저자는 정규교육과정에서의 세무지식 전파가 일종의 공동화현상이 일어나고 있다고 본다. 상업계고등학교에서는 세무 교육이 줄어드는 현상을 보이고 있으며, 대학에서는 학부제로의 전환에 따라 세무분야의 학과목이 축소되는 경향이 나타나고 있다.

결국 기업에서는 세무에 대한 체계적인 지식을 갖춘 인력이 필요함에도 불구하고 이를 위한 적절하고도 충분한 교육이 이루어지지 못하고 있어 이러한 문제를 해결하는 것이 시급하다고 본다.

경리업무에 대한 지식을 체계적으로 습득하기 위해서는 세무에 대한 기본적인 내용의 포괄적인 이해가 우선되어야 한다. 그러나 세무분야의 서적은 초보자가 이해하기에는 너무나 많은 양의 내용으로 복잡하게 제시되어 있어 오히려 흥미를 잃게 하는 경향이 있다. 이는 초보자에게 숲을 전체적으로 보게 한 후에 이를 토대로 나무를 자세히 살펴보도록 하는 과정을 거쳐 전문가로서 성장할 수 있도록 해야 함에도 불구하고 이러한 입장을 배려하지 않았기 때문이라고 생각된다.

이 책에서는 이러한 문제점을 배제하기 위하여 세무에 대해 모르는 입문자가 나무보다는 숲을 보면서, 그리고 차츰 단계적으로 이해하여 가면서 심화시켜 나갈 수 있도록 설명하였다.

그리고 기업에서 가장 기본적이면서도 중요한 세무분야는 원천징수와 연말정산, 부가가치세, 법인세분야라고 판단되기에 이 분야들에 대한 설명으로 범위를 제한하였다.

이러한 분야의 책은 단순한 지식의 나열이 아니라 최대한 효과적으로 지식을 독자에게 전달할 수 있는 매체로서 구성되어야 한다는 것이 저자의 생각이다. 따라서 이 책은 구태의연한 사고방식을 벗어나 가능한 그림, 표, 대화, 서술 등을 모두 활용해서 저자가 생각하는 내용을 독자에게 전달하려고 최대한 노력하였다. 그러나 세무의 특징 때문에 저자로서 능력의 한계를 느낀 부분도 적지 않다.

저자로서는 최대한 노력을 하였지만 결함이 적지 않을 것이라고 생각된다. 앞으로 이 책의 내용에 대해 독자들의 많은 지도와 격려를 부탁드린다.

끝으로 이 책이 나올 수 있도록 도와주신 분들에게 감사를 드리고 싶다. 우선 본인을 배움과 가르침의 길에 들어설 수 있도록 해 주신 은사인 서울대학교의 이정호 교수님께 감사를 드린다. 본인의 제자였으며 현재 (주)조세통람사 디자인 팀장인 인현애씨는 회계학과 미술을 모두 전공한 입장에서 이 책의 모든 내용을 본인과 토론하고 이해한 후 삽화를 그려 주었으며 팀원인 김보성씨와 최정애씨는 밤낮없는 힘든 편집과정을 너무나도 성실하게 진행해 주었다. 본연의 업무가 아님에도 불구하고 기꺼이 이 책이 나오기까지 힘들었던 과정을 함께 참여해 준 (주)조세통람사의 디자인팀에게 감사를 드리며 항상 격려해 주신 박종찬과장님께도 감사를 드린다. 그리고 이 책을 쓰는 동안 가정에 소홀했던 저자를 묵묵히, 변함없이 지원해 준 나의 아내와 아이들에게 미안함과 감사의 마음을 전하고 싶다.

1998년 7월
저 자

Contents

제1부 세금의 기초

제1장 세금의 개념과 분류

제2부 원천징수와 연말정산

제2장 소득세의 기초개념

제3장 원천징수의 개요

제4장 근로소득 외 다른 소득의 원천징수

제5장 간이세액표에 의한 근로소득세원천징수

제6장 연말정산에 의한 근로소득세의 계산

contents

제7장 연말정산의 절차

제3부 부가가치세

제8장 부가가치세의 기초

Contents

제9장 거래증빙

contents

제10장 매출세액

제11장 매입세액과 납부할 세액의 계산

제12장 간이과세자

제4부 법인세

제13장 법인세의 개요

제14장 매출액과 매출원가의 세무조정

제15장 판매비와관리비의 세무조정

Contents

Contents

제17장 자본금·적립금의 세무조정

제18장 과세표준과 납부세액의 계산

제 1 부

세금의 기초

제 1 장　세금의 개념과 분류

제1장 세금의 개념과 분류

1. 세금의 의의

1 세금과 생활의 밀접성

"택시를 타면?" "부가가치세를 내는 거죠."
"월급을 받으면?" "근로소득세와 주민세를 내는 거죠."
"담배를 피우면?" "담배소비세를 내는 거죠."
"맥주를 마시면?" "주세 · 교육세 · 부가가치세를 내는 거죠."
"집을 사면?" "취득세를 내야죠."
"세금이 도처에 깔려 있군요!"

우리들의 생활 거의 모든 곳에 세금이 관련되어 있다. 오죽하면 **'이 세상에 확실한 것이 두 가지가 있다. 하나는 죽음이요, 또 하나는 세금이다'**라는 말이 있을까!

그렇지만 일반인들은 세금에 무관심한 경우가 많다. 오히려 세금에 대해 잘 아는 사람은 골치 아픈 것을 하는 사람으로, 세금에 대해 따지는 것은 쓸데 없는 일로 치부하는 경향조차 있다. 그러나 현대를 살아가는 데 있어서 세금이 무엇인지, 그리고 우리들의 생활 어느 곳에 세금이 침투해 있는지 모른다면 지혜로운 경제생활을 해 나가기 어렵다.

일반인들은 별로 세금에 부딪치지 않는다고 하더라도 기업은 세금을 피해가는 것이 불가능하다. 일반적인 회사의 예를 들어 보자. (세금의 이름이나 용어를 모르더라도 당황하지 말기 바란다. 나중에 알게 될 테니까!)

우선 직원들에게 월급을 줄 때는 세무서를 대신해서 세금을 떼어야 한다. 그리고 뗀 세금은 나중에 세무서에 신고하고 납부해야 한다. 회사를 계속 운영하면서 직원들에게 월급을 주는 한, **1년에 12번씩**은 이 일을 해야 한다.

부가가치세라는 세금도 있다. 부가가치세의 신고·납부는 3개월에 한 번씩 반드시 치뤄야 하는 행사이다. 부가가치세를 신고·납부하는 것은 **1년에 4번**이지만 기업은 거래할 때마다 부가가치세 때문에 세금계산서를 주고받아야 한다.

이것으로 끝나는 것이 아니다. **법인세**라는 세금도 있다. 1년간 회사가 얻은 소득에 대해서는 법인세를 납부해야 한다. 1년에 한 번은 반드시 치뤄야 하는 행사이다. 사실 법인세는 1년에 한 번으로 끝나지 않는다. 과세기간 중간에 법인세의 반을 미리 내는 중간예납이라는 것도 있다. 이외에도 수없이 많은 세금들이 기업을 운영하는 데 관련된다.

만일 세금을 내지 않으면 어떻게 될까?

우선 세금을 내라고 납세고지서가 올 것이다. 그래도 내지 않으면 세금에 **가산세 및 가산금**이 붙어서 독촉장이 오게 된다. 그래도 내지 않으면 세무서에서는 재산을 압류해서 처분할 수 없도록 할 것이고 그래도 내지 않으면 압류한 재산을 매각해서 세금과 가산금 등을 가져가게 된다.

이러니 세금을 안 내고 기업을 운영할 수는 없다.

결국 세금을 계산하고 신고하고 납부하는 것은 기업을 운영하는 데 필수적인 행사로 치뤄야 하는 것이고 돈까지 내야 하는 것이니 세금을 정확하게 알고 이를 처리하는 것이 기업경영을 올바로 해 나가는 첩경이다.

② 세금의 정의

세(稅), 조세(租稅), 세금(稅金)이라는 말에는 모두 **세(稅)**라는 글자가 들어 있다. 이 '세'라는 글자를 풀이해 보면 **화(禾 : 벼 화)**와 **태(兌 : 빼낼 태)**라는 두 자로 구성되어 있다.

따라서 '세'라는 글자는 농민이 수확한 곡식 중에서 일부를 떼어 관청에 바치는 것을 의미한다. 그리고 조세라는 단어에서의 조(租)는 '바칠 조'로서 관청에 바친다는 것을 의미한다. 이렇게 보면 세금이란 국가가 국민으로부터 강제적으로 거둬들이는 수입이라고 할 수 있다. 더 자세히 설명해 보자.

세금이란 국가나 지방자치단체가 재정수입을 조달하기 위해서 과세요건이 충족되는 일반인에게 강제적으로 부과하는 것이다.

■ 세금은 국가나 지방자치단체가 부과하는 것이다.

세금은 국가나 지방자치단체가 걷어 가는 것이다. 따라서 그 이외의 공공단체가 공공적 지출에 충당할 목적으로 징수하는 부과금은 세금이 아닌 **공과금**이다. 예를 들면 무역협회에 납부하는 수출부담금 같은 것은 공과금이다.

■ 세금은 과세요건이 충족되는 일반인에게 강제적으로 부과된다.

여기서 강제적이라고 했는데 그렇다면 국가가 세금을 무조건 국민으로부터 걷는 것일까?

그렇지는 않다. 무조건 국민으로부터 세금을 걷는다면 국민들이 엄청난 저항을 할 것이다. 역사를 살펴보면 무리하게 세금을 부과한 결과 나라가 흔들리는 혼란을 가져오게 된 경우가 많다. 미국의 독립운동, 프랑스 대혁명, 고려 말의 혼란 등을 예로 들 수 있다.

따라서 세금은 국민의 동의에 의해서 정해져야 하고 정해진 내용에 따라 징수되어야 한다. 즉 세금을 부과할 수 있는 조건인 **과세요건**이 충족되어야 한다. 이 때문에 우리나라 헌법 제59조에서는 **'조세의 종목과 세율은 법률로 정한다'**고 규정하고 있다. 결국 세금은 국민의 대표인 국회가 제정하는 법률에 의해 정해져야 한다.

또한 헌법 제38조에서는 **'모든 국민은 법률이 정하는 바에 의해 납세의 의무를 진다'**라고 규정하고 있다. 따라서 납세의무를 이행하지 않을 경우에는 이행을 강제하는 규정이 있으며 형벌이 따를 수 있다. 이와 같이 **세금은 법률에 의해 정해지고 징수되어야 한다는 입장**을 **조세법률주의**라고 한다.

■ 세금은 국가의 재정수입을 조달하기 위한 것이다.

사람들은 혼자서 살아갈 수 없기 때문에 함께 모여서 사회를 구성하고 나아가 국가를 형성한다. 이러한 국가를 운영하기 위해 정부가 있다.

국가 또는 정부는 국민들의 안전을 보장하고 생활을 편리하게 할 수 있도록 국민으로부터 세금을 징수해서 방위비, 경제개발비, 사회개발비, 교육비, 일반행정비, 기타 비용 등으로 사용한다.

결국 세금이란 국민 혼자서 할 수 없는 일이나 국민 모두가 해야 할 일을 나라에 맡기고 그 대가로 내는 것으로, **국가라는 공동체를 유지하는 비용**으로 쓰이는 것이다.

헌법이 국민의 4대 의무 중의 하나로 납세의무를 규정하고 있는 것은 세금이 국민생활의 공동비용이기 때문이다.

2. 세금의 분류

1 국세와 지방세

"요즈음 지방자치제를 하기 때문에 어느 구청은 예산이 풍부하고 어느 구청은 예산이 부족하다고 하던데 그 이야기는 세금하고도 관련있나요?"
"그럼요, 지방세를 많이 걷는 구청은 예산이 풍부하고 그렇지 않은 구청은 예산이 부족하죠."
"그럼 국세청에서만 세금을 걷는게 아닌가요?"
"국세청이 걷는 세금은 국세고, 지방자치단체가 걷는 세금은 지방세죠."

누가 세금을 징수하느냐에 따라 세금은 국세와 지방세로 구별된다.

국세는 중앙 정부의 행정 관서인 국세청(세무서)에서 부과·징수하며, 국방·치안·교육 등과 같은 국민 전체의 이익을 위해 사용된다. 국세는 수출입 여부에 따라 **내국세와 관세**로 나누어진다. 관세는 우리나라로 수입되는 물건에 부과하는 세금으로서 관세청에서 징수한다.

지방세는 지방자치단체인 특별시·광역시·도·시·군·구가 자치단체를 운영하는 데 필요한 자금을 조달하기 위해서 부과하는 세금이다.

우리나라의 지방자치단체는 특별시·광역시·도와 시·군·구로 나누어져 있다.

특별시·광역시가 걷는 지방세는 특별시세·광역시세가 되며 도에서 걷는 지방세는 도세가 된다. 그리고 특별시 또는 광역시의 구청에서 걷는 세금은 구세, 시나 군에서 걷는 세금은 시세 또는 군세가 된다.

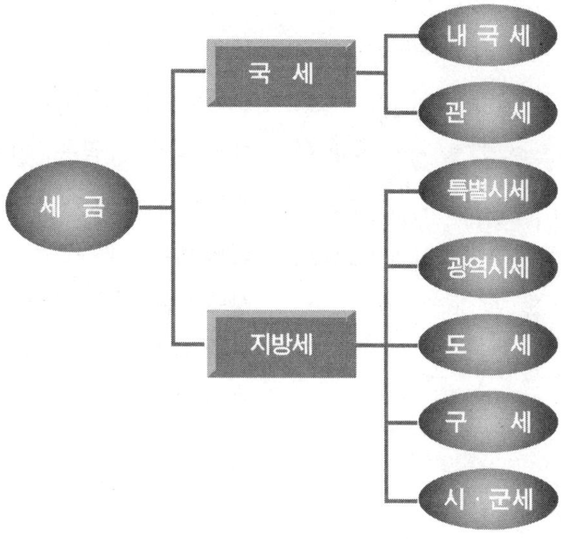

② 과세대상에 따른 분류

"세금은 돈을 벌었을 때만 내야 하는 게 아닌가요? 돈을 쓸 때도 세금을 내고, 땅을 사도 세금을 낸다고 하던데 ……, 도대체 어떤 경우에 세금을 내는 건가요?"

"돈을 벌었을 때 뿐만 아니라 여러 가지 경우에 세금을 내야죠."

어떤 경우에 세금을 내야 하는지 세금의 종류를 살펴보기로 하자.

우선 소득이 있으면 세금을 낸다. 소득을 얻은 경우에 내는 세금을 **소득세**라고 한다. 소득세는 두 가지로 나누어 볼 수 있다. 하나는 일반인들이 얻는 소득에 대해 내는 **개인소득세**이고 또 하나는 법인이 얻는 소득에 대해 내는 **법인소득세**이다.

소득세와 법인세는 큰 의미에서 소득세이지만 개인소득세는 **소득세**, 법인소득세는 **법인세**라고 말하는 것이 일반적이다.

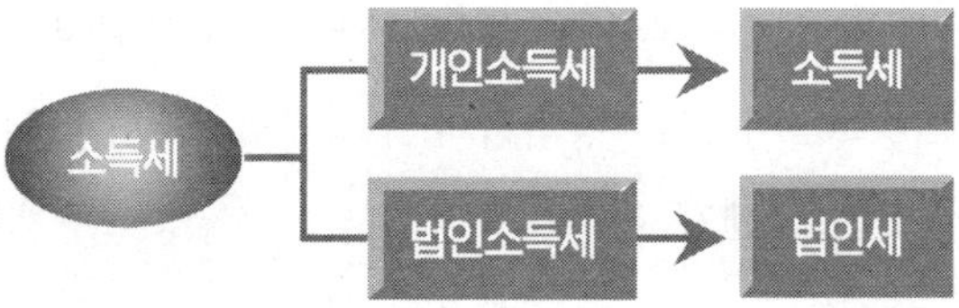

땀 흘려 일하지 않고 얻은 불로소득은 소득이기는 하지만 소득세를 내지 않고 대신 다른 세금을 낸다. 예를 들어 부모 등으로부터 상속받은 재산에 대해서는 **상속세**를 내야 한다. 그리고 재산을 상속받은 것은 아니지만 다른 사람으로부터 재산을 무상으로 증여받은 경우에는 **증여세**를 내야 한다.

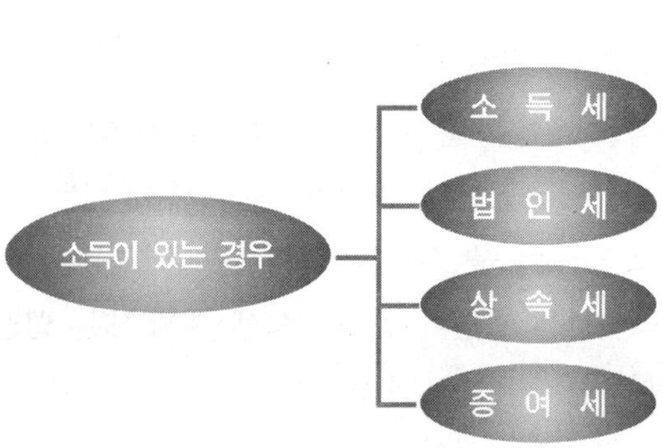

소득을 얻은 경우에도 세금을 내지만 물건이나 서비스를 소비하는 경우에도 세금을 낸다.

재화나 용역을 공급하여 결과적으로 이 **재화나 용역을 소비**했을 경우에도 세금을 낸다. 이러한 경우에 내는 세금을 **부가가치세**라 한다.

그리고 **개별소비세**가 있다. 이것은 **사치성 고가물품과 사행성오락장 등 입장행위 등에 대하여 부과하는 세금**이다. 예를 들면 골프용품, 모터보트, 요트, 보석, 고급가구, 승용자동차 등을 소비할 경우나 경마장, 증기탕, 골프장, 카지노에 입장할 경우 또는 유흥주점, 외국인전용 유흥음식점 등의 유흥음식행위에 대해서는 개별소비세를 부과한다.

그리고 도로 등 교통시설의 확충, 에너지 및 자원 관련 사업, 환경의 보전과 개선에 소요되는 재원확보를 목적으로 휘발유와 경유의 소비에 부과되는 **교통·에너지·환경세**, 술을 소비하는 경우 부과되는 **주세**가 있다.

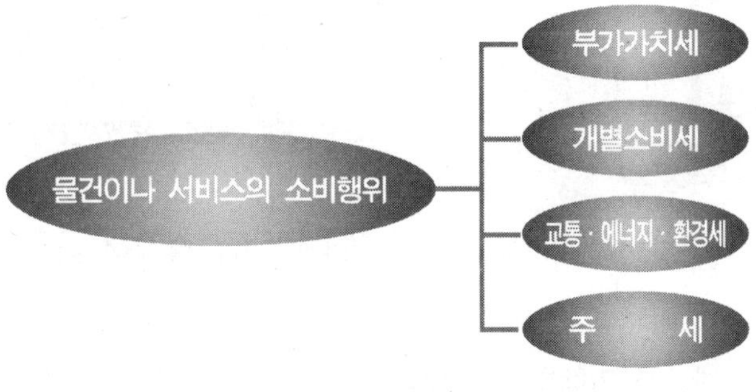

또한 특정 문서의 작성행위가 있다는 사실로 세금을 내야 하는 **인지세**가 있다.

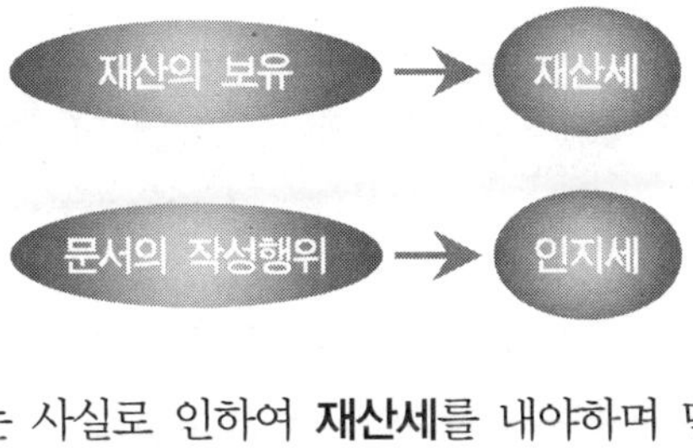

재산을 보유하고 있다는 사실로 인하여 **재산세**를 내야하며 면허를 보유하고 있다는 사실로 인하여 **면허세**를 내야 한다.

면허의 보유사실 → 면허세

이상과 같이 소득세는 소득, 부가가치세에서는 소비행위, 인지세는 과세문서의 작성행위, 재산세에서는 재산보유사실 등과 같은 것이 세금을 부과할 수 있는 대상이 된다. 이와 같이 **세금을 부과할 수 있는 대상을 과세대상**이라고 한다.

이밖에도 여러 가지 세금들이 더 있지만, 여기서는 과세대상의 의미를 이해하는 동시에 세금의 종류가 다양하다는 정도로만 알아 두기로 하자.

3. 세법의 체계

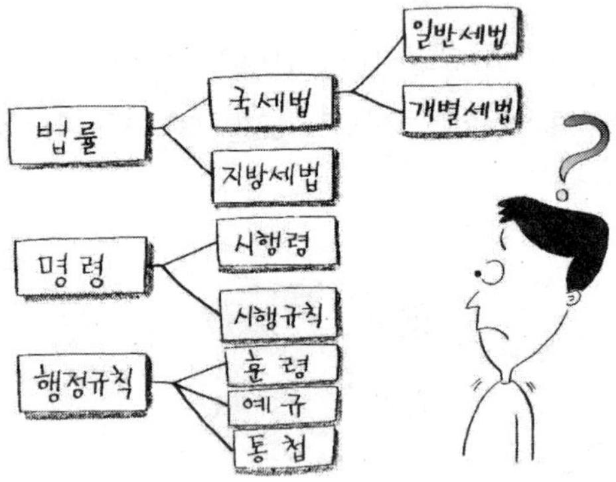

"법률에 의해 세금을 징수하는 것이라면 세법을 잘 알아야 하겠네요?"
"그렇죠. 세법의 내용 체계를 알아야 하죠. 세법뿐만 아니라 이것에 관련된 명령이나 행정규칙이 실제로는 더 중요하다고 할 수 있죠."
"명령? 행정규칙? 그게 뭐죠?"

헌법에서 '모든 국민은 법률이 정하는 바에 의해 납세의 의무를 진다'라고 하고 있음은 물론 '조세의 종목과 세율은 법률로 정한다'라고 규정하고 있기 때문에 법률, 이른바 **세법**이 **세금을 이해하는 중요한 근원**이 된다. 세금과 관련된 법률의 체계를 살펴보기로 하자.

조세법 → 시행령 → 시행규칙 → 예규 · 통첩

1 법 률

법률이란 **입법기관인 국회의 의결을 통해 만들어지는 법규**를 말하며, 세금관련

법률은 조세법이라고 통칭된다. 현행 조세법은 국세법과 지방세법으로 나누어진다.

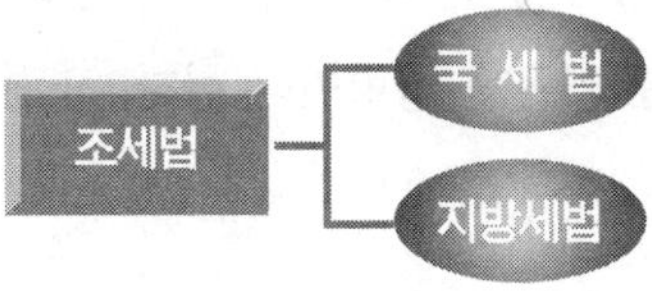

■ **국세법**

일단 국세에 관한 법률은 **세금의 종류에 따라 세법이 제정**되어 있다.

각 세법에서는 **해당되는 세금의 과세대상, 세율 등에 관한 사항이 규정**되어 있다. 이와 같이 조세의 종류에 따라 각각 세법이 제정되어 있기 때문에 이러한 세법들을 총칭하여 **개별세법**이라고 한다.

개별세법을 원활하게 적용하기 위해서는 **개별세법들에 적용되는 일반적이고도 공통적인 사항을 따로 규정**할 필요가 있다. 이를 **일반세법**이라고 한다.

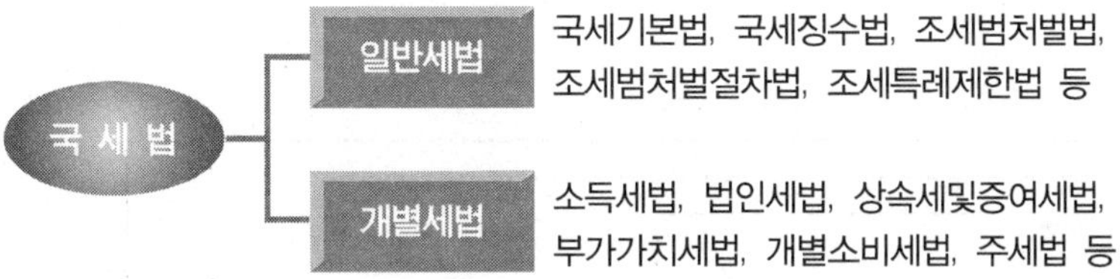

■ **지방세법**

지방세법은 조세의 종류에 따라 따로따로 법이 제정되어 있는 국세와는 달리 **지방세법이라는 단일법률에 모든 지방세가 규정**되어 있다.

② 명 령

조세의 부과·징수에 관한 기본적 사항은 법률에 규정되어 있지만, 이를 실행하기 위한 **세부적 사항은 국회의 시간 · 능력의 결여, 조세행정의 전문성 및 경제사정의 변화** 등으로 인하여 법률에서 규정하기 어렵다.

따라서 조세의 부과 · 징수에 관한 세부적 사항에 대하여는 법률에서 구체적으로 범위를 정하여 행정부에 위임하게 된다. 이와 같이 **입법기관인 국회의 의결을 거치지 않고 행정부에 의하여 제정된 법규**를 명령이라 한다. 명령은 제정권자에 따라 시행령과 시행규칙으로 나누어진다.

■ 시행령

조세법률에서 구체적으로 범위를 정하여 위임하는 사항으로서 **대통령이 발(發)할 수 있는 명령을 시행령(대통령령)**이라 한다.

■ 시행규칙

대통령령의 시행을 위하여 필요한 세부적 사항을 규정한 **기획재정부령** 또는 **부령**을 보통 **시행규칙**이라고 한다. (세법을 보다 쉽게 살펴볼 수 있도록 시중에서는 아래와 같이 법률－시행령－시행규칙을 연결하여 인쇄된 조세편람이 판매되고 있다. 이 조세편람에는 다음에 설명되는 행정규칙도 함께 인쇄되어 있다)

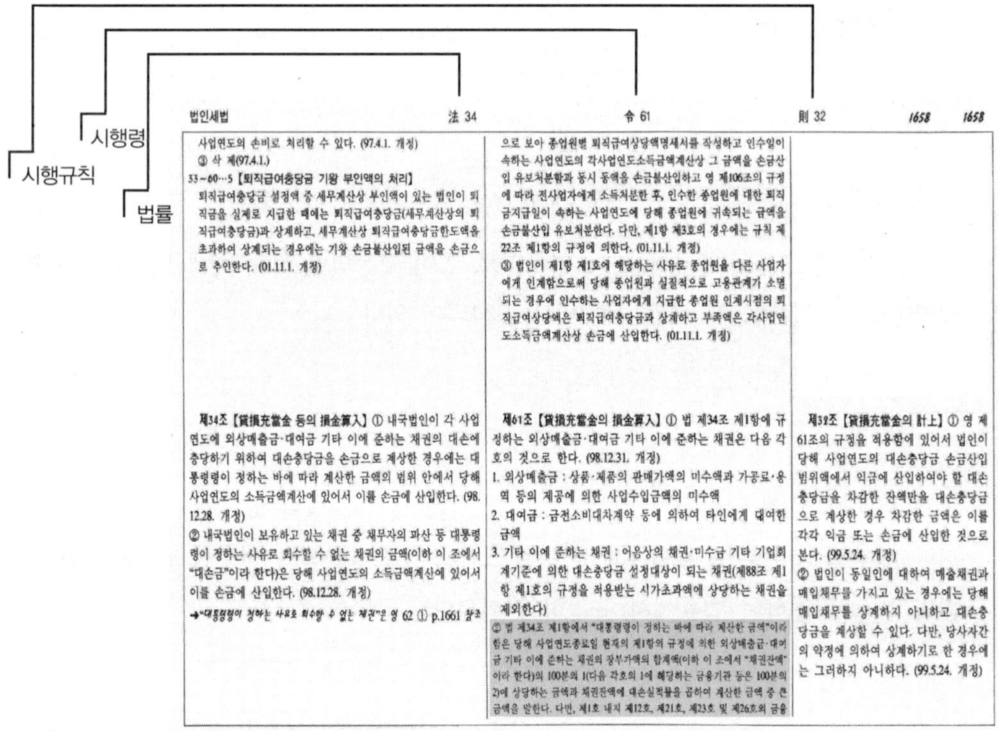

법인세법 法 34 令 61 則 32 *1658* *1658*

사업연도의 손비로 처리할 수 있다. (97.4.1. 개정)
③ 삭 제(97.4.1.)
33－60…5 【퇴직급여충당금 기왕 부인액의 처리】
퇴직급여충당금 설정액 중 세무계산상 부인액이 있는 법인이 퇴직금을 실제로 지급한 때에는 퇴직급여충당금(세무계산상의 퇴직급여충당금)과 상계하고, 세무계산상 퇴직급여충당금한도액을 초과하여 상계되는 경우에는 기왕 손금불산입된 금액을 손금으로 추인한다. (01.11.1. 개정)

제34조 【貸損充當金 등의 損金算入】 ① 내국법인이 각 사업연도에 외상매출금·대여금 기타 이에 준하는 채권의 대손에 충당하기 위하여 대손충당금을 손금으로 계상한 경우에는 대통령령이 정하는 바에 따라 계산한 금액의 범위 안에서 당해 사업연도의 소득금액계산에 있어서 이를 손금에 산입한다. (98.12.28. 개정)
② 내국법인이 보유하고 있는 채권 중 채무자의 파산 등 대통령령이 정하는 사유로 회수할 수 없는 채권의 금액(이하 이 조에서 "대손금"이라 한다)은 당해 사업연도의 소득금액계산에 있어서 이를 손금에 산입한다. (98.12.28. 개정)
→"대통령령이 정하는 사유로 회수할 수 없는 채권"은 영 62 ① p.1661 참조

으로 보아 종업원별 퇴직급여상당액명세서를 작성하고 인수일이 속하는 사업연도의 각사업연도소득금액계산상 그 금액을 손금산입 유보처분함과 동시 동액을 손금불산입하고 영 제106조의 규정에 따라 전사업자에게 소득처분한 후, 인수한 종업원에 대한 퇴직금지급일이 속하는 사업연도에 당해 종업원에 귀속되는 금액을 손금불산입 유보처분한다. 다만, 제1항 제3호의 경우에는 규칙 제22조 제1항의 규정에 의한다. (01.11.1. 개정)
③ 법인이 제1항 제1호에 해당하는 사유로 종업원을 다른 사업자에게 인계함으로써 당해 종업원과 실질적으로 고용관계가 소멸되는 경우에 인수하는 사업자에게 지급한 종업원 인계시점의 퇴직급여상당액은 퇴직급여충당금과 상계하고 부족액은 각사업연도소득금액계산상 손금에 산입한다. (01.11.1. 개정)

제61조 【貸損充當金의 損金算入】 ① 법 제34조 제1항에 규정하는 외상매출금·대여금 기타 이에 준하는 채권은 다음 각호의 것으로 한다. (98.12.31. 개정)
1. 외상매출금 : 상품·제품의 판매가액의 미수액과 가공료·용역 등의 제공에 의한 사업수입금액의 미수액
2. 대여금 : 금전소비대차계약 등에 의하여 타인에게 대여한 금액
3. 기타 이에 준하는 채권 : 어음상의 채권·미수금 기타 기업회계기준에 의한 대손충당금 설정대상이 되는 채권(제88조 제1항 제1호의 규정을 적용받는 시가초과액에 상당하는 채권을 제외한다)
② 법 제34조 제1항에서 "대통령령이 정하는 바에 따라 계산한 금액"이라 함은 당해 사업연도종료일 현재의 제1항의 규정에 의한 외상매출금·대여금 기타 이에 준하는 채권의 장부가액의 합계액(이하 이 조에서 "채권잔액"이라 한다)의 100분의 1(다음 각호의 1에 해당하는 금융기관 등은 100분의 2)에 상당하는 금액과 채권잔액에 대손실적률을 곱하여 계산한 금액 중 큰 금액을 말한다. 다만, 제1호 내지 제12호, 제21호, 제23호 및 제26호의 금융

제32조 【貸損充當金의 計上】 ① 영 제61조의 규정을 적용함에 있어서 법인이 당해 사업연도의 대손충당금 손금산입 범위액에서 익금에 산입하여야 할 대손충당금을 차감한 잔액만을 대손충당금으로 계상한 경우 차감한 금액은 이를 각각 익금 또는 손금에 산입한 것으로 본다. (99.5.24. 개정)
② 법인이 동일인에 대하여 매출채권과 매입채무를 가지고 있는 경우에는 당해 매입채무를 상계하지 아니하고 대손충당금을 계상할 수 있다. 다만, 당사자간의 약정에 의하여 상계하기로 한 경우에는 그러하지 아니하다. (99.5.24. 개정)

③ 행정규칙

상급 행정관청이 행정의 통일을 도모하기 위해서 하급기관에 내리는 명령 또는 지시로서 행정규칙이 있다. 세법의 경우에는 **기획재정부, 국세청에서 일선세무서에 내리는 행정규칙**으로서 **훈령·예규·통첩**이 있다.

훈령은 국세청장이 제정하며 정형화된 규정의 형식을 취하고 있으며, **예규**는 법령해석에 관한 질의에 대해 회신하는 형식을 취하고 있다. **통첩**은 법령의 해석이나 운영에 관한 지침을 말한다. 통첩 중 각 세법의 조문순서에 따라 그 해석, 운용방침을 체계화한 것을 **기본통칙**이라 한다. 보통 예규와 통첩은 구분하지 않고 **예규통첩**이라고 부른다.

"그러니까 소득세에 대해서는 소득세법이 있고 이를 구체적으로 시행하기 위한 소득세법 시행령이 있을 것이고 그 다음에는 시행규칙, 기본통칙, 예규 등과 같이 되어 있겠네요?"

"그렇죠. 법인세법이나 부가가치세법도 마찬가지죠."

"어휴, 그럼 그걸 다 알아야 하나요?"

"물론 조세전문가가 되려면 그걸 다 알아야 하고 항상 세법전을 참조해야죠. 그렇지만 여기서는 최대한 세법전 없이 기본적인 내용을 설명하도록 노력하죠."

"네~."

"그리고 조례·규칙·조약 등도 세법의 체계에 포함되는 것이지만 초보자의 입장에서는 천천히 파악하면 될 것 같아요."

4. 세금계산의 2요소

"세법의 체계는 어떻게 되어 있는지 알겠지만, 세금을 얼마나 내야 하는지 어떻게 결정하죠?"

"기본적으로 과세표준에 세율을 곱해서 결정하죠."

1 과세표준

세금은 기본적으로 과세표준에 세율을 곱하여 계산된다.

과세표준 × 세 율 = 세 금

세율은 법률에서 결정한 대로 그대로 적용하면 된다.

과세표준이란 위의 식에서 보는 바와 같이 **세금을 계산하는데 기준이 되는 과세 대상의 수량 또는 가액**을 말한다. 예를 들면 소득세의 경우에는 소득금액, 상속세의 경우에는 상속금액과 같은 것이 과세표준이 된다.

과세표준이 금액일 경우에는 세금이 금액에 따라 결정되는 **종가세**가 되고 **과세표준이 수량**일 경우에는 세금이 수량에 따라 결정되는 **종량세**가 된다.

종가세의 하나인 소득세의 경우를 생각해보자.

어떤 사람의 소득의 과세표준이 1천만원이라고 하자. 이 경우 소득세에서 1천만원의 과세표준에 대한 세율은 6%이므로 계산된 세액은 60만원이 된다.

종가세 : 소득세의 계산 → 1천만원 × 6% = 60만원

종량세의 경우를 보자. 과세장소 입장행위에 대한 개별소비세의 경우에는 입장 횟수가 과세표준이 된다.

카지노에 입장할 때마다 5만원씩 세금을 받는다면 한달 동안 어느 카지노에 입장한 손님의 입장횟수가 100번일 때에는 다음과 같이 개별소비세의 세액이 계산된다.

종량세 : 개별소비세의 계산 → 100회 × 5만원 = 5백만원

② 세 율

"과세표준이 결정된다고 하더라도 세율이 문제네요."

"세율이 문제라뇨?"

"세율이 각 세금마다 다른 거 아닙니까? 그걸 다 알고 있어야 할 것 아니겠어요? 어휴 그걸 어떻게 외우고 있어요?"

"각 세금마다 조금씩 다르긴 하지만 그렇게 많지 않아요. 조금도 노력도 안하고 그냥 모든 걸 다 알 수는 없잖아요?"

세금을 계산하기 위해서는 과세표준은 물론 세율을 알아야 한다.

세율은 적용 방법에 따라 크게 두 종류로 나눌 수 있다. 하나는 비례세율이고 또 하나는 누진세율이다.

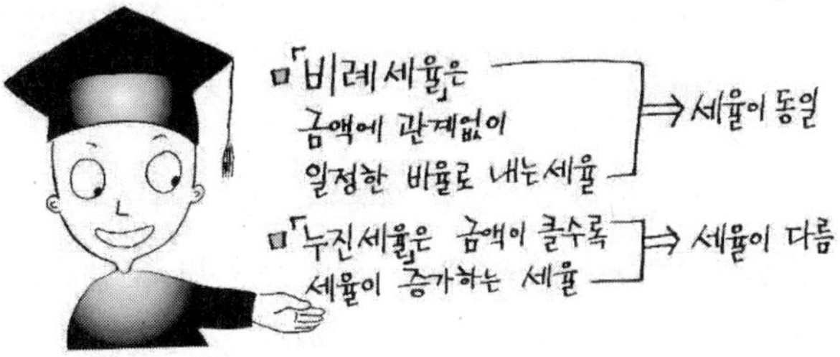

비례세율은 **과세표준의 금액이나 수량의 크기에 관계없이 일정하게 고정되어 있는 세율**을 말한다. 예를 들어 개별소비세의 경우를 생각해보자. 골프용품에 대해서는 물품가격의 100분의 20, 즉 세율은 20%이다. 따라서 골프용품이 얼마이던 상관없이 개별소비세는 20%가 부과된다. 골프용품이 100,000원인 경우와 1,000,000원인 경우 개별소비세는 모두 20%가 적용되어 20,000원과 200,000원이 된다.

누진세율은 일반적으로 초과누진세율을 적용한다. **초과누진세율**이란 **과세표준을 여러 개의 구간으로 나누어 각 구간별로 다른 세율을 적용하되 세율이 점차 증가하는 것**을 말한다.

예를 들어 소득세의 경우를 보자. 소득세의 과세표준이 500만원인 사람과 그 4배인 2,000만원인 사람의 경우 세금은 어떻게 계산되는가?

소득세의 세율은 아래의 표와 같다.

과세표준	세 율
1,200만원 이하	6%
1,200만원 초과 4,600만원 이하	72만원 + 1,200만원 초과액 × 15%
4,600만원 초과 8,800만원 이하	582만원 + 4,600만원 초과액 × 24%
8,800만원 초과 1.5억원 이하	1,590만원 + 8,800만원 초과액 × 35%
1.5억원 초과 3억원 이하	3,760만원 + 1.5억원 초과액 × 38%
3억원 초과 5억원 이하	9,460만원 + 3억원 초과액 × 40%
5억원 초과	1억 7,460만원 + 5억원 초과액 × 42%

위의 표에 따라 세금을 계산해 보면 다음과 같다.

(1) 과세표준이 500만원인 경우 : 500만원×6% =30만원

(2) 과세표준이 2,000만원인 경우 : 2,000만원 [1,200만원×6% =72만원 / 800만원×15% =120만원] 192만원

과세표준이 2,000만원인 사람은 과세표준이 500만원인 사람의 4배가 아니라 5.4배 정도로 세금이 계산되어 **소득이 많을수록 세금은 누진하여 많아짐**을 알 수 있다.

제 2 부

원천징수와 연말정산

제2장 소득세의 기초개념

"이제 세금에 대한 기본적인 설명을 했으니까 소득세의 기본적인 내용에 대해서 설명하기로 하죠."
"왜 소득세를 먼저 설명하실려고 하죠?"
"가장 기본적인 세금이기 때문이죠. 소득세의 구조를 알면 대부분 다른 세금에 대해서도 적용할 수 있어요. 그러니까 소득세를 먼저 이해하면 다른 세금에 대해서도 이해하기가 쉬울거예요."

1. 종합소득과 종합과세

1 소득의 의미

"우선 소득이 뭔지에 대해서 살펴보기로 합시다. '어떤 사람이 재산이 많다더라'라고 이야기하는 것하고 '어떤 사람이 돈을 많이 벌었다더라'라고 이야기하는 것은 서로 다른 거죠?"
"그렇죠."
"어떤 게 소득을 말하는 걸까요?"
"후자 아니겠어요?"

소득세는 개인의 소득에 대해 부과되는 세금이다. 그렇다면 **소득(所得)**이란 무엇일까? 한자의 뜻대로 풀이한다면 '얻은 것'이다. 보다 정확하게 풀이한다면 **어느 기간 동안 얻은 것**을 말한다. 여기에서 '어느 기간'이란 세금이 부과되는 소득을 계산하기 위한 기간으로서 **과세기간**이라고 한다. 세법에 따르면 소득세는 1년간(1월 1일부터 12월 31일까지)

얻는 소득에 대해 부과된다. 즉 소득세의 과세기간은 1년이다. 따라서 연초인 1월 1일에 내가 갖고 있던 재산보다 연말인 12월 31일에 내가 갖고 있는 재산이 많다면 그 차이가 1년 동안의 소득이 된다.

소득 = 연말 12월 31일의 재산 − 연초 1월 1일의 재산

이러한 방식으로 소득을 계산하고자 하는 입장을 **순자산증가설**이라고 한다.

소득은 일정기간 동안에 벌어들인 총수입금액에서 총수입을 얻기 위해 소요된 모든 필요경비를 차감해서 구할 수도 있다.

소득 = 총수입금액 − 필요경비

이러한 방식으로 소득을 계산하려는 입장을 **소득원천설**이라고 한다. 이것은 일정한 원천이 있어서 이 원천에서 계속 반복하여 발생하는 소득만을 소득으로 보고자 하는 것이다. 인류는 오랜 농경시대를 거치면서 땅을 통해 반복적으로 수확을 얻으면서 살아 왔기 때문에 일시적·우발적 소득은 사람이 생활수단으로 의존할 것이 못되는 것으로 보았다. 따라서 일정한 원천에서 계속 반복하여 발생하는 소득만을 소득으로 보아 세금을 부과해야 한다는 입장이다.

어찌 되었든 우리나라의 소득세법은 기본적으로 소득원천설의 입장을 띠고 있다고 할 수 있다. 여기서 기본적이라고 하는 것은 순자산증가설의 입장도 있다는 것이다. (그 이유는 나중에 설명할 것이다)

또한 우리나라는 특정소득에 대해서는 소득세법에 구체적으로 열거된 경우에만 소득세를 내야 하며(열거주의), 일부 소득의 경우에는 법에서 열거되지 아니한 경우에도 유사한 소득은 동일하게 과세할 수 있도록 하고 있다(유형별 포괄주의).

"그럼 소득인데 소득세를 안 내는 것으로 어떤 것이 있죠?"
"소규모상장주식을 팔고 이익이 나면 그 이익에 대해서는 소득세에 규정이 없기 때문에 소득세를 안 내죠."

2 종합소득의 종류

"사람들이 '종합과세', '분리과세'라는 말들을 하던데 소득세하고 관련이 있는 말인가요?"
"그럼요. 모두 소득세하고 관련이 있지요. 이제부터 살펴보기로 하죠."

소득에는 어떤 것들이 있는지 원천별로 살펴보자.

재산을 많이 갖고 있는 사람의 경우 그는 소득을 어떻게 얻게 될까? 우선 갖고 있는 돈을 예금해서 이자를 받는 경우가 있을 수 있다. 이러한 소득은 **이자소득**이다.

이자소득 : 예금 등을 하여 받는 이자

주식을 구입한 후에 보유한 주식을 발행한 회사는 이익이 나면 주주에게 배당을 하게 된다. 주주로서 받는 배당금을 **배당소득**이라고 한다.

배당소득 : 주식 등에 투자하여 배당금으로 받는 소득

이자소득과 배당소득을 합하여 **금융소득**이라고도 한다.

금융소득 = **이자소득** + **배당소득**

소위 불로소득에 해당하는 이자소득·배당소득은 소득자 본인이 일하지 않고, 본인이 가지고 있는 자산을 토대로 하여 얻는 소득이다. 일반인들의 소득은 이러한 이자소득·배당소득보다는 일을 해서 얻는 소득이 더 많은 것이 보통이다. 다른 사람에게 고용되어 일을 해주고 그 대가로 받는 월급과 같은 소득은 **근로소득**이라 한다.

근로소득 : 다른 사람에게 고용되어 일을 해주는 대가로 받는 소득

반면 다른 사람에게 고용되지 않고 독립하여 본인이 사업을 해서 얻는 소득은 **사업소득**이라 한다.

사업소득 : 다른 사람에게 고용되지 않고 독립하여 사업을 해서 얻는 소득

연금을 지급받게 되어 얻는 **연금소득**도 있다.

이러한 소득 이외에 어떠한 소득이 있을까? 우연히 주택복권을 샀다가 거액이 당첨되는 경우에도 소득을 얻은 것이라고 할 수 있다. 또는 본업은 아니지만 일시적으로 방송에 출연하거나 원고를 써서 원고료를 받는 경우도 있을 수 있다. 이러한 경우에 얻는 소득을 **기타소득**이라고 한다.

연 금 소 득	: 연금을 지급받음으로써 얻게 되는 소득
기 타 소 득	: 위에서 설명한 이외의 소득

지금까지 설명한 소득의 종류를 정리해 보면 아래와 같다.

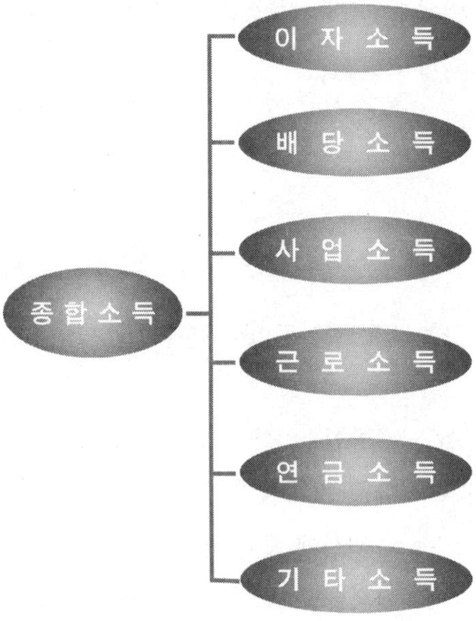

위에서 설명한 6가지의 **소득들은 소득의 종류에 관계없이 1년 동안 번 모든 소득을 하나의 과세표준으로 종합합산하여 세액을 계산하여 과세하는 것이 원칙**이다. 이것을 **종합과세**라고 하며 합산된 소득을 **종합소득**이라고 한다.

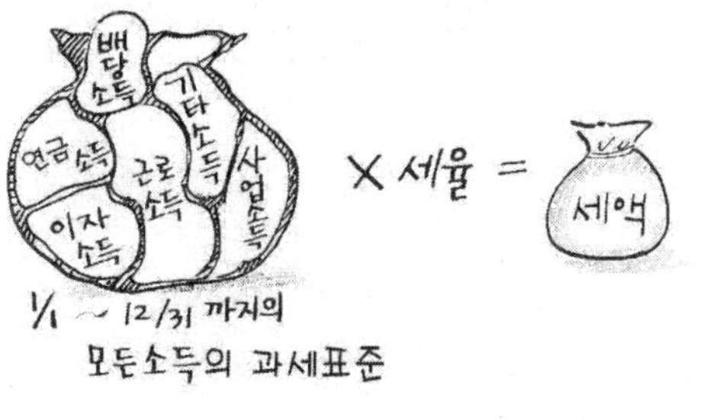

"그러니까 제가 1년 동안 번 소득이 근로소득도 있고 사업소득도 있고 부동산임대소득도 있다면 그 소득들을 합해서 과세표준을 계산해서 세금을 낸다는 거죠."
"그렇죠. 그야 말로 종합과세하는게 원칙이죠."

종합과세 : 1년 동안 번 모든 소득을 종합하여 하나의 과세표준으로 합산한 후에 세액을 계산하여 과세

"다른 소득은 그 발생원천이 있는 것 같은데 기타소득은 원천이 없이 일시적으로 불규칙하게 발생하는 것 아닙니까?"
"그렇죠. 그래서 지난 번에 말한 것처럼 소득세의 입장은 소득원천설과 순자산증가설을 함께 취하고 있는 거죠."

2. 분류과세

"그럼 소득세를 내야 하는 소득들은 종합소득뿐인가요?"

종합소득에 포함되는 소득 이외에도 소득세를 내야 하는 다른 소득들이 있다.

회사에 근무하다가 일정기간 후에 퇴직을 하면 받는 퇴직금도 소득이다. 이와 같이 회사에서 장기간 근무한 후 퇴직하는 경우에 받는 퇴직금을 **퇴직소득**이라고 한다.

그리고 집이나 땅을 사서 가지고 있다가 팔았을 경우 원래 산 가격보다 비싸게 팔면 소득이 생긴다. 이것을 **양도소득**이라고 한다.

퇴직소득	퇴직하면서 받게 되는 소득
양도소득	집이나 땅을 팔면서 얻는 소득

따라서 소득세법에서 정해놓은 소득에는 종합소득 이외에 퇴직소득, 양도소득이 있다.

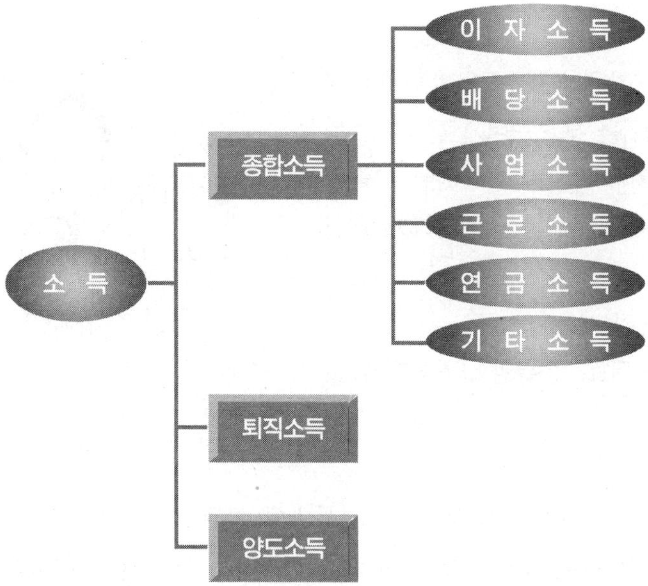

그렇다면 왜 소득을 종합소득과 퇴직소득, 양도소득으로 구분했을까?

퇴직소득, 양도소득은 **1년 이상의 장기간에 걸쳐 형성되다가 어느 특정시점에 나타나는 특징**을 가지고 있다.

따라서 이 소득들을 종합소득과 구별하지 않고 종합해서 과세하면 누진세율체계에서는 세금부담이 아주 크게 된다. 예를 들어 20년간 회사에 근무하면서 퇴직금을 1억원을 받았을 경우 이 1억원을 퇴직금을 받은 연도의 소득으로 보게 된다면 누진세율로 인하여 세금이 과중하게 될 것이다.

이와 같은 과중한 누진부담을 완화해 주기 위하여 현행 소득세법에서는 이들 소득을 **종합소득과 따로 분류**하는 동시에 **과세표준의 계산방법과 세율을 달리하여 과세**하고 있다.

따라서 이 소득을 **분류과세소득**이라고도 하며 종합과세되는 소득과 구별하여 분류과세한다고 한다.

3. 분리과세

"제가 예금을 찾을 때 영수증을 보니까 아예 이자에서 세금을 떼고 주던데요? 이자소득이 종합소득에 속하는 것이라면 나중에 종합해서 과세해야 하는 것 아닙니까? 그건 어떻게 된 거죠?"

"분리과세가 된 거죠."

"분리과세는 뭐죠. 분류과세와는 다른 것 같은데?"

소득세의 과세방법에는 종합과세와 분류과세 이외에 분리과세가 있다.

분리과세란 **소득을 지급할 때 그 소득을 지급하는 자가 미리 세금을 징수함으로써 해당소득에 대한 과세를 종결하는 방식**을 말한다. 현행 소득세법에서는 일정기간의 소득에 대하여 종합과세하는 것을 원칙으로 하지만 일부 소득에 대해서는 예외적으로 분리과세하고 있다.

예를 들어 이자소득의 경우를 생각해보자. 만일 어떤 사람이 예금통장을 많이 갖고 있다고 하자. 각 통장에 예금이 조금씩이라도 들어 있다면 이자가 생긴다. 1년 동안에 생긴 이자를 모두 합해서 다른 소득과 종합하여 신고납부해야 한다면 얼마나 불편한가? 또 아직 우리나라의 사정상 국민 모두가 이렇게 할 수 있으리라고 생각하기 어렵다. 이자소득, 배당소득, 근로소득, 연금소득, 기타소득에서 **특정한 경우**에는 분리과세하도록 되어 있다.

따라서 **분리과세되는 소득은 종합과세대상소득에 포함되지 않게 된다.**

4. 소득세의 신고와 납부

"소득세를 내야 할 소득은 종합소득과 분류과세소득 그리고 분리과세소득으로 나눌 수 있는 거군요.?"

"그렇죠."

"그럼 소득세는 언제 내는 건가요? 종합소득에 대한 소득세는 언제 내며 분류과세소득에 대한 세금, 분리과세되는 소득에 대한 세금은 언제 내느냐, 이걸 잘 모르겠는데."
"종합소득은 다음해 5월 1일부터 5월 31일까지 세무서에 신고하고 납부하는 게 원칙이죠."
"그럼 분류과세소득인 퇴직소득, 양도소득은요?"
"퇴직소득, 양도소득도 마찬가지예요. 단, 양도소득은 약간 다르죠."
"좀 명확하게 설명해 주세요."

1 확정신고와 납부

종합소득 또는 퇴직소득이 있는 자는 **다음 연도 5월 1일부터 5월 31일**까지 과세표준을 신고하여야 한다. 이것을 **과세표준확정신고**라고 한다.

단, **근로소득·퇴직소득 또는 분리과세 금융소득만이 있는 경우**에는 과세표준확정신고를 하지 않아도 된다. (※물론 이외에도 과세표준확정신고를 하지 않아도 되는 경우가 있지만 대표적인 예를 든 것이다)

"그러니까 월급만 받고 다른 소득이 없는 근로자는 확정신고를 할 필요가 없군요!"
"그렇죠. 월급을 받다가 퇴직해서 퇴직금을 받은 경우에도 다른 소득이 없다면 확정신고를 할 필요가 없죠."
"그러면 아무런 신고도 안 하나요?"
"나중에 원천징수를 설명할 때 구체적으로 설명하기로 하죠."

종합소득 또는 퇴직소득이 있는 자는 **납부할 세액**을 과세표준확정신고기한까지 납세지 관할세무서에 신고하고, 한국은행 또는 체신관서에 **납부**하여야 한다.

양도소득의 경우에는 **양도일이 속하는 달의 말일부터 2월 이내**(양도소득세 과세대상 주식의 경우에는 양도일이 속하는 반기의 말일부터 2월 이내)에 관할세무서장에게 자진신고납부하여야 한다. 이를 **예정신고**라 하며 확정신고는 종합소득과 마찬가지로 **과세표준확정신고기한** 내에 하여야 한다.(예정신고를 하지 아니하면 신고불성실가산세가 부과된다)

② 중간예납

종합소득 중 **사업소득이 있는 자**는 1월 1일부터 6월 30일까지의 기간을 중간예납기간으로 하여 소득세를 중간예납하여야 한다.

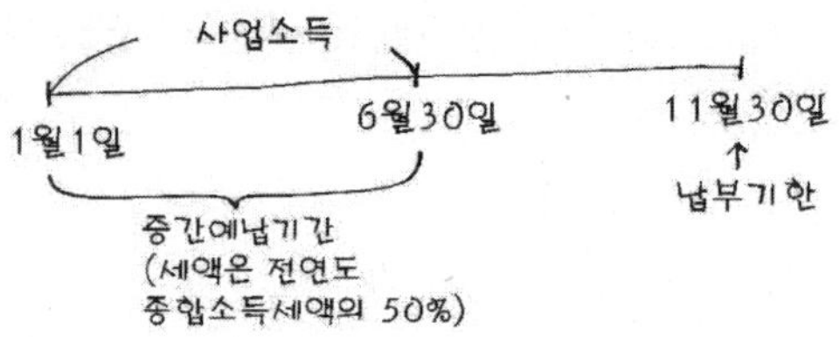

중간예납세액은 **전연도 종합소득세액의 50%**로 하는 것이 원칙이며 **납부기한은 11월 30일**이다.

5. 납세의무자

소득세는 개인의 소득을 과세대상으로 하기 때문에 당연히 개인이 **소득세를 납부할 의무가 있는 자**, 즉 **납세의무자**가 된다. 소득세법에서는 개인을 다시 거주형태에 따라 거주자와 비거주자로 구분하고 있다.

거주자란 **국내에 주소를 두고 있거나 1과세기간 중 183일 이상 거소(居所)를 둔 개인**을 말한다. 당연히 거주자가 아닌 자가 **비거주자**이다. 따라서 비록 외국인이라 하더라도 국내에 주소가 있거나 1과세기간 중 183일 이상 체재하는 경우에는 거주자가 된다. 거주자는 과세기간중의 **모든 국내외원천소득**에 대해서 납세의무를 부담하며 비거주자는 **국내원천소득**에 대해서 납세의무를 부담한다.

6. 소득세의 계산구조

"소득세의 기본적인 개념에 대해 개략적으로 설명했으니까 소득세의 계산구조에 대해서 설명하기로 하죠."
"아까 과세표준에 세율을 곱하면 세액이 나온다고 하시지 않았나요?"
"그건 그야말로 핵심이었고 실제로 세금을 계산하기 위해서는 좀더 확장해서 계산구조를 살펴봐야 해요. 이건 앞으로 중요하니까 잘 기억해 놓도록 하세요."

소득세를 계산하는 기본구조를 살펴보기로 하자. 아래에 설명한 절차는 소득세 계산의 기준이 되는 한편 다른 세금을 계산하는 데 있어서도 기본적인 구조로서 사용되므로 중요한 내용이다.

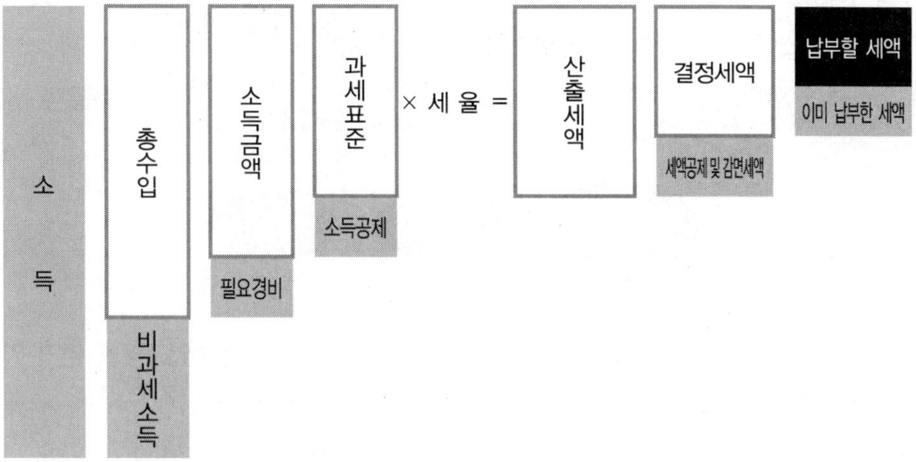

계산구조는 6단계로 되어 있지만 과세표준에 세율을 곱해 산출세액을 구하는 단계를 기준으로 해서 보면 왼편으로는 **과세표준을 구하기 위한 단계이며 오른편으로는 최종적으로 납부하여야 할 세액을 구하는 단계**로 구성된다.

1 총수입금액

총수입금액*은 어떤 일을 해서 벌게 되는 **소득총액(소득이라고도 한다)에서 분리과세소득과 비과세소득을 뺀 것**이다. 비과세소득은 정책상 필요에 의해서 세금을 부과하지 않는 소득을 말한다.

* 근로소득자의 경우에는 총급여액이라 한다.

② 소득금액

총수입금액에서 필요경비를 차감하면 소득금액이 구해진다. 흔히 과세소득금액이라고도 한다.

소득과 소득금액은 다른 용어임에 유의하여야 한다.

총수입금액 − 필요경비 = 소득금액

여기서 **필요경비**란 투자나 영업활동 등을 통하여 발생하는 **총수입금액을 얻기 위해 쓴 비용**을 말한다. 소득세는 연간 총수입금액에서 필요경비를 뺀 금액, 즉 소득금액을 기초로 하여 계산되기 때문에 필요경비는 소득세를 계산하는 기본요소가 된다.

필요경비는 그 명칭 여하에 불구하고 원칙적으로 모든 소득에 대해서 인정된다고 보면 된다. 왜냐하면, 소득이 생기려면 통상적으로 비용이 들어가게 마련이기 때문이다. 즉, 사업소득, 기타소득, 양도소득의 경우 필요경비가 인정되며, 근로소득과 퇴직소득, 연금소득은 필요경비적인 성질의 공제제도를 두고 있다.

다만, **이자소득과 배당소득에 대해서는 필요경비가 인정되지 않는다.** 따라서 이자소득과 배당소득에 대해서는 총수입금액이 아무런 공제없이 그대로 소득금액이 된다.

③ 과세표준

소득금액에서 소득공제를 빼면 과세표준이 계산된다. 소득공제는 **정책상의 필요에 의해 소득금액에서 차감**하여 과세소득을 줄임으로써 세금을 경감시키고자 하는 의도에서 만들어진 것이다.

소득금액 − 소득공제 = 과세표준

④ 산출세액

과세표준에 세율을 곱하면 세액이 산출된다. 산출세액은 **소득에 대하여 내야 할 세금**을 말한다.

과세표준 × 세율 = 산출세액

⑤ 결정세액

산출세액에서 세액공제와 감면세액을 빼면 비로소 최종적으로 납부해야 할 세액이 결정된다. 이것이 결정세액이다.

산출세액 − 세액공제 및 감면세액 = 결정세액

세액공제란 일반적인 경우라면 당연히 납부해야 할 세액이지만 이중과세의 방지, 저축장려, 조세정책적인 고려에서 **납세의무자가 일정 조건을 구비하였을 경우에 산출세액에서 일정한 비율 또는 일정한 금액을 공제하여 주는 것**을 말한다. 따라서 과세표준을 계산하기 전에 과세소득에서 일정액을 공제하여 주는 소득공제와는 다르다.

또한 특정한 정책목적을 달성하기 위하여 과세하여야 할 일정한 세액을 면제해 주는 것을 감면이라고 하며 감면된 세액을 **감면세액**이라 한다.

⑥ 납부할 세액

결정세액에서 이미 납부한 세액을 빼면 내야 할 세금이 나오게 된다. 이를 납부할 세액이라 한다.

결정세액 − 이미 납부한 세액 = 납부할 세액

지금까지 기본적인 세금의 계산절차를 설명하였다.

이러한 세금 계산절차는 앞으로 모든 세금을 계산하는 데 기본적으로 적용되는 것이므로 잘 기억해 두기 바란다.

제3장 원천징수의 개요

1. 원천징수란?

"월급을 받을 때 보니 세금을 떼고 나머지만 주더군요. 그리고 지난 번에 사보에 게재할 원고를 써 주었더니 세금을 떼고 원고료를 주더라구요. 소득세는 분리과세하는 소득 말고는 다음해 5월에 신고 · 납부해야 하는 거 아닌가요? 왜 미리 세금을 떼죠?"
"세법에서 그렇게 하게 되어 있으니까요! 조세법률주의!"

기업은 매달 근로자에게 월급을 지급할 때 세금을 떼고 있다. 또한 근로자가 아닌 다른 사람에게 소득을 지급할 때에도 세금을 떼고 나머지만을 지급한다. 물론 이렇게 뗀 세금은 기업이 가지는 것은 아니며 세무서에 신고·납부해야 한다.

이와 같이 **소득지급자**가 소득을 지급할 때, **소득자**(소득을 지급받는 자)가 내야 할 세금을 정부를 대신하여 징수하고 그 후에 세무서에 납부하는 것을 원천징수라고 한다.

원천징수	:	소득지급자가 소득을 지급할 때 소득자가 부담할 세금을 정부를 대신하여 징수하는 것

앞에서 설명한 바와 같이 소득세는 과세기간(1월 1일~12월 31일)이 종료한 후 납세의무자가 1년 동안에 얻은 소득에 대하여 과세표준과 세액을 계산하여 **다음해 5월 중에 확정신고·납부하는 것이 원칙**이다.

그렇다면 왜 원천징수를 하는 것일까?

우선 **조세수입의 평준화**를 위해서이다. 정부의 조세수입 중 소득세의 비중이 상당히 크기 때문에(보통 조세수입 중 1위에서 3위) 소득세를 5월에만 받게 되면 조세수입이 1년 중 한 달에 집중되어 정부가 재정지출을 연간 일정하게 집행하기 어려워진다. 따라서 조세수입의 평준화를 위해 원천징수를 한다.

조세의 징수방법

조세의 징수방법은 크게 신고납부, 고지징수, 원천징수의 세 가지로 나눌 수 있다.
신고납부란 납세의무자가 납부하여야 할 세액을 신고하고 그 신고한 세액을 자진하여 납부하는 방법을 말한다. 고지징수란 과세관청이 납세자에게 납세고지서를 교부하여 징수하는 방법을 말한다. 그리고 위에서 설명한 바와 같은 원천징수의 방법이 있다.
지방세법에서는 원천징수를 특별징수라고 말하고 있다.

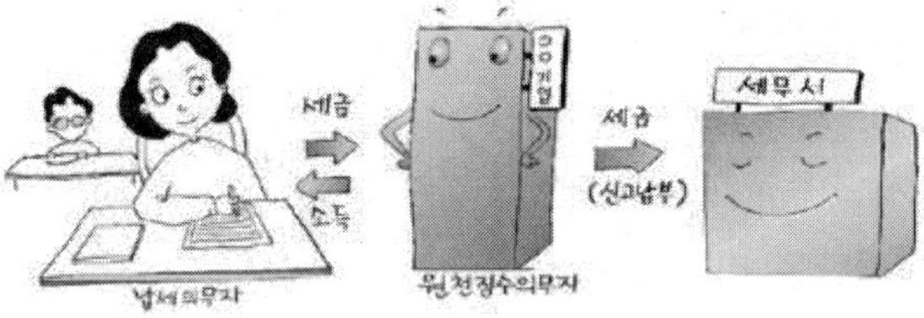

둘째 **징세의 편의**를 위해서 원천징수를 한다. 소득세의 신고·납부를 5월에만 하면 소득을 얻은 전 국민이 5월달에 세무서에 소득을 신고하기 위해서 모일 것이다. 따라서 세무서 대신 소득을 지급하는 자가 소득을 지급할 때 미리 세금을 떼어 납부한다면 이런 골치아픈 문제를 해결할 수 있다.

셋째 **세원의 확실한 포착**을 위하여 원천징수를 한다. 소득세는 신고납부제도를 원칙으로 하고 있다. 따라서 소득을 얻은 사람이 양심적으로 다음해 5월에 신고·납부해야 한다. 그러나 소득을 신고하지 않는다면 세무서는 신고하지 않은 사람의 소득을 어떻게 알 수 있을 것인가?

소득을 지급하는 사람이 소득 중 일정액을 세금으로 떼고 세금과 함께 소득의 종류, 소득을 지급받은 사람의 인적사항을 세무서에 신고하도록 법으로 정하고 세무서가 이 자료를 가지고 있으면 다음해 5월달에 세무서는 과연 소득을 얻은 사람이 정직하게 신고하는지 살펴보면서 소득세신고를 받을 수 있을 것이다.

이와 같이 세법은 **조세수입의 평준화, 징세의 편의, 세원의 확실한 포착** 등을 위해서 **소득세확정신고 원칙에 대한 예외**로서 원천징수제도를 정하여 시행하고 있다.

2. 원천징수의무자와 원천징수대상소득

"그럼 누가 원천징수를 해야 합니까? 소득을 지급하는 사람은 누구나 원천징수를 해야 합니까?"

소득을 지급할 때 정부를 대신하여 세금을 징수할 의무가 있는 자를 **원천징수의무자**라고 한다.

그리고 소득금액을 지급받기 때문에 소득세를 낼 의무가 있는 자를 **납세의무자** 또는 **소득자**라 한다.

원천징수의무자는 국내에서 거주자나 비거주자에게 소득을 지급할 때 세금을 원천징수하여 납부하여야 한다.

거주자는 국내에서 얻는 소득과 국외에서 얻는 소득(국내원천소득과 국외원천소득) 모두에 대하여 납세의무를 지지만 **비거주자**는 국내에서 얻는 소득(국내원천소득)에 대해서만 소득세의 납세의무를 진다.

"결국 세법은 소득을 지급하는 자는 누구나 원천징수의무자로 정하고 있군요! 그럼 지난번에 제가 변호사에게 사건을 맡기고 수임료를 줄 때 원천징수를 하지 않았는데요. 저는 원천징수의무자가 아닌가요?"

"사업소득을 지급하는 경우에는 원천징수의무자를 좀더 제한하고 있어요."

사업소득을 지급할 경우 원천징수의무자는 **개인사업자와 법인**으로 한다.

따라서 근로소득만이 있는 자와 같이 사업을 하지 않는 개인이 사업소득을 지급할 경우에는 원천징수의무가 없다.

3. 원천징수해야 할 세금

"그럼 어떤 세금이 원천징수되나요? 소득세만 원천징수되나요?"
"소득세뿐만 아니라 법인세, 농어촌특별세, 지방소득세도 원천징수되죠."

1 소득세의 원천징수

국내에서 다음의 소득금액 또는 수입금액을 지급하는 경우에는 관련세액을 원천징수해야 한다.

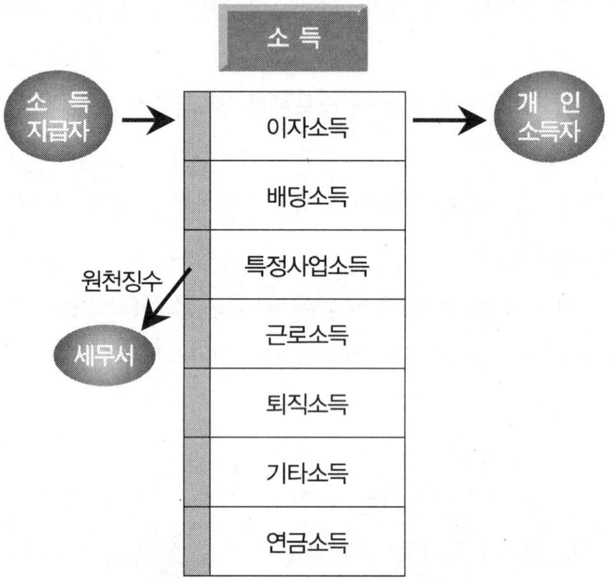

"소득 중에서 양도소득은 제외되는군요."
"그래요, 대부분의 근로소득과 퇴직소득이 여기에 포함되죠."
"사업소득 앞에 특정이라는 말을 붙이셨는데 사업소득 중 특정한 것만 원천징수한다는 의미겠죠?"
"그래요, 어느 것이 원천징수대상 사업소득인지는 나중에 설명하기로 하죠."

② 법인세의 원천징수

내국법인에게 다음의 소득을 지급할 때에는 법인세를 원천징수한다.

- 이자소득과 집합투자기구로부터의 이익

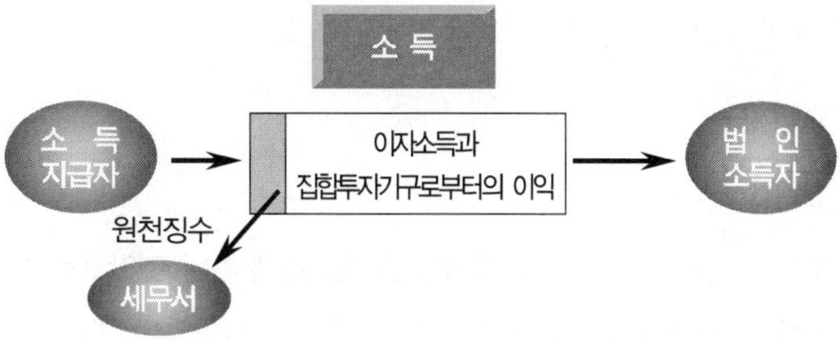

"그러니까 법인에게 지급하는 소득 중에서는 이자소득과 집합투자기구로부터의 이익만 원천징수한다고 할 수 있군요!"

③ 농어촌특별세의 원천징수

조세특례제한법에 의해 소득세·법인세가 감면되는 소득 또는 이자소득·배당소득에 대한 소득세 특례세율이 적용되는 소득을 지급하는 경우에는 해당소득에 대해 농어촌특별세를 원천징수한다. (농어촌특별세의 자세한 내용은 법인세에서 살펴볼 것이다)

④ 지방소득세의 특별징수

원천징수의무자가 소득세를 원천징수할 경우에는 해당 소득세에 대하여 지방소득세를 특별징수해야 한다. (특별징수하는 지방소득세에 대해서는 나중에 설명될 것이다)

4. 완납적 원천징수와 예납적 원천징수

"소득자는 원천징수를 당하면 그 소득에 대해서는 더 이상 세금을 내지 않아도 되나요?"
"그렇지 않아요."
"아니, 또 세금을 낸단 말입니까?"
"세금을 또 내야 되는 경우도 있고 아닌 경우도 있고."

1 완납적 원천징수

원천징수의무자가 소득을 지급할 때 **세금을 원천징수하는 것만으로 그 소득에 대한 납세의무가 완전히 이행되는 것**을 완납적 원천징수라고 한다. 따라서 완납적 원천징수가 되는 소득의 납세의무자는 해당 소득에 대해 **추가로 신고·납부할 의무가 없다.** 분리과세대상인 이자소득·배당소득·연금소득·기타소득과 퇴직소득, 다른 소득이 없는 경우의 근로소득은 완납적 원천징수에 해당된다.

2 예납적 원천징수

해당 소득에 대한 세금 중 일부만을 원천징수하는 것을 예납적 원천징수라고 한다.

예납적 원천징수가 이루어진 경우에는 아직 소득자의 납세의무가 완전히 이행되지 않은 것이기 때문에 해당 소득을 **다음해 5월** 종합소득세 확정신고시의 신고소득에 포함시켜 세액을 계산하고 이미 **원천징수한 세액을 차감한 나머지를 신고·납부**해야 한다. 분리과세대상이 아닌 이자소득·배당소득·기타소득과 일정한 **사업소득**, 다른 소득이 있는 경우의 근로소득은 예납적 원천징수에 해당된다.

5. 원천징수를 하지 않았을 경우

"만일 원천징수를 하지 않으면 어떻게 되죠?"
"가산세를 내야죠. 그리고 불성실하게 조세의무를 이행하지 않고 있는 거니까 세무서에 좋은 인상을 주지 않겠죠. 더 나아가 조세범처벌법에 의한 처벌을 받을 수 있어요."
"단순히 가산세만 더 내면 된다고는 할 수 없는 거네요."
"글쎄요."

1 원천징수납부불성실가산세

소득세의 원천징수세액을 그 **납부기한 내(다음달 10일까지)**에 납부하지 아니하였거나 미달하게 납부한 때에는 다음과 같이 계산한 금액을 가산세로 납부하여야 한다.

① 납부하지 않았거나 미달한 세액 × 납부기한의 다음날부터 자진납부일 또는 납세고지일까지의 기간 × 0.025% + 납부하지 않았거나 미달한 세액 × 3%

② 한도 : 납부하지 않았거나 미달한 세액 × 10%

② 조세범처벌법에 의한 처벌

원천징수의무자가 정당한 사유없이 그 세금을 징수하지 아니하거나 징수한 세금을 납부하지 아니하는 경우에는 **1년 이하의 징역** 또는 그 징수하지 아니하였거나 납부하지 아니한 세액에 상당하는 **벌금**에 처한다.

6. 원천징수 관련서류

"원천징수를 하고 세무서에 신고・납부하려면 말로만 할 수는 없는 거고 뭔가 증빙서류가 있어야 할 것 아니겠어요?"
"그렇죠. 원천징수를 하려면 여러 가지 서류를 작성해야 하기 때문에 실무적으로는 이러한 증빙이 무엇이고 어떻게 작성하며 언제 제출해야 하는지를 알아야죠."
"세금의 형태에 따라 그러한 증빙서류도 다른가요?"
"증빙서류의 이름은 같지만 기재하는 내용은 조금씩 다르죠. 지금 한꺼번에 모든 것을 설명할 수는 없으니까 여기서는 기본적인 내용만 설명하기로 하죠."
"기본적으로 어떤 증빙들을 작성해야 하나요?"
"음~, 원천징수영수증, 납부서, 지급명세서, 원천징수이행상황신고서, 납입서를 작성해야죠."
"아니, 도대체 뭐가 그렇게 많아요?"
"글쎄요, 따지고 보면 그리 많지 않고 다 작성해야 할 필요가 있는 거지요."

① 원천징수영수증

■ 원천징수영수증의 의미

원천징수의무자가 소득자에게 소득을 지급하였으며, 동시에 소득자로부터 원천징수세액을 징수하였다는 것을 증명하기 위해서 소득자에게 교부하는 서류를 **원천징수영수증**이라 한다.

원천징수영수증은 원천징수의무자도 1부 갖고 있어야 원천징수한 사실을 증명할 수 있다. 그리고 원천징수사실을 세무서에 신고하기 위한 지급명세서(나중에 설명함)로서 1부가 필요하기 때문에 원천징수영수증은 **발행자보관용, 소득자보관용, 발행자보고용**의 3부가 작성된다.

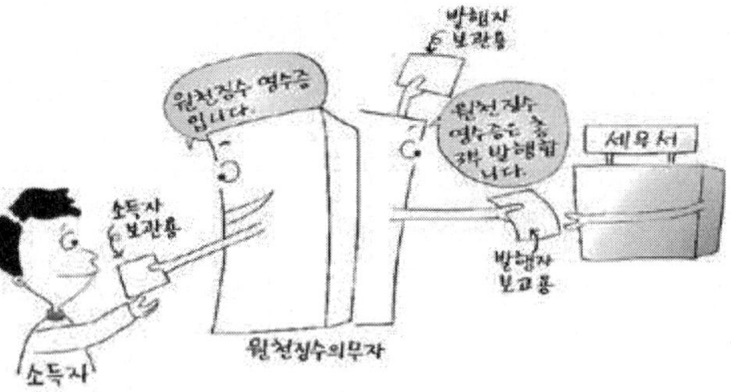

원천징수영수증의 자세한 내용에 대해서는 앞으로 각 소득에 대한 원천징수를 설명할 때 살펴보기로 하자. 이자소득·배당소득의 원천징수영수증은 같은 양식을 사용하며 사업소득·기타소득·근로소득·퇴직소득·연금소득 은 각각 원천징수영수증의 양식이 구분되어 있다.

원천징수영수증의 양식		
	이자소득 · 배당소득	이자 · 배당소득원천징수영수증
	사업소득	사업소득원천징수영수증
	기타소득	원 천 징 수 영 수 증
	근로소득	근로소득원천징수영수증
	퇴직소득	퇴직소득원천징수영수증
	연금소득	연금소득원천징수영수증

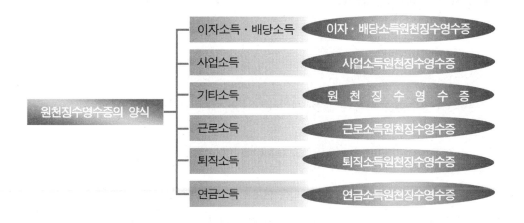

아래는 이자소득·배당소득 지급시의 원천징수영수증 양식이 나타나 있다.

이 영수증의 기재사항을 살펴보면 **원천징수의무자**에 관한 사항, **소득자**에 관한 사항, **소득의 구분, 소득의 지급연월일 · 지급액 · 원천징수세액**에 관한 사항 등으로 크게 구분됨을 알 수 있다.

[원천징수영수증]

[별지 제23호 서식(1)] (제1쪽)

※관리번호		□ 이자·배당소득 원천징수영수증 □ 이자·배당소득 지 급 명 세 서 (발행자 보고용)	내 · 외국인	1 내국인, 9 외국인
			거주지국	거주지국코드

징 수 의무자	①법 인 명(상호)		②대표자(성명)		③사업자등록번호
	④주민(법인) 등록번호		⑤소 재 지 또 는 주 소		
소득자	⑥성 명		⑦주 민(사업자) 등 록 번 호		
	⑧주 소				
⑨거주구분		⑩소득자 구분코드	⑪계 좌 번 호		⑫실명구분
1 거주자, 2 비거주자					

⑬지급일자			⑭소득 귀속 연월	⑮소득 구분	⑯금융 상품 종류	⑰금융 상품 코드	⑱채권 이자 구분	⑲유가 증권 표준 코드	⑳과세 구분	㉑지급액 (소득 금액)	㉒이자 지급 대상 기간	㉓세율 (%)	원 천 징 수 세 액				
연	월	일											㉔소득세	㉕법인세	㉖주민세	㉗농어촌 특별세	㉘계
(121)																	
(122)																	
(123)																	

㉙세액감면 및 제한세율근거	
㉚영 문 법 인 명(상 호)	

위의 원천징수세액(수입금액)을 정히 영수(지급)합니다.

년 월 일

징수(보고)의무자 (서명 또는 인)

귀하

297㎜×210㎜(일반용지 60g/㎡(재활용품))

■ 원천징수영수증의 교부시기

"원천징수영수증은 언제 주나요?"

"일반적으로 소득을 지급할 때 주지요."

원천징수영수증은 다음과 같은 시기에 소득자에게 교부하여야 한다.

이자소득 · 배당소득 · 기타소득 · 사업소득 : 소득을 지급하는 때

근로소득
- 계속근무자 : 다음 연도 3월 10일까지
- 중도퇴직자 : 퇴직한 달의 급여지급일의 다음달 말일까지

퇴직소득 : 소득지급일의 다음달 말일까지

연금소득 : 다음 연도 2월 말일까지

"그런데 왜 근로소득원천징수영수증은 다음 연도 3월 10일이죠?"

"매월 월급을 지급할 때, 1년에 12번 원천징수영수증을 직원들에게 나눠준다는게 비능률적이잖아요? 1년간의 근로소득에 대해 한번 징수하면 되죠."

"중도퇴직자의 근로소득원천징수영수증과 퇴직소득원천징수영수증의 교부시기는 거의 같은 것 같은데?"

"퇴직소득을 계산하려면 근로소득이 확정되어야 하기때문에 지급시기를 일치 시킨것이라 할 수 있죠."

② 원천징수세액의 납부와 납부서

원천징수의무자는 원천징수한 소득세를 **다음달 10일**까지 **납부서**(국세징수법에 의해 양식이 정해져 있다)를 작성하여 납부서와 함께 원천징수관할 세무서·은행 또는 우체국에 **납부**하여야 한다.

* 단, 직전연도의 상시고용인원이 20인 이하인 원천징수의무자(금융·보험업을 제외)는 세무서장의 승인을 얻어 원천징수세액을 그 징수일이 속하는 반기의 마지막 달의 다음달 10일까지 납부할 수 있다.

납부서는 3장으로 구성되어 **영수증서(납세자용)**, **영수필통지서(세무서용)**, **납부서(한국은행용)**으로 되어 있다. 따라서 영수증서는 납세자가 영수증으로 갖게 되며, 한 장은 은행에서 세무서에 통지하는 데 사용되고 마지막 한 장은 은행이 한국은행에 납부통지를 하는데 사용된다.

[납부서]

[별지 제8호 서식] (2003.1.24. 개정)

납 부 서(수납기관용) (2면)

납 부 번 호						수입징수관서	계좌번호
분류기호	서코드	납부연월	납부구분	세 목			
□□□□	□□□	□□□□	□	□□		세무서	
상호(성명)		사업자(주민) 등록번호		일반회계	재정경제부소관	조세	
사업장(주소)		전화		회계연도			

귀속연도/기분	년 귀속 기 분												
세 목 명	납부금액												
	조	천	백	십	억	천	백	십	만	천	백	십	원
세													
농어촌특별세													
계													

왼쪽의 금액을 한국은행 국고(수납)대리점인 은행 또는 우체국에 납부하시기 바랍니다.
(인터넷 등에 의한 전자납부 가능)

납부기한 년 월 일

년 월 일

은 행 / 우체국 지점 (수납)

③ 납부서의 작성요령

■ 납부번호

납부서는 아래와 같은 방법으로 기재한다.

납 부 번 호						수입징수관서	계좌번호
분류기호	서코드	납부연월	납부구분	세 목			
□□□□	□□□	□□□□	□	□□		세무서	

- **분류기호** : 고정된 숫자로서 0126(01은 국세, 26은 국세청)
- **서 코 드** : 관할세무서코드 세 자리를 쓴다.
- **납부연월** : 납부연월을 쓴다. 2013년 1월인 경우에는 1301, 2013년 2월인 경우에는 1302
- **납부구분**

소득세원천징수분(이자소득, 배당소득, 사업소득, 근로소득, 퇴직소득, 기타소득)과 법인세 원천징수분을 자진납부하는 경우에는 '4'를 쓴다.

- **세 목**

원천징수와 관련된 세목코드는 아래와 같다.

과 목			분 류	코 드
내국세	소득세	종합소득세	종합소득세	10
			이자소득세	11
			배당소득세	12
			사업소득세	13
			근로소득세	14
			근로소득세	15
			기타소득세	16
		퇴직소득세		21
		양도소득세		22
	법인세	법인세		31

■ 귀속연도 / 기분

원천징수세액을 징수하여 납부하는 귀속연도 및 월을 기재한다.

(예 : 2013년 8월의 경우 "2013년도 8월", 연말정산분은 "2013년 연말정산"과 같이 기재한다.)

수정신고에 의한 원천징수세액을 납부하는 경우에는 "당초징수연월"을 기재하고 그 옆에 수정분이라고 표시한다. (예 : 2013년 11월분 수정분)

■ 세목명

원천징수세액의 종류를 기재한다.

■ 납부서의 금액

납부서의 금액을 쓸 경우 단수처리는 **국고금단수계산법**에 의한다. 즉 국고금단수계산법에 의하면 국고의 수입금 또는 지급금으로서 10원 미만의 단수가 있을 때는 그 단수는 계산하지 않도록 되어 있다. 따라서 납부서는 **원단위를 절사**하여 작성하고 해당금액을 납부한다. 따라서 12,345원이라면 12,340원으로 작성하여 납부한다.

4 지급명세서

세법에서는 원천징수의무자가 원천징수한 사실과 내용을 지급명세서에 기재하여 세무서에 제출하도록 하고 있다. **지급명세서**란 원천징수의무자와 소득자의 인적사항·소득금액의 지급시기 그리고 소득금액 등을 기재한 과세자료이다.

지급명세서는 그 지급일이 속하는 연도의 **다음 연도 3월 10일까지** 원천징수 관할 세무서장·지방국세청장 또는 국세청장에게 제출하여야 한다.

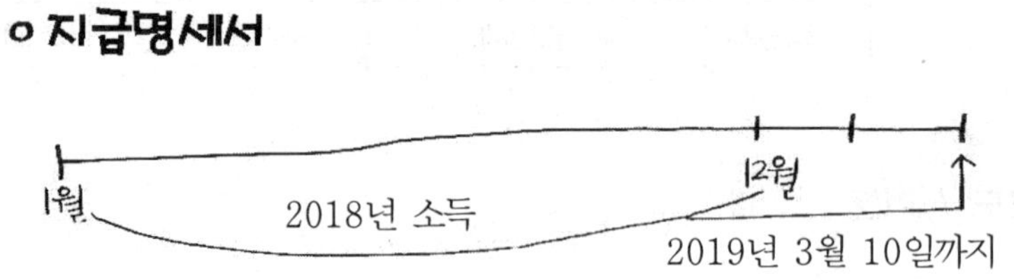

원천징수의무자가 제출한 원천징수에 관한 관계서류 중 지급명세서에 해당하는 것이 있을 때에는 그 제출한 부분에 대하여 지급명세서를 제출한 것으로 본다. 단, 해당 서류의 부본을 규정에 의한 기한 내에 원천징수관할세무서장에게 제출하여야 한다.

따라서 이미 설명한 바와 같이 원천징수영수증은 원천징수의무자보관용과 소득자보관용으로 2부만 작성하는 것이 아니라 지급명세서로서 세무서에 제출하기 위하여 1부를 더 작성하여 총 3부를 작성하는 것이 일반적이다.

지급명세서를 기한 내에 제출하지 않거나 제출된 지급명세서가 불분명한 경우에는 미제출 또는 불분명한 지급금액의 1/100 (제출기한 경과후 3개월 이내에 제출시에는 5/1,000)에 상당하는 금액을 산출세액에 가산한다.

5 원천징수이행상황신고서

원천징수의무자는 일반적으로 한 달 동안 한 종류의 소득만을 지급하는 것이 아니라 여러 종류의 소득들을 지급하게 되고 이 소득들에 대해 원천징수를 하게 된다. 이와 같이 **한달 동안 원천징수한 소득들과 세액에 관한 내용을 정리하여 집계한 표를 원천징수이행상황신고서**(과거에는 '소득세징수액집계표'라고 하였음)라 한다. 원천징수의무자는 **다음달 10일**까지 원천징수한 세액을 납부함과 동시에 원천징수이행상황신고서를 세무서에 제출하여야 한다.

원천징수이행상황신고서는 원천징수이행상황신고서와 원천징수이행상황신고서(부표)로 구성되어 있다. **원천징수이행상황신고서**는 모든 원천징수대상소득과 세액에 관한 내용을 집계하게 되어 있는 표이고 **원천징수이행상황신고서(부표)**는 해당사항이 있는 경우에만 제출한다.

원천징수이행상황신고서

근로소득과 퇴직소득·사업소득·기타소득·이자소득·배당소득·연금소득에 대한 원천징수액이 있는 경우에 작성하여 다음달 10일까지 제출한다.

원천징수이행상황신고서(부표)

해당사항이 있는 경우에만 작성하여 연도종료일의 다음달 10일까지 제출한다.

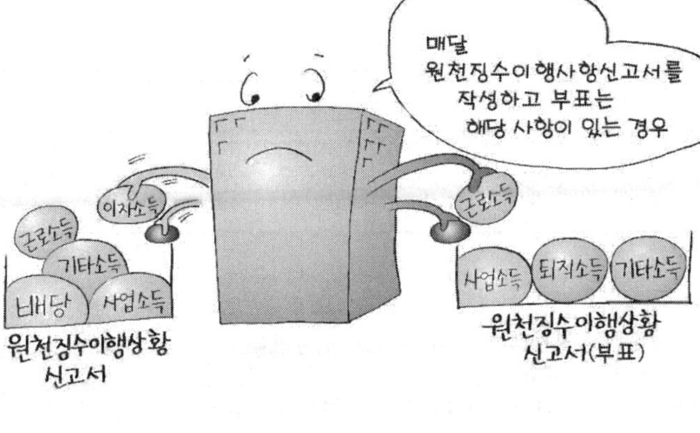

[원천징수이행상황신고서]의 양식은 다음과 같다.

[별지 제21호 서식] (제1쪽)

①신고구분					원천징수이행상황신고서	②귀속연월	년 월
매월	반기	수정	연말	소득처분		③지급연월	년 월

원천징수 의무자					
법인명(상호)		대표자(성명)		일괄납부 여부	여, 부
사업자(주민) 등록번호		사업장소재지		전화번호	

1. 원천징수 내역 및 납부세액 (단위: 원)

구분		코드	원천징수내역: 소득지급 (과세 미달, 비과세 포함) ④인원	⑤총지급액	징수세액 ⑥소득세 등	⑦농어촌 특별세	⑧가산세	⑨당월 조정 환급세액	납부 세액 ⑩소득세 등 (가산세 포함)	⑪농어촌 특별세
근로소득	간이세액	A01								
	중도퇴사	A02								
	일용근로	A03								
	연말정산	A04								
	가감계	A10								
퇴직소득		A20								
사업소득	매월징수	A25								
	연말정산	A26								
	가감계	A30								
기타소득		A40								
연금소득		A45								
이자소득		A50								
배당소득		A60								
저축해지 추징세액		A69								
비거주자 양도소득		A70								
법인원천		A80								
수정신고(세액)		A90								
총합계		A99								

2. 환급세액 조정 (단위: 원)

전월 미환급 세액의 계산: ⑫전월 미환급세액	⑬기환급 신청세액	⑭차감잔액 (⑫-⑬)	당월 발생 환급세액: ⑮일반 환급	⑯신탁재산 (금융기관)	⑰기타	⑱조정대상 환급세액 (⑭+⑮+⑯+⑰)	⑲당월 조정 환급세액계	⑳차월 이월 환급세액 (⑱-⑲)

원천징수의무자는 「소득세법 시행령」 제185조 제1항에 따라 위의 내용을 제출하며, 위 내용을 충분히 검토하였고 원천징수의무자가 알고 있는 사실 그대로를 정확하게 기재하였음을 확인합니다.

년 월 일

원천징수의무자 (서명 또는 인)

세무대리인은 조세전문자격자로서 위 신고서를 성실하고 공정하게 작성하였음을 확인합니다.

세무대리인 (서명 또는 인)

세무서장 귀하

신고서 (부표) 작성 여부	
작성하였음	( )
작성대상 아님	( )
세무대리인	
성명	
사업자 등록번호	
전화번호	

원천징수의무자 전자우편 주소	@

※ 참고사항: 신고서(부표) 작성 여부란에는 원천징수이행상황신고서(부표) 작성 여부를 해당란의 ( )안에 "○"표시를 합니다. 다만, 이자소득(A50), 배당소득(A60), 법인원천(A80)에 해당하는 소득을 지급하거나 저축해지추징세액(A69) 및 연금저축해지 가산세를 징수한 원천징수의무자 및 비거주자에게 양도소득(A70)·사업소득 및 기타소득을 지급한 원천징수의무자는 반드시 원천징수이행상황신고서(부표)를 작성하여 신고하여야 합니다.

210㎜×297㎜(신문용지 54g/㎡(재활용품))

위의 양식에서 보는 바와 같이 원천징수이행상황신고서는 각 소득들의 **원천징수 관련사항을 총괄**하는 동시에 **요약**해서 기록하도록 구성되어 있다.

⑥ 납입서의 작성과 납부

"휴, 이제 다 끝난 건가요?"
"아뇨, 아직 끝나지 않았어요. 지방세로서 지방소득세를 내야죠."
"지방소득세요?"

국세에서는 소득에 대해 소득세를 받지만 지방세에서는 주민이 낸 소득세에 대해 지방소득세를 납부하도록 하고 있다.

지방소득세는 **소득세의 10%**를 내도록 되어 있으며 소득세를 원천징수할 때 함께 징수한다. 지방세법에서는 이를 원천징수라고 하지 않고 **특별징수**라고 한다.

따라서 소득세를 원천징수하는 경우에는 동시에 원천징수세액의 10%를 지방세로서 특별징수하여 징수일이 속하는 달의 다음달 10일까지 **납입서**에 계산서와 명세서(근로소득과 이자소득의 경우는 명세서 생략함)를 첨부하여 관할 시·군에 납부하여야 한다.

그러나 내국법인에게 소득을 지급할 경우에는 지방소득세를 원천징수하지 않는다.

특별징수세액을 그 납부기한 내에 납부하지 아니하였거나 미달하게 납부한 때에는 그 납부하지 아니한 세액 또는 미달한 세액에 가산율과 납부지연일자를 곱하여 산출한 납부불성실가산세를 가산한 것을 세액으로 하여 특별징수의무자로부터 징수한다.

"그러니까 원천징수에 관련된 서류에는 어떤 것들이 있는 거죠?"

"원천징수영수증, 납부서, 원천징수이행상황신고서, 납입서라고 할 수 있겠네요."

"지급명세서는 원천징수영수증으로 대신하고요?"

"그렇죠."

제4장 근로소득 외 다른 소득의 원천징수

이 장에서는 퇴직소득, 사업소득, 기타소득, 이자소득, 배당소득의 원천징수에 대해 설명하기로 한다. 근로소득은 설명할 내용이 다른 소득보다 많기 때문에 다음의 장들에서 설명할 것이다.

1. 퇴직소득의 원천징수

다른 사람이나 회사에 고용되어 장기간 근무하다가 퇴직하는 경우에는 근로자퇴직급여보장법이나 회사의 퇴직급여규정에 따라 퇴직급여를 받게 된다. 이러한 퇴직급여는 퇴직소득이기 때문에 퇴직급여를 지급하는 자는 퇴직소득세를 원천징수하여 신고·납부해야 한다.

1 퇴직소득의 범위와 비과세퇴직소득

"퇴직급여는 보통 얼마를 받나요?"

"근로자퇴직급여보장법에서는 퇴직 전 3개월 급여의 평균에 근속연수를 곱한 금액을 퇴직급여로 지급하게 되어 있죠."

"회사의 퇴직급여규정에서 퇴직급여를 정하는 경우에는요?"

"근로자퇴직급여보장법의 퇴직급여규정은 최소한의 금액을 규정한 것이고 회사의 퇴직급여규정에서 그 이상을 지급하도록 되어 있으면 그 규정이 적용되죠."

퇴직소득이란 근로자가 현실적으로 퇴직함으로 인하여 지급받는 소득중 일시금 등을 말한다.

세법에서는 **퇴직급여지급규정상**의 **퇴직급여한도액을 초과하여 지급하는 금액** 등은 퇴직소득으로 보지 않고 **근로소득**으로 본다. 왜냐하면 퇴직소득이 근로소득보다 세금을 적게 내게 되기 때문에(그 이유는 나중에 퇴직소득세의 계산구조를 살펴보면 알게 될 것이다) 실질적으로는 근로소득인 것을 퇴직소득이라고 주장할 수 있기 때문이다. 이러한 경우에는 퇴직소득세가 아닌 근로소득세가 과세된다.

퇴직소득 중 **근로의 제공으로 인한 부상·질병 또는 사망**과 관련하여 근로자나 그 유가족이 받는 **위자료의 성질이 있는 급여**는 퇴직소득세가 과세되지 않는 비과세퇴직소득이다.

따라서 퇴직소득총액에서 비과세퇴직소득을 제외하면 퇴직소득금액이 계산된다.

퇴직소득금액 = 퇴직소득 − 비과세퇴직소득

② 퇴직소득세의 계산구조

퇴직소득세는 다음과 같은 순서로 계산된다.

- 퇴직소득과세표준 = 퇴직소득금액 − 퇴직소득공제
- 퇴직소득산출세액 = $\left(\dfrac{\text{퇴직소득과세표준} \times \text{기본세율}}{12}\right) \times$ 근속연수
- 퇴직소득결정세액 = 퇴직소득산출세액 − 외국납부세액공제

■ 과세표준의 계산

퇴직소득금액에서 퇴직소득공제를 차감하여 과세표준을 계산한다.

퇴직소득과세표준 = 퇴직소득금액 − 퇴직소득공제(근속연수공제 + 환산급여공제)

여기서 퇴직소득공제는 아래의 근속연수공제와 환산급여공제를 합한 금액이다.

• 근속연수공제

근속연수에 따라 아래의 표에 의해 계산된 금액.
(근속연수가 1년 미만인 경우에는 1년으로 한다.)

근속연수	공 제 액
5년 이하	30만원 × 근속연수
5년 초과 ~ 10년 이하	150만원 + 50만원 × (근속연수 − 5년)
10년 초과 ~ 20년 이하	400만원 + 80만원 × (근속연수 − 10년)
20년 초과	1,200만원 + 120만원 × (근속연수 − 20년)

• 환산급여공제

퇴직소득금액에서 근속연수공제 후 금액에 대하여 근속연수로 나누고 12를 곱한 후의 금액에서 아래의 구분에 따른 금액을 공제한다.

$$\left[\frac{(\text{퇴직소득금액 - 근속연수공제})}{\text{근속연수}} \times 12 \right]$$

환산급여	공제액
8백만원 이하	환산급여의 100%
8백만원 초과 ~ 7천만원 이하	8백만원 + 8백만원 초과분의 60%
7천만원 초과 ~ 1억원 이하	4천520만원 + 7천만원 초과분의 55%
1억원 초과 ~ 3억원 이하	6천170만원 + 1억원 초과분의 45%
3억원 초과 ~	1억5천170만원 + 3억원 초과분의 35%

해당과세기간의 퇴직소득금액이 퇴직소득공제 금액에 미달하는 경우에는 그 퇴직소득금액을 공제액으로 한다.

■ 산출세액의 계산

퇴직소득산출세액은 아래와 같이 계산된다.

$$\text{퇴직소득산출세액} = \left(\frac{\text{퇴직소득과세표준} \times \text{기본세율}}{12} \right) \times \text{근속연수}$$

과세표준	세 율
1,200만원 이하	6%
1,200만원 초과 4,600만원 이하	72만원 + 1,200만원 초과액 × 15%
4,600만원 초과 8,800만원 이하	582만원 + 4,600만원 초과액 × 24%
8,800만원 초과 1.5억원 이하	1,590만원 + 8,800만원 초과액 × 35%
1.5억원 초과 3억원 이하	3,760만원 + 1.5억원 초과액 × 38%
3억원 초과 5억원 이하	9,460만원 + 3억원 초과액 × 40%
5억원 초과	1억 7,460만원 + 5억원 초과액 × 42%

■ 결정세액의 계산

퇴직소득결정세액은 아래와 같이 계산된다.

퇴직소득 결정세액 = 퇴직소득 산출세액 − 외국납부세액공제액*

$$* \text{ 외국납부세액 공제액} = \text{MIN}\left[\begin{array}{l}\text{① 외국납부세액} \\ \text{② 퇴직소득 산출세액} \times \dfrac{\text{국외원천소득금액}}{\text{퇴직소득금액}}\end{array}\right.$$

※ 지방소득세의 징수
회사는 퇴직소득을 지급할 경우에는 소득세의 10%에 해당하는 금액을 지방소득세로 징수해야 한다.

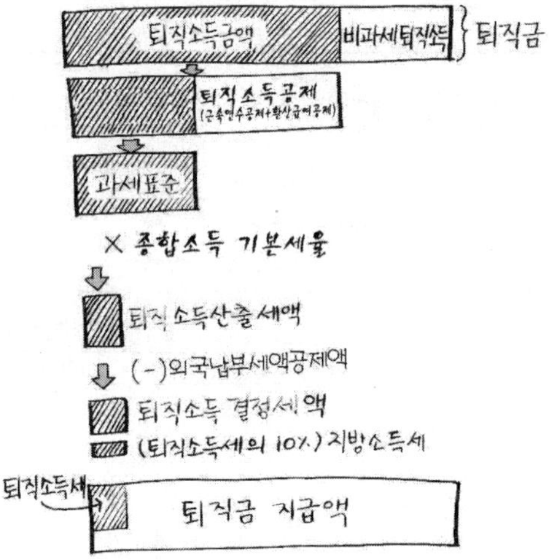

3 퇴직소득세의 계산

[예 1] 퇴직소득의 계산

나퇴직씨는 2020.10.31. (주)어울림에서 퇴직하였고, 퇴직급여지급규정에 의하여 퇴직급여로 50,000,000원을 수령하였다. 근속연수는 15년 10개월이다.
퇴직급여로 50,000,000원을 받게 되는 나퇴직씨는 세금을 빼면 얼마나 받게 될까?

A

가. 과세표준의 계산

㉠ 퇴직소득공제

근속연수공제 = 4,000,000 + 800,000 × (16 - 10)
= 8,800,000원

환산급여공제 = 8,000,000 + (30,900,000 - 8,000,000) × 60%
= 21,740,000원

* 환산급여[(5,000만원 - 880만원)/16 × 12=30,900,000원]

ⓛ 퇴직소득과세표준 = 퇴직급여액 − 퇴직소득공제
= 50,000,000원 − 30,540,000(8,800,000 + 21,740,000)
= 19,460,000원

나. 산출세액의 계산
= 720,000 + 〔(19,460,000 - 12,000,000) × 15%〕/12 ×1 6
= 720,000 + 1,492,000
= 2,212,000

퇴직소득의 [원천징수영수증양식]은 아래와 같다.

[별지 제24호 서식(2)] (제1쪽)

관리번호		퇴직소득원천징수영수증/지급명세서 (발행자보고용)	거주구분	거주자1 / 비거주자2	
			내·외국인	내국인1/ 외국인9	
			거주지국	거주지국코드	

징수의무자	①사업자등록번호		②법 인 명(상호)	
	③대 표 자(성명)		④법인(주민)등록번호	
	⑤소 재 지(주소)			
소득자	⑥성 명		⑦주 민 등 록 번 호	
	⑧주 소			
⑨귀 속 연 도		부터	까지	

근무처별소득명세	근 무 처 구 분	(101) 주(현)	(102) 종(전)	(103) 종(전)	(104) 합 계
	⑩근 무 처 명				
	⑪사 업 자 등 록 번 호				
	⑫퇴 직 급 여				
	⑬명 예 퇴 직 수 당(추가퇴직금)				
	⑭퇴 직 연 금 일 시 금(⑳)				
	⑮ 계				
	⑮-1 비과세소득				

퇴직연금명세	구 분	⑯총수령액	⑰원리금 합계액	⑱소득 자불입액	⑲퇴직연금 소득공제액	⑳퇴직연금일시금 ⑯×[1-(⑱-⑲)/⑰]
	주(현)근무지					
	종(전)근무지					

세액환산명세	㉑퇴직연금일시금지급예상액	㉒총일시금 ㉑×[1-(⑱-⑲)/⑰]	㉓수령가능 퇴직급여액(⑫+⑬+㉒)	㉔환산퇴직 소득공제	㉕환산퇴직소득 과세표준	㉖환산연평균 과세표준(㉕÷㉝)	㉗환산연평균 산출세액

근속연수	구 분	㉘입사연월일	㉙퇴사연월일	㉚근속월수	㉛제외월수	㉜중복월수	㉝근속연수
	주(현)근무지						
	종(전)근무지						

정산명세	㉞퇴 직 급 여 액(⑮)		㊳연 평 균 산 출 세 액	
	㉟퇴 직 소 득 공 제		㊴산 출 세 액(㊳×㉝,㉗×㉝×⑮/㉓)	
	㊱퇴 직 소 득 과 세 표 준		㊵결 정 세 액(㊴)	
	㊲연 평 균 과 세 표 준(㊱÷㉝)		㊶	

납부명세	구 분	소득세	지방소득세	농어촌특별세	계
	㊷결 정 세 액(㊵)				
	㊸종(전)근무지 기납부세액				
	㊹차감원천징수세액(㊷-㊸)				

위의 원천징수액(퇴직소득)을 영수(지급)합니다.

년 월 일

징수(보고)의무자 (서명 또는 인)

세무서장 귀하

2. 사업소득의 원천징수

1 원천징수해야 하는 사업소득은?

"사업소득은 다음해 5월달에 과세표준확정신고를 하지 않습니까?"
"그래요, 확정신고를 하죠."
"그럼 사업소득을 지급할 때 원천징수를 할 필요가 있나요?"
"사업소득을 원천징수하는 것은 앞에서 말한 것처럼 예납적 원천징수의 성격이기 때문이죠."

사업소득은 그 특성상 소득자료가 노출되지 않는 경우가 많다. 따라서 사업소득에 대한 일부 세액을 원천징수하여 이 자료를 기록관리함으로써 사업소득자의 수입금액을 확인하고자 하는 것이 사업소득을 원천징수하는 주목적이다. 사업소득의 원천징수는 완납적 원천징수가 아닌 **예납적 원천징수**의 성격이므로 사업소득은 다음해 5월에 소득세 확정신고납부를 하여야 한다.

개인사업자 또는 특정 사업소득자에게 원천징수대상 사업소득을 지급하는 경우에는 소득세를 원천징수하여 다음달 10일까지 납부하여야 한다.

원천징수대상이 되는 사업소득은 **부가가치세가 면세되는 인적용역과 의료보건용역의 공급**에서 발생하는 소득이다. 이와 같이 사업소득의 원천징수는 모든 사업소득을 대상으로 하지 않고 **일부의 사업소득만을 대상**으로 한다.

부가가치세가 과세되는 재화 및 용역은 세금계산서의 교부가 의무화되어 있으므로 이러한 세금계산서의 교부를 통해 과세근거자료가 파생되지만 부가가치세가 면세되는 용역은 세금계산서가 교부되지 않아 과세근거자료가 미약하기 때문에 이러한 사업소득을 지급하는 경우에는 원천징수하도록 한 것이다. (부가가치세를 이해하고 나면 이 말의 의미가 명확해질 것이다)

원천징수대상 사업소득의 예를 살펴보면 다음과 같다.

- **의료업**(의사·치과의사 또는 한의사)
- 문학·학술·예술 등의 **저작자**
- 가수·배우·탤런트 등 **자영예술가**
- 직업운동가·코치·심판 등 **자영경기업**
- 보험가입자의 모집·증권매매의 권유·저축의 장려 또는 집금 등의 용역을 제공하고 그 실적에 따라 모집수당·장려수당·집금수당 등을 받는 업
- 임상병리사·방사선사·물리치료사·작업치료사·치과기공사 또는 치과위생사가 제공하는 용역
- 개인이 물적시설없이 근로자를 고용하지 아니하고 독립적으로 일의 성과에 따라 수당 또는 이와 유사한 성질의 대가를 받는 용역

② 원천징수세율

원천징수대상 사업소득을 지급할 경우에는 총지급액에 3%을 곱한 금액을 원천징수한다.

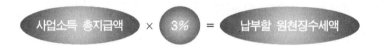

사업소득 총지급액 × 3% = 납부할 원천징수세액

③ 사업소득원천징수액의 신고와 납부

■ 원천징수액의 계산

예를 들어 사업소득원천징수액의 계산과 신고·납부절차에 대해 살펴보자.

[예 1] 사업소득의 원천징수

회사의 10주년 기념행사를 위해 유명한 가수 오대성에게 기념일에 노래를 부탁하고 그 대가로 1,000,000원을 지급하다.

A

사업소득원천징수액을 계산하면 다음과 같다.
사업소득세 원천징수액 : 1,000,000원 × 3% = 30,000원
지방소득세 특별징수액 : 30,000원 × 10% = 3,000원

■ 원천징수액의 신고와 납부

사업소득을 지급하면서 원천징수를 하게 되면 원천징수영수증을 작성·제출하고 사업소득에 대한 지급조서를 작성하는 한편 원천징수이행상황신고서에 기재한 후 신고·납부하여야 한다. 납입서의 작성이나 납부서의 작성도 앞에서 설명한 것과 마찬가지이다.

[사업소득원천징수영수증]

[별지 제23호 서식(2)] (제3쪽)

귀속연도	년	□ 거주자의 사업소득 원천징수영수증 □ 거주자의 사업소득 지 급 명 세 서 (발행자 보관용)	내·외국인	내국인1 외국인9
			거주지국	거주지국코드

징 수 의무자	①사 업 자 등 록 번 호		②법인명 또는 상호		③ 성 명
	④주민(법인)등록번호		⑤소재지 또는 주소		
소득자	⑥상 호		⑦사업자등록번호		
	⑧사 업 장 소 재 지				
	⑨성 명		⑩주민등록번호		
	⑪주 소				
⑫업종구분		※ 작성방법 참조			

⑬지 급			⑭소득귀속		⑮지 급 총 액	⑯세율	원 천 징 수 세 액		
연	월	일	연	월			⑰소 득 세	⑱주 민 세	⑲계

위의 원천징수세액(수입금액)을 정히 영수(지급)합니다.

년 월 일

징수(보고)의무자 (서명 또는 인)

귀하

※ 작성방법
1. 이 서식은 거주자가 사업소득이 발생한 경우에 한하여 작성하며, 비거주자는 별지 제23호 서식(5)을 사용하여야 합니다.
2. 세액이 소액부징수에 해당하는 경우에는 ⑰·⑱·⑲란에 세액을 "0"으로 기재합니다.
3. ⑫업종구분란에는 소득자의 업종에 해당하는 아래의 업종구분코드를 기재하여야 합니다.

업종코드	종목	업종코드	종목	업종코드	종목	업종코드	종목	업종코드	종목
940100	저술가	940305	성악가	940904	직업운동가	940910	다단계판매	940916	행사도우미
940200	화가관련	940500	연예보조	940905	유흥접객원	940911	기타모집수당	940917	심부름용역
940301	작곡가	940600	자문·고문	940906	보험설계	940912	간병인	940918	퀵서비스
940302	배우	940901	바둑기사	940907	음료배달	940913	대리운전	940919	물품배달
940303	모델	940902	꽃꽂이교사	940908	방판.외판	940914	캐디	851101	병의원
940304	가수	940903	학원강사	940909	기타자영업	940915	목욕관리사		

210㎜×297㎜(신문용지 54g/㎡(재활용품))

3. 기타소득의 원천징수

1 기타소득의 필요경비

기타소득은 일시적·우발적으로 발생되는 소득이기 때문에 이 소득을 얻기 위해 소요된 비용, 즉 필요경비를 정확히 알기 어렵다. 따라서 세법에서는 **기타소득으로 지급받는 금액의 일정비율(60%, 80%, 90%)을 필요경비로 인정**해 주고 있다. 다만, 실제 지출된 필요경비가 지급받은 금액의 60%, 80% 90% 이상인 것이 입증되는 경우 입증된 필요경비를 모두 공제한다.

기타소득금액 = 기타소득 지급금액 − 필요경비

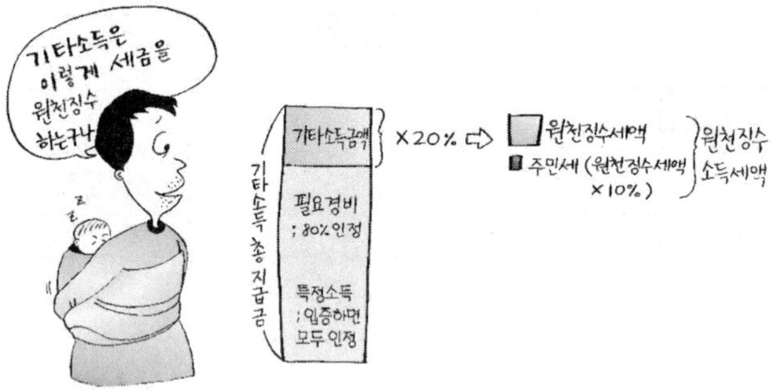

위의 경우에 해당하는 기타소득의 예를 들어보면 다음과 같다.

- 공익법인의 **상금과 부상**
- 다수인에게 행한 **강연료**
- 방송해설·심사의 **사례금**
- 공익사업과 관련된 **지역권·지상권의 설정·대여료**
- 주택입주지체상금
- 전문적 지식 또는 특별한 기능을 가진 자가 당해 지식 또는 기능을 활용하여 보수 또는 기타 대가를 받고 제공하는 용역
- 광업권·어업권·산업재산권·산업정보·산업상비밀·상표권·영업권·토사석의 채취허가에 따른 권리, 기타 이와 유사한 **자산이나 권리를 양도하거나 대여**함으로써 얻는 소득

• **창작품 등의 원작자소득(원고료·인세)**

기타소득금액 = 기타소득 지급금액 − 기타소득 지급금액 × 80%

[예 1] 기타소득금액의 계산

강연료로 100만원을 지급하기로 했다면 기타소득금액은?

A 100만원 − 100만원 × 80% = 100만원 − 80만원 = 20만원이 된다.

한편, 위에서 열거한 기타소득 외의 기타소득은 실제발생비용을 필요경비로 한다.

기타소득금액 = 기타소득 지급금액 − 실제발생비용

② 기타소득의 원천징수

기타소득의 원천징수세액은 기타소득금액(기타소득 지급금액 − 필요경비)에 20%의 세율을 적용하여 원천징수한다.

복권당첨소득에 대해서는 원천징수세율을 20%로 하지만 3억원을 초과하는 경우에는 그 초과분에 대해서는 30%로 한다.

기타소득금액(기타소득지급금액 - 필요경비) × 20% = 납부할 원천징수세액

[예 1] 기타소득의 원천징수세액

위의 예에서 나온 강연료의 원천징수액은?

A 200,000원 × 20% = 40,000원(소득세)
이때 소득세의 10%인 지방소득세도 함께 원천징수한다.
40,000원 × 10% = 4,000원(지방소득세)

③ 기타소득원천징수세액의 신고와 납부

기타소득을 지급하면서 원천징수를 하게 되면 원천징수영수증을 작성·제출하고 기타소득에 대한 지급조서를 작성하는 한편 원천징수이행상황신고서에 기재한 후 신고·납부하여야 한다.

[기타소득원천징수영수증]

[별지 제23호 서식(4)] (제3쪽)

귀속연도	년	□ 거주자의 기타소득 원천징수영수증 □ 거주자의 기타소득 지 급 명 세 서 (발행자 보관용)	소득자 구분	
			내·외국인 구분	내국인1 외국인9

구분	항목		항목		항목	
징수의무자	①사업자 등록번호		②법인명 또는 상호		③성명	
	④주민(법인)등록번호		⑤소재지 또는 주소			
소득자	⑥성 명		⑦주민(사업자)등록번호			
	⑧주 소					
⑨소득구분코드	60 필요경비 없는 기타소득 61 필요경비(80%) 발생 소득 62 그 외 필요경비 있는 기타소득 63 연금저축,소기업소상공인공제부금해지 소득 68 비과세 기타소득 69 분리과세 기타소득					

⑩지급			⑪소득귀속		⑫지급총액	⑬필요경비	⑭소득금액	⑮세율	원천징수세액				
연	월	일	연	월					⑯ 소득세	⑰ 법인세	⑱ 지방소득세	⑲농어촌특별세	⑳계

위의 원천징수세액(수입금액)을 정히 영수(지급)합니다.

년 월 일

징수(보고)의무자 (서명 또는 인)

귀하

※ 작성방법

1. 이 서식은 거주자에게 기타소득을 지급하는 경우에 사용하며, 이자·배당소득원천징수영수증[별지 제23호 서식(1)]의 작성방법과 같습니다.
2. ⑯란부터 ⑲란까지 중 세액이 소액부징수(1천원 미만을 말합니다)에 해당하는 경우에는 세액을 "0"으로 적습니다.

210㎜×297㎜(일반용지 60g/㎡(재활용품))

4 기타소득의 과세최저한

기타소득이 다음과 같은 경우에는 기타소득세를 과세하지 아니한다.

1. 한국마사회법에 의한 승마투표권 및 경륜·경정법에 의한 승자투표권의 구매자가 받은 환급금으로서 매건마다 승마투표권 또는 승자투표권의 권면에 표시된 금액의 합계액이 10만원 이하이고 단위투표금액당 환급금이 단위투표금액의 100배 이하인 때
2. 슬러트머신(비디오게임을 포함한다) 및 투전기 기타 이와 유사한 기구를 이용하는 행위에 참가하여 받는 당첨금품·배당금품 또는 이에 준하는 금품 등이 매건마다 200만원 미만인 때
3. '1. 2.' 외의 기타소득금액이 매건마다 5만원 이하인 때

4. 이자소득·배당소득의 원천징수

이자소득에 대해서는 일반적으로 **지급금액의 14%**, 배당소득에 대해서는 **지급금액의 14%**를 원천징수한다. 그리고 지방소득세(법인은 제외)는 소득세의 10%를 원천징수 해야 한다.

원천징수대상소득	원천징수세율
이 자 소 득	•이자소득금액 × 14% (단, 비영업대금이익 : 25%)
배 당 소 득	•배당소득금액 × 14%

※ 연금소득에 대한 원천징수는 설명을 생략하기로 한다.

제5장 간이세액표에 의한 근로소득세원천징수

1. 근로소득원천징수의 의미

1 근로소득의 정의

회사에 취직해서 일을 하면 그 대가로 월급 등을 받게 된다. 이와 같이 다른 사람이나 회사와 고용계약을 맺고 일을 해 주고(세법상으로는 근로를 제공한다고 한다) 그 대가로 받는 급여를 **근로소득**이라 한다.

> 근로소득 : 다른 사람이나 회사에 고용되어, 근로를 제공하고 그 대가로 받는 급여

여기에서 **급여**(給與)란 현금은 물론 현금이 아닌 물건도 포함하는 용어이다. 왜냐하면 근로의 대가로 돈이 아니라 물건을 받을 수도 있기 때문이다.

고용주에게 고용되어 근로를 제공하고 받는 대가인 근로소득은 소득이기 때문에 당연히 소득세를 내야 하며 이 소득세를 **근로소득세**라고 한다.

근로소득과는 달리 고용주에게 고용되지 않고 독립적으로 사업을 하여 얻는 소득은 사업소득이며 이 사업소득에 대해서는 **사업소득세**를 내야 한다.

또한 근로소득자가 업무와 관련없이 독립된 자격에 의하여 일시적으로 특정의 일을 하고 받는 대가는 기타소득으로서 **기타소득세**를 내야 한다.

② 근로소득원천징수의 필요성

소득세는 자진신고납부제도가 원칙으로서 종합소득을 얻은 소득자는 자신이 번 1년간의 소득금액을 계산하고 세액을 산출하여 다음해 5월중에 세무서에 신고·납부를 하여야 한다. 이것을 '소득세 과세표준확정신고 및 자진납부'라 한다.

그러나 근로소득자는 그 수가 엄청날 뿐만 아니라 이들 모두가 소득세법을 이해해서 세금을 계산하고 확정신고를 할 수 있을 것으로 기대하기는 어렵다. 따라서 세법에서는 급여를 지급하는 기업이 근로소득자의 소득세를 계산하여 원천징수하고 이를 국가에 납부하는 방법을 사용하고 있다.

그러나 근로소득을 원천징수하려면 1년 동안의 소득금액을 알아야 하지만 12월 월급이 지급되기 전까지는 1년간의 소득금액을 알 수 없다. 그렇다고 해서 12월분 급여가 지급될 때 1년간의 소득을 파악하여 한꺼번에 세금을 징수한다면 어떤 근로소득자는 12월분 급여를 한 푼도 받지 못하는 경우가 발생할 것이다. 더 나아가 12월분 급여를 받기는 커녕 돈을 더 보태서 세금을 물어야 할 경우도 발생할 수 있다. 이렇게 되면 이를 예측하지 못한 근로자는 생활에 큰 타격을 받게 될 것이다.

결국 이러한 문제를 해결하기 위해서는 **매월 급여가 지급될 때마다 일정액씩 세금을 공제하여 납부하는 방법**밖에 없다. 그러나 이렇게 할 경우에도 **두 가지 문제**가 있다.

하나는 소득세의 계산절차가 까다롭기 때문에 수많은 근로자의 소득세를 매월 정확하게 계산하여 납부한다는 것이 곤란하다는 점이고, 다른 하나는 근로소득에 대해 적용되는 소득공제의 기준일이 그 해의 12월 말일(퇴직자의 경우에는 퇴직월의 급여를 받는 때)이라는 점이다.

전자의 문제점을 해결하기 위해서 만들어진 것이 '**간이세액표**'이다. 이 표는 매월 급여를 받고 있는 근로소득자가 그 달의 봉급수령액에 대하여 물어야 할 세금을 개략적으로 표시한 것이다. 따라서 이 간이세액표에 의해 매달 원천징수를 하면 복잡한 계산절차를 거치지 않아도 된다. 이것이 **간이세액표에 의한 원천징수**이다.

그리고 최종월분의 급여를 지급하는 시점인 연말에 와서 법이 정하는 판정기준에 따라 정확하게 계산해서 1년간의 근로소득에 대해 내야 할 세금과 그동안 낸 원천징수액의 차액만을 최종적으로 정산하면 두번째 문제가 해결될 수 있다. 이것이 **연말정산에 의한 원천징수**이다.

따라서 근로소득에 대한 원천징수는 간이세액표에 의한 원천징수와 연말정산에 의한 원천징수로 나누어진다. 흔히 간이세액표에 의한 원천징수를 **원천징수**라 하고 연말정산에 의한 원천징수를 **연말정산**이라 한다.

"그러니까 근로소득에 대해서는 매월 세금을 걷고 다음해 2월에 전연도의 근로소득 총급여액에 대해 세금을 계산해서 덜 걷은 것은 더 걷고, 더 걷었다면 돌려준다는 말씀이네요!"

"그렇죠, 그렇게 하면 근로소득만이 있는 사람은 다음해 5월달에 소득세확정신고를 안해도 됩니다."
"그럼 항상 근로소득은 간이세액표에 의한 원천징수와 연말정산에 의한 원천징수를 하는 겁니까?"
"일용근로자는 다르죠."

③ 일반급여자와 일용근로자

근로제공의 대가로 받는 급여는 시간이나 일수에 따라 받을 수도 있고 매월 일정하게 받을 수도 있다. 세법에서는 근로를 제공한 날 또는 시간에 따라 근로대가를 계산하여 급여를 받는 자를 **일용근로자**로, 근로계약상 월정액에 의하여 급여를 지급받는 자를 **일반급여자**로 구분하고 있다.

이와 같이 구분한 것은 두 유형의 근로자에 대해서 근로소득세의 징수방식이 다르기 때문이다. **일용근로자**는 근로소득 지급시 **원천징수하는 것만으로 납세의무가 종결**된다. 즉 일용근로자의 근로소득은 소득지급시 분리과세되어 완납적 원천징수가 된다.

일용근로자 급여의 원천징수방식에 대해서는 이 장의 후반부에서 설명될 것이다.

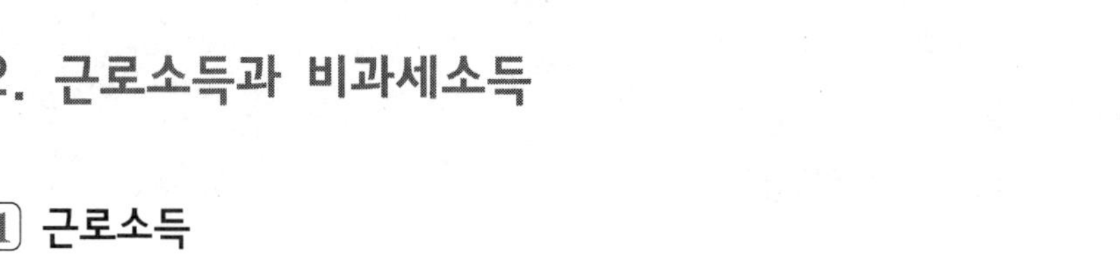

2. 근로소득과 비과세소득

① 근로소득

근로소득은 그 명칭이 무엇이건 관계없이 고용주에게 고용되어 일을 해주고 받는 대가를 말하는 것이다. 따라서 본봉, 직책수당, 가족수당, 급식수당 등 **명칭이 어찌 되었든 근로의 제공으로 인하여 받는 모든 급여가 근로소득**이 된다.

근로소득 = 근로의 제공으로 인하여 받는 모든 급여

근로소득은 다음과 같다.

- 근로의 제공으로 받는 봉급·급료·보수·세비·임금·상여·수당과 이와 유사한 성질의 급여
- 법인의 주주총회·사원총회 결의에 의하여 **상여**로 받는 소득
- 법인세법에 의하여 **상여로 처분**된 금액(**인정상여**라 한다)
- 퇴직으로 인하여 받는 소득으로서 퇴직소득에 속하지 아니하는 소득

* 항목 2와 항목 3은 법인세에서 설명될 것이고 항목 4는 퇴직소득세에서 이미 설명되었다. 초보자의 입장에서는 항목 2와 항목 3에 대해서는 일단 넘어가고 해당 분야를 이해한 후에 다시 살펴보는 것이 좋을 것으로 생각된다.

"급여의 명칭이 여러 가진데 그 구별은 어떻게 하죠?"

"일상적으로 사용하는 용어이기 때문에 명확한 구별은 어렵지만 봉급·급료·보수는 정신 근로자가, 임금은 육체 근로자가 근로를 제공한 대가로 정기적으로 지급받는 금액을 말하죠."

"그럼 상여는요?"

"상여는 흔히 보너스라고 하는 것으로 봉급·급료·임금 등에 가산하여 부정기적으로 지급받는 금액을 의미하죠. 그리고 수당은 봉급·급료·임금 등에 가산하여 별도의 명목이나 기준에 따라 지급받는 금액을 말하죠."

"세비는요?"

"세비는 국회의원이 국가로부터 지급받는 금액을 말하죠. 과연 근로를 제공하는지는 알 수 없지만…"

② 비과세근로소득

"근로소득이라고 해서 모두 세금을 내야 하는 건 아니겠죠?"

"근로소득이기는 하지만 비과세가 되는 것이 있죠. 그걸 비과세근로소득이라고 해요."

"그럼 어떤 사람의 근로소득세를 계산하려면 우선 근로소득 중에서 비과세근로소득은 빼고 계산을 해야겠군요!"
"그렇죠. 그래야 과세대상 급여액이 계산될 수 있으니까
비과세근로소득에는 어떤 것들이 있는지 알아야죠."

세법에서는 근로소득이라고 할지라도 여러 가지 이유로 소득세를 부과하는 것이 부적절하다고 판단되는 경우에는 해당 소득에 대해서는 소득세를 부과하지 않도록 하고 있다.

이와 같이 소득세를 부과하지 않는 근로소득을 **비과세근로소득**이라고 한다.

비과세근로소득 : 소득세를 부과하지 않는 근로소득

근로소득 − 비과세 근로소득 = 근로소득 총급여액

- 실비변상적 성질의 급여
- 식사 또는 식사대
- 특정의 학자금
- 생산직근로자의 연장시간근로·야간근로·휴일근로수당
- 국외근로소득
- 기타 비과세근로소득

■ 실비변상적 성질의 급여

근로소득 중에는 근로의 대가로서 얻는 소득이라고 하기보다 **실제로 업무를 수행하면서 지출하게 되는 비용을 변상해 주는 성격**의 급여가 있다. 이와 같은 급여는 실비변상(實費辨償)적 급여라고 하여 비과세소득으로 정해 놓고 있다.

실비변상적 성질의 급여는 회사의 성격이나 업무의 성격에 따라 여러 가지가 있다. 그러나 실비변상적인 성격이 있다고 해서 모두 비과세소득으로 인정해 줄 수는 없다. 따라서 세법에서는 비과세소득이 되는 실비변상적 급여에 대하여 일정한 기준을 정해 놓고 있다.

실비변상적 성질의 급여 : 업무를 수행하면서 지출하는 비용을 변상해주는 성격의 급여

예를 들면 종업원이 자기가 소유하고 있는 차량을 업무상 활용할 경우에 지급하는 자가운전보조비는 회사의 지급규정범위 내에서 월 20만원을 한도로 비과세소득에 포함된다.

실비변상적 성질의 급여를 자세히 살펴보면 다음과 같다.

- **일직료·숙직료 또는 여비**로서 실비변상정도의 금액
- **자가운전보조비** : 월 20만원 한도
- 근로자 또는 그 배우자의 출산이나 6세 이하의 자녀의 보육과 관련하여 사용자로부터 지급받는 급여 : 월 10만원 한도
- 방송법 등에 의한 기자의 취재수당 : 월 20만원 한도
- 다음에 해당하는 자가 받는 연구보조비 또는 연구활동비 : 월 20만원 한도

① 유아교육법, 초·중등교육법, 고등교육법 및 특별법에 의한 교육기관과 이에 준하는 학교의 교원

② 특정연구기관, 정부출연연구기관, 지방자치단체출연연구원에서 연구활동에 직접 종사하는 자 및 동 연구기관 등에서 직접적으로 연구활동을 지원하는 자

③ 중소기업·벤처기업의 기업부설연구소에서 연구활동에 직접 종사하는 자

- 근로자가 벽지에 근무함으로 인하여 받는 **벽지수당** : 월 20만원 한도
- 선원법의 규정에 의한 선원이 받는 월 20만원 이내의 승선수당과 경찰공무원이 받는 함정근무수당 및 항공수당
- 광산근로자가 받는 입갱수당 및 발파수당
- 법령·조례에 의한 위원회 등의 보수를 받지 아니하는 위원(학술원 및 예술원의 회원을 포함한다) 등이 받는 수당
- 선원법에 의하여 지급하는 식료
- 특수분야에 종사하는 군인이 받는 각종 위험수당 및 함정근무수당·수륙양용궤도차량 승무수당
- 병원·시험실·금융기관·공장·광산에 근무하는 자 또는 특수한 작업이나 역무에 종사하는 자가 받는 **작업복**이나 그 직장에서만 착용하는 **피복**
- 법령·조례에 의하여 제복을 착용하여야 하는 자가 받는 **제복·제모 및 제화**
- 근로자가 천재·지변 기타 재해로 인하여 받는 급여
- 외국인근로자가 받는 해외근무수당·주택수당 등 해외근무에 따른 수당 중 월정액 급여의 100분의 40 이내의 금액

"이걸 다 알아야 하나요? 우리 회사에 적용되는 건 이 중에서 한두 개밖에 없는 것 같은데!"

"세법에서는 한, 두 회사를 고려하는 게 아니라 발생가능한 모든 상황을 다 고려해야 하니까 이렇게 많을 수밖에 없죠. 그러니까 한 번 들어 보고 그 중 자기 회사에 해당되는 게 무언지 살펴보아야죠."

"그래야겠네요."

"앞으로 설명하는 비과세소득도 마찬가지니까 유념하세요."

"예."

■ 식사 또는 식사대

다음에 해당하는 식사 또는 식사대에 대하여는 소득세를 부과하지 아니한다.

- 근로자가 제공받는 **식사 기타 음식물**
  ※ 사내급식 또는 이와 유사한 방법으로 제공받는 현물식사 포함
- 식사 기타 음식물을 제공받지 않는 근로자가 받는 **월 10만원 이하의 식사대**

식사 등을 제공받음에도 불구하고 식사대를 별도로 지급받는 경우에는 식사대가 많고 적음에 관계없이 식사대는 전액 과세된다.

또한 식사대로 10만원을 초과하여 지급받는 때에는 10만원은 비과세근로소득으로 하고 10만원을 초과하는 금액은 과세되는 근로소득으로 하여야 한다.

■ 특정의 학자금

다음 요건에 해당하는 학자금(입학금·수업료·수강료, 그 밖의 공납금으로 해당 과세기간에 납입할 금액을 한도로 한다)에 대하여는 소득세를 부과하지 아니한다.

- 근로자가 종사하는 사업체의 업무와 관련있는 교육·훈련을 위하여 받는 것으로 초·중등교육법 및 고등교육법에 의한 학교 및 근로자직업훈련촉진법에 의한 직업능력개발훈련시설의 **학자금**
- 당해 근로자가 종사하는 사업체의 규칙 등에 의하여 정하여진 **지급기준**에 따라 받는 것

• 교육·훈련기간이 **6월 이상**인 경우 교육·훈련 후 당해 교육기간을 초과하여 근무하지 아니하는 때에는 지급받은 금액을 **반납할 것을 조건**으로 하여 받는 것(이 경우의 학자금은 입학금·수업료 기타 공납금으로 하며, 당해연도에 납입한 금액을 한도로 한다)

■ 생산직근로자의 연장시간근로·야간근로·휴일근로수당

생산 및 그 관련직에 종사하는 근로자로서 **월정액 급여 210만원 이하인자로 직전과세기간의 총급여액이 3,000만원 이하인 근로자**(일용근로포함)가 연장시간근로·야간근로 또는 휴일근로로 인하여 받는 급여 중 다음에 해당하는 금액에 대하여는 소득세가 부과되지 아니한다.

• 근로기준법에 의한 연장시간근로·야간근로 또는 휴일근로로 인하여 통상임금에 가산하여 받는 급여 중 **연 240만원 이내의 금액**(광산근로자와 일용근로자의 경우에는 당해 급여총액)
• 어업을 영위하는 자에게 고용된 근로자가 선원법에 의하여 받는 생산수당 중 연 240만원 이내의 금액

※ 월정액급여 100만원을 초과하는 달에 받는 연장시간근로.야간근로 또는 휴일근로수당(주휴수당 포함)은 모두 과세된다.

■ 국외근로소득

국외에서 근로를 제공하고 받는 급여 중 다음에 해당하는 급여에 대하여는 소득세를 부과하지 아니한다.

① 국외에서 근로를 제공하고 받는 보수

국외(또는 남북교류협력에관한법률에 의한 북한지역)에서 근로를 제공(원양어업선박 또는 외국항행의 선박이나 항공기에서 근로를 제공하는 것 포함)하고 받는 보수 중 월 100만원(해외건설현장, 원양어업선박 또는 국외 등을 항행하는 선박에서 근로를 제공하고 받는 보수의 경우에는 월 150만원) 이내의 금액

② 공무원 등이 국외에서 근무하고 받는 수당

공무원과 직무수행 기타 복무에 관하여 재외공관장의 감독을 받는 자가 국외에서 근무하고 받는 수당 중 당해 근로자가 국내에서 근무할 경우에 지급받을 금액 상당액을 초과하여 지급받는 금액

■ 기타 비과세근로소득

다음 각항의 급여에 대하여도 소득세를 부과하지 아니한다.

- 병장급 이하의 현역병(단기복무하사관 포함)·전투경찰·순경·교정시설경비·교도 기타 이에 준하는 자가 받는 급여
- 법률에 의하여 동원된 자가 동원직장에서 받는 급여
- 산업재해보상법에 의한 요양급여 등 또는 근로의 제공으로 인한 부상·질병 또는 사망과 관련하여 근로자나 그 유가족이 받는 배상·보상 또는 위자의 성질이 있는 급여

- 근로기준법 또는 선원법에 의하여 지급받는 요양보상금 등
- 고용보험법에 의하여 받는 실업급여
- 공무원연금법 등에 의한 퇴직자·사망자의 유족이 받는 급여
- 외국정부 또는 국제기관에 근무하는 자로서 외국인이 받는 급여. 다만, 그 외국정부가 그 나라에서 근무하는 우리나라 공무원이 받는 급여에 대하여 소득세를 과세하지 아니하는 경우에 한한다.
- 국가유공자등예우및지원에관한법률에 의하여 받는 보상금·학자금 및 전직대통령예우에관한법률에 의하여 받는 연금
- 작전임무를 수행하기 위하여 외국에 주둔중인 군인·군무원이 받는 급여
- 종군한 군인·군무원이 전사한 경우 그 전사한 날이 속하는 연도의 급여
- 국민건강보험법·고용보험법·국민연금법·공무원연금법·노인장기요양보험법 등에 의하여 국가·지방자치단체 또는 사용자가 부담하는 부담금

③ 근로소득총급여액의 계산

"이제 비과세근로소득에 대한 설명은 끝난 것 같네요."
"그럼 근로소득에서 비과세근로소득을 빼서 과세대상이 되는 근로소득총급여액을 구해야겠네요?"
"그렇죠."

근로소득은 그 명칭이 어떠한 것이던 상관없이 고용되어 근로를 제공한 대가로 받은 모든 급여를 말하며 근로소득에서 실비변상적 성질의 급여와 같은 비과세소득을 빼면 근로소득총급여액이 구해진다.

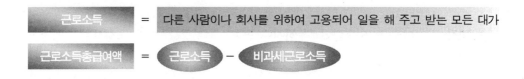

근로소득 = 다른 사람이나 회사를 위하여 고용되어 일을 해 주고 받는 모든 대가

근로소득총급여액 = 근로소득 − 비과세근로소득

[예 1] 근로소득총급여액의 계산-1

(주)대한철강의 영업부장인 강일상씨의 1월 급여와 관련된 사항은 다음과 같다. 1월의 근로소득총급여액은 얼마인가?

본봉 : 2,000,000원　　직책수당 : 400,000원　　특별공로금 : 500,000원
가족수당 : 50,000원　　시간외 근무수당 : 150,000원
자가운전보조비 : 300,000원　　식대(식사제공 않음) : 100,000원

A

근로소득 :
2,000,000원 + 400,000원 + 500,000원 + 50,000원 + 150,000원 + 300,000원 + 100,000원 = 3,500,000원
근로소득총급여액 : 3,500,000원 − 200,000원 − 100,000원 = 3,200,000원

자가운전보조비는 월 200,000원을 한도로 비과세소득으로 인정되므로 이를 초과하는 100,000원은 근로소득급여액에 포함된다.
식대는 월 100,000원을 한도로 비과세소득으로 인정되므로 100,000원 전액이 근로소득총급여액에서 차감된다.

[예 1] 근로소득총급여액의 계산-2

(주) 대한철강의 영업차장인 정근로씨의 1년간 급여지급상황은 다음과 같다. 1년 동안의 근로소득총급여액은 얼마인가?

- 월급여액 1월~12월 : 월 2,000,000원
- 상여금 연 400%(3, 6, 9 ,12월), 특별상여금 100%를 12월에 지급받음
- 월차 · 연차수당은 12월에 1,000,000원을 일괄지급받음
- 매월 식대 50,000원(식사제공 않음) 지급받음

A

근로소득총급여액 :
급여액 2,400만원 + 상여금 800만원 + 특별상여금 200만원 + 연 · 월차수당 100만원 = 3,500만원

식대는 월 10만원까지 비과세되므로 근로소득총급여액에서 제외된다.

3. 간이세액표의 원천징수세액

"그런데, 그런데 말이예요, 여태까지 비과세근로소득을 왜 설명하신 거죠?"
"우리는 지금 뭘 하려고 하는 거냐면 근로소득에 대한 원천징수세액을 계산하려는 거죠!"

"그런데 왜 비과세근로소득을 설명하셨냐고요!"
"매월 급여를 지급할 때 비과세소득을 빼야 원천징수할 세금을 계산할 수 있기 때문이죠."

1 간이세액표의 구조

원천징수의무자가 근로자에게 매월 근로소득을 지급하는 때에는 간이세액표에서 해당근로자에 대한 원천징수세액을 찾아 징수해야 한다.

간이세액표란 매월 지급하는 근로소득금액에 12를 곱하여 **1년분**으로 환산한 금액에 대하여 납부하여야 할 근로소득세액을 계산한 후 그 **12분의** 1에 상당하는 세액을 표시한 표이다.

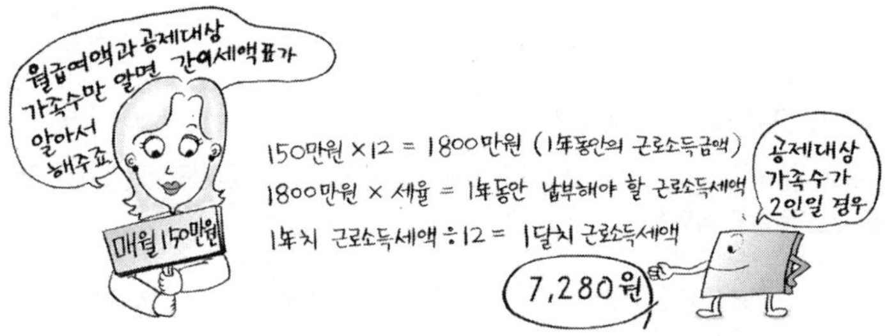

이 간이세액표는 정부가 산정하여 공포하며 세무서에서 배부하거나 여러 세무관계 출판사에서 판매하고 있다.

간이세액표의 구조를 살펴보자.

간이세액표의 가장 왼쪽에는 월급여액이 단계별로 표시되어 있다. 그리고 다음에는 구분이 일반과 다자녀로 되어 있다.

그리고 공제 가족수에 대응하여 일반과 다자녀의 경우 해당 원천징수세액이 표시되어 있다.

이제 **월급여액**과 **공제대상 가족수** 그리고 다자녀여부를 알면 간이세액표에서 그 교차점을 찾아 원천징수세액을 구할 수 있다. (지방소득세에 대하여는 나중에 설명하기로 한다)

[간이세액표]

월급여액(천원) [비과세소득은 제외]		공제대상가족의 수															
		1	2	3		4		5		6		7		8	
이상	미만			일반	다자녀	일반	다자녀	일반	다자녀	일반	다자녀	일반	다자녀	일반	다자녀
1,970	1,980	21,550	17,180	9,320	8,190	5,940	4,820	2,570	1,440	0	0	0	0	0	0
1,980	1,990	21,880	17,390	9,520	8,400	6,150	5,020	2,770	1,650	0	0	0	0	0	0
1,990	2,000	22,210	17,600	9,730	8,600	6,350	5,230	2,980	1,850	0	0	0	0	0	0
2,000	2,010	22,540	17,810	9,930	8,800	6,550	5,430	3,180	2,050	0	0	0	0	0	0
2,010	2,020	22,860	18,020	10,130	9,010	6,760	5,630	3,380	2,260	10	0	0	0	0	0
2,020	2,030	23,190	18,230	10,340	9,210	6,960	5,840	3,590	2,460	210	0	0	0	0	0

예를 들어 어떤 근로소득자의 월급여가 2,000,000원이고 공제대상 가족수가 3명이라고 하자. 일반과 다자녀 중 일반이라고 가정한다. 월급여액을 찾아보면 '2,000,000 이상 2,010,000 미만'란에 해당한다. 일반에서의 공제대상 가족수가 3인인 칸을 보면 갑근세액 9,930원이 있다. 따라서 근로소득세 9,930원을 원천징수해야 함을 알 수 있다.

② 월급여액과 공제대상 가족수

간이세액표를 살펴보면 세 가지 항목, (1) 월급여액을 결정하고 (2) 공제대상 가족수 그리고 (3) 다자녀여부를 알면 원천징수세액을 구할 수 있다. 월급여액과 공제대상 가족수, 다자녀여부에 대하여 좀더 자세히 살펴보기로 하자.

■ 월급여액

간이세액표상의 월급여액은 당해 월의 근로소득에서 비과세근로소득을 공제한 금액이다.

간이세액표상의 월급여액 = 당해 월의 근로소득 - 비과세근로소득

"그러면 매월 근로소득 중 비과세소득이 없다면 근로소득 모두가 간이세액표상의 월급여액이 되겠네요?"

"그렇죠."

[예 1] 월급여액의 계산

정현장씨는 중소기업에 근무하는 현장기술자이며 현재 근속연수는 10년이다. 그가 이번 달에 받은 급여는 비과세소득 150,000원을 포함하여 3,350,000원이다. 간이세액표에서 찾아야 할 당해 월의 급여액은 얼마인가?

A

간이세액표에서 찾아야 할 당해 월의 급여액
= 3,350,000원 − 150,000원
= 3,200,000원

■ 공제대상 가족수

회사는 매년 1월에 근로소득의 연말정산을 위하여 근로자들로부터 **'근로소득자소득공제신고서'**를 제출받는다. (나중에 연말정산에서 이 신고서를 살펴보기로 한다) 따라서 **제출받은 근로소득자소득공제신고서를 살펴보면 공제대상 가족수를 알 수 있다.**

또한 당해연도중에 공제대상가족의 변동이 있는 때에는 당해 근로자는 근로소득자소득공제신고서를 새로 제출할 수 있다. 따라서 신고서를 제출받은 날이 속하는 달부터는 새로 제출한 근로소득자소득공제신고서를 기준으로 하여 간이세액표를 적용한다.

그러나 근로소득자소득공제신고서를 새로 제출하지 않은 경우에는 이미 제출했던 신고서의 공제대상가족수를 적용한다.

그렇다면 공제대상 가족수의 '가족'이란 본인, 배우자, 부양가족을 말한다.

① 근로자 본인

② 배우자

연간 소득금액이 없거나 연간 소득금액의 합계액이 100만원 이하(근로소득만 있는 경우 총급여액 500만원)인 경우만 해당된다.

③ 부양가족

소득자 본인(배우자 포함)과 생계를 같이 하는 부양가족으로서 연간 소득금액의 합계액이 100만원(근로소득만 있는 경우 총급여액 500만원) 이하인 자이다.(장애인은 나이제한 없음)

가. **직계존속**으로서 **60세 이상**

나. **직계비속** 또는 **입양자**로서 **20세 이하**

다. **형제자매**로서 **20세 이하** 또는 **60세 이상**

라. 국민기초생활보장법 제2조 제2호의 수급자(생활보호대상자)(연령제한 없음)

마. 위탁아동(18세 미만)

[예 1] 원천징수세액의 계산

(주)대한철강의 강일상씨의 1월 급여액(비과세소득 제외)은 300만원이다. 그는 공제대상 배우자가 있으며 자녀 2인(20세 이하), 모(60세), 대학생인 남동생 1인(21세)이 있다. 간이세액표에 의한 1월의 원천징수세액은 얼마인가?
월급여액 : 300만원

A

공제대상 가족수 : 근로자 본인, 배우자, 모, 자녀 2인으로 5인
다자녀여부 : 공제대상가족 5인 중 20세 이하의 자녀가 2인이므로 다자녀 적용
월급여액 300만원과 공제대상 가족수 5인 다자녀란이 교차하는 지점의 원천징수세액을 찾으면 25,720원이다.

③ 세액감면액·세액공제액의 공제

위에서 설명한 바와 같이 월급여액과 공제대상 가족수를 파악하면 근로소득세액을 구할 수 있다. 그러나 이 근로소득세액, 원천징수세액은 산출세액에서 세액감면이나 세액공제액을 차감하여 구해진 것이다.

산출세액 - 세액감면액 - 세액공제액 = 원천징수세액

세액감면액 ↑ 외국인근로소득 세액감면

세액공제액 ↑ 1. 근로소득세액공제 2. 외국납부세액공제

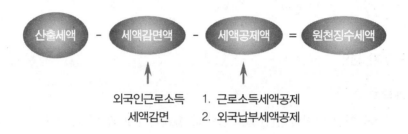

"산출세액에서 세액감면이나 세액공제항목이 있으면 그만큼의 세액을 차감해서 원천징수할 금액이 나온거군요."
"그런 항목이 많은가요?"
"대부분 근로소득세액공제 이외에는 다른 항목들이 없죠."

■ 세액감면액의 공제

세액감면대상이 되는 외국인근로소득이 근로소득에 포함되어 있는 경우에는 당해 감면대상 근로소득금액이 총근로소득에서 차지하는 비율을 곱하여 계산한 금액에 상당하는 근로소득세를 면제하고 원천징수한다.

■ 세액공제액의 공제

근로소득세액공제·외국납부세액공제를 받는 근로소득자에 대한 근로소득세를 간이세액표에 의하여 원천징수하는 때에는 당해 세액공제액을 공제하고 원천징수한다.

① 근로소득세액공제

매월 원천징수산출세액에서 공제할 근로소득세액공제액은 다음과 같이 계산한다.

간이세액표에 의한 산출세액	근로소득세액공제
41,660원 이하인 경우	산출세액의 55%
41,660원을 초과하는 경우	22,917원 + (초과액 × 30%)

간이세액표를 살펴보면 위의 식에 따라 계산할 필요없이 각 월급여에 해당하는 근로소득공제액이 **이미 계산되어 있음**을 알 수 있다.

근로소득세액공제는 **모든 근로자에게 적용**된다. 따라서 다른 세액공제사항이 없는 경우에는 근로소득세액공제를 한 후의 금액이 최종적으로 원천징수할 근로소득세액이 된다.

세액공제는 **근로소득세액공제만 있는 경우가 대부분**이므로 간이세액표에서는 이를 미리 계산하여 놓고 있다. 따라서 다른 세액공제가 없다면 이를 차감하여 계산되어 있는 간이세액표상의 금액이 근로소득세로서 원천징수할 금액이 된다.

② 외국납부세액공제

외국납부세액공제가 발생하는 경우는 연말정산부분을 참조하기 바란다.

③ 지방소득세의 계산

간이세액표를 보면 세목에서 원천징수세액뿐만 아니라 지방소득세항목도 있고 그 금액이 근로소득세의 10%임을 알 수 있다.

지방소득세는 근로소득에 대해 소득세의 10%를 내게 되어 있어 근로소득세를 원천징수할 때 함께 징수한다.

[예 3] 지방소득세의 계산

앞의 예(1)에 따라 25,720원의 소득세를 원천징수해야 한다면 지방소득세는 얼마를 원천징수해야 하나?

A 소득세의 10%인 2,570원을 지방소득세로 원천징수당하게 되는 것이다.

"그러니까. 근로자가 비과세소득, 외국납부세액공제가 없으면 간이세액표에 나오는 금액을 원천징수하면 되는거군요!"

"그렇죠. 대부분 비과세소득을 제외하면 다른 사항들은 없을거라고 생각되요."

"그럼 설명하시지 말지 왜 굳이 그 항목들을 설명하셨죠?"

"나중에 설명할 근로소득원천징수부라는게 있는데 그 서류에 이 항목들이 나와요. 거의 쓰지 않게 되겠지만 무엇인지는 알아두어야 할 것 같아서요."

④ 일용근로자의 근로소득세원천징수

일용근로자란 근로를 제공한 날 또는 시간에 따라 근로대가를 계산하거나 근로를 제공한 날 또는 시간의 근로성과에 따라 급여를 계산하여 받는 자이다.

일용근로자의 근로소득에 대하여는 다음과 같이 계산하여 원천징수액을 구한다.

① 일급여액 − 비과세급여 = 과세대상급여

② 과세대상급여 − 근로소득공제(일 150,000원) = 근로소득과세표준

③ 근로소득과세표준 × 원천징수세율(6%) = 근로소득산출세액

④ 근로소득산출세액 − 근로소득세액공제(산출세액의 55%) = 원천징수세액

"일용근로자는 하루에 15만원을 받으면 원천징수할 세금은 없군요!"

"그렇죠. 그리고 간단하게 계산방법을 정리해 보면 일당에서 15만원을 뺀 금액에 2.7%를 곱하면 원천징수세액이 계산되죠."

[예 4] 일용근로자의 원천징수

어느 일용근로자가 1일 급여액이 160,000원으로 5일을 근무했다면 원천징수할 근로소득세액은 얼마인가?

A

(160,000원 − 150,000원) × 6% = 600원

600원 × (1 − 0.55) = 270원

270원 × 5 = 1,350원

1,800원을 원천징수하면 된다.

지방소득세는 1,350원 × 10% = 135원이다.

4. 상여 등이 있는 경우의 원천징수

"보너스를 받을 경우에는 원천징수를 어떻게 하나요? 그리고 근로소득을 두곳에서 동시에 받는다면 그때 원천징수는 어떻게 하죠?"

상여(보너스)란 봉급·급료·임금 등에 가산하여 부정기적으로 지급받는 근로의 제공에 대한 대가를 말한다.

지금까지는 상여가 없이 월급을 받는 것으로 보고 원천징수를 설명하였다. 그렇다면 상여를 받는 경우에는 어떻게 원천징수를 할 것인지 살펴보기로 하자.

1 지급대상기간이 있는 상여에 대한 원천징수

"지급대상기간이 있다는 말이 무슨 뜻인가요?"

"예를 들어 회사가 연간 400% 보너스를 지급하고 3개월마다 지급한다면 지급대상기간은 3개월인 셈이죠."

지급대상기간이 3개월인 상여를 지급한다면 이 상여는 3개월 동안 일한 대가라고 할 수 있다. 상여를 지급받는 달의 봉급과 상여를 모두 합한 금액을 기준으로 간이세액표의 원천징수액을 찾아 이 금액을 징수한다면 세금부담이 커지게 된다. 왜냐 하면 봉급과 상여 합계액을 매월 받는 것으로 보고 원천징수액이 결정될 것이기 때문이다.

이러한 성격의 상여는 3개월간의 근로에 대해 지급되는 것으로 특정 월에 한꺼번에 지급된 것이라고 볼 수 있다. 따라서 3개월간의 월급과 보너스를 합계한 후 합계액을 3개월로 나누어 **월평균급여**를 계산한다. 그리고 **월평균급여의 3개월간의 원천징수액을 구한 후에 지난 2개월간 이미 원천징수한 세액을**

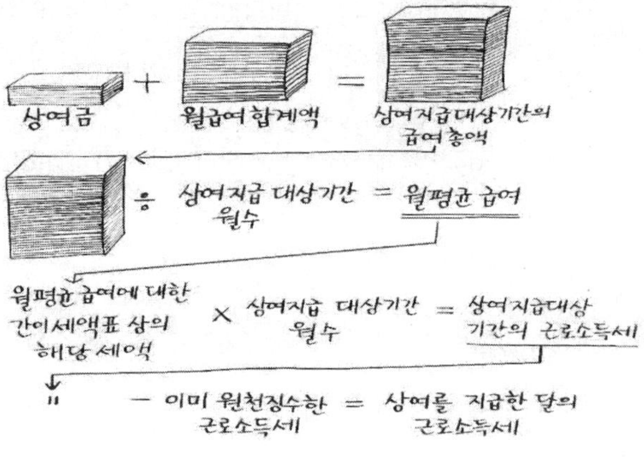

차감한 금액을 원천징수하여야 한다.

① 상여 지급대상기간의 월평균급여

$$\frac{(\text{상여 금액} + \text{지급대상기간의 상여 이외의 급여합계액})}{\text{지급대상기간의 월수}} = \textbf{월평균급여}$$

② 상여 지급대상기간의 총 급여액에 대한 근로소득세

①의 간이세액표상의 해당세액 × 지급대상기간의 월수

③ 상여 지급 월의 근로소득세액

② − 지급대상기간 동안 이미 원천징수하여 납부한 세액

[예 1] 지급대상기간이 있는 상여의 원천징수

강일상씨는 1월, 2월은 매달 3,000,000원씩의 급여를 받았다. 그의 상여는 총 급여에 대해 연 400%로서 3개월마다 한번씩 타고 있다.
그는 이번 3월 25일에는 3,000,000원의 3월분 월급과 함께 3개월에 한번씩 지급하는 상여금 3,000,000원을 받을 예정이다.
강일상씨의 1월과 2월 근로소득에 대해서 납부한 세액은 54,940원이다. (1월분 27,470원, 2월분 27,470원, 공제대상가족수 5인)
이러한 경우 3월달에 원천징수할 세액은 얼마인가?

A

① 월평균급여액의 계산

$$\frac{(3{,}000{,}000\text{원} + 9{,}000{,}000\text{원})}{3} = 4{,}000{,}000\text{원}$$

② 지급대상기간의 총급여액에 대한 근로소득세
월 급여액 4,000,000원, 공제대상가족수 5인에 해당하는 간이세액표상의 세액을 찾아보면 131,100원이다. 따라서 총급여액에 대한 근로소득세는 다음과 같이 계산된다.
131,100원 × 3개월 = 393,300원

③ 상여 지급월의 근로소득세액
393,300원 − 54,940원(1월,2월에 원천징수해서 납부한 세금) = 338,360원

"상여를 받는 달에 원천징수하는 세금이 상당히 많은데요?"

"그래요. 그래서 원천징수하는 세금을 일정하게 하기 위해서 평균적으로 계산해서 세금을 미리 떼는 경우도 있어요."

"예를 들면?"

"위의 예처럼 세금이 계산된다면 내야 할 세금 3개월분을 3으로 나누어 내는 거죠. 미리 세금 내는 것은 뭐라고 하지 않으니까."

② 지급대상기간이 없는 상여에 대한 원천징수

지급대상기간이 없는 상여에 대해서는 그 상여를 지급하는 연도의 1월 1일부터 그 상여의 지급일이 속하는 달까지를 지급대상기간으로 하여 지급대상기간이 있는 상여 등에 대한 원천징수의 규정에 따라 계산한 것을 그 근로소득세액으로 한다.

한 해에 2회 이상 상여를 지급하는 때에는 직전에 상여를 지급하는 날이 속하는 달의 다음달부터 그 후에 상여를 지급하는 날이 속하는 달까지를 지급대상기간으로 하여 근로소득세액을 계산한다. 이때에도 지급대상기간이 1년을 초과하는 때에는 1년으로 하고 1월 미만의 단수가 있는 때에는 1월로 한다.

[예 2] 지급대상기간이 없는 상여에 대한 원천징수

이성철씨의 월급여액은 1,600,000원이다. 상여금은 설날(2월)과 추석(9월)에 각각 월 급여액의 100%가 지급된다. 그 이외의 상여금은 없다. 이성철씨는 배우자가 있으며 부양가족은 1인이다. (공제대상가족수 3인) 특별한 공제사항은 없다.
설날과 추석에 각각 지급한 상여에 대하여 원천징수할 세액은?

A

상여가 없는 달의 원천징수액은 1,780원이다.
설날상여 지급시 소득세원천징수액 계산

$$\frac{(1,600,000\text{원} + 1,600,000\text{원} \times 2)}{2} = 2,400,000\text{원}$$

2,400,000원에 대한 간이세액은 18,080원이다.
18,080원 × 2 = 36,160원
36,160원 − 1,780원 = 34,380원

A 추석에 지급한 상여에 대한 소득세 계산

$$\frac{(1{,}600{,}000원 + 1{,}600{,}000원 \times 7)}{7} = 1{,}828{,}571원$$

1,828,571원에 대한 간이세액은 6,260원이다.
6,260원 × 7 = 43,820원
43,820원 − 10,680원(= 1,780원 × 6) = 33,140원

③ 지급대상기간이 서로 다른 상여를 같은달에 지급하는 경우의 원천징수

지급대상기간이 있는 상여와 지급대상기간이 없는 상여를 같은달에 지급하는 경우에는 지급대상기간을 다음의 산식에 의하여 계산하고 지급대상기간이 있는 상여의 원천징수와 같은 방법으로 세액을 계산한다.

다만, 지급대상기간을 계산함에 있어서 1월 미만의 단수가 있을 때에는 1월로 한다.

$$지급대상기간 = \frac{같은달에\ 지급받은\ 상여\ 등의\ 지급대상기간의\ 합계}{같은달에\ 지급받은\ 상여\ 등의\ 개수}$$

④ 근무지가 2 이상인 근로소득자에 대한 원천징수

근로소득자의 근무지가 2 이상인 경우가 있다. 이러한 근로소득자를 **이중근로소득자**라고 한다. 이중근로소득자에게는 2인 이상의 원천징수의무자(근무지)가 생기게 되며 이중근로소득자와 각 근무지는 간이세액표에 의한 원천징수를 다음과 같이 한다.

■ 근로소득자

2 이상의 근무지로부터 근로소득을 지급받는 근로소득자는 근로소득을 지급받기 전에 2 이상의 근무지 중 주된 근무지와 종된 근무지를 결정하여 주된 근무지의 원천징수의무자에게 "**근무지(변동)신고서**"를 제출하여야 한다.

■ 주된 근무지의 원천징수의무자

근무지신고서를 제출받은 주된 근무지의 원천징수의무자는 그 신고서를 원천징수 관할세무서장에게 제출하고 종된 근무지의 원천징수의무자에게 통보하여야 한다.

그리고 자기가 지급하는 근로소득에 대하여 **일반적인 원천징수방법**에 따라 근로소득세를 원천징수한다.

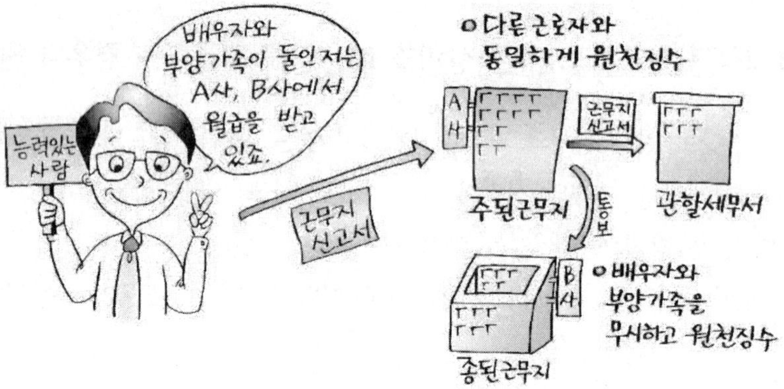

■ 종된 근무지의 원천징수의무자

자기가 지급하는 근로소득에 대하여 당해 근로소득자의 **공제대상 가족수를 1인**, 즉 본인 1인으로 보고 간이세액표의 해당란의 세액에서 세액감면 및 세액공제액을 공제한 근로소득세를 원천징수하여야 한다.

제6장 연말정산에 의한 근로소득세의 계산

1. 연말정산의 의의와 계산구조

"매월 근로소득세를 원천징수하고 나면 다음해 2월에는 연말정산을 해야 한다고 하셨죠?"

① 연말정산의 의의

간이세액표에 나와 있는 원천징수세액은 해당되는 소득을 1년(12개월) 동안 매월 받는 것을 전제로 하는 동시에 변동사항이 전혀 없는 경우를 가정하여 계산된 금액이기 때문에 변화가 일어나면 부담할 세액이 달라질 수밖에 없다.

예를 들어 어떤 사람이 1월과 2월에는 1,000,000원씩 월급을 받았다고 하자. 그러면 1, 2월의 원천징수세액은 1년 동안 월급을 총 (1,000,000 × 12 =)12,000,000원으로 받는 것으로 가정하여 결정된다. 그런데 3월부터 월급이 1,200,000원으로 올랐다면 이때부터는 1년에 총(1,200,000 × 12 =)14,400,000원을 받는 것으로 가정하여 원천징수액이 결정된다.

이 사람이 1년 동안 받는 소득은 실제로는 얼마인가?

1,000,000원 × 2 + 1,200,000원 × 10 = 14,000,000원이 된다.

따라서 **1년 동안 징수한 원천징수세액은 실제 소득에 대해 부담해야 할 세금과 다르게 된다.**

이와 같이 1년 사이에 월급이 올랐다던지, 임시로 보너스를 지급한 것이 있다던지 하는 **급여의 변화**나 자녀가 출생하는 **가족구성의 변화**가 있으면 미리 원천징수한 세액은 부정확한 것이다. 근로소득의 경우는 궁극적으로 연말을 지나야만 1년 동안의 근로소득에 대해 정확히 계산을 할 수 있다.

따라서 세무행정과 납세자의 편의를 위하여 근로소득만이 있는 자에 대하여는 다음해 5월에 해야 하는 소득세 과세표준확정신고를 하지 않고 다음해 2월에 연말정산을 해서 근로소득에 대한 원천징수를 마치게 하고 있다. 이러한 취지에서 마련된 것이 **근로소득자에 대한 연말정산제도**이다.

연말정산은 근로소득금액을 지급하는 자가 다음 연도 2월분 급여를 지급할 때 소득자별로 지난 1년간의 총급여액에 대한 근로소득세액을 소득세법에 따라 정확히 계산한 후, 이미 원천징수하여 납부한 세액과 비교하여 덜 징수한 세액은 추가로 징수하여 납부하고, 많이 징수하여 납부한 세액은 환급받기 위한 절차이다.

② 연말정산의 계산구조

원천징수의무자는 연말정산을 다음의 순서에 의하여 하여야 한다.

(*이 순서를 잘 기억해 놓아야 앞으로 이해하는 데 문제가 없을 것이다. 앞에서 기본적인 소득세의 계산구조는 아래의 표와 같았음을 상기하라)

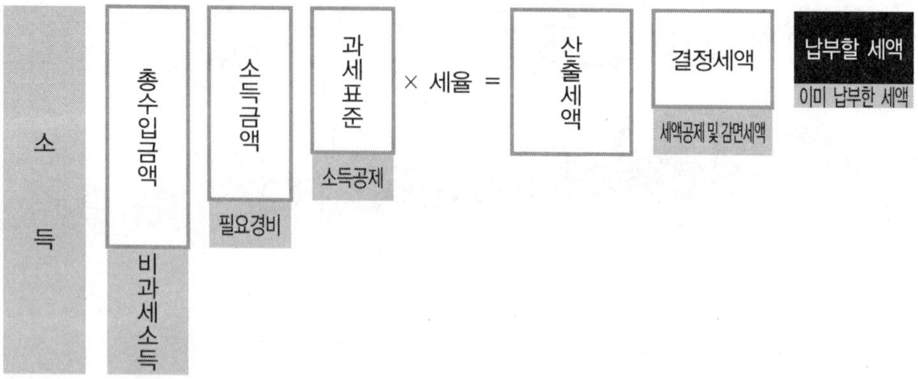

■ 근로소득총급여액의 계산

근로소득자에게 당해연도 1월부터 12월까지 지급한 근로소득급여액에서 비과세 근로소득을 차감하여 과세대상이 되는 근로소득총급여액을 구한다. (근로소득급여액을 근로소득이라 부르기도 한다)

근로소득 - 비과세근로소득 = 근로소득총급여액

■ 근로소득금액의 계산

근로소득총급여액에서 근로소득공제를 차감하여 근로소득금액을 계산한다.

근로소득총급여액 - 근로소득공제 = 근로소득금액

■ 과세표준의 계산

근로소득금액에서 종합소득공제와 조세특례제한법상의 소득공제항목을 차감하여 근로소득과세표준을 계산한다.

근로소득금액 - (종합소득공제 + 조특법상 소득공제) = 근로소득과세표준

■ 산출세액의 계산

근로소득과세표준에 기본세율을 곱하여 산출세액을 계산한다.

근로소득과세표준 × 기본세율 = 산출세액

■ **결정세액의 계산**

산출세액에서 세액공제 및 세액감면을 차감하여 결정세액을 계산한다.

산출세액 - 세액공제 및 세액감면 = 결정세액

■ **징수 또는 환급세액의 계산**

결정세액에서 이미 1월부터 12월까지 간이세액표에 의하여 원천징수하여 납부한 근로소득세액의 합계액(기원천징수액)을 차감하여 연말정산에 의하여 징수할 근로소득세액을 계산한다. 이 경우 기원천징수액이 결정세액보다 많은 때에는 그 초과액은 당해 근로소득자에게 환급하여야 할 환급세액이 된다.

결정세액 - 이미 원천징수하여 납부한 근로소득세액
= 연말정산에 의하여 징수 또는 환급할 근로소득세액

2. 근로소득금액의 계산

근로소득(급여액)을 구하기 위한 근로소득총급여액과 비과세소득에 대해서는 이미 앞에서 설명되었다.

연말정산을 위해서는 1월부터 12월까지 받은 근로소득 총급여액과 비과세소득이 계산되어야 한다.

근로소득 - 비과세근로소득 = 근로소득총급여액

근로소득금액은 근로소득총급여액에서 근로소득공제를 차감하여 구한다.

근로소득금액 = **근로소득총급여액** - **근로소득공제**

1 근로소득공제

사업소득자는 소득을 얻기 위해 사업을 하면서 필연적으로 사용하게 되는 경비가 있다. 이것을 필요경비라고 한다. 따라서 사업소득금액은 총수입금액에서 필요경비를 차감하여 계산한다.

사업소득자 : **총수입금액** - **필요경비** = **사업소득금액**

근로소득자도 근로소득을 얻기 위해 나름대로 경비가 든다고 할 수 있다. 그러나 이러한 경비를 구체적으로 확인하기에는 세무행정상 어려운 점이 많다. 따라서 세법은 근로소득자의 경우 사업소득자와의 형평을 고려하여 근로소득공제항목을 두고 근로소득총급여액에서 차감하도록 하고 있다.

(※ 근로소득공제와 근로소득세액공제는 다르다는 점에 유의하여야 한다)

■ 대상자

근로소득공제는 모든 근로소득자를 대상으로 한다. 따라서 월정액급여의 금액이 얼마이건 관계없이 근로소득공제를 받을 수 있다.

■ 공제금액

근로소득공제는 당해연도의 총급여액을 기준으로 하여 다음의 산식에 의하여 계산한 금액을 공제하되 2,000만원을 한도로 한다.

총급여액	공제액
500만원 이하	총급여액 × 70%
500만원 초과 1,500만원 이하	350만원 + 500만원 초과 × 40%
1,500만원 초과 4,500만원 이하	750만원 + 1,500만원 초과 × 15%
4,500만원 초과 1억원 이하	1,200만원 + 4,500만원 초과 × 5%
1억원 초과	1,475만원 + 1억원 초과금액 × 2%

※ 근무기간이 1년 미만인 경우에도 월할계산을 하지 않고 당해연도의 총급여액을 기준으로 하여 계산한 근로소득공제 대상금액 전액을 총급여액의 범위에서 공제한다.

[예 1] 근로소득공제

1년간의 근로소득총급여액이 1,400만원이라면 근로소득공제액은 얼마일까?

A 350만원 + (1,400만원 − 500만원) × 40% = 350만원 + 360만원 = 710만원
따라서 근로소득공제액은 710만원이 된다.

■ 연금소득공제

연금소득이 있는 거주자에 대해서는 해당 과세기간에 받은 총연금액(분리과세 연금소득은 제외)에서 다음에 규정된 금액을 공제한다. 다만, 공제액이 900만원을 초과하는 경우에는 900만원을 공제한다.

총급여액	공제액
350만원 이하	총연금액
350만원 초과 700만원 이하	350만원 + 초과금액의 40%
700만원 초과 1,400만원 이하	490만원 + 초과금액의 20%
1,400만원 초과	630만원 + 초과금액의 10%

3. 근로소득과세표준의 계산

근로소득금액 - 종합소득공제 + 조특법상 소득공제 = 근로소득과세표준

"이제부터 소득공제를 설명하기로 하죠. 이 소득공제는 항목이 많기 때문에 전체적인 흐름을 잊어버리지 않도록 주의해서 살펴보세요."

"아까 설명하지 않았나요? 아참 아까는 근로소득공제였죠."

소득공제란 과세대상소득 중에서 일정 금액을 공제하여 세금부담을 덜어 주기 위한 것이다.

연말정산에 관련되는 소득공제에는 소득세법상 종합소득에 관련된 종합소득공제가 있고 조세특례제한법에 의한 소득공제의 두 가지가 있다.

종합소득공제는 인적공제와 특별공제의 2가지로 나누어진다.

인적공제는 소득자를 중심으로 한 **가구 구성원의 최저생계비를 지원**하기 위한 것으로 기본공제와 추가공제로 나누어진다.

기본공제는 근로소득자 본인, 근로소득자의 배우자 및 부양가족을 그 공제대상으로 한다. **추가공제**는 기본공제 대상자의 연령, 장애 여부, 부녀자세대주 또는 맞벌이부부인 여성, 6세 이하의 자녀, 출산 또는 입양, 한부모가정인지의 여부에 따라 추가로 공제한다.

한편, 연금보험료를 납부한 경우 이를 소득금액에서 공제하도록 하고 있는데 이를 **연금보험료공제**라 한다.

특별공제는 해당 **가구의 복지후생을 지원하기 위한 제도**로서 당해연도에 지급한 보험료·주택마련 자금 등에 대하여 특정기준에 따라 산출된 금액을 공제받도록 한 제도이다. 그리고 이러한 특별공제를 받지 못하는 경우에는 표준공제를 하도록 하고 있다.

조세특례제한법상의 소득공제로는 퇴직연금소득공제, 신용카드소득공제 등이 있다.

"그러니까 인적공제는 소득자를 중심으로 한 가구 구성원의 최저 생계비를 지원하기 위한 제도라고 할 수 있고 특별공제는 해당 가구의 복지후생을 지원하기 위한 제도라고 할 수 있죠."
"충분히 지원되는 겁니까?"
"글쎄요."

이상의 관계를 도표로 그려보면 다음과 같다.

- 소득공제
  - 종합소득공제
    - 인적공제
      - 기본공제
        - 본인
        - 배우자
        - 부양가족
      - 추가공제
        - 경로우대
        - 장애인
        - 부녀자
        - 한부모
    - 연금보험료공제
    - 퇴직연금소득공제
    - 특별공제
      - 보험료
      - 주택자금
  - 조세특례제한법상 소득공제
    - 개인연금(연금)저축공제
    - 투자조합출자소득공제
    - 신용카드소득공제
    - 소기업·소상공인공제부금소득공제
    - 우리사주조합출연소득공제

1 종합소득공제

■ 기본공제

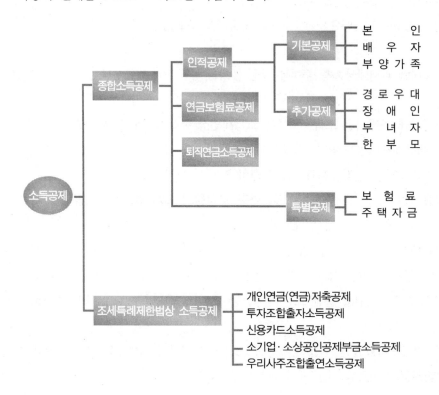

기본공제는 당해 근로소득자, 배우자, 부양가족의 인원수에 대해 **1인당 연 150만원**으로 한다.

기본공제 = 인원수 × 150만원

① 당해 근로소득자

② 배우자

연간 소득금액이 없거나 연간소득금액의 합계액이 100만원 이하인 경우만 공제된다.(총급여액이 500만원 이하의 근로소득만 있는 배우자를 포함한다.)

[예 1] 기본공제

근로소득자와 생계를 같이 하는 배우자가 근로소득금액이 90만원, 사업소득금액이 50만원인 경우 배우자공제를 받을 수 있는가?

A 배우자의 연간소득금액 합계액이 140만원으로 100만원 이상이기 때문에 배우자공제를 받을 수 없다.

③ 부양가족

근로소득자 본인과 생계를 같이 하는 다음의 부양가족으로서 **소득금액이 연간 100만원 이하인** 자만이 공제대상이 된다.(총급여액이 500만원 이하의 근로소득만 있는 부양가족을 포함한다.)

① **직계존속**(배우자의 직계존속 및 직계존속이 재혼한 경우 배우자 포함)으로서 **60세 이상**인 자
② **직계비속** 또는 **입양자**로서 **20세 이하**인 자
③ **형제자매**(배우자의 형제자매도 포함)로서 **20세 이하** 또는 **60세 이상**인 자
④ **국민기초생활보장법에 의한 보호대상자 중 대통령령이 정하는 자**
⑤ 아동복지법에 따른 가정위탁을 받아 양육하는 위탁아동(18세 미만)

단, 장애인공제의 장애인에 해당되는 부양가족은 연령의 제한을 받지 아니한다.

[예 2] 기본공제-배우자

근로소득자의 가족이 배우자, 20세 이하인 자녀 2명, 2020년도 중에 만 20세에 도달하는 자녀 1명, 60세 이상 직계존속 2명이 있는 경우(근로자 본인외 소득이 없음) 기본공제액은?

A (공제대상가족수 7명) × 150만원 = 1,050만원

기본공제에 관한 내용을 요약하면 아래의 표와 같이 표시할 수 있다.

구 분	공제대상자	요 건	
		연 령[1]	연간소득금액합계
(1) 본인공제	당해 거주자		
(2) 배우자공제	거주자의 배우자		100만원 이하
(3) 부양가족공제	당해 거주자(배우자 포함)와 생계를 같이하는 부양가족		
	① 직계존속	60세 이상	100만원 이하
	② 직계비속과 입양자[2]	20세 이하	100만원 이하
	③ 형제자매	20세 이하 또는 60세 이상	100만원 이하
	④ 생활보호대상자		100만원 이하
	⑤ 아동복지법에 따른 위탁아동 18세 이하		100만원 이하

[1] 장애인에 해당되는 경우에는 연령의 제한을 받지 않는다.

[2] 이 경우 해당 직계비속 또는 입양자와 그 배우자가 모두 장애인에 해당하는 경우에는 그 배우자를 포함한다.

[3] 총급여액이 500만원 이하인 배우자 및 부양가족을 포함한다.

[4] 계부 · 계모를 직계존속 사후에도 부양하는 경우 기본공제대상이 된다.

■ 추가공제

① 추가공제

기본공제대상자가 다음의 '가', '라'와 같은 경우에는 1인당 연 100만원, '나'의 경우에는 1인당 면 200만원, '다'의 경우에는 50만원을 공제하며, '다'와 '라' 모두 적용될 경우에는 '라'를 적용하여 100만원을 공제한다.

가. **경로우대공제** : 70세 이상인 경우

나. **장애인공제** : 장애인인 경우

다. **부녀자공제** : 근로소득자(종합소득금액이 3천만원 이하자로 한정) 본인이 여성으로서 배우자가 없고 부양가족이 있는 세대주이거나 배우자가 있는 여성(맞벌이)인 경우

라. **한부모공제** : 거주자가 배우자가 없는 사람으로서 기본공제 대상자인 직계비속 또는 입양자가 있는 경우

추가공제 = 경로우대공제 + 장애인공제 + 부녀자공제 + 한부모공제

[예 3] 추가공제

근로소득자의 가족이 배우자, 17세 · 18세인 자녀 2명, 이중 한 명은 장애인이며, 71세 · 70세인 직계존속 2명이 있는 경우 (근로자 본인 외 소득이 없음) 인적공제액은?

A

기본공제	6명 × 150만원 =	900만원
장애인공제	1명 × 200만원 =	200만원
경로우대공제	2명 × 100만원 =	200만원
		1,300만원

[예 4] 기본공제와 추가공제

정근로씨는 배우자가 있고 자녀 2인(16세 · 18세), 모(70세), 대학생인 남동생 1인(21세)이 있다. 인적공제액은 얼마인가?

A

기본공제액 : 750만원
추가공제액 : 100만원
→ 850만원

■ 연금보험료공제

국민연금법에 의하여 부담하는 **연금보험료** 또는 공무원연금법·군인연금법·사립학교교직원연금법 또는 별정우체국법에 의하여 근로자가 부담하는 **기여금** 또는 **부담금**에 대해서는 소득금액에서 해당금액을 공제한다.

이를 **연금보험료 공제**라 한다.

■ 주택담보노후연금 이자비용공제

연금소득이 있는 거주자가 주택담보 노후 연금을 받은 경우에는 그 받은 연금에 대해서 해당 과세기간에 발생한 이자비용 상당액을 해당 과세기간 연금소득금액에서 공제한다. 이 경우 공제할 이자 상당액이 200만원을 초과하는 경우에는 200만원을 공제하고, 연금소득금액을 초과하는 경우 그 초과금액은 없는 것으로 한다. 주택담보노후연금 이자비용공제는 해당 거주자가 신청한 경우에 적용한다.

■ 특별공제

① 보험료공제

근로소득세의 공제대상이 되는 사회 보험료는 다음과 같다.

ㄱ. 근로자가 부담한 **국민건강보험료 전액**

ㄴ. 근로자가 부담한 **고용보험료 전액**

ㄷ. 근로자가 부담한 **노인장기요양보험료 전액**

※ 사용자가 부담하는 국민연금보험료는 공제대상보험료에 해당되지 않는다.

※ 보장성보험이란 만기에 환급되는 금액이 납입보험료를 초과하지 아니하는 보험을 말한다. 근로소득자 본인.기본공제대상이 되는 근로소득자의 배우자 또는 부양가족을 피보험자로 하는 보험이어야 한다.

보험료공제 = 건강보험료 + 고용보험료 + 노인장기 요양보험료

[예 5] 보험료공제

다음 자료에 의하여 보험료 공제액을 계산해 보자.

건강보험료 1월~12월 : 매월 30,000원
고용보험료 1월~12월 : 매월 10,000원
노인장기요양보험료 1월~12월 : 매월 10,000원

A 전액공제되는 보험료 : 건강보험료 360,000원 + 고용보험료 120,000원 + 노인장기요양보험료 120,000원 = 600,000원
보험료공제액 : 600,000원

[예 6] 보험료공제

근로자가 1월부터 12월까지 12개월간 매월 급여에서 건강보험료로 월 2만원, 국민연금으로 월2만원, 고용보험료 월 5,000원, 노인장기요양보험료 월 10,000원을 납부하였음, 또한 공제대상배우자의 명의로 계약(피보험자는 근로자 본인)한 자동차종합보험료가 110만원인 납부영수증을 회사에 제출하였을 경우 연말정산시 공제할 보험료금액은?

A

(1) 건강보험료 : 월 2만원 × 12개월 = 24만원
(2) 고용보험료 : 월 5천원 × 12개월 = 6만원
(3) 노인장기요양보험료 : 월 1만원 × 12개월 = 12만원
따라서 42만원이 보험료공제액이 된다.

② 주택자금공제

ㄱ. **주택마련저축공제**

근로소득자로서 기준시가 3억 이하인 국민주택규모의 1주택을 소유한 자 또는 무주택자가 주택마련저축하는 경우 불입금액의 40%를 공제하되 연간 300만원을 한도로 한다.

ㄴ. **주택임차차입금의 원리금상환액**

무주택자인 근로소득자(총급여 5천만원 이하)가 국민주택규모의 주택임차를 위한 차입금의 원리금상환시 상환금액으로 주택마련저축공제와 합산하여 연 300만원을 한도로 한다.

ㄷ. **장기주택저당차입금 이자상환액**

기준시가 4억원 이하인 국민주택 취득관련 장기주택저당차입금의 이자상환액으로 연 500만원을 한도로 한다.

ㄹ. **월세액 세액공제**

무주택 세대의 세대주로서 총급여 7천만원(종합소득금액 6천만원) 이하인 근로소득자 및 종합소득금액이 6천만원 이하인 성실사업자 등이 국민주택규모의 주택을 임차하기 위하여 지급하는 월세액으로 월세액의 10%(총급여액이 5천500만원 이하인 근로자 및 종합소득금액이 4천만원 이하인 성실사업자 등은 12%)를 세액공제 하되 연간 750만원을 한도로 한다.

② 조세특례제한법상의 소득공제

조세특례제한법에는 아래와 같은 항목에 대하여 소득공제를 하도록 하고 있다.

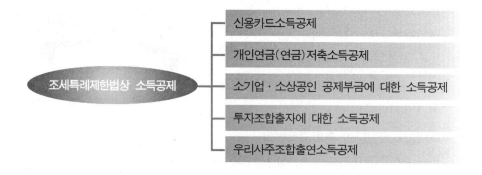

조세특례제한법상 소득공제
- 신용카드소득공제
- 개인연금(연금)저축소득공제
- 소기업 · 소상공인 공제부금에 대한 소득공제
- 투자조합출자에 대한 소득공제
- 우리사주조합출연소득공제

■ 신용카드소득공제

① 공제대상자

근로자와 근로자의 배우자 또는 주민등록상의 동거가족인 직계존비속(연간 소득금액의 합계액이 100만원 이하인 자)의 카드사용금액을 대상으로 한다.

② 공제금액

봉급생활자가 해당 과세기간에 사업자로부터 특정대상을 제외한 재화나 용역을 제공받고 신용카드 또는 직불카드·기명식선불카드로 결제한 금액·기명식선물전자지급수단 또는 전자화폐, 현금영수증에 기재된 금액(이하 '신용카드 등 사용금액'이라 한다)이 본인의 연간 총급여액의 25%를 초과하는 경우에는 동 초과금액의 15%(직불카드등 사용액은 30%, 현금영수증 사용액 30%, 전통시장·대중교통 사용분은 40%)에 해당하는 금액을 당해 과세연도의 근로소득금액에서 공제한다.

이 경우 소득공제한도는 연간 300만원과 총급여액의 20%에 해당하는 금액 중 적은 금액으로 한다. 다만, 전통시장 사용분과 대중교통이용분은 각각 100만원까지 추가로 공제한다.

[예 8] 신용카드소득공제

정근로씨는 근로소득만이 있으며 2020년의 총급여액은 5,000만원이고 2020년 1월 1일부터 2020년 12월 31일까지의 신용카드사용액이 1,000만원, 현금영수증사용액이 350만원인 경우 신용카드 소득공제액은?

A

공제대상 신용카드사용금액 = 1,350만원 − 5,000만원 x 25% = 100만원
급여의 20% 초과사용액 중 신용카드소득공제액 : 100만원 x 20% = 20만원
① 5,000만원 x 20% = 1,000만원
② 300만원(한도)
이 경우 소득공제 한도는 연간 300만원과 총급여 20% 중 적은 금액으로 한다. 다만, 전통시장 사용분과 대중교통 이용분은 각각 100만원까지 추가로 공제한다(최대 500만원)

■ 개인연금저축에 대한 소득공제

근로소득자 본인의 명의로 개인연금저축에 가입하고 저축금액을 불입한 거주자로 한다. 단, 2000년 12월 31일까지 가입한 것에 한한다.

– 공제금액

당해연도에 개인연금저축으로 불입한 금액의 40%로 하되, 개인연금저축소득공제로서 공제할 수 있는 금액의 한도액은 72만원으로 한다.

[예 9] 개인연금저축공제

정근로씨는 개인연금저축에 가입하고 매월 20만원씩 불입하여 연 불입액이 240만원이다. 개인연금저축공제액은 얼마인가?

A

2,400,000원 × 40% = 960,000원
공제한도는 720,000원이므로 720,000원을 공제받을 수 있다.

■ 소기업·소상공인 공제부금에 대한 소득공제

거주자가 중소기업협동조합법 제115조에 따른 소기업·소상공인공제부금납부에 대하여 다음 산식에 의한 금액을 당해 연도의 종합소득금액에서 공제한다.

소득공제액 = MIN[① 당해 연도의 공제부금 납부액, ② 300만원]

■ 중소기업창업투자조합출자에 대한 소득공제

① 공제대상자

중소기업창업투자조합·신기술사업투자조합·기업구조조정조합 또는 부품·소재 전문투자조합에 출자하거나 벤처기업 등에 투자하는 거주자에 대하여 이 소득공제를 적용한다.

② 공제금액

당해 출자액의 100분의 10에 상당하는 금액(종합소득금액의 50%를 한도로 함)을 출자일이 속하는 과세연도부터 출자 후 2년이 되는 날이 속하는 과세연도까지 거주자가 선택하는 1과세연도의 종합소득금액에서 공제한다.

■ 우리사주조합출연소득공제

우리사주조합원이 자사주를 취득하기 위하여 우리사주조합에 출연하는 경우에는 당해연도의 출연금액과 400만원 중 적은 금액을 당해연도의 근로소득금액에서 공제한다.

"아휴, 소득공제가 상당히 많아서 복잡한 것 같아요!"
"많은 것 같지만 차근차근 머리속에서 정리해 가면 그렇게 복잡하지 않을 거예요."
"그러니까 크게는 기본공제와 추가공제, 연금보험료공제, 퇴직연금소득공제, 주택담보노후연금이자비용공제, 특별공제, 조세특례제한법상 소득공제로 구분되는 거죠."
"그렇죠, 그런 식으로 정리하면 금방 정리가 되죠."

③ 소득공제 종합한도

특별소득공제 및 그 밖의 소득공제액이 연간 2,500만원을 초과 할 경우 그 초과하는 금액은 없는 것으로 하며, 주택자금공제, 주택마련저축, 소기업소상공인 공제부금, 투자조합출자 등, 신용카드 등 사용금액, 우리사주조합출자금, 장기집합투자증권저축을 적용대상으로 한다.

4. 산출세액 · 결정세액 · 납부세액의 계산

① 산출세액의 계산

근로소득금액에서 소득공제를 차감하면 과세표준이 계산된다. 이제 과세표준에 세율을 곱하여 산출세액을 계산한다.

산출세액 = 과세표준 × 세율

세율은 아래의 표와 같다.

과세표준	세 율
1,200만원 이하	6%
1,200만원 초과 4,600만원 이하	72만원 + 1,200만원 초과액 × 15%
4,600만원 초과 8,800만원 이하	582만원 + 4,600만원 초과액 × 24%
8,800만원 초과 1.5억원 이하	1,590만원 + 8,800만원 초과액 × 35%
1.5억원 초과 3억원 이하	3,760만원 + 1.5억원 초과액 × 38%
3억원 초과 5억원 이하	9,460만원 + 3억원 초과액 × 40%
5억원 초과	1억 7,460만원 + 5억원 초과액 × 42%

② 결정세액의 계산

산출세액이 계산된 후에는 산출세액에서 세액공제액과 세액감면액을 차감하여 결정세액을 계산해야 한다.

세액공제 및 세액감면은 조세부담의 경감 등을 목적으로 산출세액에서 그 세액 중 일부를 면제·공제하거나 경감하는 세액을 말한다.

결정세액 = 산출세액 - 세액공제 및 세액감면

■ 연금계좌세액공제

종합소득이 있는 거주자가 연금계좌에 납입한 금액에서 법에서 정한 경우를 제외한 금액의 100분의 12에 해당하는 금액을 해당 과세기간의 종합소득산출세액에서 공제한다.(총급여액 55백만원 이하는 15%) 다만, 연금계좌 납입액이 연 400만원을 초과하는 경우에는 그 초과하는 금액은 없는 것으로 하고, 연금저축계좌에 납입한 금액 중 400만원 이내의 금액과 퇴직연금계좌에 납입한 금액의 합계액이 700만원(ISA계좌의 연금계좌 전환시 1,000만원)을 초과하는 경우는 없는 것으로 한다.

연금계좌세액공제의 합계액이 종합소득산출세액을 초과하는 경우 그 초과하는 공제액은 없는 것으로 한다.

■ 자녀세액공제

종합소득이 있는 거주자의 기본공제대상자에 해당하는 7세이상(7세미만의 취학아동 포함)의 자녀(입양자 및 위탁아동을 포함한다)에 대해서는 다음의 금액을 종합소득산출세액에서 공제한다.

- 1명인 경우 : 연 15만원
- 2명인 경우 : 연 30만원
- 3명 이상인 경우 : 연 30만원과 2명을 초과하는 1명당 연 30만원을 합한 금액
- 해당과세기간에 출생·입양한 경우 첫째인 경우 연 30만원, 둘째인 경우 연 50만원, 셋째 이상인 경우 연 70만원

■ 특별세액공제

① 보험료 세액공제

근로소득자가 해당 과세기간에 보장성보험을 납입한 경우 지급금액의 12%(장애인 전용보장보험은 15%)를 세액공제 한다고 그 합계액이 각각 연 100만원을 초과하는 경우 그 초과하는 금액은 없는 것으로 한다. 다만 장애인전용 보장성보험료는 100만원 한도에서 추가공제한다. 보장성보험에는 주택 임차보증금 반환 보증보험료(보증대상 임차보증금 3억원 이하)를 포함한다.

② 의료비 세액공제

근로소득자가 기본공제대상자(나이 및 소득의 제한을 받지 아니한다)를 위하여 의료비를 지급한 경우 다음의 금액의 100분의 15(난임시술비는 100분의 20)에 해당하는 금액을 해당 과세기간의 종합소득산출세액에서 공제한다.

- 아래의 대상자를 제외한 기본공제대상자를 위하여 지급한 의료비로서 총급여액에 100분의 3을 곱하여 계산한 금액을 초과하는 금액. 다만, 그 금액이 연 700만원을 초과하는 경우에는 연 700만원으로 한다.

- 해당 거주자, 과세기간 종료일 현재 65세 이상인 사람과 장애인을 위하여 지급한 의료비 및 건강보험산정 특례자를 위해 지출한 의료비와 난임시술비. 다만, 앞의 의료비가 총급여액에 100분의 3을 곱하여 계산한 금액에 미달하는 경우에는 그 미달하는 금액을 뺀다.

③ 교육비 세액공제

근로소득자가 기본공제대상자(직계존속제외, 나이제한 없음)를 위하여 해당 과세기간에 대통령령으로 정하는 교육비를 지급한 경우 다음의 금액의 100분의 15에 해당하는 금액을 해당 과세기간의 종합소득 산출세액에서 공제한다.

- 근로소득자 본인을 위한 대학, 대학원비 : 전액 공제 대상
- 대학생 : 1인당 900만원
- 취학전·초·중·고등학생 : 1인당 300만원
- 장애인의 재활교육을 위한 특수교육비 : 전액 공제 대상

④ 기부금 세액공제

법정기부금은 근로소득금액의 100%, 지정기부금(종교단체제외)은 근로소득금액의 30%이며 종교단체에 대한 기부금은 근로소득금액의 10%를 한도로 한다.

■ 세액공제

세액공제에는 다음과 같은 항목들이 있다.

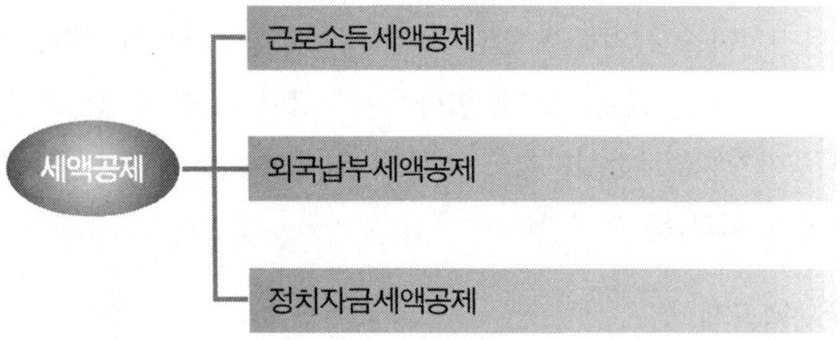

① 근로소득세액공제

가. 공제대상자

사업소득자와는 달리 매월 근로소득세액이 원천징수되는 점을 고려하여 근로소득자의 조세부담을 경감하기 위한 제도로서 **모든 근로소득**에 대하여 적용한다.

나. 공제범위액

근로소득에 대한 산출세액을 아래와 같이 공제한다.

산출세액	공제액
130만원 이하분	산출세액의 55%
130만원 초과분	71만 5천원 + 130만원 초과금액의 30%

다. 공제세액이 다음구분에 따른 금액을 초과하는 경우 그 초과액은 없는 것으로 한다.

- 총급여액이 3천 300만원 이하인 경우 74만원
- 총급여액이 3청 300만원 초과 7천만원 이하인 경우 :

$$74만원-[(총급여액-3천3백만원)\times\frac{8}{1000}]$$

다만 이 금액이 66만원보다 적을 경우 66만원으로 한다.

- 총급여액이 7천만원을 초과하는 경우 :

$$66만원-[(총급여액-7천만원)\times\frac{1}{2}]$$

다만 이 금액이 50만원보다 적을 경우 50만원으로 한다.

② 외국납부세액공제

근로소득자의 근로소득금액에 국외원천근로소득이 합산되어 있고 그 국외원천근로소득에 대하여 외국에서 외국소득세액을 납부하였거나 납부할 것이 있는 경우에는 **근로소득산출세액에 국외원천근로소득이 당해연도의 근로소득에서 차지하는 비율을 곱하여 산출한 금액**을 한도로 외국소득세액을 근로소득산출세액에서 공제한다.

$$\text{외국납부세액공제 한도액} = \text{근로소득산출세액} \times \frac{\text{국외근로소득금액}}{\text{근로소득금액}}$$

③ 정치자금세액공제

내국인이 정치자금에관한법률에 의하여 정당(또는 후원회)에 기부한 정치자금은 당해연도에 10만원까지는 기부금액의 110분의 100을 세액공제하고, 10만원을 초과한 금액에 대하여는 해당금액의 100분의 15를 세액공제한다.

■ 세액감면

세액감면에는 다음과 같은 것이 있다.

가. 정부간의 협약에 의해 우리나라에 파견된 외국인의 급여에 대한 면제
나. 외국인투자촉진법에 규정하는 기술도입계약에 의하여 근로를 제공하는 외국인의 급여에 대한 면제
다. 외국인기술자에 대한 면제

근로소득금액에 세액감면이 되는 근로소득이 포함되어 있으면 근로소득산출세액에 당해 근로소득금액이 총근로소득금액에서 차지하는 비율을 곱하여 계산한 금액에 상당하는 소득세를 면제한다.

$$\text{감면세액} = \text{근로소득산출세액} \times \frac{\text{당해 감면대상 근로소득금액}}{\text{근로소득금액}}$$

"세액공제나 세액감면은 특별한 사항이 없으면 근로소득세액공제만 해당됩니다."

[예 1] 결정세액의 계산

정상일씨의 산출세액은 300,000원이다. 결정세액을 계산하라. 특별한 세액공제나 감면사항은 없다.

A

산출세액은 300,000원이므로 근로소득세액공제를 계산하면
근로소득세액공제 = 300,000 × 55% = 165,000원
결정세액 = 산출세액 − 근로소득세액공제 = 300,000원 − 165,000원 = 135,000원

③ 납부세액의 계산

결정세액이 계산되면 결정세액에서 당해연도 중 이미(기 : 旣) 원천징수하여 납부했던 '기납부세액'을 차감하면 연말정산시의 원천징수할 금액 또는 환급할 세액이 계산된다.

결정세액 − 기납부세액 = 연말정산세액

[예 2] 납부할 세액의 계산

앞의 〔예 2〕의 정상일씨의 근로소득에 대하여 연말정산 전까지 원천징수한 근로소득세는 121,400원이었다. 최종적으로 징수해야 할 소득세는?

A

결정세액 − 기납부세액 = 135,000원 − 121,400원 = 13,600원
따라서 13,600원을 추가로 징수하여야 한다.

제7장 연말정산의 절차

연말정산을 위한 근로소득세의 계산방법에 대해서는 앞에서 설명하였다. 이제 연말정산을 위하여 회사에서 해야 할 절차를 살펴보기로 하자. 그 절차는 일반적으로 다음과 같이 진행된다.

연말정산대상자가 제출할 서류의 수집

↓

계속근무자, 중도입사자, 재취업자, 이중근로소득자의 연말정산에 의한 근로소득세 계산

↓

소득자별 근로소득원천징수부의 작성

↓

근로소득 원천징수영수증(지급명세서)의 작성

↓

원천징수이행상황신고서의 작성

↓

납부서 · 납입서의 작성

세액납부 및 관계서류의 제출

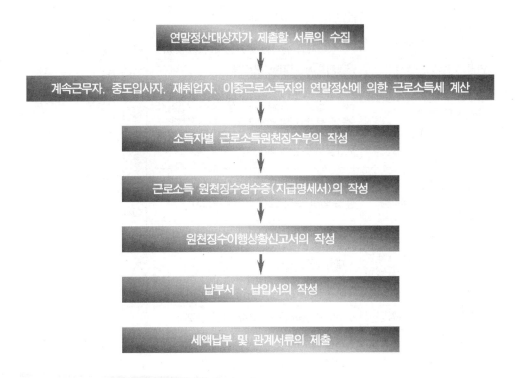

1. 연말정산대상자가 제출할 서류의 수집

"지금까지 여러 가지 소득공제나 세액공제에 대해서 설명하셨지만 이러한 공제를 받기 위해서 어떠한 서류들이 필요한지, 언제 제출하여야 하는지는 설명하시지 않았어요."
"음, 요약해서 설명하기로 하죠."

연말정산을 하기 위하여 근로소득자는 원천징수의무자인 회사에게 해당사항이 있는 경우 아래의 표에 나타난 서류들을 제출하여야 한다.(전산으로 확인할 수 있으면 생략 가능한 경우가 있다.)

[소득공제에 필요한 서류]

서류명	대상자	발급처	제출 부수
근로소득자소득공제신고서	모든 근로자는 매년 제출하여야 함.	근로자 본인이 작성	1부
주민등록표등본 (외국인은 외국인등록표)	• 신규 입사한 근로자 • 소득공제대상 가족의 변동이 있는 근로자 * 주민등록등본으로 가족관계가 확인되지 않는 경우에는 호적등본을 제출할 수 있음.	동사무소	1부
장애인증명서(상이자는 상이증명서) 또는 장애인수첩	본인 또는 부양가족 중 심신상실자, 정신지체자, 상이자, 청각장애인과 시각장애인, 상이자와 유사한 근로능력이 없는 자	의료기관 (한의원 포함) 읍·면·동사무소	1부
연금저축납입증명서	연금저축에 가입한 근로자	금융기관	1부
일시퇴거자동거가족상황표 (증빙서류 첨부)	배우자와 직계비속 이외의 동거가족 중에 취학, 질병의 요양, 근무상 또는 사업상의 형편으로 일시퇴거한 자가 있는 근로자	근로자 본인이 작성	1부
호적등본 및 주민등록표 등본	추가공제를 받을 자	구청·읍·면·동사무소	1부
보험료납입증명서 또는 보험료납입영수증	생명보험, 상해보험, 손해보험, 공제 등 보장성 보험의 보험료를 납입한 근로자	보험회사 및 농·축·수협·신협·마을금고	1부
교육비납입증명서 또는 공납금납부영수증(보육료납입영수증·학원수강료납입영수증)	• 배우자, 자녀, 형제자매 및 동거 입양자가 유치원·학원·보육시설·초·중·고·대학에 재학 중인 근로자 • 초·중·고·대학·대학원에 재학 중인 근로자 본인	학교장	1부
주택마련저축납입증명서 또는 주택자금상환증명서 • 주민등록표등본 • 건물등기부등본	• 주택자금공제를 받고자 하는 근로자 * 건물등기부등본은 제출 전 1월 내에 발급된 주민등록지의 것과 직전 주민등록지의 건물등기부등본을 말함	금융기관 등기소·동사무소	1부
의료비지급명세서	연간 의료비를 총급여액의 3%를 초과하여 지급한 근로자	근로자 본인이 작성	1부
기부금납입명세서 (영수증 첨부)	• 국가·지방자치단체에의 기부금 또는 수재의연금, 국방헌금, 위문금품을 낸 근로자 • 지정기부금(소득세법 제34조)을 낸 근로자	근로자 본인이 작성	1부

※ 소득공제신고서와 함께 제출하는 주민등록표등본은 2 이상의 공제를 받는 경우에도 1부만 제출하면 됨. 다만, 이미 제출한 주민등록표등본의 내용에 변동이 없는 경우에는 따로 제출하지 아니할 수 있음.

[세액공제·감면에 필요한 서류]

서류명	대상자	발급처	제출부수
외국납부세액공제 신청서	외국에서 근로를 제공하고 당해 국에 소득세를 납부한 근로자	근로자 본인이 작성	1부
외국인근로소득세액감면신청서 및 외국인 투자기업인가서 사본	• 정부간의 협약에 의해 우리나라에 파견된 외국인 근로자 • 외국인투자촉진법에 의한 기술도입계약에 의하여 근로를 제공하는 외국인	근로자 본인이 작성	1부
외국인 기술자의 근로소득세액면제신청서 및 증빙서류	일정한 자격을 가진 기술자로서 외국인 근로자	근로자 본인이 작성	1부

2. 중도입사자 등의 근로소득합산에 의한 연말정산의 요건 검토

"지금까지 설명하신 건 1년 동안 계속 근무한 사람에 대한 연말정산을 설명하신 거지만 중간에 퇴직하거나 중간에 입사하거나 다른 곳에서도 월급을 받는 사람같은 경우에는 어떻게 연말정산을 하지요?"

"아참, 그 설명을 빼놓을 뻔 했네요."

계속근무자의 경우에는 앞에서 설명한 대로 근로소득세를 계산하면 된다. 그러나 중도입사자와 이중근로소득자는 이전의 근로소득과 현재 근무지의 근로소득을 합산하여야 하는 문제가 생긴다. 따라서 이들에 대해서는 근로소득합산에 의한 연말정산의 요건을 검토하고 관계서류를 확인하여야 한다.

1 중도퇴직자의 연말정산

중도입사자와 이중근로소득자에 대해 살펴보기에 앞서 중도퇴직자의 연말정산에 대해 살펴보기로 하자.

중도퇴직자는 정상적인 연말정산과 마찬가지 방법으로 퇴직시에 연말정산을 하고 세액을 계산한다. 예를 들어 살펴보기로 하자.

② 이중근로소득자의 연말정산

■ 종된 근무지에서의 연말정산

이중근로소득자의 경우에는 주된 근무지와 종된 근무지로 구별하여 간이세액표에 의해 원천징수함은 이미 간이세액표에 의한 원천징수에서 설명하였다.

즉, **종된 근무지**에서는 매월 급여를 지급할 때 당해 근로자에게 본인의 **기본공제**만이 있는 것으로 보고(즉, 공제대상가족수 1인) 간이세액표를 적용하여 원천징수한다.

연말정산시에는 지급한 당해연도의 근로소득금액에 기본세율을 적용하여 계산한 산출세액에서 당해연도에 이미 원천징수하여 납부한 소득세를 공제하고 그 차액을 원천징수한다.

그러나 종된 근무지에서는 연말정산을 하지 않고 **간이세액표에 의한 원천징수**만 하고 '근로소득원천징수영수증'을 교부할 수도 있다.

■ 주된 근무지에서의 연말정산

주된 근무지의 원천징수의무자는 일반적인 원천징수와 마찬가지로 정상적인 원천징수를 한다. 그리고 연말정산을 할 때에는 주된 근무지의 근로소득금액과 종된 근무지의 근로소득금액을 합계한 금액에 대하여 일반적인 연말정산과 마찬가지로 연말정산을 한다.

근무지(변동)신고서를 제출한 이중근로소득자는 종된 근무지의 원천징수의무자로부터 **'근로소득원천징수영수증'**과 **'소득자별 근로소득원천징수부'**를 교부받아 주된 근무지의 원천징수의무자에게 제출하여야 하며 주된 근무지의 원천징수의무자는 종된 근무지의 근로소득을 주된 근무지의 근로소득과 합산하여 연말정산을 하여야 한다.

③ 중도입사자에 대한 연말정산

다른 회사를 퇴사하고 현재의 회사에 입사한 자는 현 근무지에서 최초의 급여를 지급받기 10일 전까지 '근로소득자소득공제신고서'와 해당 첨부서류를 제출하여야 한다. 이는 연말정산을 받기 전까지의 각 월분 급여에 대해 간이세액표를 적용하여 회사가 원천징수를 할 수 있도록 하기 위해서이다.

당해연도의 중간에 취직한 자에 대하여 근로소득을 지급하는 현 근무지의 원천징수의무자는 당해 근로소득자로 하여금 연말정산을 하기 전까지 전 근무지의 '근로소득원천징수영수증'과 '소득자별 근로소득원천징수부', '근로소득자소득공제신고서'를 제출하게 하여 전 근무지의 근로소득과 현 근무지의 근로소득을 합계한 금액을 가지고 연말정산을 한다. 이는 앞에서 설명한 이중소득자의 연말정산과 유사하므로 계산예는 생략하기로 한다.

"만일 이중근로소득자나 재취직자가 합산해서 연말정산을 하지 않으면 어떻게 되나요?"
"번거로운 일이지만 다음해 5월에 종합소득세확정신고를 본인 스스로 해야죠."
"종합소득세확정신고를 하지 않으면요?"
"아마 가산세가 붙어서 고지서가 나올겁니다."

3. 소득자별 근로소득원천징수부의 작성

근로소득자소득공제신고서를 모두 받은 후 공제사항이 정리되면 회사에서는 이 서류를 토대로 소득자별 근로소득원천징수부를 작성한다.

이것은 근로소득을 지급하는 원천징수의무자가 **근로소득자별 인적사항·각종 공제·감면내용 등을 기록**하여 비치하는 연말정산을 위한 기본서류이다. 이 원천징수부는 세무서에 제출하지 않고 회사에 보관한다.

4. 근로소득원천징수영수증(지급명세서)의 작성

근로소득원천징수영수증을 3부 작성한다. 이것을 세무서에 1부를 제출하고 1부는 회사에 보관하며 1부는 각 근로자에게 지급한다.

5. 원천징수이행상황신고서의 작성

해당항목이 있는 경우에만 원천징수이행상황을 연간 합계한 원천징수이행상황신고서(부표)를 작성한다.

6. 납부서·납입서의 작성

납부서와 납입서의 작성요령은 이미 앞에서 설명한 바 있다.

7. 세액납부 및 관계서류의 제출

앞에서 설명한 연말정산절차가 완료되면 세액을 납부하고 관계서류를 제출하면 연말정산절차는 끝나게 된다.

8. 납부세액·환급세액의 처리

원천징수의무자가 이미 원천징수하여 납부한 세액에 과오납이 있어 납세의무자(소득자)에게 환급할 세액이 발생하였을 때에는 환급세액을 징수의무자가 관할세무서로부터 환급을 받아 소득자에게 지급(환급)하는 것이 원칙이다.

예를 들어 회사에서 연말정산을 하고 나면 어떤 근로소득자의 경우에는 추가납부하여야 할 세액이 발생하고 어떤 근로소득자의 경우에는 환급하여야 할 세액이 발생한다. 그렇다면 어느 근로자는 추가납부하고 어느 근로자는 세무서로부터 환급을 받게 한다면 업무상 복잡하게 된다. 따라서 이러한 경우에는 환급할 세액을 추가납부하여야 할 세액과 상계하고 나머지 금액만을 추가납부하면 된다.

이와 같이 징수의무자가 세무서로부터 환급받는 절차를 생략하고, 징수의무자가 징수하여 납부할 세액에서 직접 환급하여 주고 나머지 세액만 납부하는 제도를 **조정환급제도**라고 한다.

만일 원천징수하여 납부할 소득세가 없는 경우에는 다음달 이후에 원천징수하여 납부할 소득세에서 조정하여 환급한다.

다음달 이후에도 원천징수하여 납부할 소득세가 없거나, 환급할 세액에 미달하는 경우에는 원천징수의무자가 원천징수 관할세무서장에게 환급신청을 하여 환급받을 수 있다.

제 3 부

부가가치세

제8장 부가가치세의 기초

1. 부가가치세의 의의

1 부가가치는 무엇인가?

"부가가치, 부가가치하는데 부가가치가 뭐지요?"
"부가가치란 뭔가 하니 원래보다 더 높아진 가치를 말하죠."
"그걸 왜 알아야 하죠?"
"부가가치세가 기업에서 반드시 관련되어 있기 때문이죠. 부가가치세를 계산하고 신고 · 납부하는 일이 경리업무에서 기본적인 것 중의 하나예요. 우선 부가가치가 무엇인지에 대해서 설명하기로 하죠."

■ 재화를 공급하면 부가가치가 생긴다

흔히 일상생활에서도 부가가치라는 말을 많이 사용하고 있다. 그러면 **부가가치**(附加價値)란 무슨 뜻일까? 글자 뜻대로 풀이한다면 **'더해진 가치'**이므로 **어떤 물건을 만들거나 어떤 일을 해서 그 이전보다 높아진 가치**를 의미한다.

일반적으로 부가가치는 내가 가지고 있는 물건을 팔고 그 대가를 지급받았을 때 비로소 확인할 수 있다.

예를 들어 나무를 40만원에 사서, 깎고 조각하여 조각품을 만들어 100만원에 팔았다고 하자. 그렇다면 나무를 사서 조각품을 만들어 파는 활동을 통해 60만원이라는 부가가치가 생긴 것이다.

물론 물건을 만들어 파는 것만이 부가가치가 생기는 활동은 아니다. 동해안의 어부인 김동해씨가 오징어를 잡아 훈제조미하여 중간상인 이중간씨에게 오징어 한마리를 천원에 팔았다. 이중간씨는 훈제오징어를 서울로 가져와 소비자인 박최종씨에게 3천원을 받고 팔았다고 하자. 이중간씨는 물건을 만들지 않고 다른 사람으로부터 사서 팔았지만 그 활동을 통해 2천원의 부가가치가 생기게 된다.

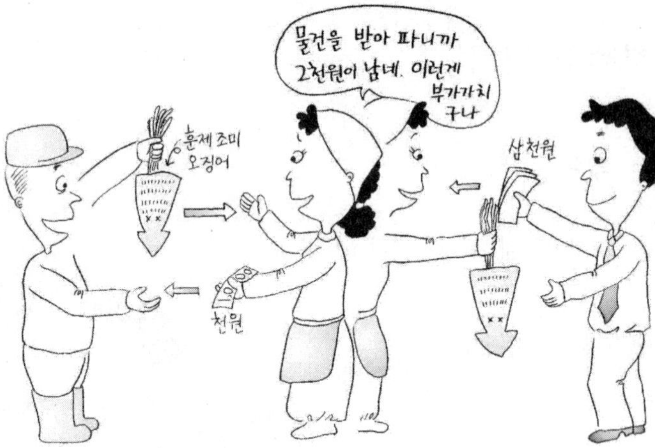

이러한 두 가지 예에서 보는 바와 같이 물건을 생산하여 판매하는 경우와 물건을 구입하여 판매하는 경우에 부가가치가 생기게 된다.

여기서 물건이란 우리가 일상생활에서 쓰는 용어이고 세법에서는 **재화(財貨)**라고 한다. (굳이 재화라는 용어를 사용하는 것은 부가가치의 대상을 보다 정확하게 정의하기 위해서이다. 보다 자세한 설명은 나중에 하기로 한다) 그리고 재화를 생산하여 판매하건, 구입하여 판매하건 모두 다른 사람에게 **공급**하는 것이다. (공급의 자세한 의미에 대해서는 나중에 설명할 것이다)

따라서 **부가가치는 다른 사람에게 재화를 공급함으로써 생긴다.**

■ 용역을 공급해도 부가가치가 생긴다

"재화를 공급하는 경우에만 부가가치가 생기는 것은 아니잖아요?"

"어떤 경우를 말하죠?"

"예를 들어 건물을 빌려주고 임대료를 받는 것은 재화를 공급하는 것은 아니지만 부가가치가 생기는 일을 하는 것 아닙니까?"
"맞아요."

부동산을 임대하는 사람은 재화가 아닌 서비스(용역)를 다른 사람에게 제공하고 그 대가를 받는다. 이와 같이 **다른 사람에게 용역을 공급하고 대가를 받는 경우에도 부가가치가 생기게 된다.**

■ 재화를 수입해도 부가가치가 생긴다

우리나라와 외국을 서로 독립된 경제체제라고 하자. 이런 경우 외국에서 우리나라로 재화를 수입하는 것은 우리나라에 없는 새로운 가치가 우리나라에 들어오는 셈이다. 따라서 재화의 수입을 통해서도 부가가치가 생긴다.

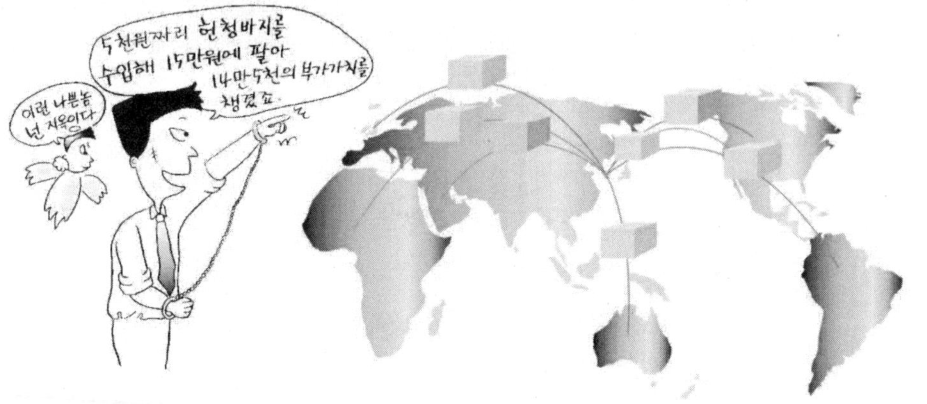

이상의 내용을 정리해 보면 부가가치는 재화·용역의 공급, 재화의 수입을 통해 만들어지는 가치이다.

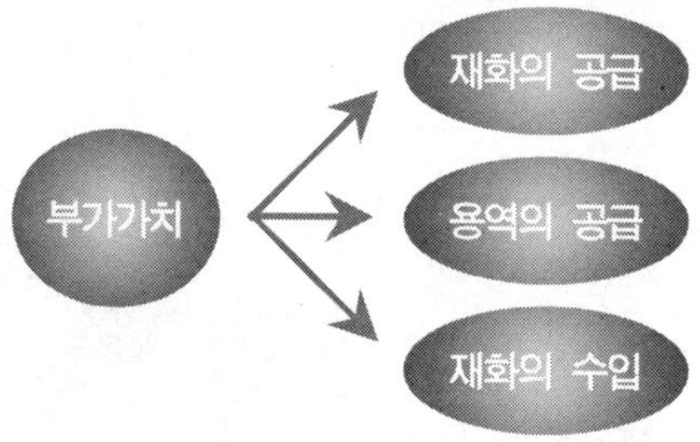

※ 여기에서 설명한 부가가치의 정의는 경제학상의 정의가 아니라 세법에 기초한 정의라는 점에 유의하여야 한다.

② 부가가치는 어떻게 계산하나?

앞에서 설명한 조각품의 예를 이용하여 부가가치를 어떻게 계산하는지 살펴보기로 하자.

[예] 부가가치세의 계산

나무를 40만원에 구입하고 이를 조각하여 100만원에 팔았다. 조각품을 만들기 위해 작업장을 빌려 쓰는데 임차료 10만원, 작업을 위해 사람을 고용하였기 때문에 임금 20만원, 돈을 빌려 쓰는데 이자 20만원이 들었고 이윤은 10만원이었다.

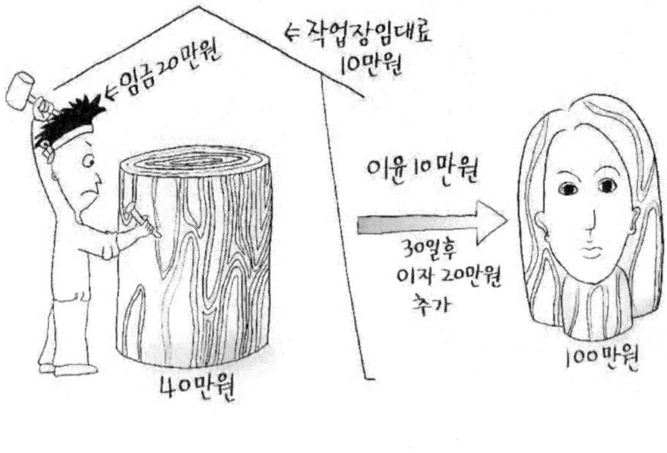

부가가치를 계산하는 방법은 가산법과 공제법의 두 가지로 나누어 볼 수 있다.

■ 가산법

가산법은 부가가치를 구성하는 생산요소의 가치를 직접 계산하여 합하는 방법이다.

경제학에서는 생산의 3요소로 토지·노동·자본을 들고 있다. 중간 생산물인 원재료에 생산요소인 토지의 가치는 **지대**로서, 노동의 가치는 **임금**으로, 자본의 가치는 이**자**로서 투입된 것이고 자본가가 노력한 가치는 **이윤**이라고 말할 수 있다.

따라서 생산과정에 투입된 생산요소의 가치인 지대, 임금, 이자, 이윤을 합한 것이 부가가치가 된다. 가산법에 따라 부가가치를 계산하면 (지대)10만원 + (임금)20만원 + (이자)20만원 + (이윤)10만원 = 60만원이 된다.

가산법 : 부가가치 = 지대 + 임금 + 이자 + 이윤

■ 공제법

공제법은 거래시 다음 단계에 제공한 총부가가치(**매출액**)에서 종전 단계까지 형성된 총부가가치(**매입액**)을 차감하여 부가가치를 계산하는 방법이다.

따라서 공제법에서의 부가가치는 매출액 − 매입액으로 계산되므로 나무조각품의 부가가치는 (매출액)100만원 − (매입액)40만원 = 60만원이 된다.

공제법 : 부가가치 = 매출액 - 매입액

"부가가치를 어떻게 계산하는지는 알겠네요. 그런데요, 아까부터 묻고 싶었던 건데 왜 판매라고 하지 않고 공급이라고 하셨죠?"
"글쎄요, 어떻게 보면 너무 빠른 질문인 것 같은데요. 우선 기본적으로만 설명하죠. 회계에서는 상품을 파는 것을 '판매'라고 하고 건물과 같은 고정자산을 파는 것을 '처분'이라고 하죠. 따라서 상품을 판매하거나 고정자산인 건물을 처분하거나 모두 부가가치가 생기게 되죠. 따라서 판매가 아니더라도 부가가치가 생기는 경우가 있으니까 판매라는 용어를 쓰지 않고 공급이란 용어를 쓰는 거죠."
"그럼 판매보다 공급이라는 용어가 더 범위가 큰 거군요."
"그렇다고 할 수 있죠. 공제법에서 부가가치를 매출액에서 매입액을 빼서 계산한다고

말한 것은 쉽게 이해할 수 있도록 하기 위해 그런 용어들을 사용한 겁니다. 공급의 의미에 대해서는 나중에 자세히 설명하기로 하죠."

③ 부가가치세란?

■ 부가가치세의 세율은 10%

"부가가치에 대해 부과하는 세금이 부가가치세라면 얼마를 내야 하는 거죠?"
"현재 세법에 따르면 10%를 내게 되어 있죠."

세법에서는 재화·용역의 공급과 재화의 수입에서 발생하는 부가가치에 대해서는 부가가치세를 받도록 하고 있다.

그렇다면 부가가치세는 얼마를 내야 하나? 세법에서는 부가가치에 대해 10%의 세금을 내도록 하고 있다.

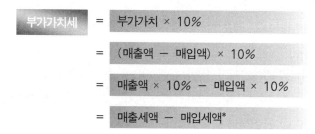

부가가치세 = 부가가치 × 10%
= (매출액 − 매입액) × 10%
= 매출액 × 10% − 매입액 × 10%
= 매출세액 − 매입세액*

* 정확히 하면 매입액 × 10%가 아니지만 우선 처음 이해하는 독자를 위해 이와 같이 표현한다.

부가가치는 매출액 – 매입액이고 부가가치세는 부가가치에 대해 10%의 세금을 부과하는 것이기 때문에 매출액의 10%에서 매입액의 10%를 빼면 부가가치세가 계산된다.

흔히 매출액에 대한 부가가치세를 **매출부가가치세**(줄여서 **매출세액**이라고 한다), 매입액에 대한 부가가치세를 **매입부가가치세**(줄여서 **매입세액**이라고 한다)라고 한다. 결국 부가가치세는 매출세액에서 매입세액을 뺀 것이 된다.

■ 전단계세액공제법

"부가가치세는 부가가치에 대해 10%의 세금을 낸다 이거죠. 설명하신 바에 따르면 매출세액에서 매입세액를 빼야 한다는 것인데 구체적으로 어떻게 하는 건지 아직 명확하게 이해되지 않아요."

"어떤 점이 명확하지 않죠?"

"물건이라는 건 생산자가 만들어서 도매상과 소매상을 거치고 그리고 마지막에는 소비자에게 전달되는 흐름, 이른바 유통단계를 거치는 것 아니겠어요?"

"그렇죠."

"그러면 생산자, 중간상, 소비자들은 각각 부가가치세를 어떻게 내죠? 갑자기 머리가 복잡해지는 것 같아요. 좀더 명확히 설명해 주시면 좋을 텐데."

세법에서는 재화·용역을 공급할 때 재화·용역을 공급하는 자가 공급을 받는 자로부터 공급가액(매출액)의 10%를 부가가치세로 징수하도록 하고 있다. 이를 **거래징수**라 한다. 따라서 **공급자는 공급받는 자로부터 매출세액을 거래징수해야 한다.**

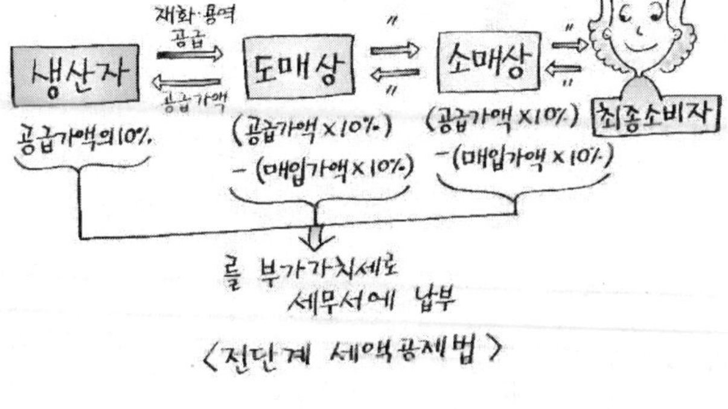

앞에서 부가가치세를 매출세액과 매입세액으로 나눈 것은 부가가치세제도를 원활하게 실행하기 위해서이다.

앞에서 설명했던 조미오징어판매의 예를 살펴보자.

	김동해	→	이중간	→	박최종
매 출 액	1,000		3,000		–
매 입 액	0		1,000		3,000
부가가치	1,000		2,000		3,000
매 출 세 액	100		300		0
매 입 세 액	0		100		300
신고납부액	100		200		0

[김동해씨의 입장]

김동해씨는 오징어를 이중간씨에게 판매하면서 오징어가격 1,000원을 받음과 동시에 부가가치세 100원을 이중간씨로부터 받는다. 이때 부가가치세 100원은 김동해씨

입장에서는 매출세액이지만 이중간씨 입장에서는 매입세액이 된다. 김동해씨는 자신이 만든 부가가치 1,000원에 대하여 거래징수한 매출세액 100원을 세무서에 납부해야 한다.

김동해씨의 부가가치세 = 매출세액(100원) - 매입세액(0원) = 100원

[이중간씨의 입장]

이중간씨는 오징어를 3,000원에 박최종씨에게 판매하면서 매출세액으로 3,000원의 10%인 300원을 거래징수한다. 이중간씨는 박최종씨에게 매출세액 300원을 받았고

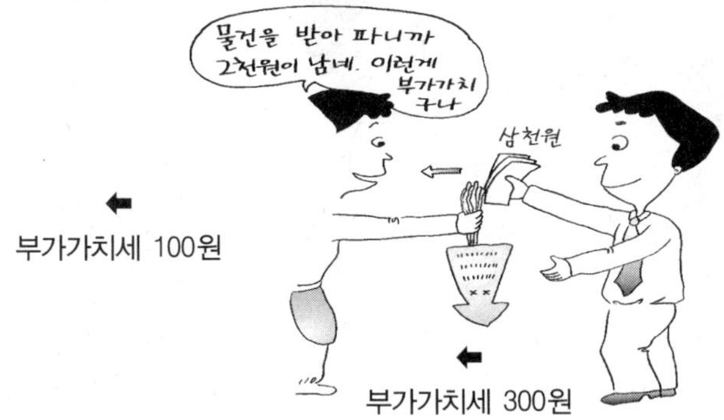

김동해씨에게 매입세액을 100원 냈다. 따라서 매출세액에서 매입세액을 뺀 200원만을 세무서에 내게 된다.

이중간씨의 부가가치세 = 매출세액(300원) - 매입세액(100원) = 200원

[박최종씨의 입장]

최종소비자인 박최종씨는 다른 누구에게도 오징어를 공급하지 않고 소비했으므로 누구에게도 부가가치세를 받을 수 없다. 박최종씨는 결국 이중간씨에게 낸 매입세액 300원은 누구에게도 받지 못하고 본인이 부담하게 된다.

박최종씨의 부가가치세 = 매출세액(0원) - 매입세액(300원) = 300원

김동해씨는 이중간씨로부터 부가가치세 100원을 받아 세무서에 낸 것이기 때문에 자신이 부가가치세를 부담한 것이 아니다. 이중간씨는 비록 김동해씨에게 부가가치세

100원을 냈지만 박최종씨로부터 부가가치세 300원을 받았고 차액 200원을 세무서에 냈다. 따라서 이중간씨도 부가가치세를 부담한 것이 아니다. 단지 김동해씨와 이중간

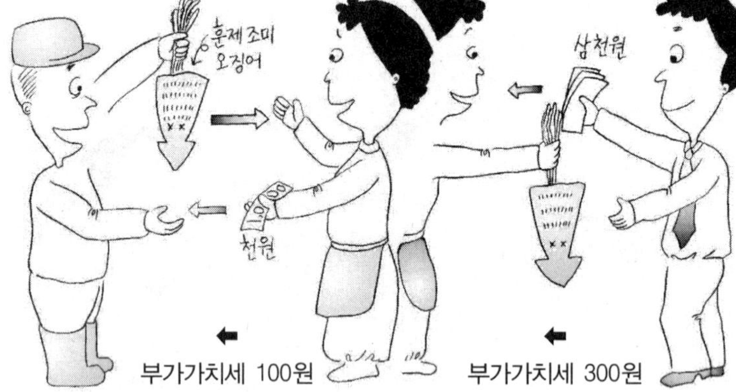

씨는 거래과정에서 다음 단계의 사람으로부터 부가가치세를 징수하여 납부했을 뿐이다. 결국 부가가치세 300원은 최종단계의 소비자인 박최종씨가 부담한 것이다.

김동해 + 이중간 = 박최종

100 + 200 = 300

부가가치세는 **최종소비자가 부담**하는 것으로서 중간단계의 생산자나 유통업자는 다음단계의 사람으로부터 부가가치세를 징수하여 두었다가 국가에 내게 된다.

이와 같이 **매출할 때 거래징수한 매출세액에서 매입할 때 거래징수당한 매입세액을 공제**하여 부가가치세를 계산하는 방법을 **전단계세액공제법**이라고 한다.

매출세액 - 매입세액 = 납부세액(환급세액)*

* 매출세액보다 매입세액이 많으면 그 차액을 돌려 받아야 한다. 이것을 환급이라고 한다.

■ 부가가치세는 간접세

납세의무자란 세법에 의하여 국세를 납부할 의무가 있는 자를 말한다. 그리고 그

세금을 실질적으로 부담하는 자를 담세자라 한다.

세법상 납세의무자와 담세자의 일치 여부에 따라 직접세와 간접세로 나누어진다.

직접세는 납세의무자와 담세자가 일치하는 세금이다. 소득을 세원으로 포착하는 **소득세**나 재산을 세원으로 포착하는 **재산세**는 **납세의무자와 담세자가 일치**하므로 **직접세**이다. 이에 비해 **간접세는 납세의무자와 담세자가 일치하지 않는 세금**이다. 앞의 예에서 본 바와 같이 부가가치세의 납세의무자는 김동해씨와 이중간씨이지만 부가가치세의 담세자는 박최종씨이다.

따라서 부가가치세는 납세의무자와 담세자가 일치하지 않기 때문에 전형적인 간접세이다.

1977년 이전에 우리나라의 간접세는 영업세 · 물품세 · 직물류세 · 통행세 · 입장세 · 전기가스세 · 석유류세 · 유흥음식세 · 주세 · 전화세 · 인지세의 11개 세목이 있었다. 그러나 세금의 종류가 많고 세율이 상이한 것은 물론, 신고절차도 복잡하여 1977년부터 간접세의 11개 세목 중 주세 · 전화세 · 인지세를 제외한 8가지 세목을 통합하여 **부가가치세와 개별소비세**로 이원화하였다. 따라서 현재 우리나라의 간접세는 부가가치세, 개별소비세, 주세, 인지세, 증권거래세의 5개 세목이 있다.

"그러니까 부가가치세 때문에 소비자는 많이 소비할수록 세금을 많이 내게 되는군요."

"그렇죠. 직접세가 소득을 완전히 포착하지 못한다면 포착되지 못한 소득을 소비할 때 세금을 받겠다는 거죠."

"그럼 돈이 많아도 안 쓰면 어떻게 하죠?"

"그 땐 재산을 남기고 세상을 뜨게 되니까 상속세를 받게 되죠."

"……"

■ 재화와 용역

"재화란 결국 물건을 말하는 것 아닙니까?"

"그렇죠."

"용역이란 결국 서비스행위를 말하는 거겠죠?"

"그렇죠."

"그럼 왜 어렵게 재화와 용역이라는 말을 쓰죠?"

"부가가치세를 부과하려면 대상이 명확해야 하니까 재화와 용역이라는 용어를 써서 그 대상을 정하는 거죠."

① 재 화

부가가치세의 과세대상이 되는 재화란 **재산적 가치가 있는 물건**을 말한다. 재화는 형체가 있는 물건인 **유체물**(有體物)과 형체가 없는 물건인 **무체물**(無體物)로 나눌 수 있다.

유체물에는 상품·제품·원재료·건물·구축물·기계장치와 기타 모든 유형적 물건을 말한다. 따라서 물·흙·퇴비 등도 유체물에 해당된다. 하지만 **수표·어음 등 화폐대용증권과 주식·사채 등 유가증권은 부가가치세 과세 대상인 재화에서 제외**된다.

무체물은 동력·가스·열·기타 관리할 수 있는 자연력으로서 **유체물 이외의 모든 물질**을 말한다. 따라서 특허권·실용신안권·디자인권·상표권·어업권·댐사용권·기타 국가 또는 지방자치단체에 등록되는 권리 등의 무체재산권도 무체물에 포함된다.

"수표나 어음은 재화가 아니니까 수표·어음의 공급은 부가가치세를 받아야 할 대상이 아니겠군요?"

"그렇죠."

"주식·사채·상품권같은 유가증권의 공급도 마찬가지겠네요?"

"마찬가지죠."

② 용 역

용역이란 재화 이외의 **재산적 가치가 있는 모든 일**을 말한다.

일이란 **몸과 마음을 쓰는 모든 활동**을 말한다. 세법에서는 이것을 **'역무(役務) 및 기타 행위'** 라고 표현하고 있다.

예를 들면 **운수업**이나 **건설업, 숙박 및 음식업**, 통신업, 교육서비스업, 부동산업 및 임대업과 같은 업종은 용역을 제공하는 업종에 해당된다.

"건설업이나 음식업은 재화를 공급하는 업종이라고 생각했는데 용역을 제공하는 업종이군요!"

2. 부가가치세의 개요

이 절에서는 앞으로 설명되는 부가가치세의 내용을 전반적이면서도 개괄적으로 설명하기로 한다.

초보자 입장의 독자들은 이 내용을 통해서 부가가치세의 전체적인 흐름을 파악한 후에 세부적인 내용을 이해하는 것이 무리가 없을 것이라고 생각된다.

1 사업자와 사업장

"그런대로 이해할 수 있을 것 같네요. 그런데 ……"

"그런데 뭐요?"

"결국 아까 말씀하신 유통단계에서 소비자는 부가가치세를 부담하지만 징수하는 것은 아니잖아요."

"그렇죠."

"그럼 최종소비자와 이 소비자에게 부가가치를 제공하는 사람은 어떻게 구별하죠? 예를 들어 어떤 소비자가 시계를 샀다. 그런데 그 사람이 돈이 필요해서 다른 사람에게 물건을 팔았다고 하죠.

그런 경우에도 부가가치세를 냅니까? 도대체 어떤 사람이 부가가치세를 징수해야 하죠?"
"소비자가 아닌 사업자가 부가가치세를 징수해서 납부할 의무가 있죠."
"사업자요? 사업하는 사람을 사업자라고 하는 겁니까?"

■ 사업자의 의미

세법에서는 **사업자를 부가가치세를 납부하여야 하는 납세의무자**로 정하고 있다.

사업자란 **사업상 독립적으로 재화 또는 용역을 공급하는 자**를 말하며 **영리목적이 있든 없든 상관없다.**

여기서 **'사업상'**이란 재화·용역의 공급을 **계속적 · 반복적**으로 하는 것을 말한다. '계속적·반복적' 여부는 사회통념이나 객관적 사실관계에 따라 판단한다. 따라서 시계를 다른 사람에게 판 앞의 소비자는 사업자로 볼 수 없다.

'독립적'이란 다른 사람에게 고용되어 있지 않고 점포와 같은 물적 설비가 다른 사람의 것과 구분되어야 한다는 의미이다.

그리고 영리목적이 있건 없건간에 사업자를 정의하는 데에는 영향을 주지 않는다.

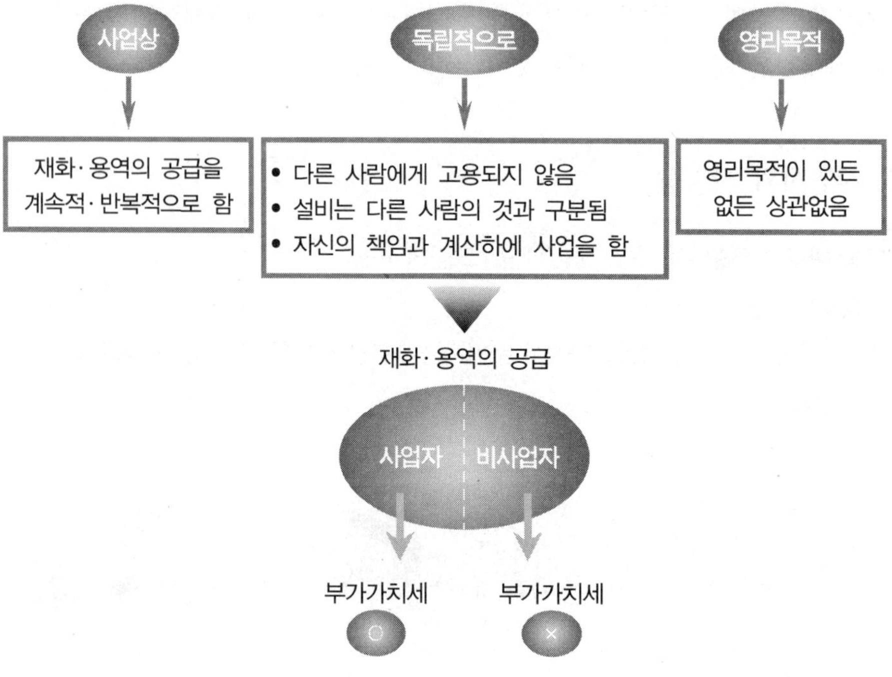

대한민국 국민이 출생하면 일정기한 내에 출생신고를 하듯이 사업을 시작하면 세무서에 **사업자등록**을 해야 한다.

사업자등록을 하면 등록번호가 부여된 등록증인 사업자등록증을 교부받게 된다. **사업자등록번호**는 101－81－12345와 같이 ×××－××－×××××의 형태로 되어 있다.

사업자등록번호가 부여되면 세무서는 사업자등록번호가 기재된 납세자료에 의하여 세무행정을 원활히 할 수 있게 되고 사업자는 거래시에 자기의 등록번호를 사용하게 되어 사업을 위한 거래를 정상적으로 할 수 있다.

※ 재화를 수입하는 경우에는 국외의 공급자에게 부가가치세를 받기는 어렵다. 따라서 세관장이 수입자로부터 부가가치세를 징수하게 된다. 이때 수입하는 자는 사업자 여부에 상관없이 부가가치세를 내야 한다.

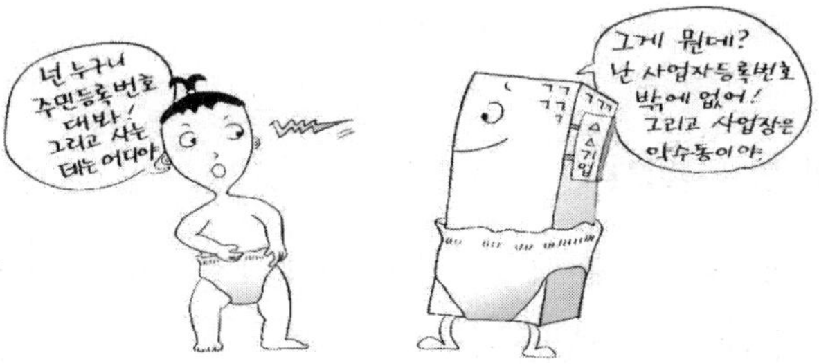

■ 사업장

"사업자라는 말이 무언지는 알겠네요. 그럼 사업자는 부가가치세를 어디에다 신고하죠?"

"어디에 신고하냐구요? "

"예, 그러니까 그 사업자를 관할하는 세무서에 부가가치세를 내야 할 것 아닙니까?"

"납세지는 사업장이 어디 있느냐에 달려 있죠."

"가만 있자. 아까는 사업자고 이번에는 사업장이네."

납세지는 납세의무자가 납세의무를 이행하는 장소이자 세무관청의 관할구역을 구분하는 기준이다. 부가가치세에서는 사업장의 위치에 따라 납세지를 정하고 있다.

사업장이란 사업자 또는 그 사용인이 상시 주재하여(늘 있으면서) 거래의 전부 또는 일부를 행하는 장소이다. 사업자는 사업자등록을 할 때 사업장을 정하여 신고하는 것이 일반적이다.

② 사업자의 종류

"결국 부가가치세는 사업자가 징수해서 사업장 관할세무서에 납부해야 하는 거군요."
"그렇죠."
"지난 번에 친척을 만났더니 자기는 면세사업자라고 하던데, 면세라면 세금이 면제된다는 이야기 아닙니까? 면세사업자는 세금을 안내는 사업자인가요?"
"그런 건 아니고 부가가치세가 면제되는 사업자를 면세사업자라고 하죠."
"또 일반과세자니 간이과세자니 이런 말들을 자주 하던데 사업자와 관련된 말인가요?"
"모두 사업자를 말하는 것이지요."
"아니, 사업자도 종류가 있습니까?"
"예."
"아니, 왜 사업자를 다시 구분하죠? 차별하는 겁니까?"

■ 과세사업자와 면세사업자

사업자가 재화·용역을 공급할 때 부가가치세가 과세되느냐, 아니냐에 따라 사업자는 **과세사업자**와 **면세사업자**로 나뉘어진다.

부가가치세는 매출액에 대하여 10%를 부과하므로 결과적으로 소비자는 매출액에 10%를 추가한 금액을 부담하게 된다. 그러나 국민들이 기본적인 생활을 유지하기 위해서 반드시 소비해야 하는 쌀, 채소, 생선 등과 같은 **생활필수품**을 판매하는 사업이나 병원과 같은 **의료보건용역사업**에 부가가치세를 과세한다면 이러한 재화나 용역의 가격은 그만큼 올라갈 수밖에 없어 국민들의 가계에 큰 부담이 된다.

따라서 세법에서는 생활필수품과 같은 재화·용역을 공급하는 경우에는 부가가치세를 과세하지 않고 면세하고 있다. 이러한 면세사업을 하는 자를 **면세사업자**라고 한다.

부가가치가 면세되는 **면세사업의 예**를 들면 다음과 같다.

○ 곡물, 과실, 채소, 육류, 생선 등 **가공되지 아니한 식료품 판매**
○ **연탄, 무연탄, 여객운송용역**
○ 병·의원 등 **의료보건용역사업**
○ **도서**(도서대여용역 포함), **신문, 잡지 발간**(광고 제외)
○ 인·허가받은 교육용역

■ 과세사업자의 종류

"그럼 과세사업과 면세사업을 동시에 하는 경우에는 어떻게 하죠? 예를 들어 연탄도 판매하고 석유도 판매한다면?"
"그런 경우에는 과세사업과 면세사업을 함께 하는 겸영사업자라고 하죠. 겸영사업자가 하는 과세사업에 대해서는 부가가치세가 과세되지만 면세사업에는 부가가치세가 면제되는 거죠."
"그렇군요. 그럼 과세사업자도 여러 종류가 있나요?"
"있죠."

부가가치세가 과세되는 과세사업자는 **매출액의 규모와 업종**에 따라 **일반과세자와 간이과세자**로 구분된다.

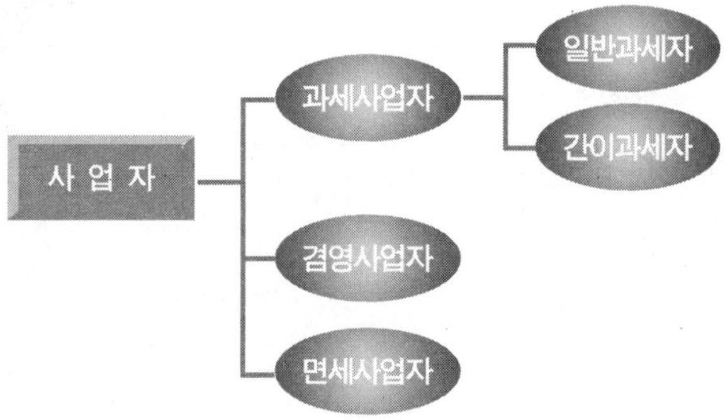

세법에서는 간이과세자와 같은 사업규모가 작은 개인사업자들이 부가가치세를 신고·납부하기 위해 필요한 절차를 제대로 이해하고 이행하기는 어렵다고 판단하고 있다. 따라서 **사업규모가 작은 개인사업자**들을 **간이과세자**로 구분하여 세금신고·납부절차와 세율, 관련증빙의 발행 및 기장의무를 달리 하고 있다. 법인은 간이과세자에 해당되지 않는다. 즉 법인이 과세사업자라면 모두 일반과세자이다.

(구체적인 차이점에 대한 설명은 나중에 하기로 하고 여기서는 일단 각 사업자의 의미와 구분기준에 대해서 이해하는 정도로만 설명하기로 한다)

① 일반과세자

일반과세자는 1역년(1역년이란 1월 1일부터 12월 31일까지를 말한다)의 매출액(공급대가, 부가가치세 포함)이 **4천 8백만원 이상**인 개인과세사업자와 과세사업자인 법인이다.

다만, 1년간의 공급대가가 **4천 8백만원** 미만인 경우에도 다음의 사업을 영위하는 개인사업자는 일반과세자가 된다.

- ○ **광업, 제조업, 도매업**(도·소매업을 겸업하는 경우에는 소매업도 일반과세가 적용됨), **부동산매매업**
- ○ 특별시·광역시 및 시지역에 소재하는 **과세유흥장소**(도농복합형태의 시지역 중 읍·면지역은 제외)
- ○ 특정부동산임대업
- ○ 변호사업·변리사업·법무사업·공인회계사업·세무사업 등

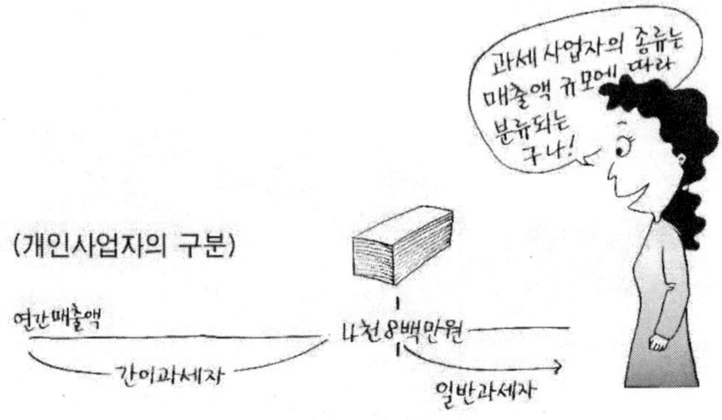

② 간이과세자

간이과세자는 연간 매출액(공급대가)이 **4천 8백만원 미만**인 개인사업자이다.

"과세사업자는 일반과세자와 간이과세자로 나눌 수 있다는 말씀인데 간이과세자의 경우에는 부가가치세와 관련된 내용이 간단하겠네요!"

"그래요, 앞으로 별다른 이야기가 없는 한 일반과세자의 부가가치세에 대한 이야기를 하는 걸로 생각하면 될 거예요. 그리고 사람들이 일반사업자라고 하는 것은 일반과세자를 말하는 거예요."

■ 영세율거래

"지난 번에 친구를 만났는데 그 친구는 과세사업자인데도 부가가치세를 거의 내지 않는다고 하더군요?"
"어떻게 해서 그렇다고 합니까?"
"자기는 수출을 많이 하기 때문에 오히려 부가가치세를 돌려받는다고 하더라구요."
"그건 영세율을 적용받기 때문이죠."
"영세율이라면 세율이 영이라는 이야기인 것 같은데 부가가치세는 부가가치에 대해 10%를 내는 거 아닙니까?"
"매출액에 대해 10%를 적용하지 않고 0%를 적용하는 경우도 있죠. 그런 경우를 영세율이라고 하죠."
"면세제도가 있지 않았나요?"
"면세제도와 영세율은 다르죠."
"영세율과 면세제도는 뭐가 다르죠?"
"차근 차근 설명해 보기로 하죠."

부가가치세가 적용되면 공급자는 공급받는 자로부터 판매가격에 부가가치세 10%를 추가하여 받아야 한다. 따라서 제품을 수출할 때 부가가치세를 받는다면 수출업자는 외국의 수입업자로부터 10%의 부가가치세를 받아야 한다. 이렇게 되면 외국에서 수출제품의 **가격경쟁력**이 떨어지게 되어 수출이 어려워지는 문제점이 발생한다.

또한 국제거래에서는 소비지국에서 과세한다는 **소비지과세원칙**이 적용되는 것이 일반적이다. 그러므로 수출할 때 부가가치세를 적용하고 또 수입국에서 수입할 때 부가가치세를 적용하게 되면 **이중으로 과세**되는 문제점이 발생한다.

세법에서는 이러한 문제점을 해소하기 위하여 수출하는 재화에 대해서는 **부가가치세의 세율을 영(0)**으로 하고 있다. 이것을 **영세율제도**라고 한다.

영세율을 적용하면 어떻게 될까? 아래의 식을 살펴보자.

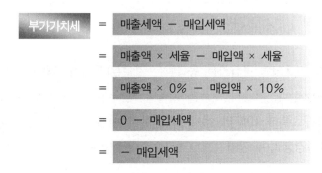

부가가치세 = 매출세액 − 매입세액
= 매출액 × 세율 − 매입액 × 세율
= 매출액 × 0% − 매입액 × 10%
= 0 − 매입세액
= − 매입세액

따라서 부가가치세는 (−)매입세액이 되어 **매입세액만큼을 환급**받게 되기 때문에 수출하는 사업자는 부가가치세를 전혀 부담하지 않게 된다. 이러한 의미에서 영세율제도를 **완전면세제도**라고도 한다.

반면 면세사업자는 매출시에 부가가치세를 징수하지 않지만 **매입시에 부담한 매입세액은 환급받지 못하고 본인이 부담**하게 된다. 따라서 면세사업자제도는 **부분면세제도**라고 할 수 있다.

영세율이 적용되는 **예**는 다음과 같다.

- ○ 수출하는 재화
- ○ 국외에서 제공하는 용역
- ○ 선박 또는 항공기의 외국항행용역
- ○ 기타 외화획득재화 및 용역

3 부가가치세를 위한 거래증빙

"사업자에 대해서는 개략적으로 알 것 같지만 또 알고 싶은 게 있는데요?"

"뭘 알고 싶죠?"

"세무서에서는 사업자로부터 부가가치세를 얼마나 받아야 하는지 어떻게 알죠?"

"어떻게 알다뇨?"

"사업자가 양심적으로 내가 판 금액이 얼마, 그리고 내가 산 금액이 얼마라고 신고하면 되는 건가요? 물론 그렇게 하겠지만 그래도 좀…"

"자진신고납부제도를 적용하니까 자진해서 양심적으로 신고해야죠. 그게 옳죠."

"그렇다고 하더라도 세무서에서는 사업자가 제대로 신고했는지 파악할 방법이 있어야 할 것 아닙니까?"

"그걸 위해서 세금계산서를 비롯한 거래증빙제도를 적용하고 있죠."

"세금계산서라. 많이 들어 본 말 같아요. 자세히는 모르지만."

"이제부터 기본적인 내용을 설명하죠."

사업자는 사업을 하면서 재화와 용역을 공급하게 된다. 다른 사람에게 재화나 용역을 공급할 경우에는 **거래했다는 사실을 증명**하기 위한 거래증빙을 발행해서 교부하는 것이 원칙이다.

세법에서는 부가가치세를 실행하기 위한 거래증빙으로 **세금계산서와 영수증**(금전등록기영수증과 신용카드매출전표 등을 포함)을 규정하고 있다.

■ 세금계산서의 의의

일반과세자는 재화·용역을 공급할 때 다음 단계의 사업자에게 **부가가치세를 거래징수하면서 이를 징수하였다는 사실을 증명**하기 위하여 세금계산서를 교부하여야 한다.

세금계산서에는 **공급자와 공급받는 자의 사업자등록번호와 공급가액, 부가가치세액** 등이 기록된다. 따라서 이 내용을 통해 세무당국은 부가가치세의 흐름을 파악할 수 있게 된다.

[세금계산서 양식]

[별지 제11호 서식] (적 색)

세금계산서(공급자보관용)	책 번 호	권	호
	일 련 번 호	-	

구분					구분				
공급자	등록번호	- -			공급받는자	등록번호	- -		
	상호(법인명)		성 명(대표자)			상호(법인명)		성 명(대표자)	
	사업장 주소					사업장 주소			
	업 태		종 목			업 태		종 목	

작성				공급가액											세액										비고
연	월	일	공란수	백	십	억	천	백	십	만	천	백	십	일	십	억	천	백	십	만	천	백	십	일	

월	일	품목	규격	수량	단가	공급가액	세액	비고

합계금액	현금	수표	어음	외상미수금	이 금액을 영수/청구 함

22226-28131일 182㎜×128㎜
96.2.27. 개정 (인쇄용지(특급) 34g/㎡)

부가가치세법에서는 재화·용역을 공급할 때 공급자가 **세금계산서 2부**를 작성하여 1부(**공급자용**)는 자신이 보관하고 다른 1부(**공급받는자용**)는 공급받는 자에게 교부하도록 하고 있다.

결국 사업자는 공급자로서 매출세금계산서(매출시에 교부한 세금계산서)와 공급받는 자로서 매입세금계산서(매입시에 교부받은 세금계산서), 두 종류의 세금계산서를 갖게 된다.

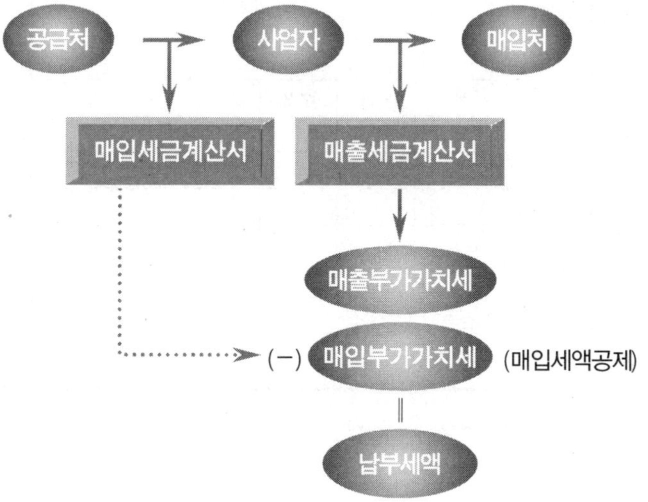

매출세금계산서를 통해 매출세액이 계산되며 매입세금계산서를 통해 매입세액이 계산된다. 따라서 매입세금계산서의 매입세액이 매출세액에서 공제되는 근거가 된다. (이를 매입세액공제라고 한다)

현실적으로 세금계산서는 부가가치세를 계산하기 위한 증빙으로서 과세자료로 활용될 뿐만 아니라 **송장, 청구서** 또는 **영수증, 세금영수증, 증빙서류, 장부**로서 다양한 역할을 하고 있다.

■ 영수증의 의의

영수증이란 아래 그림에서 보는 것처럼 **공급받는 자와 부가가치세를 따로 기재하지 아니한 약식의 계산서**를 말한다.

[영수증]

적색

0303－1B	영 수 증 (공급자용)	
근거 : 부가가치세법시행령 제79조의 2 제5항		권 호

공급자	등 록 번 호	203－60－63108		
	상 호	조세경영	성명	이 원 형
	사 업 장 주 소	서울 중구 신당동 423－5		
	업 태	제조	종목	출판

작 성			공 급 대 가									비 고
년	월	일	억	천	백	십	만	천	백	십	일	

품 목	단가	수량	공 급 대 가

위 금액을 영수(청구)함

귀하

95㎜×135㎜(신문용지 54g/㎡)

영수증에 이 내용들이 기재되지 않는 것은 영수증이 다른 사업자가 아닌 **최종소비자**에게 재화·용역을 공급할 때 교부되기 때문이다.

따라서 **소매업, 음식 · 숙박업** 등과 같이 최종소비자와 거래하는 **일반사업자**는 거래시에 영수증을 교부하여야 한다. 또한 **간이과세자**는 거래시에 세금계산서를 교부할 수 없고 영수증을 교부하여야 한다.

영수증은 공급받는 자에 대한 내용이 기록되어 있지 않기 때문에 원칙적으로 매입세금계산서의 역할을 할 수 없다. 따라서 일반사업자가 매입시에 영수증을 받으면

해당 매입세액은 공제받을 수 없다.

"일반사업자는 가능하면 매입시에 영수증을 안 받을려고 하겠네요?"
"그렇죠. 매입세액공제를 못 받으니까, 또 간이과세자는 영수증만 발행해야 하니까 거래 범위가 제한될 수밖에 없죠."

신용카드매출전표와 직불카드영수증은 공급받는 자를 따로 기재하지 않기 때문에 기본적으로 영수증과 같은 효과를 가진다.

그러나 일반과세자인 사업자로부터 상품 등을 구입하고, 신용카드매출전표 또는 직불카드영수증을 교부받은 사업자는 신용카드매출전표수취명세서를 제출하면 세금계산서와 마찬가지로 매입세액을 공제받을 수 있다.

"간이과세자가 아니라 일반과세자가 발행한 신용카드매출전표나 직불카드영수증에만 적용된다는 점에 주의하세요."

또한 신용카드가맹사업자가 재화·용역을 공급하고 신용카드매출전표, 현금영수증 또는 기타 이와 유사한 것(이하 "신용카드매출전표 등"이라 한다)을 발행하거나 전자적 결제수단에 의해 대금을 결제받는 경우에는 그 **발행금액 또는 결제금액의 1.3%(음식점업 또는 숙박업을 영위하는 간이과세자의 경우에는 2.6%)**에 상당하는 금액을 연간 1,000만원 한도로 자기가 납부할 세금에서 공제받을 수 있는 혜택을 주고 있다.

4 과세기간

“그러니까 거래시에 주고 받은 세금계산서 중 매출세금계산서에서는 매출세액을 계산하고 매입세금계산서에서 계산된 매입세액을 공제하고 나머지를 부가가치세로 신고납부한다 이거죠?”

“그렇죠.”

“그렇다면 사업이라는 건 1년 내내 쉬지 않고 계속되는 것 아닙니까?”

“그렇죠.”

“그럼 부가가치세는 언제 내는 거죠? 매번 세금계산서를 주고 받을 때마다 세무서에 쫓아 가서 낼 리는 없고. 1년에 한 번씩 정리해서 내나요?”

“1년에 4번 낸다고 보면 되죠.”

“1년에 4번씩이나요?”

“네, 일반사업자는 1년에 4번 신고납부하는 게 원칙입니다.”

■ 부가가치세의 과세기간

부가가치세는 납세의무자인 사업자가 과세기간의 과세표준과 세액을 신고함으로써 납세의무가 확정되는 신고납세제도세목이다.

소득세는 세금을 부과하는 시간적 단위인 과세기간을 매년 1월 1일부터 12월 31일까지 1년으로 하고 있다. 그러나 부가가치세는 **6개월**을 **과세기간**으로 한다. 따라서 **매년 1월 1일부터 6월 30일을 제1기, 7월 1일에서 12월 31일을 제2기**로 정하고 있다.

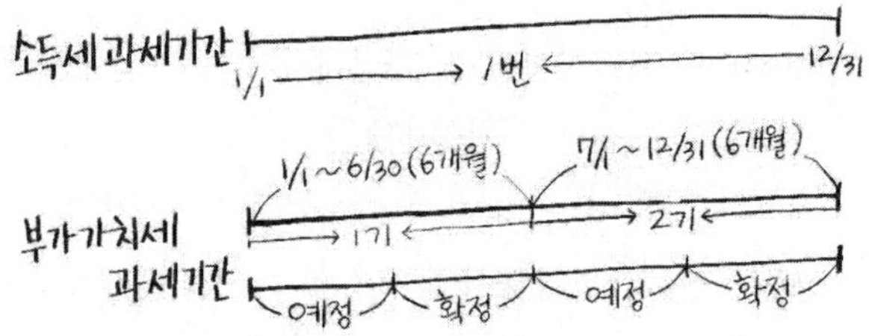

부가가치세에서는 각 과세기간을 다시 **3개월**로 나누어 중간에 예정신고제도를 두고 있다. 제1기를 3개월씩 나누어 1월 1일부터 3월 31일까지를 제1기 예정신고대상기간, 4월 1일부터 6월 30일까지를 제1기 확정신고대상기간으로 하고 있으며 제2기는 7월 1일부터 9월 30일까지를 제2기 예정신고기간, 10월 1일부터 12월 31일까지를 제2기 확정신고대상기간으로 나누고 있다.

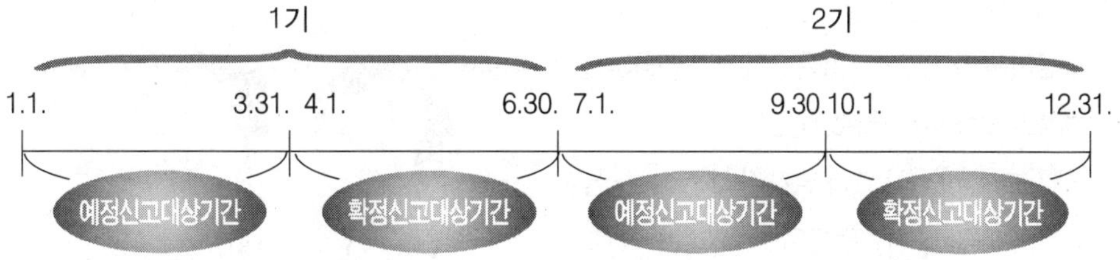

이와 같이 **예정신고와 확정신고**로 나눈 것은 **연간 조세수입을 평준화**하고 **납세의무자의 세금납부를 분산**하여 부담을 경감시키기 위해서이다.

따라서 일반사업자는 제1기 예정신고납부, 제1기 확정신고납부, 제2기 예정신고납부, 제2기 확정신고납부로서 4번에 걸쳐 부가가치세를 신고납부하여야 한다.

■ 예정신고와 납부

사업자는 각 예정신고기간에 대한 과세표준과 납부세액(또는 환급세액)을 부가가치세예정신고서에 기재하여 당해 **예정신고기간종료 후 25일 내**에 사업장 관할세무서장에게 신고하고 납부세액을 납부하여야 한다.

■ 확정신고와 납부

확정신고시에도 사업자는 각 대상기간에 대한 과세표준과 납부세액(또는 환급세액)을 부가가치세확정신고서에 기재하여 당해 **과세기간종료 후 25일 내**에 사업장 관할세무서장에게 신고하고 납부세액을 납부하여야 한다.

확정신고시에는 3개월간의 과세기간에 대한 과세표준과 세액을 신고한다. 따라서 예정신고시 이미 신고한 과세표준과 세액을 제외한 나머지 과세표준과 세액만을 신고하면 된다.

구 분	제1기		제2기	
	신고할 사항	신고납부기간	신고할 사항	신고납부기간
예정신고	1.1.～3.31.의 부가가치세	4.1.～4.25.	7.1.～9.30.의 부가가치세	10.1.～10.25.
확정신고	4.1.～6.30.의 부가가치세	7.1.～7.25.	10.1.～12.31.의 부가가치세	다음해 1.1.～1.25.

"신고납부기간에 부가가치세를 내려면 자금여유가 없는 기업은 세금낼 돈을 마련하려고 동분서주하겠네요?"
"부가가치세 신고납부기간에는 자금을 마련하기 위해 기업들이 주식을 파는 경우가 많기 때문에 증권시장도 영향이 있죠."

■ 개인사업자의 예정고지와 납부

개인사업자는 예정신고기간 중에는 예정신고를 하지 않고 관할세무서에서 발부한 예정고지서에 의해 세금을 은행 등에 납부하면 된다.

"왜 그렇게 하죠?"
"1년에 4번 부가가치세신고를 하려면 개인사업자의 경우 부담이 많고 세무서도 업무량이 많기 때문에 개인사업자의 경우 예정고지와 납부를 하게 하는 거죠."

예정고지서 발부내용은 다음과 같다.

구 분	고지서발부시기	납부기간	고지되는 세액
제1기 예정신고	4.1.~ 4.10.	4.1.~ 4.25.	직전 과세기간(전연도 2기) 납부세액의 $\frac{1^{*}}{2}$
제2기 예정신고	10.1.~10.10.	10.1.~10.25.	직전 과세기간(제1기) 납부세액의 $\frac{1^{*}}{2}$

* 다만, 징수하여야 할 금액이 30만원 미만이거나 간이과세자에서 해당 과세기간 개시일 현재 일반과세자로 변경된 경우에는 징수하지 아니한다.

따라서 개인사업자는 원칙적으로 일년에 2번 확정신고만 하면 된다.
확정신고시 납부세액에서 예정고지세액을 차감한 금액을 납부하게 된다.

"그러면 예정신고기간의 매출액이 전기의 매출액의 $\frac{1}{2}$보다 훨씬 적어도 세금은 그만큼 내야 합니까?"
"그러한 사업부진자에 대해서 세법은 나름대로 해결책은 세워 놓고 있죠."

당기 매출액 및 납부세액기준이 직전기 $\frac{1}{3}$에 미달하는 사업자는 예정고지납부를 하지 않고 신고납부할 수 있다. 그리고 간이과세자의 경우에는 예정부과기간(1월1일 ~ 6월 30일)에 대하여 직전 과세기간에 대한 납부세액의 $\frac{1}{2}$에 해당하는 금액을 예정고지하여 징수하고 이는 확정신고시에 정산하도록 하고 있다.

5 세금계산서합계표와 부가가치세신고서

"그러니까 1월 1일부터 3월 31일 사이에 매출이나 매입을 하면서 갖게 된 세금계산서들을 정리해서 4월 25일까지 신고납부하고, 4월 1일부터 6월 30일 사이에 발생한 거래는 7월 25일까지 신고납부하면 되는 거군요!"

"잘 아시네요."

"만일 1월 1일부터 3월 31일 사이, 그러니까 예정신고기간에 발생한 거래 중에서 실수로 빼먹은 것이 있다면 확정신고납부기한인 7월25일까지, 확정신고대상기간의 거래를 신고할 때 함께 하는 거구요?"

"그렇죠!"

"그럼 또 의문이 생기는데 ."

"어떤 의문이죠?"

"단순히 매출세금계산서와 매입세금계산서만 세무서에 갖다 주면 되나요? 그렇게 일이 단순하지는 않을 텐데?"

"세금계산서는 세무서에 내지 않고 대신 합계표를 내야 해요."

"합계표라뇨?"

"매출세금계산서의 내용을 정리해서 매출처별세금계산서합계표를 작성하고 매입세금계산서의 내용을 정리해서 매입처별세금계산서합계표를 작성해야 해요. 그러니까 세금계산서는 회사에서 보관하고 합계표를 내는 거죠."

"그것만 하면 되나요?"

"부가가치세신고서라는 양식이 있어서 이 신고서에 내용을 기재해서 제출해야죠."

"그것만 하면 되나요?"

"기다 필요한 서류들이 있죠. 그건 나중에 설명하기로 하죠."

매출시에 세금계산서를 교부하고 매입시에 세금계산서를 교부받았다고 하자. 그리고 특별한 사항이 없다면 신고납부기간에 해야 할 일은 무엇일까?

매출처별세금계산서합계표와 매입처별세금계산서합계표를 작성한 후에 부가가치세 신고서를 작성하여 함께 제출하여야 한다. 예를 들어 살펴보자.

[예] 부가가치세의 신고

아래의 내용에 따라 세금계산서합계표와 부가가치세신고서를 작성해 보기로 하자.
사업자등록번호 : 101－81－05648, 상호 : (주)조세신고, 성명(대표자) : 이강철
사업장소재지 : 서울 중구 약수동 247－32, 업태 : 도 · 소매, 종목 : 의류
예정신고기간 : 2020. 7. 1.~2020. 9. 30.
매출(공급가액) : 90,000,000원
도매분 : 60,000,000원(부가가치세 포함되어 있지 않음)
소매분 : 33,000,000원(부가가치세 포함)
매입가액(부가가치세 별도) : 70,000,000원

매출에 관한 사항 : 도매와 관련해서는 6매의 세금계산서가 교부되었다.

사업자등록번호	상호	업태	종목	공급가액	세액	세금계산서매수
128－81－09837	삼판상사	소매	의류	30,000,000	3,000,000	3
140－81－08765	이판상사	소매	의류	20,000,000	2,000,000	2
201－81－09585	일판상사	소매	의류	10,000,000	1,000,000	1

매입에 관한 사항 : 7건의 거래가 있었으며 7매의 세금계산서를 교부받았다.

사업자등록번호	상호	업태	종목	공급가액	세액	세금계산서매수
201－81－12345	제삼의류	제조	의류	30,000,000	3,000,000	3
101－81－23456	제이의류	제조	의류	30,000,000	3,000,000	3
109－81－34567	제일의류	제조	의류	10,000,000	1,000,000	1

■ 세금계산서합계표의 작성

매출처별세금계산서합계표는 아래와 같이 (1) 사업자에 관한 사항의 기재란, (2) 매출세금계산서에 관한 전체적인 사항의 기재란, (3) 매출처별 세금계산서합계란의 기재란으로 구성되어 있다.

매입처별세금계산서합계표는 아래와 같이 (1) 사업자에 관한 사항의 기재란, (2) 매입세금계산서에 관한 전체적인 사항의 기재란, (3) 매입처별 세금계산서합계란의 기재란으로 구성되어 있다.

■ 부가가치세법 시행규칙 [별지 제20호의2서식(1)] <개정 2012.2.28>

홈택스(www.hometax.go.kr)에서도 신청할 수 있습니다.

매출처별 세금계산서합계표(갑)
(20xx년 제 2 기)

(앞쪽)

1. 제출자 인적사항

(1) 사업자등록번호	101 - 81 - 05648	(2) 상 호(법인명)	(주)조세신고
(3) 성 명(대표자)	이 강 철	(4) 사업장 소재지	서울 중구 약수동 247-32
(5) 거 래 기 간	20xx년 7월 1일 ~ 20xx년 9월 30일	(6) 작 성 일	20xx년 9월 30일

2. 매출세금계산서 총합계

구 분		(7) 매출처수	(8) 매수	(9)공급가액 조	십억	백만	천	일	(10)세 액 조	십억	백만	천	일
합 계		4	6			60	000	000			6	000	000
과세기간 종료일 다음달 11일까지 전송된 전자세금계산서 발급분	사업자등록번호 발급분	1	3			30	000	000			3	000	000
	주민등록번호 발급분												
	소 계												
위 전자 세금계산서 외의 발급분	사업자등록번호 발급분	3	3			30	000	000			3	000	000
	주민등록번호 발급분												
	소 계												

3. 과세기간 종료일 다음달 11일까지 전송된 전자세금계산서 외 발급분 매출처별 명세(합계금액으로 적음)

(11) 번호	(12) 사업자 등록번호	(13)상호 (법인명)	(14) 매수	(15)공급가액 조	십억	백만	천	일	(16)세액 조	십억	백만	천	일	비고
1	128-81-09837	삼판상사	1			10	000	000			1	000	000	
2	140-81-08765	이판상사	1			10	000	000			1	000	000	
3	201-81-09585	일판상사	1			10	000	000			1	000	000	
4														
5														

( )쪽

(17) 관리번호(매출)	-

210mm×297mm[백상지 80g/㎡ 또는 중질지 80g/㎡]

[별지 제20호의2서식(2)] <개정 2009.3.26>

매출처별세금계산서합계표(을)

(년 기)

사업자등록번호	- -

일련번호	사업자등록번호	상호(법인명)	매수	공급가액 조 십억 백만 천 일	세액 조 십억 백만 천 일	비고

비고 : 이 서식은 매출처가 6개 이상으로서 매출처별세금계산서 합계표(갑)을 초과하는 경우에 사용합니다.

( )쪽

관리번호(매출)	-

210㎜×297㎜(보존용지(1종) 70g/㎡)

■ 부가가치세법 시행규칙 [별지 제20호의3서식(1)] <개정 2012.2.28>

홈택스(www.hometax.go.kr)에서도 신청할 수 있습니다.

매입처별세금계산서합계표(갑)

(20xx년 제 2 기)

(앞쪽)

1. 제출자 인적사항

(1) 사 업 자 등 록 번 호	101 - 81 - 05648	(2) 상 호(법인명)	(주)조세신고
(3) 성 명(대표자)	이 강 철	(4) 사업장 소재지	서울 중구 약수동 247-32
(5) 거 래 기 간	20xx년 7월 1일 ~ 20xx년 9월 30일	(6) 작 성 일	20xx년 9월 30일

2. 매입세금계산서 총합계

구 분		(7) 매입처수	(8) 매수	(9 공급가액 조	십억	백만	천	일	(10) 세 액 조	십억	백만	천	일
합 계		4	7			70	000	000			7	000	000
과세기간 종료일 다음달 11일까지 전송된 전자 세금계산서 발급받은분	사업자등록번호 발급받은분	1	1			40	000	000			4	000	000
	주민등록번호 발급받은분												
	소 계												
위 전자 세금계산서 외의 발급받은분	사업자등록번호 발급받은분	3	6			30	000	000			3	000	000
	주민등록번호 발급받은분												
	소 계												

* 주민등록번호로 발급받은 세금계산서는 사업자등록 전 매입세액 공제를 받을 수 있는 세금계산서만 적습니다.

3. 과세기간 종료일 다음달 11일까지 전송된 전자세금계산서 외 발급받은 매입처별 명세(합계금액으로 적음)

(11) 번호	(12) 사업자 등록번호	(13) 상호 (법인명)	(14) 매수	(15) 공급가액 조	십억	백만	천	일	(16) 세액 조	십억	백만	천	일	비고
1	101-81-23456	제이의류	2			10	000	000			1	000	000	
2	109-81-34567	제일의류	2			10	000	000			1	000	000	
3	201-81-12345	제삼의류	2			10	000	000			1	000	000	
4														
5														

( )쪽

(17) 관리번호(매입)	-

210㎜×297㎜[백상지 80g/㎡ 또는 중질지 80g/㎡]

[별지 제20호의3서식(2)] <개정 2009.3.26>

매입처별세금계산서합계표(을)

(년 기)

사업자등록번호	- -

일련번호	사업자등록번호	상호(법인명)	매수	공급가액 조 십억 백만 천 일	세액 조 십억 백만 천 일	비고

※ 이 서식은 매입처가 6개 이상으로서 매입처별세금계산서합계표(갑)을 초과하는 경우에 사용합니다. ( )쪽

관리번호(매입)	-

210mm×297mm(보존용지(1종) 70g/㎡)

■ 부가가치세신고서의 작성

부가가치세신고서는 2장으로 구성되어 있고 1장에는 전체적인 신고사항을 기재하게 되어 있고 2장에는 1장에 대한 세부사항을 기록하게 되어 있다.

따라서 1장의 내용이 실질적으로 부가가치세신고에 중요한 사항이라고 할 수 있다. 구체적인 내용은 나중에 설명될 것이기 때문에 여기서는 신고서를 전체적으로 보면서 기본적인 구조에 대하여 살펴보기 바란다.

부가가치세의 계산구조

	매 출 세 액
(−)	매 입 세 액
	납부세액(환급세액)
(−)	공 제 세 액
(+)	가 산 세
	납부할 세액(환급받을 세액)

부가가치세는 아래의 식과 같은 원리로 계산한다.

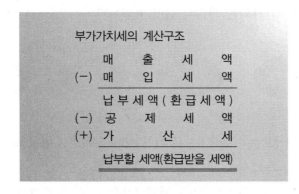

부가가치세 = 매출세액 (매출액 × 세율 10%) − 매입세액 (매입시 부담한 세액)

부가가치세는 재화·용역의 공급시 공급자가 공급받는 자로부터 공급가액의 10%를 부가가치세(매출세액)로 거래징수한다. 따라서 거래단계가 계속 진행될 경우에는 매출세액은 다음 단계의 사업자에게는 매입세액이 되기 때문에 부가가치세에서는 공급자를 기준으로 하여 매출액(공급가액)을 과세표준으로 하고 있다.

따라서 과세표준인 매출액에 세율을 곱하여 매출세액을 계산하고 매출세액에서 매입세액을 차감하여 납부세액을 계산한다.

결국 납부세액은 다음과 같이 표현할 수 있다.

납부세액 = (과세표준 × 세율) - 매입세액

최종적으로 납부할 세액은 다음과 같이 계산된다.

납부할 세액 = 납부세액 - 공제세액 + 가산세액

부가가치세의 과세표준은 과세기간 동안의 재화·용역의 공급가액이다. 부가가치세의 과세기간은 1~6월, 7~12월의 두 기간으로 나누어져 있으므로 이 기간 동안의 재화·용역의 공급가액이 과세표준이 된다. 과세기간은 예정신고대상기간과 확정신고대상기간으로 3개월씩 나누어 신고하도록 하고 있으므로 결국 일반사업자는 3개월간의 재화·용역의 공급가액이 각 기간의 과세표준이 된다.

매출세액을 좀더 자세히 살펴보자.

세율은 일반적으로 10%이지만 10%의 세율이 적용되는 거래도 사업자에게 **세금계산서를 교부**하는 거래와 일반소비자 등에게 **영수증을 교부**하는 거래로 나눌 수 있다.

영세율(0%)이 적용되는 거래도 내국신용장에 의한 재화·용역의 공급거래처럼 세금계산서를 교부하는 거래와 직수출과 같이 세금계산서를 교부하지 않는 거래로 구분할 수 있다.

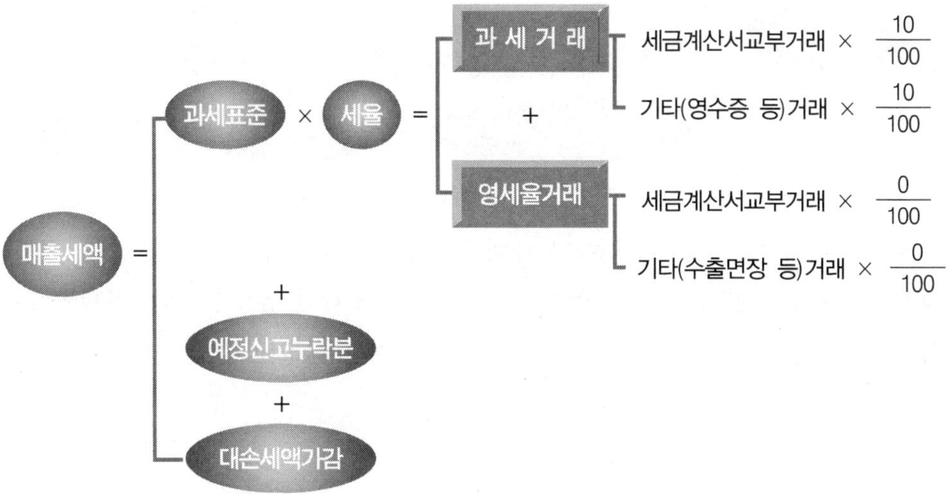

예정신고누락분은 확정신고시 예정신고시에 누락된 거래를 추가하기 위한 것이다. 또한 **대손세액가감부분**(나중에 설명됨)을 매출세액에서 고려해야 한다.

매입세액을 세분화하면 아래와 같이 나타낼 수 있다.

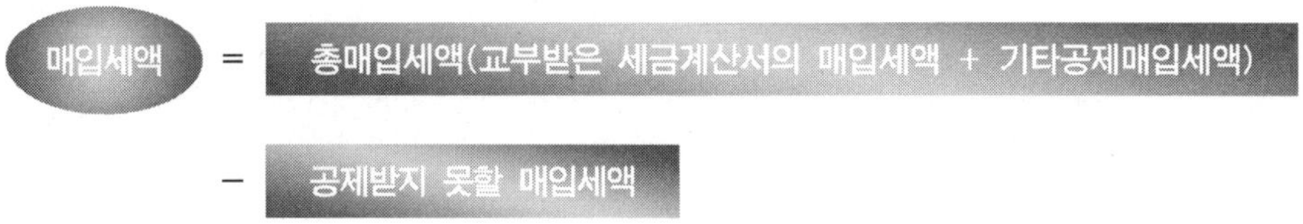

매입세액
=
총매입세액(교부받은 세금계산서의 매입세액 + 기타공제매입세액)
−
공제받지 못할 매입세액

매출세액은 공급가액에 세율을 곱하여 계산하지만 교부받은 세금계산서의 매입세액은 공급받은 가액에 세율을 곱하지 않고 교부받은 매입세금계산서의 부가가치세를 합한 금액으로 한다.

교부받은 세금계산서의 매입세액이 아니더라도 조세정책상 필요에 의하여 이 매입세액에 추가적으로 포함시키는 사항들이 있다. 이것이 **그밖의공제매입세액**이다. 반면 교부받은 세금계산서상의 매입세액에 포함되어 있지만 조세정책상 필요에 따라 매입세액에서 차감하여 매출세액에서 공제해 주지 않는 사항들이 있다. 이를 **공제받지 못할 매입세액** 또는 **매입세액 불공제분**이라고 한다.

따라서 이러한 사항들을 고려하여 최종적으로 매입세액이 계산되면 아래와 같이 납부세액을 계산할 수 있다.

납부할세액 = 납부세액 - 공제세액 + 가산세

= (매출세액 - 매입세액) - 공제세액 + 가산세

위의 식에서 보는 것처럼 납부할 세액을 계산하기 위해서는 납부세액(매출세액－매입세액)에서 조세정책상 특정 업종이나 특정 사항에 대해 부가가치세를 **공제**해 주는 사항들을 **차감**하고 부가가치세법상 위반한 사항들에 대한 **가산세**를 **가산**하여야 한다.

■ 부가가치세법 시행규칙 [별지 제21호서식] <개정 2019. 3. 20.>

홈택스(www.hometax.go.kr)에서도 신청할 수 있습니다.

일반과세자 부가가치세 [ ]예정 [ ]확정 [ ]기한후과세표준 [ ]영세율 등 조기환급 신고서

※ 뒤쪽의 작성방법을 읽고 작성하시기 바랍니다. (4쪽 중 제1쪽)

관리번호		처리기간	즉시
신고기간	년 제 기 (월 일 ~ 월 일)		

사업자	상 호(법인명)		성명(대표자명)		사업자등록번호	- -
	생 년 월 일		전화번호	사 업 장	주소지	휴대전화
	사업장 주소			전자우편 주소		

❶ 신 고 내 용

구분				금액	세율	세액
과세표준 및 매출세액	과세	세금계산서 발급분	(1)		10/100	
		매입자발행 세금계산서	(2)		10/100	
		신용카드 · 현금영수증 발행분	(3)		10/100	
		기타(정규영수증 외 매출분)	(4)		10/100	
	영세율	세금계산서 발급분	(5)		0/100	
		기타	(6)		0/100	
	예정 신고 누락분		(7)			
	대손세액 가감		(8)			
	합계		(9)		㉮	
매입세액	세금계산서 수취분	일반매입	(10)			
		수출기업 수입분 납부유예	(10-1)			
		고정자산 매입	(11)			
	예정 신고 누락분		(12)			
	매입자발행 세금계산서		(13)			
	그 밖의 공제매입세액		(14)			
	합계(10)-(10-1)+(11)+(12)+(13)+(14)		(15)			
	공제받지 못할 매입세액		(16)			
	차감계 (15)-(16)		(17)		㉯	
납부(환급)세액 (매출세액㉮-매입세액㉯)					㉰	
경감 · 공제 세액	그 밖의 경감 · 공제세액		(18)			
	신용카드매출전표등 발행공제 등		(19)			
	합계		(20)		㉱	
예정 신고 미환급 세액			(21)		㉲	
예정 고지 세액			(22)		㉳	
사업양수자의 대리납부 기납부세액			(23)		㉴	
매입자 납부특례 기납부세액			(24)		㉵	
신용카드업자의 대리납부 기납부세액			(25)		㉶	
가산세액계			(26)		㉷	
차감 · 가감하여 납부할 세액(환급받을 세액)(㉰-㉱-㉲-㉳-㉴-㉵-㉶+㉷)					(27)	
총괄 납부 사업자가 납부할 세액(환급받을 세액)						

❷ 국세환급금 계좌신고(환급세액이 2천만원 미만인 경우)	거래은행	은행 지점	계좌번호	
❸ 폐 업 신 고	폐업일		폐업 사유	

❹ 과 세 표 준 명 세

	업 태	종목 생산요소	업종 코드	금 액
(28)				
(29)				
(30)				
(31)수입금액 제외				
(32)합 계				

「부가가치세법」 제48조 · 제49조 또는 제59조와 「국세기본법」 제45조의3에 따라 위의 내용을 신고하며, 위 내용을 충분히 검토하였고 신고인이 알고 있는 사실 그대로를 정확하게 적었음을 확인합니다.

년 월 일

신고인: (서명 또는 인)

세무대리인은 조세전문자격자로서 위 신고서를 성실하고 공정하게 작성하였음을 확인합니다.

세무대리인: (서명 또는 인)

세무서장 귀하

첨부서류	뒤쪽 참조

세무대리인	성명		사업자등록번호	전화번호	

210㎜×297㎜[백상지 (80g/㎡) 또는 중질지(80g/㎡)]

(4쪽 중 제3쪽)

※ 이 쪽은 해당 사항이 있는 사업자만 사용합니다.
※ 뒤쪽의 작성방법을 읽고 작성하시기 바랍니다.
사업자등록번호 ☐☐☐ - ☐☐ - ☐☐☐☐☐ *사업자등록번호는 반드시 적으시기 바랍니다.

					금 액	세율	세 액
예정신고 누락분 명세		구 분					
	(7)매출	과 세	세 금 계 산 서	(33)		10 / 100	
			기 타	(34)		10 / 100	
		영 세 율	세 금 계 산 서	(35)		0 / 100	
			기 타	(36)		0 / 100	
		합 계		(37)			
	(12)매입	세 금 계 산 서		(38)			
		그 밖 의 공 제 매 입 세 액		(39)			
		합 계		(40)			

	구 분			금 액	세율	세 액
(14) 그 밖의 공제 매입세액 명세	신용카드매출전표등 수령명세서 제출분	일 반 매 입	(41)			
		고정자산매입	(42)			
	의 제 매 입 세 액		(43)		뒤쪽 참조	
	재 활 용 폐 자 원 등 매 입 세 액		(44)		뒤쪽 참조	
	과 세 사 업 전 환 매 입 세 액		(45)			
	재 고 매 입 세 액		(46)			
	변 제 대 손 세 액		(47)			
	외 국 인 관 광 객 에 대 한 환 급 세 액		(48)			
	합 계		(49)			

	구 분		금 액	세율	세 액
(16) 공제받지 못할 매입세액 명세	공 제 받 지 못 할 매 입 세 액	(50)			
	공 통 매 입 세 액 면 세 사 업 등 분	(51)			
	대 손 처 분 받 은 세 액	(52)			
	합 계	(53)			

	구 분		금 액	세율	세 액
(18) 그 밖의 경감·공제 세액 명세	전 자 신 고 세 액 공 제	(54)			
	전 자 세 금 계 산 서 발 급 세 액 공 제	(55)			
	택 시 운 송 사 업 자 경 감 세 액	(56)			
	대 리 납 부 세 액 공 제	(57)			
	현 금 영 수 증 사 업 자 세 액 공 제	(58)			
	기 타	(59)			
	합 계	(60)			

	구 분			금 액	세 율	세 액
(25) 가산세 명세	사 업 자 미 등 록 등		(61)		1 / 100	
	세 금 계 산 서	지 연 발 급 등	(62)		1 / 100	
		지 연 수 취	(63)		5 / 1,000	
		미 발 급 등	(64)		뒤쪽 참조	
	전자세금계산서 발급명세 전송	지 연 전 송	(65)		3 / 1,000	
		미 전 송	(66)		5 / 1,000	
	세 금 계 산 서 합 계 표	제 출 불 성 실	(67)		5 / 1,000	
		지 연 제 출	(68)		3 / 1,000	
	신 고 불 성 실	무 신 고 (일 반)	(69)		뒤쪽참조	
		무 신 고 (부 당)	(70)		뒤쪽참조	
		과소·초과환급신고(일반)	(71)		뒤쪽참조	
		과소·초과환급신고(부당)	(72)		뒤쪽참조	
	납 부 불 성 실		(73)		뒤쪽참조	
	영 세 율 과 세 표 준 신 고 불 성 실		(74)		5 / 1,000	
	현 금 매 출 명 세 서 불 성 실		(75)		1 / 100	
	부 동 산 임 대 공 급 가 액 명 세 서 불 성 실		(76)		1 / 100	
	매 입 자 납 부 특 례	거 래 계 좌 미 사 용	(77)		뒤쪽참조	
		거 래 계 좌 지 연 입 금	(78)		뒤쪽참조	
	합 계		(79)			

		업 태	종 목	코 드 번 호	금 액
면세사업 수입금액	(80)				
	(81)				
	(82)	수 입 금 액 제 외			
				(83)합 계	

계산서 발급 및 수취 명세	(84) 계산서 발급금액	
	(85) 계산서 수취금액	

⑥ 부가가치세의 납부와 환급

"이제 좀 알 것 같네요. 그러니까 매출세액이 매입세액보다 많으면 그 차액을 납부해야 하는 거죠?"

"그렇죠."

"그렇다면 매출세액보다 매입세액이 많으면 어떻게 하죠? 그 차액은 돌려 받아야 할 것 아니예요?"

"예, 돌려 받아야죠. 그걸 환급이라고 해요."

"환급이요?"

"예."

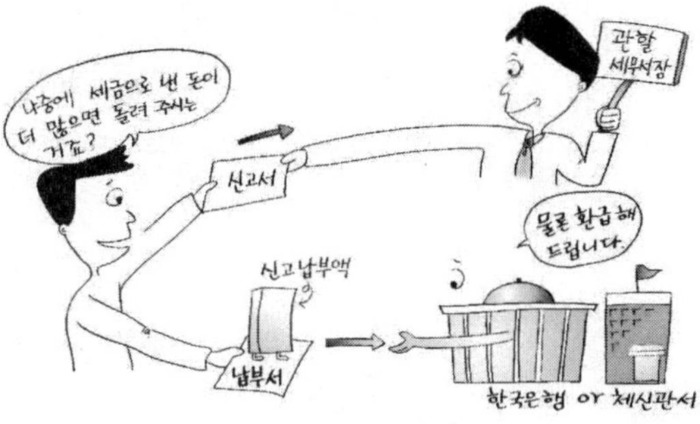

예정신고시에는 예정신고서를 각 사업장 관할세무서장에게 제출하고 예정신고납부세액은 국세징수법에 의한 납부서를 작성하여 한국은행(국고대리점 포함) 또는 체신관서에 납부하여야 한다.

확정신고시에는 예정신고시 이미 신고한 과세표준과 세액을 제외한 나머지 과세표준과 세액만을 신고하고 납부하면 된다.

예정신고기간 또는 과세기간의 **매입세액이 매출세액을 초과**하는 때에 그 초과하는 금액을 환급세액으로 하여 납세의무자에게 되돌려주는 것을 부가가치세의 환급이라 한다.

"예정신고시에 내는 부가가치세신고서는 예정신고서이고 확정신고시에 내는 부가가치세 신고서는 확정신고서라고 하는 겁니까?"

"그렇죠. 신고양식은 똑같아요."

⑦ 수정신고와 경정청구

"부가가치세를 신고한 후에 잘못 신고한 것을 알게 되면 어떻게 하죠? 고쳐서 신고해야 할 것 아닙니까?"

"당연하죠. 수정신고와 경정청구가 있어요."

"수정신고라는 말은 알 것 같은데 경정청구라는 말은 좀 생소한데요?"
"원래 낸 것보다 더 내겠다고 신고하는 경우에는 수정신고, 원래 낸 것보다 덜 내야겠다고 신고하는 경우에는 경정청구라는 말을 쓰죠."
"아, 두 가지 경우를 구분해서 용어를 사용하는 군요! 그럼 수정신고는 세무서에서 환영하겠지만 경정청구는 별로 환영하지 않겠네요?"
"글쎄요, 여하튼 경정청구는 청구하는 것이지 수정내용이 확정된 것은 아니죠."

자진신고납세제도가 적용되는 부가가치세는 납세의무자가 과세기간에 대한 과세표준과 세액을 법정기한 내에 스스로 신고함으로써 확정된다. 그러나 신고내용에 오류·누락이 있는 경우에는 일정기한 범위 내에서 납세자 스스로 수정할 수 있는 기회를 부여하고 있다. 이에는 과세표준과 세액을 증액신고하는 수정신고와 감액을 청구하는 경정청구가 있다.

■ 수정신고

부가가치세 예정 또는 확정신고서를 법정신고기간 내에 제출한 자가 다음에 해당하는 경우 관할세무서장이 당해 부가가치세의 과세표준과 세액을 **결정** 또는 **경정하여 통지를 하기 전까지** 사업자는 **부가가치세수정신고서**를 제출할 수 있다.

가. 부가가치세신고서에 기재된 과세표준과 세액이 부가가치세법에 의하여 신고하여야 할 과세표준과 세액에 미달하는 때
나. 부가가치세신고서에 기재된 환급세액이 부가가치세법에 의하여 신고하여야 할 환급세액을 초과하는 때

■ 경정청구

부가가치세 예정 또는 확정신고서를 법정신고기간 내에 제출한 자가 다음에 해당하는 경우 **법정신고기간 경과 후 3년 이내**에 최초로 신고한 부가가치세의 과세표준과 세액(이미 경정이 있었던 경우에는 당해 경정 후의 과세표준과 세액)의 **경정**을 관할 세무서장에게 **청구**할 수 있다.

가. 부가가치세신고서에 기재된 과세표준과 세액이 부가가치세법에 의하여 신고하여야 할 과세표준과 세액을 초과하는 때

나. 부가가치세신고서에 기재된 환급세액이 부가가치세법에 의하여 신고하여야 할 환급세액에 미달하는 때

■ 수정신고 및 경정청구 관련서류 기재방법

① 부가가치세 수정신고서

부가가치세 예정·확정신고서의 상단에 **당초 신고사항**을 **붉은색 글씨**로, **하단**에 **수정신고사항**을 **검정색 글씨**로 기재하여야 한다. 매출·매입처별세금계산서 합계표는 수정해야 할 합계란과 거래처란을 수정신고서와 같은 방법으로 기재하여 관할세무서장에게 함께 제출하여야 한다.

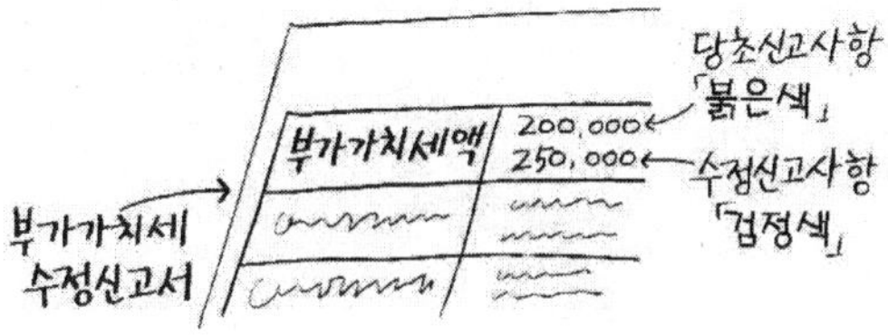

② 경정청구

과세표준 및 세액의 결정(경정)청구서를 사용하며, 기타 관련서류의 기재방법은 수정신고서의 기재방법을 준용한다.

"수정신고를 하면 세금을 더 내야 하지 않겠어요?"
"그렇죠, 해당 세액을 납부해야죠. 수정신고서만 제출하고 세금을 내지 않으면 수정신고를 한 것으로 보지 않아요."
"그럼 경정청구를 하면 그 청구가 받아들여지는지 아닌지는 어떻게 알지요?"
"관할세무서는 경정청구일로부터 2월 이내에 그 처리결과를 청구인에게 통지하게 되어 있어요."

⑧ 결정·경정과 징수

"부가가치세를 신고하였다고 하더라도 정부에서는 신고한 내용을 모두 믿을 수 없는 것 아니겠어요?"
"그렇죠."
"부가가치세신고를 불성실하게 하는 경우에 정부에서는 어떻게 대처하죠?"
"과세당국에서 그 사실을 발견하면 결정·경정을 하게 되는 것은 물론 각종 가산세를 부과하죠."

■ 결정·경정

부가가치세는 자진신고납부제도를 채택하고 있기 때문에 납세의무자의 확정신고에 의하여 세액이 확정된다.

그러나 확정신고를 하지 아니하거나 확정신고를 하였어도 그 내용이 불성실한 경우에는 예외적으로 정부의 조사결정 또는 경정에 의하여 납세의무가 확정된다. 이와 같이 특정한 사유에 해당되는 경우에 **과세관청이 과세표준과 세액을 결정하거나 변경결정하는 것**을 결정·경정이라 한다.

"세무서에서 결정·경정을 할 때는 회사에 와서 조사하게 되겠죠? 조사자료가 없으면 어떻게 하죠?"
"결정·경정방법에는 실지조사방법과 추계방법이 있어요. 실지조사방법이란 세금계산서·장부 기타 증빙을 근거로 조사해서 경정하는 것이고, 장부나 증빙이 없거나 허위임이 명백한 경우에는 합리적인 방법에 따라 추산해서 세금을 결정·경정하는데 이를 추계방법이라고 해요."
"그럼 그렇게 조사해 가면 끝나나요?"
"이미 경정한 세액이 잘못된 것을 발견했을 경우에는 즉시 다시 경정하도록 규정이 되어 있죠."
"세금을 제대로 내야 힘든 일이 없겠군요!"

■ 징 수

"부가가치세를 자진납부하지 않으면 어떻게 되나요."
"세액을 납부하지 않으면 징수해야죠."
"징수라면 강제로 받아 간다는 의미겠지요?"
"그렇죠."

납세의무자가 납부세액을 납부하지 아니하거나 과소납부한 경우 정부가 이를 강제적으로 받아들이는 것을 **징수**라 한다.

부가가치세법에서는 무납부·과소납부(=미달납부) 등의 경우와 재화의 수입에 있어서의 징수에 관하여 규정하고 있다.

① 납부불성실·경정·결정의 경우

사업자가 예정신고 또는 확정신고를 하는 때에 신고한 납부세액에 미달하게 납부한 경우에는 그 미달한 세액을, 그리고 확정신고를 하지 않는 등의 사유로 결정 또는 경정을 한 경우에는 추가로 납부하여야 할 세액을 사업장 관할세무서장이 징수한다.

② 예정신고의 불성실

사업장 관할세무서장은 사업자가 예정신고를 하지 아니한 때나 예정신고는 하였으나 신고한 내용에 오류 또는 탈루가 있는 때에는 확정신고기간 이전이라도 과세표준과 납부세액 또는 환급세액을 조사하여 결정 또는 경정하고 국세징수의 예에 의하여 징수할 수 있다.

③ 수시부과

사업장의 이동이 빈번한 때, 사업장의 이동이 빈번하다고 인정되는 지역에 사업장이 있는 때, 휴업 또는 폐업상태에 있는 때에는 경정에 준하여 납부세액 또는 환급세액을 조사 결정 또는 경정하여 수시부과하고 국세징수의 예에 의하여 징수할 수 있다.

9 가산세

" 지금까지 부가가치세의 기본적인 흐름을 설명해 주셨는데요. 정말 감사합니다."
"뭘요. 당연한 제 의무죠."
"그런데요…"
"더 물어 보고 싶은 게 있나요?"
"지금까지 설명하신 부가가치세의 여러 사항을 이행하지 않으면 어떻게 되나요?"
"가산세와 처벌규정이 있죠."

가산세에 대해서는 다음에 자세히 설명하기로 한다.

"이제 부가가치세에 대해서 어렴풋이 알 것 같네요. 그렇지만 아직도 정확하게는 잘 모르겠어요."
"아직 명확하게 이해하기는 어렵겠죠."
"계속 설명해 주실 거지요?"
"그럼요."

3. 사업자등록과 납세지

1 사업자등록

"사업자가 뭔지는 알 것 같아요. 그럼 사업자등록을 해야 할 텐데, 어떻게 사업자등록을 하죠?"
"세무서에 가서 사업자등록신청을 해야죠. 세무서에 가면 사업자등록신청서가 있어요. 신청서에 내용을 기재해서 제출하면 되죠."
"언제 사업자등록을 신청해야죠? 사업을 시작하기 전에? 아니면 사업을 시작하면서?"
"사업개시일로부터 20일 안에만 하면 됩니다."
"사업개시일이요? 그게 언젠데요?"
"차근차근 설명해보기로 하죠."

■ 사업자등록의 신청

신규로 사업을 개시하는 자 중 사업자 단위 과세사업자가 아닌 자는 사업장마다, 사업자 단위 과세사업자는 당해 사업자의 본점 또는 주사무소에 대하여 **사업개시일로부터 20일 이내**에 사업장 관할세무서에 사업자등록 신청을 하여야 한다.

사업자등록신청을 하기 위해 필요한 서류는 다음과 같다.

○ 사업자등록신청서

○ 사업허가증사본·사업등록증사본 또는 신고필증사본
  법령에 의하여 허가를 받거나 등록 또는 신고를 하여야 하는 사업의 경우에만 제출한다.

○ 사업장을 임차하는 경우에는 부동산임대차계약서사본

① 사업개시일

"사업개시일로부터 20일 이내에 사업자등록신청을 해야 한다고 하셨는데 사업개시일이라고 하는 건 구체적으로 언제를 말하는 거죠?"

사업개시일은 다음과 같다.

○ 제 조 업 : 제조장별로 **재화의 제조를 개시**하는 날

○ 광 업 : 사업장별로 **광물의 채취·채광을 개시**하는 날

○ 기타의 사업 : **재화 또는 용역의 공급을 개시**하는 날

② 겸영사업자와 면세사업자의 사업자등록

사업자가 부가가치세 과세사업과 면세사업을 겸업할 경우에는 부가가치세법에 의한 사업자등록만을 하면 된다. 그러나 부가가치세가 면세되는 사업만 하는 경우에는 소득세법(법인의 경우에는 법인세법)에 의한 사업자등록을 하여야 한다.

③ 공동사업자의 사업자등록

2인 이상이 공동으로 사업을 하는 경우에는 공동사업자 중 1인을 대표자로 하여 대표자명의로 신청한다. 그리고 공동사업사실을 증명할 수 있는 서류(동업계약서 등)를 제출하여야 한다.

④ 개별소비세·교통세·주류판매 관련사업자의 등록·신고

개별소비세 또는 교통세의 납세의무가 있는 자는 개별소비세법 또는 교통세법에 의하여 개업, 폐업, 휴업 또는 변경신고를 한 경우에는 부가가치세법에 따른 신고는 별도로 할 필요가 없다.

또한 유흥음식업소, 식품잡화점 등 주류판매를 해야 하는 사업자가 사업자등록 신청서에 주류판매사실을 기재, 관할세무서장에게 제출하여 사업자등록증을 교부받은 경우에는 주류판매신고를 할 필요가 없다.

■ 사업자등록신청서

"사업자등록신청서는 어떻게 생겼죠?"

사업자등록신청서는 개인사업자용과 법인사업자용으로 구분되어 있다. 따라서 사업자등록증도 개인사업자와 법인사업자가 구분되어 교부된다. 아래에는 사업자등록 신청서와 사업자등록증의 예를 제시하였다.

① 개인사업자

[개인사업자의 사업자등록신청서]

■ 부가가치세법 시행규칙 [별지 제3호서식] <개정 2012.2.28>

홈택스(www.hometax.go.kr)에서도 신청할 수 있습니다.

사업자등록신청서(개인사업자용)
(법인이 아닌 단체의 고유번호 신청서)

※ 귀하의 사업자등록 신청내용은 영구히 관리되며, 납세성실도를 검증하는 기초자료로 활용됩니다.
아래 해당 사항을 사실대로 작성하시기 바라며, 신청서에 본인이 자필로 서명하여 주시기 바랍니다. (앞쪽)
※ [ ]에는 해당되는 곳에 √표를 합니다.

접수번호		처리기간	3일(보정기간은 불산입)

1. 인적사항

상호(단체명)		전화번호	(사업장)
			(자 택)
성명(대표자)			(휴대전화)
주민등록번호		FAX번호	
사업장(단 체) 소재지			

2. 사업장 현황

업 종	주업태		주종목		주업종 코드	개업일	종업원 수
	부업태		부종목		부업종 코드		
사이버몰 명칭			사이버몰 도메인				

사업장구분	자가 면적	타가 면적	사업장을 빌려준 사람(임 대 인)			임대차 명세		
			성명(법인명)	사업자 등록번호	주민(법인) 등록번호	임대차 계약기간	(전세) 보증금	월세
	㎡	㎡				. . . ~ . . .	원	원

허가 등 사업 여부	[ ]신고 [ ]등록 [ ]허가 [ ]해당없음	주류면허	면허번호	면허신청 [ ]여 [ ]부
개별소비세 해당 여부	[ ]제조 [ ]판매 [ ]입장 [ ]유흥			
사업자금 명세 (전세보증금 포함)	자기자금 원	타인자금	원	
사업자단위과세 적용 신고 여부	[ ]여 [ ]부	간이과세 적용 신고 여부	[ ]여 [ ]부	

전자세금계산서(e세로)				
	회원가입 신청 여부	[ ]여 [ ]부	사용자아이디(ID)	(영어 또는 영어·숫자의 조합, 6~20자) * 온라인 신청 회원과 ID 중복방지를 위해 기재하신 ID앞에 영문이 첨부되어 등록됩니다. qt[xxxxx] : 세무서 신청, qh[xxxxx] : 홈택스 신청
	전용메일 이용 동의	[ ]동의함 [ ]동의하지않음	* e세로 회원가입을 신청한 경우에 한해 전용메일 이용 동의 여부 선택이 가능하며 동의한 경우 사업자등록증에 전용메일 주소가 표시됩니다. * 아래 전자우편주소로 초기 비밀번호가 발송되니 전자우편주소를 반드시 정확하게 적어야 합니다.	

전자우편주소		국세청이 제공하는 국세정보 수신동의 여부	[ ]동의함 [ ]동의하지않음	
그 밖의 신청사항	확정일자 신청 여부	공동사업자 신청 여부	사업장소 외 송달장소 신청 여부	양도자의 사업자등록번호 (사업양수의 경우에 한정함)
	[ ]여 [ ]부	[ ]여 [ ]부	[ ]여 [ ]부	

210mm×297mm[백상지 80g/㎡ 또는 중질지 80g/㎡]

[개인사업자의 사업자등록증]

■ 부가가치세법 시행규칙 [별지 제4호서식(1)] <개정 2012.2.28>

사업자등록증

(   )

등록번호 :

① 상호 : ② 성명 :

③ 개업연월일 : 년 월 일 ④ 생년월일 :

⑤ 사업장소재지:

⑥ 사업의종류: 업태 종목

⑦ 교부사유:

⑧ 공동사업자:

⑨ 주류판매신고번호:

⑩ 사업자단위과세 적용사업자 여부: 여( ) 부( )

⑪ 전자세금계산서 전용메일주소 :

년 월 일

○○**세무서장** 직인

국세 상담이 필요할 땐 ☎ 126

210㎜×297㎜[백상지 120g/㎡]

② 법인사업자

[법인사업자의 사업자등록증]

■ 부가가치세법 시행규칙 [별지 제4호서식(2)] <개정 2012.2.28>

사업자등록증

(　　　　　　　　)

등록번호 :

①법인명(단체명):

②대표자:

③개업연월일:　　년　　월　　일　　④법인등록번호:

⑤사업장소재지:

⑥본점소재지:

⑦사업의종류:　　업태　　종목

⑧교부사유:

⑨주류판매신고번호:

⑩사업자단위과세 적용사업자 여부: 여( ) 부( )

⑪전자세금계산서 전용메일주소 :

년　　월　　일

○○세무서장　직인

국세 상담이 필요할 때 ☎ 126

210㎜×297㎜[백상지120g/㎡]

■ 법인세법 시행규칙 [별지 제73호서식] <개정 2018. 3. 21.>

홈택스(www.hometax.go.kr)에서도 신고할 수 있습니다. (앞쪽)

접수번호	[ ] 법인설립신고 및 사업자등록신청서 [ ] 국내사업장설치신고서(외국법인)	처리기간
		3일 (보정기간은 불산입)

귀 법인의 사업자등록신청서상의 내용은 사업내용을 정확하게 파악하여 근거과세의 실현 및 사업자등록 관리업무의 효율화를 위한 자료로 활용됩니다. 아래의 사항에 대하여 사실대로 작성하시기 바라며 신청서에 서명 또는 인감(직인)날인하시기 바랍니다

1. 인적사항

법 인 명(단체명)		승인법인고유번호 (폐업당시 사업자등록번호)	
대 표 자		주 민 등 록 번 호	-
사업장(단체)소재지	층 호		
전 화 번 호	(사업장)	(휴대전화)	

2. 법인현황

법 인 등 록 번 호	-	자 본 금	원	사 업 연 도	월 일 ~ 월 일

법 인 성 격 (해당란에 ○표)

내국법인						외국법인			지점(내국법인의 경우)		분할신설법인		
영리일반	영리외투	비영리	국가 지방자치	법인으로 보는 단체		지점(국내사업장)	연락사무소	기타	여	부	본점 사업자 등록번호	분할전 사업자등록번호	분할연월일
				승인법인	기타								

조합법인 해당 여부		사업자 단위 과세 여부		공익법인						외국·외투법인	국적	투자비율
여	부	여	부	해당여부		사업유형	주무부처명	출연자산여부				
				여	부			여	부			

3. 외국법인 내용 및 관리책임자 (외국법인에 한함)

외 국 법 인 내 용

본점	상호	대표자	설치년월일	소재지

관 리 책 임 자

성 명(상 호)	주민등록번호(사업자등록번호)	주소(사업장소재지)	전 화 번 호

4. 사업장현황

사업의 종류						사업(수익사업) 개시일
주업태	주종목	주업종코드	부업태	부종목	부업종코드	
						년 월 일

사이버몰 명칭		사이버몰 도메인	

사업장 구분 및 면적		도면첨부		사업장을 빌려준 사람(임대인)			
자가	타가	여	부	성 명(법인명)	사업자등록번호	주민(법인)등록번호	전화번호
㎡	㎡						

임대차 계약기간	(전세)보증금	월 세(부가세 포함)
20 . . . ~ 20 . . .	원	원

개별소비세				주류면허		부가가치세 과세사업		인·허가 사업 여부			
제조	판매	장소	유흥	면허번호	면허신청	여	부	신고	등록	인·허가	기타
					여 부						

설립등기일 현재 기본 재무상황 등

자산 계	유동자산	고정자산	부채 계	유동부채	고정부채	종업원수
천원	천원	천원	천원	천원	천원	명

전자우편주소		국세청이 제공하는 국세정보 수신동의 여부	[ ] 문자(SMS) 수신에 동의함(선택) [ ] 이메일 수신에 동의함(선택)

210mm×297mm[백상지 80g/㎡ 또는 중질지 80g/㎡]

(뒤쪽)

5. 사업자등록신청 및 사업시 유의사항(아래 사항을 반드시 읽고 확인하시기 바랍니다)

가. 사업자등록 상에 자신의 명의를 빌려주는 경우 해당 법인에게 부과되는 각종 세금과 과세자료에 대하여 소명 등을 하여야 하며, 부과된 세금의 체납시 소유재산의 압류·공매처분, 체납내역 금융회사 통보, 여권발급제한, 출국규제 등의 불이익을 받을 수 있습니다.

나. 내국법인은 주주(사원)명부를 작성하여 비치하여야 합니다. 주주(사원)명부는 사업자등록신청 및 법인세 신고시 제출되어 지속적으로 관리되므로 사실대로 작성하여야 하며, 주주명의 대여시는 양도소득세 또는 증여세가 과세될 수 있습니다.

다. 사업자등록 후 정당한 사유 없이 6개월이 경과할 때까지 사업을 개시하지 아니하거나 부가가치세 및 법인세를 신고하지 아니하거나 사업장을 무단 이전하여 실지사업여부의 확인이 어려울 경우에는 사업자등록이 직권으로 말소될 수 있습니다.

라. 실물거래 없이 세금계산서 또는 계산서를 발급하거나 수취하는 경우 「조세범처벌법」 제10조제3항 또는 제4항에 따라 해당 법인 및 대표자 또는 관련인은 3년 이하의 징역 또는 공급가액 및 그 부가가치세액의 3배 이하에 상당하는 벌금에 처하는 처벌을 받을 수 있습니다.

마. 신용카드 가맹 및 이용은 반드시 사업자 본인 명의로 하여야 하며 사업상 결제목적 이외의 용도로 신용카드를 이용할 경우 「여신전문금융업법」 제70조제2항에 따라 3년 이하의 징역 또는 2천만원 이하의 벌금에 처하는 처벌을 받을 수 있습니다.

신청인의 위임을 받아 대리인이 사업자등록신청을 하는 경우 아래 사항을 적어 주시기 바랍니다.

대리인 인적사항	성 명		주민등록번호	
	주 소 지			
	전화 번호		신청인과의 관계	

신청 구분	[ ] 사업자등록만 신청 [ ] 사업자등록신청과 확정일자를 동시에 신청 [ ] 확정일자를 이미 받은 자로서 사업자등록신청 (확정일자 번호:)

신청서에 적은 내용과 실제 사업내용이 일치함을 확인하고, 「법인세법」 제109조·제111조, 같은 법 시행령 제152조부터 제154조까지, 같은 법 시행규칙 제82조제3항제11호 및 「상가건물 임대차보호법」 제5조제2항에 따라 법인설립 및 국내사업장설치 신고와 사업자등록 및 확정일자를 신청합니다.

년 월 일

신 청 인 (인)

위 대 리 인 (서명 또는 인)

세무서장 귀하

첨부 서류	1. 정관 1부(외국법인만 해당합니다) 2. 임대차계약서 사본(사업장을 임차한 경우만 해당합니다) 1부 3. 「상가건물 임대차보호법」의 적용을 받는 상가건물의 일부를 임차한 경우에는 해당 부분의 도면 1부 4. 주주 또는 출자자명세서 1부 5. 사업허가·등록·신고필증 사본(해당 법인만 해당합니다) 또는 설립허가증사본(비영리법인만 해당합니다) 1부 6. 현물출자명세서(현물출자법인의 경우만 해당합니다) 1부 7. 자금출처명세서(금지금 도·소매업, 액체·기체연료 도·소매업, 재생용 재료 수집 및 판매업, 과세유흥장소에서 영업을 하려는 경우에만 제출합니다) 1부 8. 본점 등의 등기에 관한 서류(외국법인만 해당합니다) 1부 9. 국내사업장의 사업영위내용을 입증할 수 있는 서류(외국법인만 해당하며, 담당 공무원 확인사항에 의하여 확인할 수 없는 경우만 해당합니다) 1부 10. 사업자단위과세 적용 신고자의 종된 사업장 명세서(법인사업자용)(사업자단위과세 적용을 신청한 경우만 해당합니다) 1부

작성방법

사업장을 임차한 경우 「상가건물 임대차보호법」의 적용을 받기 위하여서는 사업장 소재지를 임대차계약서 및 건축물관리대장 등 공부상의 소재지와 일치되도록 구체적으로 적어야 합니다.

(작성 예) ○○동 ○○○○번지 ○○호 ○○상가(빌딩) ○○동 ○○층 ○○○○호

210mm×297mm[백상지 80g/㎡ 또는 중질지 80g/㎡]

■ 사업자등록증의 교부와 직권등록

"사업자등록신청을 하면 곧바로 사업자등록이 되는 건가요? 사업자등록이 되어야 사업자 등록번호가 나올거구 세금계산서를 발행할 수 있을 텐데. 그리고 사업자등록을 신청하지 않고 사업을 하면 어떻게 되죠?"

"일반적으로 일주일내로 사업자등록이 됩니다. 사업자등록을 하지 않고 사업을 하는 사실을 세무서에서 알게 되면 가산세 등의 제재가 있고 또 강제로 등록을 시키죠. 설사 가산세 내는 것이 겁나지 않기 때문에 사업자등록을 하지 않는다고 하더라도 앞으로 사업을 하는 데 불편한 점이 많게 되죠."

사업자등록신청을 받은 세무서장은 그 신청내용을 조사하여 사업자등록증을 **신청일로부터 2일**(토요일·공휴일 또는 근로자의 날은 제외) 이내에 신청자에게 교부하여야 한다.

다만, 사업장시설과 사업현황을 확인하기 위하여 국세청장이 필요하다고 인정하는 경우에는 교부기한을 5일(토요일·공휴일 또는 근로자의 날은 제외) 이내에서 연장하고 조사한 사실에 따라 사업자등록증을 교부할 수 있다.

사업자가 사업자등록을 하지 아니하는 경우에는 관할세무서장이 조사하여 **직권으로 등록**시킬 수 있다. 또한 사업개시 전에 사업자등록을 신청한 경우 사업자등록의 신청을 받은 세무서장은 신청자가 사업을 사실상 개시하지 아니할 것이라고 인정되는 때에는 등록을 거부할 수 있다.

사업자등록은 사업자로서 의무사항이며 사업자등록을 하지 않는 경우에는 **미등록가산세** 등의 불이익처분을 받게 된다.

■ 사업자등록번호의 부여

"사업자등록번호를 보니까 세자리, 두자리, 다섯자리 해서 열자리의 숫자(×××－××－×××××)로 구성되어 있던데 그게 무슨 의미가 있는 겁니까?"

"의미가 있지요. 예를 들어 앞의 세자리가 101이라면 사업자등록을 최초로 신고한 세무서가 종로세무서라는 걸 알 수 있고 214라면 사업자등록을 최초로 신고한 세무서가 서초세무서라는 걸 알 수 있지요"

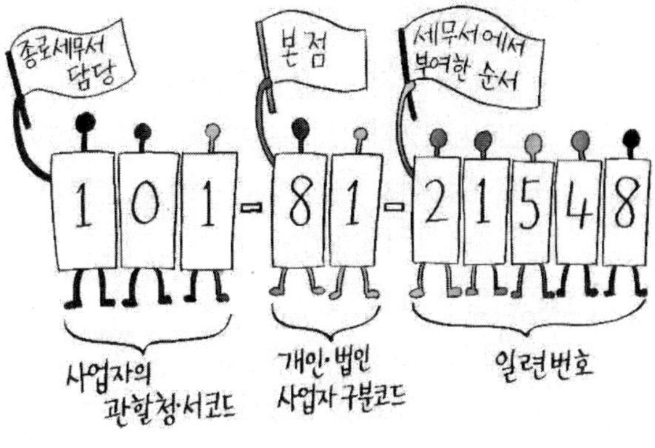

"그럼 그 다음 두자리 숫자는 의미가 있나요?"

"그럼요. 예를 들어 81, 86 또는 87이라면 본점이라는 것을 알 수 있고 85라면 지점이라는 것을 알 수 있죠."

"그럼 그 다음 다섯자리는요?"

"그 다음 다섯자리는 세무서에서 관리를 위해서 그냥 일련번호로 부여하는 거죠."

"사업을 하다가 그만두고 다른 사업을 하면 어떻게 되죠?"

"국세청에서는 부당하게 세금을 납부하지 않는 일이 없도록 사업자등록번호를 계속 관리하고 있어요."

"그리고 사업자등록번호는 폐업하지 않는 한 바뀌지 않습니다."

① 사업자등록번호의 부여방법

사업자등록번호는 전산시스템에 의하여 자동으로 부여되며, 한번 부여된 번호는 준영구코드화되어 사업장을 이전하여 세적이 이전되거나 과세유형이 전환하는 경우에도 처음에 부여된 번호를 그대로 사용한다.

사업자등록번호에 의하여 사업자의 세적이 관리되기 때문에 사업을 하면서 세금을 내지 않거나, 무단폐업하는 등의 행위를 할 경우에는 이러한 사항들이 모두 누적관리된다.

② 사업자등록번호의 구성

사업자등록번호는 (×××－××－×××××)와 같이 10자리로 구성된다. 번호의 구성 내용은 다음과 같다.

○ **최초 3자리** : 사업자가 사업자등록을 최초로 신고한 세무서코드

○ **가운데 2자리** : 개인사업자·법인사업자 구분코드

개인사업자

개인과세사업자 : 특정동 구별없이 01부터 79까지를 순차적으로 부여

개인면세사업자 : 산업구분없이 90부터 99까지를 순차적으로 부여

소득세법 제1조 제3항에 해당하는 법인이 아닌 종교단체 : 89

소득세법 제1조 제3항에 해당하는 자로서 위 항 이외의 자(아파트관리사무소 등) : 80

법인사업자

영리법인의 본점…81, 86, 87

비영리법인의 본점 및 지점…82

국가, 지방자치단체, 지방자치단체조합…83

외국법인의 본·지점 및 연락사무소…84

영리법인의 지점…85

○ 마지막의 앞 4자리 : 일련번호

과세사업자(일반·간이), 면세사업자, 법인사업자별로 등록 또는 지정일자순으로 사용가능한 번호를 0001~9999로 부여한다. 다만, 비영리법인의 본·지점은 등록 또는 지정일자순으로 0001~5999로 부여하고, 법인격 없는 사단, 재단, 기타 단체 중 법인으로 보는 단체는 6000~9999로 부여한다.

○ **마지막 1자리** : 검증번호

전산시스템에 의하여 사업자등록번호의 오류 여부를 검증하기 위하여 부여된 특정 숫자이다.

■ 사업자등록의 정정

"사업자등록을 하고 사업을 하다가 상호를 바꾸었다던가 주소를 바꾼 경우에는 처음에 사업자등록신청할 때의 내용과는 달라진 것이니까 당연히 고쳐야 하겠죠?"

"그럼요. 세무서에 가서 정정신청을 해야죠"

① 사업자등록의 정정사유

사업자가 다음과 같은 사항에 변동이 있는 경우에는 지체없이 '**사업자등록정정 신고서**'를 작성하고 기존의 사업자등록증과 함께 사업장 관할세무서장에게 제출하여야 한다.

○ **상호의 변경**

○ 법인의 **대표자 변경***

* 개인의 경우에는 대표자 변경이 되지 아니한다.

○ **사업의 종류 변경**

•사업의 종류를 완전히 다른 종류로 변경한 때

•새로운 사업의 종류를 추가하거나 사업의 종류 중 일부를 폐지한 때

○ **사업장의 이전***

* 사업장을 이전하는 경우에는 이전 후의 사업장 관할세무서장에게 신고한다.

○ 상속으로 인한 사업자의 **명의 변경**

② 사업자등록증의 정정교부

세무서장이 정정내용을 확인하여 사업의 종류 변경과 사업장 이전, 공동사업자의 구성원 등의 변경, 사업자단위 과세 적용사업장의 이전의 경우는 **7일 이내**, 기타는 **2일 이내**에 사업자등록증의 기재사항을 정정하여 재교부한다.

■ 휴·폐업 또는 법인합병신고

"사업이 안되어 잠시 휴업을 하거나 폐업을 할 경우에도 신고를 해야 하나요?"

"그럼요. 당연히 휴·폐업신고서를 작성해서 세무서에 제출해야죠."

"단순히 신고서만 제출하면 되나요?"

"세금을 안 낸 것이 있다면 당연히 신고해서 내고 휴·폐업을 해야죠."

등록한 사업자가 휴업 또는 폐업을 하게 되는 경우에는 관할세무서장에게 휴·폐업신고서를 작성하여 사업자등록증과 폐업신고확인서를 함께 제출하여야 한다.

다만, 사업자가 부가가치세확정신고서에 폐업연월일 및 폐업사유를 기재하고 사업자등록증과 폐업신고확인서를 첨부하여 제출한 경우에는 폐업신고서를 제출한 것으로 본다.

또한 사업개시일 전에 등록한 자가 사실상 사업을 개시하지 아니하게 된 때에는 지체없이 휴업(폐업)신고서에 사업자등록증을 첨부하여 관할세무서장에게 제출하여야 한다.

사업을 휴업 또는 폐업하고자 하는 사업자의 마지막 과세기간은 **그 폐업일이 속하는 과세기간의 개시일로부터 폐업일까지**이며, 당해 사업자는 **폐업일이 속한 달의 말일부터 25일 이내에 확정신고납부**를 해야 한다.

[휴·폐업신고서]

■ 부가가치세법 시행규칙 [별지 제9호서식] <개정 2017. 3. 10.>

홈텍스(www.hometax.go.kr)에서도 신청할 수 있습니다.

[ ] 휴업
[ ] 폐업 신고서

접수번호	접수일	처리기간	즉시

인적사항	상호(법인명)	사업자등록번호	
	성명(대표자)	전화번호	
	사업장 소재지		

신고내용	휴업기간	년 월 일부터 년 월 일까지(일간)
	폐 업 일	년 월 일

휴업·폐업사유	사업부진	행정처분	계절사업	법인전환	면세포기
	1	2	3	4	5
	면세적용	해산(합병)	양도·양수	기타	
	6	7	8	9	

사업 양도 내용 (포괄양도·양수의 경우만 적음)	양수인 사업자등록번호(또는 주민등록번호)

납세자의 위임을 받아 대리인이 휴업·폐업 신고를 하는 경우에는 아래의 위임장을 작성하시기 바랍니다.

위 임 장	본인은 [ ]휴업, [ ]폐업신고와 관련한 모든 사항을 아래의 대리인에게 위임합니다. 본인 : (서명 또는 인)			
대리인 인적사항	성명	주민등록번호	전화번호	신고인과의 관계

「부가가치세법」 제8조제6항 및 같은 법 시행령 제13조제1항·제2항에 따라 위와 같이([ ]휴업, [ ]폐업)하였음을 신고합니다.

년 월 일

신고인 (서명 또는 인)

세무서장 귀하

신고인(대표자) 제출서류	1. 사업자등록증 원본(폐업신고를 한 경우에만 제출합니다) 2. 사업양도·양수계약서 사본(포괄 양도 ·양수한 경우에만 제출합니다)	수수료 없음
담당 공무원 확인사항	사업자등록증	

행정정보 공동이용 동의서

본인은 이 건 업무처리와 관련하여 담당 공무원이 「전자정부법」 제36조에 따른 행정정보의 공동이용을 통하여 위의 담당 공무원 확인 사항을 확인하는 것에 동의합니다. *동의하지 않는 경우에는 신고인이 직접 관련 서류를 제출하여야 합니다.

신고인 (서명 또는 인)

참고 및 유의사항

※ 참고사항

관련 법령에 따라 허가·등록·신고 등이 필요한 사업으로서 주무관청에 제출하여야 하는 해당 법령상의 신고서(예: 폐업신고서)를 함께 제출할 수 있습니다. 이 경우 세무서장이 해당 신고서를 주무관청에 송부해 줍니다.

※ 유의사항

1. 휴업기간 중에도 제세신고 기한이 도래하면, 부가가치세 등 확정신고·납부를 하여야 합니다.
2. 폐업하는 사업자는 과세기간 개시일부터 폐업일까지의 사업실적과 잔존 재화에 대하여 폐업일이 속한 달의 말일부터 25일 이내에 부가가치세 확정신고·납부를 하셔야 합니다.

210mm×297mm[백상지 (80g/㎡) 또는 중질지 (80g/㎡)]

② 납세지

"사업장 소재지가 납세지라고 하셨는데 사업장은 우리가 흔히 말하는 영업장이나 매장이라는 용어하고는 다른 겁니까?"

"사업장이란 영업장이나 매장이라는 용어하고 유사하기는 하지만 다른 개념이죠."

■ 사업장의 판정기준

부가가치세에서는 사업장 소재지를 납세지로 한다는 것은 이미 설명한 바 있다.

사업장이란 사업자 또는 그 사용인이 **상시 주재하여 거래의 전부 또는 일부**를 행하는 장소를 말하며 세법에서는 특정한 사업에 대해서는 **사업장 판정기준**을 제시하고 있다.

① **광 업** : 광업사무소의 소재지

② **제조업** : 최종제품을 완성하는 장소. 다만, 따로 제품의 포장만을 하거나 용기에 충전만을 하는 장소는 제외한다.

③ **건설업·운수업과 부동산매매업**

사업자가 법인인 경우 : 그 법인의 등기부상의 소재지(등기부상의 지점소재지를 포함)

사업자가 개인인 경우 : 업무총괄장소

④ **부동산임대업** : 그 부동산의 등기부상의 소재지

⑤ **수자원개발사업** : 업무총괄장소

⑥ **무인자동판매기를 통한 사업** : 업무총괄장소

⑦ **비거주자 또는 외국법인** : 비거주자 또는 외국법인의 국내사업장

⑧ 기타 : 위 이외의 장소도 사업자의 신청에 의하여 사업장으로 등록할 수 있다. 다만, ⑥의 경우에는 그러하지 아니하다.

■ 직매장과 하치장

"사업장이란 사업자나 그 사용인이 늘 있으면서 거래를 하는 장소라고 설명하시지 않았습니까?"

"그렇게 설명했죠."

"그렇다면 상대방에게 물건을 파는 것이 거래니까 본사가 아닌 직매장에서 물건을 판다면 직매장도 사업장이 되겠네요?"

"그렇죠. 직매장도 사업장이죠."

"그럼 물건을 팔지 않고 단지 보관하기 위한 창고는 사업장이라고 볼 수 없겠네요?"

"예, 정확하게 사업장의 개념을 이해하고 있네요."

사업자는 사업을 하기 위해서 사업장과 유사한 형태의 장소를 이용할 수 있다. 그러한 예로서 직매장과 하치장을 들 수 있다.

직매장은 사업자가 생산 또는 취득한 재화를 직접 판매하기 위하여 **특별히 판매시설을 갖춘 장소**를 말한다. 이에 반해 **하치장**이란 사업자가 재화의 보관·관리시설만을 갖추고 **판매행위가 이루어지지 않는 장소**를 말한다.

따라서 직매장은 사업장으로 보지만 하치장은 사업장으로 보지 않는다. 하치장의 경우에는 **하치장설치신고서**를 당해 하치장을 둔 날로부터 10일 이내에 하치장관할 세무서장에게 제출하여야 하며, 동 세무서장은 사업장 관할세무서장에게 10일 이내에 통보하여야 한다.

[하치장설치신고서]

■ 부가가치세법 시행규칙 [별지 제1호서식]

홈택스(www.hometax.go.kr)에서도 신청할 수 있습니다.

하치장 설치 신고서

접수번호	접수일	처리기간 즉시

신고인 인적사항		
	상호(법인명)	사업자등록번호
	성명(대표자)	전화번호
	사업장(주된 사업장) 소재지	
	업태	종목

신고내용

설치 연월일	하치장 소재지	소속 사업장	규모		소유구분		하치할 재화의 품목	연락 전화번호
			대지면적(㎡)	건물면적(㎡)	자가	타가		

「부가가치세법 시행령」 제9조제1항에 따라 하치장 설치를 신고합니다.

년 월 일

신고인 (서명 또는 인)

세무서장 귀하

첨부서류	없음	수수료 없 음

210mm×297mm[백상지 80g/㎡(재활용품)]

■ 주사업장의 총괄납부

"그렇다면 회사가 본점이 있고 여러 곳에 직매장이 있어서 사업장이 여러 곳이라면 각자 부가가치세를 계산하고 신고납부해야겠네요?"

"그렇죠."

"그거 복잡해지는데. 어떻게 해결방법이 없나요?"

"신고는 사업장마다 별도로 해야 하지만 세금의 납부는 모두 모아서 납부할 수 있도록 하고 있어요."

① 주사업장 총괄납부의 의의

부가가치세는 원칙적으로 **사업장마다 신고납부**한다. 따라서 사업장이 2 이상인 사업자는 납세지가 여러 곳이 있게 된다. 즉, 사업자가 여러 곳의 점포를 갖고 있으면 각 점포가 하나의 사업장이 되기 때문에 원칙적으로 각 사업장마다 부가가치세를 신고하고 납부하여야 한다.

이러한 불편한 점을 해소하기 위하여 정부의 승인을 얻으면 사업장들을 주된 사업장과 종된 사업장으로 나누고 주된 사업장 관할세무서장에게 세액을 일괄하여 납부할 수 있다. 이것을 **주사업장 총괄납부**라고 한다.

그러나 세금계산서의 교부와 부가가치세의 신고는 여전히 각 사업장마다 하여야 한다.

주사업장은 법인인 경우에는 본점 또는 지점 중 선택할 수 있으며 개인인 경우에는 주사무소로 한다.

② 주사업장 총괄납부의 신청과 승인

○ 신 청

주된 사업장에서 총괄하여 납부하고자 하는 자는 그 납부하고자 하는 과세기간개시 20일 전에 **주사업장 총괄납부승인신청서**를 주된 사업장의 관할세무서장에게 제출하여야 한다.

○ 승 인

주사업장 총괄납부승인신청서를 제출받은 세무서장 또는 지방국세청장은 재화·용역의 조세채권확보 및 납세관리에 있어서 주사업장에서 총괄납부하는 것이 적당한지의 여부를 판정하여 총괄납부의 승인 여부를 신청자에게 통지하여야 하며, 신청일로부터 20일 이내에 총괄납부의 승인 여부를 통지하지 아니한 때에는 그 신청일부터 20일이 되는 날에 총괄납부를 승인한 것으로 본다.

[주사업장총괄납부신청서]

■ 부가가치세법 시행규칙[별지 제35호서식]

홈택스(www.hometax.go.kr)에서도 신청할 수 있습니다.

주사업장 총괄 납부 [ ] 신청서 [ ] 포기신고서

※ [ ]에는 해당하는 곳에 √ 표시를 합니다.

접수번호	접수일	처리기간	즉시

신고(신청)인 인적사항	상호(법인명)	사업자등록번호
	성명(대표자)	전화번호
	사업장(주된 사업장) 소재지	
	업태	종목
	총괄 납부 관리번호	

주사업장 총괄 납부(승인신청 · 포기신고)를 하려는 사업장의 내용 및 사유

사업장 소재지	사업의 종류		사업자등록번호	상호(법인명)	사업장 관할 세무서
	업태	종목			
(주된 사업장)					
사유					

[ ] 「부가가치세법」 제51조 및 같은 법 시행령 제92조제2항에 따라 위와 같이 주된 사업장에서 총괄하여 납부할 것을 신청합니다.

[ ] 「부가가치세법 시행령」 제94조제2항에 따라 주된 사업장 총괄 납부를 포기하고 위의 각 사업장에서 부가가치세를 납부할 것을 신고합니다.

년 월 일

신고(신청)인 (서명 또는 인)

세무서장 귀하

첨부서류	없음	수수료 없음

작 성 방 법

1. 주사업장 총괄 납부를 신청하거나 이미 총괄 납부를 신청한 사업장의 총괄 납부 포기를 신고하는 경우에 작성합니다.
2. 해당되는 신청(신고)사항에 [√]표시하고 해당 사항을 적은 후 작성일자와 신청인(신고인)란에 서명 또는 날인하여 제출합니다.

210mm×297mm[백상지 80g/㎡(재활용품)]

③ 주사업장 총괄납부승인의 효력

○ 원 칙

총괄납부승인을 얻은 사업자는 각 사업장 단위로 계산된 납부세액 또는 환급세액을 통산하여 주된 사업장 관할세무서장에게 납부하거나 환급받을 수 있다.

○ 예 외

그러나 다음의 경우에는 여전히 각 사업장 단위로 적용하여야 한다.

㈎ 사업자등록

㈏ 세금계산서 및 영수증의 작성·교부

㈐ 과세표준 및 납부세액(환급세액)의 계산 및 신고

㈑ 결정·경정

○ 참 고

본래 직매장반출은 재화의 간주공급에 해당되나, 주사업장 총괄납부승일은 받은 사업자가 총괄납부를 하는 과세기간에 반출하는 것은 재화의 공급으로 보지 아니한다.

④ 주사업장 총괄납부승인의 변경

○ 변경신청

주사업장 총괄납부승인을 받은 사업자가 종된 사업장을 신설하거나, 종된 사업장을 주된 사업장으로 변경하는 경우 또는 사업자등록정정사유가 발생한 경우에는 즉시 관할세무서장에게 **주사업장총괄납부승인변경신청서**를 제출해야 한다.

○ 변경승인

관할세무서장은 총괄납부변경승인 여부를 결정하고 신청일로부터 20일 이내에 통지하여야 하며, 통지하지 아니한 때에는 신청일로부터 20일이 되는 날에 총괄납부의 변경을 승인한 것으로 본다. 그리고 사업자는 변경승인을 얻은 날이 속하는 과세기간부터 변경내용대로 총괄납부할 수 있다.

⑤ 주사업장 총괄납부승인의 철회 및 포기

○ 철 회

주사업장총괄납부의 승인을 얻은 자가 다음 사유에 해당되어 총괄납부하는 것이 부적당하다고 인정될 때에는 이를 승인한 세무서장이 승인을 철회할 수 있다.

㈎ 사업내용의 변경으로 총괄납부가 부적당하다고 인정되는 때
㈏ 주된 사업장의 이동이 빈번한 때
㈐ 기타 사정변경에 의하여 총괄납부가 적당하지 아니하게 된 때

○ 포 기

사업자 스스로 총괄납부를 포기하고 각 사업장별로 세액을 납부할 수 있으며, 개별 납부하고자 하는 과세기간개시 20일 전에 주사업장 총괄납부포기신고서를 주사업장 관할세무서장에게 제출하여야 한다.

■ 사업자단위 과세제도

① 사업자단위 과세제도의 의의

정부는 사업자가 전산시스템 설비의 도입으로 본점 또는 주사무소(이하 "사업자단위 과세적용사업장"이라 함)에서 각 사업장을 총괄적으로 관리할 수 있는 경우에는 사업자단위 과세적용사업장 관할세무서장의 승인을 얻어 사업자단위로 신고·납부를 할 수 있는 제도를 도입하였다.

② 사업자단위 과세제도의 신청과 승인

○ 신 청

㈎ 계속사업자

사업자단위 과세사업자가 되고자 하는 사업자는 그 신고·납부하고자 하는 과세기간 개시 20일 전에 사업자단위 과세제도신청서를 사업자단위 과세 적용사업장 관할세무서장에게 제출하여야 한다.

㈏ 신규사업자

신규사업자가 사업자단위 과세사업자가 되고자 하는 경우에는 사업자단위 과세 적용사업장의 사업자등록증을 받은 날로부터 20일 이내에 사업자단위 과세제도승인신청서를 사업자단위 과세 적용사업장 관할세무서장에게 제출하여야 한다.

○ 승 인

신청을 받은 사업자단위 과세 적용사업장의 관할세무서장은 사업자단위의 과세를 하는 것이 적당한 지의 여부를 판정하여 신청일부터 **20일 이내**에 그 승인여부를

신청자에게 통지하여야 하며, 20일 이내에 승인여부를 통지하지 않는 경우에는 그 신청일부터 **20일이 되는 날**에 사업자단위의 과세를 승인한 것으로 본다.

[별지 제2호의 6 서식]

사업자단위과세승인신청서				처리기간 20일
신청인	①상 호 (법인명)		②사 업 자 등 록 번 호	□□□-□□-□□□□□
	③성 명 (대표자명)		④주 민 (법인) 등 록 번 호	□□□□□□-□□□□□□□
	⑤주 소	(아파트 통 반 동 호)		
	⑥사업자단위과세 적 용 사 업 장		⑦전 화 번 호	
사업의 종 류	⑧업 태		⑨종 목	
⑩사업자단위과세 승인번호			⑪사 업 자 단 위 과 세 적 용 과 세 기 간	. . 부터

신 청 내 용

⑫구분	⑬사업장 소재지	⑭사업의 종류		⑮ 사업자등록번호	⑯상호 (법인명)	⑰사업장관할 세무서
		업태	종목			
본점 또는 주사무소	(101)					
종 된 사업장	(102)					
	(103)					
	(104)					
⑱신청사유						

「부가가치세법」 제4조 제3항과 동법 시행령 제6조의 3 제1항 및 제2항에 따라 위와 같이 사업자단위과세의 승인을 신청합니다.

년 월 일

신청인 (서명 또는 인)

세무서장 귀하

구비서류: 없음	수수료 없음

③ 사업자단위 과세제도승인의 효력

○ 효 력

(가) 사업자단위 과세의 승인을 얻은 사업자는 사업자등록, 세금계산서 및 영수증의 교부, 신고·납부 또는 환급 등 일체를 사업자단위 과세 적용사업장에서 사업자 단위로 할 수 있다.

(나) 결정·경정 및 징수권도 사업자단위 과세적용사업장 관할세무서장이 행사한다.

○ 참 고

본래 직매장반출은 재화의 간주공급에 해당되나, 사업자단위 과세제도승인을 받은 사업자가 사업자단위 과세제도를 적용받는 과세기간에 반출하는 것은 재화의 공급으로 보지 아니한다.

④ 사업자단위 과세제도의 변경

사업자단위 과세제도의 승인을 얻은 자의 다음의 사유 중 어느 하나에 해당하는 때에 사업자단위 과세제도의 변경승인을 얻은 것으로 본다.

㈎ 사업자단위 과세 적용사업장의 이전·변경시 : 사업자단위 과세 적용사업장으로 이전 또는 변경하고자 하는 사업장 관할세무서장에게 사업자등록정정신고서가 접수된 때

㈏ 종된 사업장 신설시 : 당해 신설하는 종된 사업장 관할세무서장으로부터 사업자등록증이 교부된 때

㈐ 사업종류의 변동시 : 관할세무서장에게 사업자등록정정신고서가 접수된 때

㈑ 사업장의 이전시 : 사업장을 이전하고자 하는 지역의 관할세무서장에게 사업자등록정정신고서가 접수된 때

⑤ 사업자단위 과세제도의 승인철회와 포기

○ 승인철회

관할세무서장은 전사적 기업자원관리설비가 본연의 기능을 모두 처리할 수 없거나 처리한 결과를 보관할 수 없는 등 그 요건을 갖추지 못하여 사업자단위의 과세를 하는 것이 적당하지 아니하다고 인정되는 경우에는 그 승인을 철회할 수 있다.

○ 포 기

사업단위 과세제도의 승인을 얻은 자가 각 사업장별로 신고·납부하거나 주사업장 총괄납부를 하고자 하는 경우에는 그 납부하고자 하는 과세기간 개시 20일 전에 사업자단위 과세제도포기신고서를 사업자단위 과세 적용사업장 관할세무서장에게 제출하여야 한다.

다만, 사업자단위 과세제도의 승인을 얻은 날부터 5년이 경과하는 날이 속하는 과세기간까지는 사업자단위 과세제도의 적용을 포기할 수 없다.

■ 임시사업장

"박람회를 할 때 박람회장소에 판매장을 임시로 설치하면 이것도 사업장인가요? 이것을 사업장이라고 한다면 사업자등록을 정정해야 할 것 아닙니까?"

"사업장이긴 한데 임시사업장이죠. 그런 경우에는 별도의 사업장이 개설된 것으로 보지 않아요."

① 의 의

사업장이 있는 사업자가 그 사업장 외에 각종 경기대회·박람회·국제회의 기타 이와 유사한 행사가 개최되는 장소에서 **임시로 사업장을 개설**하는 경우에는 그 임시사업장은 기존사업장에 포함되는 것으로 한다. 따라서 별도의 사업장이 개설된 것으로 보지 않기 때문에 별도로 사업자등록을 하지 않아도 된다.

② 개설신고

임시사업장을 개설하고자 하는 자는 **임시사업장개설신고서**를 당해 임시사업장의 사업개시일 7일 전에 임시사업장의 관할세무서장에게 제출하여야 하며, 신고를 받은 세무서장은 임시사업장 설치의 타당성 여부를 확인하여 이를 신청인과 관할세무서장에게 통지하여야 한다.

임시사업장개설기간이 10일 이내인 경우에는 임시사업장의 개설신고없이 기존 사업장에서 신고납부할 수 있다.

[임시사업장개설신고서]

■ 부가가치세법 시행규칙[별지 제2호서식]

홈택스(www.hometax.go.kr)에서도 신청할 수 있습니다.

임시사업장 개설 신고서

접수번호	접수일	처리기간	즉시

신고인 인적사항	상호(법인명)	사업자등록번호
	성명(대표자)	전화번호
	사업장 소재지	
	업태	종목
	총괄 납부 관리번호	

신고내용

임시사업장 명세	임시사업장 소재지							전화번호			
	사업의 종류			개설 연월일	폐쇄 예정일	소유구분		규모			
	업태	종목	업종코드			자가	타가	구조	건물면적 (㎡)	대지면적 (㎡)	
	임차료 지급명세		소유자명세								
	전세금 (보증금)	월세	성명	생년월일				주소			
	만원	만원									

「부가가치세법 시행령」 제10조제2항에 따라 위와 같이 임시사업장 개설을 신고합니다.

년 월 일

신고인 (서명 또는 인)

세무서장 귀하

신고인 제출서류	사업허가증 사본, 사업등록증 사본 또는 신고확인증 사본(법령에 따른 허가·등록·신고사업인 경우) 중 1부	수수료 없음

210mm×297mm[백상지 80g/㎡(재활용품)]

③ 폐쇄신고

임시사업장을 개설한 자가 그 임시사업장을 폐쇄한 때에는 그 폐쇄일로부터 10일 이내에 임시사업장폐쇄신고서를 당해 임시사업장의 관할세무서장에게 제출하여야 한다.

제9장 거래증빙

“이전에 거래증빙에 대해서 말씀하시긴 했는데…”
“예, 세금계산서, 영수증 등에 대해서 설명했었죠.”
“대충은 알겠지만 아직은 정확하게 머리속에 들어오지 않아서요.”
“부가가치세에 있어서 거래증빙은 상당히 중요한 것이니까 좀더 상세하게 설명하도록 하죠.”

1. 세금계산서

“세금계산서를 보면 써야 할 난이 많이 있는 것 같은데 이걸 다 써야 하나요?”
“반드시 써야 할 부분이 있고 쓰지 않아도 되는 부분이 있어요.”
“반드시 써야 할 부분을 안 쓰면 어떻게 되죠?”
“세금계산서로 인정받지 못하죠. 매출 세금계산서라면 가산세가 부과되죠. 그리고 매입세금계산서라면 매입세액을 인정하지 않기 때문에 부가가치세를 계산할 때 매입세액을 공제할 수 없게 됩니다.”
“그런 불이익을 받지 않기 위해서는 반드시 써야 하는 부분을 빼 먹지 말아야겠군요.”

1 세금계산서의 기재사항

세금계산서에는 기재하지 않으면 세금계산서로서의 효력이 없게 되는 **필요적 기재사항**과 기재하지 않아도 세금계산서의 효력에는 영향이 없지만 사업자의 편의를 위하여 기재하는 임의적 기재사항이 있다.

■ 필요적 기재사항

필요적 기재사항은 다음과 같다.

① **공급자의 등록번호와 성명 또는 명칭**
② **공급받는 자의 등록번호**
③ **작성연월일**
④ **공급가액과 부가가치세액**

필요적 기재사항은 그 내용의 전부 또는 일부가 기재되지 아니하거나 사실과 다른 때에는 정당한 세금계산서로 보지 아니한다.

따라서 필요적 기재사항이 기재되지 않은 세금계산서를 교부한 사업자에 대해서는 가산세를 적용하고 이를 교부받은 사업자에 대해서는 매입세액을 공제해 주지 않는다.

다만, 필요적 기재사항 중 일부가 착오로 사실과 다르게 적혔으나 거래사실이 확인되는 경우에는 매입세액공제가 허용된다.

"아, 세금계산서에 필요적 기재사항은 굵은 선으로 표시되어 있군요!"

■ 임의적 기재사항

임의적 기재사항은 사업자의 필요에 의해 세금계산서에 기재하는 사항이다. 임의적 기재사항을 기재하지 아니하였거나 잘못 기재하더라도 가산세나 매입세액불공제를 적용하지 않는다.

"필요적 기재사항이 뭔지, 임의적 기재사항이 뭔지는 알겠어요. 그런데 어떻게 써야 할지 잘 모르겠어요."
"세금계산서를 보면서 하나하나 살펴보기로 하죠."

② 세금계산서의 작성방법

세금계산서의 작성방법은 일반적으로 다음과 같다.

[세금계산서]

[별지 제11호 서식] (적 색)

세금계산서(공급자보관용)	책 번 호	권	호
	일 련 번 호	-	

공급자	등 록 번 호	- -			공급받는자	등 록 번 호	- -	
	상 호 (법 인 명)		성 명 (대표자)			상 호 (법 인 명)		성 명 (대표자)
	사 업 장 주 소					사 업 장 주 소		
	업 태		종 목			업 태		종 목

작성			공급가액											세액										비 고
연	월	일	공란수	백	십	억	천	백	십	만	천	백	십	일	십	억	천	백	십	만	천	백	십	일

월	일	품 목	규 격	수 량	단 가	공 급 가 액	세 액	비 고

합 계 금 액	현 금	수 표	어 음	외 상 미 수 금	이 금액을 영수/청구 함

22226-28131일 182㎜×128㎜
96.2.27. 개정 (인쇄용지(특급) 34g/㎡)

■ **숫자는 아라비아숫자로, 문자는 한글로 기재한다.**

■ **"공급자" 란**

인쇄하거나 고무인으로 날인하여야 한다.

■ **"공급받는 자의 등록번호" 란**

공급받는 자의 사업자등록번호를 기재하되, 공급받는 자가 부가가치세 면세사업자인 경우에는 소득세법 또는 법인세법의 규정에 의한 등록번호 또는 고유번호를 기재한다.

■ "공급자 또는 공급받는 자의 업태·종목" 란

공급자 및 공급받는 자의 사업자등록증에 기재된 업태·종목 중 당해 공급거래품목에 해당하는 업태·종목을 기재한다. 다만, 2가지 이상의 업태·종목을 거래하는 경우에는 공급가액이 가장 큰 품목에 해당하는 업태·종목을 기재하되 "○○외"라고 기재한다.

■ "작성연월일" 란

세금계산서를 실제로 작성하는 일자를 기재한다.

■ "공급가액" 란

재화 또는 용역의 공급에 대하여 거래상대방으로부터 받는 가액(부가가치세를 제외한 금액)을 기재하고 [공란수]에는 공급가액으로 기재한 금액 앞의 빈칸 수를 기재한다.

■ "세액" 란

재화 또는 용역의 공급가액에 세율을 적용하여 산출한 부가가치세를 기재한다. 다만, 규정에 의하여 영세율이 적용되는 거래의 경우에는 세액을 기재하지 않고 "영세율"이라 기재한다.

■ "품목" 란

공급가액이 가장 큰 품목순으로 기재하되, 거래품목이 4가지를 초과할 경우에는 마지막 "품목"란에 "○○외 ○종"으로 기재하고 공급가액 및 세액란은 합계하여 기재하며 규격·수량·단가는 기재하지 아니한다.

■ "비고" 란

① 위탁·수탁매매 또는 대리인을 통한 매매의 경우 수탁자 또는 대리인의 등록번호
② 공급받는 자가 일반소비자인 경우 공급받는 자의 주민등록번호
③ 전력을 공급받는 자와 실지소비하는 자의 명의가 다를 경우 : 전력을 공급받는 명의자가 전기사업자로부터 세금계산서를 교부받은 후 전력을 실지로 소비하는

자를 공급받는 자로 하여 세금계산서를 교부하는 경우에는 "전력", 동업자조합 또는 이와 유사한 단체가 그 조합원 또는 구성원에게 세금계산서를 교부하는 경우 등은 "공동매입"

④ 음식·숙박용역이나 개인서비스용역을 공급하고 그 대가와 함께 종업원(자유직업소득자를 포함)의 봉사료를 받는 경우 "종업원 봉사료 ○○○원", 다만, 당해 봉사료를 사업자의 수입금액에 포함시키는 경우에는 기재하지 아니한다.

⑤ 기타 필요한 사항

■ "이 금액을 영수(청구)함" 란

현금판매시에는 "청구"를, 외상판매시에는 "영수"를 두 줄로 삭제하거나 현금판매시에는 "영수", 외상판매시에는 "청구"에 ○표기한다.

※ 사업자가 필요적 기재사항과 세금계산서임을 표시하는 문구가 포함된 계산서를 교부하는 경우에는 세법에서 규정한 세금계산서로 본다. 따라서 반드시 세금계산서를 앞에서 표시된 양식대로 작성할 필요는 없다.
또한 인터넷에 의한 전자세금계산서 교부를 허용하고 있다.

3 세금계산서의 교부

"세금계산서를 작성하는 방법은 이제 알겠네요. 그럼 세금계산서를 작성하고 나면 거래 상대방에게 넘겨 주어야 할 것 아닙니까?"
"그럼요. 넘겨 주어야죠."

■ 일반적인 세금계산서의 교부

사업자는 원칙적으로 거래시기마다 세금계산서를 교부하여야 한다. 따라서 사업자가 재화·용역을 공급할 때에는 세금계산서 2부를 발행하여 그 중 1부(**적색**)는 **공급자**가 보관하고 1부(**청색**)는 **공급받는 자**에게 교부한다.

※ 매입자발행세금계산서 : 사업자가 재화 또는 용역을 공급하고 세금계산서를 교부하지 아니한 경우 당해 재화 또는 용역을 공급받은 자는 관할세무서장의 확인을 받아 매입자발행세금계산서를 발행할 수 있다.

■ 세금계산서의 일괄 교부

"거래할 때마다 세금계산서를 넘겨 준다면 상당히 불편하겠네요."

"불편하다뇨?"

"단골고객이 있는 경우에는 한달에도 수십번, 수백번 거래가 있을 수 있는데 그때마다 세금계산서를 작성해서 넘겨 주어야 한다면 불편하지 않습니까?"

"아, 그런 경우에는 해결방법이 있지요."

세금계산서는 재화·용역의 공급시, 즉 거래시기마다 교부하는 것이 원칙이다. 따라서 재화·용역의 공급시기 이후에는 세금계산서를 교부할 수 없다. 그러나 사업자의 편의를 위해서 예외적으로 다음과 같은 경우에는 일정기간의 거래액을 합계하여 그 다음달 10일까지 세금계산서를 교부할 수 있다.

① 거래처별로 **1역월의 공급가액을 합계**하여 당해 월의 말일자를 발행일자로 하여 세금계산서를 교부하는 경우(역월은 매월 1일부터 그 달의 말일까지를 의미함)

② 거래처별로 1역월 이내에서 사업자가 **임의로 정한 기간의 공급가액을 합계하여 그 기간**의 종료일자를 발행일자로 하여 세금계산서를 교부하는 경우

③ 관계증빙서류 등에 의하여 실제거래사실이 확인되는 경우로서 당해 거래일자를 발행일자로 하여 세금계산서를 교부하는 경우

"그럼 일괄교부를 할 때는 합계금액을 공급가액으로 해서 하나의 세금계산서를 발행해야겠네요."

"그렇죠."

"그런 경우에 세금계산서의 작성방법은 일반적인 세금계산서의 작성방법과는 다르겠지요."

■ 일괄교부시 세금계산서의 작성

① "작성연월일"란 :

위의 ①, ②, ③에 의한 일자로 한다.

② "품목"란 :

"품목"란 첫째란에 "주요품목외 ○종"(예 : ○○외 ○종)으로 기재하고 공급가액 및 세액란은 합계한 금액으로 기재한다. 이 경우 규격·수량·단가는 기재하지 아니한다.

③ "비고"란 :

"합계"로 기재한다.

④ 일괄 교부시 거래명세표 등의 작성의무

재화·용역의 공급자가 세금계산서를 일괄교부하는 경우에는 **세부적인 거래내역**을 알 수 있도록 그 거래시기마다 공급자·공급받는 자·거래일자·품목·수량 및 금액 등이 기재된 **증표(거래명세표·송장·출고지시서 등 명칭과 규격은 제한하지 않음)**를 2매 작성하여, 1매는 사업장에 비치하고 1매는 공급받는 자에게 교부한 후 매입·매출장의 "거래처"란에 (고)라고 표시하여야 한다.

다만, 거래 쌍방이 동 거래의 내용을 전산조직에 의하여 처리하고 그 내용을 전산테이프 또는 디스켓으로 보관하여 확인할 수 있는 경우에는 거래명세표 등의 증표를 사용하지 아니할 수 있다.

""고"라고 표시하는 것은 '고정거래처'라는 말의 약자로 쓰는 거죠."

■ **공급시기 전 세금계산서의 교부**

사업자가 재화·용역의 공급시기가 도래하기 전에 재화 또는 용역에 대한 대가의 전부 또는 일부를 받고 이와 동시에 그 받은 대가에 대하여 세금계산서를 교부하는 경우, 사업자가 재화·용역의 공급시기 이전에 세금계산서를 교부하고 그 세금계산서 교부일로부터 7일 이내에 대가를 지급받는 경우 등의 경우에는 당해 세금계산서를 **교부하는 때**를 재화·용역의 공급시기로 본다.

"그럼 공급한 후에 세금계산서를 발행하면 어떻게 되죠?"
"세금계산서가 사실과 다르게 발행된 것으로 보죠. 나중에 설명할 가산세의 적용을 받게 됩니다."

④ 수정세금계산서

"세금계산서를 작성해서 교부해 주었는데 잘못 작성되었다는 사실을 알게 되었을 경우에는 어떻게 하죠. 잘못 발행한 세금계산서를 폐기하고 새로 발행하면 되겠죠?"
"그럴 수도 있고 원칙적으로는 수정세금계산서를 발행해야죠."
"수정세금계산서는 어떻게 발행하죠?"

- **당초 공급한 재화가 환입된 경우 :** 당초 공급한 재화가 환입된 경우에는 재화가 환입된 날을 작성일자로 기재하고 비고란에 당초 세금계산서 작성일자를 부기한 후 붉은색 글씨로 쓰거나 또는 부의 표시를 하여 교부할 수 있다.
- **계약의 해제로 인하여 재화 또는 용역이 공급되지 아니한 경우 :** 계약의 해제로 인하여 재화 또는 용역이 공급되지 아니한 경우 계약이 해제된 때에 그 작성일자로 당초 세금계산서 작성일자를 기재하고 비고란에 계약해제일을 부기한 후 붉은색 글씨로 쓰거나 또는 부의 표시를 하여 교부할 수 있다.
- **공급가액에 추가 또는 차감되는 금액이 발생한 경우 :** 공급가액에 추가 또는 차감되는 금액이 발생한 경우에는 증감사유가 발생한 날을 작성일로 기재하고 추가되는 금액은 검은색 글씨로 쓰고, 차감되는 금액은 붉은색 글씨로 쓰거나 또는 부의 표시를 하여 교부할 수 있다.

- **재화 또는 용역의 공급 후 내국신용장이나 구매확인서가 개설·발급된 경우 :** 재화 또는 용역을 공급한 후 공급시기가 속하는 과세기간 종료후 25일 이내에 내국신용장이 개설되었거나 구매확인서가 발급된 경우에는 내국신용장 등이 개설·발급된 때에 그 작성일자는 당초 세금계산서 작성일자를 기재하고 비고란에 내국신용장 등의 개설일·발급일을 부기하여 영세율 적용분은 검은색 글씨로 세금계산서를 작성하여 교부하고, 추가하여 당초에 교부한 세금계산서의 내용대로 세금계산서를 붉은색 글씨로 쓰거나 부의 표시를 하여 작성하여 교부한다.
- **필요적 기재사항 등의 착오로 잘못 기재된 경우 :** 필요적 기재사항 등이 착오로 잘못 기재된 경우 경정하여 통지하기 전까지 세금계산서를 작성하되, 당초에 교부한 세금계산서의 내용대로 세금계산서를 붉은색 글씨로 작성하여 교부하고, 수정하여 교부하는 세금계산서는 검은색 글씨로 작성하여 교부한다.

⑤ 수입세금계산서

수입되는 재화에 대하여는 세관장이 수입신고에 따른 부가가치세를 징수하는 때에 수입세금계산서를 수입자에게 교부한다. 이때 수입자는 사업자 또는 비사업자건 상관없다.

⑥ 전자세금계산서

법인사업자와 직전 연도의 사업장별 과세 공급가액과 면세 수입금액의 합계액이 3억원 이상인 개인사업자는 전자세금계산서를 발급하고 발급일의 다음날까지 발급명세를 국세청장에게 전송해야 한다. 발급명세 전송기한까지 전송하지 않으면 다음과 같은 가산세가 부과된다.

- 지연전송의 경우 공급가액의 0.3%
- 미전송의 경우 공급가액의 0.5%

※ 전자세금계산서 발급일의 다음 날(전송기한)이 지난 후 그 과세기간의 확정신고기한(25일) 까지 국세청장에게 발급명세를 전송한 경우를 '지연전송'이라 하고, 25일까지 전송하지 않는 경우를 '미전송'이라 한다.

또한, 전자세금계산서 의무발급 사업자가 종이세금계산서를 발급한 경우에는 공급가액의 1%를 가산세로 적용하므로 주의하여야 한다.

7 세금계산서의 교부면제

"예를 들어서요. 내가 캔 음료수를 공급하는 사업을 하고 있는데 주문을 받았지만 마침 재고가 바닥이 났어요. 그래서 길에 있는 무인판매기에서 캔음료수를 뽑아서 판매했다면 세금계산서는 어디서 받죠?"

"……"

"또 무인판매기가 아니라 버스정류장 앞의 노점에서 캔음료수를 사서 판매했다면 노점상에게 세금계산서를 달라고 해야 하나요?"

"지금 날 놀리려고 그러는 거죠!"

"아니요. 궁금해서요."

"그런 경우에는 세금계산서를 교부받지 못하죠."

다음과 같이 **거래상대방**이 **사업자가 아니거나 세금계산서의 교부가 현저하게 곤란한 사업자**의 경우에는 세금계산서의 교부를 면제하고 있다.

(1) **택시운송사업자·노점·행상·무인판매기사업**

(2) **소매업** 또는 **목욕·이발·미용업**

다만, 소매업의 경우에는 공급받는 자가 세금계산서의 교부를 요구하면 교부해 주어야 한다.

(3) **간주공급** : 자가공급·개인적공급·사업상증여 및 폐업시 잔존재화

단, 직매장반출은 세금계산서를 교부하여야 한다.

(4) 특정 영세율적용대상거래(내국신용장 또는 구매확인서에 의한 거래는 제외)

(5) 부동산임대용역 중 전세금 또는 임대보증금에 대한 간주임대료

※ (3), (4), (5)에 대해서는 제10장 매출세액에서 설명될 것이다.

8 세금계산서 미교부·불성실 작성시의 가산세

"세금계산서를 교부하지 않으면 어떻게 되죠?"

"가산세가 부과되죠. 그리고 불성실한 납세자니까 세무서가 신경을 쓸거고! 나중에 부가가치세법상의 가산세는 총괄해서 설명할 겁니다."

사업자가 세금계산서를 교부하지 아니한 때 또는 가공세금계산서를 교부하거나 교부받을 때, 타인명의세금계산서를 교부하거나 교부받은 때에는 대상 공급가액에

대한 2%(교부한 세금계산서의 필요적 기재사항의 전부 또는 일부가 기재되지 아니하거나 사실과 다른 때에는 1%)의 가산세가 부과된다.

2. 영수증

1 영수증의 의의와 종류

"일상생활에서 세금계산서를 대하기는 어렵지만 영수증은 자주 보는 것 같아요."
"일상생활이라는게 소비자로서 물건을 구입해서 소비하는 거니까 세금계산서는 자주 볼 수 없더라도 영수증은 자주 보게 되는 거죠."
"그렇겠군요."

■ 영수증의 의의

사업자의 **거래대상**이 사업자가 아니라 **소비자**이고 거래가 **소액**으로 빈번하게 이루어진다면 세금계산서를 기재하여 교부하기 어렵거나 사실상 불가능하다. 따라서 이러한 경우에는 영수증을 발행하도록 하고 있다.

영수증이란 세금계산서의 필요적 기재사항 중 공급받는 자와 부가가치세를 따로 기재하지 아니한 약식의 세금계산서를 말한다. 영수증은 공급받는 자와 부가가치세를 따로 기재하지 않기 때문에 간편하게 발행할 수 있는 장점이 있다.

※ 영수증 교부대상사업을 하는 자 중 백화점.대형점.쇼핑센터내의 사업자, 판매시점정보관리시스템을 도입한 사업자로서 국세청장이 지정하는 사업자가 신용카드기 또는 직불카드 등 기계적 장치에 의하여 영수증을 교부하는 때에는 당해 영수증에 공급가액과 세액을 별도로 구분하여 기재하여야 한다.

"영수증은 어떤 것을 팔았다는 사실을 증명하는 증빙 아닙니까?"

"그렇죠."

"그럼 극장에 가서 영화를 관람하기 위해서 돈을 냈다면 영수증을 주어야지 왜 입장권을 줍니까? 또 고속버스를 타기 위해 돈을 내면 영수증을 주어야지 왜 탑승권을 줍니까? 다 세법을 위반하고 있는 거 아니예요!"

"…, 그런 것도 다 영수증이죠."

"아, 그래요. 몰랐어요."

■ 영수증의 종류

영수증의 서식은 세법에서 정해 놓고 있으며 다음과 같은 증빙은 영수증을 대신한다.

① **금전등록기계산서**

② **신용카드매출전표·직불카드영수증·기명식 선불카드영수증·현금영수증**

③ 여객운송업자가 교부하는 **승차권, 승선권, 항공권**

④ 공연장·유기장을 운영하는 사업자가 교부하는 **입장권, 관람권**

⑤ 전기사업법에 의한 전기사업자 또는 도시가스사업법에 의한 도시가스사업자가 가계소비자에게 교부하는 **전력 또는 가스요금의 영수증**

⑥ 기타 **위와 유사한 영수증**

② 영수증 교부의무자

간이과세자는 재화·용역의 공급시에 영수증을 교부하여야 한다. 그리고 다음의 사업을 영위하는 일반과세자도 재화·용역을 공급하는 때에는 영수증을 교부하여야 한다.

- **소매업**
- **음식점업(다과점업을 포함)**
- **숙박업**
- **목욕·이발·미용업**
- **여객운송업**
- **입장권을 발행하여 영위하는 사업**
- **우정사업조직이 부가우편업무 중 소포우편물을 방문접수하여 배달하는 용역을 공급하는 사업**
- **주로 사업자가 아닌 소비자에게 재화 또는 용역을 공급하는 다음의 사업**

① 도정업, 제분업 중 떡방앗간
② 양복점업, 양장점업, 양화점업
③ 주거용건물 공급업(주거용건물을 자영건설하는 경우 포함)
④ 운수업 및 주차장 운영업
⑤ 부동산중개업
⑥ 사회서비스업 및 개인서비스업
⑦ 가사서비스업
⑧ 도로 및 관련시설운영업
⑨ 위 '①' 내지 '⑧'과 유사한 사업으로서 세금계산서 교부가 불가능하거나 현저히 곤란한 사업

- **임시사업장 개설사업자**가 그 임시사업장에서 사업자가 아닌 소비자에게 재화·용역을 공급하는 경우, **한국지역난방공사**가 산업용이 아닌 열을 공급하는 경우, **전기통신사업자**가 전기통신용역을 제공하는 경우, **전기사업자 또는 도시가스사업자**가 산업용이 아닌 전력 또는 도시가스를 공급하는 경우 및 위성이동멀티미디어방송사업자가 전기통신사업자의 이용자에게 위성이동멀티미디어방송용역을 제공하는 경우

위의 업종이면서 일반과세자인 사업자는 공급받는 사업자가 사업자등록증을 제시하고 세금계산서의 교부를 요구하면 세금계산서를 교부하여야만 한다. 그러나 **목욕·이발·미용업, 입장권을 발행하여 영위하는 사업, 여객운송업(전세버스운송사업은 제외)은 공급받는 자가 요구하더라도 세금계산서를 교부하지 않는다. 다만, 이러한 사업의 경우에도 사업자가 감가상각자산을 공급하거나 본래의 역무 외의 역무를 공급하는 경우에는 공급받는 자가 요구하면 세금계산서를 교부하여야 한다.**

3 영수증 교부의무면제

영수증 교부의무를 면제하는 사업은 앞에서 설명한 세금계산서 교부의무면제 대상과 동일하다. 단, 소매·목욕·이발 및 미용업의 경우 공급받는 자의 요구가 있으면 영수증을 교부하여야 한다.

4 영수증의 기재와 교부

영수증은 **부가가치세가 포함된 공급대가로 기재하여 발행**된다. 또한 영수증은 부가가치세신고시 제출의무가 없기 때문에 **매입세액공제도 되지 않는다.**

※ 백화점.대형점.쇼핑센터 내의 사업자 등으로 국세청장이 지정한 사업자의 경우에는 영수증에 공급가액과 세액을 별도로 구분하여야 한다. 그 이유는 사업자와 납세자의 납세의식을 제고하기 위함이다.

■ 기재사항

영수증에 기재할 사항은 다음과 같다.

① 공급자의 등록번호

② 공급자의 상호

③ 공급자의 성명(법인의 대표자 성명)

④ 공급대가

⑤ 작성연월일

⑥ 기 타

[영수증]

적색

0303－1B	영 수 증 (공급자용)	
근거 : 부가가치세법시행령 제79조의 2 제5항		권 호

공급자				
공급자	등 록 번 호	203－60－63108		
	상 호	조세신고	성명	이 원 형
	사 업 장 주 소	서울 중구 신당동 111－11		
	업 태	제조	종목	출판

작 성			공 급 대 가									비 고
년	월	일	억	천	백	십	만	천	백	십	일	

품 목	단가	수량	공 급 대 가

위 금액을 영수(청구)함

귀하

95㎜×135㎜(신문용지 54g/㎡)

■ 기재요령

① 영수증의 "공급자"란은 인쇄하거나 또는 고무인으로 날인하여야 한다.

② 의약품 소매업을 운영하는 사업자가 영수증을 교부하는 경우 공급받는 자의 요구가 있을 때에는 "귀하"란에 환자명, "품목"란에 약품명, "비고"란에 질병명을 명기하여야 한다.

③ 음식·숙박용역 또는 개인서비스용역의 공급대가와 함께 종업원(자유직업소득자 포함)의 봉사료를 받고 영수증을 교부하는 경우 당해 봉사료를 사업자의 과세표준에서 제외하고자 하는 때에는 "비고"란에 "종업원의 봉사료 ○○○원"으로 기재하고 "공급대가"란에는 종업원의 봉사료를 제외한 음식용역 등의 대가만을 기재하여야 한다.

④ 재화 또는 용역을 공급하고 그 대가의 일부를 외상으로 하는 경우 영수증의 "비고"란에 "외상 ○○○원"이라 기재하여 교부하여야 한다.

■ 교부방법

① 영수증은 공급자용 1매(적색)와 공급받는자용 1매(청색)을 복사 작성하여, 공급자용은 사업장에 비치하고 공급받는 자용은 거래상대방에게 교부하여야 한다.

② 사업자가 과세재화와 면세재화의 공급대가를 기재(예시, 면세○○○원)하여 교부하는 때에는 당해 면세거래분에 대한 영수증을 교부하는 것으로 본다.

③ 영수증에 갈음하는 승차권, 승선권, 관람권, 입장권은 절취식으로 작성·교부하여야 한다.

5 수정영수증

영수증을 교부한 후 그 기재사항에 관하여 착오 또는 정정사유가 발생하거나 당초의 공급대가에 추가 또는 차감되는 금액이 발생하는 경우에는 당초에 교부한 영수증을 회수하여 서손(=두 줄로 그어 폐기분임을 표시하는 것)

보관하고 수정영수증을 교부하여야 한다.

수정영수증의 "작성연월일"란에는 당초의 영수증 교부일자를 기재하고 "비고"란에 수정영수증의 교부일자와 교부사유를 기재하여야 한다.

한편, 당초 교부한 영수증이 회수되지 아니한 경우에는 수정영수증을 발행할 수 없다.

3. 신용카드매출전표와 금전등록기계산서

"금전등록기계산서나 신용카드매출전표를 살펴보면 영수증하고 기재사항이 같은데 결국 영수증이라고 할 수 있는 거죠?"

"그래요, 영수증과 같은 것이고 어떤 경우에는 부가가치세법상으로 혜택을 주는 경우도 있어요."

1 신용카드매출전표 등

■ 의 의

간이과세자와 영수증교부의무가 있는 일반사업자는 영수증 대신 여신전문금융업법에 의한 신용카드매출전표, 조세특례제한법에 의한 현금영수증 또는 기타 이와 유사한 것(이하 "신용카드매출전표 등"이라 함)을 재화·용역의 공급시에 발행할 수 있다.

■ 신용카드매출전표 등의 발행효과

① 발행자의 세액공제

재화·용역의 공급시기에 신용카드매출전표 등을 발행하는 경우에는 신용카드매출전표 등 발행금액의 **1.3%(음식점업 또는 숙박업을 영위하는 간이과세자의 경우에는 2.6%)**에 상당하는 금액(연간 1,000만원을 한도로 함)을 **납부세액에서 공제**할 수 있다.

신용카드매출전표 등을 발행하고 세액공제를 받고자 하는 경우에는 **'신용카드매출전표등발행금액집계표'**를 신고시에 제출하여야 한다.

② 수취자의 매입세액공제

사업자가 일반과세자로부터 재화 또는 용역을 공급받고 부가가치세액이 별도로 가재된 신용카드매출전표를 교부받은 때에는 그 부가가치세액은 납부세액 계산시 공제되는 매입세액으로 본다. 이 경우에는 신고시에 **'신용카드매출전표등수취명세서'** 를 제출하여야 한다.

② 금전등록기계산서

■ 의 의

금전등록기는 영수증을 교부할 때 발생하는 **수작업의 불편을 해소**하기 위한 도구로서 간이과세자와 영수증교부의무가 있는 사업자가 자발적으로 설치·사용하는 것이다. 금전등록기로부터 발행되는 금전등록기계산서는 공급대가가 기재된 영수증의 한 종류이다.

■ 금전등록기사용의 효과

① 영수증교부의무 및 기장의무의 이행간주

사업자가 금전등록기를 설치하여 금전등록기계산서를 교부하고 당해 감사테이프를 보관한 때에는 영수증을 교부하고 기장을 이행한 것으로 본다.

② 현금주의에 의한 과세

외상판매의 경우에는 금전등록기계산서를 발행할 수 없기 때문에 금전등록기를 설치한 자가 금전등록기계산서를 교부하고 감사테이프를 보관한 때에는 현금수입금액을 기준으로 하여 부가가치세를 부과한다.

4. 부가가치세의 기장의무

"부가가치세를 내기 위해서 사업자는 기장을 해야 하나요?"
"당연히 기장을 해야죠. 지금부터 그 내용에 대해 설명하죠."

1 기장의무

■ 장부의 작성·비치

사업자는 자기의 납부세액 또는 환급세액과 관계되는 모든 거래사실을 장부에 기록하고 그 장부를 사업장에 비치하여야 한다.

이는 과세사업자의 부가가치세와 관련된 기장의무이며, 면세사업자는 소득세법 또는 법인세법에 규정된 기장의무만을 이행하면 된다.

2 기장사항 및 장부의 종류

■ 기장사항

① 공급한 자와 공급받은 자
② 공급한 품목 및 공급받은 품목
③ 공급가액 및 공급받은 가액
④ 매출세액 및 매입세액
⑤ 공급한 시기 및 공급받은 시기
⑥ 기타 참고사항

※ 간이과세자는 공급가액과 부가가치세액을 합계한 공급대가로 기록하고 세액의 기재는 생략할 수 있다.

■ **장부의 종류**

① 매입·매출장
② 경비장
③ 고정자산대장
④ 원재료·제품 또는 상품수불부

3 구분기장 및 사업장별 기장

■ **구분기장**

사업자가 부가가치세가 과세되는 재화·용역의 공급과 함께 부가가치세가 면제되는 재화·용역을 공급하거나 의제매입세액공제규정을 적용받는 경우에는 과세되는 공급과 면세되는 공급 및 면세농산물 등의 공급을 받은 사실을 각각 구분하여 장부에 기록하여야 한다.

■ **사업장별 기장**

부가가치세는 사업장단위로 과세하므로 사업장이 2 이상인 경우 사업장마다 장부를 작성·비치하여야 한다.

4 기장으로의 간주

간이과세자가 교부받은 세금계산서와 교부한 영수증을 보관한 때에는 기장의무를 이행한 것으로 본다.

5 장부 등 보관의무

사업자는 기록한 장부와 교부하였거나 교부받은 세금계산서 또는 영수증을 그 거래사실이 속하는 과세기간에 대한 법정신고기한이 지난 날부터 5년간 보존하여야 한다.

⑥ 기장 및 장부보관 의무불이행에 대한 제재

사업자가 부가가치세의 납부세액 또는 환급세액과 관계되는 장부를 비치하지 아니하거나 이를 기록하지 아니한 때에는 가산세의 부과 등과 같은 직접적인 제재는 없으나 조세범처벌법에 의하여 50만원 이하의 벌금에 처하게 되며 조세포탈을 위한 증거인멸의 목적으로 비치를 요하는 장부를 법정신고기한이 지난 날부터 5년 이내에 소각·파기 또는 은닉한 경우에는 2년 이하의 징역 또는 500만원 이하의 벌금에 처하게 된다.

면세사업자의 계산서

과세사업자가 아닌 면세사업자는 다른 사업자와의 거래시에 세금계산서가 아닌 계산서를 발행·교부하여야 한다. 계산서는 세금계산서와 거의 내용은 같으나 부가가치세에 대한 내용은 없는 증빙서류이다. 면세사업자가 사업자가 아닌 소비자와의 거래시에는 과세사업자와 마찬가지로 영수증을 발행·교부하여야 한다.

※ 소득세법이나 법인세법에서 규정하는 기장의무를 이행하는 경우 부가가치세법에 의해 장부를 기록한 것으로 본다.

[계산서양식]

[별지 제28호 서식(2)] (적색)

계 산 서(공급자보관용)	책 번 호	권	호
	일 련 번 호	–	

공급자	등 록 번 호	– –			공급받는자	등 록 번 호	– –		
	상호(법인명)		성 명			상호(법인명)		성 명	
	사업장주소					사업장주소			
	업 태		종 목			업 태		종 목	

작 성			공 급 가 액										비 고
년	월	일	공란수	십	억	천	백	십	만	천	백	십	일

월 일		품 목	규 격	수 량	단 가	공 급 가 액	비 고

합 계 금 액	현 금	수 표	어 음	외상미수금	이 금액을 영수/청구 함

22226－61922일 182㎜×128㎜
95.3.14. 승인 (인쇄용지(특급) 34g/㎡)

제10장 매출세액

이제 매출세액을 살펴보기로 하자.

세율은 일반적으로 10%이지만 10%의 세율이 적용되는 거래도 사업자에게 **세금계산서를 교부**하는 거래와 일반소비자 등에게 **영수증을 교부**하는 거래로 나눌 수 있다.

영세율(0%)이 적용되는 거래도 내국신용장에 의한 재화·용역의 공급거래처럼 세금계산서를 교부하는 거래와 직수출과 같이 세금계산서를 교부하지 않는 거래로 구분할 수 있다.

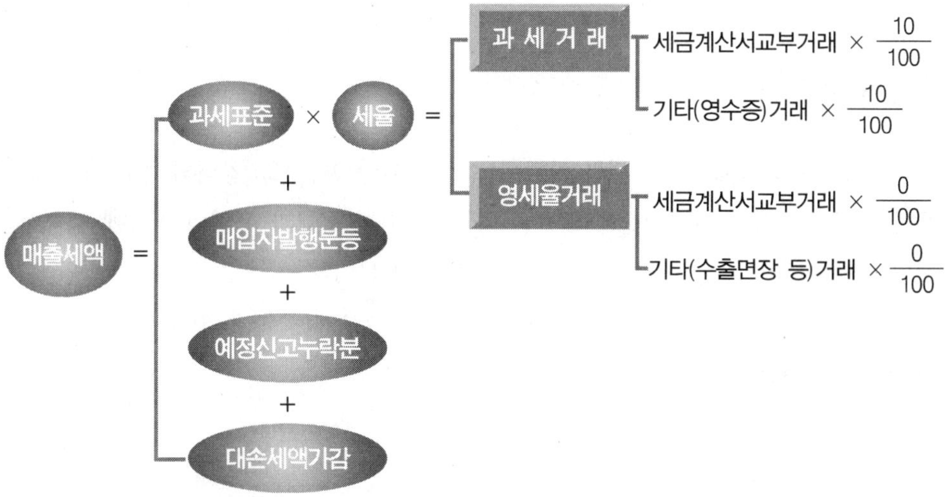

예정신고누락분은 확정신고시 예정신고시에 누락된 거래를 추가하기 위한 것이다. 또한 **대손세액가감부분**(나중에 설명됨)을 매출세액에서 고려해야 한다.

이와 같이 매출세액부분을 신고서에서 살펴보면 아래와 같다.

신 고 내 용				
구 분		금 액	세 율	세 액
①과 세	세 금 계 산 서 교 부 분	×××	10%	○○○
	매입자발행세금계산서	×××	10%	○○○
	신용카드·현금영수증발행분	×××	10%	○○○
	기타(정규영수증외매출분)	×××	10%	○○○
②영 세 율	세 금 계 산 서 교 부 분	×××	0%	
	기 타	×××	0%	
③예 정 신 고 누 락 분*		×××		
④대 손 세 액 가 감		×××		
매 출 세 액		×××		

* 사업자가 예정신고시 누락한 매출세액이 있는 경우에는 확정신고시 동 금액을 본 란에 기재하여 납부하여야 한다.

이하에서는 과세표준과 매출세액의 구성항목들에 대해 자세하게 설명할 것이다.

1. 과세거래

부가가치세의 과세대상이 되는 거래에는 ① 재화의 공급, ② 용역의 공급 ③ 재화의 수입이 있으나 여기서는 매출세액과 관련되는 재화의 공급과 용역의 공급에 대해서만 설명한다. 재화의 수입은 매입세액과 관련되기 때문이다.

사업자가 사업상 독립적으로 재화를 공급하는 경우에는 해당 거래에 대하여 부가가치세가 과세된다.

부가가치세법에서는 **대가를 받고 재화를 인도·양도하는 유상공급**(有償供給)이 원칙적인 재화의 공급으로서 과세대상이 된다. 이를 **재화의 실질공급**이라 한다.

따라서 **대가를 받지 않고 재화를 인도·양도**하거나 재화를 **인도·양도하지 않는 경우**에는 재화의 실질공급이라고 볼 수 없기 때문에 원칙적으로는 부가가치세를 부과할 수 없다. 그러나 그러한 경우에도 **사실상 부가가치를 공급**하는 것이라고 인정되면 재화의 공급으로 간주하여 부가가치세의 과세대상이 된다. 이를 **재화의 간주공급**이라고 한다.

재화의 공급
- 재화의 실질공급 : 대가를 받고 재화를 인도·양도
- 재화의 간주공급 : 대가를 받지 않고 재화를 인도·양도하거나 재화를 인도·양도하지 않음

이하에서는 재화의 실질공급과 간주공급을 나누어 설명하기로 한다.

1 재화의 실질공급

"아니, 재화를 공급할 때 부가가치세를 받는 거라면 물건을 팔 때 세금계산서를 끊어 주고 매출세액을 받으면 되는 거 아닙니까?"
"그렇죠."
"그런데 왜 공급, 공급하면서 어렵게 만들려고 하죠?"
"그럼 이런 경우는 어떻게 할까요? 5년 동안 총 1,000만원을 받기로 하고 할부판매를 했어요. 그런데 6개월마다 100만원씩 받기로 했다면 세금계산서는 언제 얼마씩 발행해야 할까요? 처음 팔았을 때 1,000만원, 아니면 6개월마다 100만원?"
"……"
" 또 하나 예를 들어 볼까요. 전자대리점의 전자제품을 경매처분하는 경우를 생각해보죠. 그럴 때 경매에 참여해서 전자제품을 경락받은 사람은 부가가치세를 내야 할까요, 아닐까요? 그리고 얼마를 내야 할까요. 이런 경우에는 재화의 공급일까요 아닐까요?"
"…, 잘 모르겠네요."
"그러니까 통상적인 경우에는 별 문제가 안되겠지만 특수한 경우에는 재화의 공급이라는 개념을 명확히 알아야죠. 그러니까 언제 공급을 했느냐 하는 공급시기가 결정되어야 세금계산서를 발행하는 시점을 결정할 수 있고 공급가액, 그러니까 과세표준이 얼마 인지를 알아야 부가가치세를 결정할 수 있지요."

■ 일반원칙

재화의 공급이란 **계약이나 법률상의 원인에 의하여 재화를 인도·양도하는 것을** 말한다.

※ 위에서 인도란 동산의 소유권을 이전하는 것을 말하며, 양도란 부동산의 소유권을 이전하는 것을 말한다. 재화는 동산과 부동산을 모두 포함하기 때문에 인도 또는 양도라고 표현한 것이다.

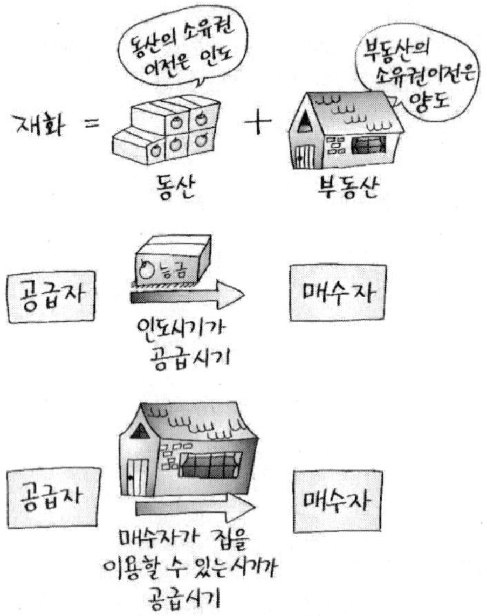

① 공급시기

부가가치세법은 재화의 공급시기를 다음과 같이 규정하고 있다.

○ 재화의 이동이 필요한 경우
: 재화가 인도되는 때

○ 재화의 이동이 필요하지 않은 경우
: 재화가 이용가능하게 되는 때

○ 이 두 가지 기준을 적용할 수 없을 경우
: 재화의 공급이 확정되는 때

일반적으로 동산은 이동이 필요하지만, 부동산은 이동이 필요하지 않다. 따라서 위의 기준은 동산과 부동산의 일반적인 공급시기를 정한 것이다.

② 과세표준

"의문이 있는데…"

"뭐죠?"

"공급가액, 공급대가라는 말이 자꾸 나오는데 공급가액과 공급대가는 다른 말인가요?"

"다른 말이죠. 공급가액은 부가가치세가 포함되지 않은 순수한 매출액을 말하는 것이고, 공급대가

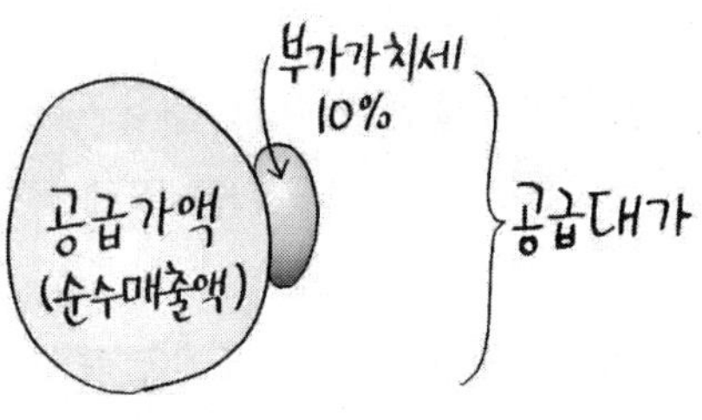

는 공급가액에 10%의 부가가치세가 가산된 금액을 말하는 거예요."

부가가치세의 **과세표준**은 대금·요금·수수료·기타 명목이 어떠하든, **실질적 대가로서 거래상대방으로부터 받은 금전적 가치가 있는 모든 것**을 말한다. 따라서 외상판매나 할부판매시에 판매금액에 포함된 이자상당액은 과세표준에 포함시켜야 한다. 또한 대가 외에 추가로 징수하는 운송료·보관료·보험료도 공급의 대가로서 과세표준에 포함된다.

가. 금전으로 대가를 받는 경우 : 그 금전가액

나. 물물교환 등으로 금전 이외의 대가를 받은 경우 : 자기가 공급한 재화 또는 용역의 시가

다. 부당하게 낮은 대가를 받은 경우 : 자기가 공급한 재화 또는 용역의 시가

※ 시가 : 사업자와 특수관계가 없는 자와의 정상적인 거래에서 형성되는 가격

※ 부당하게 낮은 대가 : 사업자가 그와 특수관계있는 자와의 거래에서 재화.용역의 공급가액에 대한 조세부담을 부당하게 감소시킬 목적으로 시가보다 현저하게 낮은 대가를 받은 경우를 말한다. 특수관계자가 아닌 사업자에게 염가로 처분한 경우에는 실지공급가액이 과세표준이 된다.

[예 1] 과세표준

개별소비세가 부과되는 제품을 제조 · 판매하는 업체는 공장에서 반출시 물품대금에 대해 개별소비세, 교육세, 농어촌특별세가 부과된다. 예를 들어 물품가액이 100,000원이고 개별소비세율이 20%라면 개별소비세는 20,000원, 교육세는 개별소비세의 30%인 6,000원, 농어촌특별세는 개별소비세의 10%인 2,000원이 과세된다. 이러한 경우 부가가치세의 과세표준은?

A 부가가치세의 과세표준은 실질적 대가로서 거래상대자로부터 받은 금전적 가치가 있는 모든 것을 포함하므로 (물품대금 + 개별소비세 + 교육세 + 농어촌특별세)가 과세표준이 된다. 따라서 (100,000원 + 20,000원 + 6,000원 + 2,000원 = 128,000원)이 과세표준이 된다.

[예 2] 과세표준 · 부당하게 낮은 대가

일반사업자 김성실씨는 의료도매업을 운영하면서 특수관계자인 처남에게 의류 3,000점을 5,000,000원에 염가처분하였다. 처남에게 처분한 의류 3,000점의 시가는 20,000,000원이다. 김성실씨가 이 거래에 대하여 신고하여야 할 과세표준은?

A 특수관계자에게 부당하게 낮은 대가로 처분하였으므로 20,000,000원을 과세표준으로 신고하여야 한다.

③ 과세표준에서 제외되는 항목

"부가가치세에서 과세표준이란 결국 공급가액, 매출액 아닙니까?"

"그렇다고 할 수 있죠."

"그럼 매출 후에 발생하는 매출에누리와 환입, 매출할인액은 어떻게 됩니까? 그건 회계에서는 매출액에서 차감하는 항목인데?"

"차감해야죠. 그러니까 매출액에서 매출에누리와 환입, 매출할인액을 차감한 금액이 공급가액으로 과세표준이 되죠."

다음 항목은 과세표준에 포함되지 아니한다.

가. 에누리액 및 환입액, 매출할인

나. 공급받는 자에게 도달하기 전에 파손·훼손 또는 멸실된 재화의 가액

다. 재화 또는 용역의 공급과 직접 관련되지 않은 국고보조금과 공공보조금

라. 반환조건부 용기대금과 포장비용

통상적으로 용기 또는 포장을 당해 사업자에게 반환할 것을 조건으로 그 용기대금과 포장비용을 공제한 금액으로 공급하는 경우

마. 공급대가의 지급지연으로 인하여 지급받는 연체이자

바. 봉사료

사업자가 음식·숙박용역이나 개인서비스용역을 공급하고 그 대가와 함께 받는 종업원(자유직업소득자 포함)의 봉사료를 세금계산서, 영수증 또는 신용카드 매출전표에 구분기재한 경우. 단, 사업자가 그 봉사료를 자기의 수입금액에 계상하는 경우는 제외한다.

④ 과세표준에서 공제하지 않는 것

재화·용역을 **공급한 이후에 발생**하는 대손액·장려금·하자보증금 등은 당초의 과세표준에서 공제하지 않는다.

"다른 것은 이해가 가는데 장려금은 잘 ……"

"장려금에 대해서는 조금 나중에 간주공급을 설명할 때 설명하죠."

[예 3] 과세표준에서 공제되는 금액

2020년 1월 1일부터 3월 31일까지의 다음 자료에 의하여 부가가치세에 대한 과세표준을 계산하라.

• 제품반출내용

현금판매	100개
외상판매	200개
계	300개

(1) 제품의 개당 매입가격은 800원이며, 판매가액은 1,000원이다

(2) 현금판매분 중 5개는 제품의 하자로 인하여 개당 400원씩 에누리해 주었다.

(3) 외상판매분 중 10개는 반품되었다.

(4) 외상판매분 중 10개는 거래처의 부도로 대손되었다.

A

과세표준 = 매출액 − (매출에누리액 + 매출환입)
= 300개 × 1,000원 − (5개 × 400원 + 10개 × 1,000원)
= 300,000원 − (2,000원 + 10,000원)
= 288,000원

■ 거래형태별 공급시기와 과세표준

"일반적인 원칙에 대해서는 설명했으니까 이제 여러 가지 판매형태별로 공급시기와 과세표준에 대해 살펴보기로 하지요."

"일반적인 원칙이 있지 않습니까?"

"일반적인 원칙은 있지만 그것만으로 발생가능한 모든 상황을 다 해결할 수는 없어요. 세법에서는 구체적인 상황에 따라서도 공급시기가 언제인지, 과세표준이 얼마인지를 규정하고 있어요."

① 현금판매와 외상판매·할부판매

현금판매와 외상판매·할부판매의 공급시기는 **재화가 인도되거나 이용가능하게 되는 때**이며 과세표준은 **재화의 총공급가액**으로 한다.

할부판매란 재화를 공급한 후 그 대가를 (1) 2회 이상으로 분할하여, (2) 당해 재화의 인도기일이 속하는 달의 다음달부터 최종할부금의 지급기일이 속하는 달까지의 기간이 **1년 미만**으로 하는 계약을 말한다.

"회사에서 거래가 현금판매와 외상판매로만 이루어진다면 공급시기나 과세표준을 결정하는 것은 그렇게 큰 문제가 없겠네요?"

"그렇죠."

② 장기할부판매

장기할부판매의 공급시기는 **대가의 각 부분을 받기로 한 때**이며 과세표준은 **계약에 따라 받기로 한 대가의 각 부분**이다.

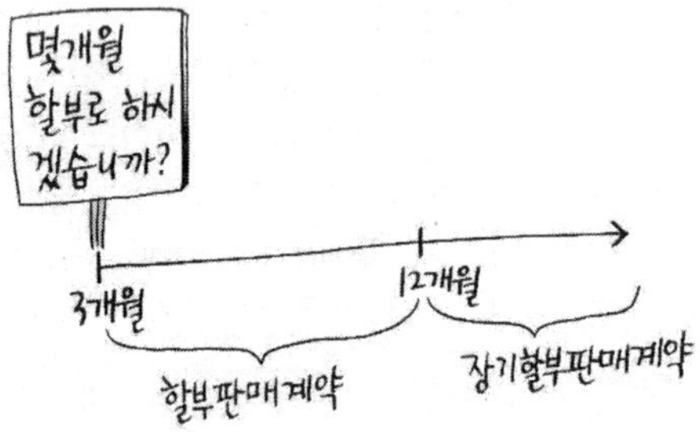

장기할부판매란 재화를 공급한 후 그 대가를 (1) 2회 이상으로 분할하여, (2) 당해 재화의 인도일의 다음날부터 최종할부금의 지급기일까지의 기간이 **1년 이상**으로 하는 계약을 말한다.

할부판매 → 대가
- ① 2회 이상 분할
- ② 기간 : 1년 미만

장기할부판매 → 대가
- ① 2회 이상 분할
- ② 기간 : 1년 이상

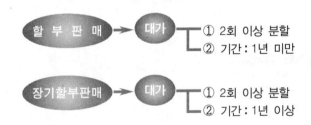

"그러면 재무회계와 부가가치세가 비슷하군요?"

"그렇죠. 또 실제로 대금을 받지 못했다고 하더라도 받기로 한 금액을 과세표준에 포함시켜야 하는 거죠."

[예 4] 할부판매의 공급시기와 과세표준

오성주식회사는 거래처와 할부판매계약을 다음과 같이 맺었다. 2020년 제1기 예정신고시(1.1.~3.31.)의 해당 판매에 대한 부가가치세의 과세표준은 얼마인가?

- 총할부금액 11,000,000원
- 할부대금은 2020.1.4.부터 11개월에 걸쳐 매월 4일에 1,000,000원씩 수령함.

A 과세표준 = 11,000,000원

③ 완성도기준과 중간지급조건부 판매

완성도기준과 중간지급조건부 판매의 공급시기는 **대가의 각 부분을 받기로 한 때**로 하며 과세표준은 **계약에 따라 받기로 한 대가의 각 부분**으로 한다.

완성도기준이란 작업진행률 또는 기성부분에 따라 대가를 지급하는 것을 말하며 중간지급조건부판매란 재화가 인도되기 전에 계약금 이외의 대가를 분할하여 지급하는 것으로 계약금지급약정일부터 잔금지급약정일까지의 기간이 6월 이상인 경우를 말한다.

[예 5] 완성도기준계약

건설업을 영위하는 (주)조세건설의 제1기 예정신고기간의 과세표준과 매출세액을 계산하라.

(주)조세건설은 (주)완성과 아래 거래 이외의 다른 거래는 없다.

(주)완성과의 도급공사계약

- 도급금액 : 100,000,000원
- 각 기성확인시마다 지급받은 금액의 10%를 하자보증금으로 예치함.
- 대금지급조건
  (1) 계약시 : 도급금액의 10%

(2) 40% 기성시 : 도급금액의 30%
(3) 60% 기성시 : 도급금액의 20%
(4) 완공시 : 도급금액의 40%

- 계약일 : 2020년 1월 10일
- 40% 기성고확정일 : 2020년 3월 20일
- 완공예정일 : 2021년 2월 10일

A

과세표준 : 100,000,000원 × (10% + 30%) = 40,000,000원
매출세액 : 40,000,000원 × 10% = 4,000,000원
하자보증금은 과세표준에서 공제하지 않는다.

"중간지급조건부판매는 잘 이해가 안가는데?…"
"아래 예를 살펴보세요."

[예 6] 중간지급조건부판매

조세제작소는 제작기계의 주문을 받고 다음과 같이 계약을 체결하였다. 조세제작소는 이 거래만 있다면 2020년 제2기 예정신고시의 과세표준은?
이 기계는 잔금지급과 동시에 인도하기로 하였다.

- 착수금 100,000,000원(2020.7.15. 지급)
- 중도금 100,000,000원(2021.1.15. 지급)
- 잔 금 100,000,000원(2021.3.15. 지급)

A

이 거래는 중간지급조건부판매이므로 과세표준은 착수금 100,000,000원이다.

중간지급조건부판매

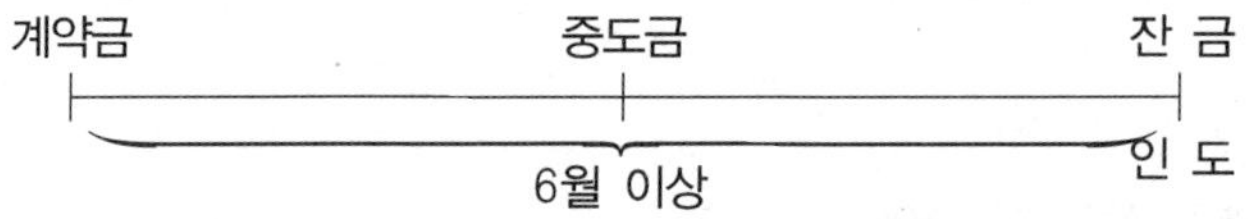

④ 가공계약

자기가 **주요 자재의 전부 또는 일부를 부담**하고 상대방으로부터 인도받는 재화에 공작을 가하여 새로운 재화를 만들어 공급하는 것을 가공계약에 의한 공급이라고 한다.

가공계약 중 주요 자재의 전부 또는 일부를 부담하고 공작을 가하는 경우에는 재화의 공급이 되며 주요 자재를 부담하지 않고 공작을 가하여 재화를 인도하는 경우에는 용역의 공급이 된다.

재화의 공급에 해당하는 가공계약의 공급시기는 **가공된 재화를 인도하는 때**로 한다.

⑤ 위탁판매와 대리인에 의한 매매

위탁판매(대리판매)는 재화가 위탁자(본인)로부터 수탁자(대리인)를 거쳐 구매자에게 판매하게 되는 과정을 거치지만 부가가치세법상으로는 위탁자(본인)가 구매자에게 직접 공급한 것으로 본다.

위탁판매(대리판매)

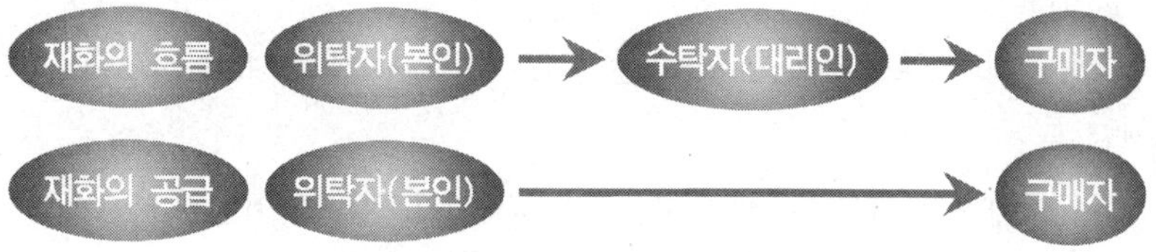

위탁매매(대리판매)는 **수탁자(대리인)의 공급을 기준**으로 하여 위탁자의 공급시기를 판정한다. 다만, 거래관계에서 위탁자 또는 본인을 알 수 없는 경우에는 위탁자와 수탁자 또는 본인과 대리인 사이에도 공급이 이루어진 것으로 보아 공급시기를 판정한다.

⑥ 기 타

위와 같은 계약들에 의하여 재화를 공급하는 경우 이외에 **경매·수용·현물출자** 기타 계약상 또는 법률상의 원인에 의하여 재화를 인도 또는 양도하는 것도 재화의 공급으로 본다. 위에서 언급되지 않은 거래형태의 공급시기와 과세표준에 대해 살펴보면 다음과 같다.

○ **전기·가스 및 부동산임대료** : 공급시기는 계약에 따라 **대가의 각 부분을 받기로 한 때**이며 과세표준은 **계약에 따라 받기로 한 대가의 각 부분**으로 한다.

○ **현물출자** : 공급시기는 **현물출자의 이행이 완료되는 때**이며 과세표준은 **일반기준**에 의한다.

○ **무인판매기** : 공급시기는 당해 사업자가 **무인판매기에서 현금을 인취하는 때**이며 과세표준은 **인취한 현금액**이다.

○ 기　타 : 재화가 인도되거나 인도가능한 때

② 재화의 간주공급

"아니, 재화를 공급하는 경우에만 부가가치세를 받는 거 아닙니까?"

"재화의 공급뿐만 아니라 용역을 공급하거나 재화를 수입하는 경우에도 부가가치세를 받지요."

"물론 저는 그런 걸 포함해서 말씀드린 겁니다."

"그런데요?"

"그런데 제 친구가 사업이 하도 안되니까 폐업하려고 하는데 재고가 많아 부가세를 내려니 걱정이라고 하더라구요. 폐업을 하면 재화를 공급하는게 아니니까 부가가치세를 안내야 하는 거 아닙니까? "

"만일 폐업을 하지 않고 재고를 모두 팔았다면 부가가치세를 내야 하겠죠. 그렇죠?"

"그렇지요."

"그럼 폐업을 한다고 해서 부가가치세를 안낸다면 그 재고는 어떻게 되죠? 결국 폐업 이후에는 그 사람이 사업자가 아니기 때문에 부가가치세를 내지 않고도 처분할 수 있게 되는 것 아닙니까? 그렇다면 불공평하죠."

"그렇네요."

"그러니까 그런 경우에는 재화를 실질적으로 공급하지 않는다 하더라도 공급한 것으로 간주하고 부가가치세를 내야 해요. 이른바 간주공급이죠."

"그때는 세금계산서를 어떻게 하죠? 자기한테 발행하나요?"

"그런 경우에는 세금계산서를 발행하지 않아요."

"간주공급은 폐업하는 경우밖에 없습니까?"

"아닙니다. 폐업 이외에도 자가공급과 개인적 공급, 사업상 증여가 있죠."

"그건 또 뭡니까?"

"자가공급이란 재화를 판매하지 않고 자기 사업에 사용하는 경우를 말해요. 판매를 했으면 부가세를 징수해서 내야 하는데 자기 사업에 사용하면 부가가치세를 징수할 대상이 없게 되죠. 그런 경우에는 재화를 공급한 것으로 보고 부가가치세를 내야 한다는 거죠."

"예를 들면?"

"과세사업부문에서 취득한 페인트를 면세사업부문에서 운용하는 창고에 칠을 하기 위하여 사용하였다면 자가공급이 되는 거죠. 이때는 부가가치세를 내야죠."

"그때도 역시 세금계산서는 발행되지 않겠군요. 세금계산서를 발행하지 않으니까 부가가치세신고서의 과세란 중 기타에 기록되겠구요. 그리고 개인적 공급은 또 뭡니까?"

"개인적 공급이란 재화를 판매하지 않고 사업주나 사용인이 개인적인 용도로 사용하는 경우를 말하죠. 이런 경우에도 재화를 공급한 것으로 보고 부가가치세를 내라는 거죠."

"예를 들면?"

"모피를 판매하는 사업자가 있는데 판매할 모피를 부인을 위해서 집에 가져갔다. 이건 개인적 공급이죠."

"사업상 증여는요?"

"대리점에 판매액에 대한 장려금조로 재화를 제공하면 사업상증여로서 역시 간주공급으로 보고 부가가치세를 과세하게 되죠."

"간주공급이 중요합니까?"

"글쎄요. 개인적 공급을 하는 경우에 이것을 신고하지 않으려고 할 수 있겠지만 세무서의 입장에서는 이 간주공급이 누락될 가능성이 높다고 보고 자세히 확인하려고 하겠죠. 정당한 이유없이 상품과 같은 재고자산이 장부수량과 차이가 나면 나중에 설명할 법인세상으로 대표자가 해당 상품을 가져간 것으로 보게 되고 부가가치세법상으로는 간주공급으로 간주해서 부가가치세를 징수하니까 기업 입장에서는 상당히 부담이 크죠."

"그렇군요. 성실하게 납세의무를 이행하려면 잘 알고 있어야 하겠네요."

■ 간주공급의 유형

부가가치세법에서는 재화의 실질공급이 아니라고 하더라도 재화의 실질공급과 동일하게 취급하여 부가가치세의 과세대상거래로 인정하는 경우가 있는데, 이를 재화의 간주공급이라고 한다.

간주공급의 유형은 아래의 표와 같다.

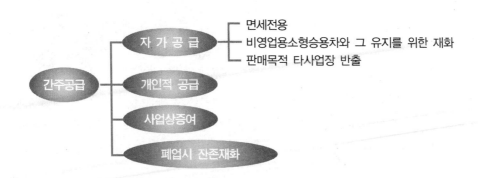

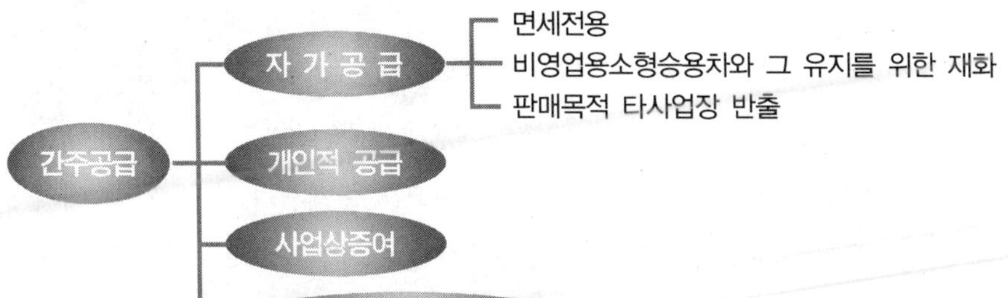

재화의 간주공급은 나중에 설명하는 직매장 반출 이외에는 **세금계산서가 교부되지 않는다.** 따라서 간주공급은 **부가가치세신고서상의 과세거래의 기타란에 기재**된다.

① 자가공급

사업자가 **자기의 사업과 관련하여 생산하거나 취득한 재화를 자기의 사업을 위하여 직접 사용·소비하는** 다음의 경우에는 재화의 공급으로 간주하여 부가가치세를 과세한다.

○ **과세사업재화의 면세사업전용**

부가가치세가 과세되는 사업에서 생산·취득한 재화(당초 매입세액이 공제되지 아니한 것은 제외)를 면세사업에 사용·소비하는 경우

"예를 들어 설명을 좀 해 주시죠."
"고속버스사업은 과세사업이고 시내버스사업은 면세사업이예요. 만일 고속버스사업과 시내버스사업을 함께 하는 사업자가 고속버스로 사용하던 것을 시내버스로 사용한다면 과세사업에서 사용하던 재화를 면세사업에 사용하는 거죠. 그런 경우에 부가가치세를 과세하겠다는 거죠."
"왜 그렇게 하죠?"
"자가공급이 아니라 다른 회사로부터 시내버스를 사면 부가가치세를 내야 하잖아요? 과세의 형평을 위한 거죠."

○ **비영업용소형승용자동차와 그 유지를 위하여 사용·소비하는 경우**

비영업용소형승용자동차란 차량운송사업에 사용하지 않는 정원 8인 이하의 사람의 운송만을 목적으로 제작된 차량을 말한다.

예를 들어 보기로 하자. 차량운송사업을 영위하는 택시운수회사가 영업용택시로 사용하기 위해 소형승용자동차를 매입한 경우에는 해당되는 매입세액은 공제된다. 이와 같이 매입세액이 공제된 소형승용자동차를 영업용으로 사용하지 않고 업무용으로 사용하는 경우에는 간주공급에 해당되어 부가가치세가 과세된다. 다만, 당초 매입세액이 공제되지 아니

한 것은 재화의 공급으로 보지 아니한다.

○ **판매목적 타사업장 반출**

2 이상의 사업장이 있는 사업자가 자기 사업과 관련하여 생산 또는 취득한 재화를 타인에게 직접 판매할 목적으로 **다른 사업장에 반출**하는 경우에는 재화의 공급으로 간주한다.

부가가치세의 납세지는 사업장 소재지이기 때문에 한 사업장에서 다른 사업장으로 판매를 하기 위하여 재화를 공급하는 경우에는 당연히 재화를 공급하는 사업장에서는 재화의 공급가액에 대한 매출세액을 받아야 하고 재화를 공급받는 사업장에서는 재화의 매입가액에 대한 매입세액을 내야 한다.

다만, **총괄납부승인**을 얻은 사업자 또는 **사업자단위 과세제도의 승인**을 얻은 사업자가 총괄납부 또는 사업자단위 과세제도를 적용받는 과세기간에 다른 사업장(직매장)으로 반출하는 것은 **재화의 공급으로 보지 아니한다.** 즉, 과세표준에 포함시키지 않는다.

② 개인적 공급

사업자가 자기의 사업과 관련하여 생산하거나 취득한 재화를 **사업과 직접 관계없이 사업자나 사용인의 개인적인 목적 등으로 사용 · 소비**하면 재화의 공급으로 간주하여 부가가치세를 과세한다.

다만, 매입세액이 공제되지 않는 것은 재화의 공급으로 보지 않는다.

"그럼 직장체육대회를 하고 시상품으로 회사제품을 주었다면 그것도 개인적 공급에 해당되어 부가가치세를 내야 하나요?"
"그런 경우는 사용인에게 복리후생목적으로 제공하는 것이므로 안내도 되지요."

직장체육비 · 직장연예비 · 작업복 · 작업모 · 작업화 등 자기의 사업과 관련하여 실비변상적 또는 복지후생적 목적으로 사용인에게 무상공급하는 것과 1인당 연간 10만원 이내의 경조사와 관련된 재화는 개인적 공급에 해당되지 않는다.

③ 사업상 증여

사업자가 자기의 사업과 관련하여 생산하거나 취득한 재화를 **자기의 고객이나 불특정 다수인에게 증여하는 경우**에는 재화의 공급으로 간주하여 부가가치세를 과세한다.

다만, 사업을 위하여 대가를 받지 아니하고 다른 사업자에게 인도 또는 양도하는 **견본품과 매입세액이 공제되지 아니하는 것**은 재화의 공급으로 간주하지 아니한다. 따라서 이러한 경우에는 부가가치세가 과세되지 않는다.

재화의 공급 이후 판매금액의 일정비율에 따른 장려금을 금전으로 지급하는 경우에는 부가가치세 과세대상이 아니지만 장려금조로 재화를 지급하는 경우에는 사업상 증여에 해당되어 부가가치세가 과세된다.

"그럼 대리점에 사후무료서비스를 위해서나 시험용 견본품으로 상품 등을 공급하는 경우에도 사업상 증여인가요?"

"그런 경우에는 자가공급에 해당하지 않아요. 그리고 직매장에 광고선전을 위해서 상품 진열용으로 공급하는 경우에도 자가공급에 해당하지 않기 때문에 부가가치세 과세표준에 포함시키지 않죠."

④ 폐업시 잔존재화

사업자가 사업을 폐지하는 때에 잔존하는 재고재화는 자기에게 공급하는 것으로 본다. 다만, 매입세액이 공제되지 아니한 것은 재화의 공급으로 보지 아니한다.

사업을 폐지하게 되면 사업자가 아니기 때문에 부가가치세를 받을 수 없게 된다. 따라서 잔존 재고재화를 자신에게 공급한 것으로 보아 부가가치세를 미리 받는 것이다.

"그럼 예를 들어서 폐업 직전에 화재가 나서 남아있던 재고가 몽땅 불에 타서 없어졌다면 어떻게 되죠?"

"그 경우에는 부가가치세를 안내죠."

수재·화재·도난·파손 등으로 재화가 망실 또는 멸실된 경우에는 재화의 공급으로 보지 아니한다.

[예 7] 간주공급

다음은 도매업을 영위하는 (주)조세의 제2기 예정신고기간 동안의 상품현황에 대한 명세이다.

제2기 예정신고기간의 과세표준에 포함시킬 항목은? (주)조세는 총괄납부 및 사업자단위 과세제도의 승인을 받은 사업자가 아니다.

현금판매	1,500개
외상판매	2,000개
직매장판매용	300개
직매장진열용	30개
종업원설날보너스용	30개
직장체육대회시상용	5개
견본품무상제공용	40개
사후무료서비스용	5개
화재손실	50개
대리점판매장려용	40개
계	4,000개

A 직매장판매용과 종업원설날보너스용, 대리점판매장려용만 간주공급에 해당된다. 따라서 과세표준에는(1,500개 + 2,000개 + 300개 + 30개 + 40개 =)3,870개만 포함된다.

■ 거래시기

재화의 간주공급은 그 거래시기를 다음과 같이 본다.

1. 자가공급·개인적 공급·사업상증여 : 재화가 사용·소비되는 때
2. 폐업시 잔존재고재화 : 폐업하는 때

■ 과세표준

① 원 칙

1. 자가공급·개인적 공급·사업상 증여·폐업시 잔존재화 : 시 가
2. 직매장 반출 : 취득가액으로 하되, 취득가액에 일정액을 가산하여 공급하는 때에는 그 공급가액

[예 8] 과세표준

위의 〔예〕에서 상품의 취득원가는 8,000원이며 판매가격은 10,000원이라면 과세표준은 얼마인가?
단, 이 회사는 총괄납부 및 사업자단위 과세제도의 승인을 받지 않았으며 직매장에는 취득원가로 반출하고 있다.

A

현 금 판 매	1,500개	× 10,000원	=	15,000,000원
외 상 판 매	2,000개	× 10,000원	=	20,000,000원
직 매 장 판 매 용	300개	× 8,000원	=	2,400,000원
종업원설날보너스용	30개	× 10,000원	=	300,000원
대리점판매장려용	40개	× 10,000원	=	400,000원
계	3,870개			38,100,000원

※ 직매장판매용은 취득원가 8,000원을 기준으로 한다. 나머지 간주공급분은 시가인 10,000원으로 한다.

"간주공급의 경우 시가로 계산할 때, 때에 따라서는 문제가 있을 것 같은데…… "
"어떤 문제요?"
"예를 들어 건물은 시가를 어떻게 정하죠? 감정평가를 해야 하나요? 기계같은 것은요?"

② 감가상각대상자산

간주공급시 재화의 과세표준은 시가로 하는 것이 원칙이지만 재고자산이 아닌 건물과 같은 감가상각대상자산은 시가를 결정하기가 쉽지 않다. 따라서 세법에서는 감가상각대상자산의 간주공급시 과세표준을 아래와 같이 결정하도록 하고 있다.

○ **건물과 구축물** : 매 과세기간(6개월)마다 **5%씩 취득가액에서 감액한 금액**을 과세표준으로 한다. 따라서 20회의 과세기간(10년)이 경과하면 과세표준은 0원이 된다.

과세표준 = 취득가액 × (1 - 5% × 경과된 과세기간의 수)

○ **기타 감가상각대상자산** : 매 과세기간(6개월)마다 **25%씩 취득가액에서 감액한 금액**을 과세표준으로 한다. 따라서 4회의 과세기간(2년)이 경과하면 과세표준은 0원이 된다.

과세표준 = 취득가액 × (1 - 25% × 경과된 과세기간의 수)

[예 9] 간주공급시 과세표준의 계산

오성상사는 2020. 8. 20. 폐업을 하기로 결정하고 재고조사를 한 바 아래의 표와 같다. 이 경우 부가가치세의 과세표준은 얼마인가?

자 산	취득일	취득가액	시 가	장부가액
원재료	2017. 2.15.	10,000원	14,000원	–
기계A	2020. 3.19.	100,000원	–	28,000원
기계B	2019. 7.15.	200,000원	–	160,000원
건물A	2017. 4.12.	500,000원	–	250,000원
건물B	2019.11.22.	1,000,000원	–	800,000원

※ 과세기간 개시일 후에 취득하거나 공급으로 간주되는 경우에는 과세기간의 개시일을 취득일 또는 공급일로 보고 경과된 과세기간의 수를 계산한다.

A

① 간주공급일 : 2020. 7. 1.
② 취득일과 경과된 과세기간의 수
기계A : 2020. 1. 1.(1과세기간)
기계B : 2019. 7. 1.(2과세기간)
건물A : 2017. 1. 1.(7과세기간)
건물B : 2019. 7. 1.(2과세기간)

원재료 : 14,000원
기계A : 100,000원 × (1 − 25% × 1) = 75,000원
기계B : 200,000원 × (1 − 25% × 2) = 100,000원
건물A : 500,000원 × (1 − 5% × 7) = 325,000원
건물B : 1,000,000원 × (1 − 5% × 2) = 900,000원

③ 부수공급

"그런데 제품이나 상품을 공급할 때 부가가치세가 부과되는 것은 이해할 수 있을 것 같은데 왜 기계나 건물을 공급하는 경우에도 과세하죠?"

"그건 부수공급이니까요."

"부수공급이요?"

"주된 거래인 재화의 공급에 필수적으로 부수되는 재화의 공급은 주된 거래의 재화의 공급에 포함되는 것으로 보게 되어 있어요."

"예를 들면?"

"상품을 판매하면서 운반요금을 함께 받으면 운반요금이 부수공급이라고 할 수 있고, 비행기요금을 내면 기내식제공이 포함되잖아요. 이런 것들이 부수공급이죠."

"그런데 사업에 사용하던 기계나 건물을 파는 경우는 부수공급이 아니잖아요?"

"그런 경우에는 부수거래가 아닌 독립된 거래이지만 주된 사업에 부수하여 공급되는 것이니까 독립된 사업이 아니죠. 따라서 부수사업이라고 할 수 있는데 부수사업을 통한 공급은 주된 사업이 과세되느냐 면세되느냐에 따라 과세 여부가 결정되죠."

"예를 들면?"

"과세사업자가 사업용으로 사용하던 건물을 매각하면 부가가치세가 과세되지만 면세사업자가 사용하던 사업용 건물을 매각하면 부가가치세가 과세되지 않죠. 이런 부수공급은 재화의 공급뿐만 아니라 용역의 공급에도 마찬가지로 적용됩니다."

부수공급을 요약해보면 아래의 표와 같다.

종 류	사 례	과세표준	세금계산서
주된 거래에 부수되는 공급	제품 공급시 운반용역 비행기내 기내식제공	별도계산안함	교부필요없음
주된 사업에 부수되는 공급	사업용 건물·기계 매각	별도계산	과세사업자의 경우 교부해야 함

[예 10]

다음은 (주)조세의 제1기 예정신고기간의 과세표준을 계산하기 위한 자료이다. 아래의 부가가치세신고서상의 과세표준 및 매출세액란의 세금계산서 란과 기타 란에 기록할 금액을 계산하라.

(주)조세는 총괄납부 및 사업자단위 과세제도 승인사업자가 아니다.

- 세금계산서 발행 매출액 : 도매분 50,000,000원
- 영수증 발행 매출액 : 소매분(부가가치세 포함) 66,000,000원
- 간주공급분 :
  - (1) 자가공급 : ① 면세재화전용액 5,000,000원
  - ② 직매장반출액 4,000,000원
  - (2) 개인적 공급 : 3,000,000원
  - (3) 사업상 증여 : 6,000,000원

신고내용					
구 분			금 액	세율	세 액
과 세 표 준	과 세	세 금 계 산 서	54,000,000	$\frac{10}{100}$	5,400,000
		기 타	74,000,000	$\frac{10}{100}$	7,400,000

※ 세금계산서 발행분 : 50,000,000원 + 4,000,000(직매장반출분) = 54,000,000원
※ 기타에는 영수증과 간주공급분(직매장반출분은 제외)이 기재된다.
60,000,000원 + 5,000,000원 + 3,000,000원 + 6,000,000원 = 74,000,000원

③ 용역의 공급

"이제 재화의 공급에 대한 설명은 한 것 같으니까 용역의 공급에 대해 설명하기로 하죠."
"용역의 공급은 그렇게 많이 있을 것 같지 않은데…"
"글쎄요, 생각보다 많을 거예요. 살펴보기로 하죠."

■ 의 의

① 용역의 실질공급

용역의 공급이란 계약상 또는 법률상의 모든 원인에 의하여 역무를 제공하거나 재화·시설물 또는 권리를 사용하게 하는 것을 말한다.

여기서 용역이란 재화 이외의 재산적 가치가 있는 모든 역무 및 기타 행위를 말하며 다음 각호의 사업에 해당하는 것을 말한다.

가. **건설업**
나. 소비자용품수리업
다. **음식 및 숙박업**
라. **운수·창고 및 통신업**
마. 금융·보험업
바. 부동산업·임대업 및 사업서비스업
사. 공공행정·국방행정 및 사회보장행정
아. **교육서비스업**

자. 보건·사회복지사업
차. 기타 공공서비스·사회서비스 및 개인서비스업
카. 가사서비스업
타. 국제기관 및 외국기관의 사업

② 용역의 자가공급

사업자가 자기 사업을 위하여 직접 용역을 공급하는 것은 용역의 자가공급이다. 그러나 용역의 자가공급은 **실질적으로 과세되지 않고 있다.**

다음과 같은 경우에도 용역의 자가공급이므로 과세하지 않는다.

가. 사업자가 자기의 사업과 관련하여 사업장내에서 그 사용인에게 음식용역을 무상으로 제공하는 경우
나. 사업자가 사용인의 직무상 부상 또는 질병을 무상으로 치료하는 경우
다. 한 사업장의 재화 또는 용역의 공급에 필수적으로 부수되는 용역을 자기의 다른 사업장에게 공급하는 경우

"결국 간주공급이란건 용역의 경우에는 실질적으로 없군요?"
"그렇지요."

③ 용역의 공급으로 보지 않는 것

대가를 받지 아니하고 타인에게 용역을 공급하거나, **고용계약에 의해 근로를 제공**하는 것은 용역의 공급으로 보지 아니한다. 따라서 부가가치세가 과세되지 않는다.

다만, 사업자가 특수관계인에게 사업용 부동산의 임대용역을 무상으로 공급하는 경우에는 시가를 과세표준으로 하여 과세된다.

■ 공급시기

용역의 공급시기는 다음과 같다.

① 통상적인 용역의 공급 : 역무의 제공이 완료되는 때
② 완성도기준지급·중간지급·장기할부·부동산임대용역 : 그 대가의 각 부분을 받기로 한 때
③ 위 두 가지 기준을 적용할 수 없는 경우 : 역무의 제공이 완료되고 그 공급가액이 확정되는 때
④ 임대보증금·전세금에 대한 간주임대료 : 예정신고기간 또는 과세기간의 종료일

■ 과세표준

① 원칙 : 금전으로 대가를 받는 경우에는 그 금전가액을 과세표준으로 한다.

② **간주임대료** : 부동산임대용역을 공급하고 받는 전세금 또는 임대보증금은 금전 이외의 대가를 받는 것으로 보기 때문에 **임대보증금에 대한 예금이자상당액**을 임대료로서 **과세표준에 포함**시키게 되는데 이를 간주임대료라 한다. 간주임대료에 대해서는 세금계산서를 교부하지 않는다.

간주임대료는 다음과 같이 계산한다.

$$\text{간주임대료} = \text{당해 기간의 임대보증금} \times \frac{\text{과세대상기간중 임대일수}}{\text{365(윤년은 366)}} \times \text{정기예금이자율}$$

※ 정기예금이자율은 국세청장이 고시한다.

[예 11] 간주임대료

이건임씨는 임대사업자이다. 그는 건물임대사업만을 하고 있으며 이번 과세기간(2020.1.1.~2020.3.31.)까지의 임대료수입은 모두 80,000,000원이며 임대보증금은 과세기간 중 100,000, 000원이었다. 이번 과세기간의 과세표준은 얼마인가? 단, 적용되는 이자율은 4.2%로 가정한다.

A

임대료 80,000,000원

간주임대료 $100{,}000{,}000\text{원} \times \frac{90}{365} \times 0.042 =$ 1,035,616원

81,035,616원

2. 영세율거래

"이제 영세율거래에 대해 설명하기로 하죠. 영세율의 의미에 대해서는 전에 설명했었죠?"
"들은 것 같은데…"
"다시 한번 설명하죠."

1 영세율적용의 의의

부가가치세가 적용되면 공급자는 공급받는 자로부터 제품판매가격에 부가가치세 10%를 추가하여 받아야 한다.

따라서 제품을 수출할 때 부가가치세를 받는다면 수출업자는 외국의 수입업자로부터 10%의 부가가치세를 받아야 되는데, 이렇게 되면 외국에서 **수출제품의 가격경쟁력**이 떨어지게 되어 수출이 어려워지는 문제점이 발생한다.

또한 국제거래에서는 소비지에서 과세한다는 **소비지국과세원칙**이 적용되는 것이 일반적이다. 그러므로 수출재화에 대해 수출국에서 과세하고, 수입될 때 소비지국에서 또다시 과세하는 이중과세의 문제점이 발생한다.

따라서 세법에서는 수출하는 재화에 대해서는 **부가가치세율을 0%**로 하고 있다. 이것을 영세율제도라고 한다.

영세율을 적용하면 어떻게 될까? 아래의 식을 살펴보자.

부가가치세	=	매출세액 − 매입세액
	=	공급가액 × 0% − 매입세액
	=	0 − 매입세액
	=	− 매입세액

이처럼 납부할 부가가치세액이 음수가 되면 사업자가 부담하였던 매입세액은 환급을 받게 된다. 따라서 영세율제도는 사업자가 부가가치세를 전혀 부담하지 않게 되기 때문에 완전면세제도라고도 한다.

[예 12] 영세율거래

다음 자료에 의하여 영세율 적용거래를 하는 (주)조세의 제1기 예정신고시의 납부세액을 계산하라.

매출액(영세율적용대상임) 100,000,000원
매입액 80,000,000원
매입세액은 거래시 징수당함

A

1. 매출세액 = 100,000,000원 × 0% = 0원
2. 매입세액 = 80,000,000 × 10% = 8,000,000원
3. 납부세액 = 0원 − 8,000,000원 = △ 8,000,000원(환급세액)

2 영세율이 적용되는 거래

"어떤 경우에 영세율이 적용되나요?"
"글쎄요, 부가가치세법과 조세특례제한법에 규정된 내용을 모두 설명하자면 너무 길어서 기본적인 사항만을 살펴보도록 하죠."

부가가치세법에서는 (1) 수출과 같이 외화획득을 위한 거래와, (2) 국내거래라고 하더라도 부가가치세의 완전면세효과가 필요하다고 생각되는 거래에 대하여 영세율을 적용하고 있다.

■ 외화획득 관련 거래

① 수출하는 재화
  가. **일반수출**
  나. **내국신용장·구매확인서에 의한 공급**
  다. **수출대행**
② 국외에서 제공하는 용역
③ 선박·항공기의 외국항행용역
④ 기타 외화를 획득하는 재화 또는 용역

■ **조세특례제한법에 의한 재화 또는 용역**

① 방위산업물자
② 군납석유류
③ 도시철도건설용역
④ 농·축산·임업 등
⑤ 어업 등 기자재
⑥ 장애인용 보장구

3 영세율적용 구비서류

영세율을 적용받기 위해서는 외화획득을 증명하는 서류로 **영세율적용의 형태별로 수출실적명세서, 내국신용장이나 구매확인서사본 또는 수출대금입금증명서, 외화입금증명서, 수출재화임가공계약서** 등을 신고시에 제출하여야 한다.

"영세율이 적용되는 경우에도 세금계산서를 교부해야 하나요?"
"직수출하는 경우에는 교부하지 않지만 내국신용장이나 구매확인서에 의한 거래를 하는 경우에는 영세율이 적용되는 세금계산서를 교부하죠."

직수출의 경우에는 세금계산서 교부의무가 면제되지만 **내국신용장**에 의한 재화공급의 경우에는 재화의 공급자인 사업자가 수출업자에게 **세금계산서를 교부**하여야 한다. 이 경우 교부되는 세금계산서의 부가가치세액란에는 매출세액이 0이 되므로 "영세율"이라고 기재한다.

"그러니까 부가가치세신고서 영세율란의 세금계산서란은 내국신용장이나 구매확인서에 의한 재화공급을 해서 세금계산서를 교부한 것을 기재하는 거고 기타란에는 직수출과 같이 세금계산서를 교부하지 않은 경우를 기재하는 거군요!"
"그렇죠."

신 고 내 용						
구 분				금 액	세 율	세 액
과세표준 및 매출세액	과 세	세 금 계 산 서 교 부 분	①		10/100	
		매 입 자 발 행 세 금 계 산 서	②		10/100	
		신용카드 · 현금영수증발행분	③		10/100	
		기타(정규영수증외매출분)	④		10/100	
	영세율	세 금 계 산 서 교 부 분	⑤		0/100	
		기 타	⑥		0/100	
	예 정 신 고 누 락 분		⑦			
	대 손 세 액 가 감		⑧			
	합 계		⑨			

[예 13] 영세율 예정신고

다음은 (주)조세의 2020년 제1기 예정신고를 위한 자료이다. 위 표의 ①, ③, ④, ⑤에 해당하는 금액과 세액은?

2020년 1월 1일부터 3월 31일까지의 거래

국내판매 :

도매분 :	세금계산서 발행 매출액(세전가격)	600,000,000원
소매분 :	신용카드매출전표 발행분(세포함)	220,000,000원
	영수증 발행분(세포함)	110,000,000원
수 출 분 :	내국신용장에 의한 공급분(로칼수출분)	300,000,000원
	직수출분	400,000,000원

A

	금 액	세 액
①	600,000,000	60,000,000
④	300,000,000	30,000,000
⑤	300,000,000	0
⑥	400,000,000	0

"영세율은 어차피 0이니까 신고서에 쓸 필요가 없지 않나요?"

"영세율적용대상도 과세대상이니까 과세표준금액을 반드시 써야죠. 만일 안 쓰면 과세표준금액의 0.5%가 가산세로 부과돼요!"
"0.5%면 상당히 크네요!"

3. 대손세액가감

1 대손세액공제의 의의

"예를 들어 3월달에 외상판매를 하고 대금은 부가가치세를 포함해서 110만원을 6월달에 받기로 했다면 여기에 포함된 부가가치세 10만원은 4월달에 납부해야 겠네요?"
"그렇죠."
"돈을 받지도 못했는데 세금을 내야 하니 조금 억울한데요. 만일 6월달에 거래처가 파산이 되어 대금을 못 받게 되면 어떻게 하죠."
"그런 경우에는 대손세액공제가 가능하죠."
"대손세액공제요?"

사업자는 과세기간 동안에 제공한 공급가액에 대해서 부가가치세를 거래징수하고 이를 납부해야 한다. 따라서 과세기간 동안에 외상매출을 한 거래는 아직 현금으로 회수하지 못하였다고 하더라도 이에 해당하는 부가가치세는 현금으로 납부해야 한다.

그러나 사업자가 재화·용역을 공급한 후 공급받은 자의 사망·파산·강제집행 등으로 인하여 매출채권을 회수할 수 없게 되는 경우가 있다. 이와 같이 **대손으로 인하여 회수할 수 없게 된 부가가치세를 대손세액**이라고 한다.

만일 부가가치세에서 매출채권이 대손된 경우를 고려해 주지 않는다면 공급자는 매출액과 매출세액을 현금으로 회수하지 못했음에도 불구하고 관련 매출세액을 납부해야 하는 모순이 생긴다.

따라서 회수불가능한 대손세액이 발생하면 그 **대손이 확정된 과세기간의 매출세액에서 차감**해 주도록 하고 있다. 이를 대손세액공제라고 한다.

이러한 대손세액공제는 예정신고시에는 적용받지 못하며 **확정신고시에만 적용이 가능**하다.

② 대손세액공제액의 계산

대손세액공제액은 대손금액에 매출세액이 포함되어 있으므로 대손금액에 $\frac{10}{110}$을 곱하여 계산한다.

$$\text{대손세액공제액} = \text{대손금액} \times \frac{10}{110}$$

③ 대손세액공제액의 회수

대손세액공제를 받은 이후에 대손으로 처리했던 금액의 **일부나 전부가 회수**되면 당초 공제받은 대손세액을 회수한 날이 속하는 과세기간의 **매출세액에 가산**하여야 한다.

"아. 그래서 신고서상에 대손세액공제라고 되어 있지 않고 대손세액가감이라고 되어 있군요!"
"대손세액이 발생하면 대손세액감이 되어 매출세액에서 차감해야 하는 것이고 대손세액감 했던 것이 회수되면 대손세액가가 되어 매출세액에 가산하는 거죠."

④ 대손세액의 공제요건

"대손세액은 돈을 못 받게 되면 공제되는 건가요?"
"확실하게 못 받는다고 증명이 되야 겠죠."

대손세액을 공제받기 위해서는 다음 대손금의 범위에 포함되어야 한다.

① 법률적으로 청구권이 소멸되어 회수할 수 없게 된 채권

가. 소멸시효가 완성된 채권

나. 파산한 자에 대한 채권

② 채무자의 상태로 보아 회수할 수 없다고 인정되는 채권

가. 사망·실종·행방불명된 자에 대한 채권

나. 해산한 법인에 대한 채권

다. 행방불명된 채무자에 대한 채권

라. 강제집행불능조서가 작성된 채무자에 대한 채권

미. 형의 집행중에 있는 채무자에 대한 채권

바. 사업을 폐지한 채무자에 대한 채권

③ 감독기관 등의 대손승인을 얻은 채권

④ 부도발생일로부터 6월 이상 경과한 부도수표와 부도어음, 중소기업의 외상매출금

⑤ 국세결손처분자에 대한 채권과 압류채권

법인이 채권을 대손금으로 확정하는 경우는 객관적인 자료에 의하여 그 채권이 회수불능임을 입증하여야 한다.

다만, 확인서나 증명서를 교부받을 수 없는 행방불명, 무재산 등에 관한 사항은 대표이사의 결재를 받은 채권관리부서의 조사보고서에 의할 수 있다.

⑥ 회수실익이 없는 채권

회수기일이 6월 이상 경과한 채권 중 회수비용이 당해 채권가액을 초과하여 회수실익이 없다고 인정되는 30만원 이하의 채권

"대손세액을 공제받으려면 그렇게 쉽지 않겠는데요?"

"그렇죠, 단순히 못받았다고 대손세액공제를 해 주는 건 아니니까요."

5 부가가치세신고서상 과세표준란의 검토

과세표준 및 매출세액란을 정리해보자. ①, ②, ③, ④란은 과세, ⑤, ⑥란은 영세율, ⑦은 예정신고누락분, ⑧은 대손세액가감으로 되어 있다.

각 항목에 대해 살펴보기로 하자.

<table>
<tr><th colspan="7">신 고 내 용</th></tr>
<tr><th colspan="4">구 분</th><th>금 액</th><th>세 율</th><th>세 액</th></tr>
<tr><td rowspan="9">과 세 표 준 및 매 출 세 액</td><td rowspan="4">과 세</td><td>세 금 계 산 서 교 부 분</td><td>①</td><td></td><td>$\frac{10}{100}$</td><td></td></tr>
<tr><td>매 입 자 발 행 세 금 계 산 서</td><td>②</td><td></td><td>$\frac{10}{100}$</td><td></td></tr>
<tr><td>신용카드· 현금영수증발행분</td><td>③</td><td></td><td>$\frac{10}{100}$</td><td></td></tr>
<tr><td>기 타(정규영수증외매출분)</td><td>④</td><td></td><td>$\frac{10}{100}$</td><td></td></tr>
<tr><td rowspan="2">영세율</td><td>세 금 계 산 서 교 부 분</td><td>⑤</td><td></td><td>$\frac{0}{100}$</td><td></td></tr>
<tr><td>기 타</td><td>⑥</td><td></td><td>$\frac{0}{100}$</td><td></td></tr>
<tr><td colspan="2">예 정 신 고 누 락 분</td><td>⑦</td><td></td><td></td><td></td></tr>
<tr><td colspan="2">대 손 세 액 가 감</td><td>⑧</td><td></td><td></td><td></td></tr>
<tr><td colspan="2">합 계</td><td>⑨</td><td></td><td></td><td></td></tr>
</table>

①, ②, ③, ④란은 과세거래로 이루어진 매출이 기록된다.

①란은 세금계산서를 발행한 매출액과 매출세액을 기록한다.

②란은 매입자발행세금계산서를 발행한 매출액과 매출세액을 기록한다.

③, ④란은 기타항목으로 되어 있어 세금계산서를 발행하지 못하고 매출이 발생한 경우를 기록하게 되어 있다. 예를 들면 영수증·금전등록기계산서·신용카드매출전표 등을 발행하면서 매출이 이루어진 경우와 간주공급시의 매출액과 매출세액을 기록한다.

⑤, ⑥란은 영세율을 적용받는 거래로 이루어진 매출을 기록한다.

⑤란은 영세율거래로서 매출시에 세금계산서가 발행된 경우로서 매출액과 매출세액을 기록한다.

⑥란은 영세율거래로서 매출시에 세금계산서가 발행되지 않는 경우로서 매출액과 매출세액을 기록한다.

⑦란은 예정신고누락분으로 확정신고를 할 때 이전의 예정신고시에 신고하지 못한 거래를 확정신고시 포함하여 신고하도록 한다.

⑧은 매출거래가 대손된 경우 이를 고려하기 위한 항목이다.

4. 면세거래

"이제 면세거래에 대해서 이야기하죠."
"면세거래라면 부가가치세가 과세되지 않는 거래인데 왜 설명하시려고 하죠?"
"과세사업과 면세사업을 함께 하는 사업자는 면세거래가 무엇인지를 이해해야죠!"

① 면세제도의 의의

영세율과 같이 부가가치세를 완전히 면세해주지 않고 **매출세액만이 면제되는 면세제도**가 있다. 이와 같이 부가가치세의 매출세액이 면제되는 사업을 하는 사업자를 **면세사업자**라고 하며 면세사업자는 매입세액만을 부담하게 된다.

부가세 면세제도 : 매출세를 면제하는 제도

면세물품을 공급받는 소비자는 부가가치세납부의무가 없으므로 당해 물품에 대한 세부담이 없게 된다. 세법에서는 서민생활을 보호하고 후생복지를 확대하기 위하여 면세대상을 **기초생활필수품** 또는 **국민후생용역** 등으로 제한하고 있다.

[예 1] 면세사업

다음 자료에 의하여 면세사업자인 미곡상의 납부세액을 계산하라.
매 출 액 : 10,000,000원
쌀 매 입 액 : 5,000,000원
기타 매입액 : 1,000,000원
기타 매입액과 관련된 매입세액 100,000원은 거래시 징수당함

A 쌀은 면세재화이므로 매출세액과 매입세액은 면제된다. 이 경우 기타 매입시 부담한 매입세액 100,000원만을 부담하게 되며, 이미 거래징수당하였으므로 추가로 납부할 부가가치세는 없다.

2 면세대상

"부가가치세 면세대상은 어떤 것들이 있나요?"
"부가가치세법과 조세특례제한법상에 있는 것을 다 설명하자니 너무 많고 기본적인 내용만 살펴보기로 하죠."

부가가치세의 면세대상은 상당히 많으나 대표적인 것들만을 설명하기로 한다. 부가가치세의 면세대상은 부가가치세법과 조세특례제한법에서 규정하고 있다.

■ 국내공급재화·용역의 면세

① 기초생활필수품 등

미가공식료품·수돗물·연탄과 무연탄·여객운송용역 중 대중교통수단(시내버스, 지하철 등)

② 국민후생용역

가. 의료보건용역(수의사·장의사 포함)

나. 교육용역

다. 주택과 이와 부수되는 토지의 임대용역

③ 문화관련 재화와 용역

가. 도서(도서대여용역 포함)·신문·잡지·관보·뉴스통신. 다만, 광고는 과세한다.

나. 예술창작품·예술행사·문화행사와 비직업운동경기

다. 도서관·과학관·박물관·미술관·동물원 또는 식물원에의 입장

④ 부가가치 구성요소

가. 금융·보험용역

나. 토지의 공급

다. 인적용역

⑤ 기 타

이외에도 국가·종교단체 등 공급자나 공급받는 자의 특성에 의하여 면세로 규정한 것이 있다.

가. 종교·자선·학술·기타 공익단체가 고유목적사업을 위해 공급하는 재화 또는 용역
나. 국가·지방자치단체·지방자치단체조합이 공급하는 재화 또는 용역
다. 국가·지방자치단체·지방자치단체조합 또는 공익단체에 무상으로 공급하는 재화 또는 용역
라. 우표(수집용은 제외)·인지·증지·복권과 공중전화

⑥ 조세특례제한법상의 면세

가. 국민주택 규모(85㎡) 이하 주택의 공급과 당해 주택의 건설용역
나. 국민주택 규모(85㎡) 이하 주택의 리모델링 용역
다. 농업용 또는 어업용 석유류
라. 공장 등의 경영자가 종업원의 복리후생을 목적으로 당해 사업장 등의 구내에서 식당을 직접 경영하여 공급하는 음식용역
마. 영농조합법인과 농업회사법인의 농업경영 및 농작업의 대행용역
바. 특정 정부업무대행단체가 공급하는 재화 또는 용역
사. 일반전기사업자나 수산업협동조합중앙회가 도서지방에 공급하는 석유류

■ 수입재화의 면세

가. 미가공식료품
나. 도서·신문과 잡지
다. 학술연구단체·교육기관 및 한국교육방송공사 또는 문화단체가 과학·교육·문화용으로 수입하는 재화로서 관세가 감면되는 것. 단, 관세가 경감되는 것은 경감분에 한하여 면세한다.
라. 종교의식·자선·구호 기타 공익을 목적으로 외국으로부터 종교단체·자선단체 또는 구호단체에 기증되는 재화로서 관세가 면제되는 것
마. 외국으로부터 국가·지방자치단체 또는 지방자치단체조합에 기증되는 재화

■ **부수재화·용역의 면세**

"쌀은 면세재화인데 쌀을 담는 쌀가마니는 과세재화 아닙니까?"
"쌀가마니는 부수재화이기 때문에 면세재화가 되죠."

면세되는 재화 또는 용역의 공급에 필수적으로 부수되는 재화 또는 용역의 공급은 면세되는 재화 또는 용역의 공급에 포함되는 것으로 본다. 또한 영리 아닌 사업을 목적으로 하는 법인·기타 단체가 발행하는 기관지 또는 이와 유사한 출판물과 관련되는 용역은 면세되는 것으로 본다.

③ 겸영사업의 과세표준 안분계산

"부가가치세신고서를 보면 면세사업에 대해서는 3쪽에 수입금액을 기재하는 항목만 있을 뿐인데 왜 여태까지 면세사업을 설명하셨죠?"
"부가가치세신고서에 면세사업과 관련된 사항은 그 이외에도 몇 가지가 더 있어요. 우선 매출세액과 관련된 부분만 설명하죠. 예를 들어 고속버스사업은 과세사업이고 시내버스사업은 면세사업이라는 건 이미 설명했죠?"
"네"
"그런데 만일 고속버스와 시내버스에 모두 사용하는 세척기계를 구입해서 사용하다가 팔게 되었다면 부가가치세를 받아야 하나요, 말아야 하나요?"

"그 세척기계를 고속버스에만 사용했다면 그 기계를 파는 것도 과세거래로 간주해야 하니까 세금계산서를 발행해서 판매대금은 물론 부가가치세를 받아야겠죠. 그렇지만 시내버스에만 사용했다면 그 기계를 파는 것도 면세거래가 될 테니까 부가가치세를 받을 필요가 없을 것 같아요."
"맞아요. 그런데 양쪽에서 모두 사용했으니까 판매대금 중 얼마만큼을 과세사업판매분, 또 나머지를 면세사업 판매분으로 볼 것이냐가 문제가 되는 거죠."
"예. 그렇군요."
"그런 경우에는 안분계산을 해서 과세사업분은 과세표준에 포함시켜야죠."

■ 안분계산

과세사업과 면세사업을 함께 하는 사업자가 **두 사업에 함께 사용하던 공통재화를 공급할 경우**에는 아래와 같이 과세표준을 안분계산한다.

공통재화의 공급가액 × 과세사업관련비율

$$\text{공통재화 공급가액} \times \frac{\text{직전 과세기간의 과세공급가액}}{\text{직전 과세기간의 총공급가액}} = \text{과세표준}$$

"왜 비율을 현재 과세기간의 공급가액으로 하지 않고 직전 과세기간의 공급가액으로 하는 거죠?"

"재화를 공급하는 시점에서는 아직 과세기간이 끝나지 않았기 때문에 현재 과세기간의 공급가액을 알 수 없잖아요?"

"아, 그래서…"

"그리고 공통사용건물과 같은 경우에는 공급가액이 아닌 사용면적비율에 따라 안분계산할 수도 있어요."

[예 2] 과세표준의 안분계산

위의 이야기에서 나온 세척기계를 10,000,000원에 판매하였다. 직전 과세기간의 과세공급가액은 600,000,000원이며 면세공급가액은 400,000,000원이라면 이 세척기계의 부가가치세법상 과세표준은 얼마인가?

A

$$10{,}000{,}000\text{원} \times \frac{600{,}000{,}000\text{원}}{1{,}000{,}000{,}000\text{원}} = 6{,}000{,}000\text{원}$$

따라서 이 세척기계를 판매하면서 공급가액 6,000,000원, 부가가치세 600,000원의 세금계산서를 교부해야 한다.

■ 안분계산의 생략

과세사업과 면세사업에 함께 사용되던 공통재화를 공급할 경우에 반드시 안분계산을 해야 하는 것은 아니다. 다음과 같은 경우에는 안분계산을 하지 않고 공급가액 전액을 과세표준으로 한다.

① 해당재화의 공급가액이 5천만원 미만이고 직전 과세기간의 총공급가액 중 **면세 공급가액이 5% 미만**인 경우

② 거래단위별 재화의 공급가액이 **50만원 미만**인 경우

③ 재화를 공급하는 날이 속하는 과세기간에 신규로 사업을 개시하여 직전 과세기간이 없는 경우

■ 토지와 건물의 일괄공급시 안분계산

"안분계산 중 빈번하게 발생할 수 있는 것 중 하나가 토지와 건물의 일괄양도죠."
"토지와 건물의 일괄양도요?"

토지의 공급은 **면세거래**이며 **건물의 공급**은 **과세거래**이다. 따라서 사업자가 토지와 건물을 일괄하여 양도하는 경우에는 건물 공급분에 대한 부가가치세를 계산해야 한다. **각각 실지거래가액이 있어 공급가액을 구분할 수 있는 경우**에는 실지거래가액에 따라 부가가치세를 거래징수하면 된다. 그러나 공급가액이 구분되지 않는 경우에는 안분계산을 해야 한다.

안분계산은 다음과 같은 식에 의해서 이루어진다.

$$\text{총거래가액(부가가치세 포함)} \times \frac{\text{건물가액}}{\text{토지가액} + \text{건물가액} + \text{건물가액} \times 10\%^{*}}$$

* 건물의 거래가액에 부가가치세가 포함된 것으로 보기 때문이다.

실질거래가액 중 토지의 가액과 건물 및 기타 구축물 등의 가액의 구분이 불분명한 경우 및 사업자가 실지거래가액으로 구분한 가액이 기준시가에 따른 안분가액과 30% 이상 차이가 나는 경우에는 다음에 의한다.

① 감정평가가액이 있는 경우에는 감정평가가액으로 안분계산

② 감정평가가액이 없으나 기준시가가 모두 있는 경우에는 기준시가로 안분계산

③ 감정평가가액이 없는 경우로서 기준시가도 모두 없거나 일부가 없는 경우에는

장부가액(장부가액이 없는 경우에는 취득가액)으로 안분계산한 후 기준시가가 있는 자산에 대하여는 그 합계액을 다시 기준시가로 안분계산

[예 3] 토지와 건물의 일괄공급

(주)조세는 토지와 건물을 66,000,000원(VAT 포함)에 일괄매각하였다. 토지와 건물의 기준시가가 다음과 같은 경우 건물의 과세표준은 얼마인가?
토지가액 : 22,000,000원
건물가액 : 10,000,000원

A

$$66{,}000{,}000원 \times \frac{10{,}000{,}000원}{22{,}000{,}000원 + 10{,}000{,}000원 + 10{,}000{,}000원 \times 10\%}$$

= 20,000,000원
건물의 과세표준은 20,000,000원이다.

■ 부동산임대용역

"주택과 이에 부수되는 토지를 임대하는 경우, 즉 주택임대용역은 면세이지만 부동산임대용역은 과세사업이예요. 부동산임대용역은 기본적이면서도 자주 부딪치는 문제인 것 같으니까 설명하도록 하죠."

① 면세와 과세부분의 구별

주택과 이에 부수되는 토지를 임대하는 경우에는 부가가치세가 면제된다. 여기서 주택이란 **상시주거용으로 사용하는 건물**을 말하며 이에 부수하는 토지란 **토지면적이 건물이 정착된 면적의 5배**(도시지역 외의 지역에 있는 토지의 경우에는 10배)와 건물의 연면적 중 넓은 면적을 초과하지 아니하는 것을 말한다.

따라서 이를 초과하여 임대하는 경우에는 주택과 이에 부수되는 토지를 임대한 것이 아니라 토지의 임대로 보아 부가가치세가 과세된다.

또한 주택이라 하더라도 상시 주거용이 아니라 사업을 위한 주거용으로 임대하는 경우 또는 점포나 사무실로 임대하는 경우에는 부동산임대용역에 해당되기 때문에 부가가치세가 과세된다.

"그럼 상가와 주택이 같이 있는 건물을 임대하는 경우에는 어떻게 되지요?"
"그건 겸용주택임대용역이죠."

임대주택에 부가가치세가 과세되는 사업용 건물(=상가)이 함께 설치되어 있는 겸용주택의 경우에는 다음 기준에 따른다.

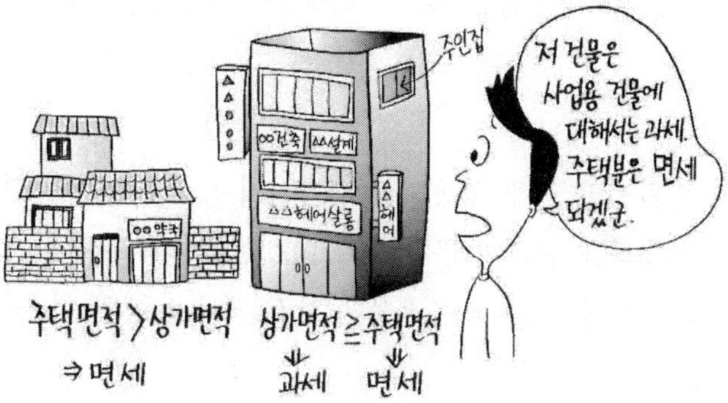

가. 주택부분의 면적 > 사업용 건물부분의 면적

그 전부를 주택의 임대로 보아 면세한다.

나. 주택부분의 면적 ≤ 사업용 건물부분의 면적

사업용 건물부분에 대하여 과세한다.

이 경우 당해 주택에 부수되는 토지의 면적은 총토지면적에 주택부분의 면적이 총건물면적에서 차지하는 비율을 곱하여 계산한다.

② 부동산임대업의 과세표준

부동산임대업의 과세표준은 다음과 같이 계산한다.

과세표준 = 임대료(관리비수입금액 등 포함) + 간주임대료

가. 임대료

부가가치세가 과세되는 부동산임대료(월세)와 부동산을 관리해 주는 대가로 받는 관리비 등을 구분하지 않고 영수하는 때에는 전체 금액에 대하여 부가가치세가 과세된다.

다만, 임차인이 부담해야 할 보험료, 수도료, 공공요금 등을 별도로 구분 징수하여 납입을 대행하는 경우에는 당해 금액은 부동산임대관리에 따른 대가에 포함되지 않는다.

나. 간주임대료

전세금 또는 임대보증금을 받을 때 간주임대료는 다음과 같이 계산한다.

간주임대료 = (전세금 또는 임대보증금 × 과세대상기간의 일수 / 365*) × 정기예금이자율

* 윤년의 경우에는 366

간주임대료는 임차인이 당해 부동산을 사용하거나 사용하기로 한 때를 기준으로 하는 것이며 전세금 등을 받은 때를 기준으로 하는 것이 아니다.

계약기간 1년의 정기예금이자율은 서울에 본점을 둔 은행의 이자율을 감안하여 국세청장이 정한다.

[예 4] 부동산임대업의 과세표준

일반과세자인 (주)갑이 사무실 100평을 갑상사에 다음과 같이 임대하였을 경우 2020년 1기 부가가치세확정신고시 신고하여야 할 과세표준은 ? (계약기간 1년의 정기예금이자율을 4.2%로 가정할 경우)

임대기간 : 2020. 1. 1.~2020. 12. 31.

임 대 료 : 월 300,000원, 임대보증금 10,000,000원

A

(월 임대료) 300,000원 × 3개월(4월 - 6월) = 900,000원

임대료 : 900,000원

과세기간 대상일수 : 30일(4월) + 31일(5월) + 30일(6월) = 91일

10,000,000원 × 91일 / 365 × 4.2% = 104,712원

간주임대료 : 104,712원

2018년 1기 확정신고시 신고해야 할 과세표준 = 900,000원 + 104,712원
= 1,004,712원

"이제 매출세액에 대한 설명은 끝내기로 하고 매입세액부분으로 넘어갈께요!"

"예."

"부가가치세신고서상의 매출세액부분을 다시 한 번 살펴보고 정리하세요."

제11장 매입세액과 납부할 세액의 계산

부가가치세신고서상 매입세액과 경감·공제세액·가산세 등이 기재되는 란은 아래와 같다. 이 장에서는 이 내용들에 대해 설명하기로 한다.

[매입세액란]

매입세액	세금계산서 수취분	일반매입	(10)			
		수출기업 수입분 납부유예	(10-1)			
		고정자산 매입	(11)			
	예정신고 누락분		(12)			
	매입자발행 세금계산서		(13)			
	그 밖의 공제매입세액		(14)			
	합계(10)-(10-1)+(11)+(12)+(13)+(14)		(15)			
	공제받지 못할 매입세액		(16)			
	차감계 (15)-(16)		(17)		㉯	
납부(환급)세액 (매출세액㉮-매입세액㉯)					㉰	
경감·공제세액	그 밖의 경감·공제세액		(18)			
	신용카드매출전표등 발행공제 등		(19)			
	합계		(20)		㉱	
예정신고 미환급 세액			(21)		㉲	
예정 고지 세액			(22)		㉳	
사업양수자의 대리납부 기납부세액			(23)		㉴	
매입자 납부특례 기납부세액			(24)		㉵	
신용카드업자의 대리납부 기납부세액			(25)		㉶	
가산세액계			(26)		㉷	
차감·가감하여 납부할 세액(환급받을 세액)(㉰-㉱-㉲-㉳-㉴-㉵-㉶+㉷)					(27)	
총괄 납부 사업자가 납부할 세액(환급받을 세액)						

1. 매입세액

1 일반매입과 고정자산매입

■ 매입세액의 기록

일반매입란에는 교부받은 세금계산서상의 공급가액의 합계액을 기록하고 세액란에는 세액의 합계액을 기입한다. 이 난에는 고정자산의 매입분을 제외한다.

고정자산 매입란에는 교부받은 세금계산서 중 고정자산 매입분을 기재한다. 여기서 세금계산서란 일반적인 세금계산서와 수입세금계산서를 모두 포함한 것이다.

"매입란은 매출세액란과는 달리 10%를 곱해서 세액을 계산하는 게 아니라 받은 세금계산서의 공급가액과 세액의 합계액을 적는 거군요!"

"그래요. 잘 봤어요. 그리고 재화의 수입에 대해서는 부가가치세가 과세되니까 재화의 수입에 대한 부가가치세도 매입세액에 포함되죠."

"그러니까 일반매입란과 고정자산매입란에는 과세기간중 교부받은 세금계산서는 모두 포함되는 거군요."

"그렇죠."

"그런 다음에 일단 세금계산서 이외에 세법상 공제가능한 금액을 추가해서 더한다 그거죠!"

"그렇죠."

"다음부터는 기타 공제매입세액에 대해 살펴보기로 하죠."

"기타라면?"

"세금계산서가 없이 매입세액으로 공제받을 수 있는 항목을 말하죠. 세부내역을 신고서 2쪽에 적고 합계를 신고서 1쪽에 적게 되어 있어요."

[그밖의공제매입세액명세]

	구분			금액	세율	세액
(14) 그 밖의 공제 매입세액 명세	신용카드매출전표등 수령명세서 제출분	일반매입	(41)			
		고정자산매입	(42)			
	의제매입세액		(43)		뒤쪽 참조	
	재활용폐자원등 매입세액		(44)		뒤쪽 참조	
	과세사업전환 매입세액		(45)			
	재고매입세액		(46)			
	변제대손세액		(47)			
	외국인 관광객에 대한 환급세액		(48)			
	합계		(49)			

② 신용카드매출전표수취명세서제출분

"신용카드매출전표는 영수증과 마찬가지이고 세금계산서가 아니기 때문에 물건을 매입하고 신용카드매출전표를 받는다고 하더라도 매입세액공제를 받지 못하지 않습니까?"

"예, 그래요. 그렇지만 특별한 경우에는 매입세액공제를 받을 수 있죠."

"특별한 경우란 어떤 경우를 말하나요?"

"원래 신용카드매출전표를 영수증과 마찬가지로 간주한 것은 매입자를 최종소비자로 간주한 거죠. 그게 아니라면 매입세액을 공제해 주어야지요."

부가가치세가 과세되는 재화·용역을 공급하고 이에 따라 일반과세자는 영수증 대신 신용카드업법에 의한 신용카드매출전표를 발행할 수 있다.

일반과세자로부터 재화·용역을 공급받으면서 부가가치세액이 별도로 구분 가능한 신용카드매출전표 등을 교부받은 때에는 그 부가가치세액은 매입세액으로 공제받을 수 있다.

매입세액으로 공제받기 위해서는 신고시에 **신용카드매출전표수취명세서***를 제출하여야 한다.

* 전자계산조직에 의하여 처리된 테이프 또는 디스켓으로도 제출할 수 있다.

3 의제매입세액공제

"면세거래에 대해 의문이 하나 있는데…"

"말씀해 보세요."

"사업자는 매출세액에서 매입세액을 뺀 나머지를 부가가치세로 납부하는 것 아닙니까?"

"그렇죠."

"그렇다면 예를 들어 사과를 재배하는 농부에게 비료와 같은 농업용품을 제공하는 사업자는 농부에게 매출한 금액에 대한 매출세액에서 매입세액을 뺀 금액을 납부하게 되죠. 그리고 농부는 재배한 사과를 사과통조림을 생산하는 과세사업자에게 판매한다면 면세사업자니까 매출세액은 안 받겠지요?"

"그렇죠."

"그러면 사과통조림을 생산하는 사업자가 사과통조림을 판매하면서 매출세액을 받아 내는데 매입세액은 없으니까 공제하지 못하게 되니 사과통조림을 생산하는 사업자는 부가가치세를 더 많이 내게 되는 것 아닙니까? 그러면 면세사업자로부터 물건을 공급받아 판매하는 과세사업자는 부가가치세면에서 불공평하잖아요?"

"어휴, 대단한데요. 맞아요. 그런 점 때문에 부가가치세법에서는 의제매입세액공제라는 제도를 두고 있어요."

"의제매입세액공제요?"

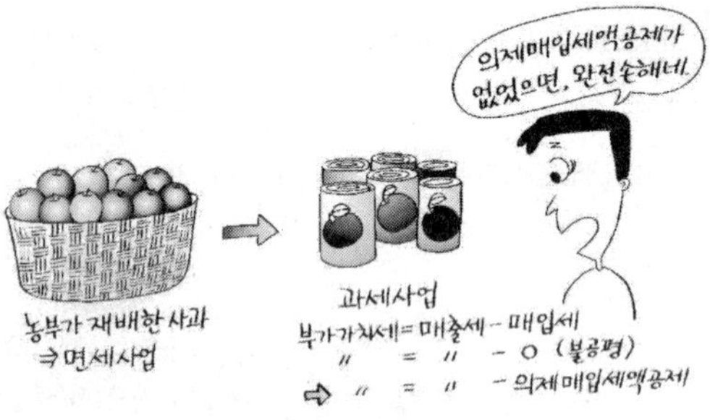

면세로 공급받은 농산물 등을 원재료로 하여 **부가가치세가 과세되는 재화를 제조·가공하여 공급**하는 과세사업자에 대하여는 일정액을 매입세액으로 의제(또는 간주)하여 이를 공제할 수 있다. 이것을 의제매입세액공제라고 한다.

■ 요건과 제출서류

① 요 건

면세되는 농산물·축산물·수산물 또는 임산물(1차가공을 거친 것을 포함)을 공급받고, 이를 원재료로 하여 제조·가공한 재화 또는 용역의 공급이 과세되는 경우에 한한다.

② 제출서류

의제매입세액의 공제를 받고자 하는 사업자는 **매입처별계산서합계표**(면세사업자로부터는 세금계산서를 받지 않기 때문에 세금계산서가 아닌 계산서합계표이다) 또는 신용카드매출전표 등 수취명세서와 **의제매입세액공제신고서**를 예정·확정신고시에 관할세무서장에게 제출하여야 한다. 다만, 제조업을 영위하는 사업자가 농·어민으로부터 면세농산물 등을 직접 공급받는 경우에는 의제매입세액공제신고서만을 제출한다.

■ 의제매입세액의 계산과 공제시기

① 계 산

의제매입세액은 면세된 원재료매입액의 $\frac{2^{*}}{102}$이다. 다만, 해당과세기간에 해당 사업자가 면세농산물 등과 관련하여 공급한 과세표준에 100분의 40(개인 사업자에 대해서는 과세표준이 4억원 이하인 경우에는 100분의 55, 과세표준이 4억원 초과인 경우에는 100분의 45)을 곱하여 계산한 금액에 공제율을 곱한 금액을 매입세액으로서 공제할 수 있는 금액의 한도로 한다.

$$\text{의제매입세액공제액} = \text{면세된 원재료매입액} \times \frac{2}{102}$$

* 음식점업의 경우에는 개인 $\frac{8}{108}$, 법인 $\frac{6}{106}$, 유흥주점 $\frac{4}{104}$, 제조업(조특법상중소기업및개인사업자) $\frac{4}{104}$, 제조업 중 과자점업·도정업·제분업·떡방앗간을 운영하는 개인은 $\frac{6}{106}$이다.

"왜 의제매입세액공제는 102분의 2입니까?"
"글쎄요. 정부에서 여러 가지 나름대로 조사를 해서 그 정도 선이면 적정하다고 판단한 거겠죠."

[예 1] 의제매입세액공제

사과통조림을 제조하는 일반사업자의 매출액이 50,000,000원이고 매입액은 면세되는 원재료로서 사과의 매입액이 10,200,000원이고 과세되는 다른 원재료의 매입액이 10,000,000원이다. 이러한 경우 부가가치세의 계산은?(단, 매출연관한도는 고려하지 않음)

매 출	50,000,000원	매출부가가치세	5,000,000원
매 입			
면 세 원 재 료	10,200,000원	매입부가가치세	200,000원
과 세 원 재 료	10,000,000원	매입부가가치세	1,000,000원
납부할 부가가치세			3,800,000원

② 공제시기

의제매입세액은 면세원재료의 구입시기가 속하는 **예정 · 확정신고기간에 공제**한다. 그러나 예정신고시에 의제매입세액을 공제하지 아니한 경우에는 확정신고시에 공제할 수 있다. 또한 예정 또는 확정신고시에 공제하지 아니한 의제매입세액은 다음과 같은 경우에도 공제할 수 있다.

① 국세기본법의 규정에 의한 과세표준수정신고, 경정청구 또는 기한후 신고시

② 경정조사시 공제대상임을 경정기관으로부터 확인받은 경우

"다음부터 설명하는 세항목은 일반적으로 자주 나오지 않는 항목이지만 부가가치세신고서에 있으니까 살펴보도록 하죠."

4 재활용폐자원 등의 매입세액공제

재활용폐자원 및 중고품을 수집하는 사업자가 국가·지방자치단체 및 부가가치세 과세사업을 영위하지 아니하는 자(면세사업과 과세사업을 겸업하는 경우 포함), 간이과세자로부터 재활용폐자원 및 중고품을 취득하여 제조 또는 가공하거나 이를 공급하는 경우에는 다음과 같이 계산한 금액을 매입세액으로 공제할 수 있다.

$$\text{재활용폐자원 등의 취득가액} \times \frac{6^{*}}{106}$$

* 중고자동차는 $\frac{9}{109}$ 적용

재활용폐자원의 매입세액공제를 받고자 하는 사업자는 재활용폐자원 등의 매입세액공제신고서에 매입처별 계산서합계표 또는 영수증을 첨부하여 예정·확정신고시에 관할

세무서장에게 제출하여야 한다.

5 재고매입세액공제

"다음에는 재고매입세액공제에 대해서 설명해야 하는데…"
"왜 망설이세요?"
"제가 판단하기에는 재고매입세액공제는 제일 마지막의 간이과세자를 알고 난 다음에 설명을 듣는 게 좋을 것 같아요."
"왜요?"
"재고매입세액공제는 간이과세자가 일반과세자로 과세유형이 변경되는 경우에 적용되는 것이기 때문이죠, 일반적으로 사업을 계속하는 경우에는 발생하는 게 아니니까요."
"좋습니다. 그런데 왜 지금 언급을 하셨죠?"
"부가가치세신고서의 순서에 따라 설명하려다 보니까 그렇게 됐네요. 지금 살펴보고 나중에 간이과세자에 대해 이해한 다음에 다시 설명을 보면 명확하겠죠."

간이과세자는 매입시에 세금계산서를 교부받는다고 하더라도 매입세액을 전부 공제받지 못하고 일부(20%~40%)만을 공제받게 된다. 따라서 간이과세자가 보유하고 있는 재고품과 감가상각자산의 가액에는

공제받지 못한 매입세액이 포함되어 있게 된다.

따라서 간이과세자가 일반과세자로 전환되면 전환시점에 보유하고 있던 재고품과 감가상각자산의 가액에 포함되어 있는 공제받지 못한 매입세액을 공제받을 수 있도록 해야 한다.

이와 같이 간이과세자가 일반과세자로 변경되는 경우에 당해 변경일 현재의 **재고품 및 감가상각자산가액에 포함되어 있는 매입세액**을 공제받을 수 있는 제도를 재고매입세액공제라고 한다.

■ 재고매입세액의 계산

재고매입세액을 계산하기 전에 우선 간이과세자가 매입세금계산서에 대해서 부여되는 업종별 부가가치율에 대해 살펴보자.

업종별 평균부가가치율은 20, 30, 40%의 3단계로 규정하고 있다. 업종별 부가가치율은 다음과 같다.

부가가치율	업 종
5%	전기·가스·증기·수도
10%	도매업, 음식점업, 재생용재료수집및판매업
20%	제조업, 농·임대업, 숙박업, 운수및통신업
30%	건설업, 부동산임대업, 기타서비스업

① 재고품

$$\text{취득가액} \times \frac{10}{110} \times (1 - \text{업종별 부가가치율})$$

② 감가상각자산

○ 건물·구축물

$$\text{취득가액} \times (1 - 5\% \times \text{경과된 과세기간의 수}) \times \frac{10}{110} \times (1 - \text{업종별 부가가치율})$$

○ 기타 감가상각자산

$$\text{취득가액} \times \left(1 - 25\% \times \text{경과된 과세기간의 수}\right) \times \frac{10}{110} \times \left(1 - \text{업종별 부가가치율}\right)$$

○ 사업자가 직접 제작·건설 또는 신축한 감가상각자산

• 건물·구축물

$$\text{건설 또는 신축과 관련된 공제대상 매입세액} \times \left\{1 - 5\% \times \text{경과된 과세기간수}\right\} \times \left\{1 - \text{업종별 부가가치율}\right\}$$

• 기타의 감가상각자산

$$\text{제작과 관련된 공제대상 매입세액} \times \left\{1 - 25\% \times \text{경과된 과세기간수}\right\} \times \left\{1 - \text{업종별 부가가치율}\right\}$$

위에서 업종별 부가가치율이란 일반과세자로 변경되기 직전일(감가상각자산의 경우에는 당해 감가상각자산의 취득일)이 속하는 과세기간에 적용된 당해 업종의 부가가치율을 말한다.

[예 2] 재고매입세액 계산 – 감가상각대상자산

간이과세자인 이조세씨는 2020년 7월 1일부로 일반과세자로 전환되었다. 2020년 7월 1일 현재 자산 명세가 다음과 같을 경우 2020년 제2기분 부가가치세확정신고시 고정자산의 재고매입세액을 계산하라. 단, 업종별 부가가치율은 20%이다.

종 류	취 득 일	금 액
재 고 품	2020. 6. 2.	11,000,000원
건 물	2017. 8.10.	100,000,000원
집 기 비 품 A	2018. 5. 2.	10,000,000원
집 기 비 품 B	2019. 2.10.	5,000,000원
집 기 비 품 C	2020. 2. 2.	11,000,000원

> **A**
> - 재고품 :
>   11,000,000원 × 10/110 × (1 − 20%) = 800,000원
> - 건 물 :
>   100,000,000원 × (1 − 5% × 6) × 10/110 × (1 − 20%) = 5,090,909원
> - 집기비품 A :
>   과세기간이 4기를 넘으므로 0원이 된다.
> - 집기비품 B :
>   5,000,000원 × (1 − 25% × 3) × 10/110 × (1 − 20%) = 90,909원
> - 집기비품 C :
>   11,000,000원 × (1 − 25% × 1) × 10/110 × (1 − 20%) = 600,000원
> - 재고매입세액 :
>   800,000원 + 5,090,909원 + 90,909원 + 600,000원 = 6,581,818원

재고매입세액은 그 승인을 얻은 날이 속하는 예정신고기간 또는 과세기간의 매출세액에서 공제한다.

■ 재고매입세액의 공제절차

재고매입세액을 공제받기 위해서는 일반과세자로 변경되는 날의 **직전 과세기간에 대한 확정신고**와 함께 일반과세전환시 **재고품 및 감가상각자산신고서**를 각 사업장 관할세무서장에게 제출해야 한다.

위 신고를 받은 세무서장은 재고매입세액으로서 공제할 수 있는 재고금액을 조사·승인하고 일반과세자로 변경된 날이 속하는 예정신고기간 또는 과세기간종료일까지 당해 사업자에게 공제될 재고매입세액을 통지해야 한다. 이 경우에 그 기한 내에 통지하지 아니한 때에는 당해 사업자가 신고한 재고금액을 승인한 것으로 본다.

6 변제대손세액

대손세액 공제를 받으셔야 겠어요. 부도가 났거든요.
공급처에서 대손세액공제 받은만큼 매입세액에서 불공제 해오세요.
세무서
공급자
공급받는자

"대손세액공제에 대해서 말인데요."
"예, 대손세액공제요."
"판매를 했을 경우 대손되면 공급자는 대손세액공제를 받지만 반대로 공급받은 자

는 매입세액에서 그만큼 빼 주어야 하지 않겠습니까?"
"당연히 그래야죠. 그래서 공급받은 자는 그만큼 매입세액에서 불공제하게 되는데 그걸 대손처분받은 세액이라고 하죠. 그건 나중에 이야기할 거예요."
"그럼 그 다음에 공급받은 자가 대손된 세액을 변제하게 되면 어떻게 되죠?"
"그런 경우에는 당연히 공급받은 사람은 그만큼을 매입세액에 가산해서 공제받을 수 있도록 해야죠. 그걸 변제대손세액이라고 해요."

재화·용역을 공급한 후 대손이 발생되면 공급자는 대손세액공제를 받게 된다. 이와 반대로 공급받은 자는 당초 공제받은 매입세액을 대손확정일이 속하는 과세기간의 매입세액에서 차감하여 공제받지 않아야 한다. 이를 대손처분받은 세액이라 한다.

그런데 부도 등이 났던 공급받은 자가 공급자에게 부도 등으로 대손처리되었던 **대손세액의 전부 또는 일부를 추후에 변제**하면 공급받은 자는 매입세액에서 불공제되었던 금액을 변제한 날이 속하는 과세기간의 매입세액에 가산하여 공제할 수 있다. 이를 변제대손세액이라 한다.

변제대손세액을 공제받기 위해서는 부가가치세 확정신고서에 **대손세액변제신고서**와 변제사실을 증명하는 서류를 첨부하여 관할세무서장에게 제출하여야 한다. 예정신고시에는 변제대손세액의 공제를 받을 수 없고 **확정신고시에만** 가능하다.

2. 공제받지 못할 매입세액

"지금까지는 교부받은 세금계산서의 매입세액과 기타공제 매입세액에 대해서 이야기했지만 이제부터는 공제받지 못하는 매입세액에 대해서 이야기하기로 하죠."

"공제받지 못한다면 매입세액에서 그만큼을 차감한다는 말씀이죠?"

"그렇죠, 신고서 구조상 총매입세액을 계산하고 이 중 매입세액으로 인정하지 못할 사항을 빼는 거죠."

사업자가 **사업과 직접 관련없는 지출**을 하거나 **면세사업에 지출**하여 매입세액이 발생한 경우에는 해당 매입세액은 매출세액에서 공제받을 수 없다. 공제받지 못할 매입세액은 다음과 같다.

① 매입처별세금계산서합계표의 미제출 또는 부실·허위기재시 해당 매입세액
② 세금계산서의 미수취 또는 부실·허위기재시 해당 매입세액
③ 사업과 직접 관련이 없는 지출에 대한 매입세액
④ 비영업용소형승용자동차의 구입과 임차 및 유지에 대한 매입세액
⑤ 접대비 관련 매입세액
⑥ 사업자등록 전 매입세액
⑦ 공통매입세액 면세사업분
⑧ 대손처분받은 세액

부가가치세신고서상에는 다음과 같이 표시되어 있다.

구분			금액	세율	세액
⑮ 공제받지 못할 매입세액명세	공제받지 못할 매입세액	㊹			
	공통매입세액 면세사업분	㊺			
	대손처분받은 세액	㊻			
	합계	㊼			

"아휴. 왜 이렇게 말이 길고 많아요? 왠지 복잡할 것 같은데?"
"차근차근 설명을 들으면 그렇게 복잡하지 않을 걸요."

[1] 매입처별세금계산서합계표의 미제출 또는 부실·허위기재인 경우의 매입세액

부가가치세 예정신고시나 확정신고시에 매입처별세금계산서합계표는 의무적으로 작성하여 제출하여야 한다. 따라서 **매입처별세금계산서합계표를 제출하지 않은 경우**에는 매입세액이 공제되지 않는다.

또한 매입처별세금계산서합계표를 제출하였다고 하더라도 그 **기재사항 중 거래처별 등록번호나 공급가액이 기재되지 않았거나 허위로 기재된 분**에 대해서는 매입세액이 공제되지 않는다.

"아니, 부실·허위기재분을 자진해서 신고합니까?"
"자진신고납부제 아닙니까? 약간은 농담인데, 규정이 있어야 세무서에서는 매입세액불공제를 할 거 아닙니까. 그리고 나중에 가산세도 적용받아요. 그리고 공급시기 이후에 교부받은 세금계산서는 사실과 다른 세금계산서예요."

[2] 세금계산서의 미수취 또는 부실·허위기재의 경우 매입세액

재화나 용역을 공급받으면서 세금계산서를 교부받지 않은 경우에는 해당 매입세액은 공제되지 않는다. 또한 세금계산서를 교부받았다고 하더라도 **세금계산서의 필요적 기재사항이 누락되어 있거나 허위로 기재된 경우**에도 해당 매입세액은 공제되지 않는다.

세금계산서의 필요적 기재사항은 ① 공급하는 사업자의 등록번호와 성명 또는 명칭, ② 공급받는 자의 등록번호, ③ 공급가액과 부가가치세액, ④ 작성연월일이다.

"이것도 앞의 매입세액불공제분과 마찬가지네요."
"그렇죠."

③ 업무와 관련없는 지출에 대한 매입세액

소득세법과 법인세법에서는 업무와 관련없는 지출에 대해서는 비용으로 인정하지 않고 있다.

소득세법에서 제시하고 있는 업무와 관련없는 지출의 예를 살펴보면 다음과 같다.

① 사업자가 그 업무와 관련없는 자산을 취득·관리함으로써 발생하는 취득비·유지비·수선비와 이와 관련되는 필요경비

② 사업자가 그 사업에 직접 사용하지 아니하고 타인(종업원 제외)이 주로 사용하는 토지·건물 등의 유지비·수선비·사용료와 이와 관련되는 지출금

③ 사업자가 사업과 관련없이 지출한 접대비

부가가치세법에서는 다른 세법과 마찬가지의 취지로 업무와 관련없는 지출에 대한 매입세액을 공제하지 않는다.

"부가가치세법은 부가가치세만 다루는 거니까 업무와 관련없는 지출액 자체는 소득세법이나 법인세법에서 다루라는 거죠. 단지 관련매입세액은 매출세액에서 공제해주지 않겠다는 취지죠."

④ 비영업용소형승용자동차의 구입과 임차 및 유지에 대한 매입세액

소형승용자동차란 주로 사람의 수송을 목적으로 제작된 것으로 일반형 승용차동차와 지프형 자동차를 포함한다. 또한 **영업용**이란 **운수업**에서와 같이 승용자동차를 직접 영업에 사용하는 것을 의미하기 때문에 비영업용이란 직접 영업에 사용하지 않고 출퇴근 등에 사용하는 것을 말한다.

비영업용소형승용자동차는 **영업에는 직접적인 필요가 없음**에도 사업자를 위해서 사용되는 자동차이기 때문에 업무와 관련없는 지출과 그 성격이 유사하다고 할 수 있다. 이러한 의미에서 비영업용소형승용자동차를 취득하면서 지급한 매입세액에 대해서는 공제하지 않는다. 마찬가지로 비영업용소형승용자동차를 유지하기 위해서 지출되는 유류비나 수리비와 관련된 매입세액에 대해서도 공제하지 않는다.

※ 사업자가 타인소유의 소형승용차동차를 임차하여 비영업용으로 사용하고 지불한 대가 및 당해 소형승용차동차의 유지에 대한 매입세액도 공제하지 아니한다.

5 접대비 관련 매입세액

가능하면 소비성지출을 줄이고자 하는 의도에서 접대비 관련 비용지출을 억제하기 위해 접대비관련 매입세액 전액을 공제하지 않는다.

"그럼 접대비를 지출하면서 세금계산서를 받은 경우에 그 매입세액은 어떻게 하죠?"
"부가가치세도 접대비에 포함되는 거죠."
"그럼 비용이 되는 거니까 문제 없잖아요?"
"법인세를 배우면 알게 되겠지만 접대비한도가 있어요."

6 사업자등록 전 매입세액

사업자등록은 사업개시일로부터 20일 내에 신고하면 된다. 그러나 **사업개시일 이후 사업자등록 전까지** 사업을 하기 위해서 **재화와 용역을 공급받는 경우**가 있을 수 있다. 이 경우에는 아직 사업자등록번호를 부여받지 못했기 때문에 세금계산서의 필요적 기재사항을 기재할 수 없어 세금계산서를 교부받을 수 없고 결과적으로 관련 **매입세액을 공제받을 수 없다.**

그러나 공급시기가 속하는 과세기간이 끝난후 20일 이내에 등록신청한 경우 그 기간까지의 매입세액은 공제한다. 그리고 **사업자등록신청일로부터 사업자등록증교부일까지의 거래**에 대해서는 당해 사업자 또는 대표자의 주민등록번호를 기재하여 세금계산서를 교부받은 경우에는 **매입세액**을 공제받을 수 있다.

7 공통매입세액 면세사업분

"지금까지 설명한 매입세액불공제항목에 대해서는 충분히 이해했으리라고 생각되는데 이제 공통매입세액 면세사업분에 대해 설명하죠."
"공통매입세액 면세사업분이라면 과세사업과 면세사업을 함께 하는 경우 양 사업에 함께 사용하는 재화를 공급받았다면 그 매입세액 중 면세사업에 해당하는 금액은 매입세액에서 불공제한다는 것을 의미하는 거겠죠?"
"이제 부가가치세에 대해 윤곽을 잡으신 것 같네요!"

면세사업을 하는 경우에는 당연히 매입세액을 공제받을 수 없다. 따라서 사업자가 과세사업과 면세사업을 함께 하는 경우에는 과세사업 관련 매입세액은 공제하고, 면세사업 관련 매입세액은 공제하지 않아야 한다.

구입한 재화·용역이 어느 한쪽에만 사용되는 것이 아니라 **과세사업과 면세사업에 함께 사용되는 경우**에는 그 매입세액을 **공통매입세액**이라 한다. 공통매입세액은 과세사업과 면세사업으로 나누어 과세사업분은 매입세액으로 공제하고 면세사업분은 매입세액으로 공제하지 않아야 한다.

"그러면 이미 일반매입란이나 고정자산매입란에 공통매입세액이 포함되어 있으니까 공통매입세액의 면세사업분을 계산해서 매입세액에서 차감해야 하겠네요?"

"그렇죠. 그러니까 매입세액불공제분이 되는 거죠."

■ 공통매입세액 면세사업분의 계산

① 공급가액이 있는 경우

공통매입세액 면세사업분은 다음과 같이 안분계산한다.

$$\text{공통매입세액} \times \frac{\text{당해 과세기간의 면세공급가액}}{\text{당해 과세기간의 총공급가액}} = \text{공통매입세액 면세사업분}$$

다만, 예정신고를 하는 때에는 예정신고기간의 총공급가액에 대한 면세공급가액의 비율에 의하여 안분계산하고 확정신고를 하는 때에 정산한다.

[예 1] 예정신고기간의 공통매입세액 면세사업분

사업자 이공통씨는 조개를 캐서 그대로 판매하는 면세사업과 조개를 가공하여 통조림을 제조하여 판매하는 과세사업을 겸영하고 있다. 이공통씨는 캐어 낸 조개를 자동으로 씻는 기계 한 대를 2020년 1월 15일에 10,000,000원에 구입하였다. 이에 대한 부가가치세는 1,000,000원을 지급하였다. 이 기계는 과세사업과 면세사업에 공통으로 사용된다. 2020년 1월 1일부터 2020년 3월 31일까지의 예정신고기간의 과세공급가액은 70,000,000원이며 면세공급가액은 30,000,000원이라면 공통매입세액 중 면세사업분은 얼마인가?

A

$$1{,}000{,}000\text{원} \times \frac{30{,}000{,}000\text{원}}{100{,}000{,}000\text{원}} = 300{,}000\text{원}$$

부가가치세확정신고를 할 경우에는 공통매입세액 중 면세사업분은 다음 산식에 의하여 다시 정산을 하여야 한다.

$$\text{총공통 매입세액} \times \frac{\text{당해 과세기간의 면세공급가액}}{\text{당해 과세기간의 총공급가액}} - \text{예정신고시 불공제세액} = \text{가산 또는 공제되는 세액}$$

[예 2] 확정신고시 공통매입세액의 정산

위의 예를 계속해서 사용해보자. 2020년 1월 1일부터 2020년 6월 30일까지 제1기 과세기간의 과세공급가액이 150,000,000원이고 면세공급가액이 50,000,000원이며 예정신고분의 공통매입세액 1,000,000원을 포함하여 공통매입세액이 2,800,000원이라면 확정신고시 공통매입세액 중 면세사업분은 얼마인가?

A

$$2{,}800{,}000\text{원} \times \frac{50{,}000{,}000\text{원}}{200{,}000{,}000\text{원}} - 300{,}000\text{원} = 400{,}000\text{원}$$

※ 과세사업과 면세사업에 공통으로 사용되는 재화를 매입한 후 같은 과세기간에 공급(매출)한 경우에는 공통매입세액을 직전 과세기간의 공급가액 비율에 의하여 안분계산한다. 이는 겸용재화의 매출에 대하여 과세표준을 직전 과세기간의 공급가액의 비율로 안분계산하는 것과 대응시키기 위해서이다.

$$\text{공통매입세액} \times \frac{\text{직전 과세기간 면세공급가액}}{\text{직전 과세기간 총공급가액}} = \text{공통매입세액 면세사업분}$$

② 공급가액이 없는 경우

당해 과세기간중 과세사업과 면세사업의 공급가액이 모두 없거나 어느 한 사업의 공급가액이 없는 경우에는 위와 같은 공급가액기준에 의하여 안분계산을 할 수 없다.

이러한 경우에는 다음 순서에 의하여 안분계산한다.

i. 총매입가액(공통매입가액 제외)에 대한 면세사업에 관련된 매입가액의 비율

ii. 총예정공급가액에 대한 면세사업에 관련된 예정공급가액의 비율

iii. 총예정사용면적에 대한 면세사업에 관련된 예정사용면적의 비율

다만, 건물을 신축 또는 취득하여 과세사업과 면세사업에 제공할 예정면적을 구분할 수 있는 경우에는 iii을 i과 ii에 우선하여 적용한다.

"그런데요. 항상 면세공급가액과 과세공급가액의 비율이 일정한 건 아니잖아요? 다음 과세기간에는 변할 수도 있는데?"

"매입세액공제를 받은 후에 면세비율이 증가하면 그 만큼 추가납부하도록 되어 있죠."

"역시……"

※ 면세사업관련 매입세액 불공제분 재화를 과세사업에 사용하거나 소비할 경우 다음 산식에 따라 계산한 금액을 과세사업에 사용하거나 소비하는 날이 속하는 과세기간의 매입세액으로 공제할 수 있다.

(1) 건물.구축물

공제세액 = 당해 재화의 매입세액 × (1 - 5% × 경과된 과세기간의 수)

(2) 기타의 감가상각자산

공제세액 = 당해재화의 매입세액 × (1 - 25% × 경과된 과세기간의 수)

8 대손처분받은 세액

"이 부분에 관련해서는 앞에서 대손세액가감이나 변제대손세액에서 언급되었으니까 더 이상 설명할 필요는 없을 것 같아요."

재화·용역을 공급한 후 대손이 발생되면 공급자는 대손세액공제를 받게 된다. 이와 반대로 공급받은 자는 당초 공제받은 매입세액을 대손확정일이 속하는 과세기간의 매입세액에서 불공제하여 차감하여야 한다. 이를 대손처분받은 세액이라 한다.

3. 경감 · 공제세액의 계산

"이제 매입세액불공제항목에 대해서는 모두 설명을 한 것 같네요."

"그럼 매입세액에 대해서는 설명이 끝나신 거지요."

"그렇죠."

"그럼 결국 매출세액에서 매입세액을 차감하면 납부세액이 계산되는 거지요?"

"그렇죠, 하지만 신고서를 보면 알겠지만 아직 끝나지 않았어요. 경감 · 공제세액이 있죠."

"경감 · 공제세액이란 뭔가요?"

"경감 · 공제세액이란 정책목적상 또는 부가가치세의 원활한 이행을 위해서 특정한 요건에 해당되는 경우에는 부가가치세를 경감해 주거나 공제해 주는 제도를 말하지요."

부가가치세신고서상에서는 납부세액(매출세액－매입세액)을 계산한 후에 세액공제항목으로 신용카드 등의 사용에 따른 세액공제를, 경감세액항목으로서 성실신고사업자 경감세액 등을 두고 있다. 그리고 경감 · 공제세액 이외에 예정신고기간 미환급세액과 예정신고기간 고지세액을 두고 있다. 이 항목들은 모두 납부세액에서 차감되는 항목이다.

1 신용카드 등의 사용에 따른 세액공제

사업자(법인 제외)가 부가가치세가 과세되는 재화 또는 용역을 공급하고 세금계산서의 교부시기에 여신전문금융업법에 의한 신용카드매출전표, 조세특례제한법에 의한 현금영수증 또는 기타 이와 유사한 것(이하 "신용카드매출전표 등"이라 함)을 발행하거나 전자적 결제수단에 의하여 대금을 결제받는 경우에는 그 발행금액 또는 결제금액의 1.3%(음식점업 또는 숙박업을 영위하는 간이과세자의 경우에는 2.6%)에 상당하는 금액(연간 1,000만원을 한도로 함)을 납부세액에서 공제한다.

② 기타 경감·공제세액

① 전자신고세액공제
확정신고시 10,000원을 공제한다.
② 현금영수증사업자에 대한 공제
③ 과세기간에 대한 수정신고
④ 성실신고사업자 세액공제

③ 예정신고기간 미환급세액

영세율 및 시설투자 등 조기환급대상을 제외하고는 예정신고기간 중 발생한 환급세액은 예정신고시 환급받는 것이 아니라, 확정신고시 산출된 납부세액에서 이를 공제한 후의 잔여분을 납부하여야 한다. 따라서 이를 계산하기 위한 항목으로 신고서에 예정신고기간 미환급세액이 제시되어 있다.

④ 예정신고기간 고지세액

개인사업자 및 영세 법인사업자(직전 과세기간 과세표준 1.5억원 미만인 법인사업자)에 대해서는 **예정신고를 생략**하고 예정신고기간에 직전 과세기간에 납부한 세액의 1/2을 **세무서장이 예정고지**하게 된다.

구 분	고지발부시기	납부기간	고지되는 세액
제1기 예정신고	4.1.~4.10.	4.1.~4.25.	직전 제2기 과세기간에 대한 납부세액의 1/2
제2기 예정신고	10.1.~10.10.	10.1.~10.25.	직전 제1기 과세기간에 대한 납부세액의 1/2

이 예정신고기간 고지세액은 **확정신고시** 산출된 당해 과세기간 전체의 납부세액에서 **공제**한다.

따라서 사업자는 예정고지된 금액을 납부하면 별도로 예정신고를 할 필요가 없다. 그러나 예정고지 납부를 한 사업자는 확정신고시 과세기간(6개월)에 대한 부가가치세를 신고하여야 한다.

4. 가산세

" 신고서를 보면 마지막에 가산세항목이 있군요. 가산세도 자진해서 신고납부해야 하나요?"

"자진신고제도니까 당연히 자진해서 계산하고 납부해야죠."

"가산세가 얼마나 됩니까?"

"부가가치세법에서 규정하는 의무들을 이행하지 아니한 경우에는 가산세를 부과하게 되는데 보통 1% 정도지요"

"얼마 안되네요."

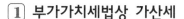

"얼마 안된다구요? 기업의 매출총이익률이 보통 1~2% 정도 되니까 가산세를 내면 사실상 번 이익을 다 내게 되는 거죠. 부가가치세의 가산세는 상당히 크기 때문에 세금을 잘 모르면 열심히 일해서 번 이익을 몽땅 세금으로 낼 수도 있어요!"

1 부가가치세법상 가산세

"어휴, 가산세가 복잡한 것 같아요!"

"자세히 살펴보면 그렇지 않아요. 사업자미등록과 관련한 것, 세금계산서와 관련한 것, 세금계산서합계표와 관련한 것, 신고납부와 관련한 것으로 나뉘어지니까 지금까지 설명한 내용을 이해했다면 가산세를 적용하는 분야를 구분지을 수 있을 거예요."

[가산세의 종류]

종 류	사 유	기준금액	가산세율
(1) 미등록가산세	법정기한 내에 사업자등록을 하지 않은 경우와 타인명의로 사업자등록을 하는 경우	공급가액	1%
(2) 세금계산서 불성실가산세	① 미교부 등 ② 부실기재	공급가액	2% 1%
(3) 매출처별세금계산서 합계표불성실가산세	① 미제출·부실기재 ② 지연제출	공급가액	0.5% 0.3%
(4) 매입처별세금계산서 합계표불성실가산세	① 공급시기 이후 교부 ② 미제출 ③ 공급가액의 과대기재	공급가액	0.5%
(5) 수입금액명세서 미제출가산세	명세서의 미제출 등	수입금액	0.5%
(6) 영세율과세표준 신고불성실가산세	① 과세표준의 무신고·과소신고 ② 영세율첨부서류의 미제출	공급가액	0.5%
(7) 대리납부 불이행가산세	대리납부의무 불이행	불이행세액	10%

■ 미등록가산세

사업자가 사업개시일부터 20일 내에 사업자등록을 신청하지 아니한 경우에는 미등록가산세를 부과한다. 미등록가산세는 사업개시일부터 등록신청일 직전일까지의 공급가액에 대하여 1%를 부과한다.

※ 사업자가 타인의 명의로 등록을 하고 실제사업을 영위하는 것으로 확인되는 경우 사업개시일로부터 실제사업을 영위하는 것으로 확인되는 날의 직전일까지의 공급가액에 대하여 1%의 가산세가 부과된다.

■ 세금계산서불성실가산세

그러나 사업자가 세금계산서를 교부하지 아니한 때(**미교부**) 또는 재화·용역을 공급하지 하니하고 세금계산서를 발행(**가공**)하거나 재화·용역을 공급하고 실제로 재화·용역을 공급하는 자 외의 자의 명의로 세금계산서를 발행(**타인명의**)한 경우에는 그 세금계산서의 공급가액에 대하여 2%의 가산세를 부과한다.

이 밖에 사업자가 교부한 세금계산서의 필요적 기재사항 중 전부 또는 일부가 착오 또는 과실로 기재되지 아니하거나 사실과 다른 경우에는 1%의 가산세가 부과된다.

[예 1] 세금계산서미교부가산세

법인사업자인 (주)조세는 직매장 반출분 1,000,000원을 다른 간주공급과 마찬가지로 세금계산서를 교부하지 않고 신고하였다. 적용되는 가산세는? 단, 이 회사는 총괄승인 납부를 받지 않았다.

A 직매장 반출분은 세금계산서를 교부하여야 하므로 세금계산서미교부가산세가 적용된다.
가산세 : 1,000,000원 × 2% = 20,000원

■ 매출처별세금계산서합계표불성실가산세

① 미제출·부실기재가산세

사업자가 ① 예정신고 또는 확정신고시 매출처별세금계산서합계표를 제출하지 아니한 때(**미제출**), ② 사업자가 예정신고 또는 확정신고를 할 때 제출한 매출처별세금계산서합계표의 기재사항 중 거래처별 등록번호 또는 공급가액의 전부 또는 일부가 기재되지 아니하거나 사실과 다르게 기재된 때(**불성실기재**)에는 해당 공급가액에 대하여 0.5%의 가산세를 부과한다. 다만, 매출처별세금계산서합계표의 기재사항을 착오로 기재하였거나 교부받은 세금계산서에 의하여 거래사실이 확인되는 경우에는 가산세를 적용하지 아니한다.

② 지연제출가산세

예정신고시 매출처별세금계산서합계표를 제출하지 못하고 예정신고가 속하는 과세기간의 확정신고시 제출한 때(지연제출)에는 0.3%에 상당하는 금액의 가산세를 부과한다.

■ 매입처별세금계산서합계표불성실가산세

매입처별세금계산서합계표의 기재사항 중 공급가액을 과다하게 기재하여 신고하거나(과다신고) 부실하게 기재하여 신고한 경우(부실기재)에는 해당 공급가액에 대하여 0.5%에 상당하는 가산세를 부과한다. 사업자가 매입처별세금계산서합계표를 제출하지 아니하고 세금계산서에 의하여 공제받은 매입세액이 있는 경우(미제출)에도 마찬가지의 가산세를 부과한다.

매입처별세금계산서합계표를 ① 예정신고분을 확정신고시 제출하거나, ② 수정신고·경정청구시 제출하여 지연제출하는 경우에는 매입세액이 공제되며 가산세도 적용되지 않는다.

"매출처별세금계산서합계표는 지연제출하면 가산세를 내는데 왜 매입처별세금계산서합계표는 지연제출해도 가산세를 적용받지 않죠?"
"매입처별세금계산서합계표를 지연제출하면 매입세액을 공제하지 않고 돈을 미리 더 낸 셈이 되죠. 그러니까 가산세를 적용할 이유가 없죠."

■ 영세율 과세표준신고불성실가산세

예정신고 또는 확정신고시 영세율이 적용되는 과세표준을 신고하지 아니하거나 적게 신고한 경우, 또는 영세율적용첨부서류를 예정신고 또는 확정신고시 제출하지 않은 경우에도 신고하지 않은 과세표준의 0.5%에 상당하는 금액을 납부세액에 가산한다.

"영세율 과세표준신고불성실가산세가 잘 이해가 안 되네요."
"어떤 점이 이해가 안 되죠?"
"영세율이 적용되는 거래는 어차피 신고하지 않더라도 부가가치세에는 영향이 없잖아요? 세율이 영이니까."
"그렇죠, 부가가치세에는 영향이 없지만 과세표준에 포함시키지 않으면 불성실하게 신고한 것으로 보아 과세표준으로 신고하지 않은 수출가액의 1000분의 5에 해당하는 가산세를 부과한다는 거죠."
"대리납부는 뭐죠?"
"국내사업장이 없는 비거주자나 외국법인으로부터 용역을 제공받을 경우 공급받는 자가 공급자를 대리해서 지급대가에서 부가가치세를 차감징수해서 납부하도록 한 제도가 대리납부제도예요."
"아! 일종의 부가가치세 원천징수군요."

② 가산세의 중복 적용배제와 가산세의 경감

■ 미등록가산세가 적용되는 부분

미등록가산세가 적용되는 부분에 대해서는 세금계산서(부실기재에 한함)와 매출처별세금계산서합계표에 관련된 가산세를 적용하지 않는다. 왜냐하면 미등록사업자는 세금계산서의 교부가 불가능하기 때문이다.

■ 세금계산서 불성실가산세가 적용되는 부분

세금계산서 불성실가산세(미교부·가공·타인명의)가 적용되는 부분에 대해서는 미등록가산세, 매출처별·매입처별 세금계산서합계표 불성실가산세를 적용하지 아니한다.

■ 매출처별세금계산서합계표 불성실가산세가 적용되는 부분

매출처별세금계산서합계표불성실가산세가 적용되는 부분에 대해서는 세금계산서불성실가산세를 적용하지 않는다. 왜냐하면 매출세금계산서와 관련한 가산세가 중복해서 적용되지 않도록 하기 위해서이다.

■ 영세율 과세표준신고불성실가산세가 적용되는 부분

영세율과세표준신고 불성실가산세의 적용시 예정신고납부와 관련하여 부과되는 부분에 대하여는 확정신고납부와 관련하여 가산세를 부과하지 아니한다.

③ 국세기본법상 가산세

■ 무신고가산세

① 일반무신고가산세

납세자 법정신고기한내에 세법에 따른 과세표준신고서를 제출하지 아니한 경우에는 산출세액의 20%가 가산세로서 가산된다.

② 부당무신고가산세

부당한 방법으로 무신고한 과세표준이 있는 경우에는 전체산출세액의 40%가 가산세로서 가산된다.

■ 과소신고가산세

① 일반과소신고가산세

납세자가 법정신고기한내에 세법에 따른 과세표준신고서를 제출하였지만 신고한 과세표준이 신고하여야 할 과세표준에 미달한 경우에는 과소신고한 과세표준상당액이 과세표준에 차지하는 비율을 산출세액에 곱하여 계산한 금액의 100분의 10에 상당하는 금액을 가산세로서 가산한다.

② 부당과소신고가산세

부당한 방법으로 과소신고한 과세표준이 있는 경우에는 다음 금액을 가산세로서 가산한다.

ⅰ. 부당한 방법으로 과소신고한 과세표준이 과세표준에서 차지하는 비율을 산출세액에 곱하여 계산한 금액의 100분의 40

ⅱ. 과소신고한 과세표준 중 부당과소신고과세표준을 차감한 과세표준이 과세표준에서 차지하는 비율을 산출세액에 곱하여 계산한 금액의 100분의 10

■ 초과환급신고가산세

① 일반초과환급신고가산세

납세자가 신고납부하여야 할 세액을 환급받을 세액으로 신고하거나 신고한 환급세액이 신고하여야 할 환급세액을 초과하는 경우에는 환급신고한 세액 또는 초과환급신고한 세액의 100분의 10을 가산세로 가산한다.

② 부당초과환급신고가산세

부당한 방법으로 초과환급신고한 세액이 있는 경우 다음 금액을 가산세로서 가산한다.

ⅰ. 초과환급신고한 세액 중 부당한 방법으로 초과환급신고한 세액의 100분의 40

ⅱ. 초과환급신고한 세액 중 부당초과환급신고한 세액 외의 세액의 100분의 10

단, ①과 ②의 가산세를 적용하는 경우 예정신고와 관련하여 가산세가 부과된 경우 확정신고와 관련한 가산세를 부과하지 아니한다.

■ 납부지연가산세

납세자가 납부기한 내에 국세를 납부하지 아니하거나 납부한 세액이 납부하여야 할 세액에 미달한 경우 또는 환급받은 세액이 환급받아야 할 세액을 초과하는 경우에는 미납부·미달납부세액(또는 초과환급세액) × 기간* × 0.025%를 가산세로서 가산한다.

* 기간 : 납부기한(또는 환급받은 날)의 다음 날부터 납세고지일 또는 자진납부일까지의 일수로 한다.

■ 가산세의 한도

다음에 해당하는 가산세는 그 의무위반의 종류별로 각각 1억원을 한도로 한다. 단, 당해 의무를 고의적으로 위반한 경우에는 그러하지 아니하다.

- ○ 미등록가산세
- ○ 세금계산서불성실가산세
- ○ 매출·매입처별 세금계산서합계표불성실가산세
- ○ 수입금액명세서미제출가산세

5. 환 급

"부가가치세를 계산한 결과 매출세액보다 매입세액이 더 많으면 어떻게 하죠?"
"당연히 돌려받아야죠. 돌려받는 걸 환급이라고 해요."

1 환급의 의의

예정신고기간 또는 과세기간의 **매입세액이 매출세액을 초과**하는 때에 그 초과하는 금액을 환급세액으로 하여 납세의무자에게 되돌려주는 것을 부가가치세의 환급이라 한다.

② 환급의 구분

부가가치세의 환급에는 일반환급과 조기환급이 있다.

■ 일반환급

일반환급은 과세기간별로 환급된다. 따라서 예정신고기간의 환급세액은 곧바로 환급되지 않고 추후 확정신고시 납부할 세액에서 차감 정산된다. 그리고 정산 후에도 환급금액이 있는 경우에는 **확정신고기간 경과 후 30일 내에 환급**한다.

■ 조기환급

• 본래의 조기환급

조기환급이란 **수출과 투자 및 재무구조 개선을 지원**하기 위해서 일반환급보다 빠른 시간 내에 환급을 해주기 위한 제도이다.

일반적으로 부가가치세의 환급세액은 과세기간별로 확정신고기간 경과 후 30일 내에 환급하는 것이 원칙이나, 다음의 경우에는 **예정 또는 확정신고기한 경과 후 15일 이내**에 사업자에게 환급한다.

- ○ 영세율적용대상인 때
- ○ 사업설비를 신설·취득·확장 또는 증축한 때. 이 경우 사업설비는 감가상각자산을 말한다.
- ○ 재무구조개선계획 이행 사업자

또한 영세율 등 조기환급대상 사업자는 예정신고기간 중 또는 과세기간 최종 3월 중 매월분 또는 매 2월분을 대상으로 환급받을 수 있다. 이 경우에는 다음달 25일까지 영세율 등 조기환급신고서에 다음의 서류를 첨부하여 제출하여야 한다.

- ○ 영세율첨부서류
- ○ 매출(매입)처별세금계산서합계표
- ○ 사업설비의 경우 건물 등 감가상각자산취득명세서

조기환급을 받고자 하는 사업자가 예정신고서 또는 확정신고서를 제출한 경우에는 환급에 관하여 신고한 것으로 본다. 다만, 사업설비를 신설·취득·확장 또는 증축한 경우에는 다음의 사항을 기재한 **건물 등 감가상각자산취득명세서**를 그 신고서에 첨부하여야 한다.

① 사업설비의 종류·용도·설비예정일자·설비일자
② 공급받은 재화 또는 용역과 그 매입세액
③ 기타 참고사항

■ 조세특례제한법상 환급특례규정

조세특례제한법상 외국인관광객·외국사업자·외교관 등에 대한 환급이 있다.

제12장 간이과세자

1. 의 의

"간이과세자의 경우에도 부가가치세는 내야 하는 거지요?"
"당연히 내야죠. 그렇지만 일반과세자보다는 간단해요. 지금부터 설명하기로 하죠."

현행 부가가치세법에 의하면 원칙적으로 모든 사업자는 연 4회에 걸쳐 매출세액과 매입세액을 집계하여 자진신고납부하여야 한다. 이는 모든 거래를 장부에 기장하여 관리하여야 한다는 것을 의미한다.

그러나 이렇게 되면 **사업규모가 상대적으로 작은 중소 개인사업자**의 경우에는 부가가치세를 신고·납부해야 하는 부담이 크게 된다. 따라서 세법에서는 이러한 사업자에 대하여 **세부담을 경감**시키고 **신고납부절차를 간소화** 시킴으로써 납세편의를 도모하기 위한 제도를 도입하였다. 이것이 **간이과세제도**이며 간이과세제도의 적용을 받는 사업자를 **간이과세자**라고 한다.

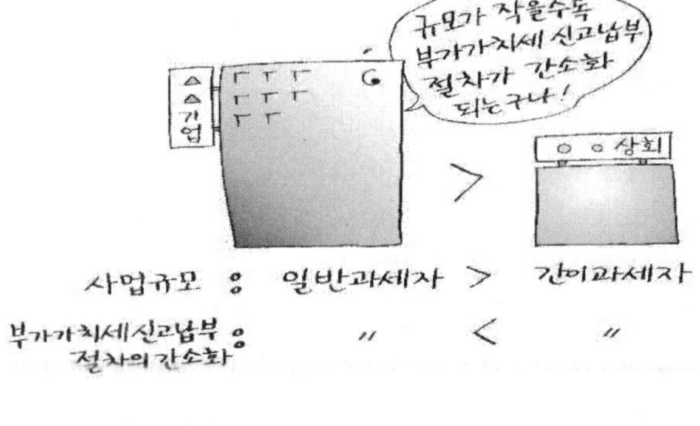

따라서 부가가치세의 경우 납세의무자는 일반과세자, 간이과세자의 두 가지 유형으로 나뉘어지며 이들은 세금의 납부절차와 세율·세금계산서 등의 발행 및 기장의무가 다르다.

2. 간이과세자

1 간이과세자의 의의

간이과세자는 직전 1역년의 공급대가(부가가치세를 포함한 금액)가 **4,800만원 미만**인 개인사업자이다. 다만, 간이과세가 적용되지 아니하는 다른 사업장을 보유하고 있는 사업자는 그러하지 아니한다.

또한 광업·제조업·도매업(소매업 겸영자 포함) 및 부동산매매업을 영위하는 사업자는 간이과세자가 될 수 없다.

그러나 제조업 중 주로 최종소비자와 거래하는 과자점업, 도정업과 제분업(떡방앗간을 포함한다), 양복, 양장, 양화점 등은 간이과세적용이 가능하다.

간이과세자는 일반과세자와는 달리 세금계산서를 발행할 수 없으며 **영수증을 교부**하여야 한다. 반면 간이과세자는 세금계산서를 교부받을 수는 있다.

2 신고와 납부

과세기간은 일반과세자와 달리 1.1~12.31(1년)을 과세기간으로 한다.

간이과세자는 직전과세기간의 납부세액에서 신용카드매출전표 등 발행공제와 전자신고세액공제를 뺀 금액의 1/2 해당액을 예정부과기간(1월부터 6월까지)의 납부세액으로 결정하여 납부한다.

즉, 간이과세자는 1월~12월까지의 거래실적을 각각 다음해 1월 25일 사이에 관할 세무서에 확정신고·납부하여야 한다.

신고시 제출할 서류는 다음과 같다.

○ 간이과세자 부가가치세확정신고서
○ 기타 첨부서류(해당사업자만 제출)
○ 영세율첨부서류
○ 매입처별세금계산서합계표
○ 신용카드매출전표발행집계표·수취명세서

■ 납부할 세액의 계산

일반적인 경우 간이과세자의 세금계산구조는 다음과 같다.

납부할 세액 = 납부세액 - 공제세액

납부세액은 다음과 같이 계산한다.

납부세액 = 과세표준(공급대가) × 업종별 평균부가가치율 × 10%

"납부세액을 계산하는 방식이 일반사업자와 다르군요!"
"그렇죠. 또 매입세액부분도 약간 달라요."

① 과세표준

과세표준이란 각 과세기간(1~12월) 중 물건을 팔거나 용역을 제공하고 받은 공급대가를 말한다. 일반과세자의 경우에는 공급가액에 대하여 10%의 세율이 부과되지만 간이과세자는 영수증을 발행하므로 **공급가액에 부가가치세를 더한 공급대가가 과세표준**이 된다.

② 업종별 평균부가가치율

업종별 평균부가가치율은 20, 30, 40%의 3단계로 규정하고 있다. 업종별 부가가치율은 다음과 같다.

부가가치율	업 종
5%	전기·가스·증기·수도
10%	도매업, 음식점업, 재생용재료수집및판매업
20%	제조업, 농·임대업, 숙박업, 운수및통신업
30%	건설업, 부동산임대업, 기타서비스업

③ 공제세액

일반과세자와는 달리 간이과세자는 공제세액이 납부세액을 초과하더라도 **환급받을 수 없다.**

○ 매입세금계산서 등 세액공제

매입세금계산서, 공급받는 자와 부가가치세액이 별도로 기재되어 있는 신용카드 매출전표에 대하여 매입세액에 일정률을 곱하여 공제한다.

공제율은 업종부가가치율에 따른다.

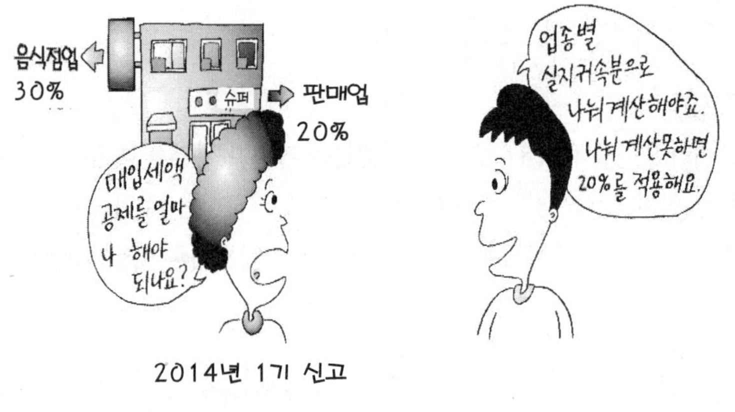

2014년 1기 신고

부가가치율이 다른 업종들을 겸영하는 경우에는 업종별 실지귀속에 의하되 업종별 실지귀속을 구분할 수 없는 경우에는 20%를 적용한다.

○ 신용카드매출전표 등 발행금액공제

간이과세자의 경우에는 신용카드매출전표 등의 발행금액이나 전자적 결제수단에 따른 결제금액의 1.3%(음식점업 및 숙박업은 2.6%)에 상당하는 금액(연간 1,000만원을 한도로 함)을 납부세액에서 공제한다.

[예 1] 간이과세자의 부가가치세신고

간이과세자인 운현음식점(업종 : 음식, 한식)의 당해 과세기간(2020.7.1.~2020.12.31.)중 영업실적이 다음과 같은 경우 납부할 세액을 계산하라. 2020년의 음식업의 부가가치율은 30%이다.

- 매출액 : 20,000,000원
- 매출액 중 신용카드매출전표 등 발행금액 6,000,000원이 포함되어 있음
- 매입세금계산서 수취액 : 주류 등 4,000,000원(부가가치세 별도)

A

- 과세표준 및 납부세액
  20,000,000원 × 30% × 10% = 600,000원
- 매입세금계산서 세액공제
  400,000원 × 30% = 120,000원
- 신용카드매출전표발행세액공제
  6,000,000원 × 2.6% = 156,000원
- 납부할 세액
  600,000원 − (120,000원 + 156,000원) = 324,000원

④ 가산세

간이과세자에 대한 가산세는 다음과 같다.

- 미등록가산세 : 공급대가의 0.5%
- 신고불성실가산세 : 납부세액의 10%
- 납부지연가산세 : 해당세액 × 이자율(0.025%) × 미납부기간의 일수
- 영세율과세표준신고불성실가산세 : 과세표준의 0.5%

[간이과세자의 부가가치세신고서]

■ 부가가치세법 시행규칙 [별지 제20호의7서식] <개정 2013.2.23> 홈택스(www.hometax.go.kr)에서도 신청할 수 있습니다.

간이과세자 부가가치세 정신고서 [ ]신고서 [ ]기한후과세표준신고서 (앞쪽)

관리번호				처리기간	즉시
□ 신고기간 년 (월 일 ~ 월 일)					
사업자	상 호		성명(대표자명)	사업자등록번호	- -
	주민등록번호	-	전화번호	사업장 / 주소지 / 휴대전화	
	사업장소재지			전자우편주소	

❶ 신고내용

구 분				금 액	부가가치율	세율	세 액
과세표준 및 매출세액	과세분	전기·가스·증기 및 수도사업	(1)		5/100	10/100	
		소매업, 재생용 재료수집 및 판매업, 음식점업	(2)		10/100	10/100	
		제조업 농·임·어업, 숙박업, 운수 및 통신업	(3)		20/100	10/100	
		건설업, 부동산임대업, 기타 서비스업	(4)		30/100	10/100	
	영세율적용분		(5)			0/100	
	재고납부세액		(6)				
	합계		(7)			㉮	
공제세액	매입세금계산서 등 수취세액공제		(8)			뒤쪽 참조	
	의제매입세액공제		(9)				
	매입자발행세금계산서 세액공제		(10)				
	전자신고세액공제		(11)				
	신용카드매출전표 등 발행세액공제		(12)				
	기타		(13)				
	합계		(14)			㉯	
금지금 매입자 납부특례 기납부세액			(15)			㉰	
예정고지세액			(16)				
가산세액	미등록 및 허위등록 가산세		(17)				
	신고불성실	무신고(일반)	(18)				
		무신고(부당)	(19)				
		과소신고(일반)	(20)				
		과소신고(부당)	(21)				
	납부불성실 가산세		(22)				
	결정·경정기관 확인 매입세액 공제 가산세		(23)				
	영세율 과세표준 신고 불성실 가산세		(24)				
	합계		(25)			㉱	
차감 납부할 세액(환급받을 세액) (㉮-㉯-㉰+㉱)						(26)	

❷ 과세표준명세

	업 태	종 목	업종코드	금 액
(27)				
(28)				
(29)	기타(수입금액 제외분)			
(30)	합계			

❸ 면세수입금액

	업 태	종 목	업종코드	금 액
(31)				
(32)				
(33)	수입금액 제외분			
(34)	합계			

❹ 국세환급금계좌신고	거래은행	은행 지점	계좌번호	
❺ 폐 업 신 고	폐업연월일	. .	폐업사유	

「부가가치세법 시행령」 제75조제5항 및 「국세기본법」 제45조의3에 따라 위의 내용을 신고하며, 위 내용을 충분히 검토하였고 신고인이 알고 있는 사실 그대로를 정확하게 작성하였음을 확인합니다.

년 월 일

신고인: (서명 또는 인)

세무대리인은 조세전문자격자로서 위 신고서를 성실하고 공정하게 작성하였음을 확인합니다.

세무대리인: (서명 또는 인)

세무서장 귀하

세무대리인	성 명		사업자등록번호		전화번호	

210mm×297mm[백상지 80g/㎡ 또는 중질지 80g/㎡]

③ 재고납부세액

■ 재고납부세액의 의의

일반과세자의 경우 부가가치세의 신고시 매입세금계산서를 제출하면 **매입세액의 100%를 공제**받게 된다. 그러나 **간이과세자**의 경우에는 매입세금계산서를 제출한다고 하더라도 앞에서 살펴본 바와 같이 매입세액의 20% 내지 40%를 공제받을 뿐 **80% 내지 60%는 공제받지 못하게 된다.**

따라서 일반과세자였다가 간이과세자로 전환하게 되면 전환하는 시점에 소유하고 있던 재고자산은 간이과세자의 지위에서 판매하게 되므로 일반과세자로서 공제받았던 매입세액의 60%내지 80%를 납부하는 것이 타당할 것이다.

이와 같이 일반과세자와 간이과세자 사이에 있었던 **매입세액공제율 차이로 인한 납부세액의 차이**를 일반과세자에서 간이과세자로 과세유형이 전환되는 시점에서 조정하는 제도가 **재고납부세액**이다.

■ 재고납부세액의 대상자산

재고납부세액은 다음 항목 중 **일반과세자 당시 매입세액을 공제받은 것에 한하여 적용**한다.

1. 상품 및 제품
2. 반제품 및 재공품

3. 재료(부재료를 포함)
4. 감가상각자산
•건물 및 구축물 : 취득·건설 또는 신축 후 10년 이내의 것에 한한다.
•기타의 감가상각자산 : 취득 또는 제작 후 2년 이내의 것에 한한다.

"왜 건물은 10년, 기타자산은 2년인지는 알겠죠?"
"간주공급에서 본 적이 있는 것 같네요."

■ 재고납부세액의 계산

재고품 및 감가상각자산의 금액은 장부 또는 세금계산서에 의하여 확인되는 취득가액으로 하되, 장부 또는 세금계산서가 없거나 기장이 누락된 경우에는 시가로 한다.

① 재고품

$$\text{재고납부세액} = \text{재고금액} \times 10\% \times (1 - \text{부가가치율}^{*})$$

② 다른 사람으로부터 매입한 감가상각자산의 재고납부세액
건물·구축물

$$\text{취득가액} \times (1 - 5\% \times \text{경과된 과세기간의 수}) \times \frac{10}{100} \times (1 - \text{부가가치율}^{*})$$

기타의 감가상각자산

$$\text{취득가액} \times (1 - 25\% \times \text{경과된 과세기간의 수}) \times \frac{10}{100} \times (1 - \text{부가가치율}^{*})$$

③ 사업자가 직접 제작·건설·신축한 자산
건물·구축물

$$\text{공제받은 매입세액} \times (1 - 5\% \times \text{경과된 과세기간의 수}) \times (1 - \text{부가가치율}^{*})$$

기타의 감가상각자산

공제받은 매입세액 × (1 - 25% × 경과된 과세기간의 수) × (1 - 부가가치율*)

* 부가가치율은 간이과세자로 변경되는 날이 속하는 과세기간에 적용되는 당해 업종의 부가가치율을 말한다.

[예 1] 재고납부세액

음식업을 운영하는 개인사업자인 나변경씨는 2020.7.1.부로 일반과세자에서 간이과세자로 과세유형을 변경하였다. 다음 자료에 따라 재고납부세액을 계산하라.

• 변경일 현재의 재고품 및 감가상각자산

종 류	취득일	취득가액	장부가액
원 재 료	2017. 6.10.	30,000,000	30,000,000
건 물	2019. 9. 5.	100,000,000	100,000,000
기계장치	2019. 3. 2.	350,000,000	5,000,000

• 2020년의 음식업에 대한 부가가치율은 30%이다.

A

원 재 료 : 30,000,000원 × 10% × (1 − 30%) = 2,100,000원

건 물 : 100,000,000원 × (1 − 5% × 2) × 10% × (1 − 30%) = 6,300,000원

기계장치 : 350,000,000원 × (1 − 25% × 3) × 10% × (1 − 30%) = 6,125,000원

재고납부세액 14,525,000원

■ 재고납부세액의 신고·승인·통지·납부

일반과세자에서 간이과세자로 과세유형이 변경된 경우에는 변경되는 날 현재의 재고품 및 감가상각자산을 그 변경되는 날의 **직전 과세기간에 대한 확정신고**와 함께 간이과세전환시의 **재고품 및 감가상각자산신고서**에 의하여 각 사업장 관할세무서장에게 신고하여야 한다.

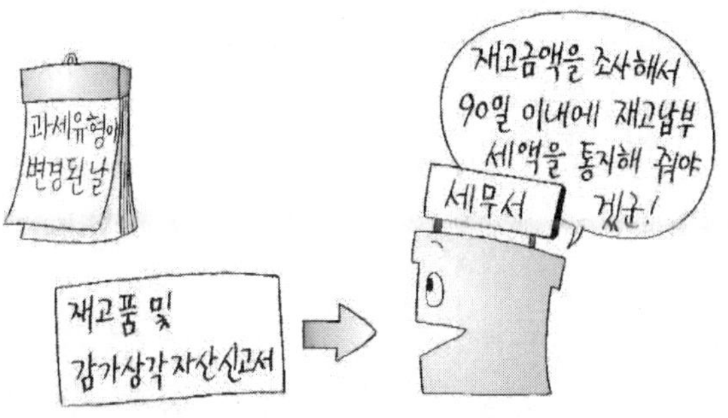

신고를 받은 세무서장은 재고금액을 조사·승인하고 변경일로부터 **90일 이내**에 당해 사업자에게 재고납부세액을 통지하여야 한다. 이 경우 그 기한 내에 통지하지 아니하는 때에는 당해 사업자가 신고한 재고금액을 승인한 것으로 본다. 결정된 재고납부세액은 간이과세자로 변경된 날로부터 1년간의 거래에 대한 납부할 세액에 가산하여 납부한다.

제 4 부

법인세

제13장 법인세의 개요

1. 법인세란

① 법인이란

"법인, 법인하는데 법인이 도대체 뭐죠?"

"사람은 법에서 보장하는 권리와 의무를 가질 수 있는 주체예요. 그리고 사람은 아니지만 법에서 사람처럼 권리와 의무를 가질 수 있는 주체로 인정하는 것을 법인이라고 하죠."

"왜 법인이 뭔지를 따지는 거죠?"

"법인도 사람과 마찬가지로 권리와 의무를 가진다면 법인이 얻은 소득에 대해서는 사람과 마찬가지로 세금을 내야 할 의무가 있기 때문이죠."

법에서는 권리와 의무를 가질 수 있는 주체를 자연인과 법인으로 정하고 있다. 자연인은 이른바 사람을 말하며 **법인**(法人)이란 법에서 사람으로 간주하여 권리와 의무를 행사하고 부담할 수 있는 조직을 말한다.

법인의 종류는 여러 가지 방법으로 나눌 수 있다. 우선 구성요소의 성격에 따라 사단법인과 재단법인으로 나누는 방법이 있다. 특정한 목적을 달성하기 위해서 여러 사람이 결합된 조직을 **사단법인**이라고 하고 사람보다는 재산이 특정한 목적을 달성하기 위해서 결합된 조직을 **재단법인**이라고 한다.

이익을 얻을 것을 목적으로 하는 영리사단법인에는 대표적으로 주식회사가 있다. 물론 주식회사 이외에도 합명회사나 합자회사, 유한회사도 영리사단법인이다. 회계학회 같은 것은 비영리사단법인이고 교육법인은 비영리를 목적으로 하는 재단법인이다.

또한 설립목적이 **영리성**이 있느냐, 없느냐에 따라 법인은 영리법인과 비영리법인으로 나눌 수 있다. **영리법인**은 이익을 얻을 목적으로 설립된 법인으로 주식회사, 유한회사, 합명회사, 합자회사 등을 들 수 있다. **비영리법인**의 예로서는 민법, 사립학교법 등에 의해 설립된 재단법인, 장학법인 등을 들 수 있다.

또한 법인은 **본점(또는 주사무소)의 소재지**가 국내·국외에 있는지에 따라 **내국법인**과 **외국법인**으로 분류한다.

영리성과 본점소재지에 따라 법인을 구별하면 영리내국법인, 비영리내국법인, 영리외국법인, 비영리외국법인으로 나눌 수 있다.

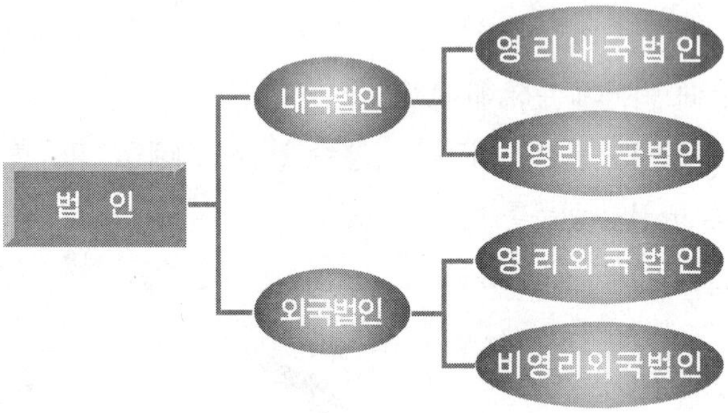

■ **법인세의 의의**

"사람이 1년 동안 번 소득에 대해서는 소득세를 내지 않습니까?"

"그렇죠."

"법인이 법에서 사람으로 간주하는 것이라면 법인도 1년 동안 번 소득에 대해서는 소득세를 내야 하지 않을까요?"

"예, 물론이죠. 법인이 내는 소득세를 법인세라고 해요."

세법에서는 자연인이 얻는 소득에 대해서는 소득세를 내도록 하고 있으며 법인이 얻는 소득에 대해서는 법인세를 내도록 하고 있다. 따라서 법인세는 **법인이 얻는 소득을 과세대상으로 해서 과세되는 국세**로서 법인이 내야 하는 직접세이다.

■ 법인소득과 법인세

"법인이 얻는 소득에 대해서는 법인세를 낸다고 하셨죠."
"예, 그렇게 얘기했죠."
"그러면 법인이 얻는 소득이라는 것은 보통 1년 동안 얻은 소득을 말하는 것 아닙니까? 이 소득에 대해 법인세를 내는 거죠?"
"법인은 개인과 유사하지만 똑같지는 않기 때문에 법인세는 소득세와는 다른 형태의 소득에 대해서도 세금을 내게 되죠."
"그럼 지금부터 설명해 주세요"
"법인세를 제대로 이해하기 위해서는 회계의 기초가 튼튼해야 하는데 회계에 대해서는 잘 알고 있겠죠?"

① 각 사업연도 소득

회계에서는 이익을 계산하는 시간의 단위를 회계기간(會計期間)이라고 한다. 마찬가지로 세법에서 **법인의 소득을 계산하는 시간의 단위를 사업연도(事業年度)**라고 한다. 일반적으로 회계기간과 사업연도는 일치하는 경우가 많기 때문에 사업연도는 1년인 것이 보통이다. 사업연도 동안에 법인이 얻은 소득을 **각 사업연도 소득**이라 하며 이 각 사업연도 소득에 대해 법인세가 과세된다.

② 토지 등 양도소득

과거 부동산투기로 인한 경제구조의 왜곡, 분배의 불균형 등을 경험한 정부당국은 급격하게 부동산가격이 상승되는 경우 이를 규제하기 위한 장치 중 하나로 법인의 토지 등 양도소득에 대해 특정한 경우 법인세를 추가로 납부하도록 하고 있다.

즉 특정지역에 소재하는 토지·건물의 양도로 인하여 발생한 법인의 양도소득에 대해서는 10%(미등기토지 등의 양도소득에 대해서는 20%)의 세율로 법인세를 각 사업연도 소득에 대한 법인세와는 별도로 부과한다.

이때 특정지역이란 ① 당해 지역의 직전분기의 평균지가가 직전전 분기대비 3% 이상 상승하거나 ② 전연도 동분기대비 10% 이상 상승한 지역으로서 대도시권역이나 개발사업예정 또는 진행지역 및 그 인근지역을 대상으로 한다.

※ 법소정 주택과 비사업용 토지를 양도하는 경우에는 해당 양도소득에 30%(미등기분은 40%)의 세율로 법인세를 부과한다.

③ 청산소득

기업이 사업을 계속하지 못하고 없어지는 때에도 소득이 발생할 수 있다. 기업이 해산하면 총자산에서 총부채를 정리하고 남은 잔여재산을 주주들에게 분배하게 된다. 이와 같이 **해산할 당시 분배한 잔여재산가액이 자기자본총액을 초과**하면 해산시에 소득이 발생하는 셈이 된다.

또는 다른 법인과 합병할 경우에도 합병을 함으로써 받은 재산가액이 **합병시의 자기자본총액을 초과**하면 합병시에 소득이 발생하는 것이다.

이와 같이 법인이 해산하거나 합병하는 경우에 발생하는 소득을 **청산소득**이라 한다. 청산소득은 기업의 존속기간 동안에 과세되지 않은 소득이 청산시(합병시)에 나타난 것이라고 할 수 있으므로 청산소득에 대해서도 법인세가 과세된다.

청산소득(해산 · 합병) = 잔여재산가액(합병시 받은 재산가액) - 자기자본총액

"법인세는 여러 가지 측면에서 과세되는 것이군요!"

"그래요. 앞으로 토지 등 양도소득에 대한 법인세, 청산소득에 대한 법인세에 대해서는 더 이상 설명하지 않고 각 사업연도 소득에 대한 법인세만을 설명하기로 하죠."

"왜요?"

"각 사업연도 소득에 대한 법인세가 가장 중요하기 때문이고 다른 부분은 초보자의 입장에서는 아직 필요없을 것 같아서요."

■ 납세의무자

"설명하신 바에 따르면 법인은 여러 형태의 소득에 대해 법인세를 내야 하는데 모든 법인이 이 소득들에 대해 법인세를 내야 하나요?"
"법인의 형태별로 차이가 있어요."

내국법인 중 영리법인은 그 소득이 국내에서 생기든 국외에서 생기든 상관없이 그 법인이 얻은 **모든 소득**(국내원천소득과 국외원천소득)에 대하여 법인세의 납세의무가 있다.

내국법인 중 비영리법인은 **수익사업**에서 발생한 소득과 **토지 등 양도소득**에 대해서만 납세의무를 부담하게 된다.

반면, **외국법인**은 **국내에서 생긴 소득**(국내원천소득이라 함)과 **토지 등 양도소득**에 대해서만 법인세의 납세의무가 있다.

"왜 비영리법인의 수익사업에 대해서 과세하죠?"
"수익사업에 대해 과세하지 않으면 영리법인과의 경쟁에서 비영리법인이 훨씬 유리하게 되니까 불공평하죠. 조세는 공평성을 유지하는 것도 큰 문제이니까 과세해야죠."

법인의 종류		각 사업연도 소득	토지 등 양도소득	청산소득
내국법인	영 리 법 인	국내외원천소득	○	○
	비영리법인	국내외원천소득 중 수익사업 소득	○	×
외국법인	영 리 법 인	국내원천소득	○	×
	비영리법인	국내원천소득 중 수익사업 소득	○	×

■ 납세지

"법인은 법인세를 어디에 내야 하나요?"
"사람은 소득세를 어디에서 내죠?"
"주소지를 담당하는 세무서에 내죠."
"그러면 법인의 주소지를 담당하는 세무서에 내야겠죠."

법인세의 납세지는 원칙적으로 **법인등기부상에 기재된 본점 또는 주사무소의 소재지**이다.

납세지를 변경하였을 경우에는 변경일로부터 15일 이내에 변경 후의 납세지 관할 세무서장에게 법인의 등기부등본을 첨부하여 납세지변경신고서를 제출하여야 한다.

다만, 납세지를 변경한 법인이 부가가치세법에 따른 사업자등록을 한 경우에는 납세지변경신고를 마친 것으로 본다.

② 법인세의 계산구조

"법인세는 어떻게 계산하나요?"
"그걸 한마디로 설명할 수 있으면 얼마나 좋겠어요. 그렇지만 그게 얼마나 어려운 일인지…"
"그래도 기본적인 계산구조를 일단 이해하면 앞으로 설명하시는 내용을 알기 쉬울 텐데…"
"그래요. 기본적인 구조를 살펴보기로 하죠. 소득세의 계산구조와 유사한 점이 많으니까 머리속에서 소득세의 계산구조를 그려보면서 설명을 들어 보세요."

소 득 세	법 인 세
총 수 입 금 액 *	결산서상 당기순이익
− 필 요 경 비 **	+ 가 산 조 정 사 항
	− 차 감 조 정 사 항
소 득 금 액	각사업연도소득금액
	− 이 월 결 손 금
	− 비 과 세 소 득
− 소 득 공 제	− 소 득 공 제
과 세 표 준	과 세 표 준
× 세 율	× 세 율
산 출 세 액	산 출 세 액
− 세 액 감 면	− 세 액 감 면
− 세 액 공 제	− 세 액 공 제
결 정 세 액	+ 가 산 세 액
+ 가 산 세 액	+ 감면분추가납부세액
총 결 정 세 액	총 부 담 세 액
− 기 납 부 세 액	− 기 납 부 세 액
자 진 납 부 세 액	자 진 납 부 세 액

* 비과세소득은 제외한 금액
** 이월결손금 포함.

"표를 보니까 소득세나 법인세나 유사한데요!"

"그렇죠, 기본구조는 아주 유사해요."

"그렇지만 앞부분 소득금액과 과세표준을 계산하는 부분이 차이가 있군요."

"사실 그 부분이 법인세를 이해하는 데 중요한 부분이죠. 여기서는 법인세의 계산구조를 소득세와 비교하기 위해 개략적으로 표시한 겁니다."

■ 각 사업연도 소득의 계산

"손익계산서를 보면 법인세비용차감전순이익이 있잖아요? 이 이익에 법인세율을 곱해서 법인세를 계산하면 간단할 텐데 왜 그렇게 하지 않고 각 사업연도 소득이라는 걸 계산하죠?"

"한 가지 예만 들어 볼까요. A와 B, 두 회사가 있는데 두 회사는 매출액과 매출원가가 똑같아요. 그런데 A회사는 접대비, 광고비 등 가능한 한 비용을 많이 지출했어요. 반대로 B회사는 이러한 비용을 가능한 적게 지출했어요. 그러면 기업회계상으로 어느 회사가 이익이 많이 나나요?"

"당연히 B회사가 이익이 많이 나죠."

"그렇다면 법인세비용차감전순이익에 세율을 곱해 법인세를 낸다면 공평할까요?"

"A회사는 실컷 비용을 써서 이익을 줄이면서도 세금을 적게 내게 되고 B회사는 아껴서 이익을 많이 냈지만 세금을 더 내니까 좀 불공평한 점이 있겠네요."

"그렇죠. 이러한 점을 고려해서 세법에서는 정책적으로 회계상 비용으로 계상된 금액이라고 하더라도 한도액을 설정해서 그 한도액을 초과하면 비용을 인정하지 않는 경우가 많아요. 그리고 그 이외에 다른 이유들이 있지만 차근차근 이야기하기로 하죠."

"그럼 접대비로 10억을 쓰고 회계상으로 10억을 접대비로 계상했다. 그런데 세법에서는 8억만을 인정한다면 2억을 비용으로 인정하지 않는다는 건가요?"

"그런 셈이죠. 회계상의 법인세비용차감전순이익에 여러 가지 사항을 조정해서 계산된 금액에 세율을 곱해 세금을 계산하고자 하는 것이 법인세의 기본적인 방향이예요."

"그러니까 많이 번만큼 세금을 많이 내야 하지만, 번 금액은 회계상의 이익은 아니다라고 하는 것이 세법의 입장이군요! 그것을 세법에서는 각 사업연도 소득이라고 한다?"

"바로 그렇죠!"

법인세를 계산하기 위해서는 먼저 각 사업연도 소득을 계산하여야 한다.

각 사업연도 소득 = 결산서상 당기순이익 + 가산조정사항 - 차감조정사항

각 사업연도 소득은 당기순이익에 소득조정사항을 가감하여 구한다.

각 사업연도 소득을 어떻게 계산하느냐에 대해서는 다음에 상세히 설명하기로 한다. 이 항목은 법인세계산절차에 있어 가장 비중이 크고 설명할 내용이 많다.

[예 1] 각 사업연도 소득의 계산

(주)조세는 중소기업으로서 2020년의 손익계산서는 다음과 같다.

손익계산서

(주)조세　　2020.1.1.~2020.12.31.

매 출 액	200억원
매 출 원 가	150억원
매출총이익	50억원
급 료	5억원
감가상각비	3억원
접 대 비	2억원
당기순이익	40억원

감가상각비의 세법상 한도액은 2억원이며 접대비의 세법상 한도액은 1억원이다. (주)조세의 2020년의 각 사업연도 소득은 얼마인가? (법인세비용은 손익계산서에 계상되지 않았다고 가정한다)

A

각 사업연도 소득 = 당기순이익 + 감가상각비한도초과액 + 접대비한도초과액
= 40억 + 1억원 + 1억원
= 42억원

■ 과세표준의 계산

"근로소득세에서 과세표준을 계산할 때까지 어떤 항목들이 나왔었죠?"

"우선 근로소득급여액에서 비과세소득을 차감해서 근로소득총급여액을 계산했죠."

"그리고요?"

"그 다음은 근로소득총급여액에서 근로소득공제를 빼서 근로소득금액을 계산하고 여기에서 소득공제항목을 빼서 비

로소 과세표준이 계산됐죠."
"맞아요, 잘 기억하고 있네요. 법인세에서는 각 사업연도 소득에서 이월결손금, 비과세 소득과 소득공제를 빼서 과세표준을 구하게 되죠."

각 사업연도 소득을 계산한 후에는 과세표준을 계산해야 한다. 과세표준은 각 사업연도 소득에서 이월결손금·비과세소득·소득공제액을 차감하여 계산한다.

과세표준 = 각 사업연도 소득 - 이월결손금 - 비과세소득 - 소득공제

각 사업연도 소득이 (+)가 아닌 (−)가 나왔을 때 이를 **결손금**이라 한다. 결손금이 발생하여 이를 보전하지 않고 다음기 이후로 이월한 경우를 **이월결손금**이라 한다.

이월결손금은 차기 이후에 각 사업연도 소득이 발생하면 공제할 수 있다.

비과세소득은 각 사업연도 소득 중 과세되지 않는 소득을 말한다. 그리고 **소득공제**란 이중과세의 조정 또는 기업의 건전화를 유도하거나 특정사업을 보호하고 육성하기 위한 조세정책상의 배려에서 나온 것으로 각 사업연도 소득에서 일정액을 공제하여 과세표준을 낮추게 된다. 현재 법인세의 소득공제에는 유동화전문회사 등에 대한 소득공제 등이 있다.

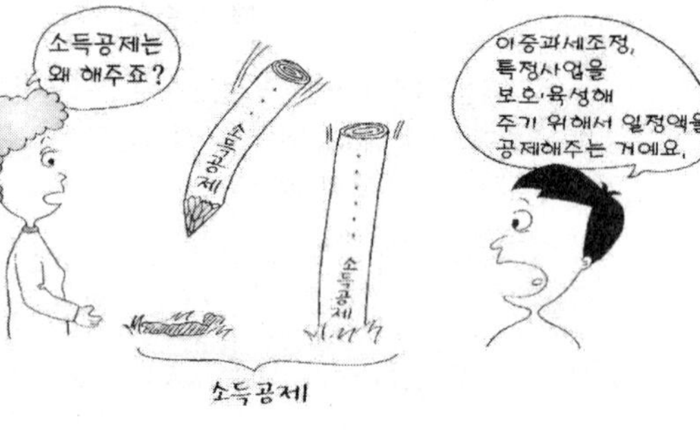

[예 2] 과세표준의 계산

(주)조세의 2020년 과세표준을 계산하기 위한 자료는 다음과 같다. 과세표준을 계산하라. 이월결손금은 20억원이며 소득공제는 7억원이다. 비과세소득은 없다.

A 각 사업연도 소득(42억원) − 이월결손금(20억원) − 소득공제(7억원) = 과세표준(15억원)

■ 산출세액의 계산

"그러면 법인세도 과세표준에 세율을 곱하면 산출세액이 나오겠네요?"

산출세액은 과세표준에 세율을 곱하여 계산한다.

산출세액 = 과세표준 × 세율

법인세의 세율은 다음과 같다.

과세표준금액 \ 법인의 종류	일반법인
2억원 이하	10%
2억원 초과 200억원 이하	20%
200억원 초과 3,000억원 이하	22%
3,000억원 초과	25%

[예 3] 산출세액의 계산

(주)조세의 산출세액은 얼마인가?

A 2억원 × 10% + (15억원 − 2억원) × 20% = 2천만원 + 2억6천만원
= 2억8천만원

■ 총부담세액의 계산

산출세액이 계산되면 산출세액에서 공제감면세액을 차감하고 가산세와 감면분추가납부세액을 더하여 총부담세액을 계산한다.

총부담세액 = 산출세액 - 공제감면세액(세액감면 + 세액공제) + 가산세액

공제감면세액이란 세액감면과 세액공제를 합하여 말할 때 사용하는 용어이다.

감면세액이란 대상소득에 대한 일정비율의 세액을 면제하여 주는 것을 말한다. 예를 들어 중소제조업에 대한 특별세액감면은 중소기업의 제조업 등에서 발생한 소득에 대한 산출세액의 5% 내지 30%를 감면한다.

세액공제란 공제대상금액에 일정비율을 곱하여 나온 금액을 세액에서 공제하여 주는 것을 말한다. 예를 들어 기업의 어음제도개선세액공제의 경우에는 기업구매전용카드를 이용하여 결제한 금액의 0.3%(0.15%)를 곱하여 계산된 금액을 세액에서 공제한다.

[예 4] 총부담세액의 계산

(주)조세의 총부담세액을 계산하라. 총부담세액을 계산하기 위해 필요한 사항은 아래와 같다.

- 중소제조업에 대한 특별세액감면 2천만원
- 기업의 어음제도개선세액공제 4천3백만원

A 총부담세액 = 산출세액 − 공제감면세액 = 3억8백만원 − (2천만원 + 4천3백만원) = 2억4천5백만원

■ 납부할 세액의 계산

총부담세액에서 이미 납부한 세액(기납부세액)을 차감하면 납부할 세액을 구할 수 있다.

납부할 세액합계 = 총부담세액 - 기납부세액

- 기납부세액
  - 중간예납세액
  - 원천납부세액
  - 수시부과세액

법인세의 경우에는 사업연도 중간에 전연도 법인세 납부세액의 1/2에 상당하는 금액 또는 중간예납기간에 대한 가결산방법에 의하여 계산된 금액 중 선택하여 미리 납부하여야 하는데, 이를 **중간예납**이라고 한다.

중간예납은 정부가 조세를 미리 확보하여 정부재정의 원활화를 기하고 납세자의 부담을 덜기 위하여 실시하는 제도이다.

원천납부세액은 법인이 얻는 이자소득에 대해서 금융기관으로부터 원천징수당한 세액을 말한다.

한편, 법인이 신고를 하지 않고 본점 등을 이전하거나 사업부진, 기타 사유로 인하여 휴업·폐업의 상태에 있어 법인이 법인세를 포탈할 우려가 있는 경우에는 세무당국은 수시로 법인세를 부과할 수 있는데 이러한 경우 부과되는 법인세를 **수시부과세액**이라고 한다.

"그러니까 수시부과세액은 정상적인 경우에는 없겠군요?"
"물론이죠."

[예 5] 납부할 세액의 계산

(주)조세의 2020년 중간예납액은 9천만원이며 원천납부세액은 1천만원일 경우 (주)조세가 납부할 세액을 계산하라.

A

총부담세액 − 기납부세액
= 2억4천5백만원 − (9천만원 + 1천만원) = 1억4천5백만원

3 법인세의 신고와 납부절차

■ 결산의 확정

"매년 봄이면 각 회사마다 주주총회를 하던데 거기서는 무얼 하죠?"

"주주들로부터 경영을 위임받은 경영자들이 주주들에게 경영성과를 보고하고 결산을 승인받아 확정하죠."

"결산을 확정하다뇨?"

"지난 1년간의 경영성과가 나타난 손익계산서, 결산일 현재의 재무상태가 나타난 재무상태표를 경영자가 주주총회에서 주주에게 보고하고 주주총회에서는 재무상태표와 포괄손익계산서, 이익잉여금 처분에 대해 승인을 하는 거죠. 이렇게 해서 결산이 확정되는 거죠."

"결산의 확정이 법인세에 어떤 의미가 있나요?"

"나중에 설명하겠지만 결산을 확정해야 법인세를 계산할 수 있기 때문이죠."

법인이 사업연도(회계기간)의 영업성과 등을 계산하는 절차를 결산이라고 한다. 일반적으로 법인은 1년간 거래기록을 바탕으로 재무상태표와 포괄손익계산서 등의 재무제표를 작성함으로써 결산이 완료된다.

결산이 완료되면 **정기주주총회를 개최하여 주주들로부터 재무제표를 포함한 결산보고서를 승인**받아야 한다. 이와 같이 결산을 승인받는 것을 **결산확정**이라 한다.

■ 법인세의 신고납부

일단 결산이 확정되면 법인은 결산자료를 기초로 하여 세법의 규정에 따라 법인세를 계산한 후에 **"법인세과세표준 및 세액신고서"**를 작성하여 **각 사업연도 종료일이 속하는 달의 말일부터 3월 이내**에 서면으로 관할세무서에 **신고하고 세금을 납부**하여야 한다.

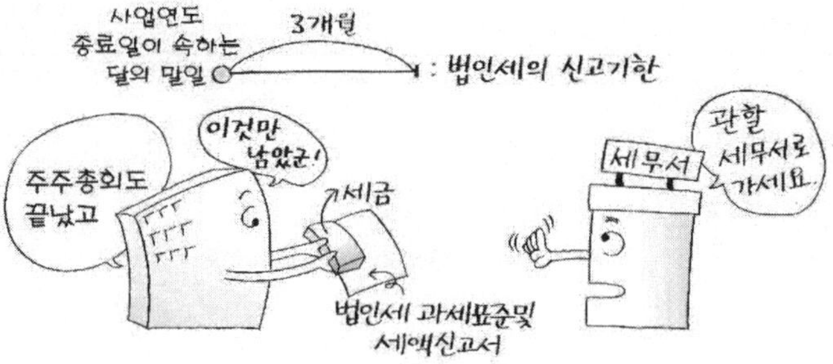

■ 법인세 신고시 제출서류

"그럼 법인세를 신고할 경우에는 어떤 서류들이 필요하죠?"

법인세 신고시에는 **법인세과세표준 및 세액신고서**와 다음 서류들을 제출하여야 한다.

1. 재무상태표
2. 포괄손익계산서
3. 이익잉여금처분(결손금처리)계산서
4. 세무조정계산서
5. 기타 부속서류

"법인세과세표준 및 세액신고서가 뭐죠?"
"법인세를 내는 법인의 과세표준과 세액을 요약해서 신고하는 서류죠. 다음과 같이 생겼어요."

[법인세과세표준 및 세액신고서]

■ 법인세법 시행규칙 [별지 제1호서식] <개정 2018. 3. 21.> 홈택스(www.hometax.go.kr)에서도 신고할 수 있습니다.

법인세 과세표준 및 세액신고서

※ 뒤쪽의 신고안내 및 작성방법을 읽고 작성하여 주시기 바랍니다. (앞쪽)

①사업자등록번호			②법인등록번호		
③법인명			④전화번호		
⑤대표자성명			⑥전자우편주소		
⑦소재지					
⑧업태		⑨종목		⑩주업종코드	
⑪사업연도	. . . ~ . . .		⑫수시부과기간	. . . ~ . . .	

⑬법인구분	1. 내국 2.외국 3.외투(비율 %)					⑭조정구분	1. 외부 2. 자기
⑮종류별구분	중소기업	일반: 중견기업	일반: 상호출자제한기업	일반: 그외기업	당기순이익과세	⑯외부감사대상	1. 여 2. 부
영리법인 상장법인	11	71	81	91		⑰신고구분	1. 정기신고
영리법인 코스닥상장법인	21	72	82	92			2. 수정신고(가.서면분석, 나.기타)
영리법인 기타법인	30	73	83	93			3. 기한후 신고
비영리법인	60	74	84	94	50		4. 중도폐업신고
							5. 경정청구
⑱법인유형별구분			코드			⑲결산확정일	
⑳신고일						㉑납부일	
㉒신고기한 연장승인	1. 신청일					2. 연장기한	

구분	여	부	구분	여	부
㉓주식변동	1	2	㉔장부전산화	1	2
㉕사업연도의제	1	2	㉖결손금소급공제 법인세환급신청	1	2
㉗감가상각방법(내용연수)신고서 제출	1	2	㉘재고자산등평가방법신고서 제출	1	2
㉙기능통화 채택 재무제표 작성	1	2	㉚과세표준 환산시 적용환율		
㉛동업기업의 출자자(동업자)	1	2	㉜국제회계기준(K-IFRS)적용	1	2
㊼내용연수승인(변경승인) 신청	1	2	㊽감가상각방법변경승인 신청	1	2
㊾기능통화 도입기업의 과세표준 계산방법			㊿미환류소득에 대한 법인세 신고	1	2
(51) 성실신고확인서 제출	1	2			

구분	법인세: 법인세	법인세: 토지 등 양도소득에 대한 법인세	법인세: 미환류소득에 대한 법인세	법인세: 계
㉝수입금액	(	)		
㉞과세표준				
㉟산출세액				
㊱총부담세액				
㊲기납부세액				
㊳차감납부할세액				
㊴분납할세액				
㊵차감납부세액				

㊶조정반번호		㊸조정자	성명	
㊷조정자관리번호			사업자등록번호	
			전화번호	

국세환급금 계좌 신고 (환급세액 2천만원 미만인 경우)	㊹예입처	은행 (본)지점
	㊺예금종류	
	㊻계좌번호	예금

신고인은 「법인세법」 제60조 및 「국세기본법」 제45조, 제45조의2, 제45조의3에 따라 위의 내용을 신고하며, 위 내용을 충분히 검토하였고 신고인이 알고 있는 사실 그대로를 정확하게 적었음을 확인합니다.

년 월 일

신고인(법 인) (인)

신고인(대표자) (서명)

세무대리인은 조세전문자격자로서 위 신고서를 성실하고 공정하게 작성하였음을 확인합니다.

세무대리인 (서명 또는 인)

세무서장 귀하

첨부서류	1. 재무상태표 2. (포괄)손익계산서 3. 이익잉여금처분(결손금처리)계산서 4. 현금흐름표(「주식회사의 외부감사에 관한 법률」 제2조에 따른 외부감사의 대상이 되는 법인의 경우만 해당합니다), 5. 세무조정계산서	수수료 없음

210mm×297mm[백상지 80g/㎡ 또는 중질지 80g/㎡]

"그럼 세무조정계산서는 뭐죠?"

"조금 있다가 설명하기로 하죠. 그리고 위에서 설명한 서류들은 가장 기본적인 것들만을 나열한 겁니다."

■ 세액의 납부

"법인세에 관한 서류를 세무서에 제출해서 신고하면 그걸로 끝나나요?"

"서류만 제출하면 되나요? 법인세를 납부해야죠."

법인은 법인세를 신고하는 동시에 납부할 세액을 신고기한 이내에 납부서를 작성하여 은행 또는 우체국에 납부하여야 한다. 또한 법인세에 부가되는 세금인 법인소득할주민세 등도 별도의 납부서를 작성하여 납부하여야 한다.

"내야 할 법인세가 너무 많으면 어떻게 하죠?"

"분납제도가 있어요."

납부할 **법인세액이 1천만원을 초과하는 경우에는 납부기한 경과일로부터 1개월(중소기업의 경우 2개월) 이내에 분납**할 수 있다.

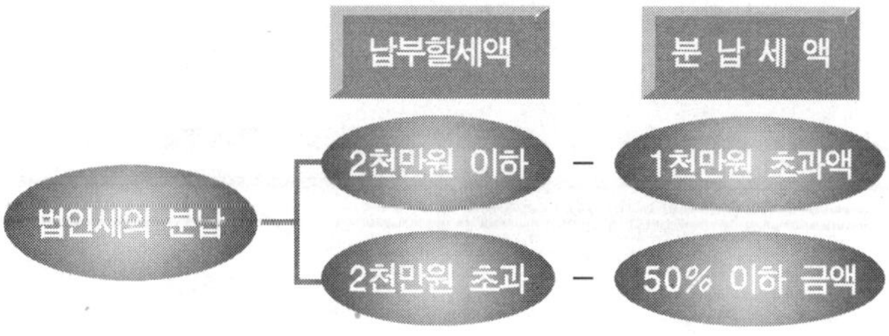

납부할 세액이 2천만원 이하인 때 : 1천만원 초과액

납부할 세액이 2천만원을 초과하는 때 : 50% 이하의 금액

[예 6] 세금의 분납

납부할 세액이 1,500만원인 경우와 3,000만원인 경우 분납할 세액을 계산하라.

A

(1) 납부할 세액이 1,500만원인 경우

납부기한 내 납부할 세액	1,000만원 이상
분납할 수 있는 세액	500만원 이하

(2) 납부할 세액이 3,000만원인 경우

납부기한 내 납부할 세액	1,500만원 이상
분납할 수 있는 세액	1,500만원 이하

■ 신고의 변경

"만일 법인세를 신고 · 납부한 후에 법인세를 잘못 계산했다는 사실을 발견했을 경우에는 어떻게 하죠?"

"당연히 고쳐서 신고해야죠."

법인세를 신고·납부한 후에 법인세를 잘못 계산하여 신고하였다는 사실을 발견했을 경우에는 이를 올바로 고쳐서 신고하여야 할 것이다.

세법에서는 애초에 신고한 경우보다 더 많은 금액을 신고하는 경우를 **수정신고**라고 하며 애초에 신고한 경우보다 적은 금액으로 신고하여 이의 승인을 청구하는 것을 경정청구라 한다.

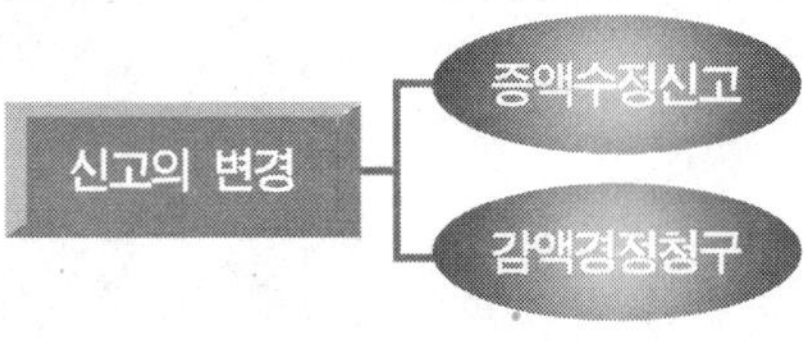

① 증액수정신고

법정신고기한 내에 정부에 제출한 법인세과세표준신고서에 기재된 과세표준 및 세액이 사실과 달라 증액신고하여야 할 사유를 발견한 때에는 관할세무서장이 과세표준과 세액을 결정 또는 경정하여 통지하기 전까지 수정신고서를 제출할 수 있으며, 이때 추가로 납부하여야 할 세액이 있는 경우에는 이를 납부하여야 한다.

② 감액경정청구

법정신고기간 내에 과세표준신고서를 제출한 법인으로서 다음의 사유가 발생한 법인은 법정신고기간 경과 후 3년이 되는 날까지 신고한 과세표준과 세액의 경정을 청구할 수 있다.

– 신고한 과세표준과 세액이 신고할 과세표준과 세액을 초과하는 경우
– 신고한 결손금액·환급세액이 신고할 결손금액·환급세액에 미달하는 때

■ 결정·경정과 수시부과·징수

① 결정과 경정

"법인세 신고를 하지 않으면 어떻게 되죠?"
"세무서에서 세금을 결정해야죠."
"사실과 다르게 신고하면?"
"세무서에서 경정을 하죠."
"그러니까 신고를 하지 않으면 세무서에서 세금을 결정하고 불성실하게 신고를 한 경우에는 신고한 세액을 고친다는 의미에서 경정이라고 하는 것이군요!"

법인이 **법인세 신고를 하지 않은 때**에는 납세지 관할세무서장(또는 관할지방국세청장)은 당해 법인의 법인세과세표준과 세액을 **결정**한다.

그리고 **신고내용에 오류 또는 탈루가 있거나 법인세법에 의한 서류를 제출하지 않은 경우**에는 당해 법인의 법인세 과세표준과 세액을 경정한다.

결정과 경정은 **과세표준신고서 및 그 첨부서류**에 의하거나 **실지조사**에 의함을 원칙으로 한다. 그러나 장부·증빙서류가 없거나 장부·증빙서류가 있더라도 미비·허위인 경우에는 추계에 의하여 결정과 경정을 하게 된다.

"추계란 장부가 없으니까 세무서에서 나름대로 합리적이라고 생각되는 방법으로 추산해서 세금을 매기는 것이죠."

② 수시부과와 징수

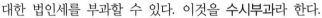

내국법인이 그 사업연도 중에 **법인세 포탈의 우려**가 있다고 인정될 경우에는 정부는 수시로 그 법인에 대한 법인세를 부과할 수 있다. 이것을 **수시부과**라 한다.

정부는 내국법인이 과세표준신고에 의하여 납부하여야 할 세액의 전부 또는 일부를 납부하지 아니한 때에는 그 미납된 부분의 법인세액을 그 납부기한이 경과한 날로부터 2월 이내에 징수하여야 한다.

■ **중간예납**

① 중간예납의 의의

"법인세는 1년에 한 번만 내나요?"

"일단 법인세는 분납할 수 있으니까 1년에 한 번 내는 것은 아니죠. 그리고 12월 31일이 결산일이라면 8월말까지 전연도에 낸 세금의 반을 일단 내야 한다고 봐야죠."

"아니, 아직 1년이 다 지나지도 않았는데 미리 반을 낸다구요?"

"그걸 중간예납이라고 해요."

각 사업연도의 기간이 6월을 초과하는 법인은 **당해 사업연도 개시일로부터 6월까지를 중간예납기간**으로 하여 중간예납세액을 계산한 후 그 중간예납기간이 경과한 날로부터 **2월 이내에 납부**해야 한다.

그러나 다음의 법인은 중간예납의무가 없다.

가. 당해연도에 신설된 법인

나. 중간예납기간에 휴업 등의 사유로 사업수입금액이 없음이 확인되는 법인

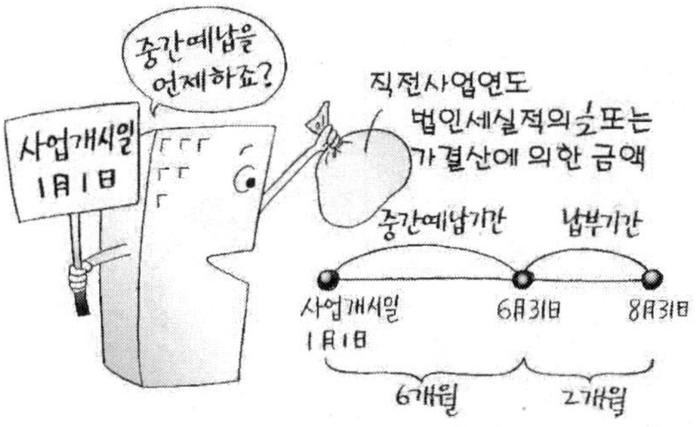

다. 청산법인

라. 사업연도가 6개월 이하인 법인

마. 국내사업장이 없는 외국법인

바. 직전 사업년도의 실적기준으로 계산한 중간예납세액이 30만원 미만인 중소기업

② 중간예납세액의 계산과 분납

중간예납세액은 직전 사업연도의 실적을 기준으로 계산하는 방법과 당해 중간예납기간의 실적을 기준으로 계산하는 방법 중 하나를 선택하여 계산한다.

납부할 세액이 1,000만원을 초과하는 경우에는 분납할 수 있다.

■ 원천징수

이자소득·투자신탁의 이익을 내국법인에게 지급하는 경우에는 지급금액에 대한 법인세로서 14%(비영업대금의 이익은 25%)를 원천징수하여 그 징수일이 속하는 달의 다음달 10일까지 이를 납세지 관할세무서장에게 납부하여야 한다. 이는 국내사업장이 있는 외국법인의 경우에도 마찬가지로 적용된다.

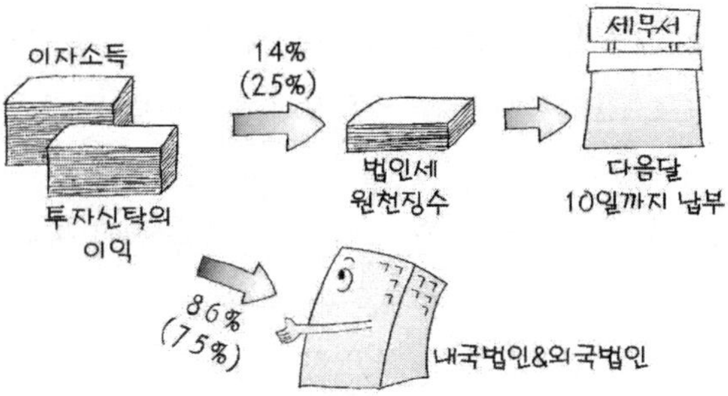

반대로 이자소득을 지급받는 내국법인은 원천징수를 통해 법인세를 납부한 것이다.

■ 가산세

법인세 과세표준 및 세액을 신고·납부하여야 할 납세의무가 있는 내국법인이 불성실하게 결산 또는 신고·납부하였을 때에는 가산세 등의 부담을 하게 된다.

■ 환급과 충당

법인의 기납부세액(중간예납·원천징수 또는 수시부과된 법인세액)이 각 사업연도의 법인세결정세액을 초과하는 경우 그 초과납부액을 **과오납부세액**이라 하며 세무서장은 이를 **국세환급금**으로 결정하여야 한다.

법인이 법인세 이외에 미납한 국세·가산금 또는 체납처분비가 있으면 우선 이를 충당하고 나머지 금액을 해당 법인에 환급하게 된다.

국세환급금은 **결정한 날로부터 30일 내**에 납세자에게 환급하여야 한다. 이 경우 국세환급금에 국세환급가산금을 가산하여 지급하여야 한다. 법인세의 국세환급가산금은 **신고일로부터 30일이 경과한 때로부터 지급결정일(또는 충당일)까지의 기간 동안 연 4.3%**의 이자율을 적용하여 계산한다.

"자, 법인세의 신고절차와 관련된 기본적인 내용은 설명이 된 것 같아요. 그러면 소득금액을 계산하는 문제를 설명하기로 하죠."

"소득금액이라면 각 사업연도 소득을 말씀하시는 거죠?"

"그렇죠. 각 사업연도 소득이란 당기순이익에서 소득조정사항을 더하고 빼고 해서 구한다고 했죠. 그 점을 좀더 자세히 설명하기로 하죠."

4 세무조정

■ 익금과 손금

① 각 사업연도 소득의 의의

"당기순이익과 각 사업연도 소득이 다르다는 점은 이미 전에 들은 바가 있지만요…"

"그런데요?"

"왜 다른지 그걸 모르겠어요."

"글자가 다르잖아요!"

"농담이시죠?"

"글자가 다르니까 개념이 다르고 개념이 다르니까 계산결과가 다른 거죠. 이 부분은 법인세를 이해하기 위한 가장 기본적이면서도 중요한 부분이라고 생각되니까 잘 듣도록 하세요."

소득세를 구하기 위해서는 개인이 1년이라는 과세기간 동안에 벌어들인 소득총액을 구해야 했다. 마찬가지로 법인세를 구하기 위해서는 법인이 1년이라는 사업연도 동안에 벌어들인 **소득총액**, 즉 **각 사업연도 소득**을 구해야 한다.

그렇다면 법인의 (각 사업연도)소득이란 무엇인가?

이론적으로 볼 때 **소득**이란 **투하자본을 유지한 상태에서 일정기간 동안 달성한 부의 증가분**을 말한다. 투하자본 자체에 세금을 부과한다면 투하자본이 점차 없어지게 되어 최종적으로 세금을 부과할 수 있는 원천이 없어지게 될 것이다. 따라서 소득이라는 개념을 정하고 이를 계산하여 여기에 세금을 부과하는 것이 타당하다. 앞에서 말한 소득개념은 상당히 추상적인 개념이기 때문에 실제 계산할 수 있는 현실적인 정의가 필요하다.

법인세에서 **각 사업연도 소득이란 당해 사업연도 동안 순자산(자본)이 증가한 것**을 말한다.

각 사업연도 소득 → 사업연도 동안의 순자산 증가분

이와 유사한 개념으로 당기순이익이 있다. 당기순이익은 영업활동으로 얻어진 기업 순자산의 증가분이다.

당기순이익 → 영업활동에 의한 순자산 증가분

※ 순자산(순재산.자본)의 증가분에 대해서는 회계편에서 설명한 적이 있다. 보다 명확한 이해를 위해서는 회계편을 참조하기 바란다.

당기순이익은 수익에서 비용을 차감하여 계산한다. 예를 들어 상품원가 100만원짜리를 현금 150만원에 팔았다고 하자. 그러면 기업이 상품을 고객에게 제공한 대가로서 현금 150만원의 자산이 증가된다. 즉 수익은 150만원이다. 이에 비해 비용이란 자본을 감소시키는 원인이 되는 것으로서 수익을 얻기 위해 희생된 현금, 상품, 서비스 등과 같은 자산을 말한다. 따라서 비용은 100만원이다.

수익(150만원) − 비용(100만원) = 당기순이익(50만원)으로 당기순이익은 순자산의 증가분이다. (정확하게 말하면 순자산의 순증가분이다)

영업활동으로 인한 순자산의 증가분	=	당 기 순 이 익
기업활동으로 인한 순자산의 증가분	=	각 사업연도 소득

당기순이익은 영업활동으로 인한 순자산의 증가분이지만 **각 사업연도 소득**은 사업연도 동안에 **영업활동을 포함한 기업의 모든 활동을 통해서 얻은 순자산의 증가분**이다.

이와 같이 당기순이익과 각 사업연도 소득은 개념의 차이가 있기 때문에 그 금액도 차이가 나게 된다. 왜 이러한 차이가 발생하는지 구체적으로 살펴보기로 하자.

② 익금과 손금의 정의

사업연도 동안에 기업은 거래를 통해 순자산이 증가하는 경우도 있고 감소하는 경우도 있다. 세법에서는 사업연도 동안 기업의 거래에서 나타난 **순자산의 증가분을 익금**(益金), **순자산의 감소분을 손금**(損金)이라 한다.

따라서 각 사업연도 소득은 해당 사업연도의 익금총액에서 손금총액을 차감해서 구할 수 있다.

각 사업연도 소득 = 익금총액 − 손금총액

※ 손금총액이 익금총액보다 크면 결손금이 된다.

익금과 손금에 대해 좀더 구체적으로 살펴보기로 하자.

가. 익 금

사업연도 동안의 순자산증가분이란 **고객에게 재화 또는 용역을 제공하고 획득한 수익금액 뿐만 아니라 그 이외의 다른 활동들을 통해 당해 법인이 얻은 순자산증가분**을 말한다.

그러나 순자산증가분이라 하더라도 자본(또는 출자)의 납입은 투자자본 자체가 증가한 것이지 소득이 증가한 것으로 볼 수는 없다. 따라서 자본(또는 출자)의 납입은 익금에서 제외된다.

또한 순자산이 증가하는 것이라 하더라도 사회정책상·조세정책상의 필요에 의해 세법에서 익금에 포함시키지 않기로 한 항목들이 있다.

따라서 **익금이란 사업연도 동안의 순자산증가분 중 자본(또는 출자)의 납입 및 법인세법에서 익금에 포함시키지 않기로 한 항목들을 제외한 것**이다.

익 금 = 순자산증가분 − 자본(또는 출자)의 납입 − 세법에서 익금에 산입하지 않기로 한 항목들

나. 손 금

사업연도 동안의 순자산감소분이란 **익금을 얻기 위해 소요된 모든 비용과 기타 당해 법인에게 발생한 모든 순자산감소분**을 말한다.

그러나 순자산감소분이라 하더라도 자본(또는 지분)의 환급은 투자자본 자체가 감소한 것이지 소득이 감소한 것으로 볼 수 없다. 따라서 자본(또는 지분)의 환급은 손금에서 제외된다.

또한 잉여금의 처분은 순자산이 감소되는 것이지만 잉여금은 이미 과세된 소득이기 때문에 손금이라고 할 수 없다. (이미 회계편에서 잉여금의 처분에 대하여 설명한 바 있다. 잘 상기해 보기 바란다)

그리고 비록 순자산이 감소되는 것이라 하더라도 사회정책상·조세정책상의 필요에 의해 세법에서 손금에 산입하지 않기로 한 항목들이 있다.

따라서 **손금**이란 **사업연도 동안의 순자산감소분 중 자본(또는 지분)의 환급·잉여금의 처분·법인세법에서 손금에 산입하지 않기로 한 항목들을 제외한 것**이다.

손 금 = 순자산감소분 − 자본(또는 지분)의 환급
− 잉여금의 처분
− 세법에서 손금에 산입하지 않도록 한 항목들

다. 수익·비용과 익금·손금의 관계

"결국 각 사업연도 소득을 구하기 위해서는 익금이 얼마인지를 계산하고, 손금이 얼마인지를 계산하면 되겠네요."

"그렇게 하면 되겠지만 익금이 얼마인지, 손금이 얼마인지 계산한다는 것은 시간낭비죠."

"시간낭비라구요?"

앞에서 설명한 것처럼 각 사업연도 소득을 알기 위해서는 익금과 손금을 계산해야 한다. 그렇다면 익금과 손금을 어떻게 계산할 것인가? 한 번 생각해보자.

매일매일 이루어지는 거래를 하나 하나 익금·손금인지 판단해서 장부를 만들어 기록하고 이를 더하면 1년 동안의 익금과 손금을 구할 수 있을 것이다. 그러나 1년 동안 기업에서 이루어지는 거래가 얼마나 많은가? 또 1년에 한 번 법인세를 계산하기 위해서 이렇게 한다면 얼마나 낭비인가? 그렇다면 어떻게 하는 것이 효과적일까?

기업에서는 장부를 만들어 1년 동안 수익과 비용을 모두 기록하고 결산시에 포괄손익계산서와 재무상태표를 만들었다. 결산이 끝난 후에야 법인세를 계산하게 된다. 그렇다면 기중에는 익금·손금을 기록하지 않고 결산이 끝난 시점에서 손쉽게 익금과 손금을 구할 수 없을까?

당기순이익은 수익에서 비용을 차감하여 계산된다.

당기순이익 = 수 익 - 비 용

만일 수익과 익금이 같고 비용과 손금이 같다면 당기순이익은 각 사업연도 소득과 같기 때문에 각 사업연도 소득을 구할 필요가 없을 것이다. 그러나 수익과 익금, 비용과 손금은 앞에서 살펴본 바와 같이 개념의 차이와 조세정책 등으로 인해 일치하지 않는다.

그렇지만 **수익과 익금, 비용과 손금은 유사**하므로 수익·비용과 익금·손금과의 차이를 **조정**하면 이미 결산을 통해 계산된 당기순이익에서 각 사업연도 소득을 효과적으로 구할 수 있을 것이다.

따라서 수익을 이용해서 익금을 구하기 위해서는 수익에 더해야 할 사항이 있고 빼야 할 사항이 있을 것이다. 또한 비용을 이용해서 손금을 구하기 위해서는 비용에 더해야 할 사항이 있고 빼야 할 사항이 있을 것이다.

■ 조정항목

① 조정사항의 종류

조정사항으로는 아래의 표와 같은 네 가지가 있다.

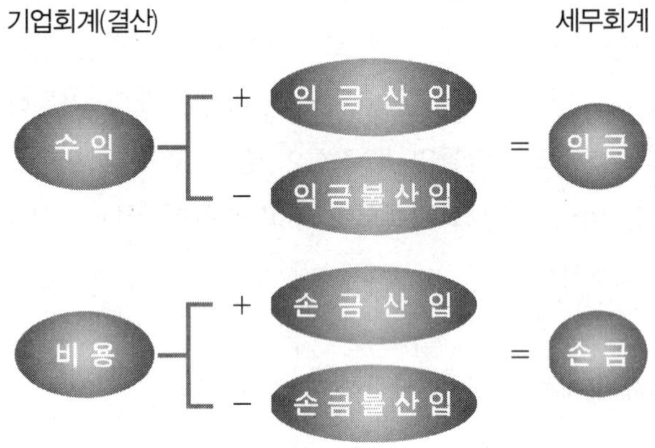

당기순이익 + (익금산입사항 + 손금불산입사항) − (손금산입사항 + 익금불산입사항) = 각 사업연도 소득

익금과 손금을 구하기 위해서 결산시 손익계산서에 계상된 수익과 비용에 가감해서 조정해야 할 사항에는 어떤 것들이 있는지 살펴보기로 하자.

"알 수 없는 단어들이 나오는데요?"
"이제부터 설명해 나갈 거예요. 우리는 각 사업연도 소득을 계산하기 위해 당기순이익에서 출발한다는 점에 유의해야 해요."

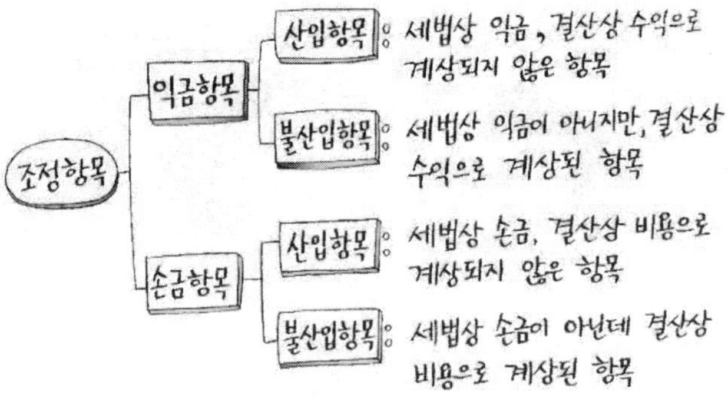

② 조정사항의 의미와 예

조정사항의 의미를 예를 들어 살펴보기로 하자.

[예 7] 조정항목의 이해

(주)조세의 2020년 손익계산서는 다음과 같다. (단위 : 만원)

손익계산서

매출액		1,500
매출원가		
기초재고	400	
＋당기매입액	500	
－기말재고	300	600
매출총이익		900
급료		(100)
접대비		(110)
감가상각비		(130)
단기매매증권평가이익		40
당기순이익		600

각 사업연도 소득을 계산하기 위해 필요한 사항은 다음과 같다.
(손익계산서상 법인세 비용은 없는 것으로 가정한다)
(1) 가지급금에 대한 인정이자는 20원이다.
(2) 단기매매증권평가이익은 40원이다.
(3) 재고자산평가증은 70원이다.
(4) 접대비한도초과액은 80원이다.

○ 익금산입사항

세법상 익금이지만 결산상 수익으로 계상되지 않은 사항을 익금산입사항이라 한다. 따라서 각 사업연도 소득을 구하기 위해서는 당기순이익에 익금산입사항을 가산해야 한다. 이것을 **익금산입**한다고 한다.

익금산입사항의 예를 한 가지만 들어보자. 구체적인 용도가 없이 기업에서 현금이 인출되면 다음과 같이 **가지급금**으로 회계처리된다.

(차) 가지급금	×××	(대) 현　　금	×××

가지급금을 가져간 사람은 사실상 무이자로 자금을 사용하는 셈이다. 만일 위의 회계처리만으로 끝난다면 기업이 해당 자금을 예금하여 이자수익을 계상할 수 있음에도 불구하고 그렇게 하지 않고 자금을 사용하는 것이 된다.

따라서 세법에서는 특수관계자가 **가지급금을 사용하는 기간 동안의 이자금액**을 계산하여 이 이자에 해당하는 금액을 **익금에 산입**하도록 하고 있다. 이를 **인정이자**라 한다.

(주)조세가 이번 사업연도에 가지급금을 지급하였고 가지급금에 대한 인정이자가 20원이라면 각 사업연도 소득을 구하기 위해서는 당기순이익에 이 20원을 더하여야 한다. 즉, 익금산입을 하여야 한다.

○ 익금불산입사항

세법상 익금이 아니지만 결산상 수익으로 계상된 사항을 익금불산입사항이라 한다. 따라서 각 사업연도 소득을 구하기 위해서는 당기순이익에서 익금불산입항목을 차감해야 한다. 이것을 **익금불산입**한다고 한다.

익금불산입사항의 예로 **단기매매증권평가이익**을 들 수 있다. 기업회계상 단기매매증권은 기말의 공정가액에 따라 평가하게 되어 있다. 그러나 세법에서는 단기매매증권을 원가법에 따라 처리하여야 한다. 따라서 결산시 공정가액평가에 의해 단기매매증권평가이익이 40원이 계상되었다고 하더라도 세법상으로는 이것을 인정할 수 없다. 따라서 각 사업연도 소득을 구하기 위해서는 당기순이익에 단기매매증권평가이익 40원을 차감하여야 한다. 즉, 익금불산입을 하여야 한다.

○ 손금산입사항

세법상 손금이지만 결산상 비용으로 계상되지 않은 사항을 손금산입사항이라 한다. 따라서 각 사업연도 소득을 구하기 위해서는 당기순이익에서 손금산입사항을 차감해야 한다. 이것을 **손금산입**한다고 한다.

손금산입의 예로는 **재고자산평가증**을 들 수 있다. 세법에서는 재고자산가액은 기업회계기준에 의해 평가한 금액이 아닌 세법상 평가금액을 적용한다. 따라서 결산상 재고자산가액이 세법상 평가한 재고자산가액보다 큰 경우에는 그 차액을 재고자산평가증이라 하며 재고자산평가증은 손금에 산입하여야 한다. (주)조세의 결산상 재고자산가액이 세법상 재고자산가액보다 70원이 많다면 각 사업연도 소득을 구하기 위해서는 당기순이익에서 재고자산평가증 70원을 차감하여야 한다. 즉, 손금에 산입하여야 한다.

○ 손금불산입사항

세법상 손금에 해당되지 않음에도 불구하고 결산상 비용으로 계상한 사항을 말한다. 따라서 각 사업연도 소득을 구하기 위해서는 손금불산입사항을 당기순이익에 가산하는데 이것을 **손금불산입**한다고 한다.

손금불산입의 예로는 **접대비 한도초과액**을 들 수 있다. 세법에 따르면 접대비는 일정 한도내에서만 손금으로 인정한다. 따라서 기업회계에 따라 접대비로 계상한 금액이 세법상의 한도를 초과하면 한도초과액은 손금불산입하여야 한다. 따라서 각 사업연도 소득을 구하기 위해서 당기순이익에 (주)조세의 접대비 한도초과액 80원을 더해야 한다. 즉, 손금불산입하여야 한다.

		순이익의 계산	조정사항	각 사업연도의 소득	
	매 출 액	1,500원		1,500원	
	단기매매증권평가이익	40원	-40원	0	
	가지급금 인정이자		+20원	20원	
수 익 계 →		1,540원	-20원	1,520원	← 익금 계
	매 출 원 가	600원	+70원	670원	
	급 료	100원		100원	
	접 대 비	110원	-80원	30원	
	감 가 상 각 비	130원		130원	
비 용 계 →		940원	-10원	930원	← 손금 계
당 기 순 이 익		600원		590원	각 사업연도 소득

위의 표에서 보는 것처럼 익금산입·손금불산입사항과 손금산입·익금불산입사항을 수익과 비용에 가감해서 익금과 손금을 구하면 각 사업연도 소득을 구할 수 있다. 그렇지만 이렇게 할 필요가 있을까?

결국 당기순이익에 익금산입사항과 손금불산입사항을 가산하고 손금산입사항과 익금불산입사항을 차감하면 각 사업연도 소득을 구할 수 있다.

당기순이익 + (익금산입사항 + 손금불산입사항) - (손금산입사항 + 익금불산입사항) = 각 사업연도 소득

따라서 (주)조세의 각 사업연도 소득은 다음과 같이 구할 수 있다.

600원 + (20원 + 80원) - (70원 + 40원) = 600원 + 100원 - 110원 = 590원

"그렇다면 결산이 확정된 손익계산서의 수익과 비용속에는 익금불산입항목과 손금불산입항목이 들어 있겠네요?"

"그렇죠."

"그리고 수익과 비용에는 계상되지 않은 익금산입항목과 손금산입항목이 있는 거구요."

"기본구조는 그렇습니다."

■ 세무조정계산서

"당기순이익에 익금산입과 손금불산입항목을 더하고 손금산입과 익금불산입항목을 차감해서 각 사업연도 소득을 구한다!"

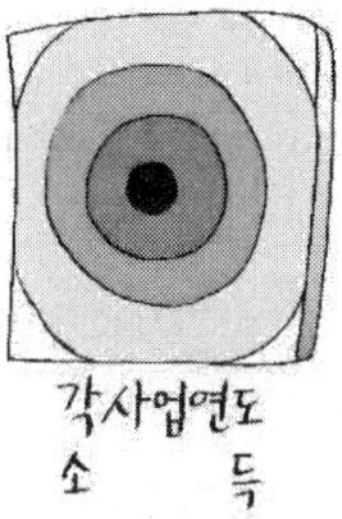

"그렇게 하는 걸 세무조정이라고 하고 그 사항들을 세무조정사항이라고 하죠."

"결국 세무조정이라는 건 당기순이익이 각 사업연도 소득을 향해서 가도록 하는 거군요."

"그렇다고 볼 수 있죠."

"그럼 세무조정을 어디다 합니까?"

"어디다 하다뇨?"

"재무상태표나 포괄손익계산서는 분개장, 원장을 통해 나오게 되는 거잖아요. 그럼 세무조정을 하는 것은 머리속에서 계산해서 끝낼 리는 없고 어디에 써야 될 것 아닙니까?"

"세무조정한 내용을 정리한 표들을 흔히 **세무조정계산서**라고 해요. 세무조정계산서를 작성해서 세무조정을 하는 거죠. 세무조정의 결과가 최종적으로 요약되는 것은 법인세과세표준및세액조정계산서이지만 그 법인세과세표준및세액조정계산서를 작성하기 위해 보조역할을 하는 세무조정계산서들을 작성해야죠."

기업이 결산상 작성한 재무제표의 당기순이익을 기초로 하여 세법의 규정에 따라 이를 조정해 가면서 과세소득을 계산하는 절차를 세무조정이라 한다.

당기순이익 → 각 사업연도 소득

세무조정

결산상 당기순이익에 익금산입, 손금산입, 익금불산입, 손금불산입사항을 가감하여 과세소득을 계산하는 절차를 **"협의의 세무조정"**이라 한다. 반면 과세소득과 과세표준의 산정에서부터 납부할 세액의 계산까지를 포함하는 절차를 **"광의의 세무조정"**이라 한다.

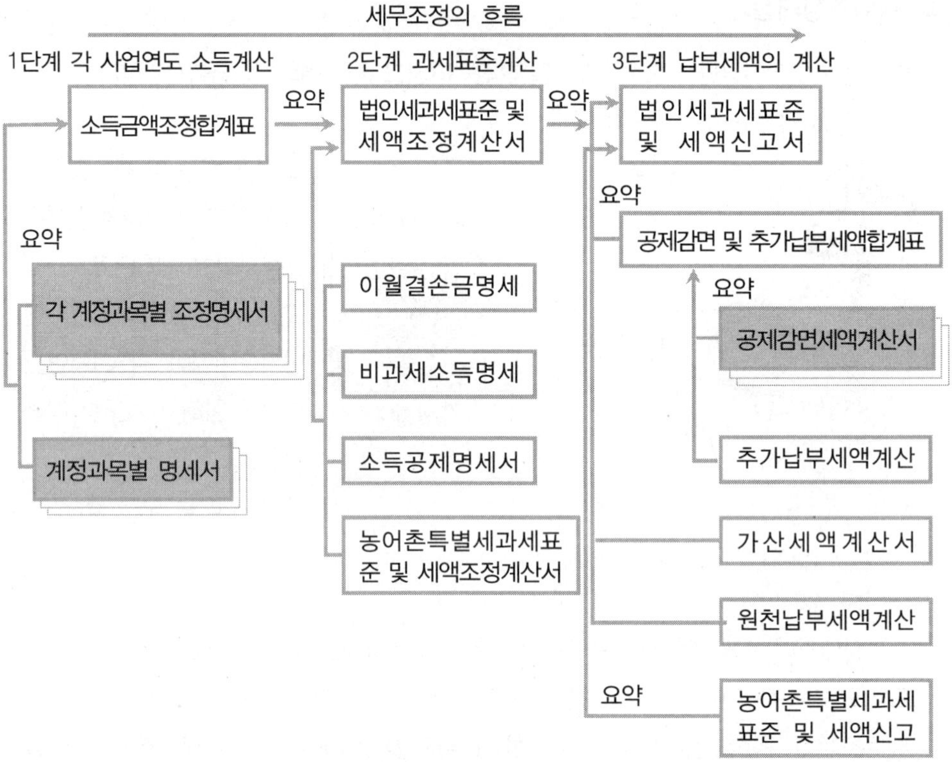

위의 그림에서 보는 바와 같이 각 계정과목별로 결산서상의 금액 등에서 세무상의 익금·손금으로 조정하기 위해 **조정명세서**가 작성된다. 더하거나 빼서 금액을 계산할 필요가 없는 계정과목에 대해서는 **명세서**가 작성된다. 그리고 각 조정항목들의 조정사항을 모두 모아 요약·정리하는 표가 **소득금액조정합계표**가 된다. 따라서 소득금액조정합계표가 완성된다면 결산서상의 당기순이익에서 각 사업연도 소득으로의 조정이 완료된 것이다. (기부금의 경우는 예외이지만 이에 대해서는 다음에 설명하기로 한다)

그 다음에는 소득금액조정합계표의 금액과 함께 이월결손금, 비과세소득, 소득공제명세서 등을 작성하여 **법인세 과세표준 및 세액조정계산서**에 요약된다.

그 다음 단계로 공제감면 및 추가납부세액, 가산세액, 원천납부세액계산서 등을 작성하여 이 내용들이 요약되어 법인세 과세표준 및 세액신고서를 작성하는 절차를 거치게 된다.

"소득금액조정합계표가 모든 세무조정사항을 정리한 표가 되고 이를 바탕으로 법인세 과세표준 및 세액조정계산서가 작성되죠."

"그러면 각 세무조정사항은 해당 조정계산서에서 계산된 후에 소득금액조정합계표로 모아 정리되는 군요!"

"그렇죠. 조정사항이 없는 경우에는 해당 조정계산서는 작성할 필요가 없죠."

[법인세 과세표준 및 세액조정계산서]

※ 이 조정계산서는 18장에서 설명될 것이다.

■ 법인세법 시행규칙[별지 제3호서식] <개정 2016.3.7.> (앞쪽)

사업연도	. . . ~ . . .	법인세 과세표준 및 세액조정계산서	법인명	
			사업자등록번호	

구분		항목	코드	금액
① 각 사업연도 소득계산		(101) 결산서상 당기순손익	01	
	소득조정금액	(102) 익금산입	02	
		(103) 손금산입	03	
		(104) 차가감소득금액((101)+(102)−(103))	04	
		(105) 기부금한도초과액	05	
		(106) 기부금한도초과이월액 손금산입	54	
		(107) 각 사업연도소득금액((104)+(105)−(106))	06	
② 과세표준 계산		(108) 각 사업연도 소득금액((108)=(107))		
		(109) 이월결손금	07	
		(110) 비과세소득	08	
		(111) 소득공제	09	
		(112) 과세표준((108)−(109)−(110)−(111))	10	
		(159) 선박표준이익	55	
③ 산출세액 계산		(113) 과세표준((112)+(159))	56	
		(114) 세율	11	
		(115) 산출세액	12	
		(116) 지점유보소득(「법인세법」 제96조)	13	
		(117) 세율	14	
		(118) 산출세액	15	
		(119) 합계((115)+(118))	16	
④ 납부할 세액 계산		(120) 산출세액((120)=(119))		
		(121) 최저한세 적용대상 공제감면세액	17	
		(122) 차감세액	18	
		(123) 최저한세 적용제외 공제감면세액	19	
		(124) 가산세액	20	
		(125) 가감계((122)−(123)+(124))	21	
	기납부세액 / 기한내납부세액	(126) 중간예납세액	22	
		(127) 수시부과세액	23	
		(128) 원천납부세액	24	
		(129) 간접투자회사등의 외국납부세액	25	
		(130) 소계((126)+(127)+(128)+(129))	26	
	기납부세액	(131) 신고납부전가산세액	27	
		(132) 합계((130)+(131))	28	

구분		항목	코드	금액
		(133) 감면분추가납부세액	29	
		(134) 차감납부할세액((125)−(132)+(133))	30	
⑤ 토지등양도소득에 대한 법인세 계산	양도차익	(135) 등기자산	31	
		(136) 미등기자산	32	
		(137) 비과세소득	33	
		(138) 과세표준((135)+(136)−(137))	34	
		(139) 세율	35	
		(140) 산출세액	36	
		(141) 감면세액	37	
		(142) 차감세액((140)−(141))	38	
		(143) 공제세액	39	
		(144) 동업기업 법인세 배분액(가산세 제외)	58	
		(145) 가산세액(동업기업 배분액 포함)	40	
		(146) 가감계((142)−(143)+(144)+(145))	41	
	기납부세액	(147) 수시부과세액	42	
		(148) (　　　) 세액	43	
		(149) 계((147)+(148))	44	
		(150) 차감납부할세액((146)−(149))	45	
⑥ 미환류소득법인세		(161) 과세대상 미환류소득	59	
		(162) 세율	60	
		(163) 산출세액	61	
		(164) 가산세액	62	
		(165) 이자상당액	63	
		(166) 납부할세액((163)+(164)+(165))	64	
⑦ 세액계		(151) 차감납부할 세액계((134)+(150)+(166))	46	
		(152) 사실과 다른 회계처리 경정세액공제	57	
		(153) 분납세액계산범위액((151)−(124)−(133)−(145)−(152)+(131))	47	
	분납할세액	(154) 현금납부	48	
		(155) 물납	49	
		(156) 계((154)+(155))	50	
	차감납부세액	(157) 현금납부	51	
		(158) 물납	52	
		(160) 계((157)+(158)) ((160)=((151)−(152)−(156)))	53	

210mm×297mm[백상지 80g/㎡ 또는 중질지 80g/㎡]

[소득금액조정합계표]

※ 이 소득금액조정합계표는 17장에서 설명될 것이다.

[별지 제15호 서식] (앞 쪽)

사 업 연 도	소 득 금 액 조 정 합 계 표		법 인 명
사업자등록번호		법 인 등 록 번 호	

익금산입 및 손금불산입				손금산입 및 익금불산입			
①과 목	②금 액	③소득처분		④과 목	⑤금 액	⑥소득처분	
		처분	코드			처분	코드
합 계				합 계			

190㎜×268㎜(신문용지 54g/㎡(재활용품))

■ 세법우선주의와 기업회계기준의 존중과 배제

"당기순이익을 바탕으로 해서 결국 익금과 손금을 산출해서 각 사업연도 소득을 구하게 되잖아요?"

"그렇죠."

"그럼 기업회계가 상당히 중요하군요!"

"중요하죠. 그렇지만 세법상의 규정을 적용한 후에 세법상의 규정이 없는 경우 기업회계기준을 적용하기 때문에 세법우선주의라고 할 수 있죠."

익금과 손금의 귀속사업연도는 그 익금과 손금이 확정된 사업연도로 하고 예외적으로 세법에서 규정하고 있지 아니한 경우에 한하여 기업회계기준을 적용한다.

"기업회계기준에 따라 수익과 비용을 계상하고 이를 익금과 손금으로 인정해준다면 세무조정을 할 필요가 없는 것 아닙니까?"

"그렇다고 할 수 있죠. 하지만 기업회계기준이 세법과 차이가 있는 경우에는 세무조정을 해야죠."

기업회계기준과 세법간의 차이에 따른 세무조정을 최소화하기 위하여 세법에서는 기업회계기준을 최대한으로 수용하고 있다. 그러나 **세법상 기업회계기준에 의한 처리를 배제하고 있는 경우에는 세법의 규정에 따라야 한다.**

기업회계에 따라 처리하면 그 금액이 세법상 규정에 의한 금액과 차이가 생긴 경우 그 차액을 세무조정하여야 한다.

※ 결산조정사항과 신고조정사항

세무조정사항은 절차상의 특색에 따라 결산조정과 신고조정으로 나누어진다.

"아니, 세무조정은 결산 후에 하는 거 아닙니까?"
"그렇죠."
"그런데 왜 결산조정사항이니 신고조정사항이니 하는게 있죠?"
"결산조정사항이란 결산을 할 때 비용으로 계상해야만 손금으로 인정해 주는 사항을 말하고 신고조정사항이란 결산을 한 후에 손금이나 익금으로 산입하거나 불산입하여 조정을 하여야 하는 사항을 말하는 거예요."
"그럼 결산조정이란 말은 사실상 세무조정이라고 할 수 없네요."

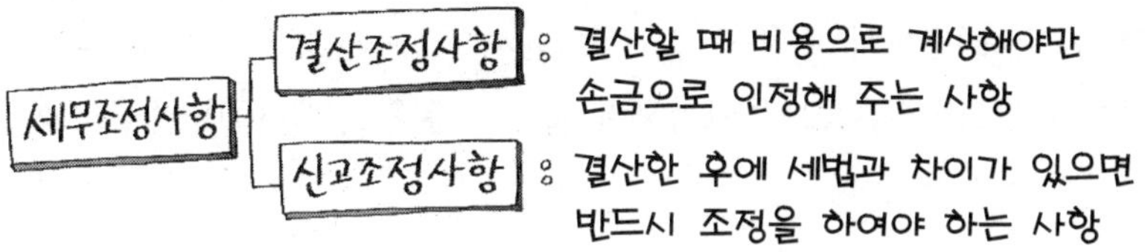

"그렇다고 할 수 없죠."
"아니, 결산조정사항은 결산을 할 때 비용으로 계상하면 무조건 손금으로 인정하는게 아닌가요?"
"그렇지는 않죠. 비용으로 계상된 금액 중에서 세법에서 인정하는 한도만을 손금으로 인정하죠. 따라서 결산조정이라고 했지만 결산 때 모두 끝나는 것이 아니라 결산 이후에 조정할 사항이 있으면 조정을 해야죠."
"그럼 결산조정사항을 결산시에 비용으로 전혀 계상하지 않으면 어떻게 되죠?"
"그런 경우에는 전혀 손금으로 인정하지 않게 되죠. 예를 들어 감가상각비는 결산조정사항이에요. 손익계산서에 감가상각비 1억원을 계상했고 세법상 한도액이 8천만원이라면 세무조정을 해서 2천만원을 손금불산입해야죠. 그렇지만 감가상각비를 전혀 손익계산서에 계상하지 않았다면 전혀 손금으로 인정받지 못하는 거죠."
"왜 그렇게 하죠?"
"글쎄요, 결산조정사항은 대부분 비용에 관련된 사항이에요. 비용을 계상하지 않으면 이익이 과대계상되어 배당가능한 금액이 커지게 되죠. 따라서 이를 막기 위해서라고 할 수 있죠."

① 결산조정사항

결산시에 비용으로 계상한 경우에 한하여 손금으로 인정하는 사항을 결산조정사항이라 한다.

결산시 비용으로 계상된 결산조정사항은 세법상 한도액을 초과한 경우에는 한도액만 손금산입되며 초과액은 손금불산입 하여야 한다. 그러나 결산시 비용으로 계상하지 않으면 손금으로 인정하지 않기 때문에 결산 이후 세무조정시 추가적으로 손금산입할 수는 없다.

세법에서는 일부 손금항목에 대해서만 결산조정사항으로 규정하고 있다.

구 분	결산조정사항
자산의 평가	① 감가상각비
	② 재고자산의 평가손실
	③ 고정자산의 평가손실
	④ 회수불능채권의 대손금
충 당 금	① 퇴직급여충당금
	② 대손충당금
	③ 구상채권상각충당금
	④ 일시상각충당금과 압축기장충당금

이 항목들에 대한 자세한 설명은 나중에 해당 항목들이 나올 때 진행될 것이다.

② 신고조정사항

신고조정사항이란 **결산조정과는 달리 결산을 한 후에 세법과 차이가 있으면 반드시 손금이나 익금으로 산입하거나 불산입하여 조정을 하여야 하는 사항**을 말한다.

결산조정사항 이외의 다른 세무조정사항은 모두 신고조정사항이다.

■ 부당행위계산의 부인

"각 사업연도 소득을 계산할 때 전반적으로 영향을 미치는 것 중 하나가 부당행위계산의 부인이니까 지금 기본적인 개념을 설명하도록 하죠."

"부당행위계산의 부인이라는 말이 어려운데 …… 결국 부당하게 세금을 덜 내려고 어떤 일을 해서 각 사업연도 소득을 감소시켰다면 이것을 부정하고 새로 계산하겠다는 겁니까?"

"그렇죠. 부당행위계산의 부인이란 결국 익금산입사항과 손금불산입사항이 되어 소득금액을 정당하게 계산할 수 있도록 한다는 거죠. 여기서는 전반적인 개념과 예를 보고 구체적인 사례는 나중에 보도록 하죠."

법인의 행위 또는 소득금액계산이 그 법인의 **특수관계자와의 거래에 있어서 그 법인의 소득에 대한 조세의 부담을 부당히 감소시킨 것으로 인정되는 경우**에 과세당국은 그 법인의 행위 또는 소득금액의 계산을 부인하고 그 법인의 각 사업연도 소득금액을 계산한다. 이를 부당행위계산의 부인이라 한다.

특수관계자

세법상 법인의 특수관계자는 다음과 같다.

1. 출자자와 그 친족
2. 법인의 임원·사용인
3. 개인인 출자자의 사용인
4. 영리법인인 출자자의 임원
5. 비영리법인인 출자자의 이사 및 설립자
6. 법인 또는 출자자와 금전·기타 자산에 의하여 생계를 유지하는 자 및 동거친족
7. 1~6의 특수관계자가 30% 이상 출자하고 있는 법인
8. 1~6의 특수관계자가 이사의 과반수이거나 설립을 위한 출연금의 50% 이상을 출연하고 그들 중 1인이 설립 되어 있는 비영리법인
9. 1~8의 특수관계자가 50% 이상 출자하고 있는 법인
10. 당해 법인에 50% 이상 출자하고 있는 법인에 50% 이상 출자하고 있는 법인 또는 개인
11. 임원의 임면·사업방침의 결정 등 경영에 대한 사실상 영향력 행사자와 그 친족(상법상 사실상 이사를 포함)
12. 당해 법인이 기업집단에 속한 법인인 경우 그 기업집단에 소속된 다른 계열회사 및 그 계열회사의 임원

※ 특수관계자는 쌍방의 관계에 의하여 성립되는 것이므로 당해 법인을 중심으로 할 때에는 위 각 항목에 해당되지 아니하더라도 상대방을 중심으로 하면 위 각 항목 중 하나의 관계가 성립되는 경우는 특수관계에 있는 자에 해당한다.

부당행위계산의 예를 들면 다음과 같다.

① 시가를 초과하는 가액으로 현물출자받거나 그 자산을 과대상각한 때
② 무수익자산을 출자받았거나 그 자산에 대한 비용을 부담한 때
③ 출자자 기타 특수관계에 있는 자(이하 "출자자 등"이라 함)로부터 무수익자산을 매입하거나 그 자산에 대한 비용을 부담한 때
④ 출자자 등으로부터 자산을 시가를 초과하여 매입하거나 출자자 등에게 자산을 시가에 미달하게 양도한 때
⑤ 출자자 등으로부터 불량자산을 차환하거나 불량채권을 양수한 때
⑥ 출자자 등의 출연금을 부담한 때
⑦ 출자자 등에게 금전·기타 자산 또는 용역을 무상 또는 낮은 이율·요율이나 임대율로 대부 또는 제공한 때
⑧ 법인이 출자자나 출연자인 임원 및 그 친족에게 사택을 적정임대료에 미달되는 금액으로 제공한 때
⑨ 출자자 등으로부터 금전 기타 자산 또는 용역을 높은 이율·요율이나 임차료로 차용하거나 제공을 받은 때
⑩ 기타 출자자 등에게 법인의 이익을 분여하였다고 인정되는 것이 있을 때

"세무조정이란 결국 손익계산서의 당기순이익을 기초로 조정사항을 반영해서 각 사업연도 소득을 구하는 것이라는 건 알겠는데…"
"그런데요?"
"예를 들어 매출액 100만원이면서 매출원가 80만원인 거래를 누락하고 결산을 했다. 그리고 세무조정을 할 때 이 사실을 발견했다면 어떻게 하지요?"
"당연히 100만원은 익금산입하고 80만원은 손금산입해야죠."
"매출액이 익금산입항목이고 매출원가가 손금산입항목입니까?"
"익금산입항목이란 말과 '익금산입한다'라는 말을 혼동하지 마세요. 매출액은 익금산입항목이 아닌 익금항목이예요. 그리고 매출원가는 손금산입항목이 아닌 손금항목이죠. 각 사업연도 소득의 계산은 결산상의 당기순이익에서 출발하지만 여기서 당기순이익은 기업회계기준에 따라 올바르게 회계처리했다는 것을 전제로 합니다."
"아니, 당기순이익, 그러니까 재무상태표와 포괄손익계산서가 기업회계기준에 따라 기록되지 않을 수도 있나요?"
"공인회계사가 재무상태표와 포괄손익계산서를 감사할 때 회계기록이 100% 기업회계기

준에 따라 기록되어야만 적정의견이 나오는 게 아닙니다. 재무제표가 약간 틀렸다고 하더라도 재무제표 이용자가 그 재무제표를 보고 올바른 의사결정을 할 수 있다면 적정의견을 표명하게 되죠. 또 일부 항목을 제외하고는 기업회계기준에 따라 적정하게 처리되었다면 공인회계사는 재무제표에 대해 한정의견을 표명하게 되죠."

"그럼 공인회계사의 감사를 받았어도 재무제표는 100% 기업회계기준에 따라 기록된 게 아니네요?"

"그렇다고 할 수 있죠. 이용자가 올바른 의사결정을 할 수 있도록 재무제표가 적정하게 작성되었는가를 보는게 공인회계사의 감사목적인 셈이죠. 그렇지만 세법의 입장은 달라요."

"공인회계사의 감사를 받지 않는 기업은 재무제표가 더욱 더 기업회계기준에 따라 작성되어 있지 않을 가능성이 높겠네요?"

"그렇다고 할 수 있죠. 따라서 기업회계기준에 따르면 누락된 거래를 올바르게 수정해야 하기 때문에 '익금에 산입해야 하고', '손금에 산입해야'죠. 그걸 줄여서 '익금산입한다', '손금산입한다'라고 하는 거지요."

"그럼 '익금불산입한다', '손금불산입한다'라는 말도 마찬가지입니까?"

"그럼요. 그리고 초보자에게 법인세 세무조정에 대해서 모든 것을 설명하기는 어려워요. 앞으로 제가 설명하는 것은 법인세 세무조정에 대한 모든 것을 설명한 것이 아니라 기본적인 내용이라는 걸 명심하세요."

■ 이후 17장까지의 내용 체계

이후 설명될 내용의 체계를 살펴보기로 하자.

아래의 표에서 보는 바와 같이 14장에서는 손익계산서의 매출액과 매출원가에 대한 세무조정사항을, 15장에서는 판매비와관리비에 대한 세무조정사항을, 16장에서는 영업외손익에 대한 세무조정사항을 설명한다.

[이후의 설명체계]

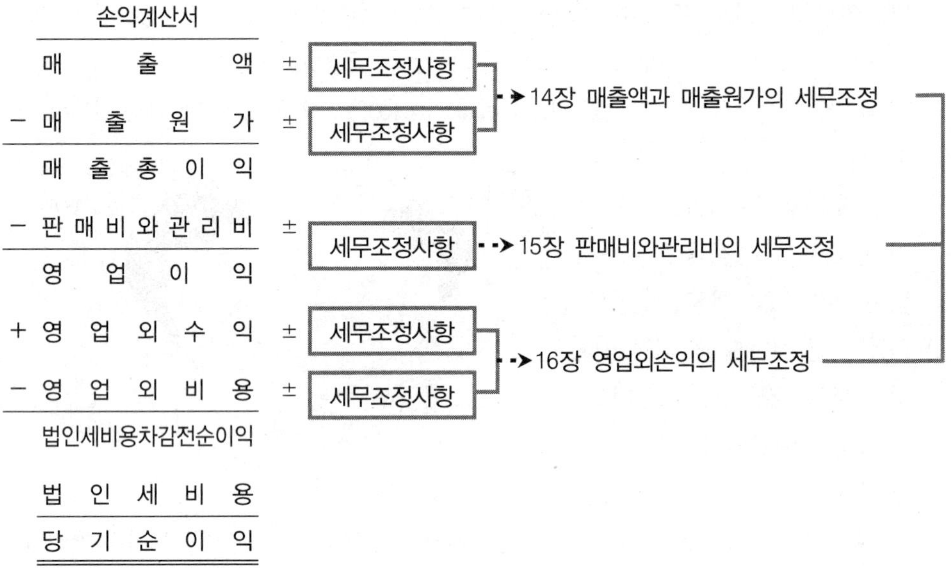

이렇게 되면 수익과 비용을 익금과 손금으로 변경하기 위한 세무조정사항이 대부분 설명되므로 17장에서는 세무조정사항을 집약하여 소득금액조정합계표를 작성하는 절차 등을 설명한다. 따라서 14장부터 17장까지는 각 사업연도 소득을 계산하기 위한 세무조정사항을 손익계산서의 계정과목순서를 중심으로 설명하게 된다.

"이제 당기순이익에서 수익·비용, 그러니까 손익계산서의 계정과목을 중심으로 각 사업연도 소득을 구하기 위한 세무조정절차를 설명하기로 하죠."

제14장 매출액과 매출원가의 세무조정

1. 매출액의 세무조정

① 매출액과 수입금액

매출이란 기업이 상품을 판매하거나 용역을 제공하여 얻게 되는 대가를 말한다. 세법상으로는 매출액에 대응되는 익금을 **사업수입금액**으로 표현하고 있다.

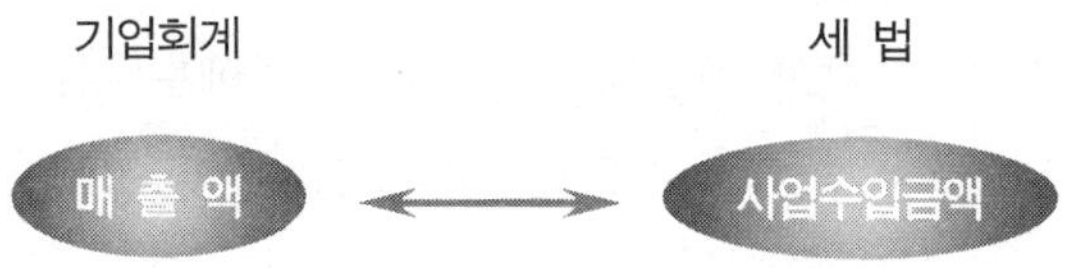

기업회계기준서상의 매출액과 법인세법상 수입금액의 인식기준을 비교해 보면 다음의 표와 같다.

구 분		기업회계기준기준서	법인세법	기업회계 인정 여부
재고자산	상품·제품 등의 판매	인도기준	인도기준	○
	부동산의 양도	법적소유권이 구매자에게 이전되는 시점과 부동산소유에 따른 효익과 위험이 구매자에게 실질적으로 이전되는 시점 중 빠른 날	대금청산일, 소유권이전 등기일·등록일, 인도일·사용수익일 중 빠른 날	○

구 분		기업회계기준기준서	법인세법	기업회계 인정 여부
할부판매	단 기	인도기준	인도기준	○
	장 기	인도기준* 판매가액은 할부금의 현재가치이며 이자수익은 유효이자율법으로 인식	인도기준	○
용역매출	단 기	진행기준**	진행기준	○
	장 기	진행기준	진행기준	○

* 현재가치 인도기준을 의미하며, 비상장중소기업은 회수기일도래기준 허용
** 비상장중소기업은 완성기준적용가능

위의 표에서 보는 바와 같이 기업회계기준에 따라 매출액을 올바로 기록하였다면 매출액에 대해서는 세무조정을 할 필요가 거의 없다.

그러나 **결산상** 손익계산서의 매출로 계상되어야 함에도 불구하고 계상되지 않은 금액에 대해서는 익금에 산입하고, 이에 대응되는 원가는 손금에 산입하는 세무조정을 하여야 한다.

매출액을 세법상의 규정에 따라 조정하기 위해서는 **수입금액조정명세서**를 작성한다.

② 매출액 세무조정의 예

매출액의 세무조정 예를 살펴보기로 하자.

[예 1] 수입금액의 조정

다음 자료에 의해 (주)조세의 제10기 수입금액을 조정하라.

1. 결산서상 수입금액 : 제품매출 4,996,000,000원
2. 할부판매관련사항
   - 계약일 및 인도일 : 2020.6.30.
   - 판매금액 : 30,000,000원(매출원가 : 18,000,000원)
   - 대금결제조건 : 2020.6.30. 계약금 5,000,000원을 받고 6개월 경과시마다 5,000,000원씩 5회에 걸쳐 나누어 받기로 함.
   - 2019.12.31. 회수되어야 할 할부판매대금 5,000,000원이 회수되지 않아 이를 결산서상 제품매출액에 계상하지 아니하였음.
   - 당사는 비상장중소기업으로서 장기할부판매에 대하여 기업회계기준과 세법상 모두 회수기일도래기준을 적용하고 있음. 따라서 회수되지 않은 5,000,000원은 결산상 계상되어야 할 금액임.
3. 위탁판매관련사항

   기말제품재고액 중 6,000,000원은 타인에게 위탁판매하기 위하여 수탁자에게 보낸 적송품으로서 2020.12.31.에 수탁자가 8,000,000원에 판매하였음. 그러나 결산서상에는 이를 반영하지 못했음.

A

⑴ 장기할부판매에 관한 조정계산

회수기일도래기준에 의하므로 비록 실제 현금으로 회수되지 않았더라도 익금으로 계상하여야 한다.

- 2020년도에 계상할 금액(세무상)

매 출 : 2020. 6.30. : 5,000,000원
2020.12.31. : 5,000,000원
합계 10,000,000원

대응원가 :

$$18,000,000원 \times \frac{10,000,000원}{30,000,000원} = 6,000,000원$$

구 분	결산서상 금액	할부매출금액	세무조정	
수입금액	5,000,000원	10,000,000원	5,000,000원	익금산입
대응원가	3,000,000원	6,000,000원	3,000,000원	손금산입

5,000,000원을 익금산입하고 3,000,000원은 손금산입하여야 한다.

⑵ 위탁판매의 조정

위탁매출액 8,000,000원과 대응원가 6,000,000원은 당해 사업연도에 포함되어야 하므로 8,000,000원은 익금산입하고, 6,000,000원은 손금산입하여야 함

[수입금액조정명세서]

■ 법인세법 시행규칙 [별지 제16호서식] <개정 2011.2.28>

(앞 쪽)

사업연도	. . . ~ . . .	수입금액조정명세서	법 인 명	
			사업자등록번호	

1. 수입금액 조정계산

계정과목		③결산서상 수입금액	조정		⑥조정 후 수입금액 (③+④−⑤)	비 고
①항 목	②과 목		④가 산	⑤차 감		
계						

2. 수입금액 조정명세

가. 작업진행률에 의한 수입금액

⑦ 공사명	⑧ 도급자	⑨ 도급 금액	작업진행률계산			⑬누적익금 산입액 (⑨×⑫)	⑭전기말 누적수입 계상액	⑮당기회 사수입 계상액	⑯조정액 (⑬−⑭−⑮)
			⑩해당사업 연도말 총공사비 누적액 (작업시간 등)	⑪ 총공사 예정비 (작업시간 등)	⑫ 진행률 (⑩/⑪)				
계									

나. 중소기업 등 수입금액 인식기준 적용특례에 의한 수입금액

계정과목		⑲세법상 당기 수입금액	⑳당기 회사수입금액 계상액	㉑조정액 (⑲-⑳)	㉒근거법령
⑰항 목	⑱과 목				
계					

다. 기타 수입금액

㉓구 분	㉔근거법령	㉕수입금액	㉖대응원가	비 고
계				

210mm×297mm[일반용지 70g/㎡(재활용품)]

2. 매출원가의 세무조정

1 기업회계와 세법상의 차이

"매출원가는 회계상으로 비용이니까 당연히 세무상으로도 손금이겠죠."
"그래요. 주로 기말재고자산의 평가만 문제가 되죠."
"기말재고자산의 평가요?"
"기업회계와 세법상 기말재고자산에 대한 평가는 차이가 있어요."

매출원가는 판매한 상품의 원가로서 비용으로 계상된다. 세법에서는 **판매한 상품의 매입액과 부대비용**을 **손금**으로 규정하고 있다. 따라서 기업회계상의 비용인 매출원가와 세법상의 손금인 판매한 상품의 매입액과 부대비용은 서로 대응되는 것이라고 할 수 있다.

매출원가는 (기초재고＋당기매입액－기말재고)의 식에 의해 계산된다. 따라서 재고자산의 매입액을 기업회계에 따라 회계처리하면 이는 세법에서 손금으로 인정하기 때문에 당기매입액에 대해서는 세무조정할 사항이 없다.

그러나 세법은 **기말재고자산**에 대해서는 **기업회계기준의 적용을 배제**하고 세법의 규정에 따라 평가하도록 하고 있다. 따라서 기업회계상에 따라 계산된 재고자산가액과 세법에 따라 계산된 재고자산가액이 다르면 이를 세무조정하여야 한다.

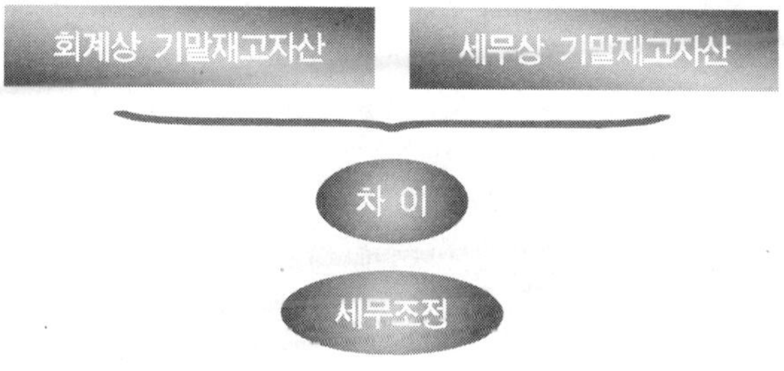

이하에서는 기말재고자산의 평가에 대해 살펴보기로 하자.

② 재고자산의 종류와 평가방법

■ 재고자산의 종류

세법에서는 재고자산을 다음과 같이 4가지로 분류하여 평가하도록 하고 있다.

① 제품 및 상품
② 반제품 및 재공품
③ 원재료
④ 저장품

■ 재고자산의 평가방법

세법에서는 재고자산의 평가방법을 **원가법**과 **저가법**으로 규정하고 이 방법들 중 선택하여 신고하도록 하고 있다.

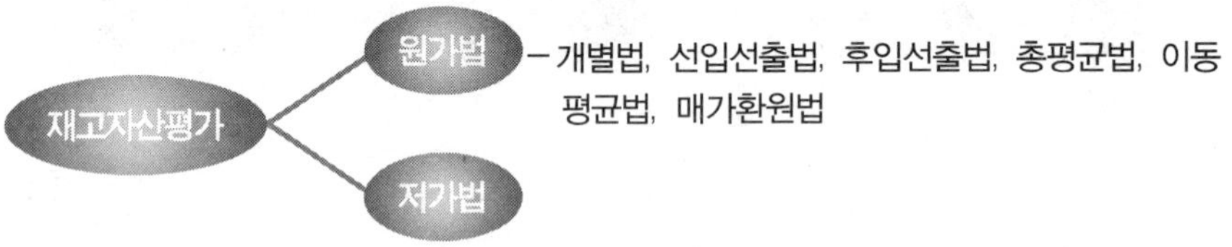

재고자산 평가방법은 재고자산의 **종류별·영업장별**로 각각 다른 방법으로 평가할 수 있다. 예를 들면 한 회사에서 제품 및 상품은 선입선출법, 반제품 및 재공품은 총평균법, 원재료는 후입선출법 등으로 평가할 수 있다. 또한 서울영업장은 선입선출법, 부산영업장은 총평균법과 같이 영업장별로도 평가방법을 다르게 할 수 있다.

③ 평가방법의 신고와 변경신고

■ 평가방법의 신고

법인은 재고자산의 평가방법을 설립일이 속하는 사업연도, 즉 제1기의 과세표준신고기한까지 신고하여야 한다. 따라서 **제1기의 과세표준신고시 재고자산평가방법신고서를 제출**하여야 한다.

■ 평가방법의 변경신고

"회사에서 재고자산의 평가방법을 바꾼 경우에는 어떻게 하죠. 재고자산 입 · 출고를 전산화하면 이런 경우가 가끔 발생하는 것 같던데?"

"변경신고를 해야죠."

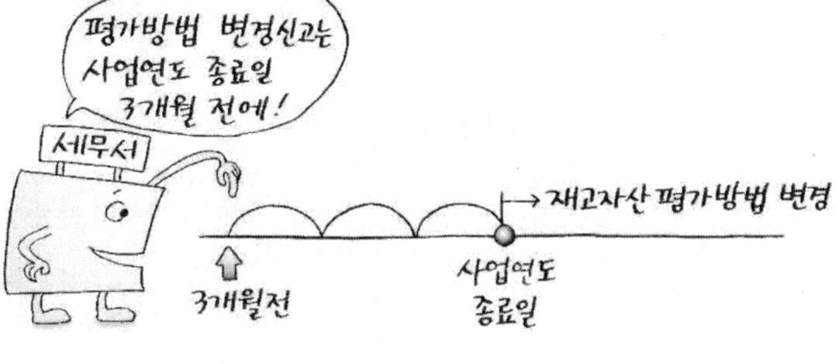

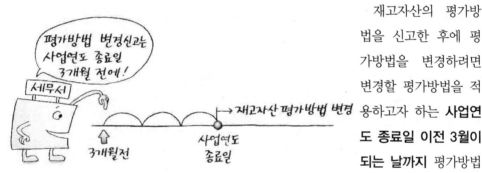

재고자산의 평가방법을 신고한 후에 평가방법을 변경하려면 변경할 평가방법을 적용하고자 하는 **사업연도 종료일 이전 3월이 되는 날까지** 평가방법 변경신고를 하여야 한다.

[예 2] 평가방법의 변경신고기한

사업연도 종료일이 12월 31일이라면 재고자산 평가방법의 변경신고기한은 언제인가?

A 사업연도 종료일 3월 이전인 9월 30일까지 변경신고하여야 한다.

④ 평가방법을 신고하지 않은 경우

"변경신고를 안 하면 어떻게 되죠?"
"대가를 치르게 되죠."

재고자산 평가방법을 신고하지 않으면 세법에서는 **선입선출법에 의하여 평가**한다. 왜냐하면 물가가 상승하는 경우에는 재고자산평가방법 중 선입선출법이 가장 과세소득이 높게 나타나 법인세가 가장 많이 부과되기 때문이다.

회사가 평가방법을 신고하지 않았더라도 재고자산을 선입선출법으로 평가했다면 문제가 없을 것이다. 그러나 선입선출법이 아닌 다른 방법으로 평가하여 재고자산을 계상한 경우에는 **선입선출법에 의한 재고자산금액과 결산시 계상한 재고자산금액이 다르게 된다.** 이러한 경우에는 **그 차액에 대하여 세무조정**을 하여야 한다.

[예 3] 재고자산평가방법 : 무신고에 따른 세무조정-1

회사는 재고자산평가방법을 신고하지 않고 총평균법을 사용하여 기말재고자산을 평가하고 이를 재무제표에 계상하였다. 기말재고자산가액은 총평균법에 의하면 120원이고 선입선출법에 의하면 100원이다. 이러한 경우 재고자산에 대한 세무조정은?

A

	회 계	세 법
매출원가		
기초재고	100	100
+당기매입	200	200
−기말재고	120	100
매출원가(손금)	180	200

회사가 적용한 총평균법에 의해 매출원가가 계산되었지만 선입선출법(세법기준)을 기준으로 보면 매출원가(손금)는 20원이 과소계상된 것이다. 따라서 20원을 손금산입하는 세무조정을 하여야 한다.

이와 같이 **결산상 재고자산가액이 세무상 재고자산가액보다 큰 경우**에는 그 차액을 **"재고자산평가증"**이라 하며 재고자산평가증은 **손금산입**한다.

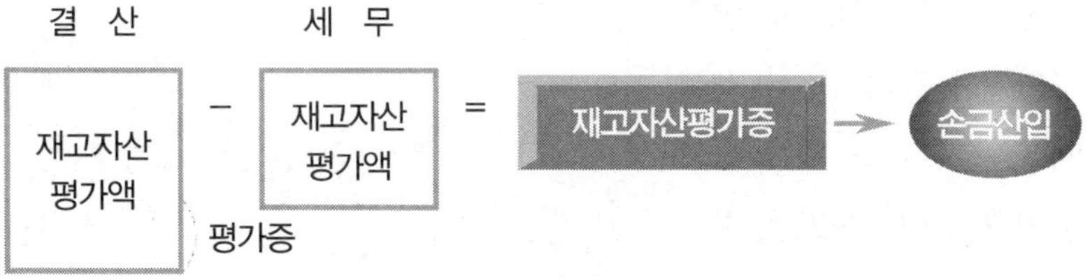

[예 4] 재고자산평가방법 무신고에 따른 세무조정-2

회사는 재고자산평가방법을 신고하지 않고 총평균법을 사용하여 기말재고자산을 계산하고 이를 재무제표에 계상하였다. 기말재고자산은 총평균법에 의하면 70원이지만 선입선출법에 의하면 100원이다.

A 회사가 적용한 총평균법에 의해 매출원가가 계산되었지만 세법상 평가방법인 선입선출법을 기준으로 보면 매출원가는 30원이 과대계상된 것이다. 따라서 30원을 익금산입해야 한다.

이와 같이 **결산상 재고자산가액이 세무상 재고자산가액보다 적은 경우**에는 그 차액을 **"재고자산평가감"**이라 하며 재고자산평가감은 익금산입한다.

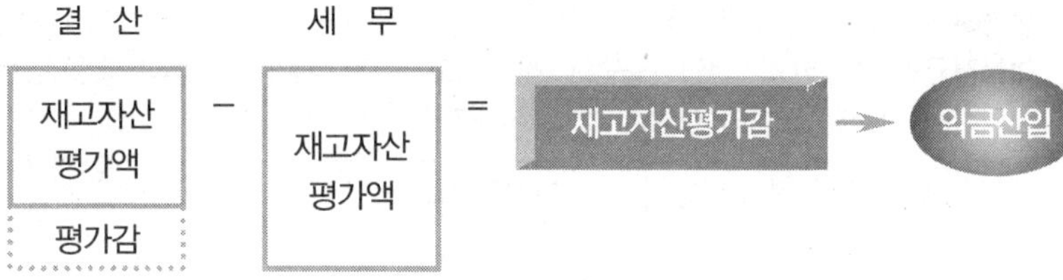

따라서 재고자산평가증이든 평가감이든 모두 세무상으로는 부인되는 것이다.

⑤ 평가방법을 임의로 변경한 경우

"사업연도 종료일 3개월 전에 변경신고를 해야하는데 2개월 전에 변경신고를 하면 어떻게 되죠?"

"변경신고를 안한 것으로 보죠."

"그래도 새로 신고한 방법으로 재고자산을 평가하면?"

"임의변경한 것으로 보죠."

회사가 평가방법을 **임의로 변경**하여 재고자산을 평가하거나 신고기간 내에 변경신고를 하지 않고 **신고기간 이후에 변경신고**를 하고 변경된 방법으로 재고자산을 평가해서 재고자산금액을 재무제표에 계상한 경우에는 세무조정을 어떻게 할 것인가?

이러한 경우 세법에서는 **변경된 방법에 의해 평가된 재고자산금액은 무시**하고 **선입선출법에 의한 금액**과 법인이 **당초 신고한 평가방법에 의한 금액 중 큰 금액으로 평가**한다.

이 때 회사의 결산상 계상액과 세무상 평가액의 차이는 앞에서 설명한 바와 같이 재고자산평가증 또는 재고자산평가감(손금산입 또는 익금산입)으로 세무조정한다.

[예 5] 재고자산평가방법 변경에 따른 세무조정

회사는 지금까지 재고자산을 총평균법을 적용하여 평가하여 왔으나 평가방법을 임의로 변경하여 이동평균법을 적용하여 기말재고자산을 평가하고 이를 재무제표에 계상하였다. 이동평균법, 총평균법, 선입선출법에 의한 재고자산평가금액은 다음과 같을 경우 재고자산과 관련한 세무조정을 어떻게 해야 하는가?

당초 신고한 평가방법	임의변경 평가방법	세법상
총평균법	이동평균법	선입선출법
250원	300원	350원

A 당초 신고방법인 총평균법과 선입선출법에 의한 평가금액을 비교하면 선입선출법에 의한 평가금액이 크다. 따라서 선입선출법으로 세무조정하여야 한다. 결산상 계상된 금액은 300원이고 선입선출법은 350원이므로 재고자산평가감 50원을 익금산입하여야 한다.

⑥ 재고자산평가손실

기업회계기준에서는 재고자산의 가액을 취득원가로 하는 것이 원칙이지만 재고자산의 순실현가능가액(원재료는 현행대체원가)이 취득원가보다 하락한 경우에는 순실현가능가액(원재료는 현행대체원가)으로 하도록 **저가평가를 강제**하고 있다.

그러나 세법에서는 재고자산의 평가에 대하여 기업회계기준의 적용을 배제하고 있기 때문에 원가법으로 재고자산평가방법을 신고한 경우에는 이와 같은 **저가법에 의한 재고자산평가손실이 인정되지 않는다**. 따라서 기업회계에 따라 계상한 재고자산평가손실은 손금불산입하여야 한다. 물론 저가법으로 재고자산평가방법을 신고한 경우에는 세무조정이 필요없다.

한편, 현행 법인세법에서는 재고자산 중에서 **파손·부패 및 기타 사유로 인하여 정상가액으로 판매할 수 없는 자산**이 있을 때에는 기타 재고자산과 구분하여 처분가능한 시가로 이를 평가할 수 있도록 규정하고 있다. 이러한 재고자산평가손실은 회사가 이를 비용으로 계상한 경우에만 손금으로 인정하는 **결산조정사항**이라는 점에 유의하여야 한다.

7 재고자산감모손실

기말재고자산의 실제 재고량이 장부상의 재고량보다 적을 경우에는 기업회계에 따르면 재고자산감모손실을 계상하여야 한다.

그러나 세무상으로는 구체적이고 객관적인 사유가 없는 한, 실제 재고량이 장부상의 재고량보다 적은 경우 그 부족량은 매출한 것으로 보아 시가로 환산한 매출액 상당액을 익금산입하고 동시에 재고자산의 장부가액은 **손금산입**하게 된다.

"나중에 설명하게 되겠지만 구체적이고 객관적 사유가 없는 한 해당금액은 대표자

가 재고자산을 가져간 것으로 간주하기 때문에 보너스를 받은 것으로 보게 되죠."

"구체적이고 객관적인 사유란 어떤 걸 말합니까?"

"세무서에서 확실히 인정할 수 있는 사유이어야 되겠죠. 예를 들면 도난당했다면 경찰서에 신고해서 경찰서에서 이를 확인하는 서류를 받아 제출하던가. …"

"상당히 까다롭겠군요."

⑧ 재고자산 세무조정의 예

[예 6] 재고자산의 세무조정

(주)조세의 제10기(2020.1.1.~12.31.) 재고자산의 평가방법 신고상황과 실제평가방법은 다음과 같다. 재고자산에 대한 세무조정을 하라.

자산별	신고연월일	신고방법	평가방법
상 품	2020.10.25.	총평균법	총평균법
반제품	2009. 1.20.	총평균법	총평균법
원재료	2009. 1.20.	총평균법	이동평균법

※ 상품은 2009.1.20. 선입선출법으로 신고하였으나 2020.10.25. 총평균법으로 변경신고하였다.

평가방법별 재고자산평가액

과 목	품 명	규 격	단 위	수 량	결산서상금액	총평균법	선입선출법
상 품	A1	14	set	100	6,000,000	6,000,000	6,300,000
반제품	B1	17	set	240	8,400,000	8,400,000	8,280,000
원재료	C1	19	kg	50	4,200,000	4,000,000	4,100,000

A 상품은 변경신고를 했지만 사업연도 종료일 이전 3월이 되는 날까지 변경신고를 하지 않고 그 이후에 했으므로 선입선출법과 당초 신고방법에 의한 평가금액 중 큰 금액으로 조정하여야 한다. 따라서 선입선출법을 적용한다.

반제품은 신고방법과 평가방법이 일치하므로 총평균법으로, 원재료는 신고방법을 무시하고 평가방법을 변경하였으므로 총평균법과 선입선출법 중 큰 금액인 선입선출법으로 평가해야 한다.

따라서 상 품 : 재고자산 평가감 300,000원을 익금산입하고
원재료 : 재고자산 평가증 100,000원을 손금산입하여야 한다.

[재고자산(유가증권)평가조정명세서]

[별지 제39호 서식] (앞 쪽)

사업연도	2015. 1. 1. ~ 2015.12.31.	□ 재고자산 □ 유가증권 평가조정명세서	법인명	(주)조세

※관리번호 [ ][ ] - [ ][ ]　　사업자등록번호 [ ][ ][ ] - [ ][ ] - [ ][ ][ ][ ][ ]

※표시란은 기입하지 마십시오.

1. 재고자산평가방법검토

①자 산 별		②평가방법 신고연월일	③신고방법	④평가방법	⑤적 부	⑥비 고
제 품 및 상 품		2014.10.25.	선입선출법	총평균법	부	
반 제 품 및 재 공 품		2005. 1.20.	총평균법	총평균법	적	
원 재 료		2005. 1.20	총평균법	이동평균법	부	
저 장 품						
유가증권	채 권					
	기 타					

2. 평가조정계산

⑦ 과목	⑧ 품명	⑨ 규격	⑩ 단위	⑪ 수량	회사계산		조정계산금액				⑱조정액(⑮또는 ⑮와 ⑰ 중 큰 금액－⑬)
							신고방법		선입선출법		
					⑫ 단가	⑬ 금액	⑭단가	⑮금액	⑯단가	⑰금액	
상 품	A1	14	set	100	600,000	6,000,000	60,000	6,000,000	63,000	6,300,000	300,000
반제품	B1	17	set	240	35,000	8,400,000	35,000	8,400,000			－
원재료	C1	19	Kg	50	84,000	4,200,000	80,000	4,000,000	82,000	4,100,000	△100,000
계											

22226－70311일　　210㎜×297㎜

99.4.1. 개정승인　　(신문용지 54g/㎡(재활용품))

제15장 판매비와관리비의 세무조정

"판매비와관리비는 세무조정을 하지 않으면 모두 손금으로 될 텐데…, 세무조정할 사항이 많나요?"

"꽤 많은데 그 이유는 과도한 비용을 계상해서 과세소득을 줄이려고 하는 것을 막기 위해서죠. 판매비와관리비는 비용 중에서도 비중이 크고 다양하잖아요?"

"그럼 세법에서는 가능한 판매비와관리비가 많이 계상되지 않도록 하겠네요?"

"그렇죠. 대부분 한도액이 정해져 있어서 그 한도액을 초과해서 지출한 경우에는 손금불산입되죠."

판매비와관리비는 세무조정사항이 많은 분야이다. 세법의 입장에서는 과다한 비용지출을 통해 부당하게 과세소득을 감소시키고자 하는 것을 막으려고 한다. 이 때문에 세법에서는 판매비와관리비에 대해 기업회계기준의 적용을 배제하고, 손금으로 산입할 수 있는 한도금액을 규정하고 있는 항목이 많다. 따라서 이를 초과하여 지출된 금액은 손금불산입된다.

대표적인 예로서는 퇴직급여로서 계상되는 퇴직급여충당금의 손금산입한도규정, 접대비의 손금산입한도규정, 감가상각비의 손금산입한도규정, 대손충당금의 손금한도규정 등을 들 수 있다. 이러한 사항들 외의 판매비와관리비에 대하여 살펴본 후에 이 사항들의 세무조정사항을 검토해 보기로 한다.

1. 기타 판매비와관리비의 조정

[1] 급여 등

임원과 사용인에게 지급한 정당한 급여는 법인세법상 모두 손금에 산입한다. 따라서 정당한 급여가 기업회계상 비용으로 계상되었다면 세무조정사항이 발생하지 않는다.

그러나 **비상근임원에게 지급한 급여**가 법인의 규모·영업내용·비상근임원의 업무내용 등에 비추어 법인의 소득에 대한 **조세를 부당히 감소시킨 것으로 인정되면 손금으로 인정되지 않고 부인**된다.

[예 1] 급여의 세무조정

(주)조세의 비상근이사에 대하여 월 2,000,000원씩 12개월간 급여를 지급하였다. 그러나 급여지급규정에는 비상근이사에 대하여 월1,000,000원씩 지급하도록 규정되어 있다.
이에 대하여 세무조정을 하라.

A 월 1,000,000원 × 12 = 12,000,000원을 손금불산입하여야 한다.

"부인이라뇨? 무슨 뜻이죠?"
"급여는 비용으로 계상되어 이미 손금으로 되어 있는 상태라고 할 수 있죠. 그렇지만 손금으로 인정할 수 없는 경우에는 손금부인된다라는 말을 실무적으로 많이 써요."
"결국 손금불산입된다라는 말과 같은 의미군요."

임원에 대한 상여금도 **정관의 규정** 또는 **급여지급기준**에 의하여 지급한다면 전액 손금에 산입된다. 그러나 정관 또는 급여지급기준을 초과하여 상여금을 지급하면 초과금액은 손금불산입된다.

※ 임원퇴직급여가 정관이나 퇴직급여지급규정에 정해져 있지 않은 경우에는 (퇴직 전 1년간의 총급여액 × 1/10 × 근속연수)를 손금한도액으로 한다.

② 세금과공과

■ 세 금

세금이란 국가 또는 지방자치단체가 재정수요를 충족시키기 위하여 세법에 따라 부과하는 것을 말한다. 세금은 기업회계상으로는 비용으로 계상된다고 하더라도 세무회계상으로는 손금불산입하는 사항들이 있다.

① 손금으로 인정되는 세금

- 국　세 : 인지세, 교육세, 종합부동산세
- 지방세 : 재산세, 면허세, 자동차세, 도시계획세, 균등할주민세, 사업소세 등은 업무무관자산에 대한 세액을 제외하고는 **세금과공과**로 **비용으로 계상**된 경우에는 손금으로 인정된다.

② 손금불산입하는 세금

아래의 세금은 손익계산서에 판매비와관리비인 세금과공과로 계상한 경우에는 손금불산입하여야 한다.

- **의무불이행에 따른 세금과 세금대납액, 가산세**
- 부가가치세법상 매입세액불공제액 : 의무불이행 또는 업무와 관련없이 발생한 것

"손익계산서에 법인세비용으로 계상된 법인세와 소득할주민세는 어떻게 되죠?"
"당연히 손금불산입되죠. 농어촌특별세도 마찬가지입니다."

■ 공과금

공과금이란 공공단체가 사업을 수행하면서 소요되는 경비에 충당하기 위하여 부과되는 것으로 세금 이외의 것을 말한다.

공과금은 손금에 산입하지만 다음 항목들은 손금불산입하여야 한다.

① 법령에 의하여 의무적으로 납부하는 것이 아닌 것
예로는 **임의출연금**을 들 수 있다.

② 법령에 의한 의무불이행 또는 금지·제한 등의 위반에 대한 제재로서 부과되는 것
예로는 **폐수배출부담금**을 들 수 있다.

■ **벌금, 과료, 과태료, 가산금과 체납처분비**

벌금, 과료, 과태료, 가산금과 체납처분비 등은 기업회계에서는 세금과공과에 포함시키고 있으나 세법에서는 공과금과 별도로 구분하고 **손금불산입**하도록 규정하고 있다.

회계상으로 세금과공과계정에 각종 세금과 공과금·벌금 등이 모두 기록되어 비용으로 처리된다. 그러나 세무조정을 하기 위해서는 이중에서 손금불산입되는 항목들을 가려내어야 한다.

③ 여비교통비

법인의 **업무수행상 통상 필요하다고 인정되는 부분**의 금액에 관하여 손금산입하며, 초과되는 부분은 손금불산입한다.

2. 퇴직급여의 세무조정

"이제 퇴직급여충당부채에 대해 설명하기로 하죠."
"퇴직급여충당부채는 비용이 아니잖아요?"
"이미 회계편에서 배운 것처럼 손익계산서에 계상되는 비용으로서의 퇴직급여는 크게 두 가지로 나눌 수 있죠. 매년 결산시에 퇴직급여충당부채에 전입하게 되는 퇴직급여와 퇴직자에게 지급하는 금액이 퇴직급여충당부채를 초과하는 경우에 계상하는 퇴직급여로서 이는 비용이죠."

1 세법상 퇴직급여충당금

회계편에서 배웠던 퇴직급여충당부채(세법에서는 퇴직급여충당금이라 하며, 이하 퇴직급여충당금으로 함)과 퇴직급여에 관한 회계처리를 다시 한번 상기해 보자.

[예 1] 퇴직급여충당금의 회계처리

(주)조세의 2020년 기초의 퇴직급여충당금은 1,200원이다. 2020년 중 직원이 퇴직함으로써 퇴직급여 200원을 지급하였다. 그리고 2020년 기말에 퇴직급여추계액을 계산한바 1,600원이었으므로 설정 전 잔액과의 차액 600원(1,600원 − 1,000원)을 퇴직급여충당금으로 추가설정하였다.

1. 2020년 중 직원이 퇴직시 회계처리는? (문제를 단순화하기 위해 세금 등의 문제는 무시한다.)
2. 2020년 기말 퇴직급여충당금 설정시 회계처리는?

A

1.	(차) 퇴직급여충당금	200	(대) 현 금	200
2.	(차) 퇴 직 급 여	600	(대) 퇴직급여충당금	600

기업은 종업원이 퇴직할 경우 회사의 규정 또는 근로자퇴직급여보장법에 따라 퇴직급여를 지급하여야 한다. 이에 따라 기업회계기준에서는 회계연도말 현재 전임직원이 일시에 퇴직할 경우 지급하여야 할 퇴직급여에 상당하는 금액(이를 **퇴직급여추계액**이라 함)을 퇴직급여충당금으로 설정하도록 하고 있다. 따라서 **퇴직급여추계액과 기말에 남아 있던 퇴직급여충당금잔액과의 차액이 퇴직급여**로서 손익계산서의 **비용으로 계상**된다. 이를 **퇴직급여충당금전입액**이라고도 한다.

따라서 위의 예에서는 퇴직급여충당금전입액 600원이 손익계산서에 퇴직급여로서 비용으로 계상되었다.

그러나 세법에서는 퇴직금 재원의 안정적인 확보를 위하여 퇴직금의 사내 적립을 인정하지 않으며 퇴직연금에 가입하여 사외 적립하도록 하고 있다. 이에 따라 이제 경과규정으로 남을 뿐이므로 결산시에 비용으로 계상된 퇴직급여액이 한도를 초과하면 그 초과액은 손금불산입하는 것으로 이해하자.

결산시 계상한 퇴직급여 − 세법상 한도 = 한도초과액 → 손금불산입세법상 한도를 초과하여 전입된 금액은 손금불산입되어 회계상 퇴직급여충당금과 세무상 퇴직급여충당금의 차이가 발생하게 된다.

[예 2] 퇴직급여충당금의 한도액 계산

1. (주)조세의 제2기말 퇴직급여충당금잔액은 1,000원이다.
   제3기에 퇴직한 사람은 없었으며 제3기말에 퇴직급여충당금을 추가설정한 금액은 400원이다.
   제3기말의 회계상 퇴직급여충당금과 세무상 퇴직급여충당금은?(단, 제2기의 손금불산입액은 없으며 제3기의 퇴직급여충당금 세법상 손금한도액이 300원이다)
2. (주)조세의 제4기중에 퇴직한 사람에 대하여 퇴직급여 200원이 지급되었다.
   제4기 말에 퇴직급여충당금을 추가설정한 금액은 500원이며 제4기의 퇴직급여충당금 세법상 손금한도액은 400원이다.
   이 경우 제4기말의 회계상 퇴직급여충당금은 얼마인가? 또한 제4기말의 퇴직급여충당금전입 전 세무상 퇴직급여충당금과 전입 후 퇴직급여충당금은? 그리고 설정 후 충당금 부인누계액은 얼마인가?

A

1. ① 제3기말 회계상 퇴직급여충당금
   1,000원 + 400원 = 1,400원
   ② 제3기말 세무상 퇴직급여충당금
   1,000원 + (400원 − 100원(부인액)) = 1,300원
2. ① 제4기말 회계상 퇴직급여충당금
   1,400원 − 200원 + 500원 = 1,700원
   ② 제4기말 전입 전 세무상 퇴직급여충당금
   1,400원 − 100원 − 200원 = 1,100원
   ③ 제4기말 전입 후 세무상 퇴직급여충당금
   1,400원 − 100원 − 200원 + (500원 − 100원) = 1,500원
   ④ 4기말 퇴직급여충당금부인누계액
   ③ − ① = 200원

위의 예에서 보는 바와 같이 세법에서 퇴직급여충당금전입의 손금산입한도를 정함으로 인해 회계상의 퇴직급여충당금과 세법상의 퇴직급여충당금은 충당금부인누계액만큼 차이가 발생한다.

2 퇴직금전환금의 처리

퇴직금전환금은 과거 국민연금법에 따라 사업주가 근로자에게 장차 지급할 퇴직급여의 일부를 국민연금공단에 납부한 것이다. 이 퇴직금전환금제도는 1999년 4월 1일에

폐지되었다. 그러나 이미 납부한 퇴직금전환금은 당해 임원 또는 사용인이 퇴직할 때까지 남아 있게 되므로 퇴직급여충당금에서 차감표시한다.

또한 다음에 설명할 퇴직급여추계액기준 손금한도를 계산할 때 가산하여야 한다.

"세법상 한도액은 어떻게 계산하는지 설명하지 않으셨는데요?"
"이제부터 설명해야죠."

3 세무조정

세법상 퇴직급여충당금의 손금산입 범위액은 아래 ①, ② 중 적은 금액으로 한다.

Min
- **① 퇴직급여 지급대상 임직원에게 지급한 총급여액 × $\frac{5}{100}$**
- **② 사업연도 종료일 현재 퇴직급여추계액 × 0% + 퇴직금전환금 잔액* − 세무상 퇴직급여충당금잔액****

* 결산일 현재 재무상태표상 금액
** 기초 퇴직급여충당금잔액 − 충당금부인누계액 − 당기 장부상 충당금감소액

손금산입한도액을 구하기 위해서는 우선 퇴직급여 지급대상이 되는 임직원에게 지급한 총급여액을 계산하여야 하고 사업연도 종료일 현재 퇴직급여추계액을 계산하여야 한다.

3. 접대비의 조정

1 접대비와 기밀비의 의의

"영수증이 없어도 회사 돈을 쓸 수 있나요?"
"과거엔 기밀비가 있었는데…"
"기밀비요?"

기업은 영리목적을 달성하기 위해서 영업활동을 해야 하며 이를 위해 거래처 또는 거래처가 아니라도 업무와 관련있는 사람들과 접촉을 해야 한다. 이와 같이 기업이

거래처 등에게 업무와 관련하여 접대하기 위해서 지출되는 비용을 접대비라고 한다.

접대비를 아무런 제한없이 인정하게 되면 과다한 접대비의 지출로 인하여 과세소득이 부당하게 감소될 가능성이 크다. 따라서 세법에서는 접대비에 대하여 **일정한 한도를 설정**하고 그 한도를 초과하는 지출에 대해서는 손금불산입하도록 하고 있다.

접대비는 반드시 **영수증** 등을 갖추고 **지출용도**를 밝혀야 한다. 따라서 **증빙이 없는 접대비는 손금으로 인정받을 수 없다.** 그러나 영업상의 기밀을 유지하기 위하여 영수증과 같은 지출증빙을 갖추지 않고 용도를 밝히지 않은 지출이 필요할 경우가 있다. 이와 같이 **업무와 관련하여 지출되었지만 지출증빙을 갖출 수 없어 지출용도를 밝힐 수 없는 비용을 기밀비**라고 한다.

기밀비는 증빙이 불필요하므로 변칙처리되거나 불건전한 비용으로 사용가능하기 때문에 2000년 이후부터 폐지되었이므로 기밀비가 지출되었을 경우에는 손금불산입된다.

② 접대비의 범위

세무상 접대비는 접대·교제·사례 기타 어떠한 명칭을 사용하느냐에 상관없이 거래처 등에게 **업무와 관련하여 접대하기 위해 지출되는 모든 금액**을 말한다.

세법상의 접대비에 해당되는 사항들을 살펴보면 다음과 같다.

① 접대·교제 등을 위한 비용

② 사례금

③ 접대비 관련 부가가치세 매입세액

④ 매출채권의 포기액

　단, 특정조건을 충족한 경우에는 대손금으로 인정한다.

⑤ 접대목적으로 제공한 자산에 대한 부가가치세 매출세액 부담액

⑥ 사용인이 조직한 조합 또는 단체(법인에 한함)에 지출한 복리시설비 등

"그럼 손익계산서에 접대비로 계상된 금액만이 세무상의 접대비가 되는 게 아니군요?"
"그렇죠, 정당하게 접대비를 기록했다면 손익계산서의 접대비가 세무상의 접대비가 되겠지만 실제로는 그렇지 않은 경우도 있을 수 있으니까 세무상 접대비지출액은 손익계산서에 계상된 접대비와 금액이 다를 수 있죠."
"그럼 일단 세무상 접대비지출액을 파악한 후에 한도액을 계산해야 되겠군요?"
"그렇죠, 그리고 접대건당 1만원 초과의 접대비로서 신용카드매출전표나 세금계산서 · 계산서를 받지 않은 것은 손금에 불산입되죠. 이것도 증빙없는 접대비예요. 따라서 이에 해당되는 금액은 우선 제외해야죠."
"왜 그렇게 하죠?"
"접대비지출의 투명성과 거래상대사업자의 과세표준양성화를 유도하기 위해서죠. 또한 건당 3만원 초과 지출한 접대비는 당해 법인의 명의로 발급받은 신용카드를 사용해야 손비로 인정된다는 점에 유의하세요.

1회의 접대에 지출한 접대비 중 1만원(경조사비의 경우에는 20만원)을 초과하는 접대비로서 신용카드, 세금계산서 또는 계산서, 현금영수증 등을 교부받지 않은 경우에는 이에 해당하는 접대비는 손금불산입하도록 하고 있다.

③ 접대비의 세무조정계산절차

"접대비 세무조정절차가 복잡한가요?"
"과거에는 복잡했지만 이제는 훨씬 간단하죠."
"간단한 예를 들어주세요."

"우선 증빙없는 접대비는 손금으로 인정되지 않으니까 증빙있는 접대비만 생각하기로 하죠. 그러니까 기밀비가 있는 경우에는 모두 손금불산입되고 건당 1만원(경조사비는 20만원) 초과로서 신용카드매출전표 등이 없는 것은 손금불산입되는 거죠. 예를 들어 접대비 지출총액이 8,000만원인데 이런 금액이 600만원이라면 접대비 7,400만원에 대해 접대비한도를 계산하죠. 그런데 한도액이 6,000만원이라면 접대비한도초과액 1,400만원을 손금불산입하게 되죠."

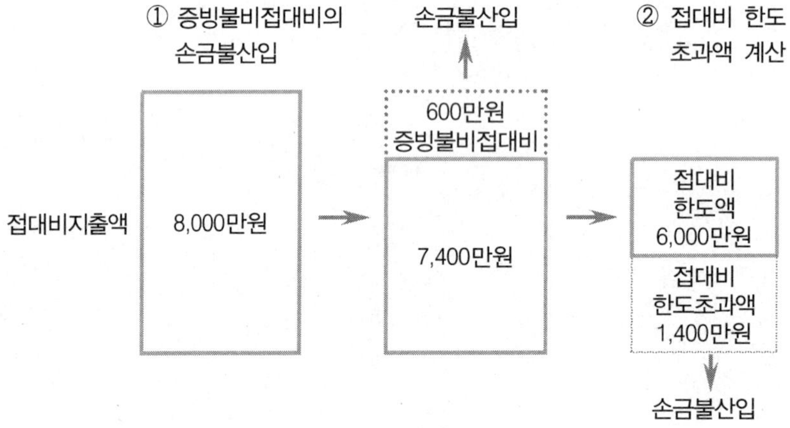

"한도액을 초과하지 않는 경우도 있지 않겠습니까?"
"그렇습니다. 예를 들어 접대비지출총액이 4,000만원이라고 하죠. 접대비 4,000만원에 대해 접대비한도를 계산했는데 5,000만원이라면 4,000만원 모두 손금으로 인정되죠."

[예 1] 접대비의 세무조정

한국주식회사의 제10기 사업연도(2020.1.1.~12.31.)에 대한 접대비에 관한 자료는 다음과 같다. 한국주식회사는 중소기업이다.

A

1. 수입금액에 관한 사항
   (1) 일반법인(제조 · 도매 : 섬유, 부동산 : 임대)으로서 서울시 소재법인임
   (2) 국내매출액 :
   제조 · 도매 : 200억(특수관계인과의 거래 50억 포함)
   부동산임대 : 20억
   (3) 수출액 : 100억
2. 접대비 지출내역
   접대비지출총액 : 170,000,000원(거래건당 3만원 초과분 140,000,000원은 전부 신용카드 등으로 지출하였다)

■ 접대비한도액의 계산

접대비한도액은 다음 ①, ②를 합계한 금액으로 한다.

① 1,200만원(중소기업 3,600만원) $\times \dfrac{\text{당해 사업연도의 월수}}{12}$

② 수입금액* × 적용률

* 수입금액 : 기업회계기준에 의한 매출액

* 수입금액에 대한 적용률은 다음과 같다.

수입금액구분		적 용 률
일반 매출	100억원 초과 500억원 이하	$\frac{3}{1,000}$
	100억원 이하	$\frac{2}{1,000}$
	500억원 초과	$\frac{3}{10,000}$
특수관계자의 매출		(총수입금액×적용률－일반매출×적용률)×10%

③ 2020년 12월 31일이 속하는 사업연도 까지는 3천 600만원

④ 가족회사 등의 특정법인의 경우에는 [①+②]×50%를 한도로 한다.

"그러니까 접대비는 일단 1,200만원, 중소기업은 3,600만원을 기본으로 하고 수입금액의 일정비율은 접대비로 인정하겠다는 취지군요."

"그래요. 그리고 1998년도까지는 자기자본에 대해 일정비율을 접대비로 인정해주었는데 여러 가지 불합리한 이유로 1999년부터는 자기자본비율이 폐지되었습니다."

"그럼 수입금액에 대한 적용률은 어떻게 해서 나온거죠?"

"세무당국에서 합리적이라고 생각되는 비율을 추산한 거겠죠. 그리고 당연한 것이지만 수입금액이 커질수록 적용률은 적어지죠."

[예 2] 접대비한도액의 계산

〔예 1〕의 자료로 접대비한도액을 계산하라.

A

- 일반매출과 부동산임대매출 = 150억 + 100억 + 20억 = 270억
- 특수관계자 매출액 = 50억
- 총매출 = 270억 + 50억 = 320억
- 총매출 × 적용률 : 100억 × $\frac{3}{1,000}$ + 220억 × $\frac{2}{1,000}$ = 74,000,000원
- 일반매출 × 적용률 : 100억 × $\frac{3}{1,000}$ + 170억 × $\frac{2}{1,000}$ = 64,000,000원
- 특수관계자 거래분 : (74,000,000원−64,000,000원) × 10% = 1,000,000원

따라서 접대비한도액은

36,000,000원 × $\frac{12}{12}$ + (64,000,000원 + 1,000,000원) = 110,000,000원

■ 접대비한도초과액의 계산과 조정

접대비한도액을 계산한 후에는 접대비한도초과액을 계산하여야 한다. 접대비지출액에서 접대비한도액을 차감하면 접대비한도초과액을 구할 수 있다. 접대비한도초과액은 손금불산입한다.

접대비지출액 - 접대비한도액 = 접대비한도초과액

[예 3] 접대비한도초과액

한국주식회사의 접대비한도초과액을 계산해 보자.

A

접대비한도초과액 = 접대비지출액 − 접대비입한도액
= 170,000,000원 − 110,000,000원
= 60,000,000원

따라서 60,000,000원은 접대비한도초과액으로 손금불산입된다.

④ 접대비조정명세서

[접대비조정명세서(갑)]

[별지 제23호 서식 (갑)] (2007.7.31. 개정) (앞 쪽)

사업연도	2020. 1. 1. ~ 2020. 12. 31.	접대비조정명세서(갑)	법 인 명	한국(주)
			사업자등록번호	

접대비 한도초과액 조정			
구 분			금 액
①12,000,000원(중소기업 36,000,000원)× 해당 사업연도 월수(12) / 12			36,000,000
수입금액기준	총수입금액 기준	100억원 이하의 금액×30/10,000	30,000,000
		100억원 초과 500억원 이하의 금액×20/10,000	44,000,000
		500억원 초과 금액×3/10,000	
		② 소계	74,000,000
	일반수입금액 기준	100억원 이하의 금액×20/10,000	30,000,000
		100억원 초과 500억원 이하의 금액×10/10,000	34,000,000
		500억원 초과 금액×3/10,000	
		③ 소계	64,000,000
	④ 기타수입금액기준	(② - ③)×10/100	1,000,000
문화접대비 한도액의 계산 (「조세특례제한법」 제136조제3항 관련)		⑤문화접대비 지출액	
		⑥해당 사업연도 총 접대비 지출액	
		⑦문화접대비 한도액{⑤-(⑥×3/100)}	
접대비 한도액		⑧일반접대비 한도액(①+③+④)	( ) 110,000,000
		⑨문화접대비 한도액(⑦과 (⑧×10/100) 중 적은 금액)	
		⑩합계(⑧+⑨)	110,000,000
⑪접대비 해당 금액			170,000,000
⑫1만원(경조사비는 20만원)초과 접대비 중 신용카드 등 미사용으로 인한 손금불산입액			-
⑬차감 접대비 해당 금액(⑪-⑫)			170,000,000
⑭한도초과액(⑬-⑩)			60,000,000
⑮손금산입한도 내 접대비지출액(⑩과 ⑬ 중 적은 금액)			110,000,000

210㎜×297㎜(신문용지 54g/㎡(재활용품))

[접대비조정명세서(을)]

[별지 제23호 서식 (을)] (2007.3.30. 개정) (앞 쪽)

사업연도	2020. 1. 1. ~ 2020. 12. 31.	접대비조정명세서(을)	법 인 명	한국(주)
			사업자등록번호	

1. 수입금액명세

①구 분	②일 반 수 입 금 액	③특수관계자간거래금액	④합 계 (②+③)
⑤금 액	27,000,000,000	5,000,000,000	32,000,000,000

2. 접대비 해당 금액

⑥계 정 과 목		접대비				합 계
⑦계 정 금 액		170,000,000				170,000,000
⑧접대비계상액중사적사용경비						
⑨접 대 비 해 당 금 액(⑦ - ⑧)		170,000,000				170,000,000
⑩ 신용카드 등 사용금액	⑪경조사비20만원초과액	—	—	—	—	—
	⑫국 외 지 역 지 출 액 (「법인세법 시행령」 제41조 제2항)	—	—	—	—	—
	⑬접대비 중 1만원 초과액 (⑪및⑫ 제외)	140,000,000 140,000,000	—	—	—	140,000,000 140,000,000
	⑭기 타					
	⑮신 용 카 드 등 사 용 액 합 계					
⑯신용카드 등 미사용부인액						
⑰접 대 비 부 인 액 (⑧ + ⑯)						

210㎜×297㎜(신문용지 54g/㎡(재활용품))

4. 감가상각비의 세무조정

"다음으로 감가상각비에 대해서 살펴보죠."
"감가상각비는 비용으로 계상되면 모두 손금으로 인정되지 않나요?"
"그렇지 않아요. 감가상각비는 비용 중에서도 비중이 큰 항목이기도 하고 회계와는 달리 세무상 독특한 측면이 많아요. 그리고 결산조정사항이기도 하죠."
"결산조정사항이라면 일단 비용으로 계상해야 손금으로 인정해 줄 수 있다는 것이군요."
"그렇죠. 그리고 세법상 말하는 고정자산은 회계에서의 유형자산과 무형자산을 말하는 겁니다. 당황하지 마세요."

1 세무상 감가상각제도의 특징

■ 시부인제도

"감가상각시부인, 시부인하는데 시부인이란게 뭡니까?"
"시부인이란 시인과 부인을 합한 말이죠."
"그럼 시인(是認)이란 비용으로 계상된 감가상각비를 손금으로 인정한다는 말일 것이고 부인(否認)이란 비용으로 계상된 감가상각비를 손금으로 인정하지 않는다는 말이겠군요?"

감가상각비는 결산조정사항이므로 결산상 비용으로 계상한 경우에 한하여 손금으로 인정받는다. 그러나 결산상 계상된 감가상각비라도 모두 손금으로 인정받는 것이 아니라 **세법에 따라 계산한 금액**(이를 **상각범위액**이라 함)**한도 내에서만 손금으로 인정**받는다.

상각범위액 : 세법에서 규정한 감가상각비의 손금한도액

따라서 결산상 계상된 감가상각비가 상각범위액보다 크면 그 차액은 손금으로 인정받지 못하고 손금불산입된다. 이 금액을 **상각부인액**이라 한다.

반대로 결산상 계상된 감가상각비가 상각범위액보다 적으면 이 차액을 **시인부족액**이라고 한다. 시인부족액이 발생하면 결산상 계상된 감가상각비는 전액 손금으로 인정된다.

결산상 감가상각비 − 상각범위액 = 상각부인액* / 시인부족액*

* 감가상각비 > 상각범위액

* 감가상각비 < 상각범위액

[예 1] 상각부인액과 시인부족액

1. 회사가 결산상 계상한 감가상각비는 100,000원이다. 그러나 이번 사업연도의 상각범위액은 70,000원이다. 결산상 계상한 감가상각비는 모두 손금으로 인정되는가?
2. 회사가 결산상 계상한 감가상각비는 100,000원이다. 그러나 이번 사업연도의 상각범위액은 140,000원이다. 결산상 계상한 감가상각비는 모두 손금으로 인정되는가?

A

1. 100,000원 − 70,000원 = 30,000원
   30,000원은 상각부인액으로서 손금불산입된다. 따라서 결산상 계상한 감가상각비 100,000원 중 70,000원만 손금으로 인정된다.
2. 100,000원 − 140,000원 = △40,000원
   40,000원은 시인부족액이다. 따라서 결산상 계상한 감가상각비 100,000원은 모두 손금으로 인정된다.

이와 같이 **상각부인액**과 **시인부족액을 계산하여 세무조정하는 것**을 **감가상각비의 시부인계산**이라고 한다.

① 상각부인액이 발생한 경우

특정 사업연도에 상각부인액이 발생하면 그 상각부인액은 다음기로 이월되어 그 후 사업연도의 감가상각시 시인부족액이 생기면 그 시인부족액의 범위 내에서 손금으로 인정한다. 이를 **손금추인**이라고 한다.

[예] 상각부인액의 처리

다음과 같이 제1기에 상각부인액이 발생한 경우 제2기에서의 처리는?

	제1기	제2기
회사감가상각비계상액	15,000,000원	2,000,000원
상 각 범 위 액	10,000,000원	10,000,000원
상 각 부 인 액	5,000,000원	−
시 인 부 족 액	−	△8,000,000원

A 제1기에 발생한 상각부인액 5,000,000원은 제2기 시인부족액 8,000,000원 범위 내에서 손금으로 산입된다. 따라서 제2기에는 5,000,000원이 손금추인된다.

"전연도의 상각부인액이 올해 시인부족범위액 내에 손금으로 인정된다면 결산조정이 아니지 않습니까? 이상한데요?"

"그렇죠. 하지만 그렇게 안하면 세무상 고정자산의 원가를 모두 상각할 수 없게 되기 때문에 결산조정이라는 원칙에 예외를 인정한 겁니다. 잘 생각해 보세요."

"그리고 상각부인액이 계속해서 발생하면 그 금액은 누적되겠네요?"

"그래서 상각부인누계액, 부인누계액이라는 말을 사용하죠."

② 시인부족액이 발생한 경우

특정 연도에 시인부족액이 발생하면 시인부족액 범위 내에서 전기로부터 이월된 상각부인액이 손금으로 추인되며, 그렇지 않으면 시인부족액은 소멸한다. 따라서 시인부족액은 이월되지 못하기 때문에 그 후의 사업연도에 상각부인액이 발생하더라도 이에 충당할 수 없다.

[예 2] 시인부족액의 처리

다음과 같이 제1기에 시인부족액이 발생한 경우 제2기에서의 처리는?

	제1기	제2기
회사감가상각비계상액	2,000,000원	15,000,000원
상 각 범 위 액	10,000,000원	10,000,000원
상 각 부 인 액	–	5,000,000원
시 인 부 족 액	△8,000,000원	–

A 제1기의 시인부족액은 제2기의 상각부인액에 충당하지 못하고 소멸된다. 따라서 제2기에는 상각부인액 5,000,000원에 대하여 손금불산입한다.

이와 같이 하는 이유는 시인부족액을 그 후 사업연도의 부인액에 충당할 수 있도록 허용한다면 각 사업연도별 소득을 조정할 수 있는 수단으로 활용할 수 있기 때문이다.

■ 임의상각

"제 친구회사는 올해 감가상각을 안했다고 하더라구요. 아니 마음대로 감가상각을 안해도 되는 겁니까?"

"세무상 감가상각을 안했다는 얘기겠죠."

"세무상으로는 감가상각을 안해도 됩니까?"

"가능하죠."

법인세법에서는 법인에 대하여 감가상각을 강제하지 않는다. 따라서 법인이 임의로 세무상 감가상각비를 전혀 계상하지 않거나 세법상 허용하는 한도 내에서 일부만을 계상할 수 있다.

따라서 세무상 감가상각은 비록 내용연수가 경과하더라도 취득가액이 소멸할 때까지 감가상각을 선택적으로 할 수 있기 때문에 이익이 많이 계상되어 법인세부담이 크다고 판단되는 사업연도만 골라서 감가상각비를 계상하는 것이 절세상 유리한 방법이 된다.
(※물론 기업회계상 감가상각비를 계상하지 않으면 기업회계기준에 위배되는 것이다)

[예 3] 감가상각의 임의선택

(주)미래는 사업용 고정자산을 ×1년에 취득하였다. 취득가액이 10,000,000원, 내용연수는 4년, 잔존가액은 없으며 정액법으로 감가상각하기로 하였다. 이러한 경우 감가상각을 어떻게 할 것인가?

A

	방법 1	방법 2	방법 3
×1년	2,500,000	2,500,000	
×2년	2,500,000		2,000,000
×3년	2,500,000	2,500,000	1,000,000
×4년	2,500,000		
×5년		2,500,000	500,000
×6년		2,500,000	1,500,000
×7년			2,500,000
×8년			1,500,000
×9년			1,000,000
	10,000,000	10,000,000	10,000,000

기업회계상으로는 방법 1만이 가능하지만 세무상으로는 방법 2, 방법 3 이외에도 여러 가지 방법이 가능하다.

② 상각범위액의 계산방법

■ 감가상각방법

상각범위액은 다음에 구분된 감가상각방법 중 **법인이 신고한 감가상각방법**에 의하여 계산한다.

구 분	신고시 적용방법	무신고시 적용방법
① 유형고정자산		
건축물	정액법	정액법
기타	정률법, 정액법	정률법
② 무형고정자산 (③, ⑤, ⑥, ⑦ 제외)	정액법	정액법
③ 광업권	생산량비례법, 정액법	생산량비례법
④ 광업용유형고정자산	생산량비례법, 정액법 또는 정률법	생산량비례법
⑤ 개발비	20년 이내의 기간동안 균등액 상각	5년 균등액 상각
⑥ 사용수익기부자산가액	사용수익기간동안 균등액 상각	좌동
⑦ 주파수이용권및공항시설관리권	고시·등록사용기간 내 균등액 상각	좌동

■ 상각범위액의 계산

각 감가상각방법에 따른 상각범위액의 계산은 아래와 같다.

•정률법

미상각잔액* × 내용연수에 따른 상각률

•정액법

취득가액* × 내용연수에 따른 상각률

•생산량비례법

$$\text{취득가액}^{*} \times \frac{\text{당해 사업연도의 채굴량}}{\text{총 채굴예정량}}$$

* 미상각잔액과 취득가액은 좀 더 설명이 필요하지만 나중에 하기로 하고 여기서는 기업회계와 유사한 것으로 이해하고 계속 진행하기 바란다. (하지만 기업회계에서의 개념과는 분명히 다르다!)

③ 상각범위액의 계산요소

■ 취득가액

세무상 감가상각자산의 취득가액은 기업회계기준과 마찬가지로 **취득원가주의**에 의한다. 따라서 **매입가액에 부대비용을 가산한 금액**을 취득원가로 계상한다.

매입가액 + 부대비용 = 취득원가

■ 잔존가액

"고정자산은 잔존가액이 있는 것이 일반적이지 않습니까?"

"글쎄요. 세법상으로 고정자산은 잔존가액이 없는 것으로 보고 있어요."

"잔존가액이 없다구요. 아니, 기계를 사서 쓰면 내용연수가 다 지난 다음에 고철값이라도 받을 수 있지 않습니까?"

"그렇다고도 할 수 있지만 폐기처분하는 데 드는 비용도 만만치 않죠. 어쨌든 세법상 고정자산은 잔존가액이 없어요."

세법상 고정자산은 잔존가액이 없다. 따라서 세법상 고정자산의 잔존가액은 영(0)으로 한다.

그런데 정률법은 상각률을 $1-\sqrt[n]{\frac{\text{잔존가액}}{\text{취득가액}}}$ 으로 계산한다. 따라서 잔존가액을 0으로 하면 정률법의 상각률은 $1-\sqrt[n]{\frac{0}{\text{취득가액}}}=1$ 이 되어 상각률을 계산할 수 없게 된다.

이러한 문제점을 해결하기 위하여 **정률법에 의해 상각하는 자산**은 **일단 잔존가액을 취득가액의 5%로 하여 상각률을 계산**한다. 그리고 이 상각률에 의해 감가상각을 하다가 **최초로 미상각잔액이 취득가액의 5% 이하가 되는 사업연도에 5%의 잔존가액을 그 연도의 상각범위액에 가산**한다.

[예 1] 정률법에 의한 상각

취득원가 10,000,000원, 내용연수 4년 , 정률법에 의한 상각률 0.528인 고정자산의 경우 고정자산을 취득한 이후에 매년 감가상각비를 계상한다면 각 연도의 상각범위액은 어떻게 되는가?

A

연 도	기초미상각잔액	상각범위액	기말미상각잔액
1년	10,000,000	10,000,000 × 0.528 = 5,280,000	4,720,000
2년	4,720,000	4,720,000 × 0.528 = 2,492,160	2,227,840
3년	2,227,840	2,227,840 × 0.528 = 1,176,300	1,051,540
4년	1,051,540	1,051,540 × 0.528 = 555,213	496,327

따라서 4년째에 미상각잔액이 취득원가의 5% 이하가 되므로 이때 나머지 미상각잔액을 상각하게 된다.

잔존가액이 영(0)이라 하더라도 취득가액 전부를 상각해야 하는 것은 아니다. 상각이 완료된 자산은 처분시까지 **개별자산별로 취득가액의 5%와 1,000원 중 적은 금액**을 장부가액으로 하여 **비망계정**으로 잔존시켜야 한다.

"그러면 위의 예에서 4년째에는 1,051,540원이 아니라 1,050,540원을 상각해야 한다는 겁니까?"
"그렇죠. 기업회계기준에서도 비망금액을 남기도록 규정하고 있어요."
"왜죠?"
"잔존가액이 영(0)이 되면 실물관리도 어렵고 처분했을 때 처분이익이나 손실이 날 경우 자료를 찾지 못해 회계처리가 곤란해질 수 있기 때문이죠."

■ 내용연수

"기업이 사용하는 고정자산은 여러 가지가 있지 않겠습니까? 제품을 만들기 위한 기계라고 해도 종류가 수없이 많을 텐데. 그리고 다른 고정자산들도 역시 수없이 종류가 다양할 것이고. 어이구 생각만 해도 머리가 아프네."
"종류야 수없이 많죠. 그런데 왜 머리가 아프죠?"
"종류가 많은 만큼 내용연수가 여러 가지 아니겠어요?"
"그렇지 않아요. 세법에서는 내용연수를 몇 가지로만 제한하고 있어요."

① 기준내용연수

세법에서는 고정자산을 유형고정자산과 무형고정자산으로 나누고 유형자산은 다시 건축물 등, 업종별자산, 시험연구용자산의 세 가지 유형으로 분류한 후 각 유형의 자산에 대하여 기준이 되는 내용연수를 제시하고 있다. 이를 **기준내용연수**라고 한다.

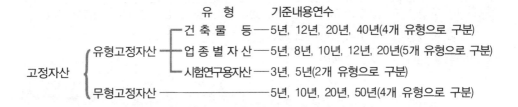

		유 형	기준내용연수
고정자산	유형고정자산	건 축 물 등	5년, 12년, 20년, 40년(4개 유형으로 구분)
		업 종 별 자 산	5년, 8년, 10년, 12년, 20년(5개 유형으로 구분)
		시험연구용자산	3년, 5년(2개 유형으로 구분)
	무형고정자산		5년, 10년, 20년, 50년(4개 유형으로 구분)

건축물 등의 유형고정자산의 기준내용연수에 대해 살펴보자.

차량 운반구·공구·기구 및 비품은 기준내용연수가 5년이며, 연와조·콘크리이트조·목조 등 건축물의 기준내용연수는 20년이다. 그리고 철근콘크리이트조·석조·철골조 등의 건축물은 기준내용연수를 40년으로 하고 있다.

업종별자산이란 그것이 어떤 것이건 **해당 업종의 제조부문에서 사용되는 자산**(감가상각비가 제조경비로 계상되는 자산) 모두를 말한다. 예를 들면 제조업 중 출판, 인쇄업에 사용되는 자산은 기준내용연수가 5년이 적용되며 음식료품제조업에 사용되는 자산은 기준내용연수가 10년이 적용된다.

다만, 공통자산(차량운반구, 공구, 기구, 비품)의 기준내용연수는 판매비와 관리비 또는 제조경비 계상 여부에 관계없이 5년으로 한다.

"그러면 똑같은 기계라도 출판·인쇄업에 사용되면 5년, 음식료품제조업에 사용되면 10년이겠네요?"

"그렇죠. 어떤 종류의 기계라도 업종별자산으로 보고 업종에 따라 똑같은 기준내용연수를 적용하게 되죠."

"그럼 한 회사에서 사용되는 기계라면 어떤 것이라도 동일한 기준내용연수를 적용받게 됩니까?"

"그렇죠."

[예 2] 기준내용연수의 적용

음식료품제조업을 영위하는 (주)시원해의 고정자산취득명세는 다음과 같다. 이 고정자산들에 대하여 적용하여야 할 기준내용연수는 얼마인가?

① 건물 A – 목조　② 건물 B – 석조　③ 건물 C – 철골조
④ 차량운반구 A – 관리부문 사용　⑤ 차량운반구 B – 제조부문 사용
⑥ 제조용기계

A　① 20년　② 40년　③ 40년　④ 5년　⑤ 5년　⑥ 10년

② 신고내용연수와 승인내용연수

신설법인은 그 **영업개시일**이 속하는 사업연도의 **법인세 과세표준의 신고기한**까지 고정자산에 대한 내용연수와 감가상각방법을 신고하여야 한다.

이때 유형고정자산 중 건축물 등과 업종별 자산에 대하여는 기준내용연수에 25%를 가감한 내용연수(이를 **내용연수범위**라 함)로 내용연수를 변경하여 **신고**할 수 있다. 이를 **신고내용연수**라고 한다. 내용연수를 신고하지 않을 경우에는 기준내용연수를 적용한다.

신고내용연수의 범위 = 기준내용연수 ± (기준내용연수 × 25%)

[예 3] 신고내용연수의 범위

기준내용연수가 5년과 20년인 유형고정자산의 신고내용연수의 범위는 얼마인가?

A
5년 ± (5년 × 25%) = 5년 ± 1년 따라서 4~6년
20년 ± (20년 × 25%) = 20년 ± 5년 따라서 15~25년

사업장이 위치한 지리적·환경적 특성으로 자산의 부식·마모 및 훼손의 정도가 현저하여 내용연수 범위와는 다른 내용연수를 적용할 필요가 있는 때에는 납세지 관할지방국세청장의 승인을 얻어 **기준내용연수의 50% 범위** 내에서 내용연수를 적용할 수 있다. 이를 **특례내용연수**라 한다.

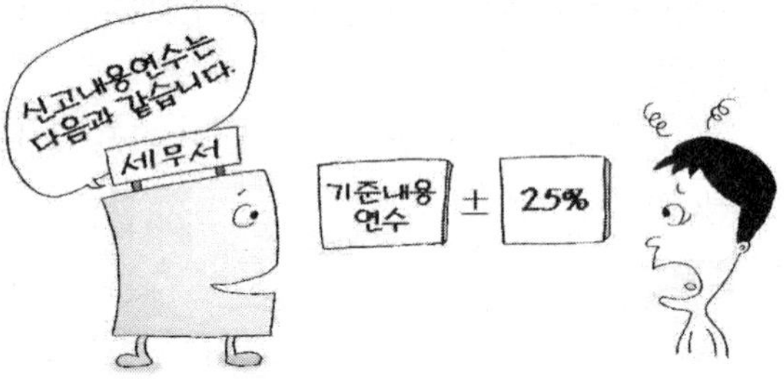

④ 중고취득자산 및 합병으로 취득한 자산의 수정내용연수

기준내용연수의 50%가 경과된 중고자산, 합병 또는 분할에 의해 취득한 자산의 경우에는 기준내용연수의 50%를 차감한 연수에서 기준내용연수의 범위 내에서 선택한 수정내용연수를 적용할 수 있다. 수정내용연수 계산시 6월 이하는 없는 것으로 하고 6월을 초과하면 1년으로 한다.

4 시부인액의 계산

■ 개별자산별 상각범위액의 계산과 감가상각

당해 사업연도에 법인이 보유하고 있는 고정자산의 상각범위액을 계산하기 위해서는 해당 고정자산의 기초가액에 상각률을 곱해야 한다.

기초가액 × 상각률 = 상각범위액

※ 여기서 기초가액은 정률법의 경우 미상각잔액이며 정액법의 경우에는 취득가액이라고 할 수 있다. 또한 상각률은 정률법.정액법의 내용연수에 따른 상각률이다. 따라서 위의 상각범위액을 계산하는 식은 정률법과 정액법에 모두 적용되는 것이다.

1999년부터 세법에서는 각 개별자산별로 상각범위액을 계산하도록 하고 있다.

① 신규취득자산 상각범위액

사업연도중에 신규로 취득한 고정자산에 대해서는 취득하여 사업에 사용할 날부터 사업연도 종료일까지의 월수에 따라 계산한다. 이 경우 1월 미만의 일수는 1월로 한다.

$$\text{신규취득자산의 상각범위액} = \text{1년간 상각범위액} \times \frac{\text{취득} \cdot \text{사용일부터 사업연도종료일까지의 월수}}{12}$$

② 양도자산의 상각범위액

사업연도중에 양도한 자산에 대해서는 당해연도의 상각범위액을 계산하지 않아도 된다.

[예 1] 내용연수별 상각범위액계산

음식료품제조업을 영위하는 오성주식회사가 2020년(제4기) 세무조정시 유형자산취득명세는 다음과 같다. 당해 사업연도에 대한 상각범위액을 계산하라.
단, 업종별자산의 내용연수는 10년(정률법 상각률 0.259)이며 관리부문 사용자산의 내용연수는 5년(정률법 상각률 0.451)이다. 아래 자산에 대하여는 모두 정률법을 적용한다.

구 분	취득일	취득가액	사용부문
기계장치-A	2020. 1.20.	100,000,000원	제조부문
기계장치-B	2020. 7.20.	50,000,000원	제조부문
차량운반구-A	2020. 1.16.	10,000,000원	관리부문
차량운반구-B	2020. 1. 3.	20,000,000원	관리부문
집기비품	2020. 7. 5.	15,000,000원	관리부문

A 업종별자산은 내용연수 10년이 적용되며, 관리부문의 고정자산은 건축물 이외는 내용연수 5년이 적용된다.
상각범위액

기계장치-A	100,000,000원 × 0.259 × 12/12 =	25,900,000원
기계장치-B	50,000,000원 × 0.259 × 6/12 =	6,475,000원
차량운반구-A	10,000,000원 × 0.451 × 12/12 =	4,510,000원
차량운반구-B	20,000,000원 × 0.451 × 12/12 =	9,020,000원
집기비품	15,000,000원 × 0.451 × 6/12 =	3,382,500원

개별자산별로 상각범위액을 계산하고 감가상각비의 시부인계산도 개별자산별로 한다. 따라서 어떤 자산에서는 상각부인액이 발생되고 또 다른 자산에서는 시인부족액이 발생하였다 하더라도 이를 모두 합계하는 것이 아니라 상각부인액만 손금불산입한다.

[예 2] 시부인계산

위의 예에서 2020년(제4기) 결산시 기계장치-A는 26,000,000원, 기계장치-B는 6,000,000원, 차량운반구-A는 4,500,000원 차량운반구-B는 9,100,000원, 집기비품을 3,000,000원의 감가상각비를 계상하였다. 이를 시부인계산하면?

A

구 분	결산계상액	상각범위액	상각부인액 (△시인부족액)
기계장치－A	26,000,000원	25,900,000원	100,000원
기계장치－B	6,000,000원	6,475,000원	△475,000원
차량운반구－A	4,500,000원	4,510,000원	△10,000원
차량운반구－B	9,100,000원	9,020,000원	80,000원
집기비품	3,000,000원	3,382,500원	△382,500원

기계장치-A, 차량운반구 - B에 대하여만 손금불산입한다.

■ 상각부인액을 고려한 기초가액과 상각범위액의 계산

상각부인액이 발생하면 기초가액은 아래와 같이 취득가액에서 결산상 감가상각누계액을 차감하고 그동안의 상각부인누계액을 더하여 계산하여야 한다. 이렇게 구해진 기초가액에 상각률을 곱하여 상각범위액이 계산된다.

기초가액 = 취득가액 - 결산상 감가상각누계액 + 상각부인누계액

기초가액 × 상각률 = 상각범위액

[예 3] 상각범위액의 계산

위의 예에서 제5기(2020년)에 결산상 계상된 감가상각비가 아래와 같다고 가정하고 제5기의 개별자산별 상각범위액을 계산하라. 그리고 제5기의 시부인계산을 하라.

결산상 감가상각비	
기계장치－A	20,000,000원
기계장치－B	11,000,000원
차량운반구－A	2,400,000원
차량운반구－B	4,800,000원
집기비품	5,500,000원

A

구 분	취득원가	감가상각누계액	상각부인누계액	기초가액	상각률	상각범위액
기계장치-A	100,000,000원	26,000,000원	100,000원	74,100,000원	0.259	19,191,900원
기계장치-B	50,000,000원	6,000,000원	–	44,000,000원	0.259	11,396,000원
차량운반구-A	10,000,000원	4,500,000원	–	5,500,000원	0.451	2,480,500원
차량운반구-B	20,000,000원	9,100,000원	80,000원	10,980,000원	0.451	4,951,980원
집기비품	15,000,000원	3,000,000원	–	12,000,000원	0.451	5,412,000원

구 분	회사계상액	상각범위액	상각부인액 (△시인부족액)
기계장치-A	20,000,000원	19,191,900원	808,100원
기계장치-B	11,000,000원	11,396,000원	△396,000원
차량운반구-A	2,400,000원	2,480,500원	△80,500원
차량운반구-B	4,800,000원	4,951,980원	△151,980원
집기비품	5,500,000원	5,412,000원	88,000원

기계장치−A는 상각부인액 누계액이 100,000원 + 808,100원 = 908,100원이 되며, 차량운반구−B는 당기의 시인부족액이 151,980원이므로 전연도 상각부인액 80,000원이 손금으로 산입된다.

"기계장치-B와 같이 매년 시인부족액이 발생할 때에는 손금산입을 해주지 않는군요. 그렇다면 내용연수 안에 모두 상각되지 않을 텐데?"

"세법상 내용연수는 그 기간 내에 모두 상각해야 한다는 의미가 아니예요. 단지 상각범위액을 계산할 때 상각률을 정하는 기준일 뿐이죠. 그러니까 내용연수를 경과하여 감가상각하더라도 세법상 적법한 거죠."

5 고정자산양도시의 처리

"고정자산양도시는 어떻게 세무조정하죠?"

"음, 예를 들어가면서 살펴보기로 하죠."

■ 고정자산양도시 처분손익의 세무처리

기중에 고정자산을 양도하는 경우 기업회계상의 처리는 어떻게 되는지 생각해보자.

고정자산의 취득원가는 10,000,000원이며 감가상각누계액은 4,500,000원이다.(감가상각누계액은 세법과 상관없이 회사에서 나름대로 계산한 것이라고 하자) 그리고 처분하면서 현금 5,000,000원을 받았다고 하자. 그러면 회계상으로는 고정자산처분손실(회계상 용어로는 유형자산처분손실)이 500,000원이 계상된다.

(차) 감가상각누계액	4,500,000	(대) 유 형 자 산	10,000,000
현 금	5,000,000		
유형자산처분손실	500,000		

그런데 세무상 이 자산에 대하여 감가상각누계액이 4,000,000원, 즉 상각부인누계액이 500,000원이 있었다면 세무상 고정자산처분손실은 500,000원이 아닌 1,000,000원이 되어야 한다.

세무상 미상각잔액	=	취득가액 − 감가상각누계액 + 상각부인누계액
	=	10,000,000원 − 4,500,000원 + 500,000원
	=	6,000,000원
(−)처 분 가 액		5,000,000원
세무상 처분손실		1,000,000원

따라서 이러한 경우에는 회계상으로는 처분손실이 500,000원이 계상되었지만 세무상으로는 1,000,000원이 계상되어야 하므로 500,000원을 손금산입하여야 한다.

"그러면 처분하는 자산의 세무상 감가상각누계액과 상각부인누계를 알아야 세무조정을 할 수 있겠군요!"

"바로 그렇죠."

양도자산의 경우에는 위에서 설명한 바와 같이 양도한 연도의 감가상각비에 대하여는 시부인계산을 할 필요가 없다.

⑥ 즉시상각, 즉시상각의 의제와 감가상각의제

"세무상 감가상각에 관해서는 다른 문제는 없습니까?"
"즉시상각이 있고 즉시상각의 의제, 감가상각의제가 있어요. 그 차이점을 명확히 구별하도록 하세요."

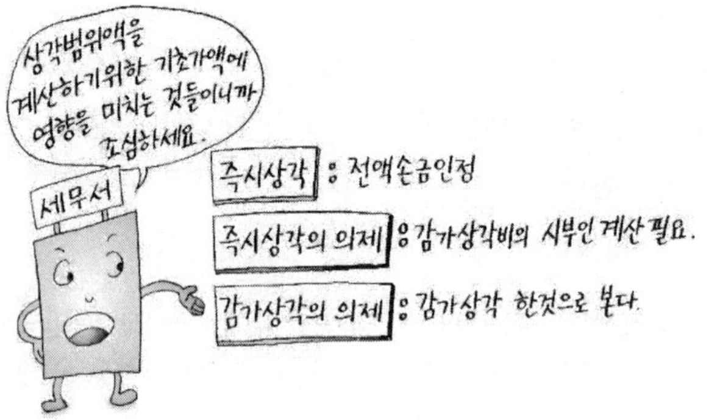

■ 즉시상각

아래와 같은 사항을 **비용으로 계상한 경우**에는 전액 손금으로 인정한다.

① 소액취득자산

사업용 감가상각자산으로서 거래단위별 취득가액이 **100만원 이하**인 것에 대하여는 사업에 제공한 날이 속하는 사업연도에 비용으로 계상한 것에 한하여 손금에 산입한다. 단, 다음의 자산은 제외한다.

－고유업무의 성질상 대량으로 보유하는 자산
－사업의 개시 또는 확장으로 인하여 취득한 자산

② 생산설비의 폐기

시설의 개체 또는 기술의 낙후로 **생산설비의 일부를 폐기**한 경우에는 1,000원을 공제한 잔액을 폐기일이 속하는 사업연도에 손금산입할 수 있다.

③ 소액의 자본적 지출

다음과 같은 자본적 지출 성격의 수선비는 비용으로 계상하면 전액 손금으로 인정한다.

– 개별자산별로 지출한 수선비가 **600만원 미만**인 경우
– 개별자산별로 지출한 수선비가 직전 사업연도 종료일 현재 재무상태표상 **미상각 잔액의 5% 미만**인 경우
– 3년 미만의 기간마다 지출하는 주기적인 수선비

④ 단기사용자산
– 영화필름
– 공구
– 가구, 전기기구, 가스기기 및 가정용가구 및 비품, 시계, 시험기기 및 측정기기, 간판
– 대여사업용 비디오테이프 및 음악용 콤팩트디스크로서 개별자산의 취득가액이 30만원 미만인 것

■ 즉시상각의 의제

법인이 고정자산의 취득가액이나 자본적 지출을 비용으로 계상하는 경우에는 이를 감가상각한 것으로 보는데, 이를 즉시상각의 의제라고 한다.

"감가상각한 것으로 본다면 모두 손금으로 인정한다는 겁니까?"
"아니죠. 시부인계산을 해야죠."

즉시상각의 의제에 해당하는 경우 비용으로 계상된 금액은 취득원가인 동시에 감가상각비로 간주된다. 따라서 감가상각비의 시부인계산을 하여야 한다.

[예 4] 즉시상각의 의제

차량을 취득원가 10,000,000원에 취득하였으나(내용연수 5년, 정률법, 상각률 0.451) 이를 차량운반구로서 자산계정으로 처리하지 않고 비용계정인 차량유지비로 처리하였다. 이 경우 상각범위액, 감가상각비계상액과 한도초과액은 얼마인가?

A

고정자산을 취득하면서 취득가액을 비용으로 계상하였으므로 이는 즉시상각의 의제에 해당된다.

- 상각범위액 10,000,000원 × 0.451 = 4,510,000원
- 감가상각비계상액 10,000,000원
- 한도초과액 = 10,000,000원 − 4,510,000원 = 5,490,000원

따라서 5,490,000원은 손금불산입하여야 한다.

■ 감가상각의 의제

법인세가 면제되거나 감면되는 법인은 당해 면제·감면기간에는 감가상각비를 계상하지 않다가, 면제·감면기간이 끝나고 법인세의 부담이 커지는 기간에 감가상각비를 계상하여 법인세부담을 회피할 가능성이 크다. 따라서 법인세법에서는 이러한 인위적인 감가상각비의 조정을 막기 위하여 **감가상각을 의제**하고 있다.

법인세를 면제 또는 감면받은 사업연도에 감가상각비를 전연 계상하지 않거나 일부만을 계상한 경우에는 상각범위액에 해당하는 금액을 **감가상각한 것으로 본다.** 이것을 감가상각의 의제라고 한다.

감가상각이 의제되는 경우에는 그 후 사업연도의 상각범위액계산의 기초가 될 자산의 가액에서 그 의제상각액을 공제한 잔액을 기초가액으로 하여 상각범위액을 계산하여야 한다.

■ 상각범위액 계산을 위한 기초가액

상각범위액은 기초가액 × 상각률에 의해 계산된다. 그러나 지금까지 상각범위액을 계산하는 데 있어서 즉시상각의제와 감가상각의 의제는 고려하지 않았다. 이를 고려하여 기초가액을 계산하면 아래와 같은 구조로 표현할 수 있다. 이 구조는 감가상각비조정명세서상의 순서에 의한 것이며 지금까지 설명한 사항들을 모두 고려한 것이다.

"지금까지 설명한 내용을 잘 생각하면서 살펴보세요."

① 정률법의 기초가액

• 재무상태표상자산가액	
기말현재자산가액	
(−)감가상각누계액	
미상각잔액	
• (+)회사계산상각비	
• (+)자본적지출액	(즉시상각의제해당분)
• (−)전기말의제상각누계액	
• (+)전기말상각부인누계액	
기초가액	

② 정액법

• 재무상태표상자산가액	
기말현재자산가액	
(−)감가상각누계액	
미상각잔액	
• 회사계산상각비	
전기말누계액	
(+)당기상각비	
당기말누계액	
• (+)자본적지출액	(즉시상각의제해당분)
전기말누계액	
(+)당기지출액	
기초가액	

■ 조정명세서

감가상각비조정명세서는 아래의 양식들을 예로 들 수 있다.

[유형고정자산감가상각비조정명세서(정률법)]

■ 법인세법 시행규칙 [별지 제20호서식(1)] <개정 2012.2.28>

(앞 쪽)

사업연도	. . . ~ . . .	유형고정자산감가상각비 조정명세서(정률법)	법인명	
			사업자등록번호	

구분		항목	총계		
자산구분		① 종류 또는 업종명	총계		
		② 구조(용도) 또는 자산명			
		③ 취득일			
④ 내용연수(기준·신고)					
상각계산의 기초가액	재무상태표 자산가액	⑤ 기말현재액			
		⑥ 감가상각누계액			
		⑦ 미상각잔액(⑤-⑥)			
	⑧ 회사계산감가상각비				
	⑨ 자본적지출액				
	⑩ 전기말의제상각누계액				
	⑪ 전기말부인누계				
	⑫ 가감계(⑦+⑧+⑨-⑩+⑪)				
⑬ 일반상각률·특별상각률					
상각범위액계산	당기산출 상각액	⑭ 일반상각액			
		⑮ 특별상각액			
		⑯ 계(⑭+⑮)			
	취득가액	⑰ 전기말현재취득가액			
		⑱ 당기회사계산증가액			
		⑲ 당기자본적지출액			
		⑳ 계(⑰+⑱+⑲)			
	㉑ 잔존가액(⑳×5/100)				
	㉒ 당기상각시인범위액 {⑯, 단 (⑫-⑯)≦㉑인 경우 ⑫}				
㉓ 회사계상상각액(⑧+⑨)					
㉔ 차감액(㉓-㉒)					
㉕ 최저한세적용에 따른 특별상각부인액					
조정액	㉖ 상각부인액(㉔+㉕)				
	㉗ 기왕부인액중 당기 손금추인액 (⑪, 단 ⑪≦|△㉔|)				
㉘ 당기말부인액누계(⑪+㉖-|㉗|)					
당기말의 제상각액	㉙ 당기의제상각액(|△㉔|-|㉗|)				
	㉚ 의제상각누계(⑩+㉙)				
신고조정감가상각비계산 (2013.12.31 이전 취득분)	㉛ 기준상각률				
	㉜ 종전상각비				
	㉝ 종전감가상각비 한도[㉜-{㉓-(㉘-⑪)}]				
	㉞ 추가손금산입대상액				
	㉟ 동종자산 한도계산 후 추가손금산입액				
신고조정감가상각비계산 (2014.1.1 이후 취득분)	㊱ 기획재정부령으로 정하는 기준내용연수				
	㊲ 기준감가상각비 한도				
	㊳ 추가손금산입액				
㊴ 추가 손금산입 후 당기말부인액 누계(㉘-㉟-㊳)					

210mm×297mm[백상지 80g/㎡ 또는 중질지 80g/㎡]

[유형 · 무형고정자산감가상각비조정명세서(정액법)]

■ 법인세법 시행규칙 [별지 제20호서식(2)] <개정 2012.2.28>

(앞 쪽)

사 업 연 도	. . . ~ . . .	유형 · 무형고정자산감가상각비 조정명세서(정액법)	법인명	
			사업자등록번호	

구분	세부	항목	총계		
자산 구분		① 종류 또는 업종명	총계		
		② 구조(용도) 또는 자산명			
		③ 취득일			
④ 내용연수(기준 · 신고)					
상각 계산의 기초 가액	재무상태표 자산가액	⑤ 기말현재액			
		⑥ 감가상각누계액			
		⑦ 미상각잔액(⑤-⑥)			
	회사계산 상각비	⑧ 전기말누계			
		⑨ 당기상각비			
		⑩ 당기말누계(⑧+⑨)			
	자본적 지출액	⑪ 전기말부인누계			
		⑫ 당기지출액			
		⑬ 합계(⑪+⑫)			
⑭ 취득가액(⑦+⑩+⑬)					
⑮ 일반상각률 · 특별상각률					
상각 범위액 계산	당기산출 상각액	⑯ 일반상각액			
		⑰ 특별상각액			
		⑱ 계(⑯+⑰)			
	⑲ 당기상각시인범위액 {⑱, 단 ⑱≤⑭-⑧-⑪+㉕-전기㉘}				
⑳회사계상상각액(⑨+⑫)					
㉑차감액(⑳-⑲)					
㉒최저한세적용에따른특별상각부인액					
조정액	㉓상각부인액(㉑+㉒)				
	㉔기왕부인액중 당기 손금 추인액 (㉕, 단 ㉕≤ ∣△㉑∣)				
부인액누계	㉕전기말부인액누계(전기㉖)				
	㉖당기말부인액누계(㉕+㉓-∣㉔∣)				
당기말의 제상각액	㉗당기의제상각액(∣△㉑∣-∣㉔∣)				
	㉘의제상각의누계(전기㉘+㉗)				
신고조정감가 상각비계산 (2013.12.31 이전 취득분)	㉙기준상각률				
	㉚종전상각비				
	㉛종전감가상각비 한도[㉚-{⑳-(㉖-㉕)}]				
	㉜추가손금산입대상액				
	㉝동종자산 한도계산 후 추가손금산입액				
신고조정감가 상각비계산 (2014.1.1 이후 취득분)	㉞기획재정부령으로 정하는 기준내용연수				
	㉟기준감가상각비 한도				
	㊱추가손금산입액				
㊲추가 손금산입 후 당기말부인액 누계(㉖-㉝-㊱)					

210mm×297mm[백상지 80g/㎡ 또는 중질지 80g/㎡]

[감가상각비조정명세서합계표]

■ 법인세법 시행규칙 [별지 제20호서식(4)] <개정 2012.2.28>

사 업 연 도	. . . ~ . . .	감가상각비조정명세서합계표	법인명	
			사업자등록번호	

①자산구분		코드	② 합계액	유형고정자산			⑥ 무형고정자산
				③ 건축물	④ 기계장치	⑤ 기타자산	
재무상태표 상가액	⑩기 말 현 재 액	01					
	⑫감 가 상 각 누 계 액	02					
	⑬미 상 각 잔 액	03					
⑭상 각 범 위 액		04					
⑮회 사 손 금 계 상 액		05					
조정금액	⑯상각부인액(⑮-⑭)	06					
	⑰시인부족액(⑭-⑮)	07					
	⑱기 왕 부 인 액 중 당 기 손 금 추 인 액	08					
⑲신 고 조 정 손 금 계 상 액		09					

작 성 방 법

1. ⑮회사손금계상액란 : 「법인세법」 제23조제1항에 따라 결산서상 손금으로 계상한 금액을 적습니다.
2. ⑱기왕부인액 중 당기손금추인액란 : 당기에 시인부족액이 발생한 경우 당기 이전까지 한도초과로 부인했던 금액과 당기 시인부족액 중 작은 금액[별지 제20호서식(1) 유형고정자산감가상각비명세서의 ㉗금액, 별지 제20호서식(2) 유 · 무형고정자산감가상각비명세서의 ㉔금액의 합]을 적습니다.
3. ⑲신고조정손금계상액란: 「법인세법」 제23조제2항에 따라 추가로 손금산입한 금액 {"유형고정자산감가상각비조정명세서[별지20호서식(1),(2)]"의 추가손금산입액 합계[(1)의 ㉟,㊳,(2)의 ㉝,㊱]} 를 적습니다.

210mm×297mm[백상지 80g/㎡ 또는 중질지 80g/㎡]

5. 대손상각비와 대손충당금의 세무조정

"대손충당금의 세무조정에 대해서 설명해 볼까요."
"퇴직급여충당금과 마찬가지로 당기에 비용으로 계상된 대손상각비에 대한 한도초과액에 대한 조정이겠죠?"
"유사하죠."

1 대손충당금의 의의

기업회계기준에 따르면 기말에 매출채권과 기타 채권의 기말잔액에 대해 대손예상액을 추정하고 이 추정액에서 이미 설정된 대손충당금 잔액을 차감한 잔액을 대손상각비로 계상하는 동시에 대손충당금을 추가로 전입하여야 한다.

그러나 세법에서는 대손충당금에 전입하는 손금의 **한도액**을 정하고 있다. 따라서 결산상 대손충당금을 설정하면서 계상된 대손상각비가 이 손금한도액을 초과할 경우에는 **초과금액을 손금불산입**하여야 한다.

대손충당금설정 대손상각비 - 손금한도액 = 손금불산입

2 대손충당금의 손금한도액

대손충당금의 손금한도액은 다음 ①, ② 중 큰 금액을 말한다.

① 사업연도 종료일 현재의 채권 잔액(외상매출금, 대여금 및 기타 채권합계액) $\times \frac{1}{100}$

② 사업연도 종료일 현재의 채권 잔액(외상매출금, 대여금 및 기타 채권합계액) × 대손실적률

- 대손실적률 = $\frac{\text{당기 대손금}}{\text{전기말 채권잔액}}$

※ 결산시에 계상하지 못하고 누락되었으나 세무조정에 의하여 익금에 산입한 채권과 기업회계상으로 대손으로 처리하였으나 세무상 미확정대손금으로 인정되어 손금부인된 채권이 있는 경우에는 채권잔액에 가산한다.

3 총액법과 보충법

기업회계기준에서는 기말에 남은 대손충당금 잔액을 환입하지 않고 대손추정액에 미달하는 부분만을 추가적으로 설정하는 **보충법**을 사용하고 있다. 반면 세법에서는 기말에 남은 대손충당금잔액은 모두 익금에 산입하고 새로 설정하는 대손충당금은 전액 손금에 산입하도록 하는 **총액법**을 사용하도록 하고 있다.

과거에는 기업회계기준에서도 총액법에 의한 회계처리를 인정하여 왔다. 기업회계기준상 총액법은 인정되지 않지만 이해를 위하여 두 가지 방법을 예를 사용하여 모두 검토해 보기로 하자.

[예 1] 총액법과 보충법

(주)조세의 2020년초 대손충당금 잔액은 1,000원이었다. 기중에 400원이 대손되어 대손충당금으로 상계하였으며 2020년말에는 대손충당금을 추가로 500원을 더 설정하였다. 보충법과 총액법에 따라 대손시의 회계처리와 2020년 결산시의 회계처리를 하라.(기말채권의 잔액은 100,000원이며 대손충당금 전기이월액 중 부인누계액은 300원이다)

A

(1) 보충법

대손시	(차) 대손충당금	400	(대) 외상매출금	400
결산시	(차) 대손상각비	500	(대) 대손충당금	500

(2) 총액법

대손시	(차) 대손충당금	400	(대) 외상매출금	400
결산시	(차) 대손충당금	600	(대) 대손충당금환입	600
	(차) 대손상각비	1,100	(대) 대손충당금	1,100

(1) 보충법

대손충당금

외상매출금	400	전 기 이 월	1,000
차 기 이 월	1,100	대손상각비	500
	1,500		1,500

(2) 총액법

대손충당금

외상매출금	400	전 기 이 월	1,000
대손충당금환입	600	대손상각비	1,100
차 기 이 월	1,100		
	2,100		2,100

① 총액법에 의한 세무조정

총액법으로 회계처리를 하면 기말에 남아 있는 대손충당금은 환입되어 수익이 600원이 계상된다. 그리고 대손상각비가 계상되어 비용으로 1,100원이 발생한다.

총액법을 기준으로 대손충당금에 대한 세무조정을 하면 다음과 같다.

○ 익금산입액의 조정

(1) 회사환입액 : 600원

(2) 세무상 환입액 : 전기이월액 − 부인누계액 − 당기대손금상계액
= 1,000원 − 300원 − 400원 = 300원

(3) 과다환입액 = (1) − (2) = 600원 − 300원 = 300원

회사환입액이 세무상 환입액보다 300원이 과다하게 환입되었으므로 300원은 익금불산입하여야 한다.

○ 손금산입액의 조정

(1) 회사계상액 : 1,100원

(2) 세무상 한도액 : 설정대상 채권총액 × $\frac{1}{100}$ = 100,000원 × $\frac{1}{100}$
= 1,000원

(3) 한도초과액 : 1,100원 − 1,000원 = 100원

따라서 한도초과액 100원을 손금불산입하여야 한다.

② 보충법을 고려한 세무조정

보충법에 의해 회계처리하였을 경우에는 회계상으로는 환입되어 수익으로 계상되는 금액은 없다. 그리고 추가설정금액인 500원이 비용으로 계상된다.

○ 익금산입액의 조정

(1) 회사환입액 : 0원

(2) 세무상 환입액 : 전기이월액 − 부인누계액 − 당기대손금상계액 − 당기설정충당금보충액 = 1,000원 − 300원 − 400원 − 600원
= −300원

※ 당기설정보충액은 해당 금액만큼을 보충하여 환입되지 않은 것이므로 세무상 환입액을 구할 때 차감해야 한다.

(3) 과다환입액 : (1) − (2) = 0 − (−300원) = 300원

따라서 300원을 익금불산입하여야 한다.

○ 손금산입액의 조정

(1) 회사산입액 = 당기계상액 + 당기설정충당금보충액

= 500원 + 600원

= 1,100원

(2) 세무상 한도액 : 설정대상채권총액 × $\frac{1}{100}$

100,000원 × $\frac{1}{100}$ = 1,000원

(3) 한도초과액 : 1,100원 − 1,000원 = 100원

따라서 한도초과액 100원을 손금불산입하여야 한다.

총액법을 사용하건, 보충법을 사용하건 결과는 같다.

대손충당금및대손금조정명세서을 살펴보면 이 두 방법을 모두 고려하고 있음을 알 수 있다.

[대손충당금및대손금조정명세서]

■ 법인세법 시행규칙 [별지 제34호서식] <개정 2014.3.14>

(앞쪽)

사업연도	. . . ~ . . .	대손충당금 및 대손금조정명세서	법인명	
			사업자등록번호	

1. 대손충당금조정

손금산입액 조정	① 채권잔액 (㉑의 금액)	② 설정률			③ 한도액 (①×②)	회사계상액			⑦ 한도초과액 (⑥-③)
		(ㄱ) 1(2)/100 ( )	(ㄴ) 실적률 ( )	(ㄷ) 적립기준 ( )		④ 당기계상액	⑤ 보충액	⑥ 계	

익금산입액 조정	⑧ 장부상 충당금 기초잔액	⑨ 기중 충당금 환입액	⑩ 충당금 부인 누계액	⑪ 당기 대손금 상계액 (㉗의 금액)	⑫ 당기 설정충당금 보충액	⑬ 환입할 금액 (⑧-⑨-⑩-⑪-⑫)	⑭ 회사 환입액	⑮ 과소환입·과다환입(△) (⑬-⑭)

채권잔액	⑯ 계정과목	⑰ 채권잔액의 장부가액	⑱ 기말 현재 대손금부인 누계	⑲ 합계 (⑰+⑱)	⑳ 충당금 설정제외 채권	㉑ 채권잔액 (⑲-⑳)	비고
	계						

2. 대손금조정

㉒ 일자	㉓ 계정과목	㉔ 채권명세	㉕ 대손사유	㉖ 금액	대손충당금상계액			당기 손금계상액			비고
					㉗ 계	㉘ 시인액	㉙ 부인액	㉚ 계	㉛ 시인액	㉜ 부인액	
계											

3. 국제회계기준 등 적용 내국법인에 대한 대손충당금 환입액의 익금불산입액의 조정

㉝ 대손충당금 환입액의 익금불산입 금액	익금에 산입할 금액			㊲ 상계 후 대손충당금 환입액의 익금불산입 금액 (㉝-㊱)	비고
	㉞ 「법인세법」 제34조 제1항에 따라 손금에 산입해야 할 금액 Min(③,⑥)	㉟ 「법인세법」 제34조 제4항에 따라 익금에 산입해야 할 금액 Max[0, (⑧-⑩-⑪)]	㊱ 차액 Min[㉝, Max(0,㉞-㉟)]		

210mm×297mm[백상지 80g/㎡ 또는 중질지 80g/㎡]

④ 대손금의 범위

회계상으로는 대손으로 처리하였다고 하더라도 세무상으로는 대손으로 인정되지 않을 수 있다. 세무상 대손금으로 처리되는 채권의 예를 들어보면 아래와 같다.

■ 법률적으로 청구권이 소멸되어 회수할 수 없게 된 채권

○ 소멸시효가 완성된 채권
○ 파산한 자에 대한 채권

■ 채무자의 상태로 보아 회수할 수 없다고 인정되는 채권

○ 사망·실종·행방불명된 자에 대한 채권
○ 해산한 법인에 대한 채권
○ 행방불명된 채무자에 대한 채권
○ 강제집행불능조서가 작성된 채무자에 대한 채권
○ 형의 집행중에 있는 채무자에 대한 채권
○ 사업을 폐지한 채무자에 대한 채권

■ 감독기관 등의 대손승인을 얻은 채권

■ 부도발생일로부터 6월 이상 경과한 부도수표와 부도어음, 중소기업의 외상매출금

■ 국세결손처분자에 대한 채권과 압류채권

법인이 채권을 대손금으로 확정하는 경우는 객관적인 자료에 의하여 그 채권이 회수불능임을 입증하여야 한다.

다만, 확인서나 증명서를 교부받을 수 없는 행방불명, 무재산 등에 관한 사항은 대표이사의 결재를 받은 채권관리부서의 조사보고서에 의할 수 있다.

■ 회수실익이 없는 채권

회수기일이 6월 이상 경과한 채권 중 회수비용이 당해 채권가액을 초과하여 회수실익이 없다고 인정되는 30만원 이하의 채권

제16장 영업외손익의 세무조정

1. 영업외수익

1 기타 영업외수익

영업외수익 중 세무조정상 특히 신경을 써야 할 부분에 대해서는 다음에 설명하기로 하고 여기서는 그 이외의 항목에 대하여 설명하기로 한다.

"세법상 이자수익은 실현주의가 아닌 권리의무확정주의에 의해 계상합니다. 회계상 실현주의란 수익을 얻을 수 있다고 생각되는 중요한 사건이 발생했을 때 수익으로 계상하죠. 그러나 권리의무확정주의란 당해 권리가 확정되었을 때 익금으로 계상하죠."
"실현주의와 권리의무확정주의? 무슨 말인지 어려워요!"
"예를 들어 1년 만기의 정기예금(원금 백만원, 이자율 10%)을 7월 1일에 들었다고 하죠. 회계상으로는 12월 결산시에 미수이자 5만원을 이자수익으로 계상하죠. 그렇지만 세법상으로 아직 이자를 받을 권리가 확정되지 않았기 때문에 12월 결산시에는 익금으로 계상할 수 없는 거죠."

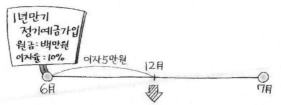

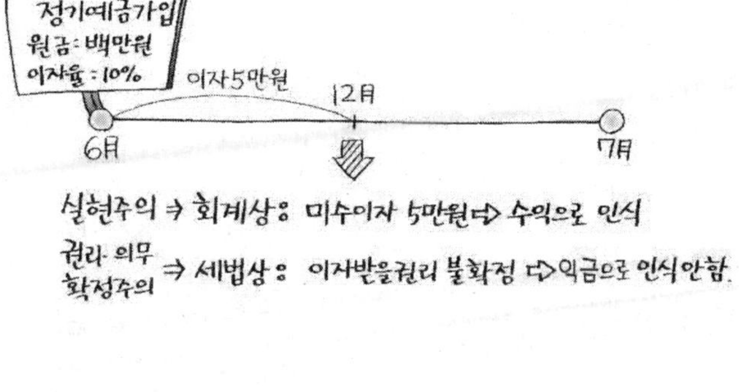

■ 이자수익

기업회계기준에서는 이자수익을 **발생주의**에 의해 처리하도록 하고 있다. 따라서 현금을 받지 않은 경우에도 기간이 경과했다면 미수이자를 계상하게 된다. 그러나 세법에서는 이자수익에 대해서는 기업회계기준의 적용을 배제하고 **권리의무확정주의**에 의해 처리하도록 하고 있다. 그러므로 이자수익은 **실제 이자수취일, 만기일,** 또는 **중도해약일에 익금으로 계상**되어야 한다.

결산상 **미수이자**로서 이자수익을 계상한 경우에는 세무조정시 해당금액을 **익금불산입**하고 다음연도에 실제로 이자가 수입될 때 익금에 산입하여야 한다.

[예 1] 이자수익의 세무조정

2020년에 예금에 대한 미수이자 10,000원을 손익계산서에 이자수익으로서 계상하였다. 그리고 2021년에 이 이자를 현금으로 수취하였다. 이 항목과 관련하여 2020년과 2021년의 세무조정은 어떻게 하여야 하는가?

A 2020년에는 미수이자 10,000원을 익금불산입하고, 2021년에는 10,000원을 익금산입하여야 한다.

■ 배당금수익

법인이 현금배당을 하고 법인인 주주가 이를 받게 되는 경우에는 기업회계상 배당금수익으로서 영업외수익에 계상된다. 세법에서도 이러한 배당에 대해서는 익금으로 보기 때문에 배당금수익으로 계상되었다면 세무조정을 할 필요가 없다.

그러나 형식상으로는 배당이 아니기 때문에 **결산상 배당금수익으로 계상되지 않지만 실질적으로 회사의 이익이 주주에게 귀속되는 경우**가 있다. 세법에서는 이러한 경우도 배당으로 간주하여 익금에 산입한다. 이를 **의제배당**이라고 한다.

① 이익잉여금의 자본전입으로 인한 의제배당

"회계에서는 주식배당도 그렇고, 주식배당이 아닌 무상주 교부도 이익에 포함되지 않는데…"
"그래요. 하지만 세법에서는 발생

당시 익금으로 과세된 잉여금이 자본전입이 되어 무상주를 수령하게 되면 배당으로 의제하죠."

기업회계기준에 의하면 자본잉여금과 이익잉여금의 자본전입에 의해 주식을 취득하는 경우에는 배당금수익으로 계상하지 않는다.

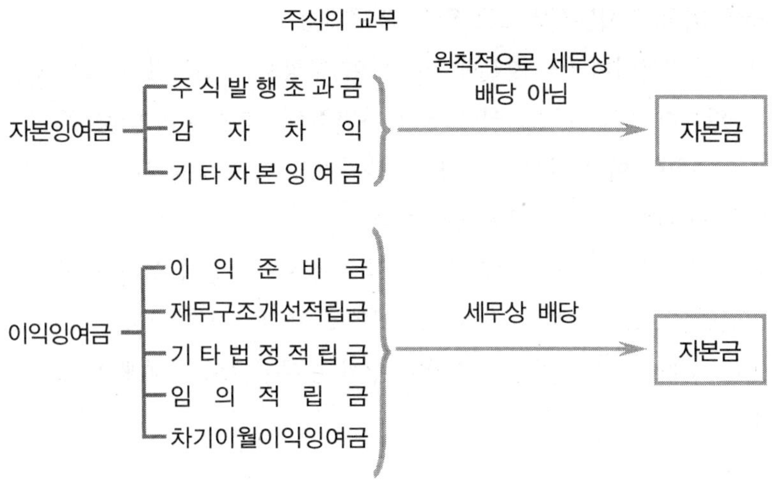

그러나 세법에서는 위의 표에서 보는 바와 같이 이익잉여금과 기타자본잉여금(자기주식처분이익)을 자본에 전입하는 경우에는 의제배당으로 보고 있다.

[예 2] 의제배당

(주)세무는 상장기업인 (주)상장의 주식을 보유하고 유가증권으로 계상하고 있다. 그런데 (주)상장으로부터 1,000주를 무상으로 수령하였다. (주)상장의 1주당 액면가액은 5,000원, 시가는 10,000원이며 무상주의 재원이 다음과 같을 경우 이에 대한 회계처리와 세무조정은 어떻게 되는가?

무상주의 재원	비 율
감 자 차 익	30%
재무구조개선적립금	20%
미분전이익잉여금	50%
합 계	100%

A 세무상 조정
감자차익의 자본전입에 의한 무상주교부는 세무상 배당으로 보지 않는다. 따라서 재무구조개선적립금과 미처분이익잉여금의 자본전입만이 세무상 배당으로 의제된다.
세무상 배당 = 1,000주 × 70% × @5,000원 = 3,500,000원
따라서 3,500,000원을 의제배당으로 익금산입하여야 한다.

② 자본잉여금의 자본전입으로 인한 의제배당

원칙적으로 자본잉여금을 자본에 전입하여 무상주를 취득하는 경우에는 의제배당으로 보지 않는다. 그러나 법인이 보유한 자기주식지분에 대하여 무상주를 그 법인이 배정받지 아니함에 따라 다른 주주 또는 출자자가 이를 배정받은 경우 그 주식 또는 출자가액은 의제배당으로 익금에 산입한다.

그리고 감자차익 중 자기주식소각익의 경우에는 소각당시 시가가 취득가액을 초과하거나(기간불문), 소각당시 시가가 취득가액을 초과하지 아니하는 경우로서 소각일로부터 2년 이내에 자본전입함에 따라 교부받은 무상주도 의제배당으로 보아 익금에 산입한다.

③ 감자·해산·합병으로 인한 의제배당

자본의 감소, 해산, 합병으로 인하여 주주가 취득하는 금전과 기타 재산의 합계액이 주주가 당해 주식을 취득하기 위해서 소요한 금액을 초과하는 경우에는 그 초과액을 의제배당으로 보아 익금에 산입한다.

■ 임대료수익

기업회계에서는 임대료를 받기로 한 시점에 임대료수익으로 회계처리하며, 세법에서도 원칙적으로는 이를 인정하기 때문에 회사가 기업회계에 따라 회계기록을 하면 세무조정할 사항이 없게 된다.

다만, 부동산임대업자의 경우에는 간주임대료가 계산되는 경우가 있다. 이에 대해서는 나중에 설명하기로 한다.

■ 유가증권평가이익

세법상 유가증권은 원가법 중 **개별법(채권의 경우에 한함), 총평균법, 이동평균법**의

세 가지 방법 중 신고한 방법으로 평가하며, 신고하지 않은 경우에는 **총평균법**을 적용하도록 되어 있다.

기업회계상 유가증권의 기말가액은 공정가액법 등에 의하여 평가하게 되어 있으나 세법상으로는 앞에서 설명한 바와 같이 **원가법에 의해 평가**한다.

따라서 유가증권평가이익과 평가손실을 결산상 계상하였을 경우에는 모두 세법상으로는 인정되지 않는다. **유가증권평가이익**이 있는 경우 해당금액은 **익금불산입**으로 세무조정하여야 한다. 반대로 **유가증권평가손실**이 있는 경우 해당금액은 **손금불산입**하여야 한다.

[예 3] 유가증권평가이익의 세무조정

제10기말 (주)유증은 단기매매증권(원가 1,000,000원)을 공정가치로 평가하여 단기매매증권평가이익 500,000원을 손익계산서에 계상하였다. 이에 대한 세무조정은?

A 단기매매증권평가이익 500,000원은 익금불산입한다.

■ 유가증권처분이익

회사가 유가증권을 처분하면서 장부상 유가증권처분손익을 계상하면 해당 유가증권의 평가와 관련된 세무조정사항이 해당 사업연도 이전에 있었던 경우에는 이를 고려하여 세무조정하여야 한다.

[예 4] 유가증권처분이익의 세무조정

(주)유증은 제11기중 위의 예에 나타난 유가증권을 1,700,000원에 모두 처분하고 유가증권처분이익 200,000원을 계상하였다. 처분된 유가증권에 대한 세무조정은?

A 해당 유가증권과 관련해 익금불산입되었던 단기매매증권평가이익 500,000원을 익금산입하여야 한다.

■ 유형자산처분이익

상각부인액 또는 시인부족액이 있는가에 따라 기업회계와 세무회계상 처분사산의 장부가액이 달라지므로 그에 따라 유형자산처분손익도 차이가 발생한다. 이에 대해서는 이미 감가상각비의 세무조정에서 설명한 바 있다.

② 가지급금 등에 대한 인정이자

"가지급금에 대한 인정이자에 대해 설명하기로 하죠."
"이것도 손익계산서의 영업외수익에 계상되지 않는 겁니까?"
"예, 그러니까 익금산입해야 겠죠."

■ 가지급금과 인정이자

가지급금이란 지출시 사용목적이 특정되어 있지 않은 항목으로 추후에 그 사용내역이 확정될 경우에 없어지게 되는 가계정이다. 따라서 정상적인 가지급금이라면 후에 그 용도에 따라 처리되게 되기 때문에 결산시에 가지급금은 계상되지 않는 것이 원칙이다.

한편, 출자자 등 법인의 **특수관계자는 때때로 업무와 관련없이** 법인으로부터 자금을 빌려가는 경우가 있는데, 이와 같은 성격의 대여금을 세법에서는 가지급금으로 보고 있다.

법인이 타인에게 자금을 대여하면 그 대가로서 이자를 받고 이를 수익으로 계상하게 된다. 따라서 법인이 특수관계자에게 무상 또는 낮은 이자율로 대여하는 것을 그대로 인정하면 법인은 계상하여야 할 이자수익을 계상하지 않은 것이기 때문에 세부담을 부당하게 감소시키게 된다.

따라서 세법에서는 무상 또는 저리로 지급한 가지급금에 대해서는 법인소득에 대한 조세의 부담을 부당하게 감소시킨 것으로 보고 부당행위계산의 부인규정을 적용한다. 이와 같이 특수관계자의 가지급금에 대하여는 이자를 계산하여 익금에 산입하게 되는데, 이를 **가지급금 인정이자**라 한다.

■ 적수의 계산

가지급금 인정이자를 계산하기 위해서는 적수를 계산하여야 한다. 우선 적수의 개념에 대해 이해해 보자.

적수란 **매일 매일의 잔액을 합계한 금액**을 말한다. 현실적으로 이자를 계산하기 위해서는 적수를 계산하여야 한다.

※ 이하 사례는 1년을 365일로 가정하고 설명한다.

[예 1] 적수의 계산

(주)운현은 은행으로부터 11월 1일에 자금을 1,000,000원 차입하였다. 연 이자율은 10%로 하고 매일 매일의 잔액에 대해 이자를 계산하기로 하였다. 그리고 12월 1일에 자금의 일부인 500,000원을 갚았다. 12월 31일 현재까지의 이자는 얼마인가?

적 수 = 1,000,000원 × 30 + 500,000원 × 31
= 30,000,000원 + 15,500,000원
= 45,500,000원

이자액 = 45,500,000원 × 10% × $\frac{1}{365}$
= 12,466원

※ 일수의 계산 : 적수계산에 있어서 초일은 산입하고 말일은 제외한다.

■ 가지급금 인정이자

인정이자는 다음과 같이 계산한다.

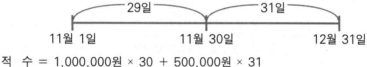

$$\text{인정이자} = \text{가지급금적수} \times \text{인정이자율} \times \frac{1}{365}$$

가지급금거래가 계속해서 있으면 가지급금 잔액은 변동한다. 따라서 가지급금에 대한 인정이자를 계산하기 위해서는 우선 적수계산을 해야 한다.

가지급금과는 반대로 법인이 특수관계자로부터 가수금을 받는 경우가 있다. **가수금**은 법인이 특수관계자로부터 무상차입한 것이므로 가지급금과는 반대효과를 갖게 된다. 따라서 무상차입한 가수금이 있는 경우에는 **동일인의 가지급금에서 상계**하여야 한다.

가지급금계산시 동일인에 대한 가지급금과 가수금이 함께 있는 경우에는 이를 상계한다. 따라서 이 경우의 인정이자는 다음과 같이 계산된다.

$$\text{인정이자} = (\text{가지급금적수} - \text{가수금적수}) \times \text{인정이자율} \times \frac{1}{365}$$

[예 2] 가지급금적수의 계산

제5기 한국주식회사의 대표이사인 김한국씨의 가지급금계정과 가수금계정내역은 다음과 같다.

○ 가지급금 거래내용

월 일	적 요	차 변	대 변	잔 액
1. 1.	전 기 이 월	10,000,000	–	10,000,000
3.12.	일 부 반 제	–	5,000,000	5,000,000
8.19.	일 시 가 지 급	3,000,000	–	8,000,000
12.31.	차 기 이 월	–	8,000,000	8,000,000

○ 가수금 거래내용

월 일	적 요	차 변	대 변	잔 액
4. 1.	일 시 가 수 금	–	3,000,000	3,000,000
5.31.	일 부 반 제	2,000,000	–	1,000,000
6.10.	반 제	1,000,000	–	–

A 김한국씨의 가지급금적수계산

월 일	적 요	차 변	대 변	잔 액	일 수	적 수
1. 1.	전기이월	10,000,000	–	10,000,000	70	700,000,000
3.12.	일부반제	–	5,000,000	5,000,000	160	800,000,000
8.19.	일시가지급	3,000,000	–	8,000,000	135	1,080,000,000
12.31.	차기이월	–	8,000,000	8,000,000		
		13,000,000	13,000,000		365	2,580,000,000

※ 1.1.부터 3.11.까지의 일수 : 31 + 28 + 11 = 70일
※ 3.12.부터 8.18.까지의 일수 : 20 + 30 + 31 + 30 + 31 + 18 = 160일
※ 8.19.부터 12.31.까지의 일수 : 13 + 30 + 31 + 30 + 31 = 135일

김한국씨의 가수금적수계산

월 일	적 요	차 변	대 변	잔 액	일수	적 수
4. 1.	일시가수금	–	3,000,000	3,000,000	60	180,000,000
5.31.	일 부 반 제	2,000,000	–	1,000,000	10	10,000,000
6.10.	반 제	1,000,000	–	–		–
		3,000,000	13,000,000		70	190,000,000

※ 4.1.부터 5.30.까지의 일수 : 30 + 30 = 60일
※ 5.31.부터 6.9.까지의 일수 : 10일

김한국의 가지급금적수 = 가지급금적수 – 가수금적수
= 2,580,000,000원 – 190,000,000원
= 2,390,000,000원

■ 인정이자율의 적용

인정이자율은 가중평균차입이자율로 하되 예외적으로 당좌대출이자율을 적용할 수 있도록 하였으며, 적용 이자율은 해당되는 모든 거래에 대하여 적용하고, 그 후의 사업연도에도 계속 적용하여야 한다.

참고로 가중평균차입이자율이란 법인의 자금대여시점 현재 각각의 차입금잔액(특수관계자로부터의 차입금 제외)에 차입당시의 각각의 이자율을 곱한 합계액을 차입금 잔액의 총액으로 나눈 이자율을 말한다.

[예 3] 인정이자의 계산

위의 예에서 적용할 인정이자를 구하라.
단, 인정이자율은 14%이다.

$$\text{인정이자} = \text{가지급금적수} \times \text{해당이자율} \times \frac{1}{365}$$

$$2{,}390{,}000{,}000\text{원} \times 0.14 \times \frac{1}{365} = 916{,}712\text{원}$$

따라서 인정이자 916,712원을 익금산입하여야 한다.

"여러 사람이 가지급금을 가져갔으면 어떻게 하지요?"
"각각 개별적으로 계산해야죠."

이 경우에는 인명별로 각각 가지급금 인정이자를 계산하여야 한다.

"가지급금 인정이자는 계산해서 익금산입하는 것으로 끝나나요?"
"가지급금 인정이자는 기업이 받지 못하고 가지급금을 빌려간 사람이 가져간 것으로 간주하죠. 따라서 그 사람이 소득세 등을 내야 하는 문제가 생기죠."
"그걸로 끝나나요?"
"조금 있다 설명하겠지만 가지급금의 적수에 해당하는 만큼 기업이 지급한 이자에서 빼서 손금불산입하죠. 가지급금을 빌려서 회사에 차입금으로 준 것으로 보고 해당 이자는 비용으로 인정할 수 없다는 거죠."
"가지급금에 대해서는 세무상 상당히 불이익이 많군요."

인정이자조정명세서의 양식은 다음과 같다.

가지급금등의인정이자조정명세서(갑)]

■ 법인세법 시행규칙[별지 제19호서식(갑)] <개정 2017. 3. 10.>

사 업 연 도	. . . ~ . . .	가지급금 등의 인정이자 조정명세서(갑)	법인명	
			사업자등록번호	

1. 적용 이자율 선택

[ ] 원칙 : 가중평균차입이자율

[ ] 「법인세법 시행령」 제89조제3항제1호에 따라 해당 대여금 또는 차입금만 당좌대출이자율을 적용

[ ] 「법인세법 시행령」 제89조제3항제1호의2에 따라 해당 대여금 또는 차입금만 당좌대출이자율을 적용

[ ] 「법인세법 시행령」 제89조제3항제2호에 따른 당좌대출이자율

2. 가중평균차입이자율에 따른 가지급금 등의 인정이자 조정

① 성명	②가지급금 적수(積數)	③가수금 적수	④차감적수 (②-③)	⑤ 인정이자	⑥회사 계상액	시가인정범위		⑨조정액(=⑦) ⑦≥3억이거나 ⑧≥5%인경우
						⑦차액 (⑤-⑥)	⑧비율(%) (⑦/⑤)×100	
계								

3. 당좌대출이자율에 따른 가지급금 등의 인정이자 조정

⑩ 성명	⑪적용 이자율 선택방법	⑫가지 급금 적수	⑬가수금 적수	⑭차감 적수 (⑫-⑬)	⑮ 이자율	⑯인정이자 (⑭×⑮)	⑰회사 계상액	시가인정범위		⑳조정액(=⑱) ⑱≥3억이거나 ⑲≥5%인경우
								⑱차액 (⑯-⑰)	⑲비율(%) (⑱/⑯)×100	
계										

작 성 방 법

1. 적용 이자율 선택
   가. 「법인세법 시행령」 제89조제3항에 따라 원칙적으로 가중평균차입이자율을 적용하되, 같은 항 제1호, 제1호의2 및 제2호에 따라 당좌대출이자율을 선택하는 경우에는 "√"표시를 합니다.
   나. 「법인세법 시행령」 제3항제1호 및 1호의2에 따라 선택한 이자율은 해당 대여금 또는 차입금에만 적용하고, 그 외의 경우 선택한 이자율은 해당 사업연도의 모든 거래에 대하여 적용합니다.
   다. 「법인세법 시행령」 제89조제3항제2호에 따른 당좌대출이자율을 선택한 경우에는 선택한 사업연도와 이후 2개 사업연도에는 계속 당좌대출이자율을 시가로 적용하여야 합니다.
2. 가지급금적수(②, ⑫), 가수금적수(③, ⑬), ⑤인정이자란은 "가지급금 등의 인정이자조정명세서(을)[별지 제19호서식(을)]"의 각 해당란의 계 금액을 인명별로 적습니다.
3. 조정액(⑨, ⑳)란에는 차액(⑦, ⑱)란의 금액이 3억원 이상이거나 비율(⑧, ⑲)란이 5% 이상인 경우에 적습니다.
4. ⑪적용이자율 선택방법은 다음 구분에 따라 적습니다.

구분	기재내용
「법인세법 시행령」 제89조제3항제1호	㉮
「법인세법 시행령」 제89조제3항제1호의2	㉯
「법인세법 시행령」 제89조제3항제2호	㉰

5. ⑯인정이자란에는 ⑭차감적수란의 금액에 이자율/365(윤년의 경우 366)를 곱하여 계산된 금액을 적습니다.
6. 음영으로 표시된 란은 적지 않습니다.

210mm×297mm[일반용지 70g/㎡(재활용품)]

[가지급금등의인정이자조정명세서(을)]

[별지 제19호서식(을)] <개정 2009.3.30> (앞 쪽)

사 업 연 도	. . . ~ . . .	가지급금 등의 인정이자 조정명세서(을)	법 인 명	
				사업자등록번호

직책( ) 성명 ( )

1. 가중평균차입이자율에 따른 가지급금 등의 적수, 인정이자 계산

대여기간		③ 연월일	④ 적요	⑤ 차변	⑥ 대변	⑦ 잔 액 (⑤-⑥)	⑧ 일수	⑨가지급금 적수 (⑦×⑧)	⑩가수금 적수	⑪차감 적수 (⑨-⑩)	⑫ 이자율	⑬인정 이자 (⑪×⑫)
①발생 연월일	②회수 연월일											
계												

2. 당좌대출이자율에 따른 가지급금 등의 적수 계산

⑭연월일	⑮적 요	⑯차 변	⑰대 변	⑱잔 액	⑲일수	⑳가지급금 적수(⑱×⑲)	㉑가수금 적수	㉒차감적수 (⑳-㉑)
계								

3. 가수금 등의 적수 계산

㉓연월일	㉔적 요	㉕차 변	㉖대 변	㉗잔 액	㉘일수	㉙가수금적수 (㉗×㉘)
계						

210㎜×297㎜(일반용지60g/㎡(재활용품))

③ 임대보증금 등의 간주임대료

"손익계산서의 영업외수익에 나타나지는 않지만 임대보증금의 간주임대료에 대하여 설명하기로 하죠."
"손익계산서의 영업외수익에 나타나지 않는 것이라면?"
"그래요, 익금산입항목이 되죠."

■ 의 의

토지나 건물과 같은 부동산을 임대하는 경우에는 보증금이나 전세금을 받고 매월 임대료를 받는 것이 일반적이다.

부동산임대업자는 임대계약에 따라 받은 보증금을 건물을 취득하거나 건설하는 데 사용하게 된다. 보증금에서 건설비에 충당하고 남은 금액은 예금하여 이자를 받을 수도 있고 영업활동에 필요한 다른 용도에도 사용할 수 있다.

예를 들어 부동산임대업자 A는 자금여유가 있어서 보증금 중 건설비에 충당하고 남은 여유자금을 예금하였고 부동산임대업자 B는 이를 예금하지 않고 다른 용도에 사용하였다고 하자.

부동산임대업자 A와 같이 보증금 중 건설비에 충당하고 남은 여유자금을 예금하여 이자를 얻는다면 이자수익이 계상되어 익금에 포함될 것이다. 그러나 부동산임대업자 B와 같이 여유자금으로 이자수익을 얻지 않고 다른 용도에 사용했다면 그 여유자금을 통해 얻은 실질적인 이익에 대해서는 과세되지 않는 문제가 발생한다.

따라서 세법에서는 부동산임대업을 주업으로 하는 법인이 부동산을 임대하면서 받은 보증금에서 건설비로 충당하고 남은 금액에 일정이자율을 곱하여 계산된 금액 중 수입이자 등을 초과한 부분은 익금으로 간주하여 익금산입하도록 하고 있다. 이를 임대보증금 등의 간주임대료라 한다.

"아니, 간주임대료라는 건 실제 번 것이 없는데도 과세

하는 것 아닙니까?"

"사실상 그렇죠. 그렇지만 임대보증금의 간주임대료는 조세정책을 통해 임대보증금이라는 재원을 예금이나 주식투자 등의 생산적인 산업분야로 유도하기 위한 제도라고 할 수 있죠. 그리고 차입금과다법인의 경우에만 간주임대료가 계산됩니다."

"왜 그렇게 하죠?"

"차입금으로 부동산을 취득한 후 임대해서 보증금을 받으면 이자는 손금으로 인정되고 보증금은 과세하지 않으면 차입금없이 부동산임대를 하는 경우와 불공평해지기 때문이죠."

■ 간주임대료 계산

간주임대료는 다음과 같이 계산된다.

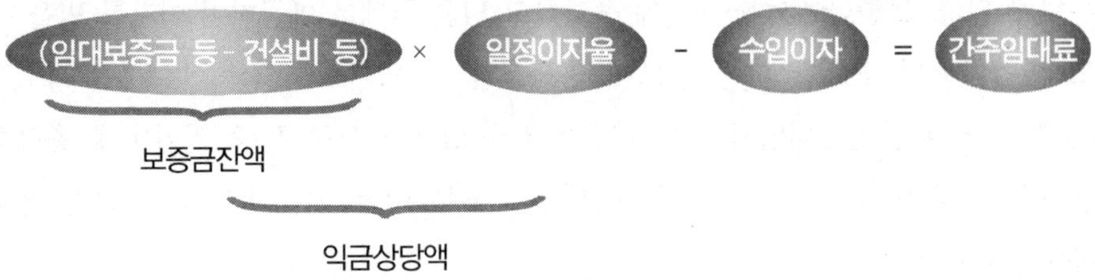

임대보증금에서 건설비 등과 같이 보증금을 부동산 건설 등에 사용한 금액을 차감하면 보증금잔액이 계산된다. 이 보증금잔액에 이자율을 곱하면 익금상당액이 구해진다.

이 익금상당액에서 임대사업에서 발생한 수입이자를 차감하면 간주임대료가 계산된다.

※ 이 산식에서 수입이자란 임대사업에서 발생한 수입이자와 할인료.배당금.신주인수권처분익 및 유가증권처분익의 합계액을 말한다.

※ 임대용부동산의 건설비상당액이란 건물의 취득가액 또는 건설비총액으로서 토지취득가액은 제외된다.

"계산구조를 보니까 결국 임대사업에서 발생한 이자가 많다면 간주익금은 없겠군요?"

"논리상으로도 당연히 없어야죠."

■ 간주임대료의 계산대상법인

간주임대료의 계산은 영리법인으로서 **부동산임대업을 주업으로 하는 법인 중 차입**

금과다법인을 대상으로 한다. 여기서 부동산임대업을 주업으로 하는 법인은 당해 사업연도 종료일 현재 **자산총액 중 임대사업에 사용된 자산가액이 50/100 이상인 법인**을 말한다.

■ 적용되는 이자율

적용되는 이자율은 은행법에 의하여 인가를 받은 은행으로서 서울특별시에 본점을 둔 은행의 계약기간 1년의 정기예금이자율의 평균을 감안하여 국세청장이 정하도록 위임하고 있다.

[예 2] 간주임대료의 계산

서울주식회사는 부동산임대업을 주업으로 하는 회사로서 차입금과다법인이다. 다음은 서울주식회사의 20X1.1.1.~12.31.의 사업연도 동안의 임대보증금에 대한 자료이다. 임대보증금 등의 간주임대료를 계산하라.

1. 부동산의 현황
   토지의 취득가액 : 20X1. 4. 26. 취득 150,000,000원(150평)
   건물의 취득가액 : 20X1. 4. 26. 취득 100,000,000원(300평)
2. 부동산의 임대현황
   20X1. 4. 26. 보증금 200,000,000원(300평)
3. 임대보증금 운용수입
   수입이자 : 1,500,000원
4. 정기예금이자율 : 연 4.2%로 가정한다.
5. 1년은 365일로 가정한다.

A

1. 보증금의 적수계산

당해 사업연도 보증금 등의 적수를 구한다.

서울주식회사가 보유하고 있는 보증금은 200,000,000원으로 적수는 다음과 같다.

200,000,000원 × 256 = 51,200,000,000원

2. 건설비상당액의 적수계산

간주임대료의 취지에 따르면 건물 전체에 대한 건설비상당액이 아닌 건물 중 임대한 면적에 대한 건설비상당액을 구해야 한다. 왜냐하면 건물을 전부 임대하지 않고 일부만을 임대할 경우도 있기 때문이다.

따라서 다음과 같이 건설비상당액의 적수를 구한다.

건설비상당액의 적수 = 임대부동산의 건설비총액의 적수 × 임대면적의 적수 / 건물연면적의 적수

건설비총액의 적수 = 100,000,000원 × 256 = 25,600,000,000원

건물임대면적의 적수 = 300평 × 256 = 76,800평

건물연면적의 적수 = 300평 × 256 = 76,800평

따라서 건설비상당액의 적수는 다음과 같이 계산된다.

$$25{,}600{,}000{,}000\text{원(건설비 총액의 적수)} \times \frac{76{,}800\text{평(임대면적적수)}}{76{,}800\text{평(건물연면적적수)}}$$

= 25,600,000,000원

3. 보증금잔액의 계산

$\{(\text{보증금 등의 적수}) - (\text{건설비상당액의 적수})\} \times \frac{1}{365}$을 구하면 보증금잔액이 계산된다.

$$(51{,}200{,}000{,}000\text{원} - 25{,}600{,}000{,}000\text{원}) \times \frac{1}{365} = 70{,}136{,}986\text{원}$$

4. 익금상당액의 계산

연이자율을 곱하여 보증금잔액에 대한 익금상당액을 구한다.

70,136,986원 × 4.2%(이자율) = 2,945,753원

5. 간주임대료의 계산

보증금잔액에 대한 익금상당액에서 임대사업부분에서 발생한 수입이자 등을 차감한다.

2,945,753원 − 1,500,000원(수입이자) = 1,445,753원

따라서 서울주식회사는 1,445,753원을 세무조정시 간주임대료로서 익금산입해야 한다.

간주익금조정명세서는 다음과 같다.

[임대보증금 등의 간주익금조정명세서]

■ 법인세법 시행규칙 [별지 제18호서식] <개정 2012.2.28> (앞 쪽)

사업 연도	. . . ~ . . .	임대보증금등의 간주익금조정명세서	법인명	
			사업자등록번호	

❶ 임대보증금 등의 간주익금조정

①임대보증금등적수	②건설비 상당액적수	③보증금 잔액 [(①-②)÷365또는 366]	④이자율	⑤익금 상당액(③×④)	⑥보증금 운용수입	⑦익금산입금액 (⑤-⑥)

❷ 임대보증금 등 적수계산

⑧일자	⑨적요	⑩임대보증금누계	⑪일수	⑫적수(⑩×⑪)

❸ 건설비 상당액 적수계산

가. 건설비의 안분계산

⑬건설비총액적수 (⑳의 합계)	⑭임대면적적수 (㉔의 합계)	⑮건물 연면적적수 (㉘의 합계)	⑯건설비상당액적수 (⑬×⑭÷⑮)

나. 임대면적 등 적수계산

⑰건설비총액적수			㉑건물 임대면적 적수			㉕건물연면적 적수		
⑱건설비 총액누계	⑲임대 일수	⑳적수 (⑱×⑲)	㉒임대 면적누계	㉓임대 일수	㉔적수 (㉒×㉓)	㉖건물연면 적누계	㉗임대 일수	㉘적수 (㉖×㉗)
합계			합계			합계		

❹ 임대보증금 운용수입금액 명세

㉙과목	㉚계정금액	㉛보증금운용수입금액	㉜기타 수입금액	비고
계				

210mm×297mm[백상지 80g/㎡ 또는 중질지 80g/㎡]

2. 영업외비용

1 지급이자

■ 지급이자 손금불산입의 의의

차입금은 기업이 필요한 자금을 타인으로부터 빌린 것이며 기업은 차입금을 빌리는 대가로 이자를 지급하게 된다. 지급이자는 손익계산서에 이자비용으로 계상된다. 따라서 지급이자는 법인의 순자산을 감소시키는 거래로 인하여 발생하는 금액이기 때문에 손금이 되어야 한다. (※기업회계기준에서는 이자비용이라고 하고 있고 세법에서는 지급이자라는 용어를 사용하고 있다)

그러나 차입금은 정상적으로 기업활동을 하기 위해서 필요한 것임에도 불구하고 차입한 자금으로 업무무관부동산과 같이 비생산적 자산에 투자하거나 무리하게 특수관계자에게 자금을 빌려주는 경우도 있을 수 있다.

또한 특수관계자가 법인에 차입금을 빌려주고 이자를 받는 경우와 같이 채권자가 불분명한 차입금이 있을 수도 있다.

세법에서는 이와 같이 **비정상적으로 차입금이 사용**되고 있음에도 불구하고 해당 차입금의 지급이자가 **결산상 이자비용으로 계상된 경우**에는 **해당금액을 손금에서 제외**하도록 하고 있다.

■ 손금불산입 대상 지급이자

손금불산입되는 지급이자는 어떠한 것이 있는지 살펴보기로 하자.

손금불산입 지급이자

1. 채권자불분명사채(私債)이자
2. 비실명채권·증권이자
3. 건설자금이자
4. 업무무관자산 및 가지급금관련이자

① 채권자불분명사채(私債)이자

채권자가 불분명한 사채란 ① 채권자의 주소 및 성명을 확인할 수 없는 차입금, ② 채권자의 능력 및 자산상태로 보아 금전을 대여한 것으로 볼 수 없는 차입금, ③ 채권자와의 금전거래사실 및 거래내용이 불분명한 차입금을 말한다.

② 비실명채권·증권이자

채권·증권을 발행한 법인이 직접 지급하였지만 수령자가 불분명하여 그 지급사실이 객관적으로 인정되지 아니하는 이자 또는 할인액은 손금불산입한다.

③ 건설자금이자

건설자금이란 사업용 고정자산의 매입·제작·건설에 충당한 금액을 말하며, 건설자금이자란 이러한 건설자금을 자기자본으로 충당하지 아니하고 차입금으로 충당한 경우에 당해 차입금에서 발생한 이자를 말한다.

건설자금이자는 건설준공일까지 계산하며 당해 사업용 고정자산의 자본적 지출(매입부대비용)로서 취득원가에 산입한다. 따라서 지급이자에 건설자금이자가 포함되어 있다면 이는 손금불산입하여야 한다.

"그러면 기업회계기준서에 따라 건설자금이자를 비용처리하면 어떻게 되나요?"
"기업회계기준서에 따라 비용처리한 경우 손금불산입하게 됩니다."

④ 업무무관자산·가지급금 관련 지급이자

당해 법인의 업무와 직접 관련이 없는 업무무관부동산, 당해 법인의 업무와 직접 관련이 없다고 인정되는 업무무관동산(서화·골동품 등), 당해 법인의 업무와 관련없는 가지급금을 보유하고 있는 법인은 지급이자 중 세법의 규정에 의하여 계산한 금액을 손금불산입한다.

"이 규정은 기업이 차입금을 비생산적인 활동에 쓰지 못하도록 하는 거죠."
"가지급금이 있으면 지급이자를 손금불산입하겠다는 건 잘 이해가 안가는 데요?"

"극단적인 경우를 생각해 보죠. 예를 들어 특수관계자가 기업으로부터 가지급금을 빌려서 빌린 가지급금을 다시 기업에 빌려주면 기업으로서는 차입금이 되겠죠. 그 차입금에 대한 이자는 손금불산입하겠다는 거죠."

손금불산입할 지급이자는 다음과 같이 계산한다.

$$\text{지급이자} \times \frac{\text{업무무관자산과 가지급금의 적수}}{\text{총차입금적수}} = \text{손금불산입액}$$

[예 2] 업무무관자산 취득 등의 지급이자 손금불산입

(주)한국의 업무무관부동산과 가지급금에 관한 자료는 다음과 같다. (주)한국의 지급이자에 대한 세무조정을 하라.

- 업무무관부동산의 적수 300,000,000원
- 가지급금의 적수 100,000,000원
- 차입금의 적수 1,000,000,000원
- 지급이자 5,000,000원

A

$$\text{손금불산입액} = \text{지급이자} \times \frac{\text{업무무관자산 적수} + \text{가지급금 적수}}{\text{총차입금 적수}}$$

$$= 5{,}000{,}000\text{원} \times \frac{(300{,}000{,}000\text{원} + 100{,}000{,}000\text{원})}{1{,}000{,}000{,}000\text{원}}$$

$$= 2{,}000{,}000\text{원}$$

따라서 지급이자 5,000,000원 중 2,000,000원은 손금불산입하여야 한다.

■ 손금불산입할 지급이자의 계산순서

"지급이자 중 손금불산입되는 사항이 네가지인데 회사가 네가지 모두 해당되면 어떻게 하죠?"

"그런 경우에는 세법에서 정하는 순서에 따라 금액을 계산해야 해요."

지급이자의 손금불산입항목이 여러 개가 있는 경우에는 다음의 순서에 따라 계산한다.

① 채권자불분명사채이자

② 지급받는 자가 분명하지 않은 채권 등의 이자

③ 건설자금이자

④ 업무무관자산·가지급금 등에 관련한 이자

"아니, 지급이자손금불산입에 왜 순서를 정했죠?"

"우선 ①, ②는 안분계산하는게 아니니까 별 문제가 없지만 ③, ④는 안분계산을 해야 금액이 산출되는 것이기 때문이죠. 순서가 달라지면 금액이 달라지니까 혼란을 막기 위해서죠."

[예 3] 지급이자손금불산입순서

성덕산업주식회사(제조업)의 2020년 사업연도(1.1.~12.31.)에 대한 다음 자료에 의하여 지급이자 손금불산입액을 구하라.

1. 채권자불분명사채이자	3,000,000원
2. 가지급금의 적수	30,000,000,000원
3. 지급이자와 총차입금의 적수	
① 지급이자	12,000,000원
② 총 차입금적수	80,000,000,000원
4. 이외에 지급이자와 관련된 손금불산입 사항은 없다.	

A 지급이자손금불산입순서에 따라 계산하면 다음과 같다.

(1) 채권자불분명사채이자
3,000,000원 손금불산입

(2) 가지급금관련 지급이자

$$(12{,}000{,}000원 - 3{,}000{,}000원) \times \frac{30{,}000{,}000{,}000원}{(80{,}000{,}000{,}000원 - 20{,}000{,}000{,}000원)}$$

= 4,500,000원

(3) 지급이자손금불산입액
3,000,000원 + 4,500,000원 = 7,500,000원

따라서 지급이자 12,000,000원 중 7,500,000원은 손금불산입해야 한다.

[업무무관부동산등에관련한차입금이자조정명세서(을)]

[별지 제26호 서식 (갑)] (앞 쪽)

사업연도	. . . ~ . . .	업무무관부동산 등에 관련한 차입금이자조정명세서(갑)	법 인 명	
			사업자등록번호	

1. 업무무관부동산 등에 관련한 차입금지급이자

①지급이자	적수				⑥차입금 (=⑲)	⑦ ⑤와 ⑥중 적은 금액	⑧손금불산입 지급이자 (①×⑦÷⑥)
	②업무무관 부동산	③업무무관 동산	④가지급금 등	⑤계 (②+③+④)			

2. 지급이자 및 차입금 적수계산

⑨ 이자율	⑩지급 이자	⑪차입금 적수	⑫채권자불분명 사채이자 등		⑮건설자금이자 등		차감	
			⑬지급 이자	⑭차입금 적수	⑯지급 이자	⑰차입금 적수	⑱지급이자 (⑩－⑬－⑯)	⑲차입금적수 (⑪－⑭－⑰)
합계								

210㎜×297㎜(신문용지 54g/㎡(재활용품))

② 기타 영업외비용

■ 유가증권처분손실

기업회계기준에 의한 공정가액법 등의 평가가 세법상으로는 인정되지 않으므로 유가증권평가손익 및 처분손익에 대해서는 세무조정이 필요하다. 이에 대해서는 이미 영업외수익에서 설명한 바 있으므로 그 부분을 참조하면 될 것이다.

■ 재고자산평가손실과 재고자산감모손실

매출원가에서 설명한 바 있다.

■ 외환차손익

상환받거나 상환하는 외화자산·부채의 원화기장액과 실제 상환받거나 상환하는 원화금액과의 차액이 발생할 경우 동 차액을 **상환차손익**이라 하며, 이는 전액 당해 사업연도의 손금 또는 익금으로 한다.

■ 외화환산손익

기업회계상 화폐성 외화자산·부채에 대하여는 사업연도 종료일 현재의 적절한 환율에 의하여 환산하여 당해 환산손익을 영업외손익에 계상하도록 규정하고 있다. 그러나 세법에서는 금융회사의 경우에는 환산해야 하며 비금융회사의 경우에는 환산 여부를 선택할 수 있도록 하고 있다.

제17장 자본금·적립금의 세무조정

1. 소득의 처분과 소득금액조정합계표의 작성

1 소득처분의 의의와 종류

■ 소득처분의 의의

"이제 각 사업연도 소득을 구하기 위한 세무조정사항을 모두 모아서 각 사업연도 소득을 계산해야죠!"
"그래요. 그렇지만 세무조정사항들을 모아서 정리하기에 앞서서 소득처분에 대해 살펴봐야죠."
"소득처분이라고요?"

기업회계상 당기순이익(정확히 말하면 처분가능이익)은 주주총회에서 주주들의 승인을 통해 **처분**이 확정된다. 처분이란 누구에게 얼마를 분배할 것인지를 결정하는 것이다.

이익이 이익준비금이나 기타 법정적립금·임의적립금으로 처분되면 이익은 밖으로 유출되지 않고 **내부에 유보**된다. 그러나 주주에게 배당금을 지급하거나 임원에게 상여금을 지급하기로 결정한다면 이익은 **사외로 유출**된다. 따라서 당기순이익은 내부유보 또는 사외유출의 두 가지로 처분된다.

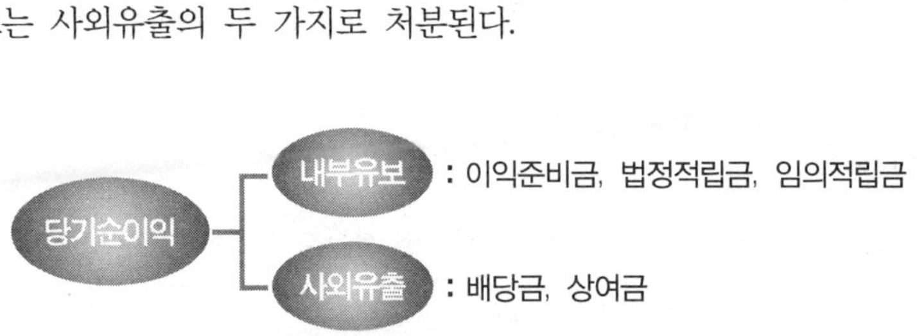

당기순이익이 처분되면 누가 얼마를 얻었는지를 명확하게 알 수 있다. 배당금은 주주들에게 간 것이고 임원에 대한 상여금은 임원에게, 그리고 적립금은 기업이 내부 유보한 것이다.

세법상 각 사업연도 소득은 당기순이익에 세무조정사항을 고려하여 구해진다.

세무조정사항으로 인한 소득은 주주총회에서 처분이 결정되지 않는다. 따라서 각 사업연도 소득에 포함되는 세무조정사항은 아직 누구에게 귀속*되는 것인지 알 수 없다. 결국 결산확정 후 세무조정시에 세무조정사항이 누구에게 귀속되며, 어떤 소득인지를 확정하는 절차가 필요하게 된다. 이를 **소득처분**이라 한다.

* 귀속 : 귀속이란 과세대상이 되는 소득을 특정의 납세의무자에게 결부시키는 것을 말한다. 따라서 자기에게 귀속하는 과세소득에 대해 납세의무자는 납세의무를 지게 된다.

■ 소득처분의 종류

"그러면 소득처분이란 세무조정사항들이 사내유보된 것인지 사외유출된 것인지 결정하는 거군요."

"그렇죠. 그리고 사외유출로 처분된 것은 그 귀속자가 누구인지를 밝혀서 세금을 걷을 수 있도록 해야죠.
"사내유보된 것은요?"
"앞으로 사외유출이 될지 사내유보가 계속 될지 모르니까 기록해서 관리해야죠."

세무조정사항은 당기순이익에 가산되는 익금산입·손금불산입사항과 당기순이익에서 차감되는 손금산입·익금불산입사항의 두 가지로 구분할 수 있다. 따라서 소득의 처분도 두 가지로 구분하여 익금산입·손금불산입사항의 처분을 익금처분(일반적으로 소득처분이라는 용어를 많이 사용함), 손금산입·익금불산입사항의 처분을 손금처분이라고 한다.

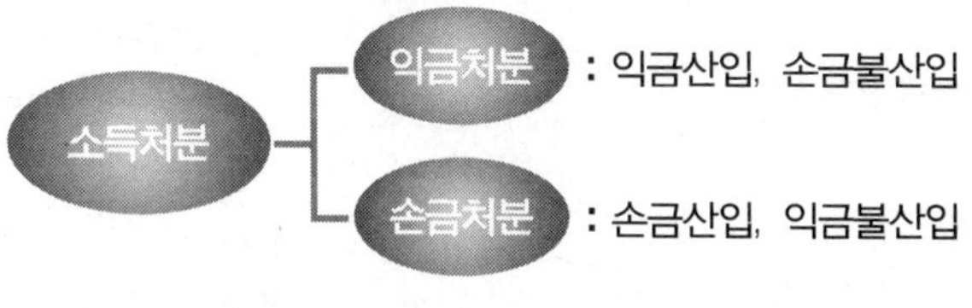

① 익금처분

익금처분은 그림과 같이 구분된다. 차례차례 살펴보기로 하자.

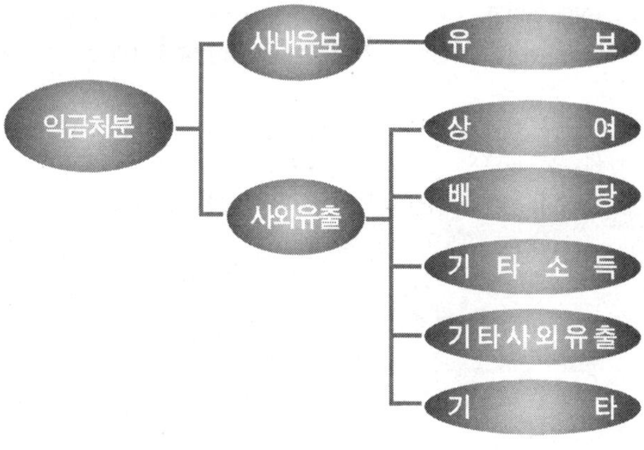

가. 유 보

유보란 익금산입·손금불산입으로 생긴 세무조정소득*이 **사외로 유출되지 않고 기업 내에 남아 있는 것**을 말한다.

* 세무조정사항이 올바른 용어이지만 소득의 의미를 강조하기 위해서 세무조정소득이라 하기로 한다.

예를 들어 이해해 보기로 하자.

[예 1] 유보의 예

(주)단순은 2020년초에 자산(상품 1,000원, 건물 500원) 1,500원, 부채 700원, 자본금 800원으로 설립하였다. 기중 거래는 상품 1,000원 짜리를 1,700원의 현금으로 판매하고 건물의 감가상각비로 300원을 계상한 것 이외에 다른 거래는 전혀 없다. 손익계산서와 기초 · 기말의 재무상태표를 작성하라.

A

기초재무상태표 ⟶ 손익계산서 ⟶ 기말재무상태표

기초재무상태표

상 품 1,000원 건 물 500원	부 채 700원 자본금 800원
1,500원	1,500원

손익계산서

매출액	1,700
매출원가	1,000
감가상각비	300
순 이 익	400

기말재무상태표

현 금 1,700원 건 물 200원	부 채 700원 자본금 800원 잉여금 400원
1,900원	1,900원

회계상의 잉여금은 400원이 된다. 그러나 세무조정사항이 있을 경우에는 회계상의 잉여금과 세무상의 잉여금이 다르게 된다. 좀더 검토해 보자.

[예 2] 세무상의 잉여금

(주)단순이 2020년에 계상한 감가상각비 300원 중 100원은 한도액(상각범위액)을 초과하였다.

따라서 100원이 손금불산입되었다. 이 경우 각 사업연도 소득은 얼마이며 기말의 세무상 재무상태표와 세무상 잉여금은 얼마인가?

A

각 사업연도 소득 = 당기순이익 + 세무조정사항
= 400원 + 100원
= 500원

기말세무재무상태표

현 금 1,700원 건 물 300원	부 채 700원 자본금 800원 잉여금 500원
2,000원	2,000원

세무상 잉여금은 500원이다.

감가상각비 한도초과액 100원은 손금불산입된다. 따라서 세무상으로 보면 건물 가액은 200원이 아닌 300원이 된다. 한도초과액 100원은 기업 밖으로 유출되었는가? 아니다. 기업 내에 유보되어 세무상의 잉여금에 포함된다. 이 예에서 보는 것처럼 이 한도초과액 100원으로 인해 회계상의 잉여금은 400원이지만 세무상의 잉여금은 500원이 된다.

따라서 손금불산입되는 **감가상각비의 한도초과액**은 기업 내에 남아있으므로 유보로 처분하게 된다.

마찬가지로 익금산입된 **재고자산평가감**도 기업 내에 남아 있으므로 유보로 처분된다. 이외에 유보로 처분되는 것으로 **퇴직급여충당금의 한도초과액, 대손충당금의 한도초과액** 등을 들 수 있다.

나. 상 여

익금산입·손금불산입으로 생긴 세무조정소득이 **사외로 유출**되어 **사용인 또는 임원에게 귀속**되었다고 인정되는 경우에는 상여로 처분한다. 이것을 일반적인 상여금과 구별하기 위하여 **인정상여**라고도 한다.

예를 들어 이해해 보기로 하자.

[예 3] 상여의 예

(주)단순은 2020년초에 자산(현금 500원, 상품 1,000원) 1,500원, 부채 700원, 자본금 800원으로 설립하였다. 기중 거래는 상품 1,000원 짜리를 1,700원의 현금으로 판매하였다. 접대비 현금 300원을 지출한 이외에 다른 거래는 전혀 없다.
손익계산서와 기초·기말의 재무상태표를 작성하라.

A 기초재무상태표 ⟶ 손익계산서 ⟶ 기말재무상태표

기초재무상태표

현 금 500원 상 품 1,000원	부 채 700원 자본금 800원
1,500원	1,500원

손익계산서

매 출 액	1,700
매출원가	1,000
접 대 비	300
순 이 익	400

기말재무상태표

현 금1,900원	부 채 700원 자본금 800원 잉여금 400원
1,900원	1,900원

회계상의 잉여금은 400원이 된다. 그러나 세무조정사항이 있을 경우에는 회계상의 잉여금과 세무상의 잉여금이 다르게 된다. 좀더 검토해 보자.

[예 4] 세무상의 잉여금

(주)단순은 2020년에 계상한 접대비 300원 중 100원은 한도액을 초과하였다. 따라서 100원이 손금불산입되었다. 이 경우 각 사업연도 소득은 얼마이며 기말의 세무상 재무상태표와 세무상 잉여금은 얼마인가?

A

각 사업연도 소득 = 당기순이익 + 세무조정사항
= 400원 + 100원
= 500원

기말세무재무상태표

현 금 1,900원	부 채 700원
	자본금 800원
	잉여금 400원
1,900원	1,900원

세무상 잉여금은 400원이다.

접대비 한도초과액 100원은 손금불산입된다. 한도초과액 100원은 기업 내에 남아 있는가? 아니다. 기업 밖으로 유출되어 사용되었다. 이 예에서 보는 것처럼 회계상의 잉여금과 세무상의 잉여금은 400원으로 같다.

이와 같이 손금불산입되는 **접대비 한도초과액**은 기업에 남아 있지 않고 기업 밖으로 유출된 것이다.

또 하나의 예로 가지급금 인정이자를 들 수 있다. 익금산입된 가지급금의 인정이자는 사외로 유출된 것이라고 할 수 있으며 가지급금을 사용인이 수령하였을 경우에는 사용인에 대한 상여로 처분한다.

소득이 사외로 유출되었으나 그 귀속이 불분명한 경우(나중에 설명하는 기타사외유출로 처분하는 경우는 제외)는 대표자에게 귀속된 것으로 보아 **상여**로 처분한다.

"그럼 상여로 처분하면 끝나나요?"

"처분의 후속절차가 있어야죠. 당연히 해당되는 사람으로부터 소득세를 원천징수해야 합니다."

상여로 처분된 금액은 귀속자의 근로소득이기 때문에 근로소득세를 원천징수하여 납부하여야 한다. 따라서 인정상여는 다음 시기에 지급된 것으로 보고 원천징수한다.

○ 법인세 신고시 처분된 상여 : **법인세 과세표준 신고기일**

○ 결정 또는 경정시에 처분된 상여 : **소득금액변동통지서***를 받은 날

* 결정·경정하는 경우에는 국세청으로부터 소득금액변동통지서를 받게 된다.

다. 배 당

익금산입 또는 손금불산입으로 생긴 세무조정소득이 **사외로 유출**되어 사용인과 임원을 제외한 **출자자*에게 귀속**되었다고 인정되는 경우에는 배당으로 처분한다. 이를 **인정배당**이라고도 한다.

(* 출자자가 사용인과 임원인 경우에는 앞에서 설명한 바와 같이 상여로 처분하며, 내국법인인 경우에는 다음에 설명할 기타사외유출로 처분된다.)

예를 들어 출자임원이 아닌 출자자에 대해 가지급금의 인정이자가 익금산입될 경우에는 배당으로 처분된다.

배당으로 처분된 금액은 출자자의 배당소득에 포함되는 것이기 때문에 법인에게는 배당소득의 원천징수의무가 발생한다. 따라서 인정배당은 다음의 시기에 지급된 것으로 보고 원천징수한다.

○ 법인세 신고시 처분된 배당 : 법인세 과세표준 신고기일

○ 결정 또는 경정시에 처분된 배당 : 소득금액변동통지서를 받은 날

라. 기타소득

익금산입 또는 손금불산입으로 생긴 세무조정소득이 **사외에 유출되어 출자자·사용인·임원·법인 이외의 자에게 귀속**되었다고 인정되는 경우에는 기타소득으로 처분한다.

기타소득으로 처분된 금액은 그 귀속자의 기타소득이 되기 때문에 당해 법인은 기타소득세를 원천징수납부하여야 한다.

기타소득으로 처분된 금액은 다음의 시기에 지급된 것으로 보고 원천징수한다.

○ 법인세신고시 처분된 기타소득 : 법인세 과세표준 신고기일

○ 결정·경정시에 처분된 기타소득 : 소득금액변동통지서를 받은 날

마. 기타사외유출

익금산입 또는 손금불산입으로 생긴 세무조정소득이 사외로 유출되었으나, **배당 · 상여 · 기타소득 이외로 유출**되었다고 인정되는 경우에는 기타사외유출로 처분한다.

예를 들어 보기로 하자. 접대비 한도초과액은 손금불산입된다. 이는 기타사외유출로 처분된다. 법인이 지출한 벌금·과료 등의 경우에도 기타사외유출로 처분된다.

이와 같이 기타사외유출로 처분된 금액은 사외로 유출되기는 했지만 그 소득의 귀속자가 법인세나 소득세를 납부하는 사업자이기 때문에 귀속된 소득에 대해 과세되었을 것이다. 또한 위의 벌금·과료 등과 같이 귀속자가 국가 등인 경우에는 조세를 부담할 의무가 없다. 따라서 더 이상의 소득귀속을 하지 않는다. 결국 기타사외유출로 처분된 금액은 원천징수를 할 필요가 없다.

※ 세무조정에 의하여 처분되는 배당.상여 및 기타소득만을 귀속사업연도별.소득자별로 구분 기재하여 이에 대한 원천세액을 계산기입함으로써 법인세과세표준의 신고 후에 과세자료로 활용하기 위하여 소득자료(인정상여.인정배당.기타소득)명세서를 작성하도록 하고 있다.

바. 기 타

익금산입 또는 손금불산입으로 생긴 세무조정소득이 유보와 사외유출된 것으로 볼 수 없다고 인정되는 경우에는 기타로 처분한다. 예컨대, 자기주식처분이익을 익금산입하는 경우가 이에 해당한다.

② 손금처분

손금의 처분은 △유보와 기타로 나누어진다.

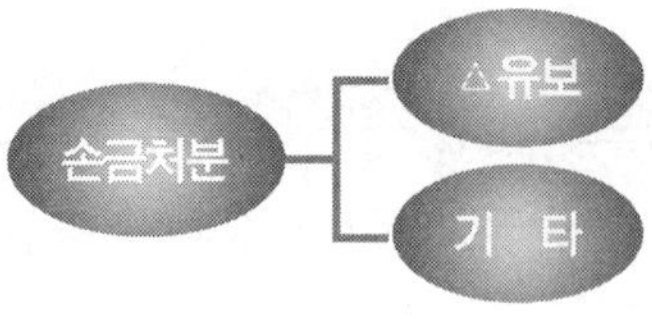

가. △유보

이미 살펴본 것처럼 익금에 가산된 세무조정사항이 사외로 유출되지 않고 법인의 세무상 잉여금을 증가시키면 유보로 처분하여야 한다. 반대로 손금에 가산된 세무조정사항이 사외로 유출되지 않고 법인의 세무상 잉여금을 감소시키면 부(△)의 유보로 처분하여야 한다.

[예 5] △유보의 예

(주)단순은 2020년초에 자산(예금 500원, 상품 1,000원) 1,500원, 부채 700원, 자본금 800원으로 설립하였다. 기중 거래는 상품 1,000원 짜리를 1,700원의 현금으로 판매하여 예입을 하고, 예금의 이자 100원을 계상한 것 이외에(미수이자임) 전혀 없다. 손익계산서와 기초·기말의 재무상태표를 작성하라

A

기초재무상태표 ⟶ 손익계산서 ⟶ 기말재무상태표

기초재무상태표

예 금 500원 상 품 1,000원	부 채 700원 자본금 800원
1,500원	1,500원

손익계산서

매 출 액	1,700
매출원가	1,000
이자수익	100
순 이 익	800

기말재무상태표

예 금 2,200원 미수이자 100원	부 채 700원 자본금 800원 잉여금 800원
2,300원	2,300원

회계상의 잉여금은 800원이 된다. 그러나 세무조정사항이 있을 경우에는 회계상의 잉여금과 세무상의 잉여금이 다르게 된다. 좀더 검토해 보자.

[예 6] 세무상의 잉여금

(주)단순은 2020년에 계상한 이자수익 100원은 미수이자이다.
따라서 100원은 익금불산입되었다. 이 경우 각 사업연도 소득은 얼마이며 기말의 세무상 재무상태표와 세무상 잉여금은 얼마인가?

A

각 사업연도 소득 = 당기순이익 + 세무조정사항
= 800원 − 100원
= 700원

기말세무재무상태표

예 금 2,200원	부 채 700원
	자본금 800원
	잉여금 700원
2,200원	2,200원

세무상 잉여금은 700원이다.

미수이자 계상액 100원은 익금불산입된다. 회계상의 잉여금은 800원이지만 익금불산입액 100원으로 인해 세무상 잉여금이 100원 줄었다. 이와 같이 손금산입·익금불산입사항이 세무상 잉여금을 감소시킨 경우에는 △유보로 처분하여야 한다.

따라서 만기에 익금으로 계상하여야 할 수입이자를 만기 전에 이자수익으로 계상한 경우에는 익금불산입하고 △유보로 처분한다. 그리고 이 수입이자가 만기가 되는 사업연도에는 익금산입하고 유보로 처분하여야 한다.

또 하나의 예를 들어보자. 감가상각비한도초과액이 전기 이전에 손금불산입되어 유보로 처분되었다고 하자. 그 이후에 시인부족액이 있어 과거에 손금불산입된 금액이 손금으로 산입되면 이는 세무상의 잉여금이 감소되는 것이므로 당해 사업연도에 △유보로 처분하여야 한다.

"잘 이해가 안 가는데……"
"예를 들어보죠."

[예 7] △유보의 예-2

〔예 1〕, 〔예 2〕에 연속되는 문제이다.
(주)단순의 2020년초에 기중 거래는 상품 1,000원 짜리를 현금으로 구입하여 현금 1,500원에 판매하였다. 감가상각비도 계상하지 않았으며 다른 거래는 전혀 없다.
손익계산서와 기초·기말의 재무상태표를 작성하라.

A 기초재무상태표 ⟶ 손익계산서 ⟶ 기말재무상태표

기초재무상태표

현 금 1,700원 건 물 200원	부 채 700원 자본금 800원 잉여금 400원
1,900원	1,900원

손익계산서

매 출 액	1,500
매출원가	1,000
순 이 익	500

기말재무상태표

현 금 2,200원 건 물 200원	부 채 700원 자본금 800원 잉여금 900원
2,400원	2,400원

회계상의 잉여금은 900원이 된다. 그러나 세무조정사항이 있을 경우에는 회계상의 잉여금과 세무상의 잉여금이 다르게 된다. 좀더 검토해 보자.

[예 8] 세무상의 잉여금

〔예 1〕, 〔예 2〕, 〔예 7〕에 연속되는 문제이다.
(주)단순의 2020년 상각범위액은 50원이다.
따라서 시인부족액 50원만큼 전연도 상각부인액 100원 중 50원이 손금으로 추인되었다.
이 경우 각 사업연도 소득은 얼마이며 기말의 세무상 재무상태표와 세무상 잉여금은 얼마인가?

각 사업연도 소득 = 당기순이익 + 세무조정사항
= 500원 − 50원
= 450원

A 기말세무재무상태표

현 금 2,200원 건 물 250원	부 채 700원 자본금 800원 잉여금 950원
2,450원	2,450원

세무상 잉여금은 500원 + 450원 = 950원이다.

감가상각비 시인부족액 50원은 손금으로 추인된다.

[2019년과 2020년의 회계와 세무잉여금의 비교]

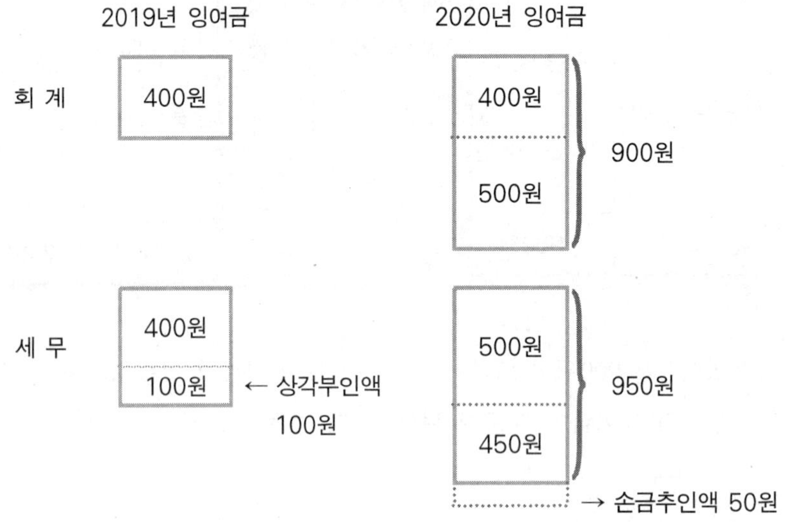

따라서 해당 금액만큼 세무상의 잉여금이 감소되므로 △유보로 처분한다.

이와 같이 법인의 장부상에 자산으로 계상되어 있는 금액을 손금산입하거나, 전기에 익금산입·손금불산입하여 유보처분한 금액을 당기에 손금추인하는 경우에는 △유보로 처분된다.

나. 기 타

손금산입·익금불산입에 의한 세무조정소득 중 △유보에 해당되지 않는 것은 기타로 처분한다.

예를 들어 **국세환급금의 이자**는 결산상 당기순이익에 계상되어 있지만 익금불산입된다. 그러나 국세환급금의 이자는 이미 당기순이익에 반영되어 있어 회계상 잉여금과 세무상 잉여금의 차이가 발생하지 않는다. 따라서 잉여금이 감소되지 않아 이를 △유보로 처리할 수는 없기 때문에 기타로 처분한다.

“세무조정사항들이 어떻게 소득처분되는가를 알아야 세무조정을 할 수 있으니까 굉장히 중요한 거죠. 따라서 각종 세무조정사항의 소득처분유형을 이해하고 있어야 해요.”

② 소득금액조정합계표의 작성

"세무조정사항에 대해서 소득처분을 결정하고 나면 이제 어떻게 하죠?"
"모두 모아서 소득금액조정합계표를 작성해야죠."

익금산입·손금불산입사항과 손금산입·익금불산입사항, 즉 세무조정사항이 모두 파악되고 이 세무조정사항에 대한 소득의 처분을 확정하고 나면 소득금액조정합계표를 작성하여야 한다.

소득금액조정합계표란 당해 사업연도의 각 사업연도 소득을 구하기 위하여 익금산입·손금불산입한 사항과 손금산입·익금불산입한 사항을 모아서 정리한 표이다.

주의할 점은 전기에 있었던 유보 또는 △유보로 처분되었던 항목이 당해 사업연도에 △유보 또는 유보로 추인해야 할 항목을 파악해야 한다는 것이다.*

예를 들어 전기의 기말재고자산에 대해 재고자산평가감으로 손금불산입하였고 이 기말재고자산이 올해 모두 판매되었다면 올해 세무조정시에는 전연도의 재고자산평가감을 손금산입하여야 한다.

* 나중에 설명할 자본금과적립금조정명세서(을) 전기분을 이용하여 전기에 이루어진 처분사항에 대하여 파악한다.

[예 1] 소득금액조정합계표의 작성

서울주식회사는 결산을 확정하고 세무조정계산서를 작성하고자 한다. 다음 자료를 사용하여 소득금액조정합계표를 작성하라.

1. 익금산입 및 손금불산입 해당액 내역

과 목	금 액	내 용
법 인 세 비 용	2,000,000	중간예납 등
재고자산평가감	150,000	재고자산평가감액
세 금 과 공 과	100,000	토지매입에 따른 취득세
접 대 비	200,000	한도초과액
퇴직급여충당금	200,000	한도초과액
대 손 충 당 금	50,000	한도초과액
인 정 이 자	300,000	대표이사의 가지급금인정이자
세 금 과 공 과	50,000	벌과금

2. 손금산입 및 익금불산입 해당액 내역

과 목	금 액	내 용
재고자산평가감	50,000	당기 판매분
감 가 상 각 비	180,000	전기부인누계액 중 당기추인액
수 입 이 자	20,000	국세환급금이자
대 손 충 당 금	100,000	전기대손충당금한도초과액

[소득금액조정합계표]

■ 법인세법 시행규칙 [별지 제15호서식] <개정 2013.2.23.> (앞쪽)

사 업 연 도	. . . ~ . . .	소득금액조정합계표	법인명	서울주식회사
			사업자등록번호	

익금산입 및 손금불산입				손금산입 및 익금불산입			
①과목	②금액	③소득처분		④과목	⑤금액	⑥소득처분	
		처분	코드			처분	코드
법인세비용	2 000 000	기타사외유출		재고자산 평가감	50 000	유보	
재고자산 평가감	150 000	유보		감가상각비	180 000	유보	
세금과공과	100 000	유보		수입이자	20 000	기타	
접대비	200 000	기타사외유출		대손충당금	100 000	유보	
퇴직급여 충당금	200 000	유보					
대손충당금	50 000	유보					
인정이자	200 000	상여					
세금과공과	50 000	기타사외유출					
합계				합계			

210mm×297mm[백상지 80g/㎡ 또는 중질지 80g/㎡]

위의 예와 같이 각 사업연도 소득계산을 위한 각 항목의 세무조정이 완료되고 익금산입·손금불산입사항과 손금산입·익금불산입사항, 즉 세무조정사항이 파악되면 이 사항들을 모아모아 소득금액조정합계표에 옮겨 적고 각 사항에 대한 소득처분 내용을 기록하게 된다.

2. 자본금과 잉여금의 정리

1 유보소득의 정리

"이제 각 사업연도 소득에 대한 계산은 끝난 거죠?"
"일단 끝났다고 할 수 있지만 마무리를 해야죠."
"마무리라뇨?"
"유보처분되었던 사항을 정리해야 합니다."

■ 유보소득의 의미

소득처분에서 설명한 바와 같이 세무조정사항 중 유보와 △유보로 처분된 사항들은 사내유보된 소득으로서 기업회계상의 잉여금이 아닌 세무상의 잉여금을 구성하게 된다. 세무조정사항으로 인해 발생한 세무상의 잉여금을 **세무조정유보소득**이라고 한다.

세무조정유보소득은 당연히 기업회계상의 재무상태표상에서는 나타나지 않는다. 그러나 매년 이 유보소득과 관련한 세무조정사항이 발생하면 세무조정유보소득은 변동하게 되므로 이를 관리해야 한다.

세무조정유보소득은 세무조정사항이 발생함에 따라 아래의 표와 같이 변동하게 된다.

과목	기초잔액	감 소	증 가	기말잔액
○○	×××(유보)	전기익금산입분 중 익금불산입	익 금 산 입	×××(유보)
○○	×××(유보)	전기손금불산입분 중 손금산입	손금불산입	×××(유보)
○○	×××(△유보)	전기손금산입분 중 손금불산입	손 금 산 입	×××(△유보)
○○	×××(△유보)	전기익금불산입분 중 익금산입	익금불산입	×××(△유보)
계	×××			×××

"표가 잘 이해가 안 가는데……"

"예를 살펴보기로 하죠."

[예 1] 유보소득의 계산

제1기의 세무조정사항은 다음과 같았다.

접대비 한도초과액	30원
감가상각비 한도초과액	50원
퇴직급여충당금 한도초과액	20원
재고자산평가증	10원

제1기 세무조정유보소득을 구하라.

A

접대비한도초과액	30원 → 손금불산입; 기타사외유출
감가상각비한도초과액	50원 → 손금불산입, 유보
퇴직급여충당금한도초과액	20원 → 손금불산입, 유보
재고자산평가증	10원 → 익금불산입, △유보

따라서 제1기의 세무조정유보소득은 50원 + 20원 − 10원 = 60원이 된다.

"이제 제2기에는 어떻게 유보소득이 변화되는지 살펴보죠."

[예 2] 유보금의 정리

한국주식회사의 제2기 세무조정사항이 다음과 같을 경우 제2기의 세무조정유보소득을 정리하라.

(1) 가산조정사항

재고자산평가감	30원
대손충당금 한도초과	20원
퇴직급여충당금 한도초과	40원
접대비 한도초과	10원
전기 재고자산평가증 추인	10원

(2) 차감조정사항

전기 감가상각부인액 추인	40원

A

(1) 세무조정사항을 소득처분하면 다음과 같다.

재고자산평가감	30원(유보)
대손충당금 한도초과	20원(유보)
퇴직급여충당금 한도초과	40원(유보)
접대비 한도초과	10원(기타사외유출)
전기 재고자산평가증 추인	10원(유보)

(2) 손금가산사항
전기 감가상각부인액 추인 40원(△유보)

따라서 세무조정유보소득을 정리해 보면 아래와 같이 표시할 수 있다.

과목 또는 사항	기초잔액	감 소*	증 가	기말잔액
감가상각비	50원	40원		10원
퇴직급여충당금	20원		40원	60원
재고자산평가증	△10원	△10원		
재고자산평가감			30원	30원
대손충당금			20원	20원
	60원	30원	90원	120원

* 감소를 먼저 쓴 것은 우선 전기에서 이월된 유보금액 먼저 정리하기 위해서이다.

■ 자본금과적립금조정명세서(을)의 작성

세무조정유보소득의 변동사항은 자본금과적립금조정명세서(을)에서 정리한다 자본금과적립금조정명세서(을)은 위의 예에서 제시한 표의 구조와 같다.

[자본금과적립금조정명세서(을)]

[별지 제50호 서식(을)] (앞 쪽)

사업연도	. . . ~ . . .	자본금과적립금조정명세서(을)	법인명	

※ 관리번호 [ ][ ] - [ ][ ]　　사업자등록번호 [ ][ ][ ] - [ ][ ] - [ ][ ][ ][ ][ ]

※표시란은 기입하지 마십시오.

세무조정유보소득 계산

①과목 또는 사항	②기초잔액	당 기 중 증 감		⑤기말잔액 (익기초현재)	비 고
		③감 소	④증 가		
감가상각비	50	40		10	
퇴직급여충당금	20		40	60	
재고자산평가증	△10	△10		–	
재고자산평가감			30	30	
대손충당금			20	20	
합 계	60	30	90	120	

22226-84011일　　210㎜×297㎜
99.4.1. 개정승인　　(신문용지 54g/㎡(재활용품))

■ 자본의 조정

•자본금과적립금조정명세서(갑)의 의의

세무조정유보소득의 변동사항을 정리한 후에는 세무상의 자본금 및 적립금과 이월결손금을 계산·관리하기 위해서 자본금과적립금조정명세서(갑)을 작성하여야 한다.

[자본금과적립금조정명세서(갑)]

■ 법인세법 시행규칙 [별지 제50호서식(갑)] <개정 2012.2.28>

(앞 쪽)

사업연도	. . ~ . .	자본금과 적립금 조정명세서(갑)	법인명	
			사업자등록번호	

Ⅰ. 자본금과 적립금 계산서

①과목 또는 사항		코드	②기초잔액	당기중증감		⑤기말잔액	비고
				③감소	④증가		
자본금 및 잉여금 등의 계산	1. 자본금	01					
	2. 자본잉여금	02					
	3. 자본조정	15					
	4. 기타포괄손익누계액	18					
	5. 이익잉여금	14					
		17					
	6. 계	20					
7. 자본금과 적립금명세서(을) 계		21					
손익미계상 법인세 등	8. 법인세	22					
	9. 지방소득세	23					
	10. 계(8+9)	30					
11. 차가감 계(6+7-10)		31					

Ⅱ. 이월결손금 계산서

1. 이월결손금 발생 및 증감내역

⑥사업연도	이월결손금					감소내역				잔액		
	발생액			⑩소급공제	⑪차감계	⑫기공제액	⑬당기공제액	⑭보전	⑮계	⑯기한 내	⑰기한경과	⑱계
	⑦계	⑧일반결손금	⑨배분 한도초과결손금(⑨=㉕)									
계												

2. 법인세 신고 사업연도의 결손금에 동업기업으로부터 배분한도를 초과하여 배분받은 결손금(배분한도 초과결손금)이 포함되어 있는 경우 사업연도별 이월결손금 구분내역

⑲법인세 신고 사업연도	⑳동업기업 과세연도 종료일	㉑손금산입한 배분한도 초과 결손금	㉒법인세 신고 사업연도 결손금	배분한도 초과결손금이 포함된 이월결손금 사업연도별 구분			
				㉓합계(㉓=㉕+㉖)	배분한도 초과결손금 해당액		㉖법인세 신고 사업연도 발생 이월결손금 해당액(⑧일반결손금으로 계상)(㉑≥㉒의 경우는 "0", ㉑<㉒의 경우는 ㉒-㉑)
					㉔이월결손금 발생 사업연도	㉕이월결손금(㉕=⑨) ㉑과㉒ 중 작은 것에 상당하는 금액	

Ⅲ. 회계기준 변경에 따른 자본금과 적립금 기초잔액 수정

㉗과목 또는 사항	㉘코드	㉙전기말 잔액	기초잔액 수정		㉜수정후 기초잔액(㉙+㉚-㉛)	㉝비고
			㉚증가	㉛감소		

210mm×297mm[일반용지 70g/㎡(재활용품)]

3. 기부금의 세무조정

1 기부금

■ 의 의

"이제부터 기부금의 세무조정에 대해서 살펴보기로 하죠."

"아니, 각 항목을 다 검토해서 소득금액조정합계표를 작성했는데 기부금을 세무조정하다뇨?"

"법인세 과세표준 및 세액조정계산서에서 ① 각 사업연도 소득계산란을 살펴보세요. 어떻게 되어 있죠?"

"기부금의 성격상 다른 세무조정사항을 모두 가감하여 차가감소득금액을 계산한 후에 기부금 한도초과액을 계산해서 손금불산입하게 되어 있어요. 이제부터 설명하기로 하죠."

"그럼 기부금한도초과액이 있어 손금불산입된다면 그 금액은 소득금액조정합계표에 기록하지 않나요?"

"예, 기부금 한도초과액은 소득금액조정합계표에 기록하지 않고 법인세 과세표준 및 세액조정계산서에 직접 기록해요. 그렇게 해서 최종적으로 각 사업연도 소득이 구해지는 거죠."

[각 사업연도 소득계산란]

① 각 사업연도 소득계산	(101)결산서상당기순손익		01	
	소득조정 금액	(102)익금산입	02	
		(103)손금산입	03	
	(104)차가감소득금액 ((101)+(102)−(103))		04	
	(105)기부금한도초과액		05	
	(106)기부금한도초과이월액 손금산입		54	
	(107)각사업연도소득금액 ((104)+(105)−(106))		06	

기부금이란 법인이 그 사업과 직접 관계가 없는 자에게 **업무와 관련없이** 기부한 금전 또는 물품의 가액을 말한다*. 기업회계기준에서는 기부금을 영업외비용에 포함시키고 있다. 반면 세법에서는 기부금을 공익성이 있는 경우에 한하여 제한적으로 손금으로 인정하고 있다. 따라서 기부금에 대해서는 한도초과액이 발생하면 손금불산입해야 한다.

* 사업과 직접 관계없이 특수관계가 없는 자에게 무상으로 증여하는 재산가액과 특수관계가 없는 자에게 자산을 정상가액보다 저가로 양도하거나 고가로 매입하는 경우 정상가액과의 차액도 기부금에 포함된다. 여기서 정상가액이란 시가에 100분의 30을 가감한 범위 내에서의 금액을 말한다.

■ 기부금의 범위

세법상 기부금은 손금산입처리방법에 따라 세 가지로 분류할 수 있다. 첫째는 가장 많이 손금산입될 수 있는 기부금으로 **법정기부금**이다. 둘째는 일정한 한도 내에서 손금산입을 할 수 있는 기부금으로서 **지정기부금**이라 한다. 셋째 앞의 세 가지를 제외한 기부금으로 흔히 비지정기부금이라고 하는데 전액 손금불산입된다.

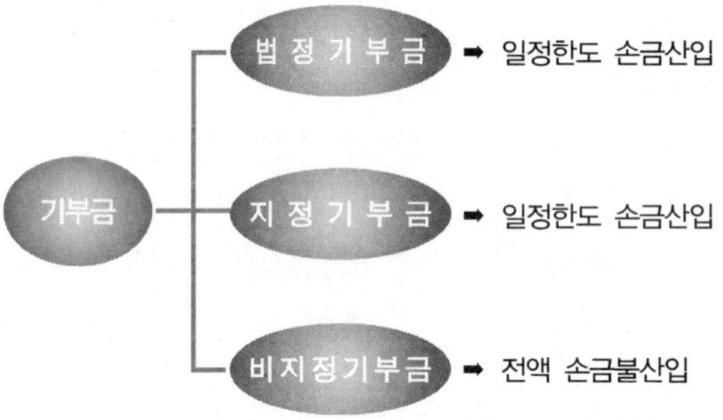

"그러면 비지정기부금은 전액손금불산입되니까 사실상 세법상 기부금이라고 할 수 없군요?"

"그렇다고 할 수 있죠. 일단 비지정기부금은 전액 손금불산입해서 소득금액조정합계표에 기록해야 해요. 따라서 비지정기부금을 손금불산입해서 소득금액조정합계표에 기록하면 법인세 과세표준 및 세액조정계산서상의 (102)와 (103)에 기록할 금액을 구할 수 있게 되는 거죠."

"그러면 다음의 차가감소득금액을 계산할 수 있게 되고…, 법정기부금과 특례기부금, 지정기부금의 한도초과액 계산문제만 남네요?"

"그렇죠."

① 법정기부금

- 고등교육법 제2조 제1호의 대학에 시설비·교육비·장학금 또는 연구비로 지출하는 기부금
- 특례기부금은 법인세법과 조세특례제한법에 다음과 같은 기부금 등을 규정하고 있다(이하 특례기부금'이라 한다).
  - ○ 국가·지방자치단체에 무상기증하는 금품의 가액
  - ○ 국방헌금과 국군장병 위문금품의 가액
  - ○ 천재·지변으로 생긴 이재민의 구호금품의 가액
  - ○ 사립학교시설비·교육비·연구비 등
  - ○ 문화예술진흥기금으로 출연하는 금액
  - ○ 사회복지공동모금회에 지출하는 기부금 등

② 지정기부금

지정기부금은 사회복지·문화·예술·교육·종교·자선 등 공익기관과 비영리민간단체에 지출한 기부금 중 세법에서 지정한 것을 말한다. 구체적으로 열거하지는 않기로 한다.

"지정기부금의 내역을 보려면 세법규정을 살펴보세요."
"비지정기부금은요?"
"비지정기부금이야 법정기부금과 특례기부금, 지정기부금 이외의 것을 말하죠. 예를 들어 정치자금과 동창회, 향우회, 종친회에 내는 기부금은 비지정기부금이죠."

■ 기부금의 한도초과액 계산

결산서상 당기순이익 소득조정금액 (+)익금산입 (−)손금산입

기부금의 한도초과액을 구하기 위해서는 우선 옆에서와 같이 차가감소득금액에서 기부금 해당액을 합하여 **기준소득금액***을 계산해야 한다.

* 세무조정계산서상에는 소득금액이라 되어 있으나 명확히 구분하기 위해서 기준소득금액이라 하기로 한다.

차가감소득금액
+ 법정기부금 해당액
+ 지정기부금 해당액
기준소득금액

"왜 이렇게 하죠?"
"한도액계산식을 보면 그 이유를 알 수 있죠."

① 법정기부금

- 일부법정기부금한도액은 다음과 같이 계산한다.

법정기부금한도액 = 기준소득금액 - 이월결손금

"이미 법정기부금은 손금에 포함되어 있으니까 차가감소득금액에 그 금액을 더해서 기준소득금액을 구하는 것이군요.
"그렇죠. 단지 이월결손금이 있으면 빼야죠. 결손금이 있는데도 기부할 수는 없다는 거죠."

법정기부금 한도초과액 = 법정기부금 지출액 - 법정기부금한도액

- 일부법정기부금한도액은 다음과 같이 계산한다.

(기준소득금액 − 일부법정기부금 손금산입액 − 이월결손금) × 50%

③ 지정기부금

지정기부금한도액은 다음과 같이 계산한다.

(기준소득금액 − 법정기부금 손금산입액 − 이월결손금) × 10%

"그런데요. 법정 · 지정기부금 한도초과액이 있으면 소득금액조정합계표에는 기록되지 않나요?"
"그렇죠. 앞에서 본 것처럼 세무조정사항 중 유일하게 소득금액조정합계표에 기록되지 않고 법인세 과세표준 및 세액조정계산서에 기록되어 손금불산입되죠."

■ 기부금 한도초과액의 이월손금산입

법정기부금과, 지정기부금 한도초과액은 10년 이내에 종료하는 각 사업연도에 기부금 한도미달액이 발생하는 경우 그 미달액의 범위 안에서 이를 손금산입한다.

[예 1] 지정기부금의 세무조정

다음은 한국주식회사의 기부금과 관련된 자료이다. 기부금에 대한 세무조정을 하고 법인세 과세표준 및 세액조정계산서의 각 사업연도 소득란을 기재하라.

1. 결산서상 당기순이익 : 90,000,000원

2. 기부금 내역

법정기부금	3,000,000원
지정기부금	43,000,000원
비지정기부금	1,000,000원
	47,000,000원

3. 세무조정(지정기부금 세무조정 전)
   결산서상 당기순이익 : 90,000,000원
   익금가산 : 6,000,000원(비지정기부금 1,000,000원 포함)
   손금가산 : 15,000,000원

A

• 차가감소득금액 : 90,000,000원 + 6,000,000원 − 15,000,000원
　　　　= 81,000,000원
법정기부금해당액 : 3,000,000원
지정기부금해당액 : 43,000,000원
기준소득금액 : 81,000,000원+ 3,000,000원 + 43,000,000원 = 127,000,0000원
지정기부금한도액 : (127,000,000원 − 3,000,000원) × 5% = 6,200,000원
한도초과액 = 43,000,000원 − 6,200,000원 = 36,800,000원
따라서 지정기부금 중 36,800,000원은 손금불산입된다.

〔법인세과표준및세액조정계산〕

① 각사업연도소득계산	(101)결산서상당기순손익		01			90	000	000
	소득조정 금액	(102)익금산입	02			6	000	000
		(103)손금산입	03			15	000	000
	(104)차가감소득금액 ((101)+(102)−(103))		04			81	000	000
	(105)기부금한도초과액		05			36	800	000
	(106)기부금한도초과이월액 손금산입		54					
	(107)각사업연도소득금액 ((104)+(105)−(106))		06			117	800	000

"이제 다음에는 법인세 과세표준 및 세액조정계산서의 나머지 부분을 작성하기 위한 절차를 설명해야죠. 아래의 법인세 과세표준 및 세액조정계산서를 검토한 후에 다음 장으로 넘어 가도록 하세요."

[법인세 과세표준 및 세액조정계산서]

■ 법인세법 시행규칙[별지 제3호서식] <개정 2016.3.7.>

(앞쪽)

사업연도	. . . ~ . . .	법인세 과세표준 및 세액조정계산서	법인명	
			사업자등록번호	

구분		항목	코드	금액
① 각 사업연도 소득계산		(101) 결산서상 당기순손익	01	
	소득조정금액	(102) 익금산입	02	
		(103) 손금산입	03	
		(104) 차가감소득금액((101)+(102)−(103))	04	
		(105) 기부금한도초과액	05	
		(106) 기부금한도초과이월액 손금산입	54	
		(107) 각 사업연도소득금액((104)+(105)-(106))	06	
② 과세표준 계산		(108) 각 사업연도 소득금액((108)=(107))		
		(109) 이월결손금	07	
		(110) 비과세소득	08	
		(111) 소득공제	09	
		(112) 과세표준((108)−(109)−(110)−(111))	10	
		(159) 선박표준이익	55	
③ 산출세액 계산		(113) 과세표준((112)+(159))	56	
		(114) 세율	11	
		(115) 산출세액	12	
		(116) 지점유보소득(「법인세법」 제96조)	13	
		(117) 세율	14	
		(118) 산출세액	15	
		(119) 합계((115)+(118))	16	
④ 납부할 세액 계산		(120) 산출세액((120)=(119))		
		(121) 최저한세 적용대상 공제감면세액	17	
		(122) 차감세액	18	
		(123) 최저한세 적용제외 공제감면세액	19	
		(124) 가산세액	20	
		(125) 가감계((122)-(123)+(124))	21	
	기납부세액 / 기한내납부세액	(126) 중간예납세액	22	
		(127) 수시부과세액	23	
		(128) 원천납부세액	24	
		(129) 간접투자회사등의 외국납부세액	25	
		(130) 소계((126)+(127)+(128)+(129))	26	
	기납부세액	(131) 신고납부전가산세액	27	
		(132) 합계((130)+(131))	28	

구분		항목	코드	금액
		(133) 감면분추가납부세액	29	
		(134) 차감납부할세액((125)-(132)+(133))	30	
⑤ 토지등양도소득에 대한 법인세 계산	양도차익	(135) 등기자산	31	
		(136) 미등기자산	32	
		(137) 비과세소득	33	
		(138) 과세표준((135)+(136)-(137))	34	
		(139) 세율	35	
		(140) 산출세액	36	
		(141) 감면세액	37	
		(142) 차감세액((140)-(141))	38	
		(143) 공제세액	39	
		(144) 동업기업 법인세 배분액(가산세 제외)	58	
		(145) 가산세액(동업기업 배분액 포함)	40	
		(146) 가감계((142)-(143)+(144)+(145))	41	
	기납부세액	(147) 수시부과세액	42	
		(148) (　　　) 세액	43	
		(149) 계((147)+(148))	44	
		(150) 차감납부할세액((146)-(149))	45	
⑥ 미환류소득법인세		(161) 과세대상 미환류소득	59	
		(162) 세율	60	
		(163) 산출세액	61	
		(164) 가산세액	62	
		(165) 이자상당액	63	
		(166) 납부할세액((163)+(164)+(165))	64	
⑦ 세액계		(151) 차감납부할 세액계((134)+(150)+(166))	46	
		(152) 사실과 다른 회계처리 경정 세액공제	57	
		(153) 분납세액계산범위액((151)-(124)-(133)-(145)-(152)+(131))	47	
	분납할세액	(154) 현금납부	48	
		(155) 물납	49	
		(156) 계((154)+(155))	50	
	차감납부세액	(157) 현금납부	51	
		(158) 물납	52	
		(160) 계((157)+(158)) ((160)=((151)-(152)-(156))	53	

210mm×297mm[백상지 80g/㎡ 또는 중질지 80g/㎡]

제18장 과세표준과 납부세액의 계산

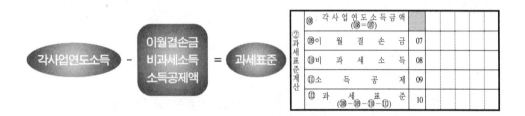

1. 과세표준의 계산

각사업연도소득 - 이월결손금 비과세소득 소득공제액 = 과세표준

②과세표준계산	⑩⑧ 각사업연도소득금액 (⑩⑧=⑩⑦)		
	⑩⑨이월결손금	07	
	⑪⓪비과세소득	08	
	⑪①소득공제	09	
	⑪② 과세표준 (⑩⑧-⑩⑨-⑪⓪-⑪①)	10	

각 사업연도 소득이 계산되면 이제 각 사업연도 소득에서 이월결손금·비과세소득·소득공제액을 순차적으로 차감하여 과세표준을 구해야 한다.

여기에서는 이월결손금의 범위와 공제방법, 비과세소득의 종류, 소득공제의 내용에 대하여 살펴보기로 한다.

1 이월결손금

■ 결손금의 의의

"각 사업연도 소득을 구하는 길은 멀고도 험하군요! 그럼 이제 과세표준을 구해야 할 텐데. 과세표준은 각 사업연도 소득에서 이월결손금, 비과세소득, 소득공제를 빼야 한다고 하셨지요?"

"예."

"그럼 이월결손금은 뭔가요?"

"결손금이란 각 사업연도 소득을 계산했을 때 손금이 익금보다 큰 경우를 말합니다."

"그럼 당기순손실과 마찬가지인가요?"

"당기순손실은 비용이 수익보다 큰 경우를 말하는 거지요. 당기순이익과 각 사업연도

소득이 다른 것처럼 당기순손실과 결손금은 다른거지요."

각 사업연도의 손금총액이 익금총액을 초과하는 경우 그 초과금액을 결손금이라 한다.

손금총액 > 익금총액 ⇒ 결손금 = 손금총액 - 익금총액

위 식에서 계산한 결손금은 세무상의 결손금을 말하는 것이기 때문에 비용이 수익을 초과하는 경우 그 차액을 의미하는 기업회계상의 결손금(=당기순손실)과는 다르다.

손금총액 > 익금총액 ⇒ 차액이 결손금

비 용 > 수 익 ⇒ 차액이 결손금(=당기순손실)

결손금은 사업연도를 인위적으로 1년으로 나누기 때문에 나타나는 것이다. 궁극적으로 기업의 존속기간 전체에 걸쳐 얻는 소득에 대해 과세하는 것이 원칙이라면 특정 사업연도에 발생한 결손금은 다른 사업연도에 발생한 각 사업연도 소득에서 공제할 수 있어야 할 것이다.

따라서 세법에서는 결손금을 다른 사업연도소득에서 공제할 수 있도록 하고 있다.

■ 결손금의 이월공제

결손금은 차기 이후로 이월하여 이후 사업연도에서 소득이 발생하면 해당 사업연도의 과세표준계산시 각 사업연도 소득에서 공제할 수 있다. 따라서 이월된 결손금을 이월결손금이라 한다.

각 사업연도 소득에서 공제하는 이월결손금은 당해 사업연도개시일 전 **10년 이내**(2009.1.1 이전 사업년도에 발생한 결손금은 5년 이내)에 발생한 것으로 그 후 사업연도에 공제되지 아니한 것을 그 대상으로 한다. 이월결손금이 누적되어 있는 경우에는 먼저 발생한 것부터 **순차적으로 공제**한다. 다만, 조세특례제한법상 중소기업 등 이외의 내국법인은 각 사업연도 소득금액의 60%를 공제한다.

[예 1] 결손금의 공제

중소기업인 (주)공제산업의 제8기(2014. 1. 1.~2014.12.31.) 사업연도의 각 사업연도 소득이 100,000,000원인 경우와 250,000,000원인 경우로 가정하여 제8기의 과세표준을 계산하라. 또한 다음표의 이월결손금 중 올해 공제되는 금액은 얼마인가? 단, 제8기의 비과세소득과 소득공제액은 없다.

사업연도	각사업연도소득
제2기	△70,000,000
제3기	△60,000,000
제4기	△50,000,000
제5기	△40,000,000
제6기	△30,000,000
제7기	△20,000,000

A

(1) 제8기의 각 사업연도 소득이 100,000,000원인 경우

사업연도	결손금	당기보전액	미공제잔액	공제대상이월결손금
제2기	70,000,000	–	70,000,000	–*
제3기	60,000,000	60,000,000	–	–**
제4기	50,000,000	40,000,000	10,000,000	10,000,000
제5기	40,000,000	–	40,000,000	40,000,000
제6기	30,000,000	–	30,000,000	30,000,000
제7기	20,000,000	–	20,000,000	20,000,000
계	270,000,000	100,000,000	170,000,000	100,000,000

* 제2기는 2008년이므로 5년이 경과되어 제8기에 공제될 수 없다. 제3기분부터는 10년간 이월공제된다.

** 이월결손금은 먼저 발생한 것부터 순차적으로 공제한다.

각 사업연도소득	100,000,000
이 월 결 손 금	(100,000,000)
과 세 표 준	0

제8기의 과세표준은 0원이며 다음 기로 이월되는 이월결손금은 100,000,000원이 된다.

(2) 제8기의 각 사업연도 소득이 250,000,000원인 경우

사업연도	결손금	당기보전액	미공제잔액	공제대상이월결손금
제2기	70,000,000	–	70,000,000	–
제3기	60,000,000	60,000,000	–	–
제4기	50,000,000	50,000,000	–	–
제5기	40,000,000	40,000,000	–	–
제6기	30,000,000	30,000,000	–	–
제7기	20,000,000	20,000,000	–	–
계	270,000,000	200,000,000	70,000,000	–

각 사업연도소득	250,000,000
이 월 결 손 금	(200,000,000)
과 세 표 준	50,000,000

※ 자산수증이익 및 채무면제익을 이월결손금의 보전에 충당한 경우 보전된 이월결손금은 각 사업연도 소득금액에서 공제할 수 없으며 자산수증익이나 채무면제익에 의해 보전되는 이월결손금은 발생연도에 제한이 없다.
따라서 제2기의 미공제된 이월결손금은 자산수증익이나 채무면제익에 의해서는 보전할 수 있다.

법인세 과세표준을 **추계결정 또는 추계경정하는 때**에는 불성실한 신고에 대한 불이익을 주기 위하여 해당 사업연도에는 **이월결손금을 공제할 수 없다**. 다만, 이로 인하여 공제받지 못한 이월결손금은 그 후의 사업연도의 과세표준 계산시에 공제할 수 있다.

■ 결손금의 소급공제

세법에서는 결손금의 이월공제제도는 물론, 결손금을 이전 사업연도의 각 사업연도 소득에서 공제할 수 있도록 하는 소급공제제도를 두고 있다.

"이미 이전의 각 사업연도 소득에 대해서는 세금을 냈을 텐데 이전의 각 사업연도 소득에 대해 결손금을 공제한다면 낸 세금을 돌려 받나요?"
"그래요. 환급을 받을 수 있어요."

중소기업에 해당하는 법인이 특정 요건에 해당하는 경우에는 결손금에 대하여 **직전 사업연도의 소득**에 부과된 법인세액을 한도로, 규정에 따라 계산된 금액을 환급신청

할 수 있다. 이 경우 당해 결손금은 각 사업연도 소득에서 공제받는 것으로 본다.

2 비과세소득

■ 비과세소득의 범위

"비과세소득이란 과세가 되지 않는 소득이니까 당연히 과세표준에서 빼야겠죠?"
"그렇죠. 각 사업연도 소득에 이미 익금으로 산입되어 있을 테니까 빼야죠."
"어떤 것들이 있나요?"
"법인세법에서 비과세소득으로 규정하는 게 있고 조세특례제한법에서 비과세소득으로 규정하는 게 있어요."
"왜 법인세법 말고도 조세특례제한법을 이야기하죠?"
"조세특례제한법은 조세를 면제하거나 감면하는 규정을 두고 있으니까 앞으로 이 부분에 대해 신경을 써야 법인세를 분명히 알 수 있어요."

비과세소득은 다음과 같다.

○ **법인세법상** 비과세소득
- 공익신탁의 신탁재산에서 생기는 소득

○ **조세특례제한법상** 비과세소득
- 중소기업창업투자회사 등의 주식양도차익
- 중소기업창업투자회사 등이 창업자 등으로부터 받는 배당금
- 기관투자자가 취득한 창업자 등 주식양도차익
- 구조조정전문회사의 양도차익 및 배당소득

■ **비과세소득의 공제**

비과세소득이 각 사업연도 소득에서 이월결손금을 공제한 잔액을 초과하면 그 초과금액은 없는 것으로 한다. 따라서 결손금처럼 **이월공제가 되지 않고 소멸**한다.

③ 소득공제

소득공제는 각 사업연도 소득에서 **일정액을 공제**하여 과세표준을 낮춤으로써 기업의 건전화를 유도하거나 특정사업을 보호하고 육성하기 위한 조세정책상의 배려에서 나온 것이다. 현재 소득공제는 법인세법에서 유동화전문회사 등 배당소득공제, **조세특례제한법**에서 기업구조조정 증권투자회사의 배당소득공제, 자기관리부동산투자회사의 주택임대소득공제 등을 규정하고 있다.

대상법인	대상소득	공제금액
기업구조조정증권투자회사	90% 이상 배당시 동 배당금	배당금 전액
자기관리부동산투자회사	국민주택을 임대함으로써 발생한 소득금액	소득금액 × 50%

2. 총부담세액의 계산

① 총부담세액의 계산구조

"이제 과세표준을 계산했으니까 세율을 곱하면 산출세액이 나오겠죠?"
"그래요. 그 다음에 공제감면세액을 차감하고 가산세를 더하고 감면분추가납부세액을 더하면 총부담세액이 나오겠죠!"
"그렇지만 법인세 과세표준 및 세액조정계산서를 보면 약간 다르게 되어 있는 것 같은데요?"
"세액조정계산서를 잘 살펴보세요."

	과세표준
×	세율
	산출세액
−	공제감면세액
+	가산세
+	감면분추가납부세액
	총부담세액

[세액조정계산서의 일부]

구분		항목	코드	금액
③ 산출세액계산		⑬과 세 표 준(⑬=⑫)		
		⑭세 율	11	
		⑮산 출 세 액	12	
		⑯지 점 유 보 소 득 (법인세법 제96조)	13	
		⑰세 율	14	
		⑱산 출 세 액	15	
		⑲합 계(⑮+⑱)	16	
④ 납부할 세액계산		⑳산 출 세 액(⑳=⑲)		
		㉑공 제 감 면 세 액 (ㄱ)	17	
		㉒차 감 세 액	18	
		㉓공 제 감 면 세 액 (ㄴ)	19	
		㉔가 산 세 액	20	
		㉕가 감 계(㉒−㉓+㉔)	21	
	기납부세액 / 기한내납부세액	㉖중 간 예 납 세 액	22	
		㉗수 시 부 과 세 액	23	
		㉘원 천 납 부 세 액	24	
		㉙( ) 세 액	25	
		㉚소 계 (㉖+㉗+㉘+㉙)	26	
	기납부세액	㉛신 고 납 부 전 가 산 세 액	27	
		㉜합 계(㉚+㉛)	28	
		㉝감 면 분 추 가 납 부 세 액		
		㉞차 감 납 부 할 세 액		

"공제감면세액이 왜 (ㄱ)하고 (ㄴ)하고 두 개가 있어요?"

"그건 차차 설명하기로 하죠. 그리고 법인은 ⑮번의 금액만을 부담하는 게 아니예요."

"아니! 그게 무슨 말입니까?"

"법인세 과세표준 및 세액조정계산서를 보면 ⑬에 감면분 추가납부세액이 있는데 이것이 있어야 총부담세액이 계산되죠."

"그게 왜 필요하죠?"

"나중에 법인세 과세표준 및 세액신고서에 ㉝총부담세액을 기재하는 란이 있어요."

"아니, 법인세 과세표준 및 세액조정계산서하고 법인세 과세표준 및 세액신고서하고 다른 겁니까? 아휴 숨차!"

"다르죠."

② 법인세율

"소득세의 경우에는 초과누진세로 세율이 6%에서 42%까지 있었잖아요. 그럼 법인세율도 마찬가지인가요?

"법인세율은 과세표준이 2억 이하인 경우에는 10%, 그 이상에 대해서는 20%를 적용하죠."

"모든 법인이 그 세율이 적용되나요?"

"그렇지는 않아요. 방금 이야기한 것은 일반적인 경우를 말한 거예요."

법인세 산출세액은 과세표준금액에 세율을 적용하여 계산한 금액으로 한다.

법인세 산출세액 = (과세표준 × 세율)

법인세율은 다음과 같다.

법인 종류 / 과세표준금액	일반법인
2억원 이하	10%
2억원 초과 200억원 이하	20%
200억원 초과 3,000억원 이하	22%
3,000억원 초과	25%

[예 2] 산출세액 계산사례

서울주식회사는 2019년도 과세표준이 4억원이다. 법인세 산출세액은 얼마인가?

A 200,000,000원 × 10% + (400,000,000원 − 200,000,000원) × 20%
= 20,000,000원 + 40,000,000원
= 60,000,000원

③ 공제감면세액

■ 공제감면세액의 의의

"산출세액을 계산한 후에는 해야 할 일이 뭐지요?"

"공제감면세액을 차감해야죠. 공제감면세액은 감면세액과 세액공제로 구분할 수 있는데 감면세액은 모두 조세특례제한법에서 규정하고 있고 세액공제는 법인세법, 조세특례제한법에서 규정하고 있어요."

"그걸 모두 알아야 하나요?"

"초보자의 입장에서는 공제감면세액의 의의와 계산구조와 같은 기본적인 내용을 아는 게 중요하죠. 회사마다 이 중에서 적용되는 게 전혀 없을 수도 있고 많을 수도 있으니까. 전혀 모르면 아무 것도 모르는 거지만 기본적인 내용을 알면 나중에 적용해야 할 경우에 훨씬 어려움이 없을 거예요."

"그러니까 기본적인 내용은 알아 놓아야 한다 이 말씀이죠?"

"그렇죠. 구체적인 종류는 일단 넘어가도 될 것 같아요."

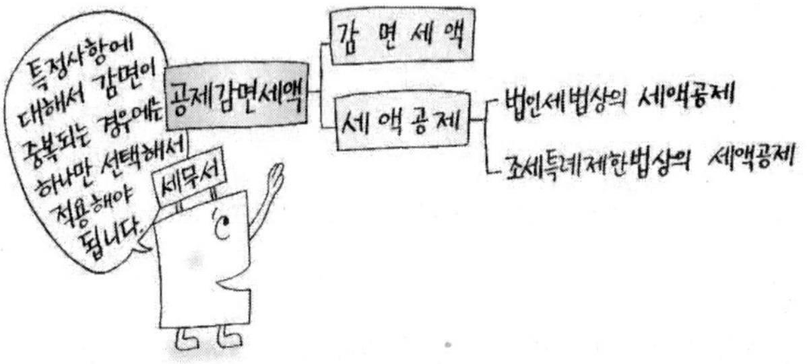

공제감면세액이란 감면세액과 세액공제를 모두 합하여 말하는 용어이다. 감면세액은 특정사업 또는 소득에서 발생하는 법인세의 일정률을 공제해 주는 것을 말한다.

예를 들어 보자. 수도권 과밀억제권역 외의 지역에서 창업한 중소기업, 창업보육센터 사업자로 지정받은 법인, 창업벤처중소기업은 최초 소득이 발생한 사업연도와 그 후 3년간 당해 법인의 소득금액에 대한 법인세를 50% 감면받게 된다.

여기서 100%, 50%, 30%라 함은 법인의 각 사업연도 소득에 대한 감면비율을 말하는 것이 아니라, 당해 감면소득에 대한 감면비율을 말한다. 따라서 감면세액의 계산은 다음 산식에 의한다.

$$\text{감면세액} = \text{산출세액} \times \frac{\text{감면소득}^{*}}{\text{과세표준}} \times \text{감면비율}(100\%,\ 50\%,\ 30\%)$$

* 이월결손금.비과세소득.소득공제 등이 있는 경우에는 위의 감면소득은 다음과 같이 계산한다.

1. 감면사업에서 발생한 것이 분명한 경우 : 해당 금액을 차감한 후의 금액
2. 감면사업에서 발생한 것인지의 여부가 불분명한 경우 : 소득금액에 비례하여 안분계산한 금액을 공제한 후의 금액

■ 감면세액의 종류

감면세액은 다음과 같다.

① 창업중소기업 등에 대한 세액감면
② 중소기업에 대한 특별세액감면
③ 공공차관도입에 따른 세액감면
④ 해외자원개발 배당소득에 대한 세액면제
⑤ 연구개발특구에 입주하는 첨단기술기업 등에 대한 세액감면
⑥ 법인의 공장 및 본사를 수도권 밖으로 이전하는 경우의 세액감면
⑦ 농공단지입주기업에 대한 세액감면
⑧ 영농조합법인에 대한 세액감면
⑨ 영어조합법인 등에 대한 세액감면
⑩ 농업회사법인에 대한 세액감면
⑪ 사회적 기업에 대한 세액감면
⑫ 국제금융거래에 따른 이자소득에 대한 세액감면
⑬ 산림개발소득에 대한 세액감면
⑭ 사업전환 중소기업 및 무역조정기업에 대한 세액감면
⑮ 중소기업간의 통합시 세액감면의 승계
⑯ 법인전환시 세액감면의 승계
⑰ 외국인투자기업에 대한 세액감면
⑱ 제주특별자치도 입주기업에 대한 세액감면

"감면규정이 상당히 많은데요. 만일 감면이 2 이상이 적용될 수 있는 경우에는 어떻게 하지요. 함께 적용하나요?"
"특정사항에 대해서 감면이 중복 적용되는 경우에는 하나만을 선택하여 적용받도록 하고 있어요."

■ 세액공제

세액공제는 아래의 표에서 보는 바와 같이 법인세법·조세특례제한법상의 세액공제의 유형으로 구분할 수 있다.

법인세법상의 세액공제 외국납부세액에 대한 세액공제 재해손실에 대한 세액공제 농업소득세에 대한 세액공제 사실과 다른 회계처리에 기인한 경정세액공제
조세특례제한법상의 세액공제 중소기업투자세액공제 기업의 어음제도개선을 위한 세액공제 제3자 물류비용에 대한 세액공제 연구및인력개발비세액공제 특허권 등 취득에 대한 세액공제 연구및인력개발설비투자세액공제 생산성향상시설투자세액공제 안전설비투자세액공제 환경보전시설투자세액공제 의약품품질관리개선시설투자에 대한 세액공제 에너지절약시설투자세액공제 임시투자세액공제 근로자복지증진을 위한 설비투자세액공제 해외자원개발투자에 대한 세액공제

"세액공제는 여러 가지가 많이 있군요. 그렇다면 회사에 세액공제 여러 개가 동시에 적용받을 수 있는 경우에는 어떻게 하죠? 예를 들어 중소기업투자세액공제하고 안전설비투자세액공제가 동시에 적용된다면?"

"그런 경우에는 하나만 선택해야죠?"

조세특례제한법에 의한 세액공제 중 동일한 투자에 대하여 세액공제가 중복하여 적용되는 경우에는 하나만을 선택하여 적용하여야 한다. (다만, 기업의 어음제도개선을 위한 세액공제 연구및인력개발비세액공제는 제외한다)

■ 공제감면세액의 공제순위

"그럼 감면세액과 세액공제가 동시에 적용되고 이게 산출세액보다 많으면 어떻게 하지요?"

감면세액과 세액공제가 동시에 적용되는 경우에는 다음과 같은 순서로 적용한다.

① 감면세액

② 이월공제가 인정되지 않는 세액공제 : 재해손실세액공제 · 농업소득세액공제

③ 이월공제가 인정되는 세액공제 : 외국납부세액공제 및 조세특례제한법상 세액공제

"그럼 감면세액과 이월공제가 인정되지 않는 세액공제금액이 법인세액을 초과하면 어떻게 되죠?"

세액계산시 위 ①의 감면세액과 ②의 세액공제의 합계액이 법인세액(토지등양도소득에 대한 법인세 및 가산세는 제외)을 초과하는 때에는 그 초과하는 세액은 없는 것으로 본다.

"그런 경우에는 감면세액과 세액공제 혜택은 없어지는 거군요?"
"이월공제되는 세액공제를 제외하면 그렇죠."
"그럼 이월공제가 인정되는 세액공제액이 다음기로 넘어가면 그때는 어떤 순서로 공제하죠?"

당해 사업연도 중 발생한 세액공제액과 이월된 미공제세액이 함께 있는 경우에는 이월된 미공제세액을 먼저 공제한다.

■ 최저한세의 적용

"공제감면세액이 많아서 법인세액을 초과하면 전혀 세금을 안 낼 수도 있겠네요?"
"그렇진 않아요. 최저한세라는 게 있어서 최소한의 세금은 내야죠."
"최저한세요?"

① 최저한세의 계산

특정 기업이 조세특례제도를 최대한 이용하여 세금을 감면받아 세금을 전혀 내지 않게 된다면 세부담의 형평성과 세제의 중립성이 문제가 된다. 이러한 취지에서 조세특례제한법에 의해 조세감면을 많이 받은 법인이라도 최소한의 세금을 내도록 하고 있다. 이것이 **최저한세제도**이다.

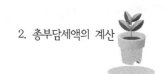

최저한세는 아래와 같이 감면 후 세액과 감면 전 과세표준 × 10%~16%*(중소기업은 8%) 중 큰 금액으로 한다.

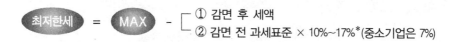

최저한세 = MAX
- ① 감면 후 세액
- ② 감면 전 과세표준 × 10%~17%*(중소기업은 7%)

"그럼 우선 최저한세 적용대상이 되는 감면이 무엇인지를 알아야 최저한세를 계산할 수 있겠군요."

"최저한세 적용대상이 되는 감면은 대부분 조세특례제한법에 의해 조세특혜를 받는 사항을 말하죠."

"그럼 감면세액만을 말하는 게 아니군요?"

"다시 말하지만 감면세액뿐만 아니라 조세특례제한법에 의한 조세특례사항을 총칭해서 말하는 겁니다."

최저한세의 적용대상이 되는 조세감면의 범위는 아래와 같다.

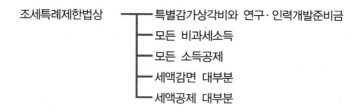

조세특례제한법상
- 특별감가상각비와 연구·인력개발준비금
- 모든 비과세소득
- 모든 소득공제
- 세액감면 대부분
- 세액공제 대부분

따라서 법인세법상 세액공제는 최저한세의 적용을 받지 않기 때문에 최저한세 계산시 감면에 포함되지 않는다.

법인세법상 세액공제
- 외국납부세액공제
- 재해손실세액공제
- 농업소득세액공제

감면 후 세액과 감면 전 과세표준은 다음과 같이 계산된다.

감면 후 세액 = 산출세액 - 최저한세 적용대상 공제 · 감면세액

감면전과세표준 = 과세표준 + 최저한세적용대상 감면분

= 과세표준 + 특별 감가상각비 + 비과세소득 + 소득공제

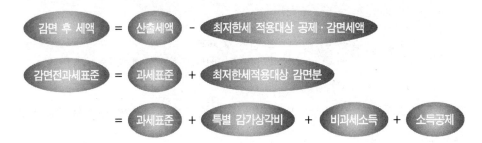

"계산식이 잘 이해가 안 가는데……"

"세액계산 산출구조를 생각하면 쉽게 이해가 될 거예요. 조세특례제한법상 특별감가상각비는 각 사업연도 소득을 계산할 때 이미 차감되었고, 조세특례제한법상 비과세소득과 소득공제는 과세표준을 계산할 때 차감되었죠. 이 항목들은 산출세액 계산에 반영된 거죠. 그러니까 산출세액에서 최저한세 적용대상 공제 · 감면세액을 빼면 감면 후 세액이 계산되죠. 법인세조정계산서를 보면 산출세액 다음의 공제 · 감면세액(ㄱ)이 최저한세 적용대상 공제 · 감면세액이고 그 다음 나오는 차감세액이 감면 후 세액이죠."

"감면 전 과세표준 × 10%~17%(7%)는요?"

"각 사업연도 소득을 계산할 때 특별감가상각비가 차감되고 각 사업연도 소득에서 비과세소득과 소득공제를 차감해서 과세표준이 구해지니까 감면 전 과세표준을 구하려면 이 항목들을 더해야죠."

"그래도 잘 이해가 안가는 데요?"

"예를 살펴보기로 하지요."

[예 3] 최저한세

중소기업인 (주)조세의 다음 자료에 따라 2020년 사업연도의 최저한세를 계산하라.

1. 각 사업연도 소득	260,000,000원
2. 이월결손금	40,000,000원
3. 소득공제	10,000,000원
4. 외국납부세액공제	3,000,000원
5. 안전설비투자세액공제	9,300,000원

A

① 산출세액의 계산

각사업연도소득	260,000,000원
이 월 결 손 금	(40,000,000원)
소 득 공 제	(10,000,000원)
과 세 표 준	210,000,000원

A 산출세액 = 200,000,000원 × 10% + 10,000,000원 × 20%
= 20,000,000원 + 2,000,000원
= 22,000,000원

② 감면 후 세액의 계산

감면 후 세액 = 산출세액 − 최저한세 적용대상 공제·감면세액*
= 22,000,000원 − 9,300,000원
= 12,700,000원

* 최저한세 적용대상 공제감면세액은 안전설비투자세액공제 뿐이다. 외국납부세액공제는 법인세법상 세액공제이다.

③ 감면 전 과세표준 × 7%(중소기업)

감면 전 과세표준 = 과세표준 + 소득공제
= (210,000,000원 + 10,000,000원) × 8%
= 220,000,000원 × 7%
= 15,400,000원

④ 최저한세 MAX(②, ③) = 17,600,000원

② 감면세액의 배제

"이제 감면 후 세액이 최저한세보다 적으면 어떻게 하죠?"

감면 후 세액이 최저한세보다 적으면 최저한세를 세액으로 해야 한다. 따라서 그 차이세액에 대한 감면을 배제하여야 한다.

감면배제를 하는 순서는 다음과 같다.

○ 납세의무자인 법인이 신고하는 경우

감면 후 세액이 최저한세액에 미달하는 경우에는 납세의무자의 **임의선택**에 따라 최저한세 적용대상 특별감가상각비, 소득공제, 비과세, 세액공제, 세액감면 중에서 그 미달하는 세액만큼 적용을 배제할 수 있다.

○ 정부가 경정하는 경우

법인세를 정부가 경정하는 경우에는 다음의 **순서**에 따라 감면을 적용배제한다.

① 특별감가상각비

② 세액공제

③ 세액감면

④ 소득공제·비과세소득

[예 4] 감면세액의 배제

〔예 3〕을 이용하여 배제되는 감면세액을 계산하라.

A

① 배제대상세액 = 최저한세 − 감면 후 세액
= 15,400,000원 − 12,700,000원
= 2,700,000원

② 따라서 안전설비투자세액공제액 2,700,000원을 배제한다.

"그러면 다른 세금들은 어떻게 되나요?"

최저한세는 각 사업연도 소득에 대한 법인세에 대해서만 적용되고 토지 등 양도소득에 대한 법인세, 가산세, 감면세액의 추징시 이자상당가산액, 감면세액의 추징세액에 대해서는 적용하지 아니하므로 이들 세액은 최저한세와는 별도로 납부하여야 한다.

지금까지의 [예]를 최저한세 적용전과 적용후로 나누어 비교해 보면 아래의 표와 같다.

	최저한세 적용전		최저한세 적용후
각 사 업 연 도 소 득	260,000,000원		260,000,000원
이 월 결 손 금	(40,000,000원)		(40,000,000원)
소 득 공 제	(10,000,000원)		(10,000,000원)
과 세 표 준	210,000,000원		210,000,000원
산 출 세 액	22,000,000원		22,000,000원
안전설비투자세액공제	(9,300,000원)	최저한세	(4,400,000원)
감 면 후 세 액	12,700,000원	→	17,600,000원
외국납부세액공제	(3,000,000원)		(3,000,000원)
결 정 세 액*	9,900,000원		14,600,000원

"그래서 계산서에 공제감면세액이 (ㄱ)과 (ㄴ)으로 나누어져 있군요!"

"그래요. 공제감면세액(ㄱ)은 최저한세대상금액을 적는 것이고 공제감면세액(ㄴ)은 최저한세대상이 아닌 공제감면세액을 적는 거죠."

"잠깐 공제감면세액에 대해서 더 설명하기 전에 농어촌특별세에 대해서 설명해야겠어요."

"농어촌특별세요? 왜 그걸 갑자기 설명하려고 하시죠?"

"공제감면세액에는 거의 필수적으로 농어촌특별세가 붙어다니기 때문이죠."

■ 농어촌특별세

① 의 의

정부는 자유무역체제의 형성으로 인하여 갈수록 어려워지는 농어업의 경쟁력을 강화하고 농어민 후생복지사업 등을 위한 투자재원을 마련할 필요가 제기되었다. 이에 따라 1994. 7. 1. 이후 2014. 6. 30.까지 한시적으로 **조세감면액(조합법인 등의 경우에는 법인소득)에 대하여 일정액을 부과하는 세금**으로서 농어촌특별세가 제정되었다. 따라서 조세특례제한법에 의하여 조세감면을 받는 법인은 법인세 및 주민세 이외에 농어촌특별세를 추가로 부담하여야 한다.

② 농어촌특별세의 계산

• 법인세를 감면받는 경우

농어촌특별세 = 조세특례제한법에 의한 법인세감면세액 × 20%

③ 감면세액의 범위

조세특례제한법에 의하여 법인세가 부과되지 않거나 경감되는 경우로서

(1) 세액공제 · 세액감면, (2) 비과세 · 소득공제, (3) 조합법인 등에 대한 법인세 특례세율이 적용되는 경우를 말한다.

따라서 법인세법, 외국인투자촉진법, 조세조약 등 다른 법률에 의하여 감면받는 경우에는 농어촌특별세가 과세되지 않는다.

4 가산세

법인세 과세표준 및 세액을 신고 · 납부하여야 할 납세의무가 있는 내국법인이 불성실하게 결산 또는 신고 · 납부하였을 때에는 소정의 가산세 부담을 하게 된다.

3. 납부세액의 계산

총부담세액을 계산한 후에는 기납부세액을 차감하여 납부할 세액을 계산하여야 한다. 납부할 세액에 토지 등 양도소득에 대한 법인세를 가산하고 분납할 세액을 차감하면 최종적으로 납부세액이 계산된다.

(−)기납부세액 ─┬ 중간예납세액
　　　　　　　 ├ 수시부과세액
　　　　　　　 └ 원천납부세액

(+)감면분 추가납부세액

총부담세액
(+)토지 등 양도소득에 대한 법인세
(−)분납할 세액

납부세액

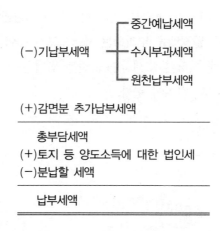

"법인세 과세표준 및 세액조정계산서에서 해당부분을 잘 살펴보세요!"

■ 기납부세액

기납부세액에는 중간예납세액, 수시부과세액, 원천납부세액이 있다. 이에 대해서는 앞에서 설명한 바 있으므로 생략하기로 한다.

■ 감면분 추가납부세액

법인이 당해 사업연도 이전에 조세감면을 적용받은 후 조세감면의 사후관리규정에 위배를 한 경우에는 당해 감면받은 세액과 이자상당액을 당해 사업연도의 자진납부세액 계산시 이를 납부하여야 하는데, 이를 감면분 추가납부세액이라 한다.

■ 토지 등 양도소득에 대한 법인세

① 의 의

법인이 토지 등 특정자산을 양도하였을 경우 해당 양도소득은 각 사업연도 소득에 포함되어 각 사업연도 소득에 대한 법인세가 과세된다. 그러나 2002. 1. 1. 이후 양도분부터는 부동산투기재발을 방지하기 위해서 법인세를 추가하여 과세하고, 2004. 1. 1. 이후 법인의 주택양도소득에 대하여 주택이 재산증식의 수단이 되지 아니하도록 하기 위하여 법인세를 추가하여 과세한다.

이를 토지 등 양도소득에 대한 법인세라고 한다.

■ 법인세과세표준및세액신고서

"이제 끝난 건가요?"

"이제 세금계산은 끝났으니까 정리해서 신고서를 작성해야죠."

"신고서라면?"

"법인세과세표준및세액신고서를 작성하고 신고납부를 해야죠."

법인세과세표준 및 세액신고서의 양식은 다음과 같다.

[법인세과세표준 및 세액신고서]

■ 법인세법 시행규칙 [별지 제1호서식] <개정 2018. 3. 21.> 홈택스(www.hometax.go.kr)에서도 신고할 수 있습니다.

법인세 과세표준 및 세액신고서

※ 뒤쪽의 신고안내 및 작성방법을 읽고 작성하여 주시기 바랍니다. (앞쪽)

①사업자등록번호				②법인등록번호	
③법인명				④전화번호	
⑤대표자성명				⑥전자우편주소	
⑦소재지					
⑧업태		⑨종목		⑩주업종코드	
⑪사업연도	. . . ~ . . .			⑫수시부과기간	. . . ~ . . .

⑬법인구분	1. 내국 2.외국 3.외투(비율 %)					⑭조정구분	1. 외부 2. 자기
⑮종류별구분	중소기업	일반: 중견기업	일반: 상호출자제한기업	일반: 그외기업	당기순이익과세	⑯외부감사대상	1. 여 2. 부
영리법인 상장법인	11	71	81	91		⑰신고구분	1. 정기신고
영리법인 코스닥상장법인	21	72	82	92			2. 수정신고(가.서면분석, 나.기타)
영리법인 기타법인	30	73	83	93			3. 기한후 신고
비영리법인	60	74	84	94	50		4. 중도폐업신고 5. 경정청구
⑱법인유형별구분				코드		⑲결산확정일	
⑳신고일						㉑납부일	
㉒신고기한 연장승인	1. 신청일					2. 연장기한	

구분	여	부	구분	여	부
㉓주식변동	1	2	㉔장부전산화	1	2
㉕사업연도의제	1	2	㉖결손금소급공제 법인세환급신청	1	2
㉗감가상각방법(내용연수)신고서 제출	1	2	㉘재고자산등평가방법신고서 제출	1	2
㉙기능통화 채택 재무제표 작성	1	2	㉚과세표준 환산시 적용환율		
㉛동업기업의 출자자(동업자)	1	2	㉜국제회계기준(K-IFRS)적용	1	2
㊼내용연수승인(변경승인) 신청	1	2	㊽감가상각방법변경승인 신청	1	2
㊾기능통화 도입기업의 과세표준 계산방법			㊿미환류소득에 대한 법인세 신고	1	2
(51) 성실신고확인서 제출	1	2			

구분	법인세: 법인세	법인세: 토지 등 양도소득에 대한 법인세	법인세: 미환류소득에 대한 법인세	법인세: 계
㉝수입금액	(	)		
㉞과세표준				
㉟산출세액				
㊱총부담세액				
㊲기납부세액				
㊳차감납부할세액				
㊴분납할세액				
㊵차감납부세액				

㊶조정반번호		㊸조정자	성명	
㊷조정자관리번호			사업자등록번호	
			전화번호	

국세환급금 계좌 신고 (환급세액 2천만원 미만인 경우)	㊹예입처	은행 (본)지점
	㊺예금종류	
	㊻계좌번호	예금

신고인은 「법인세법」 제60조 및 「국세기본법」 제45조, 제45조의2, 제45조의3에 따라 위의 내용을 신고하며, 위 내용을 충분히 검토하였고 신고인이 알고 있는 사실 그대로를 정확하게 적었음을 확인합니다.

년 월 일

신고인(법 인) (인)

신고인(대표자) (서명)

세무대리인은 조세전문자격자로서 위 신고서를 성실하고 공정하게 작성하였음을 확인합니다.

세무대리인 (서명 또는 인)

세무서장 귀하

첨부서류	1. 재무상태표 2. (포괄)손익계산서 3. 이익잉여금처분(결손금처리)계산서 4. 현금흐름표(「주식회사의 외부감사에 관한 법률」 제2조에 따른 외부감사의 대상이 되는 법인의 경우만 해당합니다), 5. 세무조정계산서	수수료 없음

210mm×297mm[백상지 80g/㎡ 또는 중질지 80g/㎡]

"이제 법인세에 대한 기본적인 설명은 마치기로 하죠."

"그럼 법인세에 대해서는 완전히 설명이 끝난 건가요?"

"제가 기본적인 설명이라고 하지 않았던가요? 사실 제가 세부적인 사항들은 많이 빼고 설명했어요. 그렇지만 일단 중요하다고 생각되는 줄기는 설명하려고 노력했으니까 이런 내용을 토대로 해서 가지를 뻗어 나가면 아마 법인세에 대해서 전문지식을 가질 수 있을 거예요."

"앞으로 좀더 자세한 설명을 부탁드릴께요."

"노력해 보죠."

알기쉬운 **경리실무**

저 자	이 형 래·김 범 준
발 행 인	허 병 관
발 행 처	도서출판 어울림
삽 화	인 현 애
펴 낸 날	2020년 3월 6일
주 소	서울시 영등포구 양평동 3가 14번지 이노플렉스 707호
등 록	제2-4071호
전 화	02-2232-8607, 8602
팩 스	02-2232-8608
정 가	35,000원
I S B N	978-89-6239-731-4 13320

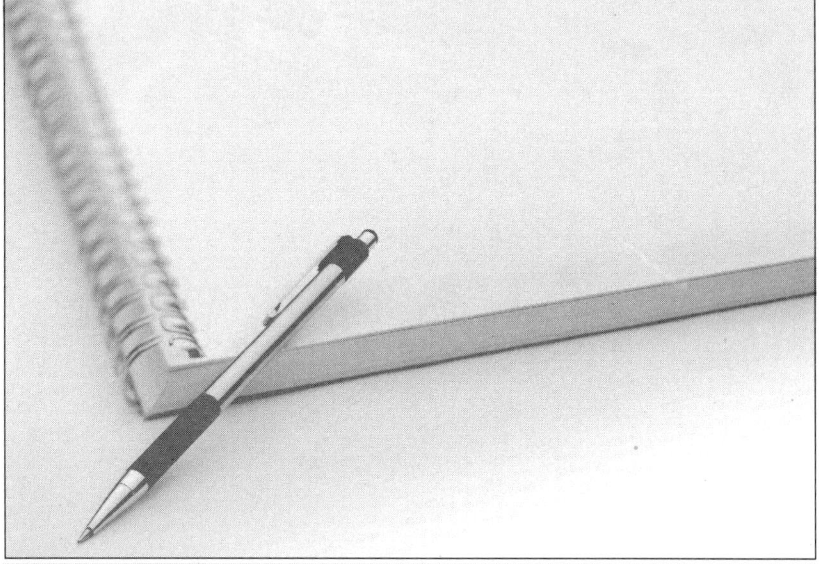

www.aubook.co.kr

도서출판 어울림은 좋은 책을 만들기 위해 독자 여러분의 의견을 기다립니다.

파본은 구입하신 서점이나 출판사에서 교환해 드립니다.